全本点校

太平御覽

（七）

〔北宋〕李昉 等编著

谦德书院 点校

團結出版社

图书在版编目（CIP）数据

太平御览 /（北宋）李昉等编著；谦德书院点校

. -- 北京：团结出版社，2024.3

ISBN 978-7-5234-0257-3

Ⅰ. ①太… Ⅱ. ①李… ②谦… Ⅲ. ①百科全书－中国－北宋 Ⅳ. ① Z222

中国国家版本馆 CIP 数据核字 (2023) 第 135958 号

出版： 团结出版社

（北京市东城区东皇城根南街 84 号 邮编：100006）

电话：（010）65228880 65244790 （传真）

网址： www.tjpress.com

Email： zb65244790@vip.163.com

经销： 全国新华书店

印刷： 易阳印刷河北有限公司

开本： 145×210 1/32

印张： 238

字数： 5883 千字

版次： 2024 年 3 月 第 1 版

印次： 2025 年 5 月 第 2 次印刷

书号： 978-7-5234-0257-3

定价： 980.00 元（全九册）

目 录

卷第六百七十六　道部十八

卷第六百七十七　道部十九

卷第六百七十八　道部二十

卷第六百七十九　道部二十一

卷第六百八十　仪式部一

卷第六百九十七 服章部十四

卷第六百九十八 服章部十五

卷第六百九十九 服用部一

卷第七百 服用部二

卷第七百一 服用部三

卷第七百二 服用部四

卷第七百三 服用部五

卷第七百四 服用部六

卷第七百五 服用部七

卷第七百六 服用部八

卷第七百四十 疾病部三

卷第七百四十一 疾病部四

卷第七百四十二 疾病部五

卷第七百四十三 疾病部六

卷第七百五十六 器物部一

卷第七百五十七 器物部二

卷第七百五十八 器物部三

卷第七百五十九 器物部四

卷第七百六十 器物部五

卷第七百六十一 器物部六

卷第七百六十二 器物部七

卷第七百六十三 器物部八

卷第七百六十四 器物部九

卷第七百七十六 车部五

卷第七百七十七 奉使部一

卷第七百七十八 奉使部二

卷第七百七十九 奉使部三

卷第七百八十 四夷部一·东夷一

卷第七百八十一　四夷部二·东夷二

卷第七百八十二　四夷部三·东夷三

卷第七百八十三　四夷部四·东夷四

太平御览卷第六百六十七 道部九

斋戒

《太上经》曰：思神、纂气，习法、登阶，名之为斋。

太极真人曰：斋莫过乎灵宝，其法高妙，不宣于世。仙圣口诀，秘而不书。太一斋法，玄之又玄。

《指教经》曰：奉道不斋戒，如无烛夜行，失道自苦耳。

《太真科》曰：修三守一斋为本，基学道以斋戒为本。太上所重，老氏所营，仙真所赖。

又曰：道士能日中一食，不餐秽恶。随月斋戒，昼夜不怠。不害一切，拔度蜎飞，当得至道。

又曰：道士修经习业，以《道德》二篇为先，斋戒授之，度人济己也。

又曰：救解父母疾病，当斋官露台。斋中奏子午章，若到必感。

又曰：玄清玉皇之道，上皇天帝授太微天帝君、三元紫精君、真阳元老君，后以付太上道君，以传金阙李君。李君传太灵真人南岳赤君，又紫元夫人以传清灵王君。王君传南岳魏夫人，夫人传杨君，使授许长史及掾。授授者斋戒七日。

又曰：众真授道，先斋戒百日，或三十日，或十日。又当先告斋一日，以洗素心。三十年六传，寻上经斋戒无如此者。行之四十年，太上迎以玉轮，登上清为上真。

《三皇经》曰：凡斋戒三事，以定心口身之业也。

又曰：凡斋戒，讲灵元谱大经，珮服内文，以成其道。

又曰：凡斋者，珮服三皇内文，以成隐显道。

《登真隐诀》曰：道斋谓之守静，谓斋定其心，洁静其体，在乎澄神遣务，捡隔内外心斋者也。

又曰：修道之人须斋戒，礼谢七世之愆。

又曰：上清每以吉日会五真，凡修道之人，当其吉日，思存吉事，心愿飞仙，立德施惠，振救穷乏，此太上之事也。当须斋戒，遣诸杂念，密处静室。

《真诰》曰：斋戒不可杂处，必乱正道也。凡甲寅庚申之日，是尸鬼竞乱，精神躁秽之日。当斋戒不寝，遣诸可欲。凡五卯之日，常当斋戒，入室东向，必拜在神念气，适意所陈。

又曰：汉建安中，左慈闻句曲山在金陵，通峨眉罗浮，故渡江寻之。遂斋戒三月而登此山，乃得其门入。茅君授以三种神芝，宿启功仪，曰："捧香仙女下卫斋戒之人。"

又曰：太极真人授太上口诀，千岁五传，依隐书之制，斋戒五日，乃授立约。

《珠囊》曰：凡入五岳，以甲子上旬之日沐浴，斋戒七日乃行。若名山有芝英奇药者，奉之作素奏丹书。其文，乞登仙度世，飞行上清。再拜，放自鸡犬各一于石上而去，然后求芝英奇药，所欲必获。恶鬼老魅不敢试，人若学道不知此术，入山多厄。

《抱朴子》曰：家有三皇图，先必斋戒百日，乃召致天地五岳社稷之神，后圣君命清虚小有真人撰集上仙真箓，总名为上真正法，以慑万邪。百年再授于人，须斋戒方得。

《三元品经》曰：学道之本，当先修中元。斋戒之法，赎罪谢过于太真，则书名玄图。

《灵宝赤书》曰：元始五老诸天帝皇帝，以岁六斋之月，会于上三天灵都宫，元阳紫微之台，集算天元，推校运度。又云：紫微宫旧格丹书白素，斋戒百日诵之。

《太素玉箓经》曰：斋戒存思，诵习此经。精进无怠，神通智达，位为太素真人。

《大平经》曰：真人云：人之精神，常居空闲之处，不居污浊之间也。欲思还神，皆当斋戒香室中，百病自除。不斋戒则精神不肯返人也。皆上天共诉人，所以人病积多，死者不绝。

《八素奔辰诀》曰：七曜五星，审识形色，见之早晚，于庭伺之。若晦冥之夕，皆于寝室存念，斋戒修行，如存奔日月之法。日中赤气紫芒者，为曜灵九神华芒也。月中黄气白光，八朗之芒，是为月华夜精，道人皆知。服日月之气，而吸九华灵芒，能修存奔日月之道。安妃授杨君书二卷，皆是奇法。日月之道，甚多高妙。

《上清金阙灵书》曰：太上之吉会日者，高真集宴庆献之日也。回元者，太上之更始日也。甲子阴阳之首气，月晦改度之。初萌，故为新日也。不知此日者，不得解罪除过，不得刻简。上真当须斋戒，于是日思存吉事，此回元诀也。

又曰：《黄庭内景经》一名《太上琴心文》，又名《大帝金书》扶叶大帝君宫中尽诵此经。金简刻书之，故曰金书。又名《东华玉篇》。东华者，方诸宫名，东海青童君所居也。其中仙曹多斋戒诵咏，刻玉书之。

又曰：太极左真人曲素诀辞，一名《九天凤气玄丘大真书》。太上授太极左真人，真人传东海方诸宫青童大君，使传道士宿有名应神仙真人者。珮之二十年，得见三元君斋戒青金之誓，以代盟约。

《八道秘言》曰：欲行九真之法者，斋戒静室，至须专寂心祷，飞仙上登紫庭。

又曰：九天凤气玄丘真书，玄都丈人仙科授珮，斋戒三日，珮之者得仙。

《道德经序诀》曰：尹喜知紫气西迈，斋戒相见道真。及老子度关，授二篇经义。

《灵书经》曰：十部妙经，金字玉简，诸天真仙斋戒月日，上诣玉京诵其文。

《威仪经》曰：斋戒景福，度人先为，先人后己，与志玄同。一本行书曰，授灵宝赤书者，必先斋戒。

《东卿司命经》曰：先师王君昔见授《太上明堂玄真上经》，斋戒休粮，存念日月，咽服光芒之液。常密行之，此上真道也。太上玄真经先盟而后行，行之然后可闻玉珮金珰之道耳。季伟者长斋三年，竭诚殚思，乃能得之。神光映身，然后授书，此真玄之道。要而不烦，吾常秘宝藏之囊肘，后以相示慎密者也。好道者欲求神山，宜先斋戒登山。昔左慈斋戒三月，拜礼灵山，竭诚三年，然后二茅君引前。

又曰：《黄庭内景玉经》曰：“扶桑太帝君命赐谷神王传南岳夫人，授授斋戒九日。”

又曰：《三元真一经》，金阙帝君所守，东海小童以传涓子，涓子传苏君，苏君传周君。授授斋百日，或五十日，或三十日，或七日。四十年传一人，十人止。后圣道君命清灵小有天王修集上仙真箓总名，紫元夫人传王君，王君传南岳魏夫人，夫人传杨君，杨君传许掾，授授斋三日，或七日。凤真之文，大上授太极左真人，真人传东海方诸君、青童君，此亦众真相传，授授斋三日，珮之九年，得见二元君于上清金阙。

又曰：《太上智惠经》太上付上相。又紫元夫人传王君，而王君传南真，南真传杨君，今授许长史掾，授授斋戒五十日。

又曰：太丹隐书飞真之道，存想之法也。此盖杨君止抄一经，诵以与长史耳，亦独九真之龙书也，未见斋戒之法，不可遵行。《真诰》有朝大素法云：授洞决旋行，太丹隐书存三元洞房者，即谓此也，但不具耳。世有周君学注洞房事，亦是抄耳。此经语而注之，为施修之法，未见真本而事旨不具。

《名山记》曰：大茅山有小穴口，石填之，但精心斋戒，可得而游，中茅山东亦有小穴，穴口如狗窦，劣容人入耳。愈入愈阔，外以盘石掩塞穴口，故余小穿如杯大，使山灵守卫之。此盘石亦时开发，若勤恳斋戒，寻之得从而入，易于常洞口。好道者欲求神仙，宜预斋戒，则三茅君于句曲见之，授以要道。入洞门句曲，有五门，立志斋戒三月，寻登此门者可入矣。

《九天经》曰：玉辅上宰斋戒建节，侍于太清。

《法轮经》曰：仙公斋戒，未及岁年而感召天真下降净室。

又曰：念真斋戒，缄口慎言。

《灵宝大戒经》曰：不授大戒，徒为长斋。

《四极明科经》曰：凡学上清之道，奉其宗师，入室斋戒。

《太上科》曰：凡经从师授，皆真官侍卫，须斋戒讲诵。

《雌一五老经》曰：长修善行，日中乃饭，斋戒三年，乃得授《大洞真经》。

《太上丹简墨箓》曰：道之去圣日已远矣，传写科戒谬误者众。若有所疑，师不能解者，可斋戒一月，求灵应之审。灵仙感降，报语于人。

《传授经》曰：斋者，简素为上，神先映身。

《集仙箓》曰：昆仑玄圃见正一真人，勤苦斋戒，读经崇道。

《大霄琅书》曰：立三本书，一为长镇，一为供斋，一为研习者。常自随所住室中，别置格上，躬自出入，勿使委非。其所写经之时，须先斋戒。经中有图，图或别卷，各有侍官典图。真吏请问经，曰："道不存师，斋诵无感。"

《玉珮金珰经》曰：众真登太琼台，斋戒三月。

《崆峒经》曰：太上道君斋戒于西那玉国罗浮之岳。

又曰：青精䭀饭方，太极真人传王君，授授之际，斋戒十日，二千六百年传十人。云牙玉方，王君传南岳魏夫人，斋戒五日，服之可以绝谷，去尸虫。王君游观天下，诣龟山，斋二月。又斋戒三年，诣太素。还西城，又斋三月。授书周君，少遇中央黄老君游丹城，乞长生度世之道。授以上真之道，乃还，登常山石室中，斋戒念虑，久历岁时，后仙去。

《道学传》曰：左敦字尚隐，云阳人。云阳山即茅山也。敦所居山舍西五十里，有一石室，西南二里，复有一石室，皆容数十人。西南室，父老传云，有铜牛出，皆铜鞘铜卷，相传号为铜室，曲入至深，立北通潢池，而洞昆仑。每三元斋戒之日，敦往二室祈祷，皆能仿佛真形。

又曰：陆修静字元德，吴兴人。太始七年，率众建三元露斋。

《太真上苍元上箓经》曰：凡有生之域，清少浊多，秽障相缠。行善不立，邪气来侵，强魔守试。上学之人，斋戒存思，禁隔嚣尘。非类之物，唐突去来，皆是秽浊。当择日斋戒，珮破淹之符，以升玉清。

太平御览卷第六百六十八 道部十

养生

《太平经》曰：养生之道，安轥养气，不欲喜怒也。人无忧，故自寿也。

又曰：一者，数之始也，生之道也，元气所起也，天之大纲也，故守而思一也。子欲养老守一最寿，平气徐卧，与一相守，气若泉源，其身何咎。是谓真宝，老衰自去。

又曰：古者三皇之时，人皆气清，深知天地之至情，故悉学真道，乃复得天地之公。求道之法，静为基先，心神已明，与道为一，开蒙洞白，类如昼日。不学其道，若处暗室而迷方也。故圣贤遑骇。

《太上经》曰：守一则谛定心源，守静则存神忘形，定气通无，道成真降。

《三元真一经》曰：体百神者，耳为帝君之窗门，目者太一之日月，鼻者三元之丘山，口者绛宫之朱渊，眉者白元之华盖，发者明堂之林精，舌者元英之龙辕，齿者胃宫之威力，手者胆神之外援，足者肾元之灵关，阴极者洞房之真机也。

又曰：涓子授苏林守三真一之道，后林复诣涓子寝静之室，无复之矣。留一纸书置卧内，以与林也。其文曰："五斗三一，大帝所秘，精思十二年，三一见相，授子书矣。但有三一，长生不灭，况复守之乎？能守三一，名刊玉札，况与三一相见乎？加存洞房，为一清公；加知三元，为五帝君后，金阙帝君，所以乘景迅云，周行十天者，实由洞房，三元真一之道也。世之学者，皆尊守一，当令心朴神凝，体专诚感，所以百念不生，精意不散，但有三月，内视注心，一神系念，不散专气，致和由朴之至也，得之速也，自朴散真离，华伪互起，争竞乱生，故一不卒感，神不即应，非不欲往存之者。不专思之者不审，故起积年之功，绝有仿佛耳。三一之法，上清真书之首篇，高上之玉道，神仙之津途，众真之妙诀。子能守一，一亦守子；子能见一，一亦见子。一须身而立，身须一而生。守一之戒，戒于不专，专复不久，久不能精，精不能固，固而不恒，则三一去矣，身为空宅。

《五符经》曰：知一者，无一不知也；不知一者，无一能知也。一者至贵，无偶之号。必欲长生，三一当明；思一至饥，一与之粮；思一至渴，一与之浆。一能成阴生阳，推行寒暑。其大不可以六合隐，其小不可以毫芒兆。能暇能豫，一乃不去。存一至勤，一能通神。少饮约食，一乃留息。知一不难，难在于终。知真不为，与不知同，求之不已，登彼玉清。

又曰：养其气，所以全其身。

又曰：食气者，常有少容。

《老子》曰：道言微深，子未能别。撮其枢略，慎戒勿失。先损诸欲，莫令意逸。闲居静处，精细斋室。丹书万卷，不如守一。当制念以定志，静署以安蜀，宝气以存血，思虑兼忘，宜想内视，则身神并一；静思期真，则众妙感会。专精积神，不与物杂谓之清；反神服气，安而不动谓之道。

又曰：善摄生者，陆行不遇兕虎，入军不披甲兵。兕无所投其角，虎无所措其爪，兵无所容其刃。

《太上真经》曰：一乃无象，求之难得，守之易失。易失由识劣，贪欲滞心，廓然无为，唯在守一。积而未极，皆由渐升，当在三元谛识神气，状貌名字，出入有无，生镇三宫，尸毒自去，圣真仙经，随因授之。

《八素经》曰：凡学至道，谛定其心，除患清身，知变革虑正。身清然后心定，心定则道成，道成则真降。凡存一守神，要在正化。正化由定心，心定则识清，识清则会于道。

又太极真人曰：古人为道也，玄寂静蜀，念真存元，示渐引未，归识源神，知而能见，见而能从，从而能习，习而能坚，坚而能成，成而不居。善人在于天下如橐龠乎？非与万物交争，其德常归焉。以其谦虚无欲也。欲者凶害之根也，无者天地之元也。莫知其根，莫知其源。圣人者，去欲入无，以辅其身也。

《太一洞真经》曰：两耳名为六合之高窗也。

又云：齐中名曰授命之宫也。

又曰：养生之道，耳目为主。杂视则目暗，广听则耳闭。

《裴君内传》曰：夫求道者，要先令目清耳聪为主也。且耳目是寻真之梯级，综灵之门户，得失系之。《仙经》曰：养生以不伤为本，此要言也。

《太清真经》曰：一切含气，莫不贵生。生为天地之大德，德莫过于长生。长生者，必其外身也，不以身害物，非唯不害而已。乃济物忘其身，忘其身而身不忘，是为善摄生者也。真道养神，神能飞化。

《太上三元经》曰：养生之道，必爱气存神，不可剧语大呼，使神劳气损。是以真人道士，常吐纳以和六液。

《玄示经》曰：夫形体者，特生之具也，非所以生生也。生生乃以素朴为体，以气为元，以神为形，此乃生之宫庭也。以无为育其神，舒释玄妙之门，往来无形之间，休息于无邻，此所谓得玄明之生源。又云：外想宜绝，内注玄真，然后长生可罚。

《妙真经》曰：道人谋生，不谋于名。胸中绝白，意无所倾。志若流水，居若空城，积守无为，乃能长生。

《众真戒》曰：性躁暴者，一身之剧贼，求道之散梯也。用之者真去，改之者道来。每事触类，皆当柔迟而尽精洁之理。如此几乎道也。神者天地之所驰也，颐神养性，行生道气，以度难也，此乃上圣真人达识也。夫为道者当行此，以载其身。

《太一帝君经》曰：若能常行九晨照洞房泥丸之法者，检魂魄，制万邪，清净行之，以致灵仙之气降于寝室，所谓引三光九星，以照百神者也。

《上清列纪》曰：胎闭静息，内保百神，吞景咽液，饮食自然，身必寿考，可得陆仙矣。

《太上真却守要》曰：夫气者，神明之器，清浊之宗，处玄则天清，在人则身存。夫生死亏盈，盖顺乎摄御之间也。

《太洞玉经》曰：食玄根之气者，使人体中清朗，神明八聪，身有日映，面有玉泽，服饵朝液，悬粮绝粒，道要于金醴，事妙于水玉，所谓吐纳自然之太和，御九精之灵气者也。

《抱朴子》曰：长生之要，在乎还年之道也，延年除病其次焉。有不以自伐，若年尚少壮，而知还年阴丹以补脑，彩七益于长谷者，不服饵药，亦不失一二百岁。凡伤之道有数焉：才所不达而困思之，力所不胜而张举之，深忧重怨，悲哀喜乐，汲汲所欲，戚戚所患，寝息失时，沉醉吐呕，饱食即卧，跳走喘息，欢呼哭泣，阴阳不交，积伤至尽，乖养性之方。耳不极听，目不久视，坐不至疲，先寒而衣，先热而解，不欲极饥而食，食不过饱；极渴而饮，饮不过多；不欲甚劳，不欲多汗及多唾；奔车走马，极目远望，多食生冷；冬不欲极温，夏不欲极凉；大寒大热，大风大雾，不欲冒之；五味不可偏多。凡言伤者，亦不便觉，久则损寿耳。是以善摄生者，卧起有四时之早晚，兴居有制和之常制，调利筋骨，有偃仰之方，杜疾闲邪，有吞吐之术；流冲营胃，有补泻之法，节宣劳逸，有与夺之要。忍怒以全阴，抑喜以养阳，然后先将服草木以救亏缺，后服金丹以定无穷。长生之理，尽于此矣。若有欲决意任怀，自谓达识知命，不泥异端极情，不营久生者，安可告养生之言哉。

《登真隐诀》曰：方诸青童云：人学道亦苦，不学亦苦。二苦之始乃同，为苦之终则异，为道者缘苦得乐，不为道者，从辛苦而已矣。唯人自生至老，自老至病，获身至死，其苦甚矣。心脑积罪，生死不绝，其苦难说，况复不终其天之年老哉？此不为道之苦也。为道亦苦者，清净存真，守玄思灵，寻师劳苦，历试数百，用志不堕，亦苦之至也。此为道之苦，数十年中，为苦之理乃有甚于彼。得道之日，乃顿忘此苦，犹百日之饥一朝而饱，岂复觉向者之馁乏耶？非道则不可。

右英真人曰：夫内接家业以自羁，外综王事以杂役，此亦道之不专也。夫抱道不行，犹无道也，握宝不用，犹无宝也。

紫微元君曰：疾之所生，生乎念多；邪之所兆，兆于心散。念多则事广，事广则累繁，浮泛莫捡，纷竞不息，内煎万虑，外劳百役，形神弊矣，众病安得不兴？高墉重关，犹恐寇至，况辟扉去防，自我致寇也？智以无涯伤性，心以为恶荡真。形来宰邵，声发入听，其为关意属想，实有增羡。魂者正神，神贵明信；魄者邪鬼，鬼尚狂悖。飞仙之想触见，必念慈护之情，遇物斯极，以此为心，心即道矣。

《九华经》曰：眼者身之镜，耳者体之牖。视多则镜昏，听众则牖闭。磨镜决牖，则能彻洞万灵，眇察绝响。面者神之庭发者脑之华。心悲则面焦，脑减则发素，所以精气内丧，丹津损竭。精者体之神，明者身之宝。劳多则精散，营竟则明消，所以老随气落，耄已及之。

《真诰》曰：富贵者，破骨之斧锯，载罪之舟车，适足诲慾要辱，为伐命之兵，非佳事也。是故古之高人览罪咎之难豫，知富贵之不可享也。遂肥遁长林，栖景名山，欲远此迹，自求多福，保全至素者也。斐君曰：三关常调，是长生之道也：口为天关，手为人关，足为地关。调则五藏安，安则无病。又存五神于体，谓两手、两足、头也。头相恒青，两手俱亦，二足常白者，则去仙近矣。昔徐季道学仙于鹄鸣山中，亦时时出市道间，忽见一人着皮袴褶，柱桃杖。季道乃拜之，因语季道曰："欲学道者，当巾天青，咏大历，踏双白，回二赤。"此五神之事，其语隐也，大历三皇文也。此即大素五神事，别有经品。

《黄老经》曰：士能遗物，乃可议生。生本无邪，为物所婴，久久易志。志欲外，无能守，以道为贵生。

《太上太真科》曰：一在人身，镇定三处。能守三一，动止不忘。三尸自去，九虫自消，不假药饵，不须禁防。久视之要，守一为先，次行师教。授职随才，依功进位，积善居尊，宣扬妙气，开导后生。

《三皇经》曰：天能守一，覆而不举；地能守一，静而能处；岳能守一，不避寒暑；海能守一，流而不还；人能守一，必得真仙。

《升玄经》曰：道有大法，得之立得，是谓三一之道，当有将军吏兵，断绝恶道。

《上清玉皇》曰：三真者，兆一身之帝君，百神之元始，变化离合，与真洞灵。微哉难言。非仙不传。

《太上素灵经》曰：三一者，一身之灵，宗百神之命根；津液之山，源魂精之玉室。是以胃池体方而授物，脑宫圆灵而适真。

太上曰：真人所以贵一为真者，一而已。一之所契，元气造化。一之变通，天地冥合。是以上一为身之天帝，中一为绛宫之丹皇，下一为黄庭之元主。而三之一真，并统身内二十四气以授生，生立一于身。上应太微二十四气真，真气徊和，品物流形，玄神浑分，紫房杳冥。上一贞，帝之极也；中一真，皇之主也；下一真，王之妙也。天皇得极，故上成皇极；地皇得主，故上成正一；人皇得妙，故上成众妙。三皇体真而守一，其真极也，得一而已。

《集仙箓》曰：凡动作视息，饮食语言，好恶是非，人各有岁月日时，随其所属，以定其分，此物理之常数也。身有应败之患，神有应散之期，命有必尽之势。夫神在则人，神去则尸，盖由嗜欲乱心，不能忘色味之适。夫修其道者，在适而无累，和而常通，善恶各报报应之理，毫厘无失。长生之本，唯善为基，人生天地间，各成其性。夫气清者聪明贤达，气浊者凶虐痴憨，气刚者高严壮烈，气柔者慈仁淳笃。夫明者伏其性以延命，暗者恣其欲而伤性。性者命之原，命者生之根，勉而修之，所以营生以养其性，守神以养其命。人之生也，皆由于神，神镇则生，神断则死。所以积气为精，积精为神。故仙者内求，内密则道来；真者修寂，修静则合真。神者须积感则灵通，常能守一，则仙近矣，则与天地共寄于太无中矣。又能洞灵体无，则太无共寄于寂寥中矣。能洞寂则听视不闻见，与道冥矣。道者灵通之至真也，术丈变化之伎玄也。道无形，因术以济人；人之有灵，因修而契道。道之要者，在深简易之功。术之秘者，唯药与气也。上士服之，升为仙官；中士服之，栖集昆仑；下士服之，长生人间。于是太一元君述还丹金液之要，行于世。

又曰：木公金母者，二气之祖宗，阴阳之原本，仙真之主宰，造化之元先。凝气成真，与道合体，且气之弥纶天地，经营动植，在人为人，在物为物，发大蕴，散无穷。性发乎天而命成乎人。立之者天，行之者道。玄老云致虚极，守静笃，万物将自复，复谓归于道而常存也。长久之要者，天保其玄，地守其物，人养其气。

又曰：商王闻彭祖有道，拜为大夫。每称疾闲居，不预政事。服云母粉麋鹿角水挂。常有少容，性深静，不自言有道。王诣问，莫之告。王于掖庭立华屋紫閤，使祖居之。问延年益寿之道，答曰："欲登天上补仙官者，当服元君太一金丹。此道至大，其次当爱精养神，服食草药，可以长生；其次阴阳运气，导养屈伸，使百节气行，关机无滞，此可以无使病所侵。思神念真，坐忌炼液，皆可以令人长寿。若溯流补脑之要，此甚难行。有怀棘履刃之危，又非王之所为也。吾所闻浅薄，道止于此，不足宣传，人生于世，但养之得宜，可至百余岁。不反此者，是皆伤之也。大醉、大喜、大怒、大温、大寒、大劳、大极，皆伤也。至乐至忧，至畏至怖，至挠至躁，至奢至淫，皆伤也；甚饥甚渴，甚思甚虑，皆伤也；久坐、久立、久卧、久行，皆伤也。寒温得节，饥饱适宜，无思无为，唯清唯静，此可与言修身耳。已得其寿，复养之得宜，则宜长寿，但要莫伤也。冬温夏凉，不失四时之和者，所以适身也。美色曼态，不至思欲之感者，所以通神也。车服威仪，知足不求者，所以一其志也。八音五色，不至耽溺者，所以导心也。凡此之物，本以养人，人之不能斟酌得中，反以为患。故圣贤垂戒，惧下才溺之流遁忘返，用之失所。故修道之士，皆令禁之，欲以检制之易也，亦由水火，用之过当反为害耳。人不知经脉损，血气不足，内理空疏，髓脑不实，体已先病，故为外物所犯，因风寒酒欲以发之。若本充实，岂有病邪？凡远思羡愿伤人也，忧恚悲哀，人情过乐，忿怒不解，汲汲所爱，戚戚所患，寒温失节，阴阳不交，皆所伤也。男女相成，犹天地相生也，所以导养神气，使人不失其和。天地昼离而夜合，一岁三百六十交，故四时均而万物生，生成不知穷极，所以天不失其动，地不失其和，物不失其生，而能长久也。人不能法天地而有常，减衣绝食，自取死病，愚之甚也。

去此修摄节宣之外，则有服元和之气，得其道则邪不能入，此理身之本也。其余含景思神，历藏导引，吞饵服御之事千七百余条。及四时首月，责己谢过，卧起早晏之法，可以教初学之士，引进向善之门，渐正其心而徐息其罪咎，非便能致人得道也。若血脉枯竭，神气凋败，岂鬼神念真而能守之，固未知其益矣。此由凡人为道而求其末，不务其本也。”

又曰：内不养神，外劳其形，元精渐虚，神气困竭。而昼夜服勤，读诵经诀，此亦无益也。诸经万三千首，皆示以始涉之门庭耳。商王具授诸要，行彭祖之亦寿，但不能戒其淫欲耳。

《集仙箓》曰：女凡者，陈市上酒妇也。作酒美，有仙人过其家饮酒，即以素书五卷贳酒。凡开视之，乃仙方养性长生之术也。凡私写其要诀，依而修之三年，颜色更少。数岁，贳酒仙人复来，笑谓之曰：“盗道无师，有翅不飞。”女凡随仙人去，不知所之。

又曰：太阳女朱翼得吐纳之道，事绝洞子李修。修着书四十篇，名曰《道源》。常行之道，以柔胜刚，弱制强，如临深履危，御奔乘朽，差之毫厘，丧尔之策，勤而行之，可以长寿。

又曰：太阴女卢金学道未成，当道沽酒，密访其师。会客过，使问客土数为岁，但南三北五东九西北中耳。一还报曰：“客大贤者，至得道人也。我始问一知五矣。”遂问长生之道，得补导之要，蒸丹之方。

又曰：太玄女颛和常曰：“人之处世，一失不可复得，一死不可复生，况寿限之促，非修道不可延也。”遂洗心求道，而得其术。

太平御览卷第六百六十九 道部十一

服饵上

《神农经》曰：上药令人身安命延。又云：饵五芝、丹砂、曾青、云母、太一、禹余粮，各以单服，令人长生。中药养性，下药除病，此上圣之至言，方术之实箓也。仙药之上者丹砂，次者黄金、白银、众芝、五玉、五云、明珠也。黄精与术，饵之却粒。或遇凶年，可以绝粒，谓之米脯。

《西极明科》曰：上清金液丹经、九鼎神图、太一九转大丹等，凡一百四十卷。

《五符经》曰：胡麻本生大宛，又名巨胜，服之不息，与世长存。五谷之长也，服之可以知万物，通神明。

又曰：真人谓黄精获天地之淳精，依山寄居神化者也。天仙名此为戊已芝。

《玉诀经》曰：元始五常气，以阳光初明，散元始之辉，真人食其景而无穷。

《三光经》曰：三光者，仙道炼胎之术也。泥丸者，体形之上神也。

《吐纳经》曰：八公有言，食草者力，食肉者勇，食谷者智，食气者神。

《仙经》曰：丹为金服之上士也，茹芝道引咽气者，中士也，食饵草木者，下士也。食金丹大药，虽未去世，百邪不近也。若但服草木及饵八石，适可令疾除命益耳，不足却外祸也。唯守真一则剧性不犯。昔仙公各服一物，以得数百年，乃合神丹金液。韩众服菖蒲十三年，身生毛，日视书万言，皆诵之，冬袒不寒。又菖蒲生须石上，一寸九节已上，紫花者尤善。

又曰：煮石方，东府左卿白石先生造也。皆真人所授，但未见真本。世有两本，以省少者为佳。又，东华真人食石法，即东府也，亦是太清法。

又曰：紫微夫人撰术，序其略曰："吾俱察草木之胜负，若速益于己者，并己不及术之多验乎？所以长生久视，远而更灵。我非谓诸物皆当减于术也，真以术之用今之所要。末世多疾，宜当服饵。夫道有内足，犹畏外事之祸，有外足者，亦或中崩之弊。我见山林隐逸得服术者，千年八百年，比肩五岳矣。今撰术数方，以传好尚，若必信用，庶无横暴之灾矣。"

又曰：南阳郦县山中有甘谷水。所以甘者，谷山左右皆生甘菊，菊花堕其中，历世弥久。临此谷中，居民皆不穿井，悉食甘谷水。食者无不寿，高者百四五十岁，下者不失八九十岁。故司空王畅、太尉刘宽、太傅袁隗皆为南阳太守，每到官，常使郦县月送甘谷水四十斛，以为饮食。此诸公多患风痹及眩冒，皆得愈，但不能大得其益，如甘谷上居民从幼便饮食此水。又菊花与薏花相似，直以甘苦别之耳。菊甘而薏苦，今真菊甚少耳，率多生于水侧，缑氏山与郦县最多，仙方所谓日精、更生、周盈，皆一菊而根茎花实异名矣。其说甚美，而近来服之者，略无所效，正由不得真也。

《八素经》曰：太上曰：飞炼之法，未可得真人之门户。又《四极明科》云：金液丹经，九鼎神图，并真仙之秘书，藏于名山。

《太上太霄朗书》曰：除欲减私，服御吐纳。

《上清列纪》曰：中黄之书皆白帝君所藏于瑶台，说丹药秘法，非有真箓，不得其道也。

《太上丹简墨箓》曰：修金液之术，当得太清丹经。

《太丹隐书》曰：感召灵迹则天人下降，上学之士服日月黄华金精飞根黄气。

《五厨经》曰：修奉和太，不亏不盈。

《天交上经》曰：太古之人所以寿考者，不食谷也。身安神乐，修道易成。《五符经》云：食月之精，可以长生；食星之精，上升太清。《登真隐诀》云：服云牙可绝谷，去尸虫也，可修真一之道。斐真人曰：

“喜怒损志，哀乐损性，荣华减德，阴阳寇身，皆学道之大忌，仙法之所嫉也。莫若知而不为，为而不敢散，此仙之要道，生生之本业也。欲得延年，当吞日华。食物多饮，慎便卧，多则生病，卧则荡心，心荡则失性，病生则药不行，学道者慎此。”

刘向《列仙传》曰：务光，夏时人，好琴，服蒲韭根。又彭祖多服水桂云母。中岳人苏林字子玄，本卫人，灵公末年，师仇公，教以服气之法。又尹喜之长沙，服巨胜实。

又曰：刘奉林，周时人也。学道嵩高山，积年，后之委羽山，能闭气三日不息，但服黄连。已及千岁，不能有所役使。

又曰：董威辇，不知何许人，晋武帝末在洛阳白社中，蓝缕不蔽，恒吞一石子，终日不食。

《南岳魏夫人内传》曰：夫人名华存，字贤安，任城人也。晋成帝时，服金屑得道。

《太元真人茅盈内传》曰：金阙圣君命太极真人使正一、玄玉郎、王忠、鲍丘等，与茅盈四节燕胎、流明、神芝、长跃双飞、夜光洞草，使拜而食之。珮玺服衣正冠，北首带符握铃毕，四使者告盈曰：“食太极四节隐芝者，位为真卿；食金阕燕胎玉芝者，位为司命；食东宫流明金英者，位为司禄；食长跃双飞者，位为真伯；食夜光洞草者，位为主总左右御史之任。子今尽食之矣，寿毕天地，位当为司命上真东岳卿君，都统吴越之神仙。”

《真人周君内传》曰：紫阳真人周义山字季通，汝阴人也，汉丞相勃七世孙，父浚，官至陈留内史。君年十六，随浚在郡，为人沉重，喜怒不形。好独坐静处，精思微密，常以平旦出日之初，面东嗽日服气，旦旦如此。

《真诰》曰：衡山张正礼，汉末授西城君虹景神丹方，患丹砂难得，去广州为道士，仙去，飙室为上仙。

又曰：张玄宾，定襄人也，魏武帝时曾举茂才。归乡里，师事西河蓟公，授服饵术方。后遇真人樊子明于少室，授以遁变隐景之道。昔在天柱山，今来华阳内为理禁伯。

又曰：庐江潜山中有学道者郑景世、张重华，并以晋初授仙却氏德然口诀，以入山行守五藏含日法，兼服胡麻，又服玄丹。

又曰：平仲节，河东人也。刘聪乱中夏，仲节渡江，入括苍山，体有真气，服饵仙去。

又曰：赵广信，阳城人，魏末渡江，入剡小白山，授李法服气，又授左君守玄中之道。如此积年，或卖药人间，多来都下，市丹砂作九华丹、仙去。

又曰：虞翁生，会稽人也，授仙人介君食日精法。吴时来隐狼伍山，兼行云气回形之道，精思积久，仙去。

又曰：朱孺子吴末入赤水山中，服菊华及术。后遇西归子，从乞度世，西归子授以要言，仙去。

又曰：明星王女者，居华山，服玉浆，山中顶上有石龟，其广数亩，高且三仞。其侧有梯磴达龟背，见玉女祠前有五石臼，号曰玉女洗头盆。其中水碧绿澄澈，雨不加溢，旱不减耗。内有玉女马一匹。

又曰：华阴山中有学道者尹授子、张石生、李方回，并晋武帝时人。授仙人管城子蒸丹饵术法，又授苏门周寿陵服丹霞之法。

又曰：范幼冲辽西人，恒服三气法，青白赤气各如綖。服之十年，遂得仙。此高元君太素内景法，旦旦为之，视日益佳。其法简，其事验。

又曰：姜伯真在大横山服石脑。石脑如石，小班色而软。又大茅山东亦有形状员小如曾青，而色似钟乳。繁阳子昔亦服此。

《斐君内传》曰：佛面道人支子元，斐君授以长生内术。又云：寻药之与存思，虽致道同津，而关源异绪。服药所以保形，形康则神安；存思所以安蜀，神通则形保，二理乃成，相资而有。

《道学传》曰：许迈字叔玄，少名映，后改名远游，与王羲之父子为世外之交。羲之亦辞荣养生，每造远，弥日忘归。诗书往复，多论服饵。

又曰：上清左卿黄观子学道，服金丹，读《太洞经》得道。东府左卿白玉生有煮石方，文德右仙监张叔隐授青精方。太清右公李抱祖，岷山人，授青精食饭方。

葛洪《神仙传》曰：刘京从邯郸张君授饵云丸。

又曰：封君达，陇西人，入鸟鼠山服饵，年百余岁，常乘青牛。

又曰：卫叔卿，中山人也，服云母。

又曰：孔元，许昌人，常服松脂伏苓。

又曰：焦先字孝然，河东人也。常食白石，以分人，熟如煮芋。

又曰：灵寿光，扶风人，年七十余，乃得未央丸方，服之，年二百余岁不老。

又曰：中候上仙范邈，字度世，旧名冰。服虹景丹得道，撰《魏夫人传》。

又曰：清虚真人王褒，字子登，前汉安国侯王陵七世孙。主仙道君以云碧阳水晨飞丹腴二斗赐褒，服之视见甚远，坐在立亡，役使群神。

太平御览卷第六百七十 道部十二

服饵中

《真诰》曰：七月十五日夜，清虚真人与许玉斧言曰："五公石腴，彼体所便，急宜服之，可以少颜，术散除疾，是尔所宜。次服食饭兼谷，勿违。"

又曰：明大洞，为仙卿；服金丹，为大夫；服众芝，为御史。若得太极隐芝服之，便为左仙公。

又曰：性几乎道，用之真来。紫阳真人云：可令许玉斧数沐浴，濯其水疾之气，消其积考之瑕，此致真之阶也。学养生之道，不可泣泪涕唾，所损甚多。是以真人道士，常吐纳咽味，以和六液。

又曰：昔汉成帝猎于终南山中，见一人无衣，身生毛，飞腾不可及。乃围得之，问之，乃秦宫人。说秦王子婴积道之事，因宫室烧燔，惊走入山，饥无所食，垂当饿死，有一老人令食松叶松实。其猎者将归，以谷食之，欧吐累日，乃安。一年余死，向不为人获，即仙矣。

又曰：龙述字伯高，京兆人也。后汉从仙人刁道林授胎气之法。又授䭀饭方，托形醉亡隐处。

又曰：武当山道士戴孟者，本姓燕名济，字仲微，汉明帝时人也。少修道德，不仕，入华山，饵芝术、黄精、云母、丹砂，授法于清灵真人王君，得长生之道。又斐真人授以玉珮金珰经并石精金光符。

又曰：食草木之药，不知行气导引，服药尾㜸也，终不得道。若志之感灵所，存必至者，亦不须草药之益也。若但知行气，不知神丹之法，亦不仙也。若得金液神丹，不须他术也。若大洞真经，不须得金丹之道而仙也。人生有骨箓，必有笃志，道使之然。故不学而仙，道自来也。过此以下，皆须笃志。

又曰：东海玉华妃，青童君之妹，降授张微子服雾之法。

又曰：柏来纳气，肠胃三腐。

《三五顺行经》曰：广平真人顶负圆光，执华幡于上帝前，问修炼之法。

又曰：罗江大霍山洞台中有五色隐芝，华阳山亦有五种夜光芝，良常山有萤火芝，其实似草，其在地如萤状，大如豆，如紫华，夜视有光。得食之者心明可夜书，计得食四十七枚者寿。

又曰：包山中有白芝，又有隐泉，其色紫。华阳雷平山有田公泉，且玉沙之流津，用以浣水佳。

又曰：服九灵日月华者，得降太极之家玄真之法也。

又曰：郎宗字仲绥，北海安邱人；少士宦，后汉时人也，为吴令，学精道术，占候风气。后一旦有暴风庭起，占知洛阳大火烧长夏门。遣人往参问，果尔。朝庭闻之，以博士征宗。宗耻以占术就征，夜解印绶负笈遁去。居华山下，服胡麻得道，今在洞中。

又曰：傅礼和，汉桓帝外孙傅建安也。常服五星气，得道，为含真台主。

《抱朴子》曰：余祖鸿胪，少时尝为临沅令，云此县有民家皆寿考。后徙去，子孙转多夭折。他人居其故宅，又累世眉寿。疑其井水殊赤，乃试掘井左右，得古人埋丹砂数十斛，况饵丹砂者乎！

又曰：上党赵瞿者，病癞历年，众治之不愈。垂死，其家兴载弃之，赍粮送置山谷中。瞿自怨不幸，昼夜悲叹，涕泣弥月。有仙人行棺塄口，见而哀之，具问讯，瞿知异人，乃叩头自陈乞哀。于是仙人以囊药赐之，教其服法。瞿服以病愈，颜色丰悦，肌肤玉泽。仙人又过视之，瞿谢之，乞其方。仙人告曰："此松脂耳。此山中多，汝炼之，可以长生。"瞿乃归家，家甚骇，问得愈状。瞿年百七十岁，齿发豪健，在人间二百余年，入抱犊山去。

又曰：要于长生去留，各从所好耳。服还丹金液之后，若且欲世间者，但服其半。若求仙去，当尽服之。昔安期先生，龙眉宁公，修羊公，阴长生，皆服金丹半剂者也。其止人间，或近千年，然后去耳。

又曰：按《玉钤经》中篇云：立功为上，除过次之。为道者，以救人危为上功也。欲求仙者，要当以忠孝和顺仁信为本。若德行不修，而但务方术，终不得长生也。行恶事大者夺纪，小过夺算。积善未满，虽服仙药，亦无益也。余览养生之书，莫不以还丹金液为大要，盖仙道之极也。昔左慈字元放，于天柱山中精思积久，乃神人授以金丹仙经。会汉末大乱，不遑修炼，而避地来渡江东，志欲投名山以修斯道，从祖仙公又从元放授之。凡授《太清丹经》三卷及《九鼎丹经》一卷，《金液经》一卷。予师郑君者，仙公之弟子也。又于从祖授之，而家贫无用买药，予亲事之。洒扫积久，乃于马迹山中立坛盟授之，并具诸口诀之不书者。江东先无此书，出于左慈。慈授从祖仙公，仙公授郑君，郑君授予。故它道士了无知者。此盖假求于外物，以自坚固。复有太清神丹，其法出于元君。元君者，老子师也。《太清观天经》有十篇，云其上七篇不可以教，授其下三篇，世无足传，当沉之三泉也。下三篇者，正是丹经。其经曰：上士得道升为天官，中士得道栖集昆仑，下士得道长生世间。近后汉末新野阴君合此太清丹，其人有才气，著诗及丹经赞序，言初学道随师本末，列己知识之得道者四十余人，甚分明也。又有九光丹与九转异法，又有岷山丹法。道士张盍蹋精思于岷山石室中，得此方也，至于诸丹法各别也。金液者，太一所服而仙者也。

又曰：长生制在大药，非祠醮之所定也。秦汉二代，大兴祈祷，所祭太一、五帝、陈宝、八神之属，动费亿万，绝无所益。况匹夫无德，欲以三牲妄祝，以祈延年，惑亦甚矣。

又曰：合金丹之大药，炼八石之气英者，尤忌凡俗闻见，则仙物不成。或云：上士得道于军旅，中士得道于都市，下士得道于山林。此谓仙药已成，未欲轻举，虽三军兵刃不能伤，都市凶祸不能加。下士未及于此，故上山林耳。古之道士，飞炼神药，必入名山。又按入山经可以精思，修饵其药，有太华、恒、霍、嵩少、太白、终南、女凡、地肺、王屋、抱犊、安邱、衡灊、青城、峨嵋、云台、罗浮、阳驾、黄金、大小天台、盖竹、括苍、四望山，皆是正神在其中。其上皆生芝草，可以避大兵大水，不但中以合药也。若有道者登之，则此山之神必助之为福。其药必此诸山者，海中大岛屿亦可合药。

又曰：余师郑君年出八十，先鬓发斑白，数年间复黑。又颜色丰泽，能引强弩，日行数百里，饮酒二斗不醉，上山又体力轻便，年少追之不及。饮食与凡人尾，又不见其绝谷。余问先生随之弟子黄章，言郑君常从豫章还，于浦中连值大风，遇盗。君推粮以给诸人，己不复食，五十日亦不饥。又不见其所施为，不知以何事也。灯下细书，过少年性解音律，闲夜鼓琴，侍坐数人，口答咨闻，其言不辍响，而耳益料听，左右操弦者数谴，长短无毫厘得逃。余晚为郑君门人，请见方书。告余曰："要道不过尺素上，足以度世。"

又曰："君所知者，虽多而未精，又意存于外，学不能专一，未可以经深涉远耳。自当以佳书相示也，久许渐得见。短书缣素所写者，积年之中合集，所见当出二百许卷，经不可顿得了也。"

又曰：语余曰：新书卷卷有佳事，但当校其精粗，择所施行。若金丹一成，此书等一切不用也。亦或当有所教授，宜得本末。先从浅始，以劝进学者，无所希准阶由也。郑君亦不肯悉令人写其书，皆当诀其意，虽久借之，然莫有敢盗写一字者也。郑君本大儒，晚而好道，由以《礼记》、《尚书》教授不绝。其体望高亮，风格方整，接见者肃然。每咨问，恒待其温颜，不敢轻脱也。门人五十余人，唯余见授《金丹之经》及《三皇内文》、《枕中五行记》，其余人不得一观此书首题者。

《集仙篆》曰：夫茂实者，翘春之明珠也；巨胜者，玄秋之沉灵也；丹枣者，盛阳之云芝也；伏苓者，绛神之伏胎也。五华含烟，三气陶精，调安六气，养魄护神。

又曰：太玄玉女者，帝少昊时人也。居蜀之长松山，修长生之道，遇山中人，授以八天隐文，使之修珮，谓曰："修道之要，以无为为本。"八天之书，真无为也，而道自成，然而琅玕曲晨之液，八琼九华之丹，使炼而饵之，即太极所秘，可以入侍帝宸，下览万化，授九华方于江上，炼丹江畔，有金砂泉，是其遗迹。

又曰：高辛时有仙人展上公，常说，昔在华阳下食白李异美，忆之未久，而忽已三千年矣。

又曰：李脱居蜀金堂山龙桥峰下修道，蜀人历代见之，约其来往八百余年，因号曰李八百初。以周穆王时来居广汉，栖玄山，合九华丹成，去游五岳十二洞二百余年，于海上遇紫阳君授水玉之道。又来龙桥峰，作金鼎炼九丹，丹成。三于此山学道，故世号此山为山学山，亦号为栖贤山。

又曰：南阳文氏说，其先祖汉末大乱，逃壶山中，饥困殆绝。有一人教食术，遂不饥。十年来归乡里，颜色更少。身轻欲飞，履险不倦，行冰雪内，了不知寒。术一名山蓟，一名山精。

又曰：薛女真者，不知何许人也。晋室乱离，人多栖寓林薮，服饵避世。因居衡山寻真台，外出行常有黄鸟、白猿、白豹随之，不知所修何道。

又曰：玉姜者，毛女也。居华山，自言秦人。始学食松叶，不饥寒。止岩中，其行如飞。今号其处为毛女峰。

又曰：涓子，齐人，子饵术，着《三才经》。淮南王刘安得其文，不解其旨。又着《琴书》三篇，甚有条理。

又曰：张微子，汉昭帝时将作大匠张庆女也。微子好道，常服雾气。自云，雾是山泽水火之精，金石之盈气，久服之则能散形入空，与云气合体。微子自言，授此法于东海东华玉妃淳文期，青童君妹也。微子亦以此雾法教诸学者。

九真华妃曰：日者霞之实，霞者日之精。人唯闻服日实之法，未见其知霞之精也。夫餐霞之经甚秘，致霞之道甚易，此谓体生玉光，霞映上清之法也。

太平御览卷第六百七十一　道部十三

服饵下

《登真隐诀》曰：太极真人昔以神方一首传长里先生。先生姓薛，自号长里，周武王时人也。先生以传西域总真王君，即金阙圣君之上宰也。按餌饭方授西梁真人所传，时在大宛北谷。今长里传九转，乃周初间，是为授服餌饭，三四百年后乃合此丹。盖司命剑经序也。总真王君传太元真人，即东卿司命茅大君也。以汉武帝天汉三年授之，时年四十八。后又以付二弟，并各赐成丹一剂。司命既传二弟而不载于此，当以王命君使付，非正次传授也。自二君以后，唯定箓与杨君使示许长史并掾，乃至于今。故汉晋之世，诸学道人各六合服金液升仙，无言九转，则此真人方下授以来，未有营之者。授经皆登坛盟誓，割帛跪金，为敢宣之约。敢，不敢也。前盟则金龙玉鱼，后代止布帛而已。违盟负信，三祖获考于水官，谓妄传非人也。传授须斋盟，用金玉偃镮，以代剪发歃血之誓也。欲合九转，先作神釜，当用荣阳长沙豫章土釜，谓瓦釜也。昔黄帝火九鼎于荆山，太清中经亦有九鼎丹法即是。丹釜从来咸呼为鼎，用谷糠烧之，当在名山深僻处，临水上作灶屋，屋长四丈，广二丈，开南东西三户。先斋戒百日，乃泥作神釜，釜成捣药。令计至九月九日，平旦发火。按合诸丹，无用年岁好恶，唯日月中有期限及吉凶。琅玕以四月七月十二月中旬间发火，曲晨以五月中起火，太清九丹起火虽无定月，而云作六一五月七月九月为佳。自斋以始，便断绝人事，令待丹成也。合丹可将同志及有心者四五人耳，皆当同斋。戒斋起日，先投玄酒五斛于所止之流水中。若地无流水，当作好井，亦投酒于井中，以镇地气。令斋者皆饮食此水也。合丹法，又令以青石函盛好龙骨十斤，沉于东流水中，名曰青龙液。饮食之，以通水灵也，取东海左顾牡蛎，吴郡白石脂云母屑，蚯蚓土滑石矾，凡六物等分，太极真人以太上天帝君镇生五藏上经，刻于太极紫微玄琳殿东殿墉上。此乃上清八龙大书，非世之学者可得悟了也。南岳赤松子授而服之，求其注释于太极真人。又青童君云：五公之腴，镇生五藏，炼白易躯，可以少颜色。须斋戒泥灶修炼也。云腴之味香甘味美，强血补骨，守气凝液，镇生五藏，长养魂魄，真上药也。真人云：此愈于炼八石饵云母也。真人炼形于太阳，易貌于三官者，此之谓也。

又曰：太极真人青精䭀饭方。按《彭祖传》云：大宛有青精先生，能一日九食，亦能终岁不饥，即是此矣。真上仙之妙方，断谷之奇灵也。清虚真人说，霍山中有学道者邓伯元、王玄甫，授服青精石饭、吞日景之法，能夜中书。又仙人龙伯高授服青䭀方，醉亡隐处方台。又定录君命告掾云：次服饭，兼谷勿违，益髓除患，肌肤充肥。又掾书告长史觅彩药来山染作饭，恐草燥。又长史与大掾书，令饷小掾白米，是染作饭。凡此六事，有书者也。太极真人青精十石䭀饭，上仙灵方，王君注解。其后大书者是太素本经及西梁口诀，墨注者是清虚王君所释，南岳魏夫人敷撰而使司命杨君书之。五真共成一法，足称灵妙矣。

《上元宝经》曰：子食草木之王气，与神通子食青烛之津，此之谓也。此太素所传，太极所撰，上真灵仙之至要，不同余术也。服䭀饭，百害不能伤，疾疫不能干，去诸思念，绝灭三尸，耳目聪明，行步轻捷，能隐化遁变，长服益寿。茅司命大君语二弟云："宜服四扇散。昔黄帝授风后却老还少之道也。我昔授之于高邱先生，今以相付耳。"又语小弟保命君曰："卿宜服王母四童散，此反婴之秘道也。体中少损，宜服此方，以补脑耳。"按小茅君服时已一百二十岁也。夫此二方，皆妙法也，当斋戒修制。

又曰：斐君授支子元服食伏苓之法，焦山蒋山人所传，能长生久视，修合之际，须谨密斋戒。斐君又授支子元胡麻之法，蒋先生唯服此二方，位为仙真。此二方书与世少异，斐君所秘用者，验而有实。凡服伏苓胡麻之方甚众，此法既真人所经用，真人手所书记，必当最神，胜于诸法。若能常服，仙道可期。但患人服未觉甚益，便不服之，故少有克终之效。若体先不虚损，及年少之时，当服伏苓。若年三十岁，当服胡麻。蒋先生曰："此二方是大有之要法，长生神仙之秘宝也。大有者，谓委羽山洞天大有宫中之书法，彼人当有服之者。《宝玄经》云：伏苓治少，胡麻治老，合以斋戒，服以朝早，卉醴华腴，蜜也。百卉之花以成腴醴。五公谓为卉醴华英。火精水宝，火精，伏苓也。性热而合火，伏苓则其精矣。水宝，胡麻也。性冷色黑而津含泽，故谓之水宝。和以为一，还精归宝。此之谓也。斐君以年少时所用，故服伏苓也。清虚真人年十二便授此方，于时未必亏损，所以云服伏苓，夜视有光也。二方同耳，皆长年之奇方也。若合二物倍用蜜共煎捣为丸乃佳。按青精方伏苓禁食酸，此专用伏苓，不必禁酸味。"

又曰：清虚王真人授南岳魏夫人谷仙甘草丸方。魏夫人少多病疾，王君于修武县中告夫人曰："学道者当去病，先令五藏充盈，耳目聪明，乃可存思服御耳。"按王君初降真之时，是晋元康九年冬于汲郡修武县廨内。夫人时应年四十八也。夫人按而服之，及隐影去世之时，年八十三岁也。此晋成帝咸和八年甲午岁，则夫人从服药已来三十五年矣。其间或不必常相续也，了无复他患，先疹都愈发不白，齿不落，耳目聪明，常月中书道家章符。夫人既为女官祭酒，故犹以章符示迹耳。存思入室，动百日数十日，了不觉劳。既在俗世，家事相乱，欲修斋研诵，便托以入室也。食饮通快，四体充盈，即甘草丸之验也，谓之谷仙方。脾胃既和，则能食而不害，肤充而精察，起居调节，无涩利之患矣。食谷而得仙，故谓之谷仙也。此本九宫右真公郭少金撰集，此方诸宫久已有之。至郭氏更撰集，次弟序说所治耳，犹如青精及太素之法，而今谓太极真人也。学仙道者，宜先服之。昔少金以此方授介象，又授刘根、张陵等数十人，亦称此丸为少金丸。宜斋戒修合，并无毒无所禁食，一年大益，无责旦夕之效也。俗人亦皆可服之。

又曰：云芝英不择日而修合，治三尸伏疾，服食一剂，则谷虫死，则三尸枯。若道士固食谷者，乃宜服也。谷虫既灭，使人食谷而无病，过饱而不伤。去尸虫之药甚多，莫出于此。昔修羊公、稷丘子、东方朔、崔文子、商丘子，以协谷而皆得仙也。汉景帝及武帝求索东方朔、修羊公秘方，终不传。

又曰：北海公涓子，名姓不显，青童君弟子苏林之师也。少饵木黄精，授守一玄丹之道，在世二千八百年。玄洲上卿苏林字子玄，涓子弟子也。同紫阳之师，濮阳曲水人，年二十余，辞家学道，后授三元真一，游变人间。

又曰：太清正一真人张道陵，沛国人，本大儒。汉延光四年始学道。至汉末，于鸟鹄山，仙官来降，授以正一盟威之教，施化领民法，号天师。即《真诰》云奉张道陵正一平气者是也。天师灵宝伍符序及太清金液丹序并佳笔，别有传，已行于世。

又曰：服五石者亦能一日九食，百关流淳，亦能终岁不饥，还老反婴。遇食则食，不食亦平，真上仙之妙方，断谷之奇灵也。陶隐君注云：虽一日九食，而吸飧流变，不为滓，终岁不饭，而容色更鲜。又云：吸引之易感，无贵于七曜；修行之早成，不过于九道；保守之坚固，莫逾于镇生；卫用之急防，无起于浑神；药石之速效，岂胜于青精；祈拜之感，孰贤于朝谢也。

又曰：服五石镇，五藏不坏。

又曰：九苞凤脑，太极隐芝，丹炉金液，紫华虹英，太清九转，五云之浆，东瀛白香，沧浪青钱，高丘余精，积石飞田，能使人寿考。琴高先生授镇气益命之道，又行补脑反丹之法。

《宝剑上经》曰：太极曲晨八景丸服之，能飞行太虚。

又曰：太虚真人服四极云牙也。

又曰：飞龙云腴方，炼五石之华膏，身有玉光，能夜书。此药愈于八石之饵。

又曰：服日月之华者。欲得恒食竹笋。竹笋者，日华之胎也，一名太明。又欲恒食松叶。松者木之秀也，欲服日月，当食此物，气以感运也。

太虚真人云：松柏者，木之秀。

又曰：真人挹五方元晨之晖。食九霞之精。注曰：谓清晨之元气始晖之霞精，曰阳数九，谓之九霞。本文云：神光内耀，朱华外陈。

《太上黄素经》曰：凡道士临食，常上飧太和。

《太平经》曰：青童君彩飞根，吞日景。《空洞灵章》云：朝餐五云气，夕吸三晨光。又云：食黄琬紫真之饴。

《真诰》曰：昆仑有绛山石髓玉树之实。

又曰：上清金阙灵书紫文彩服阴华吞月精之法，昔授之于大微天帝君，一名黄气阳精藏天隐月之经也。

又曰：诸为道者，酒肉最为大忌。酒之为物，能使人识虑昏迷，性怀乱僻。案诸药中，唯□□四童丸云用酒，亦可以水。又术丸以酒和煎之，其余不云酒服饵。

又曰：后汉左慈就司命乞丹砂，得十二斤，以合九华丹。

又曰：治明期与后汉末人张正礼，在衡山中授服王君虹景丹，积三十余年。

又曰：赵广信，阳城人也。魏末来剡山，授服气法，守玄中之道。后服九华丹。

又曰：朱孺子，吴末人，入赤水山，服菊花饵术，又授西归子入室存泥丸法三十三章。

又曰：郑景世与张重华，俱晋初人也，在灊山授行守五藏含日法，服胡麻及玄丹。

又曰：马明生，临淄人。为县吏，逐贼被伤。太真夫人以灵元救得差，后师安期生，授服太清丹。

又曰：王玄甫，沛人，与邓伯元俱在霍山，授服青精石饭吞日丹景之法。

又曰：《黄山诀》云：养性服食药物，不欲食蒜及石榴子。道士自不可食。

《列仙传》曰：赤将子輿者，黄帝时人。不食五谷而食百草华。

又曰：天仙偓佺者，槐山采药人也。好食松实，体生毛，目方，能飞行及走马。

又曰：务光，夏时人，耳长七寸，好琴，服蒲韭根。

又曰：涓子，齐人，好饵术，着天地人经三十八篇。后钓于泽，得符鲤中，隐宕山，能致风雨。吉伯阳九仙法，淮南王少得其文，不能解也。其《琴心》三篇有旨焉。

又曰：刘景，前汉时人也，从邯郸张君授饵云母，知其吉凶。

《抱朴子》曰：修道饵药及隐居入山，不得入小法者多遇害，万物之老者悉能为怪，常试人耳。唯不能于镜中易其真形耳。是以古之入山道士，皆以明镜，径九寸已上，悬于背后，则老魅不敢近人。或有来试人者，则当顾视镜中，是列仙山神者如人形，是鸟兽邪鬼亦见。昔人有于蜀云台山石室中，忽有一人，着黄练单衣葛巾至其前。于是人顾镜中，乃鹿也。因叱而成鹿径去。又林虑山下有一亭，每宿者或死或病。常夜有十数人，衣或白或黑，或妇人男子。后郅伯夷过宿，明烛而坐。夜半果见，密以镜照之，乃群犬也。伯夷乃执烛起，诈误以烛烬落其衣，闻燎毛，遂以刀刺杀一犬，余骇去。每入山，须择吉日。

《抱朴子》曰：天地之情状，阴阳之吉凶，茫茫乎其亦难详也。吾亦不必谓之有，又亦不敢保其无。然黄帝吕望皆所信伏，近代严君平司马迁皆所据用，而经传有历，刚曰吉日，有自来矣。王者立太史官封拜置立，有事宗庙社稷，郊祀天地，皆择其一曰也。

按《玉钤》云：欲入山，不可不知遁甲之秘术而不为人委曲说其事也。

太平御览卷第六百七十二 道部十四

仙经上

《仙经》曰：九转丹、金液经、守一诀，皆在昆仑五城内。藏以玉函，书以金札，封以紫泥，印以中章。

《抱朴子》曰：余闻郑君言道书之重者，莫过于三皇内文五岳真形图。古者仙官志人尊秘此道，非有仙名者不授也。授之四十年一传，传之诀朱而盟，委信为约。诸名山五岳，皆以此书，但藏于石室幽隐之地。应得道者入山，精诚思之，则山神自开山，令人见之，如帛仲理者于山中得之是也。有此书者，当须清洁。每有所为，必先白之，如奉君父。其经曰："有三皇文者，辟邪恶鬼，瘟疫横祸。"又次有玉女隐微一卷，可化形为飞龙、杂兽、金玉、木石，兴致云雨之类，亦大术也。其淮南鸿宝万毕之书不能过也。郑君博极五经，知道者也。兼综九宫三棋，推步天下河雒与洛同谶纬。太和元年，知季辰之乱，江南将鼎沸，负笈将仙药东入霍山，莫所知之。

又曰：家有五岳真形图辟恶，人不能害。

又曰：黄老玄圣深识独见，开秘文于名山，授仙经于神人，蹶埃尘以遣累，凌太遐以高跻，金石龟鹤与之等寿。念有志于将来，愍信者之无闻，垂以方法，炳然着明。浅见之徒，区区所守，甘于蓼而酣于醨，知饮食过度而速病而不能节，知极情恣欲而致损，而不能割。神仙可得，安能信乎？按仙经以为诸得仙者，皆其授命，偶值神仙之气，自然所禀。故胎育之中，已含道性，及其有识，心好其事，必遇明师而得其法，不然则不信不求，求亦不得。夫百年之寿三万余日，幼弱则未有所知，衰迈则欢乐并废。童蒙昏老，除数十年，而险厄忧病，又相寻焉。居世之年，略销其半，人凡得寿，不过五六十，咄丁骨切嗟咸尽，除哀忧昏耄，六七千日耳。顾眄已尽，况于全百年者万无一焉。谛而念之，亦无笑夏虫朝菌也。盖知道者所至悲也。

《太上太霄琅书》曰：道本无形，应感生象。大象无象，象妙难明。故见真文，结空成字。

又曰：太上真人灵宝秘文内符者，九天真王、三天真皇以授帝喾，藏于钟山北阿。夏禹治水毕，诣钟山。钟山真人以授之。禹还会稽，更撰定为二通。一通藏苗山山礀，须万年劫会乃出。一通绢写付云水洞室，须甲申期至，令与理水传伯长等。

又曰：吴王阖闾十二年正月，使龙威丈人入包山洞庭取之以出，有符而无说。又齐人乐子长授之于霍林山人韩众，乃敷演服御之方，藏于东海北阴之室。太一金液经者，按《剑经序》云：高丘子服金液水，长史书云：欲合金液，意皆是此方，今有葛洪注，是郗愔黄素书。又有别诀一卷，此亦太清上丹法也。

《登真隐诀》曰：杨君、许长史共书《洞房经》于小碧笺纸。又云篆书白麻纸。

又曰：八素之经，是圣君以白素之缯、八色之彩笔自书也。

《灵书经》曰：昔龙汉之年，高上大圣以紫笔书空青之林撰出妙经灵宝真文，出法度人也。

《金根经》曰：太阳金童、太阴玉女传紫书上法。

又曰：西华玉女在仙都守卫藏天隐月之经，《龙飞尺素隐诀》云：天帝君命羽仙侍郎执金案以请经。

《真诰》曰：上清九真中经内诀，是太极真人赤松子撰。

又曰：华阳中玉碣文云：养存三元洞，我玉文领理八老二十四真，不眠内视，此仙之要言也。

又曰：《宝神经》，裴清虚，裴真君也。锦囊中书也，侍者常所带者。裴昔从紫微夫人授此书也。

又曰：玄圃北坛西瑶之上台也，天真秘文尽在其内。

又曰：九华真妃与紫微王夫人、南岳魏夫人同降，真妃坐良久，乃命侍女发检囊中，出二卷书付杨君，一上清玉霞紫映内观隐书，一上清还晨归童日晖中玄书。此是三元八会之书。杨君既究识真字，令作隶字显之耳。道有八素真经，太上之隐书也。又有九真中经，老君之秘言也。黄书亦要长生之诀也。青要紫书，金根众文，玉清真诀，三九素言，丹景道精，隐地八术，白简青箓，紫度炎老，此皆道之经也。又有飞步七元天纲之经，七变神法七转之经。又大洞真经三十九篇，太丹隐书，八禀十诀，天关三图，七星移度，九丹变化，胎精中记，九赤班符，封山隧海，金液神丹，太极隐芝，五行秘符，曲素辞诀，黄水月华，徊水玉精，水阳青英，绛树青实，琅玕华丹，天皇象符以合元气，白羽紫盖以游五岳，三皇内文以召天地神灵，玉珮金珰以登天极，素奏丹符以召六甲，金真玉光以映天下，八景之与游行太清，飞行之羽以超虚空。

刘向《列仙传序》曰：《列仙传》，汉光禄大夫刘向所撰也。初，武帝好方士，淮南王安亦招宾客，有枕中鸿宝之书。先是安谋叛伏诛，向父德为武帝治淮南狱，得其书。向幼而读之，以为奇。及宣帝即位，修武帝故事，向与王褒等以通博有俊才，进侍左右。向又见淮南铸金之术，上言黄金可成。上使向与典尚方铸金，费多不验，下吏当死。兄安阳成侯安民乞入国户半赎向罪，上亦奇其材，得减死论，诏为黄门侍郎，讲五经于石渠。至成帝时，向既司典籍，见上颇修神仙事，遂修上古以来及三代秦汉博彩诸家言神仙事。

《穆天子传》曰：升昆仑之墟，以观黄帝之宫，具斋戒以祀，登春山，即玄圃也。昆仑之山，地方二千里，有曾城九重，是谓阆风玄圃。

《山海经》云：明明昆仑，玄圃其上。穆天子勒铭于玄圃，以昭后世。天子于王母觞于瑶池之上，王母为谣白云在天，于是天子升于崦嵫，日入处山也。乃纪迹于崦山。

《茅盈传》曰：王母谓茅盈曰："玉珮金珰之道，太极玄真之经，能之者皆飞行大墟。"王母命西域王总真一一解释玄真之经。又自敷演金珰之经，口授于盈曰："金珰者，上清之华盖，阴景之内真。玉珮者，太上之隐玄，洞飞之宝章。得其道者，上陟云汉，宴寝太极，元始太常之言，是太宵二景隐书玉珮金珰之文章也。”又有阴阳二景内真符，与本文相随。太上法唯令授诸司命，子玉札玄挺，绿字刊金，黄蝶内曜，素书上清，与当为上卿之君，司命之任矣。然不先闻明堂玄真之道，亦未由得太宵隐书也。玄真之道，是食日月之法，炼五神之术耳。其经曰：‘太上玄玄，双神四明。玄真内映，明堂外清。吞息二晖，长生神精。上补司命，监御万灵。六华充溢，彻视黄宁。’凡四十字，太上刻于凤台南阙也。非总真弟子而不教，非司命之挺而不传也。太上真官用日霞之道，挹二景之法，使通灵致真，体生玉映，役命万神，上升帝房。昔钟山真公用此玄真法耳。“王君乃将盈归西域，依承真诀，按而行之，三年之中，面生玉泽。后王君又赐盈九转还丹及方一道，立坛结盟，约不得传泄。乃遣令归，告曰：“复百年求我于南岳，将授汝仙官于吴越。”盈后得仙，居句曲山，邦人因改句曲之名为茅君之山。时茅君二弟闻盈，方信有仙矣，弃官而去，渡江求兄。相见，告二弟真诀。一十八年，道成。因使更斋戒三年，授以上道，使存明堂玄真之气。盈乃启王君，自说二弟得为地仙之法，要当授篆珮带真极之符。王君赐玄水玉液，绛日丹芝，可使二弟斋戒三月而服之。盈命飚车与二弟诣青州，请书名金简，又诣西城洞宫，朝见总真上宰，次南诣衡山之朱台，谒太虚赤真人，归方诸请地仙二真之策，造赤城授真变神符。又之罗霍，求华旌绣幡，又上登九宫，诣金阙之下，授圣君之书，顿首于阙下三月。于是圣君命九微太真上相王大司命高晨师青童君，使上诣太上，请朱冠使者下拜二弟于金阙下，授二弟真简而还。

又曰：神仙经黄白方二十五卷，千有余首。然率多深微难知，其可解分明者少许耳。世人多疑此事为虚诞，与不信神仙者正同耳。余昔从郑君授九丹及金液经，因复求授黄白中经五卷。郑君言曾与左慈于庐江铜山中试作，皆成也。然斋洁禁忌之勤苦，与合九丹神仙药尾也。俗人多讥余好攻异端，谓余欲强通天下之不通，若方诸所得水火，岂与常水火别哉？皆自然之所感致，非穷理尽性，不能究其指归；非原始要终，不能得其情状。成都内史吴太文，博达多知，亦自说昔事。道士李根，见根术有所成，不得其术，令百日斋戒。太史又连在官，终不能得，恒叹息，言人间不足处也。

《太真科》曰：清虚小有天王，撰三天一正法经。

《金液经》曰：太初混元皇经以陈上真绛晨，封之玉箧。至道之大，合符天图，三丹要言，太皇所纪，秘之玉堂，勿传其旨。太真玄丹经刻于清虚之堂，太皇君之宝章也。命曰紫蕊明珠之丹。开元回化，混尔而分。阴阳屡变，其道自然。玄图七转，至九而还。大黄首篇，是曰玉虚。上真保之，命曰元经。上清洞真玉经曰，太上八景章皆刻于东华仙台，不宣于世。其授帝君九阴诀，盟用素丝绛币，此曰晖之誓也。其授太上结邻章，盟用碧币，此月华之誓也。

《太一帝君洞真玄经》曰：有玉女在太上六合紫房之内，侍卫太丹隐书。

《马明生内传》曰：灵宝天书，封于九天之上大有之宫，西华玉女金晨紫童典卫之。

《玉光八景经》曰：金华之玉晨晨童侍卫玉光八景之经。

《太上黄素经》曰：凡读太丹隐书金华洞房及雌一宝章者，是能餐味玄真，触类无滞，感召太素，陟降九真，得称为三元丹法师，总领上真。

《九真中经》曰：西玄仙洞台中有《郁仪》《邻结》二经，玉简金字玉检曰青笔书三元玉检上元检。

《后大洞经》曰：西灵玉童在当寒台，侍卫《八景玉箓经》。

《后圣君列纪》曰：龟母按笔，玉童结编，名曰《灵书紫文上经》。

三皇经内音曰：凡书此内音之符，以黄笔为文，成篆隶科斗之字，记造化人伦之始。

《丰都六宫下制北帝文》曰：人之死生，玉帝刻石隐铭，以书六宫北壁，制检群凶。

又云：刻石隐文以朱书青缯三尺珮之，万神朝己，此玄古之道也。

又云：酆都山洞中，玉帝隐铭凡九十一言，刻石书丰都山洞天六宫北壁。六宫，万神之灵也。

又云：玉清隐书洞景金玄之章，刻石隐铭，此音发于自然之篇。九天玉章，其词幽奥，非始学凡夫所可竟通，非大帝下降，不得演究此铭也。

又《金根经》云：凡修金玄当珮隐铭。

《玉帝七圣玄记》曰：列名上清者，皆刻注于玄圃，得为太平之真也。故太上诰命记乎玉文，非以简札翰墨所能宣也。

《玉清隐书》曰：玄羽玉郎以《玄羽玉经》授太素三元高上玉贤之宾。

又曰：景玉童在灵景之阙，琼霞之房，侍卫上皇玉惠玉清之隐书。

太平御览卷第六百七十三　道部十五

仙经下

《玉帝七圣玄记》曰：旧文有十万玉言，自非上圣，莫能意通。题昆仑之堂，北洞之源。

又曰：昆仑之室，北洞之真，源回九乙天霄，白简青箓在其内也。

《本行经》曰：九都之上，金格玉书，并题得道人名，展转劫数。

又曰：紫兰台，琼文紫字在其中。

《西极明科》曰：龟山西室，王屋南洞，天经备足也。

又曰：玉清洞房三气金章，封于玉京紫户之内。

又曰：玉箓宝章，藏紫房九户之内。《大洞雌一经》云：有玄琳玉殿五老镇，生上经藏在其中。“

又曰：四极明科，封于金阙紫台。

又曰：华耀景真经秘在九天之上，大有之宫，金映粕宝台。又有三宝玄台，上清隐书秘其中。

《登真隐诀》曰：上清仙台，金书在其中；太极九玄台，碧简文在其中；玄真皇龟台明堂，玄真经在其中。

又曰：昆仑瑶台，西母之宫，所谓西瑶上台，天真秘文在其中。

《金书玉字上经》曰：西玄洞台有金书洞房经。

又曰：骨命已定于玄阁绿字，已有生名仙籍故也。

《洞玄经》曰：有始阳台，在阮乐天中，内音书在其上。

又曰：三层玉台，在九天阙之上，台上有太清宝经三百卷及真人学仙簿箓简目，大帝监真玉司郎典之。

又曰：瑶台者高上帝藏金玄羽章，方神隐音在其内，紫书。

《金根经》曰：凡学者勤尚苦志，则玉皇三元东华太上当遣真人授其真经，后圣众真莫不先奏金简于东华，投玉札于上清，然后得授大洞真经，而或青宫无金简之箓，玉格无玄编之名，则神经亦不可得而授也。

《金根经》曰：开云凤之蕴，紫锦之囊，出紫书真诀玉篇。

《大有经》曰：帝卿执大洞真经，盛以紫玉函。

又曰：太一君执素灵洞玄大有妙经，盛以黄玉函。

又曰：大有经，金缕玉字，以明其篇。

又曰：大有妙经九真科检校秘于金藏玉匮。

《大洞雌一篇目》曰：大洞真经在九天之上，大有宫大玄灵台。

又曰：华玉堂，仙母金丹在其内，奔日月二景。

《隐文》曰：西玄山下洞台中，有郁仪结邻经也。玉屋山清虚中亦有此经也，而不备。唯太上玄宫高上台及蓬莱府北室金柱玉壁刻此，并备。

《八素经》曰：太上曰："诸学真人而授玄清八素经，皆有太帝篇目。西华宫有玉简藻书，当为真人者，乃得此文也。"

又曰：西龟之山，玄圃之上，积石之阴，八素真经在其内。

《龟山元箓》曰：龟山丹屋飞玄紫文，西母常所宝秘，其旨隐奥，自无仙名，不得眄其篇目，得者皆九天书箓，名题龟山。

又曰：玉华之室，丹景玉文在其内。

《飞行羽经》曰：峨眉山金台之室，飞玄羽经秘其内。

又曰：太上飞经，藏于玉清上宫七映紫台。

《五宝经》曰：灵宝紫文，秘在九天之上太玄灵台。

又曰：神州七转舞天经，秘于紫天元台。

《三元玉检》曰：九天三关之门，九天龙书三元空洞玉检飞玄之文，刻题其内。

又曰：三玄台，玉检紫文九天真书在其内。

又曰：西沙方台，上真三元之检在其中也。

又曰：晨灯之台，飞天检文在其中，明照九天之上。

又曰：金牖台，三元玉检刻题其中。

又曰：凤生台，太真金书在其内。

《金简玉字经》曰：有洞天阳台，玉珮金珰经在其内。

《洞景金玄经》曰：自非真仙之名，帝图玉箓者，不得闻见此经。得见此经者，飞仙上清。

《法轮经》曰：太上玄一真人曰：吾昔授无极太上大道君无上八门经，道成，位加真人。此文与元始同生，包含天地，亿劫长存，自非仙箓，不得妄传。

《天地纲纪经》曰：太上玉经隐书，皆盛以别笈。

《道迹经》曰：东井华林堂元洞天中，内音玉书置其上。

《大有经》曰：太玄灵台，玄都九真明科在其内。

《飞龙隐诀》曰：飞行羽经，封之峨嵋山金台室。

《道学传》曰：洞室中有金城玉屋，真文所在。

《上清九真中经内诀》曰：太上宫高上台，有太上玉晨郁仪奔日赤玉文，及太上玉晨结邻奔月黄景玉章，此二经刻以玉简金字。

《内音玉字经》曰：内音，封于南河洞室石匮之中。

《五符经》曰：九天灵书，封于石匮。

《玉诀经》曰：南圃丹霍之河，三元洞室，封题玉匮。

《消魔经》曰：仙经一藏于荒山，观试凡心也。

《像天地品》曰：后汉顺帝时，曲阳泉上得神仙经一百卷，内七十卷，皆白素朱界青傈朱书，号曰太平青道阴行品。日度代君司马生以白玉板青玉界丹玉字，以授吴郡沈羲。

又曰：上清以丹金书之，紫金为界。

《三元真一经》曰：琳霄之室者，三元真一之法藏在其中也。

《玉光八景经》曰：金辉紫殿，金真玉光八景经藏其内。

《上清经》曰：南极藏上清经于瑶台。

《茅君传》曰：金台者，上真内经封其中。

《三道顺行经》曰：南洞之室，玉君封三道经在其中。

《玄真经》曰：高玄之妙道，玉清之秘篇，皆授金名玉字高仙之人。

《九真中经》曰：奔日月之道，太上上清，太极九皇，四司真人之所宝秘，玄元君之玉章也。自非有金阙玉名及东华紫字，皆不得闻见。此《郁仪奔日》《结邻奔月》二章之篇目。

《三元布经》曰：南极上上宝秘玉检之文，自无玄名帝图，不得见其篇弟也。又金羽玄章经，此文隐藏不传于世，自无兰台丹字，不得见闻。

《灵宝真一诀》曰：洞玄自然经，本文出乎太上道也者，弥纶无极，微妙无形。

《老子》曰：天下莫柔弱于气，气莫柔弱于道。道之所以柔弱者，苞乎天地万物。夫柔之生刚，弱之生强，而天下莫能知其根本所从生者乎？是故，有以无为母，无以虚为母，虚以道为母，自然者，道之根本也。人能以自然为道真，则道可得而通也。

《太上经》曰：道实无形，隐为化本。经有文字，显为教端。师有形言，出处为法。语默随时，为存为最。期至乎道，白经与师。师经及道，号为三宝。

又云：化本有三，道经师也，大道无形，须经为阶；经文玄妙，非凡所知；圣降为师，示人旨诀。《老子》云：道者万物之奥，善人之宝。贤者得之，以为真宝；愚者得之，不敢失道。道无常术，德无常方；神无常体，和无常容；道无中主，与静为友。

又曰：龙景九文紫凤赤书经旧文藏在太上六合紫房之内，天人侍卫其经。

《太微黄书经》曰：天真三皇藏八会之文于委羽山，太微天帝藏一通于龟山。其灵书八会，字无正形，趣究乎奥，难可寻详。得为天书，自然至真。斯八会之气，全五和之音，非浅近者所能洞明。天真皇人，竭其所见，注解其意。八会多文者，生天立地，开化人神。万物之本，主召九天。上帝校定神仙图箓，政天分度，安国息民，摄制酆都，降魔伏鬼，敕命水帝，召龙上云。论天地劫期，辨圣真名氏。所理城台种种，因缘广宣，区别五方元精，服御求仙化形之法，皆演玄妙自然，虚无正真，妙趣明了具足也。又有玉诀者，天真上圣述释天书八会之文，以为正音。又有灵图者，玄圣表化，示以灵变象形述理，令物易悟也。玉皇谱箓者，众圣纪述圣君名姓，宗本继嗣，神官位绪也。诫律者，玄圣制敕，诠量罪福，轻重科条，防检过失也。威仪自然经者，具示斋戒，奉法俯仰，进止容式，轨范节度也。方法者，众圣着述丹药秘要，神草灵芝，柔金水玉，修养之道也。术数者，明辨思神，存真念道，神心虚志，游空飞步，餐吸元和，导引三光，仙度之法也。记传者，众圣载述学业，得道成真，证果众事之迹也。

《升玄经》曰：太上以灵宝内教经者，咸信着万民，乃可传授。奉戒完具，内无毁灭，赈恤孤弱，远恶修善，不求名誉，称毁如一。幽僻之处，勤行其道，使人信之。如四时不欺，与贤者论议，不自专执者，可传援也。又有好求胜法，从善如流，好近贤智，无猜疑行。聪明而赏别真伪，谨慎而言不过行，柔弱而无过恶，能师己胜而无悖慢，重其师教如贫之得，宝尊奉师长而不辞勤劳，请益之心，夙夜不懈。如此之类，方可授经。

又曰：有上清列纪经者，得为太极仙人。益能诵之者，遂为上清之君也。有玉清隐书者，旦夕当致真仙，论道讲妙。有四极明科经者，则玉帝遣五方神兵，左右三官检制灵文。

《灵宝经》曰：元始洞玄灵宝赤书五篇真文者，于元始之先，空洞之中，天地未根，日月未光，幽幽冥冥，无祖无宗，灵文暗蔼，乍存乍亡，二仪待之，以分太阳，待之以明，灵图革运，玄象推迁，乘机应运，于是存焉。天地得之而分判，三景得之而发光，灵文郁秀，洞映上清，发乎始青之天而色无定方，支势曲折，不可寻究。元始炼之于洞阳之馆，冶于飞火之庭，鲜其正文，莹发光芒，洞阳气赤，故号赤书。天宝之以致浮，地秘之以致安。五帝赏之以得镇，三光乘之以高明。上圣奉之以致真，五岳从之以得灵，天子得之以致治，国享之太平，实灵文之妙德，标天地之玄根。威灵恢廓，普加无穷，荡荡大化，为神明之宗。其量莫测，巍巍大空，生天立地，开化神明。上谓之灵，施镇五岳，安国长存；下谓之宝，灵宝玄妙，为万物之尊。

又曰：太上八威策文，今灵宝五符，后有一符，名太上八咸策，以制虎豹山精也。太上隐书金真上光经，即太上玉晨传也。素灵洞玄大有妙经，即西王母传也。玉珮金珰太极金书，即扶桑大帝君传也。飞行羽经，即中央黄老君传也。太霄隐书琼文玉章，即太帝传也。凡诸传必有真经，或人高而法下，或术重而位轻。此传虽有新法，以黄庭内经为主，是为太极经也。赤丹金精石景水母经，此似紫文照日精法。天皇象符，以合元气，黄书赤界，长生之要。

《洞真玄经》曰：无太一金阁，五星隐箓，后圣七符，空山石函，丹台章玄黄，五行天母抱图者，皆不得闻见至道也。

《洞真经》曰：玉室者，三九素语，玄丹上化三真洞元之道，藏于内。

又曰：高上藏三元玉检三元布经于其内曲室者，太微天帝君秘九丹上仙文之所也。元始五老又秘五篇真文于其内。

又曰：东海青华小童治玉革青宫内，其东殿架上有宝经三百卷，玉诀九千篇，主学仙簿箓，应为真人者授之。玉晨监仙侍郎典之。

又曰：玄灵台，五老宝经及玄母八门金台玄丹三真洞元之经藏其内。

又曰：九天关台，上有上皇太真高帝玉名及后圣真人簿箓，太虚玉晨监典之。

《太洞玉经》曰：玉晨延以金华之堂，太上书以明玉之札。

又曰：龙山是玉清天中高台名也，天帝玉字在其中。

又曰：万华宫有上帝宝经，玉清隐书。

《大洞经》曰：有玄云羽室，黄老元君经封在其中。

又曰：黄老元君经，封在素瑶台及北寒金台。

又曰：有闻风玉台总司学道仙籍。

又曰：雌一玉检，秘在九天之上，大有之名，太玄灵台。

又曰：有混成玉堂，大洞真经在其中。

又曰：大洞真经者，三五之秘号，真道之至精，三一之极章，并玉清之禁诀，高上之秘篇也。又太上九真明科经云：大洞真经、雌一宝经、素灵妙经，三奇之章，高上玉皇宝篇秘在九天之上，大有之宫，太玄灵台玉房之中也。三箓者，众经之端也。金箓、黄箓、玉箓也。夫灵宝经者，有内外。外教杂教，随人所悟，说之不必尽言也。趣令前人受悟为限也。内教者，真一妙术，发自内心，行善得道，非从外来。若道可假外而得者，便应以道授，至真不变，湛然常存也。三皇经者，玉清洞真，上清洞玄，太清洞神。

又太极隐注宝诀经云：授三洞经，当绝人事而行之也。总三洞，名太上洞一高上之经矣。

《大洞真经》或曰：《太真道经》，或曰《太清上道观天内经》，上清之高旨，极真之微辞，飞仙之妙经也。

《灵宝经》，或曰洞玄，或云太上升玄经，曰：皆高仙之上品，虚无之至真，大道之幽赞也。三皇天文或云洞神，或云洞仙，或云太上玉策，此三洞经，符道之纲纪，太虚之玄宗，上真之首经矣，岂中仙之所闻哉？

又《金箓简文经》曰：三洞宝经，自然天之文也。

又《太上太真科经》云：大化始立，人风真淳，故三宝度三品人。洞神名仙宝之道，接三皇之世。洞玄名灵宗之道，明三才，度五帝之世。洞真名天宝之道，纪清正之方，济三代之后。

又《太上仓元经》云：三洞经者，洞真上清也，洞玄灵宝也，洞神三皇也。

又《灵书经》曰：元始以龙汉之年撰十部经，告西母曰："太上紫微宫中，金格玉书灵宝真文篇目有妙经，其篇目今以相示，皆刻金为字，书于玉简，题其篇目于紫微宫南轩。太玄都玉京山亦具记其文。"

《道君列纪》曰：若三元宫有珠札青书者，则紫脑锦舌北为仙相也。

太平御览卷第六百七十四　道部十六

理所

《五岳山名图》曰：性命魂神之所属，皆有理所。

《神异经》曰：昆仑有铜柱，其高凌云，所谓天柱。围三千里，员曲如削，下有仙曹九府治所。

又曰：昆仑三角，其一角正北干辰星，名曰阆风巅。其一角正西，名曰玄圃台。其一角正东，名曰昆仑宫。上有玉楼十二，景云映日，朱霞九光，西王母之治所，真官仙灵之所宗。

《登真隐诀》曰：上清之境，九天之门，上皇太皇，帝君玉尊，集群神于其中，以定天下万民之罪福。

又曰：西华堂在上清，王母所居。

又曰：文德宫，张叔隐处之。

又曰：八景城在上清，玉晨道君所居。

又曰：赤城，太元真人所居。

又曰：上清有杨寥殿，上皇大帝王尊集群于真内。

又曰：希琳殿在上清东海八停山上，太帝君所居。

又曰：琅玕殿在上清，金阙圣君所居也。

又曰：上清之境有丹城紫台，上皇大帝君玉尊集处。

又曰：七灵台在上清境，玉晨道君所居。

又曰：明真台在上清境东海八停，太山上帝所居。

又曰：那弗台在上清境方诸东华山上，青童君所居。

又曰：上清境有希林台，大帝道君居之。

东方朔《十州记》曰：有光碧堂，西王母所处也。

《三九素语》曰：兰台宫，亦柱玉女处之。玉房宫，黄帝之女处之。

《十洲记》曰：沧浪海岛上有积石室，多石象、八石、脑石、桂英也。

又曰：紫石宫室，九老仙都治处也。

又曰：昆仑山，一名昆陵山，一名玄圃台。上有积石圃、大冶井，西母宴会之所也。

又曰：昆仑有琼华室，西王母处之。

又曰：玄洲在北海亥地，有太玄仙都，伯真公所治也。

又曰：聚窟洲在西海中，北接昆仑，上多真仙宫，弟有辟邪天鹿之兽。洲上有大树，与枫木相似，而芳华闻数里。

又曰：神仙岛有紫石宫室，九老仙都治处，仙官数万人。

又曰：方丈在东海中，三天司命所居处，群仙皆往来其上。

《大洞真经》曰：太素三元山，有中黄太一上帝之馆。

又曰：玉晨大道君治蕊珠贝阙。

又曰：玉皇道君居青云之城，玉阶文陛。

又曰：玉容堂者，虚无真人之逸宅，亦真气之明堂。

又曰：玉容堂者，太上之明堂也，得道符籍之所在。

又曰：万华宫在小有玉真之天，小有先生之所治。

又曰：绝空之宫在玄洲之北，九真仙上帝司禁君会仙处也。

又曰：圆华宫，黄老之所处。

又曰：大霞之中，太虚元君之所处也。

又曰：秀华山，太极真人呼曰圆明丹室，五灵真君处之。

又曰：青精君登紫空之山，化玉室之内。

又曰：昆仑山有金丹流云之堂，上接璇玑之轮，下在太室之中，西王母所治，真仙之女所处也。

又曰：玉室，青精君之所处。

又曰：玉华三元君处流逸之室。

又曰：太虚有太霞之室，合九云而立宇，大虚元君之所处也。

又曰：青华之室，青童君乘玉雕之軿，御圆珠之气而入山室。

又曰：太老之室在上清，八皇老君乘广琅车而入。

又曰：流刚山上有晖景之室，西王母治所也。

《金根经》曰：青要帝君在丘玉国，黄金紫殿，青要帝君所处。

又曰：八阙，天人散香其间，阙上有金台九层，台上玉晨镇君所进居也。有金辉紫殿，后圣金阙帝君所居处也。

《上清经》曰：上清南极长生司命君，藏瑶台丹灵宫，又在兰庭云台，又登绝空之中紫碧玄台。

又曰：有紫微玄琳殿，中央黄老君居之。

又曰：协晨虚观峻层之室，太上大道君闲居处也。

又曰：元始居紫云之阙，碧霞为城。

又曰：有黄房之室，一石玉容之堂，真晨道君治其中。太真科崇玄台，天师朝礼处。

又曰：有燕仙室，天师教化处也。

《南真说》曰：西王母女媚兰，字申林，治沧浪山，授书为云林天人。

又曰：北元中玄道君李庆宾女，受书为东宫灵昭文人，治方丈台弟十三朱馆中。

又曰：阆野者，阆风之府是也。昆仑上有九府，是为九宫，太极为太宫，诸仙皆是九宫之官僚耳。至于真人，乃九宫之公卿也。

又曰：大方诸宫，青君常治处也。其上人皆天真高仙，太极，公卿诸司命所处。有服日月芒法，虽已得道为真，犹故服之，霍山赤城亦为司命之府，唯太元真人南岳夫人在焉。李仲甫在西方，韩众在南方，余三十二司命皆当在东华。东华青童为太司命总统也。杨君亦去东轸执事，不知当在弟几耳。

又曰：句曲山，汉三茅君治其上，各乘一白鹄，集于处所，时人互有见者。山生黄金，汉灵帝时，诏敕郡县采句曲之金，以充武库。至孙权时，又遣宿卫人采金，常输于官。

又曰：方丈西北有阴城大山，沧浪西南有阳长大山其，山真仙之所处，是阳九百六应数之标揭也。秀华山有玉堂，乃五灵真君所处也。

又曰：金华山上有五宫，太一所处。

又曰：玄洲之上有景晖之室，西母之治所。

《神洲七转七变经》曰：西陇濛汜之滨紫微玉堂，王母请诰灵素章之处也。

《飞龙隐诀》曰：北极真公治于北极广虚之室。《大洞雌一篇》曰：三元君在元虚之室。元始序曰：寒灵丹殿在上清太玄，王都道君请真文之处。又有玉宝殿，帝尊所处也。

《王君内传》曰：紫清太素琼阙，太素三元道君之所治也。

《洞玄经》曰：太极紫瑶之阙，太极玄光真君所治之处。自天地已来，人之生死簿籍在其中。

《玉清书》曰：玉户琼门，九皇上在其中。

《茅君内传》曰：玉清天中有散华台，是四斗七晨道君之所治也。

《列仙传》曰：太空琼台，太平道君处之。

《上清八景飞经》曰：玉宝台，三元君所登处也。

《三元真一经》曰：黄阙紫户玄精之室，身中三一尊君常栖息之所。

《神祝经》曰：太上玄堂，天人所止。

《本行经》曰：有三元洞室，妙真人所处也。

《道学传》曰：茅山燕口洞，女冠钱妙真登坛处也。

《定志经》曰：天尊静处玄都元阳七宝紫微官。

《太一洞真经》曰：有太极紫房宫，天帝宝神所处也。

《玉清经》曰：玉清宫，高真玉皇出入处。

《洞冥记》曰：宜都崇堂，在紫泥之海，东方朔宴息之所也。

《洞真经》曰：太老寝堂，八皇老君居处也。

《三元玉检经》曰：广灵之堂，太素三元君处之，在上清天。

《玄母八门经》曰：五通仙堂者，五通帝君在其内。

又曰：散花玉室，三素元君在其内。

《玉清隐书》曰：琼琳堂，上皇玉帝寝宴处也。

《道学传》曰：沿室中有太阴堂，龙威丈人所见真文之所处也。

《龟山元箓》曰：文龟洞室，上元君坐之处也。

葛洪《神仙传》曰：金华山有石室一所，丹溪人皇初平之隐处也。

《清虚真人王君内传》曰：委羽山洞周回万里，名曰大有空明天，司马季主在其中。

又曰：西域玉山洞周回三千里，名太玄总真天，司命君之所处也。

《名山记》曰：益州西南青城山，一名青城郡山，形似城。其山有崖舍亦壁，张天师所治处。南连峨嵋山，山遥望唯见两青岭。山如蚕蛾之眉，赤有洞天，诸灵书所藏不知当是弟几洞天也。

又曰：赤城丹山洞周三百里，名曰上玉清平天。此山下同台方二百里，司命君之府也。

《玉京经》曰：玄都玉京山有七宝城，太上无极大道虚皇君之所治也，高仙之玄都焉。

《大有经》曰：太清极玄宫在元景之上，太上君居之。

《三元布经》曰：上清玉景宫，珮三元布人在其中。

《道迹经》曰：秀华玉堂，五灵真之所处也。

又曰：洞真堂，元始天王太一高圣君说观身太戒之所也。

《升玄经》曰：玉清台，仙圣游衍之所。

《七星移度经》曰：帝君上登太极琼台。

《上原经》曰：眉竺仙公住南岳。

《五符经》曰：皇人在峨嵋山北绝岩之下，苍玉为屋。

《龟山元箓》曰：紫閤，西华玉女居之。

《神祝经》曰：九合之室，太上在其内。

《玉晨明镜经》曰：有太玄玉晨金华之室，三素元君处之。

《真诰》曰：大茅山西南有四平山，俗呼为方山，其下有洞室，名曰方台洞，与华阳通，号为别宇幽馆，得道者处之。

又曰：方偶山下有洞室，名曰方源馆，幽人居之。

又曰：包山下有石室银户，方圆百里。

又曰：有天市坛，范丘林授口诀处。

又曰：存方台，仙人蔡天生隐其内。

又曰：清虚宫，司马季主隐处也。

又曰：积石台，朱孺子居之。

又曰：寝静之室，涓子处之。

又曰：蓬莱仙公洛广休治蓬莱山。

又曰：许玉斧居方山洞，为上清仙公。

又曰：羡门，今在蒙山，大洞黄金之庭，授书为中元仙卿。

又曰：广汉郡绵竹县东九里有山，昔韩众于上得仙。有大石铜为志，治应箕宿。

又曰：广汉郡新都县，去成都一百五十里，山有芝草神药，前有池，水中有神鱼五头。昔王方平于此与太上相见，治应斗宿。

又曰：越嶲郡邛都县有小山，大山名蒙治山，其高无逾。伊尹于此学道。上芝英金液草，服之度世，治应奎宿。

又曰：云台山有桃一树，三年一花，五年一实，悬绝无底之谷。唯赵升乃自掷取得桃子，余者无能取之，治应胃宿。

又曰：天柱山有女玉乘白鹤，仙人乘白鹿，在云台，治前有两碑。

又曰：玉局治在成都南，永寿元年正月七日，太上乘白鹿，张天师乘白鹤，来至此坐局脚玉床，即名玉局，治应鬼宿。

又曰：钟山在北海子，地隔弱水，自生神草，仙家种芝，课计顷亩，如稻状。亦有玉石泉，上有九源丈人宫，主领天下水神。

又曰：扶桑在碧海中，大帝宫，太真东王所治处也。

又曰：蓬莱山上有九天真宫，盖大真仙人所居。

《玉凉仙山经》曰：方诸宫，青童君治之；大丹宫，南极元君治之；白山宫，大素真君治之；西城宫，总真王君治之。

《太真科》曰：有无央宫，高上太真居之。

《龟山元箓》曰：金华宫，西华玉女处之。

《上清经》曰：启金宫，玉宝九霄丈人居之；七映宫，紫映九霄真人居之；玉清元宝宫，高上虚皇君居之；金灵宫，紫虚高上元皇道君居之；朱灵宫，上皇虚君居之；洞云宫，皇上帝君居之；金辉宫，紫皇君居之；灵映宫，高亭君居之；变化宫，玉皇先生居之；玉宝宫，紫精君居之；飞玄宫，玄一君居之；玄上宫，玉皇先生居之；变云宫，太帝君居之；金门宫，皇上帝居之；阳明宫，洞真君居之；元景宫，太素君居之；紫瑶宫，北玄君居之；纳灵宫，南朱君居之；音光宫，西华君居之；灵金宫，中元君居之；紫微宫，东明君居之；凤生宫，高上君居之；朗范宫，元辰君居之；七瑶宫，九元君居之；郁森宫，大明君居之；云森宫，元灵君居之；洞霄宫，三元君居之；返香宫，元昭君居之；长命宫，太极元君居之；高虚宫，紫元君居之；飞玄宫，上真老君居之；琼容宫，洞景君居之；耀琼宫，太阳君居之；明真宫，景元君居之；紫曜宫，司命君居之；通妙宫，天皇君居之；金华宫，黄房君居之；天皇宫，太一君居之；闲清府，九天丈人居之；又有丹府，三天玉童居之，又有重冥府，玉堂九霄丈人居之；凤生府，九霄真人居之；金府，灵皇君居之；丹神府，上皇元道君居之；生真府，玉虚君居之；金魂府，万始先生居之；务虚府，皇帝君居之；紫曜府，紫皇君居之；神变府，中元君居之；九合府，玉皇先生居之。

又曰：有巉层之室，玉晨道君处之。

又曰：帏绿之室，太元真人处之。

《汉武内传》曰：有紫桂宫，太上丈人居之。

太平御览卷第六百七十五 道部十七

冠

《真诰》曰：有一老人着绣裳，戴芙蓉冠，倚赤九节杖而立。芙蓉冠郎礼之爵弁，粗欲相似，但不知真人以何物作之耳。自非已成真，不得冠此。

又曰：远游冠，桐柏真人戴此冠。女真已笄者亦戴冠，唯西王母首戴玉胜。又女真未笄者，则三环角结，或飞云编结，余发垂两肩至腰中也。龙冠金精巾、虎巾、青巾、虎文巾、金巾，此天真冠巾之名，不详其制。

又曰：男真冠真，并飞天交结。

《道学传》曰：王母二玉女侍王母上殿，戴火真晨缨之冠，履玄琼凤文之舄。

又曰：孟景翼字辅明。义嘉构难，景翼星夜往赴，经行失道。时一人黄衣黄冠，在其前引路。既得道，乃失所在。

《海空经》曰：真仙道士，并戴玄冠，披翠帔。

《太真科》曰：解褐披绛绡之衣，释巾着远游之冠。

又曰：人皇着七宝珠冠。

《上清经》曰：元始皇上丈人戴紫曜之冠，珮九色自然之绶。

又曰：高灵九天，建金华七曜之冠。

又曰：玉真九天丈人，建飞精百变之冠，珮九元道真之策。

又曰：上三天玉童，建三华宝曜洞天玉冠。

《四明科》曰：凡修上清道经、大洞真经，入宣之日，当身冠法服。

又曰：凡女子学上清之法，授宝经玉诀，修行大洞，皆元君夫人之位，入宣之，曰："当冠元君之服，万真束带，玉童玉女各二十人。"其掌法服，无此服不得升于上清。

《洞神经》曰：授道之人，皆玄冠草履。

《传授经》曰：老子去周，左慈在魏，并葛巾单裙，不着褐。

又曰：陆先生云："对上下接，谓之俯仰之格，披褐二服也。"

又曰：冠戴二仪，衣被四象，故谓之法服。

《道学传》曰：西母结大华之髻，戴太真晨缨之冠，履玄琼凤文之舄。

《上清变化经》云：紫映玉霄真玉，建华天冠，带交金之钩。

又曰：皇上灵君，建七曜华冠，珮丹文紫绶。

又曰：皇上帝君，建七色朱精华冠。

又曰：太素高虚上极紫皇，建七宝冠，带神精交蛇之绶。

又曰：虚明紫兰中元高崿君，建三华之冠，带流金紫章。

又曰：太紫真君，建紫晨巾，乘青龙紫羽盖。

《玉珮金铛经》曰：元始天王，披九色离罗之帔，带宝冠。

又曰：太帝，建七气朱冠。

又曰：太岳君，建三宝九光夜冠。

又曰：华山君，建六元通神飞冠，珮交灵之绶。

又曰：嵩高君，建中元黄晨玉冠，珮黄神中皇之章。

又曰：王珮帝君，建紫冠。

《真诰》曰：上元夫人，服赤霜袍，披青毛锦裘，头作三角髻，散发至于腰，戴元晨夜月之冠，带六山火玉之珮，腰凤文琳华大绶，执流黄挥精之剑。

《上清元化经》曰：太元真人，巾芙蓉冠。

《上清元箓》曰：九天元父，戴宝天之冠。

《太上五帝内真经》曰：青帝君，建九天通天冠。

又曰：赤帝君，建三气玄梁宝冠。

又曰：白帝君，建七气明光宝冠。

又曰：黑帝君，建五气玄晨之冠。

又曰：黄帝，建黄晨通天冠，珮黄晨越元之策，带灵飞紫绶。

《太上飞行羽经》曰：九晨君，建飞精玉冠，衣九色之凤帔。

又曰：元晨君，建飞天玉冠，衣九龙天衣。

又曰：盖晨群，建三晨宝冠，衣丹锦飞裳。

又曰：上晨君，建玄精玉冠，衣玄羽飞裳。

又曰：华晨君，建飞晨宝冠，衣青羽飞裳。

《太上飞行羽经》曰：灵妃元皇夫人，建晨缨宝冠。

《升玄经》曰：仙人定子明，着黄褐玄巾。

《太洞玉诀》曰：皇初紫元天中真人，披朱锦之服，巾绿霞之冠。

《山西经》曰：玉女，建白冠。

《洞神经》曰：天皇君戴九元冠，地皇君戴二晨玉冠，执元皇定箓策，人皇君戴七色冠，执上皇保命玉策。

又曰：上清琼宫南极玉真赤帝君，建进贤之冠。

又曰：北极玉真黑帝君建玄宝之冠，西极玉真白帝君建通天宝冠，中极玉真黄帝君建通元五气之冠。

《土精真诀》曰：东方九灵真人戴九气冠，南极真人戴进贤冠，衣绛章之衣。西方素灵真人戴三宝玄冠，北方玄灵真人戴玄冠，中央总元三灵真人戴黄晨玉冠。

《玉光八景经》曰：东元景道君，冠七色耀天玉冠，蹑九色之履。

《金根经》曰：九天元父，戴七色朱玉之帻，无极进贤之冠。

又曰：九天玄母，着青宝神光锦绣霜罗九色之绶，戴紫元玄黄宝冠。

《大有经》曰：玉清之母，戴七神朱玉之髻，巾无极进贤之冠，着玄黄素灵之绶，在太极朱宫。

又曰：九天真女，戴玄黄七称进贤之冠。

又曰：上清真女，戴玉冠，着九色之绶，居太幽宫中。

又曰：太极帝妃，冠无极进贤之冠，衣五色凤文之绶，在太清极玄宫中。

又曰：太上君，戴三宝王冠，着九色之绶，在无极真宫中。

又曰：启明天君，冠青精进晨玉冠。

《太一洞真玄经》曰：三素老君服锦衣，建龙虎冠。

又曰：太一公子白元司命桃君五人，皆着朱衣绛巾，典主符籍，在太微紫房宫中。

《登真隐诀》曰：太玄上丹霞玉女，戴紫巾，又戴紫华芙蓉巾及金精巾、飞巾、虎文巾、金巾。

《龟山元箓》曰：元始皇上文人，冠九气紫曜之冠，衣九光锦袍，珮九色无缝自然之绶，带六山火玉，在上清之上。又带九天仙炼之剑，衣九色班文袍，常乘十二飞麟，带金虎凤文之绶。

《金真玉光经》曰：元景道君曳玄黄之绶，建七色玉冠。

又曰：元景道君衣丹锦之绶，戴进贤玉冠，乘玄景绿与参驾凤皇。又太阳上府紫微宫中，道君曳绛锦丹绶，戴玉冠，蹑九色之履，执制魔之章。又元景太一曳玄黄素绶，戴七宝冠，执命神之策，乘玉辇，五彩盖，紫云车，参驾大龙。

又曰：桐析山真人王子乔，年甚少，整顿非常，建芙蓉冠，着朱衣，以白珠衣缝，带剑，多论金庭山中事，言于众真。

《太上素灵经》曰：太山神仙，戴飞晨宝冠，又戴青精辰王冠、游云宝冠、玉精宝冠、通天玉宝冠、三玄宝冠。上清仙公并建扶华沓霞大冠，道君冠九德之冠。

《太极左仙公起居注》曰：太上三天锡仙公，芙蓉晨冠。

《灵飞六甲经》曰：上清琼宫东极玉真，建九气通精之冠，玉京真人戴通阳玉晨冠，少阳真人戴通曜之冠，太素三元君建宝琅扶晨羽冠，紫素元君建太真晨缨之冠，三角髻，余发散之于腰。

《太极金书》曰：元始建洞天之冠，上君建青精天玉之冠，太真丈人建三宝玉冠，三天童建三华宝曜洞天玉冠。

《太洞玉经》云：紫元真人披朱锦之服，巾绿霞之冠。

《五岳真形图》曰：东岳太山戴仓碧七称之冠，南岳衡山戴九丹日精之冠，中岳嵩山冠黄玉太玄之冠，西岳华山建太初九流之冠，北岳恒山建太冥灵阴之冠，青城丈人戴盖天之冠。

《升玄经》曰：昔有仙人豆子明，建黄褐玄巾。

帻

《紫书金根经》曰：九天元父，戴七称珠玉之帻。

《敷齐经》曰：正一切曹，冠朱阳之帻。

帔

《太极金书》曰：元始天帝，被九色罗帔，丹绛之裾，珠绣霞帔。

《太极左仙公起居注》曰：太上三天锡仙公，丹锦绣帔。

《灵书紫文经》曰：青童大君，衣飞青翠羽龙帔。

《雌一五老经》曰：太素三元君，服紫气浮云锦帔，又紫绣毛帔，又凤文锦帔。

《无上真人内传》曰：九色锦绣华文之帔。

《太元真却施君内传》曰：绣羽紫帔。

《九真中经》云：青玉锦帔，绛玉、素玉、玄玉，黄玉锦帔。

又云：青华丹蕊玉白琳四出龙帔，玄玉九道云锦帔，黄云山文锦帔。

褐

《仙公请问经》曰：太极真人曰：夫学道当洁净衣服，备巾褐制度，名曰道之法服。

《灵宝真一自然经诀》曰：至其已得道人，披九光七色法服。

《灵飞六甲经》曰：南极玉真，着绯罗法服。

《上清紫宸经》曰：修七转之道者，上皇君以法服飞仙羽章授之，仍戴以紫元飞霜七色之冠。

褵

《上清经》曰：高上玉皇，衣玉文明光飞云之褵。

《龟山元箓》曰：九天玄母，衣霜罗九色之褵，又衣青罗之褵。

《五岳真形图》曰：五岳使者服绯缡。

《三元布经》曰：紫素元君衣紫锦夹缡，白素元君衣白锦光明之缡。

《龟山元箓》曰：九色飞云锦缡，九色自然之缡，玉文明光飞锦之缡，九色珠绛云光锦缡，丹锦七色文光之缡。

袍

《太极金书》曰：元始，披霜珠之袍。

《上清经》曰：三天玉童，衣青黄锦袍。

《五岳真形图》曰：东岳君，服朱光袍。

《龟山元箓》曰：有明光飞锦珠袍，五色云罗之袍，七色凤云之袍，九色班文羽袍。

《茅君内传》曰：有赤霜之袍。

裘

《大洞玉经》曰：司禁真伯，乘日月之軿，披虎云之裘。

《八表经》曰：白素元君，衣黄缘曜光云文之裘。

《五帝内真经》曰：有玄文明光之裘，九色班裘。

《龟山元箓》曰：有云文丹锦之裘。

衣

《三道顺行经》曰：玉景真人，衣玄云锦衣。

《老子历藏中经》曰：东父者，清阳之气，万神之先，衣五彩衣。

《龟山元箓》曰：有明光锦九朱飞文法衣，三素飞文锦衣，五色斑文衣，九色龙衣。又有青黄紫三色羽衣。又有九色凤衣，亦有九天凤衣。

珮

《大戒经》曰：太极真人曰：凡谨事法服则者，冠冕玉珮。

《三元布经》曰：六山大玉之珮。

绶

《八素经》曰：大素元君衣流光云文绶，始素元君衣紫光云文素绶，玄素元君衣飞云九变绶，紫素元君衣玄黄九色素罗之绶，黄素九君衣飞云素锦之绶。

《三元布经》云：紫素元君，交带灵飞大绶。白素元君，珮文琳华之绶。

《太上飞行羽经》曰：九铃之绶，飞灵紫绶，六山飞晨之绶，九光之绶。

《金真玉光经》云：紫青之绶，丹锦之绶，绛丹绶，玄黄素绶，白文素灵之绶，玄灵五色之绶。

《元始经》曰：九天玄母，带流苏紫绶。

又曰：九元光延紫绶，灵飞紫绶，交灵素绶，九色自然之绶，金虎凤文之绶。

又曰：太上九气命灵之章，带翠羽交灵之绶。

板

《升玄经》曰：太上曰：十方奉经，真官五帝，真事符童，传言谒者，皆冠带垂缨，齐执玉板，罗列卤簿，对我前后左右。

笏

《升玄经》曰：太上敕陵阳监授教，稽首而起，执笏户东面西而立。

裙

《太上飞行羽经》曰：上君衣凤衣，班文虎裙。

《太上素灵经》曰：太上神仙，衣青锦单裙，青绫裙，云锦绛章丹裙，绛衣飞裙，黄云锦裙。

《三元布经》曰：太素三元君，服九色龙锦羽裙。紫素元君，衣飞霜罗裙。

《太极左仙公起居注》曰：太上三天锡仙公，绯罗裙。

《龟山元箓》曰：有丹锦飞裙，九色龙锦羽裙。

《太上飞行羽经》曰：七色夜光云锦裙。

《九真中经》曰：苍华飞羽裙，丹华飞羽裙，白羽飞华裙，亦有黑羽黄羽飞华裙。

又曰：翠龙华文飞羽裙，朱华凤裙，素羽写章裙，黑羽龙文裙，绿羽凤华绣裙。

铃

《移度》曰：南方真皇君，垂灵霜凤华龙铃，带虎书，建玄晨之冠，飞青锦衣，乘丹霞绛与。

《龟山元箓》曰：有玉铃，又有晨光明月之铃。

《列仙传》曰：北元中玄道君李庆宾女，为灵昭夫人，着紫锦衣，带神虎符，握流金铃，有两侍女。侍女年可二十许，夫人年可十三四。闻呼一侍女名隐晖。侍女皆青绫衣，捧赤玉箱二枚，青带络之，题白玉检曰太上章。一捡曰太上文夫人，带青玉色绶，如世人带章囊状，隐章当长五丈许，大三四尺。

又曰：太极有四真人，中黄君处其左，珮神虎之符，带流金之铃。执紫毛之节，顶金精之巾。

又曰：仙道有紫绣毛帔，丹青飞裙，翠羽华衣，金铃青带，曲晨飞盖，御之自飞。

杖

《龟山元箓》曰：冬三月，三天玉童化为老人，手把九节金杖，洞耀玉清之中。

《圣纪经》曰：有老人握青竹杖，与老子谈天地之数。

《赤书玉诀上经》曰：当取灵山向阳竹，令长丈有七节，作神杖，使长上下通直，甘竹乃佳，印以元始之章，动息坐起，恒以自随，有五帝真符吏辅翼上真。

《茅君传》曰：朱官使者，把绿节杖，琼干羽旄。

又曰：太素真人，把八景飞杖，九色之节，出入上清。三天玉童，头连三角黄巾，手把九节金杖。

节

《列仙传》曰：太元真人，杖紫毛之节。紫微王夫人与一神女俱降，神女着云锦襦，上丹下青，文彩相照，腰有绿绣带，带系十余小铃，铃青色黄色更相参厕。左带玉珮，珮如人间珮，珮但几小耳。衣服倏倏有光，照映室内，如日中视云母也。云发鬒鬒，整顿绝伦。髻在顶中，垂余发至腰。指着金环，白珠约臂，视之年可堪十三四。左右两侍女，其一侍女着朱衣，带青章囊，手中又持一锦囊，囊长尺余，以盛书十余卷，以白玉检上刻字云，玉清神虎内真紫元丹章；其一侍女着青衣，捧一白箱，以绛带络之。箱似象牙箱形。二侍女年可堪十七八，整饰非常。

又曰：斐真人，从者持青毛之节，一童带绣囊；周君，从者持黄毛之节，无囊，二君各有六童。

又曰：东卿大臣见降，侍从七人，一人执紫毛节；一人执华幡，一名十绝灵幡；一人带绿章囊；三人捧牙箱；一人握流金铃。侍者并朱衣。东卿形甚少于二弟，二弟着青锦绣裙，紫毛帔巾，芙蓉冠。二弟并同来倚立，东卿命坐，言语良久。时乙丑岁，晋兴宁三年七月四日，降于杨君之家也。

又曰：先道有三十七种色之节，以给仙人。

履

《九真中经》曰：凡学道者，勿令人犯屐。履，行道尤多禁忌。

《金真玉光经》曰：有五色、九色师子之履。

《玉光八景经》曰：东北始阳宫，牛元景足蹑五色履。

舄

《龟山元箓》曰：领仙王奉元始命，使资晨缨玉冠，凤云之舄，给上真仙母。又有神云凤舄。

《列仙传》曰：安期先生卖药海边，时人言千岁翁。秦始皇召见，与语三日夕，赐金璧数千万。出于阜乡亭，皆置去，留书，以赤玉舄一量为报，曰："后千岁，求我蓬莱山下。"始皇即遣使者入海，未至蓬莱山。辄风波而还。

《上真元箓》曰：九天元父，曳神云凤舄，带素云之绶。

帷帐

《神州经》曰：九河帝君，坐玉床，五色帷帐，内外光明，玉珮千垂。

席

《玉珮金珰经》曰：仙人郑段者，坐玉华之席。

太平御览卷第六百七十六 道部十八

简章

《玉帝七圣玄记》曰：七圣定简，五帝记名。

《登真隐诀》曰：小有天王太素清虚真人登白空山，诣紫虚太真三元君，受流金火铃，豁落七元八景飞晨策玉玺。

又曰：太一有玉玺、金丹、虎符。

《玉清隐书》曰：有太上飞行九晨玉经，金简内文。

又曰：玉玺凤函，金真玉光，紫文单章在其内。

《九幽经》曰：帝尊在三元宫中，总校图箓。

又曰：善功注名黄箓，金格玉简，陈列三清四极。

《明科经》曰：若有玄名帝图，紫简绿字，千年得传也。

又曰：五老宝经，青绿为字，以书其章。又八素真经，太上之隐书也。八色彩笔，金阙帝君自书之，为致真之法，以付太虚真人。南岳赤松子使下首骚道，宿有真金玉字，刻在金阁。当为真人者，不得越传地仙。又五符经一道，通书以南和丹缯，封以金英之函，印以玄都之章，付震水洞室之君。又灵宝真一自然经，众真珮此经者，以黄锦为地，丹金书之，永谷道真享之无期也。元始说经中所言，并是诸天上帝内名，隐韵之音，非世之常辞也。

又曰：雌一玉检五宝经，秘在九天之上，大有之宫，太玄灵宝台玉房之中，紫金为素，以撰其文；青绿为字，以书其章。

又曰：有妙经，刻玉为简，传于天帝君。

《太上八素真经》曰：司命着籍，玉简丹书，编以金缕，缠以青丝，千亿万年，无所复疑。

又曰：太上吉日，即以三元之章，又印以太玄之章，又印以高皇之章，又印以中黄之章。

又曰：西华宫有琅简蕊书也。

又曰：太上以白玉为简丹玉书，亦用青碧玄玉黄金为之。

《八素经》曰：八素真经玄文，生于太空之内，见于西龟之山，玄圃之上积石之阴。高玄羽章，众真宴礼，称庆上清。

《上清经》曰：三天玉童带朱精禁天之章，高玉皇珮丹皇玉章。

又曰：紫映九霄真玉珮，金凤玺。

又曰：大素三元君有云琼之板，九变虎书。

又曰：高灵九帝带元光紫绶，流精飞琼之章。

又曰：三天玉童带九天之章。

又曰：高上虚皇君珮丹皇玉章。

又曰：玉真九天丈人珮九元通真之策。

又曰：紫灵皇上元皇珮封灵召真玉策，带流光凤章。

又曰：上皇玉虚君珮丹文紫绶。

又曰：三元大明上皇君带神虎紫章。

又曰：皇上万始先生珮金虎凤文，带丹皇紫章。

又曰：皇上帝君带神虎玉章。

又曰：上极紫皇君珮六山玉带，神精交蛇之章绶。

《太霄琅书》曰：太微天帝君以紫简结紫度经篇目也。

又曰：有帝章之印。

又曰：琼文帝章，当刻书枣心之木，授于绝岩之中。

又曰：《太霄琅书》，乃九天飞霄之典，琼文帝章乃上文也，并以元始生于自然空洞之中，灵皇玉帝授于九玄，铸金为简，刻玉结篇，金镂玉字，以明宝文，秘于九天之上。

《洞神经》曰：有三都印、三皇印、九天印，钜天下。

又曰：有三皇玉券，一名金契。

又曰：授三皇法，须玉简，长一尺二寸，广一寸，厚三分。无者槿桐准也。

又曰：通谒三皇之简，以青玉作之，赤金为字。

《金根经》曰：金简玉札，出自大上灵都之宫，书以朱文，编以朱绳。

又曰：有神华玉门，真人投金简之处。

又曰：领仙玉郎赍金简紫籍，来于东华青宫校定玉名。

又曰：玉皇刻降丹精玉芝、金玺凤章也。玉宝青宫之内，有金章凤玺。

又曰：青宫北殿上有金章凤玺，真人得之。

又曰：青宫之内北殿上有仙格，格上有学仙簿箓及玄名，年月深浅。金简玉札有十万篇，领仙王郎之典也。

又曰：青宫无金简之箓，玉格无玄编之名，神经亦不可得披。

《大洞玉经》曰：读玄一洞经者，神台刊名于福连之简。太上金简玉札，名为福连之书也。

又曰：真阳者，上清之宫名，福连之简刊其内。

《五符经》曰：真一食五牙天文，西母刻以黄金之札，封以丹芝光草，印以太上中章。

《茅君内传》曰：茅盈在恒山内，梦太玄玉女，把玉札携之。

又曰：天上道君有玉与凤玺。

又曰：太元真人有一人带箓章囊，又一人带绣章囊，一人带锦囊书。

《金真玉光经》曰：有昭灵之章，保生玉章。

又曰：此经高妙，众经之尊；总御万真，匡御群仙；玄符流映，洞明紫晨；秘于九天之宫，铸金为简，以撰灵文；刻玉丹书八明其篇也。

又《灵宝自然经》曰：太上诸仙真以黄金为简，丹玉书之。又太真科以玉牒金书七宝为简玉帝。

《七圣玄记》曰：刻以白银之简，结以飞青之文。

又曰：广灵之堂，《回天九霄》白简青箓刻其内。

《太真科》曰：丹简者，以朱漆简，明火立阳也。墨箓者，以墨书文，明水主阴，人学长生，故名丹简墨箓，秘不安传。

又曰：天皇执飞仙玉策，人皇执上皇保命王策，地皇执元皇定箓之策。

《三华宝曜内真上经》曰：太帝灵都宫中有二十四万上真仙人，皆铸金为简，白银结编，紫华书文，诵咏此篇。

《三天正法》曰：三天九微玄都大真灵箓者，秘在太上灵都之宫，刻以紫玉为简，黄金为文，付五老上真仙都，左公封以紫蕊玉笈，盛以云锦之囊。

《南岳夫人内传》曰：白简素箓，以白玉为简，以青玉为字，故谓之白简青箓，皆记得道之人名姓。

《道学传》曰：金简有王元规之笔迹。

《太上素经》曰：凡授太上黄素经者，传盟用玉札一枚，长一尺五分，广一寸四分。

又云：有三元秀简。

《真诰》曰：清虚真人诣三元君，授玉玺金真。

《龟山元箓》曰：丹文紫章，神虎玉章，七元交光之章，流金紫章，太上命神之章，夜光宝章，九色离罗之章。

《灵书紫文经》曰：灵书紫文上经，刻以紫玉为简，青金为文。

《黄箓简文经》曰：投金龙一枚，丹书玉札，青丝缠之。以关灵五帝升度之信封于绝岩之中，一依旧法。

又曰：丹书玉札，一枚金龙，一以青丝系石沉三河，以关水帝升度之信，一依玉诀旧文。

《太洞玉经》曰：太上经简玉札，名为福连之书。

又曰：太上书以彤玉之札，则玉映之堂可见，四明之门可入也。

《后圣道君列纪》曰：刻以紫玉为简，青金为文，龟母按笔，真童拂筵，玉童结编，名之曰灵书。

《龙飞尺素隐诀》曰：太微天帝君命羽仙侍郎奉金按，以请飞行羽章。

《太一洞真玄经》曰：白元司命五人，朱衣绛巾，各捧一白玉案，上有所主简。

《紫度炎光经》曰：龟母捧笔，太一拂筵，天妃侍香，玉笔结纶，以白玉为简，金书保仙上符仙都也。左公封以玉笈云锦之囊。

《变化经》曰：金光立空之案云：锦之囊封九赤班符于玄元之中，南极长生司命君得之。

《玉珮金珰上经》曰：九老仙都捧金精立空之案，上请宝文，以授众真。

《空洞灵章经》曰：白简度品，青箓定仙。

《太元上上经》曰：非有琼箓玉名刻简三清者，不得金虎内符。

《灵书经》曰：东方九气天中灵宝度命品章，出自元始东华青童君，封之青玉宝函之中，印以元始九气之章。

《神仙中经》曰：老子度关时，为尹喜着五千言，解五十五章，是手所书也。能行此道，知元气、父母、天地之先，不知此者，徒自苦耳。太微天帝君以紫简注紫度炎光经篇目，金简书其正文，玄章宰缮。

《玉皇谱箓》曰：高上众真，结自然之章。

《金玄羽章经》曰：玉清八景隐书金玄内文，生于元始之先，即天之书也，以威百神诸天。

《内音经》曰：天有飞玄自然之气，合和五音，以成天中无量洞章。

《赤书玉诀上》曰：无始灵宝告水帝削除罪简，上闻九天金龙驿传在朱书银木简，以投三河之渊。初用金钮九双连简，沉之于清泠之泉，埋本命之岳，三官九府，书人功过，其理甚明。

《隐元内文经》曰：青童君延万帝于曲宇，讲宝诀之妙章。

《洞真经》曰：六层玉台在九天图之上台，上有金简玉札及紫凤丹章十万篇。太上真文玉郎典之。

《玉光八景经》曰：玉宝台，太空之章封其内。

《飞行羽经》曰：上皇九转之道绛简紫书，秘于紫天元台。

《二十四生图》曰：披九光玉蕴，出金书紫字玉文丹章三部八景二十四生图，置白玉案上。

《灵宝隐书》曰：玉诞者，昙誓天十都名也。上有大洞之章，紫书玉字，焕乎上清。

《玉京山斋》曰：诸高仙真人会太上玄都，披空洞歌章。

《灵书经》曰：东方九气天中灵书度命品章出自天元始东华青宫，青童君封之青玉宝函之中，印以元始九气之章。又南方三气丹天灵书度命玉章出自元始朱陵上宫，南极上元君封之赤玉宝函之中，印以太丹三气之章。又西方七气天中灵书度命玉章出自元始西华宫中，金母封之白玉宝函之中，印以太素七气之章。

又云：北方五气天灵书度命玉章出自元始北上宫中，玉晨君封之玄玉变之中，印以太玄五气之章。

《三元布经》曰：高上三元经者，乃三清真书也。上真玉检飞空之篇，上元检天大箓，中元检仙真书，下元检地玉文，如是宝篇高上皆刻金丹书，盛以自然云锦囊，封以三元宝神之章，藏于九天之上，大有之宫，金台玉室，九曲丹房。

《灵宝赤书》曰：元始命太真按笔，玉妃拂筵，铸金为简，刻书玉篇，五老赏箓，秘于九天灵都之宫。

《回天九霄经》曰：于是大一拂筵，天妃持香，玉华执巾，丹书紫字，刻于白金，隐起灵颜，结于玉篇，题以青箓，得道之名，龙景九文。

《紫凤赤书经》曰：太上命太极真人授以玉简金书宝洞飞霄绝玄之章。

《玉帝玄记》曰：中皇元年九月七日，七圣斋灵清长宫，记其得道之篇，刻以白银之简，藏于云锦之囊，封以启命之章，付以五老仙都，左公掌箓琼宫。

又曰：古空洞之中，有回天上文。四司所保，五帝所诠，七圣定简，举形合先。

《大有经》曰：太上玉章，刻玉为简，总御万真。

《真经》曰：东方岁星，青帝勾芒，珮通明之印；南方荧惑，赤帝太昊，珮太阳之印；西方太白，白帝少昊，珮通阴之印；北方辰星，黑帝颛顼，珮通神之印；中央镇星，大帝文昌，珮方神之印。

《本际经》曰：有十二法印。

《紫书金根经》曰：有青精玉玺。

《金房上经》曰：大帝灵神都宫中，有金房度命延年之诀，铸金为简，刻白银之编，紫笔书文。

《消魔经》曰：发九天之朱匮，望上清之琼札。玄书既刻于玉章，绛名始刊于灵阙。

《大洞真经》曰：八景玉箓藏于太素瑶台，玄云羽室，封以郁森之笈，玉清三元之章。简札品曰，青童君曰，无金简者，银木亦可当也，无玉札者，桐木亦可当，但令精好也。真理无有暗节，当取札于云锦之囊。此上真之至号，玉帝之灵篇也。

《上清九真中经内诀》有玄灵元君宝秘奔日月之玉章。

《神州粕变经》曰：太阴玉晨，九天真妃，紫晨君授流精飞景宝章。

《太清中经》曰：有天一八极玺。

《龟山元箓》曰：有流金凤玺。

又曰：天皇太帝遣绣衣使者冷广子期授茅盈以神玺玉章，金阙圣君命太极真人使正一上玄玉郎王忠鲍兵等与茅盈珮玺。

《太上飞行羽经》曰：太真丈人，衣九色飞云，曜光羽章。

《灵飞六甲经》曰：玉真青君带流金凤章，太上九赤班符。

《五帝内真经》曰：封灵制魔之章，黄神中皇之章。

《三皇经》曰：三皇自然之文，皆以金玉为用。天皇所授，玄玉为简，青玉为文；地皇所授，黄玉为简，白玉为文，缀以金钩，联以金锁，置以玉案，覆以珠巾、宝盖、珍床，安之青宫，闭之紫阁，芬以五香，侍以十华也。

《神州七转粕变经》曰：流金凤玺，紫宸上皇先生所珮。

《三皇序目》曰：九天印文，以召九天校事也。

《上清变化经》曰：高上虚皇君，珮丹皇玉章。

又云：三元太明上皇君，带神虎紫章。又有皇上帝君，珮金虎凤文，带神虎玉章。

又曰：九霄真玉，珮金凤玺。

《历藏经》曰：天王侯，带紫绶金印。

《五岳真图》曰：太山君珮通阳大明之印，衡山君珮夜光天真之印，嵩山君珮神宗阳和之印，华山君珮开天通真之印，恒山君珮长津悟真之印，青城丈人珮三庭之印。

《后圣列纪》曰：紫微、上真、天帝、玉清君遣八景琼与来迎圣君，以登上清宫，赐蕊刚丹玉凤玺。

《后圣九玄道君列纪》曰：太阴法有死生，有黑篆白簿，真青丹，编简授生先后之相次也。

《后圣道君列纪》曰：玉清君赐道君玉凤玺。

《飞行三界经》曰：下有太一紫绶金印，威喜天帝信玺，修灵宝飞行三界之道，真人所珮。

《五称符上经》曰：五星通灵之印，印五星灵符。

《道学传》曰：吴王阖闾得真文不解，封以黄金之检，印以玉皇之章，以问鲁大夫孔子。

又曰：禹封五符以金英之函，检以玄都之印。

《神仙传》曰：卫叔卿语其子度世云："可于室西北桂下取我仙方，按而服之，令人长生。"度世握得玉函，封以飞仙之印，取按之服五色灵母，仙去。

《北帝经》曰：酆都秘印，用救世间，摄制鬼神。

《集仙箓》曰：杜兰香，女仙也，于洞庭包山降张硕家。硕盖修道者也。授以飞化之道，留玉简玉唾盂。又赍黄麟羽帔，此上仙之所服，非洞天之所有也。

太平御览卷第六百七十七 道部十九

几案

《十洲记》曰：瀛州金峦观中，有青离玉几，覆以云纨之素，刻水碧为倒龙之床。

《玉光八景经》曰：众真宴礼大帝，屈节于几前。

《太一洞真玄经》曰：太微紫房中有一童子，名于景精，字会元。当帝君之前，捧赤玉案，上有所主命籍。

又曰：太一、公子、白元、司命、桃君五人皆着朱衣绛巾，各捧一白玉案，上有所主简。

《玉清隐书》曰：太微天帝君进拜于帝皇之几。

又曰：上皇帝君乃推几偃咏，虚眺太空，吟玉清之隐书，歌元景之灵章，扬音霞际，清微玉振。

《太洞经》曰：太微小童五符命籍捧持玉案，帝君所临，主通诸神。

《变化经》曰：有金光立空之案。

又曰：元始拊几高咏，啸郎太空。

《玉珮金珰上经》曰：九老仙都捧金精之案，上请宝文，以授众真也。

《洞神经》曰：拂拭几案，置经于前也。

《像名经》曰：东方上尊凭七宝凤文之曲几，敷说道要真经。

《法轮经》曰：三真立空之案，以七宝悬覆经上。

《众篇经》曰：元始上尊凝真遐想，抚几高抗，命召五帝，论定阴阳，推数劫会，移校河源，检箓天度。

《洞神经》曰：有局脚案，以置经符也。

《太上黄素经》曰：凡修授大洞真经雌一奇文者，恒置经于几格洁净之处。

《九幽经》曰：帝尊在九清妙境三元宫中，御三气之华，宝云玉座，总校图箓，拔济诸苦。

《二十四生图》曰：披九光玉蕴，出金书紫字玉文丹章三部。

《八景二十四生图》，盛以白玉立空之按，九色之中，飞文锦盖悬覆经上。

《龙飞尺素隐诀》曰：太微天帝君命羽仙侍郎捧金案，以请飞行羽章也。

《上清真文王经朝文》曰：有流明大灵侍言玉案十二枚。

《文始内传》曰：诸天各奉莲华座，以宝盖覆之。

《神仙传》曰：黄老遣仙官玉女持金案，玉杯盛药以赐沈羲。

又曰：淮南王为八公进金玉之几，执门弟子之礼。

《四极科》曰：凡宝经之具，几案巾秩，不可妄借于人。

《太玄经》曰：老子传授经戒箓仪注诀曰："以局脚小案置经，彩巾覆氏。"

《洞真玄经》曰：太一洞真玄经者，别为囊笈，封以宝器，盛之几上。

《无量经》曰：太上座高二丈，又于紫台之宫，布一高座六尺。

《金真玉光经》曰：九天之帝，施玉几金床。

《山海经》曰：西母悌几戴胜，悌，凭也，戴者，戴其玉胜也。他说西母头类戴胜，甚失之。

《本际经》曰：元始上尊在长乐舍宝饰高座，虽有座形，不障于物，人所往来，亦无隔碍。复有小琉璃座，行列两边，悉高五尺。

《茅君内传》曰：白玉龟山连玉床帐，西母处之。

《太上黄素方》曰：青精执在紫巫之山，化王之室，内有玉案也。

《洞真七圣玄记》曰：左仙上疏九天帝王七圣几下。

《飞行羽经》曰：修三一道法，坐金床玉几，金炉玉匕。

《太真人诗》曰：太微启玉案。

《列仙传》曰：太室山中，有地仙邛疏卧床几案。

《真诰》曰：鹿迹山中有绝洞，洞中自有石床、石榻、曲夹。

舆辇

《太上飞行羽书》曰：玉清则上清之高真，上清则太清之高神，太清则飞仙之高灵。凡行玉清之道，出则诸天侍卫，建七色之节，驾紫云轩，十二玉轮，六师启路，飞龙翼辕，行上清之道，出则五帝侍卫，建紫毛之节，驾飞云丹车，位准上清，左右仙卿，行太清之道，出则五帝侍卫，建五色之节，驾龙舆，白虬启道，太极参轩。

又曰：王总真为茅盈召朱冠使者二人，乘流景之舆。苍蛇把绿节，仗琼竿，羽旄横日，朱云翳景。使者并绣衣，芙蓉冠，持紫素之书各百字，以付茅盈二弟固、衷。是以固有地真上仙定箓神君之号，衷有司三官保命仙君之位，各依紫素之命，封莅所任神宫，上府亦随事而资给二君焉。汉平帝元寿二年八月己酉，南岳真人、西域王君、龟山王母、方诸青童君并乘绿景之舆，驾神虎之軿，同造茅盈于句曲之山，金坛之阴。

又曰：飞仙秘道，招五辰之晨，常能行之。十五年则南极老人丹陵上真迎以绿云之辇，西极老人素灵子期迎以黄飙之车，北极老人玄上仙皇迎以玄景之龙，东极老人扶阳公子迎以青軿之辇，中元老人上玄子迎以曲晨之盖。五老会合，俱升紫虚，此五老盖五星之真人也。非如斐君星中五帝之公文，异乎云牙五方之老，上学之法，顺之者飞仙也。

又曰：八道秘言者，道有八条。其言高妙，闲心静室，寥朗虚真，亦将得见丹景之气，三素飞云，八舆朱辇，紫霞琼轮，上清静眄，回辔三元，高皇秉节，灵童攀辕，太素拥盖，南极临轩。于是溟光外映，象烛太虚，子能见之，不烦凝霜濯华，玄腴金丹也。一道秘言曰：以八节日清朝北望，清朝小早于清旦也。有紫绿白云者，是为三元君三素飞云也。其时三元君乘八舆，上诣天帝玉清君也。子候见当再拜自陈，乞侍轮毂。二道秘言曰：以八节日夜半东北望，有玄青黄云者，是为太极天帝君乘八景之舆，上诣高上玉皇。三道秘言曰：以甲子上旬戊辰，己巳之日清旦西北望，有紫青黄云者，是为太极真君三素云也。其时太极真君及上真人乘玄景绿舆上诣紫微宫。四道秘言曰：以甲戌上旬戊寅、己卯之日清旦东南望，有赤白青云者，是为扶桑太帝君三素云也。其时扶桑太帝君乘光明八道之辇，上诣紫微宫。五道秘言曰：以甲申上旬戊子，己丑之日清旦正西望，见白赤紫云者，是为太素上真白帝君三素云也。其时太素上真人白帝君乘修条玉辇，上诣玉天玄皇高真也。六道秘言曰：甲午上旬戊戌己亥之日清旦正南望，有青赤黄云者，是为南极上真赤帝君，其时乘绛琳碧辇上诣阆风台。七道秘言曰：以甲辰上旬戊申己酉之日清旦西南望，见绿紫青云者，是为上清真人。时乘玄景八光丹辇，上诣高上天帝。八道秘言曰：以甲寅上旬戊午己未之日清旦正东望，有朱碧黄云者，是太虚上真人。其时乘徘徊玉舆上诣太帝君。八节日见三素云者，紫云在上，绿云次之，白云在下，共相沓也。子谨视之。

《移度经》曰：真皇参驾黄霞，周行四方，飞盖绿軿，上造金阙。

《灵宝赤书》曰：诣天真人乘碧霞玉舆。

《太洞真经》曰：太上乘一景之舆，授九晖太晨隐符。

《上清隐书龙文经》曰：王母乘九盖华舆，众真侍卫。

《紫文经》曰：方诸东玄东海青童大君，斋戒于丹阙黄房之内，三年乘碧云舆。

《太元真人传》曰：有班龙之舆。

《金真玉光经》曰：有玉辇，又《上清三天列纪》有紫辇。

《太洞玉经》曰：青童君乘雕玉之軿，司禁真伯乘日月之軿。

又曰：太极元君乘陵羽之车。

《太上经》曰：有白鸾之车。

《茅君内传》曰：东海青童君乘飙车。

《葛玄传》曰：鹤鸣山石室中设自然座，有金华盖。

又曰：五帝真人并乘八景玉舆。

《二十四生图经》曰：后圣李君游西河，历观八方。值元始乘八景玉舆，驾玄龙而来，李君问天书玉字，未究妙章。元始俾极道真，于是吐洞玄内观玉符以授之。

《变化经》曰：景舆丹軿紫轩，九天帝王所乘也。

《上清诀》曰：玄母乘三素之舆。

又曰：元父所控赤羽飞车，左御绛鸾，右驾紫凤。

《尺素诀》曰：太微天帝君登白鸾之车，驾黑羽之凤，游碧水之境。

《太洞玉经》曰：皇上帝炒树玉之轮，转宴于日中矣。

《茅君内传》曰：无上道君咸给八景琼舆，凤玺金真，曲晨飞盖。

又曰：青华小童道君乘碧霞之舆。

又曰：上真君赤帝乘绛琳碧辇。

又曰：太清真君乘青龙紫羽盖。

又曰：太元真人杖紫云之节，乘班龙之舆，白虎之軿，曲晨宝盖。

又曰：太素真君乘虎旂虎辇，金盖玉轮，仗九色之节，出入太清。

《金真上光经》曰：太上大道君乘琼由碧辇，和太君乘白云之车。

又云：玄和道君骖驾玄龙。

《太洞玉经》曰：八皇老君乘黄琅之车，把紫凤之节，入太老之室。万华先生乘三素之景羽明之軿，宴寝万乘之室。

《八素章》曰：四老回锦軿，万仙朝帝房。

《茅君内传》曰：朱官使者驾苍虬，把绿杖。

《真诰》曰：紫元夫人乘羽宝云车，驾九龙，女骑九千，披锦服，青羽裙。

《自然经》曰：龙辔昂昂云盖巍巍；仙童玉女，与我升龙。

《太上真经》曰：东方青帝，九龙云舆。

《空洞经》曰：元始天尊从诸天人并乘玉辇琼轮。

《元始五老赤书玉篇真文序》曰：太上道君十方至真，乘五色玉轮，九色龙；妙行真人乘象云玉辇，上诣玉都；中极真人常乘象轮车；上飞真人常乘九色龙，游玉清云中；飞天之神乘碧霞之辇，游于玉隆之天；黑帝君乘四景之舆。

《三元布经》曰：元始上尊乘紫辇。

《茅君内传》曰：玉君乘九盖之辇。

《洞天经》曰：灵景道君乘赤云车。

《太上飞行羽经》曰：中和之真驾锦舆。

《茅君内传》曰：王母乘绿景舆。

《玉光八景经》曰：东方始景道君乘青云之车，驾苍龙。

又曰：南方玄景道君乘五色云车，驾凤皇。

又曰：南方灵景道君乘赤云车；西南方元景道君乘紫云车，驾六龙；西方明景道君乘白云车，驾白虎；北方玄和道君乘珠玉之车。

《金根经》曰：玉帝君乘碧霞九凤飞行之舆。

《玉清隐书》曰：太微君登八琼之辇，倾盖霞城。

又曰：东北方道君葛献乘八舆飞龟车。下治人泥丸宫。

《登真隐诀》曰：太元真人乘白虎舆，有八色云軿。

《真诰》曰：仙人许玉斧乘一新青犊车。

又曰：玉眉寿小妹中候夫人乘白牛车。

《上清九真中经内诀》曰：南极老人丹陵上真迎以绿云之舆盖，西极老人素灵于期迎以黄飙车，人元老人中央上玄迎以曲晨之盖，五老一合，俱升紫灵。

《王君传》曰：王君乘虎辇，金盖玉轮，出入上清，授事太素。

《南岳魏夫人传》曰：夫人乘虎辇玉舆隐轮之车。

《真诰》曰：南岳夫人驾九盖之軿。

《搜神记》曰：玉女成智琼驾辎軿车，从八婢。

阙

《五符经》曰：钟止上有金台七宝，紫阙元气之所舍，天帝君所治处也。

殿

《太洞玉经》曰：大晖者，玉清天中殿名也，上皇王真之所游处也。

《太平经》曰：大空琼台洞真之殿，金华之内，侍女众真之所处。

《灵书紫文上经》曰：有太空琼台丹玕之殿。

《灵宝赤书》曰：妙行真人诣元始，授赤书五篇真文。于是元始命众真入太定金台，玉宝之殿，九光华房。

《紫书金根经》曰：有黄金殿。

《玄妙内篇》曰：有七宝殿。

堂

《太洞玉经》曰：有羽景之堂，在太无之庭。玉容者，太上之明堂也。

《洞景金玄经》曰：玉帝命太微天帝君坐万灵于房轩，散华香于玉宇，留连八琼之室，曲宴九琳之堂。

《外国放品经》曰：有光碧之堂。

台

《太洞玉经诀》曰：西田之瑶台，大帝所处，有玉清台也。又有散花台。

《太上玉京经》曰：玉京有七宝宫，宫有七宝玄台，即太上治所，又有天宝台。

《上清经》曰：有紫碧玄台。

《太洞真经》曰：上清真人总仙大司马长生法师，登太常沧浪山洞台中双玉穴，酣饮紫明芝液。

《真诰》曰：有玉华室，有刻石真人。

《五胜文》曰：驾飞龙于西华之台，谒拜帝真赤书。

《玉诀经》曰：太玄上宫太素真人，常以春分之日，会诸仙官于昆仑瑶台，校定灵宝真经。

又曰：阳台真人，常以立冬之日，会诸仙官玉女于灵宝阳台之上，校定学道簿箓。《本行经》曰：有寻真玉台。

《众篇经》曰：帝尊引众真人集太空金台内音。

《玉字经》曰：九层之台，处乎玉京之山，焕乎玄都之上，有太真玉印。

又曰：馥朗天中玉京，玄台之别号，西灵真人常诵无量洞章，游行其上。

《太洞玉经》曰：九天之上有明真台。

《茅君内传》曰：辰中真人带廷生符于沧浪之台。

《导引三光经》曰：定光真人在皇曾大绝观台中，导引元气。

又曰：九变真人在玉完大诰阳无台中。

又曰：导仙真人在何童天华林荫云台中。

又曰：云华真人在平育天玄唱宝盖台中。

又曰：阳王真人在太真台中。

又曰：法气真人在飞台中。

又曰：泽婴真人在越衡天无极观台中。

《真诰》曰：白玉龟台，九灵太真元君封此。

阁

《三皇经》曰：人皇所授皇文帝书，赤玉为简，黄玉为文，安之青宫，闭之紫阁。

《大洞真经》曰：凡天纵仙才，名刊金阁。

《金玄羽章》曰：紫阁之下，授事于玉清九有玉阁、黄阁、青阁。

楼

《历藏中经》曰：昆仑山有金城九重，玉楼十二神仙所治也。

《龟山元箓》曰：龟山上有十二玉楼，峨峨曜景。太清有金华楼，诸真仙玉箓皆在金楼之中。

观

《灵书经》曰：有洞灵之观，金字题观四面。又有九灵之观、紫阳之观。又紫微上宫有通阳之观，主得度之人功德轻重。

宫

《三元品戒经》曰：九气始凝，三光发明，结青黄白之气，置上元三宫。

《太洞玉经》曰：太初有华阳之宫、会方之宫。小有真天中，有万华之宫，玉君之治所。玉晨宫中有玉映之宫，又有元君六渊之宫、黄老圆华之宫、上青真阳之宫、太极上宫，主众仙诵咏。

室

《太洞玉经》曰：太霞之中有白云之室，太虚元君所处。

《三皇经》曰：蜀郡西峨嵋山石室，旧有三皇文。此文不与天下众文同，百万人中未有一人得者。

《龟山元箓》曰：有琼瑶之室。

《外国放品经》云：有琼华之室。

《洞景金玄经》曰：八琼之室。

又《三华宝曜内真上经》曰：玉室上清经有碧室。

房

《太洞玉经》曰：三华城者，玉清之房名也，在玉城之中，阳安元君所处。

《无上真人内传》曰：有流云九色之房。

《仙公内传》曰：昆仑山上有积石瑶房。

《太上紫书箓》曰：白玉母入于龟山玉阙，处于青玉宫中朱紫之房。

《灵宝赤书》曰：有九光华房。

《外国放品经》曰：紫翠丹房。

舍

《道典》曰：道之清净者，吾舍也。道因天清而清之，因地静而静之，因日月之光而明之，因星辰之行而正之，因万物之性而消息之。万物中人为贵，能使形无事，神无体，以清净致无为之意，即道为舍也。

《诸天内音经》曰：天真皇人开寒灵之窗。

又曰：南极玄窗，主诸得道人授炼品目。

户

《诸天内音经》曰：九玄丈人封于玉京紫户之内。

《洞景金玄经》有玉户。

门

《大洞玉经》曰：太素在幽玄之上，九宫列金门于太素之天。琼羽之门，兰室上清宫中门户名也。太上有琼羽之门。四明门者，上清玉帝之南门也。

《紫书金根经》曰：东华方诸青童宫有六门，门内周回三千里，东有青华门，西有玉洞门，北有琼门，东北有寒水门，东南有天关门。

庭

《二道顺行经》曰：洞阳之宫，下有流火之庭。

《大洞玉经》曰：广寒宫中有寒庭，太一之所处。又有云珠之庭。

《太上真文》曰：上帝朝真金童，杨烟流薰紫庭。

坛

《二十四生图》曰：元始敷五色金为坛。

《玉皇谱箓》曰：元始丈人登玉虚之坛，授九天谱箓、上皇宝经、玉符秘章。

府

《龟山元箓》曰：元始丈人在上清琼天府、太清府、开清府、玉宝洞元府、金融府、丹明府、重冥府、凤生府。

太平御览卷第六百七十八 道部二十

传授上

《五岳真形图经》曰：若道士得秘圣之经，皆当杜秘于一人之口者，即真灵之文将坠于独见，何缘得存于永代乎？传授但当必得其人，岂可秘而不出，是斯文永翳也。

《太极经》曰：太上玉经隐注宝诀，众经之祖也。太上令传太极诸侯公王卿伯，未得此位，不得之矣。道士有见此书，则皆应为仙公也。玄箓宿名将定焉。

《灵宝真一经》曰：大灵真人告太极左宫仙公曰："吾昔授太上灵宝洞玄自然太真上宝经，为太极真人，依太上法传授于人。"

《定志经》曰：元始告右玄真人曰："汝授此经，可择其人传之，弥布无外。"

《三皇经》曰：百万人中，或有一人应得此文者，皆有仙箓宿命者也。欲有所授，当择其人，入诸名山八极，周流天下，鬼神无敢犯之者，太清元始天中之王母，初学道之师也。

又曰：皇人者，太帝所使，在峨嵋山。黄帝往授真一五牙法。

《抱朴子》曰：黄帝东至清邱，过风山，见紫府先生，授三皇内文，以劾召万神，南至圆垅荫，建木观百灵。西至中黄子，授九加之方。过崆峒，从广成子授自然之经。北至洪堤上具茨，见大隗君黄盖童子，授神芝图。还陟王屋，得神丹注记。室峨嵋山，见黄人于玉堂，问真一之道曰："夫长生仙方，唯有金液，守形却恶，独有真一之道，右人尤重也。黄帝自然体道者也。"犹复陟王屋而授丹经。登崆峒而问广成，往具茨而事大隗，适东岱而奉中黄，入金谷而咨子心，论道养而证玄素，精推步而授雷歧，穷神奸而记白泽，相地理而书青乌，救伤残而缀金冶。故能毕该秘要，穷尽道真。按《神仙经》云："昔黄帝老子奉事元君，元君以授要诀，况乎不建彼二君者，安能自得仙度世者乎？”按《荆山经》及《龙首记》皆云黄帝服神丹。

又曰：彭祖八百年，安期千年，斯其寿之过人远矣。若果有不死之道，彼何不遂仙乎？岂非禀命授气，偶得其多者乎？按《彭祖经》云：“佐尧历夏，至商为大夫，商王从授还年之术，行之有效，欲杀彭祖以绝其术。祖觉而逃去，去时年八百。”

又曰：紫微玄宫玉飞天真书，太清元始授，西母珮之，位登仙宗，真人卫从。

又曰：玄洲仙伯关天万仙真书，东海小童授以得道人珮之。一名仙人道箓，一名凤真箓太玄登仙盟文。又昆仑墉台灵飞太真大上丈人以授得道者珮之，周行五岳，山神授职。一名五岳兵符，佩之，金石为开。

又曰：蓬莱高上真书成，青天上皇以传宁封，珮此真符，横行江海。一名蓬莱太玄玉札，一名九流真书，北陵丈人授以马师皇致龙来。又天帝丈人黄上真书珮之，知吉凶未兆之事。

《上清经》曰：上清真人登大帝沧浪山，诸太极真人授以丹青玉炉炼云根经。

《三元布经》曰：昔宁玄甫授此经于皇上真人，九年秘藏白空山。斋戒百日，忽见其岩有玉文银简，今封一通于白空山中。

《本行经》曰：丹灵真人遇玄和先生，授灵宝赤书、五气玄文、黑帝真一篇。

《高玄经》曰：昔上元以隐文授太和玉女，玉女授幼阳君，以文封于九疑洞室。

《登真隐诀》曰：太极帝君宝章者，东海青童君授涓子，以封掌名山。涓子剖鲤所获，是太上召三一守形也。以朱书素，珮之左肘，勿经履污秽，珮之八年，而三一俱见矣。三一者，三元真一君也，授其封掌之教。

又曰：李翼字仲甫，以七变法传左慈。慈修之，以变化万端。此经在《茅真人传》，后道士以还丹方殊秘，故略出别为一卷。

《茅君传》曰：太真元君西母授说《明堂玄真经》云："太上立玄，双神四明。玄真内映，明堂外清。吞息二晖，长生神精。上补司命，监御万灵。六华充溢，撤视黄宁。"此四十字即玄真之本经也。其后王母总具更演说行事之法，犹如九真中经唯以龙书为主也。太上刻于凤台南轩，非总真弟子不教，非司命之玄挺不传。

又曰：西母携王君茅盈以诣固衷之宫。固衷，盈二弟也。西母抚背告之曰："汝道虽成，所闻未足。我有所授汝，乃遣侍女郭密香与上元夫人相闻云：但不相见四千余年，天事劳我，致以罕面，可暂来否，当此相待。"上元夫人遣一侍女答曰："阿环再拜，上问起居。远隔绛河，扰以官事，遂违颜色，近五千年。仰恋光润，情系无违。密香至，奉信承降尊于茅固处。闻命之际，即当饰驾，先被太常君敕，使诣希林校定三元之箓，正尔暂往。如是当还，还便束带，愿暂少留。"茅固因问王母，不审上元夫人何真也，曰："三天真皇之母，上元之高真，统领十方玉女之名箓者也。"及上元夫人来，闻云中箫鼓声，龙马嘶鸣。既至，从者甚众，皆女子，齐年十六七，容色明逸，多服青绫之衣，光彩夺目。上元年未笄，天姿绝艳，服赤霜之袍，披青锦裘。头作三角髻，余发散于腰。戴九晨夜月之冠，鸣六山火藻之珮，曳凤文琳华大绶，执流黄挥精剑，入室向王母拜。王母坐止，呼之与同坐，北向。上元夫人设厨，王君敕茅盈二弟固衷起，拜稽首而立，命坐复席。上元乃敕侍女出紫锦囊，开绿金之笈，《三元流珠经》，《丹景道精经》，《隐地八术经》，《太极绿景经》，凡四部以传固衷。西王母敕侍女李方明出丹琼之函，披云珠之笈，以玉珮金珰太霄隐书、洞飞二景内真符，以传司命茅君。上元曰："阿母隐书之妙，上真内经，天仙所宝，封之金台，珮入太微。动则八景玉与，静则宴寝金堂。此文妙矣。阿环太极绿经等，可以致明月黄华，得白日之赤精也。"及西母上元俱去，唯王君独留经日。于是盈与二弟诀别，而与王君俱去，到赤城玉洞之府，告二弟曰："吾今去便有局任，不得复数相往来，句曲山是治所也。"汉光武建武七年三月丁巳，遣使者吴伦赍黄金五十斤，置于茅三君庙下，四时祠以太牢。至明帝永平二年，诏丹阳句容茅真却薯，使营护修守。时邑人通呼此庙为白鹄庙。句曲之洞宫有五门。石阶曲山，以水其门，令得往来上下也。句曲洞天，东通林屋，北通岱宗，西通峨嵋，南通罗浮，皆大道也。其间小径新路阡陌沙浍，非一处也。汉建安之末，左慈闻江东有此山，故寻之，斋戒三月而登山，乃得其门，入洞虚造阴宫。二茅君授以神芝三种，慈周旋洞室经年，制度甚肃，叹曰："不图天下复有如此之异乎！"至于地中洞天，有三十六所，王屋、委羽、西城、西玄、青城、赤城、罗浮、句曲、林屋、括苍、昆仑、蓬莱、瀛州、方丈、沧浪、白山、八停之属也，五岳及诸名山皆有洞室，或三十里、二十里、十里，岳洞方百里也。句曲山，秦时名为句金坛，以洞天内有金坛百丈，因以致名也。汉灵帝时，敕郡县采句曲之金，以充武军。孙权时又遣宿卫人采金，常输官。句曲山每至三月十八日、十二月二日，东卿司命茅君当是日请总真玉君、太虚真人、东海青童君会于句曲之上。好道者欲求神仙，宜先斋戒，俟此日登山陈乞也。茅君即授以要道，得入洞门。

又曰：紫微元灵白玉龟台九灵太真元君，即西王母也。上宰总真玉君，东卿司命茅君之师，右荚紫微夫人之母也。居昆仑墉台，别治白玉龟山青琳之宫。朱紫之房，首戴华胜，腰带虎章，葆盖沓映，羽旌荫庭。以汉平帝时来降句曲华阳宫，授司命茅君《玉珮金珰经》。又奖教中小二君，至晋成帝时，与金阙圣君同降洛阳隐元台，授魏夫人《玉清隐书》四卷。又《穆天子传》所载诣西王母，及降汉武帝者皆是也。别有传纪名《灵镜洞玄上经》，或曰《大有妙经》，即今所存中元辅卿手执者，是未显于世，主训教天下学真之人。

又曰：西极总真君者，茅司命之师也。生于商末，服青精䭀饭、九转丹，用曲晨剑解之道治西域山宫。年三十，着绣衣，芙蓉冠，把铃带剑一。汉元帝时降阳洛山，授《玉清虚上经》三十一卷。晋时又降魏夫人于阳洛山，每次三月十二月，亦同来句曲，推校学仙，别有传未显于世。《神仙传》云降蔡经家者，是此君也。

又曰：清虚王真人总真王君弟子，南岳魏夫人师。汉元帝时，辞家人华阴山。九年，太极真人降授二法。后入地胏山，终南山一名地胏。又登阳洛山。平帝时。南极夫人、西城王君同降，授上经三十一卷，王君共诣玄州，请书真名。乃还西城，修行道成，于是乘飞飙车游行天下。后登白空山，诣紫清太素三元君，授流金、火铃、豁落、七元、八景、飞晨、神策、玉玺毕，又还西城。太上遣赐绣羽晨盖、双珠月明、素羽琼干、丹袄锦旌。太素又遣赍成命之书，以为太素清虚真人，治玉屋山，主领宝经。乘虎旆辇，金盖玉轮，八景飞舆，杖九色节，出入上清，授事太素，寝宴太极，南岳魏夫人师之，撰传显于世。

《南岳魏夫人内传》曰：夫人姓魏，讳华存，字贤安，任城人，晋司徒文康公魏舒女也。少读老庄、春秋三传、五经、百子事，常别居一园，独立闲处，服饵胡麻。父母逼之，强适太保公掾南阳刘幼彦。畴昔之志，存而不亏。后幼彦为修武令，随之县舍。闲斋别寝，入室百日，所期仙灵。季冬月夜半，四真人来降于室，太极真人安度明，东华青童君，碧海景林真，清虚真人王子登。于是夫人拜乞长生度世。青童君曰："此清虚真人者，尔之师也，当授业焉。"景林真曰："尔应为紫虚元君，上真司命封南岳夫人也。"夫人谢曰："此是婢子有幸赐以姓命。"自陈毕，东华小童指而笑曰："丹心苦哉。"于是清虚真人王君乃命侍女华散条、李明瓮等川披云蕴，开玉笈，出太上宝文、八经隐书、大洞真经、灵书八道、紫度炎光、石精玉马、神真虎文、高仙羽玄三十一卷，即手授夫人也。王君昔学道在阳洛山，遇南极夫人、西城王君，授此三十一卷经，行之，成真人。今所授者，是南极西城之本经也。阳洛山有洞台，是清虚之别宫也。王君当授魏夫人经之时，起立北向而誓曰："太上三玄九皇高真太帝，太帝使教子魏华存。"于是景林真又授夫人《黄庭内景经》，一名《太上琴心》，一名《大帝金书》，一名《东华王篇》，令昼夜诵之。王君又告曰："子若不在山中隐身斋戒，则大洞真经不可妄读也。至于虎经龙书八素隐文之属，奇秘玄奥，若不斋戒，绝世不可施行。子今且可诵黄庭内经，步蹑七元，存五星之神而已。人间行之，亦足感通变化。欲成际会，我有以相迎矣。”方诸青童怡然，小留四真吟唱，乃命北寒玉女宋联涓弹九气之璈，东华玉女烟景珠击西盈之钟，林云玉女贾屈庭吹凤戾之箫，飞玄玉女鲜子灵金拊九合玉节。王君乃语夫人曰：“诀诸要讫。”乃别去。夫人守静日进，在世八十三年，以晋成帝咸和九年，王君与东华青童来降时，岁在甲午，二真人与夫人药，题曰隐迁白医川神散，石精金光化形灵丸，使称疾忽行，克期有定，俱会阳洛宫。言毕，二真人去。夫人即服药，因称脚疾，闭目寝息，饮而不食。到七日，其夜半之后，太一玄仙遣飙车来迎，驾气骋御，径入帷寝。其子弟侍疾，众亲满侧，莫之觉也。夫人遂用藏景之法，托形剑化，徐登飙轮，径之阳洛。居隐元之台，志栖上元。诚感九天，丹心真契，澄神太素，夫人遂北诣上清宫，太微天帝遣九宫太真侍玉元晨郎李明期，授夫人神凤之章，使封山。召云中央黄老君遣正一羽晨侯公阳子明，授夫人龙衣虎带，丹青飞裙，十绝华幡，使川登行上清，摄真命仙。三素高元君遣左华九成夫人范定英授夫人流金火铃，九盖之軿，使弹制万魔。飞轮太无太上玉晨大道君遣绣衣使者孟六奇授九色之节，双珠月明，神虎之符，锦旂虎旌，使位主群神，以威六天。太素三元君遣保禁仙都衷文坚、右嫔元姬赵约罗授夫人西华玉女三百、八景飞舆、玄景九龙，使侍卫执巾上诣三清。扶桑太常君遣八玄仙伯柯原首、五方天帝君简肃正等授夫人玉札金文，位为紫虚元君，领上真司命，使主诸学道死生图籍，摄御之官，关校罪，考金关。后圣君命仙伯牙叔平授夫人青琼之板，丹绿为文，位为南岳夫人，比秩仙公，给曲晨飞盖以游九宫，使治天台大霍山洞台之中，主下训奉道，教授当为真仙者。令一月再登玉清，三登太素，四谒玉晨宫，宴扶桑之高台。于是夫人授王母之命，且还王屋山小有之中，更斋戒三月。九微元君、龟山王母、西城真人王方平、太虚真人赤松子、桐柏真人王子乔，并降小有清虚上宫绛房之中，各命侍女金石发响。于是西母徘徊起立，折腰俯唱曰：“哀此去留会，劫尽天地倾。嘉会绛河内，相与乐未央。”歌毕，须臾司命神仙诸隶属及南岳神灵迎官并至，西母等与夫人同去，诣天台霍山台。

《登真隐诀》曰：太微天帝金虎符，太上玉真保皇道君以授于太上太微天帝君。

又曰：太一有玉玺金真虎符，方丈台昭灵李夫人，治方丈台，弟十三朱馆中，以晋兴宁中降。杨君曳紫锦衣，带神虎符流金铃，带青玉色绶。有两侍女，年二十许，着青绫衣。一侍女名隐晖，捧赤玉箱二枚，青带络玉，检文题检，一曰太上章，一曰太上文。自此后数数来降，授书作诗。

《集仙箓》曰：骊山姥，不知何代人也。李筌好神仙之道，常历名山，博彩方术。至嵩山石室中，得黄帝阴符经，本绢素书，缄之甚密，题云："大魏真君二年七月七日，道士冠谦之藏之名山，用传同好。"筌竟不晓其义，因入秦，至骊山下，逢一老母，鬈髻当顶，余发半垂，弊衣扶杖，神状甚异。路旁见遗火烧树，因自语曰："火生于木，祸发必克。"筌闻之，前谒，曰："此黄帝阴符经秘文也。"母曰："吾授此经已三元六周甲子，少年从何而得知？"筌稽首再拜，具告得经之所，因请问玄义，尽得之。俄失姥。

太平御览卷第六百七十九　道部二十一

传授下

《金简玉字经》曰：黄帝授襄城小童步六纪之法。

又曰：黄累小童授步三纲之法也。

又曰：广成授东中元童步六官之法也。

《文始内传》曰：太上遣绣衣使者传命尹喜。

《玉帝七圣玄纪》曰：七圣撰上玄之章，以付五老上真仙都。左公藏于紫蕊玉笈，封以启命之章。西龟定箓，东华校名。

《三天正法》曰：太真灵箓秘在太上灵都之宫，付五老上真仙都左公。

《四极明科》曰：帝喾之时，九天真王驾九龙之舆，降牧德之台，授帝此真文也。

又曰：凡授上清宝经，皆当备信，信以誓心，以宝于道。无信而授经，谓之越天道；无盟而传经，谓之泄天宝。

《玉清隐书》曰：有帝简金书，玄玉绿籍，可以传玄羽玉经。玄羽玉经付玄羽玉郎，以授上清真人。

又曰：传授上皇玉惠玉清之隐书，金玄隐玄之羽书。经者皆五老校图，太一式观。

又曰：上皇玉帝命太老真人开琼珠之箧，出玉清隐书玄羽玉经，以传太微天帝君。

《二十四生图》曰：元始天帝于长桑碧林园中，闻帝尊普告元圣尊神洞玄天文灵宝玉奥也。

又曰：依旧典府仰之格，付度道君女青律，云太真玉帝上宫府仰之格，旧经亿劫不传也。

又曰：帝尊在协晨灵观，登白玉座，具宣秘要，开阐妙门。

《太玄经》曰：老子传授经戒箓仪注诀曰：“以局脚小案置经，彩巾覆氏。”

《明真经》曰：元始尊在香林园中说明真经。

《太清中经》曰：道曰：慎无卖，吾以求宝也。慎无传，吾非其人也。慎无闭，吾绝吾学也。

又曰：《大真经》曰：师之传授，选其上有仙相，中有仁孝，下有才能笃志者，然后授之。

《太上真经》曰：太上曰：成道归本，混同无初，出三界外，济九天中。接生与善，授记德人。

《玄羽经》曰：元嬵金为简刻玉篇，授葛玄。

《金根经》曰：太上以《大洞真经》付上相青童君，掌箓于东华青宫，使传后圣应为真人者。此金简金札，出自太上灵都之宫，刻玉为札，结金为简，书以朱文，编以朱绳之结。

《太真科》曰：太上告张陵天师曰：“内外法契与天地水三官，折石饮丹为誓也。”张陵授命为天师，命弟子扶翼为嗣师，上崇虚之堂，登白虚之坛，醮奏太一传授口诀，传命嗣师承代基业，行教天人。

《真诰》曰：斐君曰：“太洞真经，读之者轻举。”昔中央黄君隐秘此经，世不知也。若知之，秘而不传。

又曰：紫阳真人授苏君三一玄丹之道。

又曰：有北海公涓子，授守一玄丹之道。

又曰：东宫中候真夫人授桐柏真人飞解脱纲之道。

又曰：昔周君学道常山中，积年精思，忽见老人，知是神异，乃叩头请道。老人出素书七篇，令诵之。周君仙去。

又曰：赵叔期学道王屋山，时出民间，闻有卜者在市肆，叔期曰：“欲入天门，调三关，存朱衣，正昆仑。”叔期知神人，因拜乞要诀。因出一书与之，是《胎精中记》。拜此书，入山诵之。后合神丹，服而升天。

《王君内传》曰：王子登得太上丈人授以琼蕴隐书并云碧阳水飞

丹法。君服之，绝见远物，坐在立亡，役使群神。

又曰：太素三元君遣西华灵妃甄幽萧赉成命之书，以云琼为板，紫金刻之，以授王君子登后圣。

《道君列纪》曰：道君命五老上真开紫蕊玉笈云锦囊，出灵书紫文上经，以付青童君。

《八素真经》曰：若精勤，皆当书以蕊简，刻以琼文，位为上清左真公。

《升玄经》曰：张道陵曰："不敢以身传此教。"太上曰："何得顾难，废不通法？汝当建意，无谓不可传。若世有道士得此仙经，披寻首尾，知是真要，无师可授，便得奉行。"

《天戒经》曰：葛玄告弟子郑隐云："吾昔所授善道，太上所贵。今为师友，是以相授。吾去世也，将有乐道慈心居士来生吾门者，子当以今道业事一通付之，法应世世传授也。子以一通依科传付弟子佳者也。若无其人，一通封五岳名山可也。"

又曰：刘翊字子朔，颍川人，有道德。家世子仁感济于人，遇师皇先生，告诩曰："子仁感天地，阴德鬼神，太上嘉子之用心，使我授汝以长生之道。吾仙官也，尔能从我去否？"翊曰："愿从教。"乃特入桐柏山中，授以隐地八术，服五星之华。而今度名东华，来在洞中，为定箓府右理中监。

又曰：淳于斟字叔通，会稽人，汉桓帝时为徐县令。好道术，数服饵胡麻黄精。后入吴乌目山中隐居。人授以虹景丹经，修行得道，在洞中为典柏执法郎，主诚有道者。

又曰：桃俊，钱塘人，少为郡吏。汉末入增城山中学道，遇东郭幼平。幼平秦时人，久隐增城，得道者也。幼平授俊服九精练气辅星存心之术。俊修之道戒在东华宫中，为北河司命。

又曰：张奉字公先，河内人也。太傅袁隗常叹其高操，后入剡山，遇山图公子，授奉九云水强梁炼桂法，在东华宫为太极仙侯。

又曰：夏馥字子治，陈留人也。少好道，服术饵和云母。后入吴山，从赤须先生授炼魂法。又遇桐柏真人，授以黄水云浆法。得道，在洞中为明晨侍郎。

又曰：后汉刘宽字文饶，少好道，为司徒太尉。年七十三，遇青谷先生，降于寝室，授其杖解法。入太华山，行九息服气。及授以炉丹方修之。道成，在洞中作童初府上师至始学者。

又曰：刘少翁数入太华山中，遇西岳丈人，授其仙道。

又曰：黄景华，司空黄琼女，韩众授以岷山丹，服得仙法。

又曰：赵威伯，东郡人，少好道，师邯郸张先生。晚在中岳，授《玉珮金珰经》于邱林，乃汉楼船将军卫行道妇也。遂授行挹日月之景，又服九灵明镜。华遂行道，在华阳内为保命承主仙籍并记学道者，并主暴雨水，领五芝金玉章。

又曰：张玄宾，魏武帝时人也。遇真人樊子明于少室，授以道变隐景之道，在天柱山。

《灵宝经》曰：迦罗山树下，有三天人讲《元阳经》。

《明真科》曰：元始尊在香林园中，与众教化诸法。

《内音玉字经》曰：大梵隐语西母，以上皇元年七月丙午，于洞室下教以授清虚真人王君，传于夏禹，封文于南浮洞室石匮。故《五符经》云“九天灵书犹封于石匮”是也。玉诀下云：五老真人封题玉匮，亦其例也。《孔灵符》云：会稽山南有宛委山，其上石，俗呼为石匮，壁立于云，累梯然后至焉。昔禹治洪水，其功未就，乃斋于此山，发石匮，得金简玉字，以知山河体势。于是疏导百川，各尽其宜。

《上清经》曰：元始天帝与南极元君登太空琼台，五老上真仙都公开郁林之笈、云锦之囊、上清变化、七十四方解形之道、三元布经以授于元君。

《道学传》曰：王母云，此灵光生经听四千年德传一人。无其人，听八千年顿传二人。授非其人，是为泄天道。可传而不授，是为闭天宝。不计限而妄授之，是为轻天老。授而不敬，是为慢天藻。泄、闭、轻、慢四者，延祸之事也。同道谓之天亲，同心谓之地爱，传授当相亲爱，共均荣辱。

又曰：汉武帝自撰西王母所说，集为一卷，及所与经图之属，盛以黄金之几，封以白玉之函，安着柏梁台上。

《像名经》曰：东方上尊凭七宝凤文之曲几，敷说道要真经。

《太上黄素经》曰：凡修受大洞真经雌一奇文，常置经于几格洁净处。

《法轮经》曰：夫欲授经，皆当赍金宝之信，诣师请授遣，贵法重道，非言不行，轻传则为非宝，空修则为贱道。

《众篇经》曰：古人非心不仙，末世非财不度，所以尔者，末世贵财贱道也。以黄金万斤，仙经一部，施于穷山，末世乃取金弃经，黄金刻为身患，仙经刻得长生。公知如此，不能免贪也。非道弘人，此之谓也。

《大有经》曰：大上宝章传太帝君，太帝君付天帝君，天帝君传太微天帝，太微天帝传金阙帝君，金阙帝君传东海青君。授之，以金为盟，长九寸，广四寸，厚三分，刻而书之，以封山川五岳之真精也。

《三元真一经》曰：盟誓三官，委帛血坛，割革大约，乃得授付授者。盟者，保神以坚心，故万物不能犯，天地不能违。以素丝一两，斋百日，或五十日，或三十日，或二十日十日也。法以四十年得传一。

《授玄丹玉经》曰：青布三十二尺，朱帛三十二尺，明镜二枚，告誓，为不泄之约。

《八术神虎隐文》曰：欲授八术隐文者，赍金龙玉鱼盟誓而授之。授大洞真经亦用此。

又曰：上金十两，以为神真之信也。锦九十尺，以誓九天。青缯四十尺，以盟其文。好道乐真、勤心注玄、轻物贵道者，始可与言。

又曰：授三天虎书者，赍金虎，玉铃，素锦，玄罗各四十尺，以为金真之誓，盟于天地，不宣之约也。

《太一洞真玄经》曰：古者传经盟誓，皆歃血断发，立坛盟天。今自可以金青代发肤之体。又云，违此者失两明。

《玄母八门经》曰：琅玕、华丹、五石、玄腴之法皆结盟。

《真一修检经》曰：授太一法，二十四年得传。

又曰：东海玉华妃停文期，青童君之妹，降授张微子服雾之方。

又曰：主仙道君即命侍妇范运华、赵峻珠、王抱台等发琼笈、披绿蕴，出上清隐书《龙文八灵真经》二卷，授范襄平。

《太行经》曰：仁安远游山林，于寒灵洞穴遇玄和先生，授灵宝黑帝真文。

又曰：西方有九光灵童，以白帝真文授皇妃。

又曰：央有无生童子于色之国，授元君信然灵宝赤帝真文。

《三元经》曰：元始于明霞观以上真玉检，下授三天玉童。

《马明生内传》曰：龚仲阳授嵩高小童步纪之法。

《珠囊》曰：陆元德，吴兴东迁人。宋文帝召入内，服膺尊异。时太后王氏雅信黄老，降母后之尊，执门徒之礼。

又曰：陶弘景字通明，魏郡平阳人也，自云华阳隐居。梁高祖太子从而授道。梁简文邵陵诸王，谢览、沈约、阮忻、虞权并服膺师事之。

又曰：刘法先，彭城人也，为宋明帝崇灵馆主。帝先师陆元德，元德卒，又师事法先，尽北面之礼。

又曰：薛彪之，晋陵人也。烟炉神鼎之法，无不辩其精粗，究其难易。门人有所请益，必诲示勤恳，随量而退。

又曰：谢暄字元映，陈郡阳夏人也。年十二，辞亲入高寿山，师朱天赐，菜食长斋，专务修道。朱性严厉，入室者唯暄一人也。隐虞山，虽居幽寂，远近归向，林谷常满。

又曰：庾承仙字崇光，颍川鄢陵人也。幼聪悟，博极群书。时处士刘弘硕学，尤明老庄，隐于荆州之沙州。承仙师之，讲习多所该究。家贫无书，每事假借，一览便诵。

又曰：孙游岳字玄达，东阳永康人也。宋泰始中，陆元德自庐岳下都阐扬至教。游岳乃出京师问道，亲侍帷席，预入室之流。其弘言奥旨，非游岳不传。

《太一记》曰：裴君精思五年，五帝曰："君登八极城明真灵台，授挥神九有之术。”

《玉皇谱箓》曰：元始丈人登玉虚之坛，授九天谱箓。

葛洪《神仙传》曰：严青者，会稽人也。居贫，常于山逢一人与青语，临别赠素书一轴。但以洁器盛之，置高处，并教青服石脑法。

太平御览卷第六百八十 仪式部一

太常

《释名》曰：九旂之名。日月为常。画日月于其端，天子所建。言常明。

《周礼》曰：司常掌九旂之物名，日月为常。

又曰：节服氏掌祭祀、朝觐、衮冕、六人维王之太常。

《礼记》曰：成王封周公于曲阜，命鲁公世世祀周公以天子之礼乐。是以鲁君乘大路、载孤韣，旂十有二旒、日月之章。

又曰：旂十有二旒，龙章而设日月以象天也。

旂

《释名》曰：交龙为旂。旂，依倚也。通以一赤色为之，无文彩。诸侯所建也。

《尔雅》曰：有铃曰旂。悬铃于竿头，画交龙于旒也。

《诗》曰：载见辟王，曰求厥章，龙旂阳阳。

又曰：鲁侯戾止，言观其旂。其旂筏筏，鸾声哕哕。

《周礼》曰：龙旂九斿，以象大火也。

《传》曰：臧哀伯谏曰："三辰旂旂，昭其明也。三辰，日月星也。于旂旂，象天之明。

又曰：子鱼曰："以先王观之，则尚德也。昔武王克商，成王定之，选建明德，以藩屏周。故周公相王室以尹，天下于周为睦，分鲁公以大路、大旂。"交龙为旂，周礼同姓以封。

旌

《释名》曰：析羽为旌。旌，精也。有精光也。

《尔雅》曰：注旄首曰旄。载旌处于竿头也。

《周礼》曰：析羽为旌。凡军士建旌旂，甸亦如之。凡输共获旌，岁时共更旌。取旧与新。

《礼记》曰：武车绥旌，绥，垂舒之。德车结旌。不尽饰，结谓收敛之也。

《左传》曰：初，卫宣公烝于夷姜，生伋子。属诸右公子，为之娶于齐而美。公取之，生寿及朔。属寿于左公子。夷姜缢。宣姜与公子朔构伋子。公使诸齐，将杀之。寿子告之，使行，不可，曰："弃父之命，恶用子矣。有无父之国则可也。"及行，饮以酒。寿子载其旌以先。盗杀之。伋子至，曰："我之求也，彼何罪？请杀我乎！"又杀之。

又曰：楚许伯御乐伯，摄叔为右，以致晋师。许伯曰："吾闻致师者，御靡旌摩垒而还。"

又曰：宋公享晋侯于楚丘，请以桑林舞、师题以旌夏。旌夏，大旌也。以大旌表识其行列。晋侯惧，退入于房。去旌卒享而还。

《诗》曰：孑孑干旌，在浚之城。

《史记》曰：苏秦说楚合从。楚王曰："寡人自料，以楚当秦，不见胜也。内与群臣谋，不足恃也。寡人卧不安席，食不甘味，心摇摇然如悬旌而无所终薄。今主君欲一天下，收诸侯，存危国，寡人谨奉社稷以从。"

旆

《释名》曰：杂帛为旆。以新色缀其边为翅尾也，将帅所建。象物杂色也。

《尔雅》曰：继旐曰旆。续旐末为燕尾。

《诗》曰：萧萧马鸣，悠悠旆旌。

又曰：织文鸟章，白旆央央。鸟章，鸟之文章也。央央，鲜明貌。

《左传》曰：晋或以广队不能进，楚人惎之脱扃，少进，马还，又惎甚教之之拔旆投衡，乃出。

又曰：晋侯伐齐。齐登巫山以望晋师。晋人使司马斥山泽之险，虽所不至，必旆而疏陈之，使乘车者左实右伪，以旆先舆，曳柴而从之。

齐侯见之其众也。乃归。

又曰：八月辛未，治兵，建而不旆。建，立旌旆，不曳其旆游也。壬申，复旆之。诸侯畏之。

旟

《尔雅》曰：错革鸟曰旟。

《释名》曰：鸟隼为旟。旟，举也，军吏所建，急疾走事则有称举矣。

《周礼》曰：鸟旟七斿，以象鹑火也。

《诗》曰：众维鱼矣，旐维旟矣。大人占之，众维鱼矣。实维丰年。旐维旟矣，室家溱溱。

旐

《释名》曰：龟蛇为旐。旐，兆也。龟知气兆之吉凶，建之于后，察事宜之形兆也。

《尔雅》曰：缁广充幅长寻曰旐。

《周礼》曰：龟蛇四游，以象宫室。

《诗》曰：我出我车，于彼郊矣。设此旐矣。建彼旄矣。彼旟旐斯，胡不旆旆。旆旆，旒垂貌。

又曰：出车彭彭，旂旐央央。

幡

《释名》曰：幡，幡也。其貌幡幡然也。

《魏志》曰：陶谦字恭祖，少孤，以不羁闻。年十四，犹缀帛为幡，乘竹马，戏邑中。

《宋书》曰：高祖讨卢循，战于左里。高祖麾之，竿折，幡沉于水，众咸惧。高祖笑曰："昔覆舟之役亦如之，今胜必矣。"果破贼。

麾

蔡邕《月令章句》曰：麾，鸟翼以为旌幢麾也。

《魏志》曰：张辽从征袁尚于柳城，卒与虏遇。辽劝火战，气甚奋。太祖壮之，自以所持麾授辽。遂击，大破之，斩单于蹋顿。

旄头

《史记》曰：昴星曰旄头。

《汉书》曰：梁丘贺字长翁，宣帝祠孝昭庙，先驱旄头剑挺堕音地。首垂插泥中，挺，引也。剑自然引挺出也。刃向乘与，车马惊。于是召贺筮之，有兵谋，不吉。上还，使有司侍祠。是时，霍氏外孙任宣坐逆谋反，宣子章夜玄服入庙，执戟，欲为逆。发觉伏诛。

《东观汉记》曰：东海王强置虎贲、旄头。

应劭《汉官仪》曰：旧曰羽林郎为林旄头，放发驱，今但用营士。

《玄中记》曰：秦始皇时终南公有梓树，大数百围，荫宫中。始皇恶之，兴兵伐之。天辄大风雨，飞沙石，人皆疾走。至夜疮合。有一人中风雨，伤寒，不能去，留宿。夜闻有鬼来问树，言："秦王凶暴相伐，得不困耶？"树曰："来即作风雨击之，其奈吾何？"鬼又曰："秦王使三百人被头，以赤丝绕树伐汝，得无败乎？"树漠然无言。疾入报，秦皇案言伐断，中央有一青牛出，逐之入水。秦王因立旄头骑。

挚虞《决疑纂要注》曰：世祖武皇帝因会问侍臣，曰："旄头之义何谓耶？"侍中彭权对曰："《秦记》云，国有奇怪，触山截水，无不崩溃，唯畏旄头。故使虎士服之，卫至尊也。"中书令张华曰："有是言而事不经。臣以为壮士之怒，发踊冲冠，义取于此也。"

徐爰《释疑略》曰：乘与黄麾内羽林班弓箭，左罼右罕者熊皮，谓之旄头。

《魏武表》曰：不悟陛下复加后命，命置旄头，以比东海。

云罕

徐广《车服注》曰：云罕，罼罕也。

司马相如《上林赋》曰：弋玄鹄，弄干鏚，载云罕，掩群雅。

张衡《东京赋》曰：云罕九游，闟戟胶葛。

潘岳《籍田赋》曰：五辂鸣銮，九旒扬旆。琼鈒入蕊系，云罕晻蔼。

黄钺

《说文》：钺，大斧也。夏执玄戈，殷执白戚，周左仗黄钺。

《字林》曰：钺，斧也。

《书》曰：武王左仗黄钺，右秉白旄。

《周书》曰：武王陈牧野，既誓以驰。商师大崩，商辛自燔于火。王斩之以黄钺，悬诸大白。

《左传》曰：楚王将戮齐庆封，负之以斧钺，以徇于诸侯，曰："无或如齐庆封，杀其君，弱其孤，以盟其大夫。"封反曰："无或如楚恭王之子围，杀其君之子而自立，以盟诸侯。"

《汉书》曰：王莽使司徒王寻镇洛阳，初发长安，宿霸昌厩，亡其黄钺。寻士房杨素狂直，乃哭曰："此经所谓丧其资斧者也。"莽闻，乃煞之。

《吴志》曰：假陆逊黄钺，吴王亲执鞭以见之。

《晋公卿礼秩》曰：太尉贾充、河间王颙、梁王肜、司徒王衍、汝南王亮、太傅杨骏、东海王越、义阳王望、齐王攸、琅琊王仙、东平公苟晞，皆假黄钺。

《晋书》曰：石勒、王弥寇京师，以王衍都督征诸军，持节假黄钺以伐之。

《齐书》曰：高帝辅政，王俭议加黄钺。任遐曰："此文事，应报褚公。"彦回也。帝曰："褚脱不与，卿将何计？"遐曰："彦回保妻子、爱性命，非有奇才异节，遐能制之？"果无违异。

崔豹《古今注》曰：今斧、黄钺、铁斧、玄钺，三代通用之以断斩。

今以黄钺为乘舆之饰，玄钺诸王公得建之。武王以黄钺断纣头，故王者以为戒。太公以玄钺斩妲己，故妇人以为戒。汉制，诸公建玄钺。以太公助武王断斩，故为诸公之饰。大将出征特加黄钺者，以铜为之，黄金涂刃及柄，不得纯金也。

《淮南子》曰：至精之感，无所不通。昔武王渡孟津，而阳侯之波逆流而击，疾风晦冥。武王举黄钺，瞋目麾之，曰："予在，天下谁敢害吾意者？"于是风去而波罢，遂得济。

又曰：国有难召将，诏之曰："社稷之命，在将军身。今国有难，愿子将而应之。"将军授命，乃令祝史太卜，斋三日，之太庙，钻灵龟。卜吉，曰："以授旂鼓。"君入庙门，西面而移至堂下，北面立。王亲操钺持头，授将军柄，曰："从此上至天者，将军制之。"又复操斧持头，授将军其柄，曰："从此下至渊者，将军制之。"

《世说》曰：诸葛亮之次渭滨也，魏明帝遣辛毗为军司。宣王既与亮对渭而阵，亮设诱谲万方，宣王果大怒，愤将应以重兵。亮遣间谍视之，还曰："有一老夫毅然仗黄钺，当军门立，军不得出。"亮曰："此辛毗也。

徐爰《释疑略》注曰：豹尾、黄钺、金钲，旧载马车，晋江左乘马执之，宋元嘉中复旧典。

豹尾

崔豹《古今注》曰：豹尾车，周制也，象君子豹变，尾言谦也。古军正建之，今唯乘与焉。

《汉书》曰：成帝赵昭仪方大幸。每上甘泉，尝从在属车豹尾中。

《晋中兴书》征祥说曰：海西公初即位，忘设豹尾，亦服妖也。豹尾，仪服之主，大人所以豹变也。西海凡庸，不可以主社稷，故忘其豹尾，示不能终。

《晋书》曰：王敦谋逆，以沈充、钱凤为谋主。明帝诛之，使充乡人沈桢往吴兴喻充以为司空，曰："丈夫共事，终始当同，宁可中道改易？”祯陈成败，苦劝之，充不纳。率兵，临发，谓妻子曰：“男儿不竖豹尾，约不还也。”

《齐书》曰：高昭刘皇后年十七，斐方明为子求婚，酬许已定。后梦见先有迎车至，犹如常家迎法，后不肯去。次有迎至，龙旂豹尾，有异于常，后喜而从之。既而与斐氏不成婚，竟嫔于上。

《武昌记》曰：樊口南百步有樊山，孙权猎于山下。依夕，见一姥，问权：“猎何所得？”对云：“正得一豹。”姥曰：“何不竖其尾？”语竟，忽然不见。因为立庙，以其处楚山神，故名为樊山大姥。

蔡邕《独断》曰：大驾属车七十一乘，最后一车悬豹尾，豹尾已前皆省中。

警跸

《周礼·夏官》曰：隶仆掌跸宫中之事。跸，止行者。

又曰：师氏掌以媺诏王，告王以善道也。使其属帅四夷之隶，各以其兵服守王门之外，且跸。跸，止行人使不得近王宫。

又曰：卿士掌大宾客，率其属夹道而跸。

《史记》曰：文帝过渭桥，有一人桥下走出，乘与马惊，捕，属之廷尉，曰：“县人来，闻跸声，匿桥下。久之，出，见车骑，即走尔。”廷尉张释之奏：“此人犯跸，当罚金。”事见《刑法门》。

《汉书》曰：梁孝王，窦太君少子。爱之，得赐天子旌旂，从千车万骑，出称跸，入言警，拟于天子。

又曰：上官桀与燕王诈上书，奏霍光道上称跸。

《续汉书》曰：建安二十二年命魏王建天子旌旂，出警入跸。

《东观汉记》曰：姚期次叽为光武贼曹椽，从平河北，上至蓟。蓟中应王郎，上惊去，吏民遮道不得行，期瞋目道左，曰：“跸！”大众披辟。后上即位，上笑曰：“卿欲逐跸耶？”

又曰：杨秉谏桓帝曰：“王者至尊，出入有常，警跸而行，清室而止。”

《汉旧仪》曰：皇帝出殿，则传跸止人，先置素室清宫而后住。

《晋书》曰：桓玄至京都，警跸不绝于音。玄篡盗八旬而奔败。

《宋书》曰：竟陵王诞在石头城内修乘舆法物，习唱警跸。

《梁书》曰：武帝永明末，与兄懿卜居东郊之外，范云亦筑室相依。梁武每至其所，妻常闻跸声，又常与梁武同宿顾暠之舍。妻方产，云在外，曰："武帝有王者相。"云起曰："王当仰属相以见归。"因是尽心推事。

又曰：侯景即位，唱警跸。识者以为名景而言警跸，非久祥也。景闻恶之，改为备跸。人又曰："备于此便毕矣。"

《周生列子》曰：庖馔班错，所享不过一味；华盖结驷，列道警跸，其荣不过容膝。

《苏子》曰：夫走卒警跸列呼而行，此诸侯之所谓荣华，世俗之谓富贵也。

杨雄《甘泉赋》曰：八神奔而警跸。

太平御览卷第六百八十一　仪式部二

卤簿

《汉官仪》曰：汉乘与大驾仪：公卿奉引，太仆御，大将军参乘，属车八十一乘，备千乘万骑。法驾公仪，公卿不在卤簿中，河南尹、执金吾、洛阳令、奉车都尉、侍中参乘，属车三十六乘。

蔡邕《独断》曰：天子出，车驾谓之卤簿，有大驾，有小驾。上所乘曰金根车，驾六马。五色安车、五色立车各一，皆四马。是为五时副车，俗人号之曰“五帝车”，非也。

又曰：前驱有九旒云罕、闟戟、皮轩、銮旂，皆大夫载。銮旂者，编羽毛列系幢旁，俗人名之曰“鸡翘车”，非也。后有金钲、黄钺、黄门、鼓车。

又曰：古者诸侯贰车九乘。秦灭六国，兼其服，故大驾属车八十一乘。

又曰：凡乘与车皆羽盖、金华瓜、黄屋、左纛、金鍐、方釳、繁缨、重毂、副鎋。黄屋者，盖以黄为里也。左纛者，以牦牛尾为之，大如斗，在最后左騑马头上。金鍐者，马冠也，高广各五寸，上如三华形，在马髦前。方釳者，铁也，广数寸，在马髦后，有三孔，垂翟尾其中。繁诱蹿马膺前。重毂者，毂外复有小毂施辖。

《晋诸公赞》曰：贾后女宣华公主葬，皆羽葆鼓吹熊渠次飞为卤簿。

《晋书》曰：帝自邺还洛，河间王颙将张方遣三千骑奉迎，将渡河桥，方又以新乘阳燧车、青盖、三百人为小卤簿，迎帝至邙山下。

又曰：王浚都督幽州。和演欲煞浚，并其众。演与乌丸单于审登谋之。于是浚与期游蓟城南青泉水上。蓟城内西行有二道，演、浚各从一道，演与浚欲合卤簿，因而图之。值天暴雨，兵器沾湿，不果而还。单于由是与其种人谋曰：“演图杀浚，事垂克而天卒雨，使不得果，是天助浚也。违天不祥，我不可久与演同。”乃以谋告浚，浚密严兵夜与单于围演。演持白幡诣浚降，浚遂斩之。

又《载记》曰：石季龙常以女骑一千为卤簿，皆着紫纶巾熟锦袴、金银镂带五丈织成靴，游于戏马观。上安诏书五色，在木凤之口，鹿卢回转，状若飞翔焉。

《宋书》曰：孝武举义兵，沈庆之有功。初，庆之尝梦引卤簿入厕中，庆之甚恶入厕之鄙。时有善占梦者为解之，曰："君必大富贵，然未在旦夕。"问其故，答云："卤簿故是富贵，容厕中所谓后帝也。知君富贵不在今主。"及中兴之功，自五校至是而登三事。

又曰：宋刘韫字彦文，历湘、雍二州刺史。令画工图卤簿羽仪，常自披玩，以示蔡兴宗。兴宗佯不知，指韫所画形，云："是谁？"韫曰："是我也。"其庸如此。

又曰：颜延之子竣既贵重，权倾一朝。凡所资供，延之一无所授，器服不改，居宅如旧。常乘羸牛车，逢竣卤簿即屏住道侧。

又曰：文帝镇江陵，王华为西中郎主簿、咨议参军。文帝未亲政事，悉委司马张劭。华性尚物，不欲人在己前。劭性豪，每行来常引夹毂。华出入乘牛车，从者不过两三人，以矫之，常相逢，华阳若不知是。劭谓左右曰："此卤簿甚盛，必是殿下。"乃下，牵车立于道侧，及劭至，乃惊。

《齐书》曰：虞悰迁太子右率。永明八年，大水，百官戎服救太庙。悰朱衣乘车卤簿，于宣阳门外入行马内驱逐人，被奏见原。

又曰：陈显达，建武世心怀不安，深自贬退，车乘朽故，道从卤簿皆用羸小。

《梁书》曰：朱异起宅东陂，穷彩功，晚日丽来下，酣饮其中。每迫曛黄，虑台门将阖，乃引其卤簿自宅至城，使捉城门，停留管籥。

又曰：吕僧珍为兖州刺史，姊适于氏，住市西小屋，临路，与列肆杂。僧珍常导从卤簿到其宅，不以为耻。

《南史》：王僧孺为尚书右丞。僧孺少孤贫，与母鬻纱为业。母尝携之至市，道遇中丞卤簿，驱迫坠沟。及是拜日，引驺清道，悲感不自胜。

《陈书》曰：长沙王叔坚与始兴王叔陵并招聚宾客，各争权宠，甚不平。每朝会，卤簿不肯为先后，必分道而趋，左右或争道而斗，至有死者。

《隋书》曰：晋氏卤簿、御史轺车行中道。

班剑

《晋公卿礼秩》曰：诸公及开府位从公者，给虎贲二十人，持班剑。

《晋中兴书》曰：大和元年，诏曰："会稽王其以为丞相，给羽葆、鼓吹、班剑六十人。"

《宋书》曰：张敬儿加开府仪同。既得开府，又望班剑，语人曰："我车边犹少班阑物。"

又曰：大明元年制："大臣加班剑者，不入宫城门。"泰豫元年，班剑依旧入殿。

徐邈《奏议》曰：东宫班剑，议者不处数。案公卿故事，给虎贲二十人，持剑。安平献王加青盖、九旒、前后鼓吹，虎贲亦二十人。依准此数，东宫班剑当不过二十。

棨戟

《汉书》曰：韩延寿在东郡殖羽葆、鼓车，功曹引车皆驾驷马、载戟，五骑为伍。

《东观汉记》曰：王郎遣谏议大夫杜威持节诣军门，上遣棨戟延迎，请入军。威称说实成帝遗体子舆也。上曰："设使成帝复生，天下不可复得，况诈子舆乎！"

又曰：建武元年，杜诗为侍御史，安集洛阳。时将军萧广放纵兵士，暴横民间。诗敕晓不改，遂格杀广，还以状闻，上召见，赐以棨戟。复使之河东，诛降逆贼杨异等。

《汉杂事》曰：奉车都尉窦固征匈奴，骑都尉秦彭副，令彭别屯。彭擅斩军司马，固奏彭不由督率，专贼杀人。公卿议皆以为固议是。公府掾郎躬以为彭得斩人。上曰："军正校尉一统督将，何以得专杀？"躬对曰："一统将者，谓在部曲也。今彭别将，军事至急，势不得关督。汉制假棨戟以当斧钺。"议者皆屈，上从之。

《吴志》曰：孙权拜诸葛恪抚越将军，领丹阳太守，棨戟武骑三百拜军令，作鼓吹、导引归家，时年三十二。

又曰：陆逊字伯言，少为孙权帐下右部督，授棨戟，督会稽、鄱阳、丹阳三郡。

《晋书》曰：羊祜在军，颇以畋渔废政。尝欲夜出，军司徐胤执棨当营门，曰："将军都督万里，安可轻出？今日胤死，此门乃开尔！"祜改容谢之。此后稀出。

《宋书》曰：王昙首领骁骑将军。元嘉四年，车驾出北堂，使三更竟开广莫门。南台云："应须白兽幡、银字棨。"不肯开门。尚书左丞羊玄保奏免御史丞傅隆已下。昙首曰："既无异敕，又阙幡棨。虽称上旨，不异单刺。其不请白兽幡、银字棨，致开门不时。由尚书相承之失，亦合纠正。"上特无问，更立科条。

《唐书》曰：龙朔中，左卫大将军范阳郡公张延师，东夷都护俭弟也，与兄太仆卿大师、次兄俭同时三品，宅中棨戟齐列，时号"三戟张家"。

又曰：徐泗节度李愿奏请换戟。有司以官戟五年一换，私家不在限，诏以李晟旨韩之家，特许之。

又曰：吕諲为相，有司送戟至宅，諲释惨服以授之，时讥其失。

《襄阳记》曰：李衡字叔平，为丹阳太守。孙休加威远将军，授以棨戟。

《荆州先贤传》曰：罗献字令则，以泰始三年进位冠军，假节，增鼓吹、棨戟。

崔豹《古今注》曰：殳戟，前驱之器也。以木为之。后世僭伪，无复典刑，以赤油韬之赤，谓之油戟，亦曰棨戟。公王以下通以之前驱。

王昶《谢棨表》曰：复假臣棨，光荣照赫。非臣怯弱，所当荷授。

节

《说文》曰：节，信也。象相合之形

《释名》曰：节者，号令赏罚之节也。

《后汉书注》曰：节所以为信，以竹为之，长八尺，以旄牛尾为眊三重。

《周礼·地官下·掌节》曰：掌守邦节而辩其用，以辅王命。邦节者，镇珪、牙璋、谷珪也。王有命、则别其节之用，以授使者，辅王命，执以行为信。守邦国者用玉节，守都鄙者用角节。角，用犀角，其制未闻。凡邦国之使节，山国用虎节，土国用人节，泽国用龙节，皆金也，以英荡辅之。杜子春云：函器盛此节。或曰：英荡，书函也。关门用符节，货贿用玺节，道路用旌节，皆有期以反命。门关，司门、司关也。货贿者主通货。符节，宫中诸官府也。玺节者，今之印章也。旌节者，今使者所权也。凡通达于天下者，必有节以传辅之。无节者有几则不达。

《礼记·玉藻》曰：凡君召以三节，二节以走，一节以趋。节，所以明信辅君命也。使使召臣，急则持二，缓则持一。

《传》曰：宋襄夫人，襄王之娣也。昭公不礼焉。昭公適祖母。夫人因戴氏之族华东皇皆族戴以杀襄王之孙孔叔、公孙锺离及大司马公子卬，皆昭公党也。司马握节以死，故书以官。节，国之符信也。握之以死，示不废命。

《公羊传·哀公》曰：齐景公谓陈乞曰："吾欲立舍，何如？"陈乞曰："君欲立，请立之。"阳生谓陈乞曰："闻子将不立我也。"陈乞曰："夫千乘之主将废正而立不正，必杀正者。吾不立子者，所以生也。"与之玉节而走之。节，信也。折玉与阳生，留其半为后，当迎之合以信，防称矫也。景公死而舍立，陈乞使人迎阳生。

《史记》曰：袁盎使吴，吴王囚之。盎解节毛怀之，遂归报吴楚已破。

《汉书》曰：刘章已杀吕产。帝令谒者持节劳章，章欲夺节，谒者不肯。章乃从与载，因节信持斩长乐卫尉吕更始。因谒者所持之节，用为信。还入北军，复报太尉勃。勃贺章曰："所患独产，今已诛，天下定矣。"

又曰：吴王反。周丘者，下邳人，亡命于吴，酤酒无行。王薄不任，周丘乃上说王曰："臣以无能，不得待罪行间，臣非敢求有所将也，愿请王以一汉节，必有以报。"王乃与之。周丘得节，夜持入下邳，至传舍，召令斩之。遂召昆弟所善豪吏，一夜得三万人。

又《西域传》曰：初，公主侍者冯嫽音缭能史书习事，常持节为公主使，行赏赐于城郭。诸国敬信之，号曰"冯大夫"。

又曰：苏武使匈奴，单于乃徙武北海上。武仗节牧羊，卧起操持，节毛尽落。

又曰：戾太子诛江充。初，汉节纯赤。以太子持赤节，故更为黄毛加上以相别。

又曰：张骞使月氏，匈奴得之，谓曰："吾欲使越，汉肯听我乎？"留骞十余岁，予妻有子，然骞持汉节不失。

又曰：诸葛丰字少季，为司隶校尉，刺举无所避。侍中许章以外属贵幸，宾客犯事，与章相连。丰案劾章，欲奏其事，适逢许侍中私出。丰驻车举节诏章曰："下！"欲收之。章驰车去，丰追之。许因得入宫门，自归奏。于是收丰节。司隶去节自丰始也。

又《南越传》曰：遣韩千秋入越，越以兵击千秋等，灭之，函封汉节置塞上，好为慢辞谢罪。

又《匈奴传》曰：汉使王乌等窥匈奴。匈奴曰："汉使不去节，不以墨黥其面，不得入穹庐。"王乌，北地人，习胡俗，去其节，黥面入穹庐。单于爱之。

又曰：王莽篡位，皇孙功崇公宗被诛。宗姊妨为卫将军王兴夫人，祝诅姑杀婢以绝口，事发觉，事连及司命孔仁妻，亦自杀。仁见莽，免冠谢。莽使尚书劾仁"乘乾车、驾坤马，左苍龙，右白虎，前朱鸟，后玄武，右仗威节，左负威斗，号曰赤星。非以骄，仁乃以尊新室之威命也。仁擅免天文冠，大不敬。"有诏勿劾，更易新冠。其怪如此。

荀悦《汉记》曰：征和二年，长安扰乱，言太子反。任安授太子节，怀二心，腰斩。

《续汉书》曰：鲍永为更始大将，将兵安集河东。赤眉害更始，三辅道绝。世祖即位，遣谏议大夫储大伯持节征永，永疑为不审，收系大伯，封节传舍壁中。遣人持至长安，知更始审亡，即发丧出降。

《东观汉记》曰：光武拜岑彭为刺奸大将军，督察营众，授以常所持节，从平河北。

又曰：郭丹为更始谏议大夫。更始败，诸将军悉归上，普获封爵。丹无所归节传，以敝布缠裹节合如担，昼伏夜行，诣更始妻子，奉还节传，因归乡里。

又曰：永平中，遣郑众北使匈奴。众因上言："臣前奉使，不为匈奴拜。单于恚恨，遣兵围臣。今复衔命，必见凌折。臣诚不忍持大汉节对毡裘独拜，如今匈奴遂能服臣，将有损大汉之强。"上不听。

又曰：温序字次房，迁护羌校尉，为隗嚣别将荀宇所拘劫。序素气力大，怒叱宇等曰："虏何敢胁迫汉！"因以节挝杀数人。宇曰："此义士，可赐以剑。"序授剑，衔须于口，顾左右，曰："既为贼所迫杀，无令须污地。"遂伏剑而死。

张璠《汉记》曰：董卓谓袁绍曰："刘氏种不足复遗。"绍勃然曰："天下健者，岂唯董公？"横刀长揖，径出，悬节于东门而奔冀州。

《献帝春秋》曰：太傅司马日磾假节循抚州郡，袁术在寿春，借节观之，因夺不还。日磾失节，忧恚而死。

《魏书》曰：镇北将军刘静卒，朝廷以许允代静。已授节传，出止外舍，大将军与允书曰："镇北虽少事而都典一方，念足下震华鼓、建朱节，历本州，此所谓着绣昼行也。"允心甚悦。

又曰：桓范，黄初中为洛阳典农中郎将，使持节都督青徐诸军事，治下邳。与徐州刺史邹岐争屋，引节欲斩岐，为岐奏不直，坐免。

《吴书》曰：娄珪字子伯，初依刘表，后归曹公。曹公向荆州，表子琮降，以节迎曹公，诸将皆疑。曹公以问子伯，子伯曰："天下扰攘，皆贪王命以自重。今以节来，必至诚。"公善之。

《晋书》曰：石苞迁徐州刺史。文帝之败于东关也，苞独全军而返，帝指所持节，谓苞曰："恨不以此授卿，以究大事。"

又曰：京师危逼，王澄率众军将赴国难，而飘风折其节柱。

又曰：何无忌自豫章拒卢循，军败，握节授害。

王隐《晋书》曰：段疋磾降石勒，常着朝服，持晋节。勒亦不问。

《晋中兴书》曰：广州人背刺史郭讷迎王机，遂入广州。讷乃持节出，机就讷求节。讷曰："昔苏武不失节，人以为美。今宁可以与贼乎？义不可得相与，自可遣兵来取之。"机惭而止。

又曰：王机篡广州，惧王敦来讨。杜弢在郁林，与机结好，机劝弢取交州。弢至，机执节曰："节当相与迭持，何可独捉？"机遂以节与弢。后并为陶侃所杀。

《晋永昌起居注》曰：元帝使司空王导距王敦，诏曰："以吾征东时节给司空。"

《晋令》曰：使信节皆鸟书之。

《唐书》曰：颖王璬为剑南节度大使，时玄宗将幸蜀。璬赴藩卒遽不遑授节。或曰："假大槊油囊蒙之。"璬曰："但为真王，何用假节？"

《汉武内传》曰：西王母降殿前，有五十大仙童执彩旄之节。

《俗说》曰：殷伯悌为何无忌参军，在寻阳与何共樗蒱，得何百便住，何守请求赎决，不听。何大怒，骂殷曰："戆子敢尔，取节来！"殷犹傲然，谓何曰："朝廷授将军三千羸兵、狗头节以威蛮獠，乃复拟议国士，异事！"何便令百人收殷付狱中兵，歌啸自若，经一日遂置恚。

太平御览卷第六百八十二 仪式部三

玺

《说文》曰：玺，王者印也。以守土，故字从土。籀文从玉。

《春秋后语》曰：秦破魏军于华阳，走我将军孟卯，王使段干木子崇与秦南阳以千金和。苏代谓王曰："欲玺者，段干木子也，欲地者，秦也。今王使欲地者制玺，欲玺者制地，魏地不尽则不和。言段干木子以地兑秦，而求相印。且夫以地事秦，譬犹以薪救火，薪不尽火不灭也。"王曰："是则然也。虽然，事始已行，不可更矣。"

《史记》曰：沛公先至霸上，秦王子婴系颈以组，封皇帝玺符节，降轵道旁。

又曰：人有告绛侯周勃欲反，下捕勃治之。文帝曰："绛侯绾皇帝玺，将兵于北军，不以此时反。今居一小县，顾欲反耶？"

《汉书》曰：初，高祖入咸阳，得秦玺。及即天子位，因御服其玺，世世传授，号曰"传国玺"。以孺子未立，玺藏长乐宫。及莽即位，请玺元后。后不肯以授莽，莽使安阳侯王舜谕旨，太后怒骂之，曰："而属父子宗族蒙汉家力，富贵累世。既无以报，授人孤寄便夺取其国。为人如此者，狗不食其余！若自以金匮符命为新皇帝，当自更作玺，何以用此亡国不祥玺？我为汉家老寡妇，旦暮且死，欲与此玺俱葬，终不可得也。"太后因涕泣。舜曰："莽必欲得传国玺，宁能终不与耶？"太后闻舜语切，乃出玺，投之地以授舜，曰："我老已，知而兄弟今族灭也。"

又《王莽传》曰：梓橦人哀章素无行，好为大言。见莽居摄，即作铜匮，为两检署，其一曰"天帝行玺"金匮，其二曰："赤帝行玺"，莽至高庙拜授。

又曰：王闳，王莽叔父，哀帝世为中常侍。时董贤为大司马，帝临崩，以玺绶付贤曰："无妄以与人。"时国无嗣主，内外恐惧。闳白元后，请夺之。即带剑至宣德闼，谓贤曰："宫车晏驾，国嗣未立。君授恩深重，当俯伏号泣，何事久持玺绶以待祸至耶？"贤不敢拒，乃跪授玺绶。

《后汉书》曰：涿郡太守张丰执使者，举兵反，自称无上大将军，与彭宠连兵。四年，祭遵、朱祐破之。初，丰好方术，有道士言丰当为天子，以五彩囊裹石系丰肘，云："石中有玉玺。"丰信之，遂反。及执当斩，犹曰："肘石有玉玺。"遵为椎破之，丰乃知被诈，仰天叹曰："当死，无所恨！"

又曰：延嘉八年，渤海妖贼盖登等称太上皇帝，有玉印、珪璧、铁券相署置，皆伏诛。《续汉书》曰：时登等有玉印五，皆如白石，文曰：皇帝信玺、皇帝行玺，其三无文字。

《续汉书》曰：献穆曹后，曹操之女也。魏授禅，遣使求玺绶。后怒以玺绶抵轩下，因涕泣横流曰："天不祚此玺。"

《魏志》曰：太祖崩洛阳，时隐陵侯彰行越骑将军从长安来赴，问贾逵先王玺绶所在。逵正色曰："太子在邺，国有储副。先君玺绶，非君所宜问也。"

又曰：太和元年，以中山魏昌之安城乡追封甄逸，谥曰"敬侯"，孙豫袭爵。初，营宗庙，掘地得玉玺，方一寸九分，其文曰："天子羡思慈亲。"明帝为之改容。

《魏略》曰：司马景王废齐王芳，使郭芝入白太后，取玺绶。太后取玺绶，置坐侧。及迎高贵乡公，又请玺绶。太后曰："我见高贵乡公小时识之明白，我欲自以玺绶手付之。"

《吴书》曰：汉大乱，天子北诣河上，六玺不自随。掌玺者以投井。孙坚讨董卓，顿军洛南。其井每有五色气从井中出，坚使人浚之，得汉传国玉玺，其文曰："授命于天，既寿永昌。"方圆四寸，上绥交蟠五龙，龙上一角缺。

《蜀志》曰：太傅许靖等上言先主曰："前关羽围于禁襄阳，襄阳子张嘉、王休献玉玺、潜汉水，伏于渊泉，晖影烛耀，灵光彻天。夫汉者，高祖本所起定天下之国号也，大王袭先帝轨迹，兴于汉中也。今天子玉玺神光见，玺出襄阳，汉水之末明，大王承其下流，授与以天子位，瑞命、符应非人力所致。”

邓粲《晋记》曰：江宁民虞迪垦地，得白玉麟玺一钮以献，文曰“长寿万年。”

《晋书》曰：义阳王威无操行，谄附赵王伦。伦将篡，使威与黄门郎骆休逼帝，夺玺绶。伦败，惠帝反正，曰：“阿皮捩吾指，夺吾玺绶，不可不杀。”阿皮，威小字也，于是诛威。

又曰：冉闵子智以邺来降，安西将军谢尚使濮阳太守戴施应之。进据枋头，会冉智。行人刘猗至，施乃止。使猗求传国玺，猗归以告智，智犹豫不许。施因遣参军何融率壮士百人入邺，登三台助戍，谲之曰：“今且出玺付我。凶寇在外，道路梗涩，亦未敢即送。当遣单使驰告天子，天子闻玺已在吾边，知卿至诚，当遣重兵相援。”智信之，乃出玺付融。融诣施，施使赍玺驰还。玺自秦传汉，汉入魏，魏入西晋。永嘉末，洛京不守，玺为刘聪所得。及石勒灭刘氏，玺入伪赵，冉闵诛石氏，又入闵。及是四十二年而玺复归于晋。

《晋中兴书》曰：义熙十二年，左卫兵陈阳于府前淮水中得玺。王者不隐其过则玉璧见，玺亦璧也。

崔鸿《十六国春秋·前赵篆》曰：河瑞元年，汾水中得玉玺，高一寸二分，方四寸，文曰“有新保之”，盖王莽时玺也。献者因增“深海光”三字，渊以为己瑞，大赦。

又《前赵篆》曰：光初五年，并州牧安定王策献玉玺一，文曰“赵盛”。

又《前凉篆》曰：张实元年，兰池赵婴上言于青涧水中得一玉玺，钳钮，光照水外，文曰“皇帝玺”。群寮上贺，实曰：“何忽有此言？”乃送之于京师。

《晋书载记》曰：石季龙克上邽，遣主簿赵封送传国玉玺，太子玉玺各一于勒。

又曰：符坚奔五将山，姚苌遣将军吴忠围之。坚众奔散，独侍御十数人而已，神色自若，坐而待之，召宰人进食。俄而忠至，执坚以归新平，幽之于别室。苌求传国玺于坚，曰："苌次膺符历，可以为惠。"坚嗔目叱之，曰："小羌乃敢干逼天子，岂以传国玺授汝羌也？图纬符命，何所依据？五胡次序，无汝羌名。违天不祥，其能久乎？玺已送晋，不可得也。"

又曰：冉闵煞石祗，僭大号，遣其使人常炜聘慕容儁。儁使记室封裕诘之，曰："石祗去岁使张举请援，云：'玺在襄国。'其言信不。"炜曰："诛胡之日，在邺者略无所遗，玺何从而向襄国？此求救之辞耳。"

又曰：冉闵败，蒋干以传国玺送于建邺。慕容儁欲神其事业，言历运在己，乃诈云"闵妻得之以献。赐号曰奉玺君"，因以永和八年僭即皇帝位，大赦境内，建元曰"元玺"。

《宋书》曰：元凶劭既败，时不见传国玺。问劭，云："在严道育处。"就取得之。

又曰：蔡兴宗拜侍中，每正言得失，无所顾惮。孝武新拜陵，兴宗负玺陪乘。

《齐书》曰：谢朏为宋侍郎，领秘书监。及高帝授禅，朏当日在值，百僚陪位，侍中当解玺。朏阳不知，曰："有何公事？"传诏云："解玺授齐王。"朏曰："齐自应有侍中。"乃引枕卧。传诏惧，乃使称疾，欲取兼人。朏曰："我无疾，何所道？"遂朝服步出东掖门，乃得车，仍还宅。是日遂以王俭为侍中，解玺。既而武帝请诛朏。高帝曰："杀之则成其名，正应容之度外。"

《北史·后妃传》曰：典琮三人，掌琮玺玩器。

《北齐书》曰：辛术镇广陵，获传国玺，送邺，文宣以玺告于太庙。此玺即秦所制，方四寸，上纽交盘龙，其文曰："授命于天，既寿永昌。"二汉相传，又应魏晋。晋怀帝败，没于刘聪。聪败，没于石氏。石氏败，晋穆帝永和中，濮阳太守戴僧施得之，遣督护何融送于建邺。历宋齐梁败，侯景得之。景败，侍中赵思贤以玺投景南兖州刺史郭元建，送于术，故术以进焉。

又曰：元晖业天保二年从驾至晋阳，于宫门外骂元韶曰："尔不及一老妪，背负玺与人，何不打碎之？我出此言，知即死，然尔讵得几时？"文宣闻而煞之。

《后周书》曰：宇文氏其先曰普回，因狩得玉玺，三钮，有文曰"皇帝玺"。普回异之，以为天授。其俗谓天曰宇，因号宇文，国并以为氏。

《唐书》曰：贞元二年，神策将温嘉顺得白玉印，其文曰"天子之宝"，献之，即传国八玺之一。上幸奉天后失之，及是方获。

《玉玺谱》曰：传国玺是秦始皇所刻，其玉出蓝田山，是丞相李斯所书，其文曰"授命于天，既寿永昌"。汉高祖定三秦，秦王子婴献此玺。及汉高祖即位，仍珮之，因以相传，故号曰"传国玺"。汉昭帝时，殿中一夜相惊。霍光即召持节郎取玺，郎不与。光欲夺之，郎案剑曰："头可得，玺不可得！"光善之。明日，迁郎秩二等。光后废昌邑王贺，立宣帝，光自手解取贺玺，扶令下殿。至汉平帝，王莽篡位，就元后求玺。乃出玺，投之于地，玺上螭一角缺。及莽败时，带玺绶避火于渐台。商人杜吴杀莽，取绶，不知取玺及莽头。公宾就见绶，问绶主所在，乃斩莽首，弁玺与王宪。宪得无所送，又自乘天子车辇。李松入长安，斩宪，送玺诣宛，上更始。赤眉大司马谢禄至高陵，更始奉玺赤眉，亦立眉刘盆子。建武三年，盆子败于宜阳，玺还光武。孙坚从桂阳入讨董卓，卓时已焚烧洛邑，徙都长安。坚军于城南，见井中旦旦有光。军人莫敢汲，坚乃探得玺。初，卓作乱，掌玺者投于井中，故坚得之。袁绍有僭盗意，乃拘坚妻，逼求之。绍得玺，见魏举以向肘，魏武恶之。绍败，得玺还。汉以禅魏，魏以禅晋。赵王伦篡立，使义阳王威就惠帝取玺。帝不与，强夺之。晋怀帝永嘉五年，王弥入洛阳，执怀帝及传国六玺，诣刘曜。后为石勒所并，玺复属勒。勒刻一边云"天命石氏"，此题今不复存。勒为冉闵所灭，此玺属闵。闵败，玺存闵大将军蒋干。晋镇西将军谢尚遣督护何融至，购赏得之，以晋穆帝永和八年还江南。晋元帝东渡，历数帝无玉玺，北人皆云："司马家是白板天子。"

又曰：雍州玺者，晋泰光十九年，雍州刺史郗恢表："慕容永称藩奉玺，方六寸，厚七分，上蟠螭为鼻，合高四寸六分，四边龟文。下有八字，其文曰：'授天之命，皇帝寿昌。'鸟篆隐起，巧丽惊绝。是慕容所制，源其所由，未详厥始也。"

《吕氏春秋》曰：民之于上，若玺于涂，印方则方，印圆则圆。

《山阳公载纪》曰：袁术将僭号，闻孙坚得传国玺，乃拘坚夫人而夺之。《玉玺谱》云：袁绍拘坚夫人得之。

应劭《汉官仪》曰：孔子称"封泰山，禅梁父，可得而数七十有二传。"曰封者，以金泥银绳印之以玺。玺，施也，信也，古者尊卑共之。《月令》曰"固封玺"，《春秋传·襄公》曰"楚武子使季冶问玺书而与之"是也。秦汉以来，尊者以为名，乃始避。

又曰：天子有传国玺，文曰："授命于天，既寿且康。"

《汉旧仪》曰：秦已前，民皆以金、玉、银、铜、犀、象为方寸玺，各服所好。汉已来，天子称玺，又以玉，群臣莫敢用也。

又曰：皇帝六玺，皆白玉，螭虎剑文曰："皇帝行玺""皇帝之玺""皇帝信玺""天子行玺""天子之玺""天子信玺"，凡六玺。皇帝行玺赐诸侯王书，信玺发兵征大臣，天子行玺外国事，天子之玺事天地鬼神。玺皆以武都紫泥封，青布囊白表里，两端尺一，柜中约署。

崔浩《汉纪音义》曰：传国玺，是和氏璧作之。

《赵书》曰：刘曜于龙门河水中得玉玺，文"融尅昌"曜以为天赐神玺，斋而授之。

《石虎别传》曰：武乡长城县民韩强，在长城西山岩石间得玄玺一，方四寸，厚二寸，与玺同，文曰"授命于天，既寿永昌"，虎以为瑞。

《燕书》曰：元玺六年，蒋干遣太子詹事刘猗赍传国玺诣晋求救。猗负玺行数里，天黄雾四塞，不得进。易取行玺，始得去。

段龟龙《凉州记》曰：吕光时，州人陈冲得玉玺，广三寸，长四寸，直看无文字，向日视之，字在腹里，言"光当王"。

王彪之《议》曰：未祥传国玺造创之始。历代以来，揖让禅位，以兹相授，故是传国之守器也。

《拾遗纂》曰：武王灭纣，樵夫牧竖探鸟巢，得赤玉玺，文曰“水德方灭，火祚方盛”，文皆大篆。故三分天下而二分归周。

又曰：晋太康元年，孙皓送六金玺，云时无玉工，故以金为印玺。

《汉武内传》曰：西王母珮金刚灵玺。

《邓析书》曰：为之符玺以信之，则并与符玺而窃之。

绶

《尔雅》曰：縌，绶也。即珮玉之组也，所以连系瑞王者，因通谓之縌也。

《礼记·玉藻》曰：天子珮白玉而玄组绶，公侯珮山玄玉而朱组绶，大夫珮水仓玉而纯组绶，世子珮瑜玉而綦组绶，士珮瓀玟组绶。

《说文》曰：緺，紫青色绶也。

应劭《汉官仪》云，绶者，有所授，以别尊卑，彰有德也。

又云，绶长一丈二尺，法十二月；阔三尺，法天地人。

董巴《与服志》曰：战国解去绂珮，留其丝縌以为章表。秦乃以彩组结连于縌，光明章表，转相结绶，故谓之绶。乘舆黄赤绶，四彩，黄赤缥绀，淳黄珪，长二丈九尺，五百首。太皇太后、皇太后、皇后皆同。又《汉官仪》云：乘与绶黄地骨白羽，青丝绿，五彩四百首，长二丈三尺。王赤绶，四彩，赤黄缥绀，淳赤珪，长二丈八尺，三百首。公主、大贵人、诸侯皆同。又《汉官仪》云：四彩绛地骨白羽，青黄赤绿，长二丈一尺，二百六首。诸国、贵人、相国绿绶，三彩，绿紫白，淳绿珪，二丈一尺，百四十首。将军紫绶，二彩，紫白，淳紫珪，长一丈七尺，百八十首。公主封君同。又《汉官仪》云：丞相、御史大夫、匈奴亦同。九卿中二千石一云青緺绶，緺，紫青色。緺音瓜。二千石青绶，三彩，青、白、红，淳青珪，长一丈七尺，一百二十首。又《汉官仪》：绶羽青桃花缥，长丈八尺。自青绶以上縌音逆皆长三尺二寸，与绶同彩而首半之。縌者，古珮縌也。珮縌相迎授，故曰縌。紫绶之间得施玉环玦。千石六百黑绶，三彩，青、赤、绀，淳青珪，长丈六尺，八十首。又《汉官仪》云：黑绶白羽青地绛，二彩，长丈七尺。四百丞尉三百长相二百石皆黄绶，一彩，淳黄圭，长丈五尺，六十首。又《汉官仪》云：黄绶丝八十首，长丈七尺。自黑绶以下縌长三尺，绶同彩而首半之。百石青绀绶一彩，宛转缪织圭，长丈二尺。凡先合单纺为一丝，四丝为一扶，五扶为一首，五首成一文，文彩淳为一圭，首多者丝细，少者粗，皆广六寸。

《史记》曰：武帝召东郭先生出，拜为郡都尉。先生久待诏公车。行雪中，履有上无下。及其拜为二千石，珮青緺之绶也。

《汉书》曰：诸侯王，高帝初置，金玺綟绶。如淳曰：綟音戾，绿也。晋灼曰：綟，草也，出琅邪平昌县。

又曰：朱买臣字翁子，拜会稽太守。上谓之曰："富贵不归故乡，如衣锦夜行。"买臣顿首谢，乃微行，怀其印绶，步归郡邸。郄吏方与群饮，不视买臣。买臣共饮，醉饱。少间，守郄微见其绶而引之，即会稽太守章也。守郄惊出相语，掾吏皆云妄诞，守郄曰："试观之。"素轻买臣者入见，皆惊走，大呼曰："实然！"乃推排庭中拜谒。

又曰：萧育字次君，与朱博友善，人称曰"萧朱结绶"。

又曰：南越反，杨仆拜楼船将军。东越反，上复欲使为将。仆甚伐前劳，敕责之，曰："士卒暴露连岁，将军不念其勤劳而造佞巧，请乘传行塞。因用归家，怀银黄，垂三组，夸乡里，是三过也。"

又曰：金日磾两子赏、建俱侍中，与昭帝同共卧起。赏为奉军都尉，建驸马都尉。及赏诃侯珮侯绶，上谓霍将军曰："金氏兄弟两人，不可使俱两绶耶？"霍光曰："赏自嗣为侯耳。"上笑曰："侯不在我与将军乎？"光曰："高帝之约，有功乃得封侯。"时年俱八九岁。

又曰：莽上渐台，商人杜吴杀莽，取其绶。

《汉名臣奏》云：大司空朱浮奏曰："车府承宏授诏乘与，绶五彩，何多黄也？可更用赤丝为地。"

《东观汉记》曰：沛王、楚王来朝，就国。明帝告诸王传相，王之子年五岁以上皆令带列侯绶，复送绶十九枚，为诸子在道，欲急带之也。

又曰：李忠仲都发兵奉世祖，封武固侯。时无绶，上自解所珮绶以赐忠。

又曰：弟五伦，诸王当归国，诏书选三署郎补王家长史，除伦为淮阳王医工长。时辈除者多，绶尽，但假印。伦请于王，王赐之绶。

又曰：马防为车骑将军、城门校尉置掾史，位在九卿上，绝席，诏封颖阳侯，持以前参医药勤劳省闼，以襄城美亭千二百五十户，增防身带三绶，宠贵至盛。

又曰：掠得羌侯君长紫绶十七，艾绶二十八，黄绶二枚，皆入簿。贵人、相国绿绶三彩，绿紫白，纯绿珪。公侯、将军紫绶二彩，紫白，纯紫珪。公主封君同九卿中二千石青绶三彩，青白红，纯青珪。千石六百石黑绶二彩，青绀，纯青珪。四百、三百、二百石黄绶，纯黄一彩。百石青绀绶，一彩，宛转缪织。

《魏志》曰：太祖与吕布书，“国家无好金，孤自取家好金，更相为作印。国家无紫绶，自取所带绶以藉心。”

又曰：丁谧父斐，字文侯，建安末，太祖征吴，斐随行。自以家牛羸困，私易官牛，被收送狱，夺官。后太祖啁斐曰：“文侯，印绶何在？”斐亦知见戏也，对曰：“以易饼。”

《晋与服志》曰：诸假印绶而官不给鞶囊，得自具作。其但假印不假绶者，不得珮绶也。

《晋书》曰：卫瓘箓尚书事，加绿缘绶，履上殿，入朝不趋。

《晋令》曰：皇太子及妃、诸王纁朱绶，郡公主朱绶，郡侯青朱绶。

《梁书》曰：张缵为尚书仆射，议南郊印绶，“官若备朝服，宜并着绶。”时并施行。

《博物志》曰：光武嫌二千石绶不青而细，朱浮议更用青羽。

又曰：太仆朱浮言，诏书曰“百官皆带王莽时绶，又不齐因前袁安故绶。二李涉等六家所织绶，不能具丙丁文能如组状。募能为丙丁文，谨图画一绶，丙丁制度，赐缣五十匹。”今王莽时六安都尉留应募能为丙丁文，谨处武库给食，留昼夜思念，讽诵狂痴，三十日病愈。今文以成，请赐缣五十匹。

《西京杂记》曰：昭阳殿上设五色流苏，带以绿文紫绶。

又曰：赵飞燕为皇后，其弟，上遗五色文绶。

蔡邕《独断》曰：皇后赤绂玉玺，贵人緺绶金印，五色也。

蔡邕《杂章》曰：相国金印绿绶，位在公上，所以殊异休烈，群臣莫得而齐。

《新序》曰：昌邑王取侯王、二千石黑绶、黄绶与左右珮之。龚遂谏曰："高皇帝造花绶五等，陛下取之而与贱人，臣以为不可，愿陛下收之。"

《风俗通》曰：车骑将军冯绲字鸿卿，为议郎，发绶笥，有二赤蛇，可长二尺，分南北走，大用忧怖。季山孙字宁方，得其先却守要。绲请卜，云："君后三岁，篆为边将，东北四、五千里，官以东为名。复五年，为大将军，南征。此吉祥也。"居无几，拜辽东太守。会武陵蛮夷黄高攻烧南郡，鸿卿以威名素着，选登亚将，奋虓虎之势。

又曰：秦昭王遣李冰为蜀郡太守，开城都两江，辟田万顷。江神每岁须童女二人，不然为水灾。冰曰："以女与神。"因责之。良久，有苍牛斗于岸上，有间，冰还谓官属曰："斗太极，可相助也。若欲知向南腰中正白者，我绶也。"主簿刺杀北向者，神遂绝。

管氏《易林》曰：遘鼠咋紫绶衣服皆迁之象新。

《五行书》曰：悬虎鼻门上，子孙带绶。

《张衡集》曰：南阳太守鲍得，有诏所赐先公绶笥，传世用之。时得更治笥，平子为主簿，作铭。

陆机《吊魏武》曰：今为着作郎，游秘阁，见魏武遗令，云："吾衣裳可为一藏，历官所着者绶内藏中。"

太平御览卷第六百八十三　仪式部四

印

许慎《说文》曰：印，执政所持信也。

刘熙《释名》曰：印，信也，所以封物为验也。亦言因也，封物相因付也。

《史记》苏秦曰："使我有洛阳负郭田二顷，岂能珮印乎？"

又曰：犀首，司马彪曰：魏官名也。如今虎牙将军也。姓公孙，名衍。张仪卒后，犀首入相秦，珮五国相印，为从约长。

又曰：汉王与郦食其谋挠楚权。食其曰："今秦失德弃义，侵伐诸侯，灭六国之后，无立锥之地。闻陛下德义，莫不向风慕义，愿为臣妾。莫若立六国后。"汉王曰："善！趣刻印，先生因行珮之矣。"张良从外谒汉王，方食，具以郦生语告。子房曰："谁为陛下画此计者？陛下事去矣。"汉王曰："何哉？"良曰："臣请借前箸为大王筹之。"汉王辍食吐哺，骂曰："竖儒，几败乃公事！"令趣销印。

又曰：郦寄与典客刘揭说吕禄曰："帝使太尉守北军，欲足下之国，急归将印，辞去。不然，祸且起。"吕禄遂解印属典客，而以兵授太尉。太尉将之，行令军中。

又曰：栾大言方技，乃拜为五利将军。居月余，得四印，珮天士将军、地士将军、大通将军印，又封大乐通侯。天子刻玉印，曰大通将军。使者衣羽衣，夜立白茅上，五利亦衣羽衣，立白茅上授印，以示不臣也。数月珮六印，贵振天下。

《汉书·艺文志》曰：六体者，古文、奇字、篆书、隶书、缪书、虫书，师古曰：缪篆，谓古文屈曲缠绕，所以摹印章也。皆所以通知古今文字，摹印章，书幡信也。

又曰：郦食其说齐王曰："项氏为人刻印，玩而不能授。"臣瓒曰：项羽悋于爵，赏玩惜候印，不能封人。《韩信传》作刑，义两通。

又曰：张耳责让陈余，余怒，曰："不意君之望臣深也，岂以臣重去将哉！"乃脱解印绶与耳，耳不敢授。余走如厕，客有说耳："天予不取，返授不祥。"急取之。耳乃珮其印，遂收其兵，由此大有隙。

又曰：夏侯婴从捕虏降卒，得印一匮。

又《赵尧传》曰：御史大夫周昌为赵相，高祖持御史大夫印弄之，曰："谁可以为御史大夫者？"熟视尧，曰："无以易尧。"遂拜为御史大夫。

又曰：严助曰："陛下以方寸之印，丈二之组，镇抚方外，不劳一卒，不损一戟，而威德并行。如使越人蒙死徼幸以逆执事之颜行，文颖曰：颜行为雁行，在前故曰颜也。斯舆之卒有一不备而归者。虽得越人之首，臣犹窃为大汉羞之。"

又曰：武帝遗诏以讨莽何罗功，封金日磾为秺侯，日磾以帝少，不授封。辅政岁余，病困，大将军光自封，日磾卧授印绶。

又曰：王莽篡位，遣谒者即拜龚胜太子师友、祭酒，以印绶就加胜，辄推不授，曰："吾受汉家厚恩，无以报。今老矣，旦暮入地，岂宜以一身事二姓，下见故主哉？"

又曰：王莽篡位，遣五威将王骏率甄阜等六人，多赍金帛遗单于，谕晓以授命代汉状。因易单于印，故文曰"匈奴单于玺"，莽更曰"新匈奴单于章"，诏命令上故印。左姑夕侯苏从旁谓单于曰："未见新印文，宜勿与。"单于曰："印文何由变更？"遂解故印绶奉上。将率授着新绶，不能视印。饮食至夜乃罢。右率陈饶谓诸将率曰："向者姑夕侯疑印文，几令单于不与人。如今视印，见其变改，必求故印，此非辞说所能距也。"即引斧椎坏之。明日，单于果遣右骨都侯当白将率曰："汉赐单于玺，言玺不言章，又无汉字，诸王以下乃有汉言章。今即去玺加新，与臣下无别，愿得故印。"将率示以故印，谓曰："新室顺天制作，单于宜承天命，奉新室之制。当还白。"单于知已无可奈何，又多得赂遗，即遣弟右贤王奉马牛随将率入谢。

又曰：王莽篡位，莽皇孙功崇公宗坐自画容貌，被服天子衣冠，刻印三，一曰“维祉冠存已夏处南山藏薄冰”，祉，福也。冠存已夏处南山，就阴凉也。藏薄冰亦阴。二曰“肃圣宝继”，莽自谓舜后，能肃敬，得天宝龟，宗欲继之也。三曰“德封昌图”。宗自言以德见封，当昌炽授图籍也。后事发，案验，宗自杀。

《东观汉记》曰：更始立，以上为太常偏将军，时无印，得定武侯家丞印珮之。

又曰：马援上书曰：“印书‘成皋令’，皋字为白下羊，丞印四下羊，尉印白下人，人下牛，正一县长吏文不同，恐天下不正者多。符印所以为信，宜齐同。”事下大司空，正郡国印章。奏可。

又段颎上书曰：“掠得羌侯君长金印三十一，锡印一枚，皆簿入。”

《后汉书》曰：寇恂初为功曹，太守耿况甚重之。王莽败，更始立，使使者徇郡国，曰：“先降者复爵位。”恂从耿况迎使者于界上，况上印绶，使者纳之，宿无还意。恂勒兵入见使者，就请之。使者不与，曰：“天王使者，功曹欲胁之邪？”恂曰：“非敢胁使君，君春，尊之称也。窃伤计之不详也。今天下初定，国信未宣。使君建节衔命，以临四方，郡国莫不延颈倾耳，望风归命。今始至上谷，而先隳大信，隳，毁也。沮向化之心，生离叛之隙，将复何以号令他郡乎？且耿府君在上谷，久为吏人所亲，今易之，得贤则造次未安，不贤祗更生乱。为使君计，莫若复之，以安百姓。”使者不应。恂叱左右，以使者命召况至，恂进印绶带于况，使者不得已，乃承制诏之，况授而归。

又曰：献帝迁许，徐璆以廷尉征，当诣京。道为袁术所劫。术死，军破，璆送前所假汝南、东海二郡印绶。司徒赵温谓璆曰：“君遭大难，犹存此耶？”璆曰：“昔苏武困于匈奴，不坠七尺之节，况此方寸印乎？”

又曰：延熹八年，沛国戴异得黄金印，无文字。遂与广陵人龙尚等共祭，并作符书，称太上皇，伏诛。

又曰：张鲁在汉中，民有地中得玉印者，群下欲尊鲁为汉宁王，功曹阎谏以必为祸先，鲁从而止。

《魏志》曰：袁绍欲立幽州牧刘虞为帝，太祖拒之。绍又尝得一玉印，于太祖坐中举向其肘，太祖笑而恶焉。

又曰：杨奉以天子都安邑，医师走卒皆为校尉、御史，刻印不供，乃以锥画，示有文字，或不时得。

又曰：许允善相印，出为镇北将军。将拜，以印不善，使更刻之，如此者三。允曰："印虽始成，而已被辱。"问送印者，印果怀之而坠于厕。

又曰：平原太守刘邠取印囊及山鸡毛着器中，使管辂筮之，辂曰："内方外圆，五色成文，合宝守信，出则有章，此印囊也。

又曰：咸熙元年，镇西将军卫瓘上雍州兵于城都县得璧、玉印各一，印文似"成信"字。依周成王归禾之义，宣示百官相国府。

《吴志》曰：刘禅袭位，诸葛亮秉政，与权连和，时事所宜。权辄令陆逊报语，并刻权印以置其所。权每与禅、亮书，常送示逊，轻重可否，有所不安，便令改以封行之。

《晋书》曰：孔愉封余不亭侯。愉曾行经余不亭，见笼龟于路者，买而放之溪中流，左顾者数四。及是铸侯印而左顾，三改如初，印工告愉，愉悟，乃珮焉。

又曰：赵王伦僭位，而以荀且之惠取悦人情，金银冶铸不给于印，故有白板之侯，君子耻服其章。

《宋书》曰：孔琳之为尚书左丞，杨州中从事史，所居着绩，时责众官献便宜。琳建言曰："夫玺印者，所以辨章官爵，立契符信。官莫大于皇帝，爵莫尊于公侯，而传国之玺，历代递用，袭封之印，奕世相传，贵在仍旧，无所改作。今世唯尉一职，独用一印，至内外群官，每迁悉改，讨寻其义，私所未达。若谓官各异姓，与传袭不同，则未若异代之为殊也；若论其名器，虽有公卿之贵，未若帝王之重；若以或有诛夷之臣，忌其凶秽，则汉用秦玺，延祚四百，未闻以子婴身戮国亡而弃之不珮。帝王公侯之尊，不疑于传玺，人臣众僚之卑，何嫌于即印？载籍未闻其说，推别自乖其准，而终年刻铸，丧功消实，金银铜炭之费，不可称言，非所以因循旧贯易简之道。愚请众官，即用一印，无烦改作。若置新官，官多印少，文或零失，然后乃铸，则仰裨天府，非唯小益。”

《齐书》曰：巴西人赵续伯反，奉其乡人李弘为圣王。弘乘佛舆，以五彩裹青石，诳百姓，云天与己玉印，当王蜀。后败。

《梁书》曰：何思澄自廷尉正迁治书侍御史。宋齐以来，此职甚轻，天监初，始重其选。车前依尚书二丞，给三驺，执盛印青囊，旧事纠弹印绶在前故也。

又曰：王莹拜将军，印工铸其印，六铸而龟六毁。既成，镇空不实，补而用之。居职六日，暴卒。

《后魏书》曰：祖莹为散骑侍郎，孝昌中，于广干王弟掘得古玉印。敕召莹与黄门侍郎李琰之，令辨何世之物。莹云：“此是于阗国玉晋太康中所献。”乃以墨涂字观之，果如莹言。时人称为博物。

又曰：高祖诏军警给雀印传符，次给马印。

又曰：高祖承明元年，上谷郡人献玉印，有蛟龙之文。

《唐书》曰：朱泚遣其将韩旻领兵三千趣奉天，时奉天未有武备。泚召段秀实与谋，秀实诈从之，乃与将吏谋杀泚，且欲追韩旻兵回。窃姚令言印，不遂，乃以司农寺印倒印符牒，旻莫辨其印，遑遽而回。

应劭《汉官仪》曰：印者，因也。正所以虎纽者，阳类虎，兽之长，取其威猛，以执伏群下。龟者阴物，随时蛰藏，以示臣道功成而退也。孝武皇帝元狩四年，令通官印五分，王公侯金，二千石银，二千石以下铜。

《汉旧仪》曰：诸侯王黄金橐驼印，文曰“玺”。列侯黄金龟纽，文曰“之印”。丞相、大将军黄金印龟纽，文曰“章”。御史大夫章。匈奴单于黄金橐驼纽，文曰“章”。御史、二千石银印龟纽，文曰“章”。千石、六百石、四百石皆铜印鼻纽，文曰“印章”。二百石以上皆为通官印。

《续汉·礼仪志》曰：印玺柙金镂，大贵人、长公主铜镂。

《江表传》曰：吴历陵县有名山临水，高百丈，其上三千丈有七穿，相传谓之石印，石印神有三郎。时历陵长表言石印文发，孙皓大喜，遣使祭历陵。使者以高梯上，省印文，诈以朱书曰："楚九州都杨作天子。"还以印文启皓，皓曰："太平之主，非孙复谁？"以印绶拜三郎为王。

又曰：诸葛恪被诛，弟融刮金龟印，服之而死。

《抱朴子》曰：古之入山者，珮黄神越章印，其阔四寸，其字百二十，以封泥着所住之四方各百步，则虎狼不敢近。

崔豹《古今注》曰：奏劾者綈为囊，盛印于前，示奉法而行，非奏劾者以青缯为囊，盛印于后。

《郭子》曰：大将军王敦起事，丞相导兄弟诣门谢，甚有忧色。尚书周顗始入，丞相呼顗曰："伯仁，以百口赖卿。"顗直过不应，既入，苦相申救甚至。既释，顗大悦，饮酒致醉而出。导等犹在门，又呼顗，顗不与言，顾左右曰："今年杀诸贼奴，当取一金印如斗大系肘也。"

《列仙传》曰：方回者，尧时人，至夏桀末为官士，为人所劫，闭之宫中，从求道，因化而得去，更以方回印封其户。时人言"得方回一丸泥，门户不可开。"

《拾遗记》曰：禹治水，黄龙曳尾于前，玄龟负青泥于后。玄龟，河精之使者，龟颔下有印，文皆古文，作"九州山水"之字。禹所穿凿之处，皆使青泥封记其所，使玄龟印其上。今之人聚土为界，乃遗象也。

又曰：王溥即王吉之后也，佣书于洛，美形貌，又多文辞。来僦其书者，丈夫赠其衣冠，妇人遗其珠玉。一日之中，衣宝盈车而归，积粟十廪，九族莫不仰其衣食。洛阳称其为善而得富也。溥先时家贫，穿井得铁印，铭曰："佣力得富，钱至亿庾。一土三田，军门主簿。"后以一亿庾钱输官，得中垒校尉，三田一土，垒字也。中垒校尉掌北军垒门，故曰"军门主簿"也。善积降福，明神之报也。

《博物志》曰：常山张颢为梁相。天新雨后，有乌如山鹊，飞翔近地。今人掷之，坠地为圆石。颢令椎破，得一金印，文曰"忠孝侯印"。颢上之，藏之秘府。后议郎汝南樊行校书东观，表上言"尧舜之时旧有此官，今天降印，宜可复置。"

《述异记》曰：张轨字士彦，为使持节护羌校尉、凉州刺史，客相印曰："祚传子孙，长有西夏。"关洛倾陷而凉土独全，在职十三年，传国三世八主，一十六载。

《风土记》曰：豫章新淦县令，刻印而误作涂。

《相印书》曰：相印法本出陈长文，长文以语韦仲将。印士杨利从仲将授法，以语许士宗。私以法术占吉凶，十可八九。仲将问长文从谁得法，长文曰："本出汉世。"又印工宗养以法语程申伯。

《相印经》曰：印有八角、十二芒。印欲得周正，上稳下平，光明洁清，如此皆吉。

《梦书》曰：印钩为人子所保也。梦见印钩，人得子；含吞印钩，怀妊妇也；失印，子伤堕。

傅玄《印铭》曰：唯昔先王，配天垂则，乃设印章，作信万国。取象晷仪，是铭是刻。文明慎密，直方其德。本立道生，归乎玄黑。

太平御览卷第六百八十四　服章部一

总叙冠

《说文》曰：冠，絭也，所以絭发。弁冕之总名也。

《释名》曰：冠，贯也。所以贯韬发也。

董巴《汉与服志》曰：上古穴居野处，衣毛而冒皮，未有制度。后世圣人易之以丝麻。观翚翟之文，荣华之色，乃染帛以效之，始作五彩，成为五緌。

又曰：术氏冠有五彩，衣青玄，裳前员，其制差池四重。赵武灵王好服之，今不施用也。

《白虎通》曰：人所以有冠者，帣也，所以帣持发也。人怀五德，莫不贵德，示成礼，有修饰文章，故制冠以饰首，别成人也。

《三礼图》曰：缁布冠，始冠之冠也。太古冠布，斋则缁之，今武冠则其遗象也。太古未有丝缯，始麻布耳。

又曰：建华冠，祠天地五郊，八佾舞人服之，以铁为柱，卷贯杂大珠九枚。

《礼记·檀弓》曰：古者冠缩缝，今也衡缝，缩，从也。今礼制衡读为横。今冠横缝，以其辟积多。故丧冠之反吉，非古也。解时人之丧冠，缩缝，古冠耳。

又《郊特牲》曰：冠义：始冠之，冠缁布冠也。始冠三加，先加缁布冠。太古冠布，斋则缁之，其緌也。斋则缁之，鬼神重暗也。孔子曰："吾未之闻也。"冠而敝之可也。三代改制斋冠不用。适子冠于阼，以着代也。醮于客位，加有成也。三加弥尊，喻其志也。始加缁布冠，次皮弁，次爵弁，冠益尊而志益大也。冠而字之，敬其名也。委貌，周道也。章甫，殷道也。毋追，牟下音堆。夏后氏之道也。周弁，殷冔音诩，夏收，三王共皮弁素积。"所不易于先代。

又曰：黄衣黄冠而祭，息田夫也。野夫黄冠，黄冠，草服也。以息民服，象季秋草木黄落。

又《玉藻》曰：始冠，缁布冠，自诸侯下达，冠而敝之可也。本大古耳，非时王之法服也。玄冠朱组缨，天子之冠也。缁布冠缋緌，诸侯之冠也。皆始冠之冠也。玄冠，委貌。委，诸侯缁布冠有緌，尊者饰也。缋或作绘，緌或作蕤。玄冠丹组缨，诸侯之齐冠也。玄冠綦组缨，士之斋冠也。言斋时所服也，四命已上斋祭异冠也。缟冠玄武，子姓之冠也。谓父有丧服，子为之不纯吉也。武，冠卷也，古者冠卷也。缟冠素纰，既祥之冠也。纰，缘边也。纰，读如埤益之埤，既祥之冠也，已祥祭而之服也。垂緌五寸，惰游之士也。惰游，罢民也。亦缟冠素纰，凶服之象也。垂长緌、明非既祥。玄冠缟武，不齿之服也。所放不率教者。居冠属武。谓燕居冠也。着冠于武少威仪。自天子下达，有事然后緌。燕无事者去饰。

又曰：玄冠紫緌，自鲁桓公始也。盖僭宋王者之后服也。緌当用绘。

又《冠义》曰：冠者，礼之始也。古者冠礼筮日筮宾，所以敬冠事，敬冠事所以重礼，重礼所以为国本也。

《传》曰：狄人灭卫，齐桓公封卫于楚丘，卫国忘亡。忘其灭亡之困。卫文公大布之衣，大帛之冠。用诸侯谅暗之服。

又曰：郑子华之弟子臧奔宋，好聚鹬冠。鹬，鸟名。聚鹬羽为冠，言非法之服。郑伯闻而恶之，使盗诱之。八月，盗杀之陈宋之间。君子曰：“服之不衷，身之灾也。”

又曰：卫献公戒孙文子、宁惠子食。皆服而朝，日旰不召，而射鸿于囿。二子从之，不释皮冠而与之言。

又曰：齐侯田于沛，招虞人以弓，不进，使人执而问之。辞曰：“昔我先君之田也。旃以招大夫，弓以招士，皮冠以招虞人。臣不见皮冠，故不敢进。”乃舍之。

又曰：范献子求货于叔孙，使请冠焉。以求冠为辞。取其冠法而与之两冠，曰：“尽矣。”

《诗》曰：彼都人士，台笠缁撮。缁撮，缁布冠也。

《谷梁传·哀公》曰：公会晋侯、吴子于黄池。吴王夫差曰：“好冠来。”孔子曰：“大矣夫差，未能言冠而欲冠也。范宁曰：不知冠有差等，唯欲好冠。

《史记》曰：高祖时籍孺，孝惠时闳孺，婉佞贵幸，与上卧起，故惠帝时郎中皆冠鵔鸃、具带、傅脂粉，比闳、籍之属。

又曰：丞相公孙弘燕见，上或时不冠至。如汲黯见，上不冠不见。尝坐武帐中，黯前奏事，上不冠，望见黯，避帐中，敬礼如此。

《汉书》曰：高祖为亭长，以竹皮为冠。及贵，所谓刘氏冠也。后令爵非公乘以上，毋得冠刘氏冠也。

又曰：沛公略地陈留，麾下骑士郦食其，其里中子也。食其见之曰：“沛公吾所欲从。”骑士曰：“沛公不喜儒，诸客冠来者，沛公则解其冠，溺其中。未可以儒生说也。”

又曰：杜钦字子夏，家富而目偏盲。茂陵杜业亦字子夏，时人号钦为盲杜子夏以相别。钦恶以疾诋，乃为小冠，广裁一寸，由是京师更谓钦为小冠杜子夏，而业为大冠杜子夏。

又曰：盖宽饶初拜卫司马，冠大冠，带长剑，躬按行士卒之室。

又曰：江充召见，衣纱縠禅衣，冠禅纚步摇冠，上见之，曰：“燕赵固多奇士。”

又曰：王阳与贡禹为友。阳为益州刺史，禹闻之，弹其冠以待阳荐。阳荐禹于成帝，召为大夫。

《东观汉记》曰：莽居摄，子宇谏莽而莽杀之。逢萌谓其友人曰：“三纲绝矣。不去，祸将及人。”即解冠挂东门而去。

又曰：段颎灭羌，诏赐颎赤帻大冠一具。

又曰：马援与公孙述有旧。援入蜀，述见之甚喜，冠之交内之冠，立旧友之位。

《后汉书》曰：刘虞为公孙瓒所诛。初，虞以俭素为操，冠敝不改，乃就补其穿。及遇害，瓒兵搜其内，而妻妾服罗纨，盛绮饰。时人以此疑之。

《续汉书》曰：梁冀改与服，别制卑帻狭冠。

《晋书》曰：刘暾字长升，转侍御史。武库火，尚书郭彰率百人自卫而不救火，暾正色诘之。彰怒曰："我能截君角也。"暾勃然谓彰曰："君何敢恃宠作威作福？天子法冠而欲截角乎？求纸笔奏之，彰伏不敢言，众人解释，乃止。

崔鸿《十六国春秋·前燕录》曰：慕容廆曾祖父慕容跋，见燕代少年多冠步摇冠，好之，乃敛发袭冠。诸部因呼之为步摇，其后音讹而为慕容，遂以慕容为氏。

又曰：慕容俊下书曰："周礼冠冕体制，君臣略同。中世已来，亦无常体。今特制燕平上冠，悉赐廷尉已下，使瞻冠思事，刑断详平。诸公冠悉颜裹屈竹锦缠作公字，以代梁处，施之金瑱，令仆，尚书置瑱而已，秘监令别施珠瑱，庶能敬慎威仪，示民轨则。"

《齐书》曰：武帝幸刘悛弟。帝着鹿皮冠，刘悛设兔毛衾于牖中。宴乐，以冠赐悛，至夜乃去。

梁书》曰：陈伯之。济阴睢陵人也。年十三四。好着獭皮冠。

又曰：张欣泰为直阁步兵校尉，领羽林监。欣泰通涉，雅好交结，多是名素正直，辄着鹿皮冠，挟素琴，有以启武帝曰："将家儿何敢作此举止？"

又曰：婆利国以璎珞绕身，头着金长冠，高尺余，形如弁，缀以七宝之饰。

《后魏书》曰：崔休兼给事黄门侍郎，参定礼仪。帝常阅故府，得旧冠，题曰"南部尚书崔逞制"顾谓休曰："此卿家旧事也。"

《唐书》曰：贞观中，太宗初服翼善冠，赐贵臣进德冠，因谓侍臣曰："幞头起自周武帝，盖以便于军容。今四海无虞，息武事，此冠颇采古样，兼类幞头，乃宜常服，可与袴褶通用。"

又曰：肃宗时，司天韩颖奏五官正其官配五方，臣请冠上加一星，衣从方色。

《国语》曰：定王使单襄聘于宋，遂假道于陈，以聘于楚。及陈，陈灵公与孔宁、仪行父南冠以如夏氏。单子归，告王曰："陈，我大姬之后也，弃衮冕而南冠以出，不亦简彝乎？”

《家语》曰：哀公问孔子曰：“昔舜何冠？”孔子不对。公曰：“有问于子，不对何也？”对曰：“舜之为君，好生恶杀，任能授贤。君舍此不遵而冠是问，是以缓对。”

又曰：大夫请罪用白冠牦缨。

《周书》曰：成王将加元服，周公使人来零陵，取文竹为冠。

《春秋繁露》曰：冠之在首，玄武之象也。玄武，貌之最严威者。其象在后。反居首者，武之至而不用者矣。

《春秋合诚图》曰：天皇大帝，北辰星也。含元秉阳，舒精吐光，居紫宫中，制御四方，冠有五彩。

《战国策》曰：王升谓齐宣王曰：“王之忧国爱民，不若王爱尺縠也。”王曰：“何谓？”升曰：“王使人为冠，不使左右便辟而使工者，何也？为能之也。今王治齐，非左右便辟无使也，臣故曰不如爱縠也。”

桓子《新论》曰：传记言魏牟北见赵王，王方使冠工制冠于前，问治国于牟。对曰：“大王诚能重国若此二尺纵，则国治且安。”王曰：“国所授于先人，宗庙社稷至重，而比之二尺纵，何也？”牟曰：“大王制冠，不使亲近而必求良工者，非为其败纵而冠不成与？今治国不善，则社稷不安，宗庙不血食。大王不求良士而任使其私爱，此非轻国于二尺纵之制耶？”王无以应。

又曰：宋康王为无头之冠以示勇。

《六韬》曰：冠虽敝，礼加之于首；履虽新，法践之于地。

《庄子》曰：宋钘、尹文为华山之冠以自表。

又曰：盗跖责孔子曰：“尔诈言造语，妄称文武，冠拔木之冠，带死牛之胁，摇唇鼓舌，擅生是非，以迷天下之主。”

《尉缭子》曰：天子玄冠玄缨，诸侯素冠素缨，大夫已下练冠练缨。

《墨子》曰：昔齐桓公高冠博带以治其国，楚庄王鲜冠组缨、绛衣博袍以治其国。

《孟子》曰：陈相道许子之行言于孟子。孟子曰：“许子必种粟而后食乎?”曰:“然。”“许子冠乎?”曰:“冠。”曰:“奚冠?”曰:“冠素。”曰:“自织之与?”曰:“以粟易之。”曰:“许子奚为不自织?”曰:“害于耕。”

《韩子》曰:齐桓公饮酒,遗其冠,耻之,三日不朝。管仲曰:“此有国者之耻,公胡不雪之以政?”公曰:“善!”因发囷仓,赐贫穷,论囹圄,出薄罪。处三日,而民歌之曰:“公胡不复遗其冠乎?”

《晏子春秋》曰:景公为巨冠长衣以听朝。

《淮南子》曰:庄王诛史里,孙叔敖制冠浣衣。史里,佼臣也。恶人死,自知当见用,故作冠浣衣。

又曰:楚庄王好觟胡瓦切冠,楚国效之也。许慎注曰:今力士冠。

又曰:冠之于人也,寒不能暖,风弗能障,暴不能敌,然而戴冠履屦者,其所自托者然。

又曰:鲁人身善制冠,妾善织履。往徙于越而大困,以有用游于不用之乡也。

《琐语》曰:范献子卜猎,命人占之。得其繇也,曰:“君子得鼋,小人遗冠。”范献猎而无得,遗其豹冠。

《语林》曰:丞相拜,司空诸葛道明在坐。王指冠冕曰:“君当复着此乎?”

《古今注》曰:曾参锄爪,三足乌来萃其冠。

《汉武内传》曰:上元夫人戴九星灵芝夜光之冠,西王母戴太真晨婴之冠。

《神仙服食经》曰:汉武帝闲居未央殿。有人乘白云车,驾白鹿,冠芙蓉冠,曰:“我中山卫叔卿也。”

《楚辞》曰:余幼好此奇服,年既老而不衰;带长铗之陆离,冠青云之崔嵬。

又曰:高余冠之岌岌,长余珮之陆离。

又曰:握申椒与杜若,冠浮云之峨峨。

挚虞《游思赋》曰:戴朗月之高冠,缀大珠之明珰。

傅玄《冠铭》曰：居高无忘危，在上无忘敬。惧则安，敬则正。

曹植《与陈琳书》曰：夫披翠云以为衣，戴北斗以为冠，带虹霓以为绅，连日月以为珮。此服非不美也，然而帝王不服者，望殊于天，志绝于心矣。

张衡《七辩》曰：微雾之冠，飞翮之缨。

太平御览卷第六百八十五 服章部二

通天冠

《三礼图》曰：通天冠，一曰高山冠，上之所服。

蔡邕《独断》曰：天子冠通天，汉制之，秦礼无文。祀天地、明堂平冕，鄙人不识，谓之平天冠。

徐广《与服杂注》曰：天子通天冠，高九寸，黑介帻，金博山。

徐爰《释问》曰：通天冠金博山蝉，谓之金颜。

进贤冠

《三礼图》曰：进贤冠，前高七寸，长八寸，后高三寸。一梁下大夫一命所服，两梁再命大夫、二千石所服，三梁三命上大夫、公侯之服。

董巴《汉与服志》曰：进贤冠，古缁布冠，文儒者之服也。前高七寸，后三寸，长八寸。公侯三梁，中二千石已下至博士两梁，千石已下至小史、私学弟子皆一梁，宗室刘氏亦两梁。

蔡邕《独断》曰：进贤冠，文官服之。汉制尚书两梁，礼无文。

徐广《与服志杂注》曰：天子杂服介帻五梁进贤冠，太子、诸王三梁进贤冠。

《北齐书》曰：文襄嗣业，以前司徒侯景进贤冠赐李绘，曰："卿但直心事孤，当用卿为三公，勿学侯景叛也。"

远游冠

《三礼图》曰：远游冠，诸王所服。

徐广《舆服杂注》曰：天子杂服远游冠，太子及诸王远游冠制似通天也。天子五梁，太子三梁。

董巴《汉与服志》曰：远游冠，制如通天，有展筒横之于前，无山。

张镜《宋东宫仪记》曰：皇太子远游冠、翠緌。

魏文帝《与于禁诏》曰：昔汉高脱衣以衣韩信，光武解绶以带李忠，诚皆人主当时贵敬功劳。今以远游冠与将军。

《梁书》曰：天监十四年正月朔旦，帝临轩冠太子于太极殿。旧制太子着远游冠、金蝉翠緌缨，至是诏加金博山。

《淮南子》曰：楚庄王通梁、组缨。高诱曰：通梁，远游冠。

《罗浮山记》曰：王方平着远游冠、五色绶。

章甫

《释名》曰：章甫，殷冠名。甫，丈夫也。殷以之表章丈夫也。

《白虎通》曰：殷统十二月为正，其饰微大，故为章甫。

《仪礼·士冠礼》曰：章甫，殷道也。郑玄曰：章，明也。殷质言以表明大夫也。甫或为斧、所以服行道也。

《礼记·儒行》曰：孔子曰："丘长居宋，冠章甫之冠。"

《论语·先进》曰："赤，尔何如？"对曰："宗庙之事，如会同，端章甫，愿为小相焉。"

《庄子》曰：宋人有资章甫而适于越。越人断发文身，无所用之。

《孔丛子》曰：先君相鲁三月，政化既行，颂曰："衮衣章甫，实获我所。章甫褒衣，惠我无私。"

《列仙传》曰：稷丘君，泰山下道士。汉武帝东巡，君乃冠章甫，拥琴而见之。

牟追

《释名》曰：牟追，牟冒也，言其形冒发追追然也。

《周礼·春官》曰：追师掌王后之首服，为副编次追衡笄。郑司农云：追，冠名也。《礼》曰：牟追，夏后氏之道也。副者，妇人之首，服衡，维持冠者。

《仪礼·士冠礼》曰：毋追，夏后氏之道也。

《白虎通》曰：夏正十三月，其饰最大，故为无追。无追者，言其追大也。制冠法天，天色玄，不失其质，夏之冠色纯玄。

收

《释名》曰：收，夏后氏冠名也，言收敛发也。

《白虎通》曰：夏收而祭。谓之收者，十二月阳气收，本举生万物而达出之，故谓之收。

《礼·王制》曰：夏后氏收而祭，燕衣而养老。

又《郊特牲》曰：周弁、殷冔、夏收。

《五经通义》曰：王冠夏曰收，以入宗庙，长尺六寸，广八寸，前起。

《史记》曰：尧黄衣纯冠。

冔

《诗》曰：殷士肤敏，祼将于京。厥作祼将，常服黼冔。黼，白与黑也。冔，殷冠也。

《白虎通》曰：殷冔而祭。谓之冔者，十二月施气授化，冔张而后得牙。

《礼·王制》曰：殷人冔而祭，缟衣而养老。

委貌冠

《释名》曰：委貌，其形委曲之貌，上小下大。

《仪礼·士冠礼》曰：委貌周道。郑玄曰：委犹安也，言以安正容貌也。

《三礼图》曰：玄冠一曰委貌，今之进贤，则其遗象也。夏曰毋追，殷曰章甫，周曰委貌。后世转以巧意，改易其名耳。

《国语》曰：周襄王赐晋文公命，晋侯端委而入。孔朝曰：玄端之衣，委貌之冠也。

《白虎通》曰：委貌者何？周朝廷理正事，行道德之冠名。所谓委貌者，周统十一月为正，万物始萌，冠饰最小，故为委貌，言委曲有貌也。

董巴《汉舆服志》曰：委貌冠以皂绢为之。大射辟雍，公卿、诸侯大夫冠委貌。《续汉·与服志》同。

《神异经》曰：西荒有人不读五经而意合，不观天文而心通，不诵礼律而精当。天赐其衣，男朱衣、缟带、委貌冠，女碧衣、戴胜，皆无缝。

高山冠

《三礼图》曰：高山冠，一曰侧注，高九寸，铁为卷梁。秦制行人、使者所服，今谒者服之。

《续汉·与服志》曰：安帝立太子，太子谒高庙，洗马冠高山冠。侍御史奏谓不宜，事下有司，尚书陈志奏："洗马职如谒者，服其服，先帝之旧也。"奏可。谒者，古一名洗马。

董巴《汉舆服志》曰：高山冠，一曰侧注，如通天，谒者、仆射所服。

太傅南郡胡广说曰：高山冠，盖齐王冠也。秦灭齐，以其君冠赐近臣，谒者服之。

《傅子》曰：魏明帝以高山制似通天、远游，乃毁变先形，令行人、使者服之。

《会稽先贤象赞》曰：綦毋文后为交址刺史，诏赐高山冠。

法冠

《三礼图》曰：法冠，一曰柱后、惠文，一曰獬豸。冠柱高五寸，以纵裹铁柱卷。秦制法官服之，礼不记。

蔡邕《独断》曰：法冠，秦制执法者服之。天子冠通天，汉制之侍中、中常侍皆冠，惠文加貂附蝉。

董巴《汉舆服志》曰：大傅胡公说，《春秋左氏传》有"南冠而絷者"，则楚冠也。秦灭楚，以其服赐执法近臣，御史服之。

又曰：武冠，一曰武弁大冠，侍中、中常侍加黄金珰、附蝉为文，貂尾为饰，谓之赵惠文冠。

《国语》曰：定王使单襄公聘于宋，假道于陈。陈灵公与孔宁、仪行父南冠以如夏氏，留宾不见。单子归告王曰："陈侯弃衮冕而南冠以出，不亦彝简乎？简，略；彝，常也。言简略常服。犯先王之令，国其亡乎！"贾逵曰：南冠，楚冠也。

《汉书》曰：张敞弟武为梁相，敞遣吏送之，曰："何以治梁？"武曰："驭黠马者利其衔策，当以柱后、惠文弹治之耳。"秦狱吏冠柱后惠文冠。如淳曰：螅，蝉也，冠细如蝉翅，今御史冠也。

又曰：昌邑王贺短衣大袴，冠惠文冠。服虔曰：武冠也。赵惠文所服，故号惠文。

应劭《汉官仪》曰：侍御史，周官也，为柱下史，冠法冠，一曰柱后，以铁为柱，言其审固不挠。或说古有獬豸兽，主触不直，故执宪者以其角形为冠耳。

《唐书》曰：侍御史朱放请复置朱衣、豸冠于内廓，有犯者御史服以弹。后御史张着服之以弹京兆尹严郢。

武弁

《三礼图》曰：武弁，大冠也，士服之。或曰，千岁涸泽之神，名庆忌，冠大冠，乘小车马，好疾驰，齐人服之。

董巴《汉舆服志》曰：武冠，一曰武弁大冠，武官冠之。侍中、常侍加黄金珰、附蝉为饰，谓之赵惠文冠。

蔡邕《独断》曰：武冠或曰繁冠，今谓之大冠。

《魏志》曰：陈思王植氏疏曰："臣若得辞远游，戴武弁，解朱组，珮青绂，乃臣之至愿也。"

徐爰《宋志》曰：武弁，世谓笼冠也。

鹖冠

应劭《汉官仪》曰：虎贲冠插鹖尾。鹖，鸷鸟中之果劲者也，每所攫撮，应爪摧碎。尾，上党所贡。

董巴《汉舆服志》曰：武冠加双鹖尾为鹖冠，羽林虎贲冠之。鹖鸡勇，斗死乃止，故赵武灵王以表武士。秦施用之。

刘向《七略》曰：鹖冠子常居深山，以鹖为冠，故号冠子。

却敌冠

《三礼图》曰：却敌冠，前广四寸，后三寸，卫士服之。

董巴《汉舆服志》曰：却敌冠制似进贤，卫士服之。

却非冠

《三礼图》曰：却非冠，宫殿门仆射服，高五寸。《礼》不记。

又司马彪《续汉书》云，插以燕尾。

董巴《汉舆服志》曰：却非冠，似长冠。

巧士冠

《三礼图》曰：巧士冠，前高五寸，后相通，扫除从官服之。《礼》不记。

董巴《汉舆服志》曰：巧士冠高七寸，不常服，唯郊天黄门从官四人冠之，在卤簿中次乘舆车前，以备宦者四星。

方山冠

《三礼图》曰：五彩方山冠，各以其彩縠为之，祠庙，天子八佾，乐五行，舞人所服。

董巴《汉与服志》曰：方山冠似进贤冠，以五彩縠为之。

《汉书·五行志》曰：昌邑王贺为王时冠方山冠。

长冠

《三礼图》曰：长冠竹里，高七寸，广三寸，汉高祖以竹皮作之，世云："刘氏冠"，楚制。《礼》不记。

蔡邕《独断》曰：小史祠宗庙则长冠。

樊哙冠

周迁《与服杂事》曰：樊哙冠，楚汉会于鸿门，项羽图危高祖。樊哙闻急，乃裂衣苞楯，戴以为冠，排入羽营。

董巴《汉舆服志》曰：樊哙造次所冠，以入项羽军。广九寸，前后各出四寸，制似冕，司马、殿门卫士服之。

太平御览卷第六百八十六 服章部三

冕

《说文》曰：冕，大夫以上冠，邃延垂旒紞纩。昔者黄帝初作冕。

《释名》曰：祭服曰冕，冕犹俯。俯，平直貌也。玄上纁下，前后垂珠，有文饰也。

《白虎通》曰：麻冕者何？周宗庙之冠也。十一月之时，阳气俯仰黄泉之下，万物被施，如冕前俯而后仰，故谓之冕也。所以用麻为之者，女功之始，示不忘本，不以皮，皮太古未有礼文之服也。

又曰：冕所以前后邃延者何？示进贤退不能也。垂旒者，示不视邪。纩塞耳，示不听谗。故水清无鱼，人察无徒，明不尚极知下，故《礼》曰："天子玉藻十有二旒，前后邃延也。"

《世本》曰：黄帝作旃冕。宋均曰：通帛为旃冕，冠之有旒。应劭云：周始垂旒也。

又《三礼图》曰：黄帝戴黄冕。

《周礼》曰：弁师掌王之五冕，朱里延纽，冕，綖之覆也。纽，小鼻贯所贯。五彩缫十有二就。缫，合五色丝为之，垂幼捎之，前后各十有二，所谓邃延也。就，成也。绳之每一匝而贯五彩，十二斿则十二王也。

又曰：司服掌王之服，祀昊天上帝则大裘而冕，祀五帝亦如之，六服同冕。享先王则衮冕，享先公射则享鷩冕，祀四望山川则毳冕，祭社稷五祀则絺冕，祭群小五祀则玄冕。

《礼》曰：有虞氏皇而祭，周却梳而祭。皇，冕属，画羽饰之。

又曰：诸侯冕而舞大武，诸侯之僭礼也。

又曰：王戴冕，璪十有二旒，则天数也。

又曰：玄冕，斋戒鬼神阴阳也。阴阳，夫妇。

又曰：天子之冕朱绿藻十有二，诸侯九，上大夫七，下大夫五，士三，此以文为贵也。

又曰：魏文侯问于子夏曰："吾端冕而听古乐，则唯恐卧。"

又曰：君子端冕，则有敬色。

《大戴礼》曰：古者冕而前旒，所以蔽明；黈纩塞耳，所以掩听也。

《书》曰：王麻冕黼裳，由宾阶跻。郑玄曰：三十升布冠也。卿士、邦君麻冕蚁裳，入即位。蚁谓色玄也。太保、太史、太宗皆麻冕彤裳。

《左传》曰：晋士会帅师灭赤狄，晋侯请于王，以冠冕命士会将中军，且为太傅。

又曰：公还，及方城，季武子使公冶问。问公起居。公冶季氏属大夫。公与公冶冕服，以卿玄冕赏之。固让而后授。公冶疾，聚其臣曰："我死，必无以冕服敛，非德赏也。"言公畏季氏而赏其使，非以我有德。

又曰：王使詹桓伯辞于晋曰："我在伯父犹衣服之有冠冕，木土之有本源，民人之有谋主。伯父若裂冠毁冕，拔本塞源，专弃谋主，虽戎狄其何有余一人？"

《论语》曰：子曰："禹，吾无间然矣，菲饮食而致孝乎鬼神，恶衣服而致美乎黼冕。"

又曰：子曰："行夏之时，乘殷之辂，服周之冕。"

又曰：麻冕，礼也，今也纯俭，吾从众。

《国语》曰：周襄王赐晋文公命，晋侯端委而入，大宰以王命命之冕服，内史赞之，三命而后即冕服。

《家语》曰：子路问于孔子曰："有人于此，被褐而怀玉，如何？"子曰："国无道，隐者可也；国有道，则衮冕而执玉。"

《五经通义》曰：冕制奈何？

《礼器》曰："冕冠长六寸，广八寸。员前冕缁布在上，五彩组十二旒。夏殷之冕如周制矣，其旒色异，夏冕黑白赤组旒，殷冕黑黄青组旒。"

应劭《汉官仪》曰：周冕与古冕略等，周加垂旒，天子前后垂真白珠各十二。

蔡邕《独断》曰：汉明帝彩《尚书·皋繇》及《周官》、《礼记》以定冕制，皆广七寸，长尺二寸，系白珠于其端十二旒，三公及诸侯九旒，卿七旒。

又曰：祀天地，明堂平冕。

崔豹《古今注》云，牛享问曰："冕旒如繁露，何也？"答曰："缀而下垂，如露之繁多，故曰繁露。"

挚氏《决疑要注》曰：秦除六冕之制。明帝汉明帝也永平中，使诸儒案古文，始复造衮冕。

《符子》曰：龙逢谏桀曰："臣观君之冕非冕，冕危石；观君之履非履，履春冰，未有冠危石而不压，蹈春冰而不陷也。"

陈寿《益部耆旧传》曰：郭贺拜荆州刺史，明帝巡狩，到南阳，特见，嗟叹，赐以三公之服，黼黻旒冕，敕去幨露冕，使百姓见此衣服，以彰其德。

何法盛《晋中兴书》曰：初，中兴仪服不备，又冕旒饰以翡翠、珊瑚、杂珠。顾和奏"旧冕十二旒，皆用玉。今不能得玉，可用白璇珠。"于是始下太常治改。

王智深《宋记》曰：明帝诏曰："朕以大冕郊祀天、宗祀明堂，以法冕祀太庙、元正大会、朝诸侯，以絺冕小会宴饷、饯送诸侯、临轩命王公，以绣冕征伐不宾、讲武校猎。"

《隋书》曰：六等之冕皆有黈纩，黄绵为之，其大如橘，自皇太子以下并犀导青缨。

缨

《说文》曰：缨，冠系也。緌，系冠缨也

《释名》曰：缨，颈也。自上而下系于颈也。

《礼》曰：玄冠丹组缨，诸侯之斋冠也。玄冠綦组缨，士之斋冠也。

又曰：玄冠紫緌，自鲁桓公始也。

《传》曰：石乞、盂黡敌子路，以戈击之，断缨。子路曰："君子死，冠不免。"不使冠在地。结缨而死。

《汉书》曰：冠高山之冠、飞羽之缨。

又曰：终军字子云，济南人，上书请授长缨，必羁南越王而致之阙下。乃使使越，越王举国内属。

又曰：江充召见犬台宫。晋灼曰：黄图上林有犬台宫也。冠蝉纚步摇冠、飞翮之缨。张晏曰：冠蝉缨小步则摇，缨随冠而动，若鸟翮然。

《晋书》曰：石季龙子义阳公鉴时镇关中，役繁赋重，失关右之和。其女官李松劝鉴："文武有长发者拔为冠缨，余以给宫人。"季龙闻之，大怒，以其右仆射张离为雍州刺史以察之，信然。征鉴还邺，收松下廷尉。

《后魏书》曰：李彪尝使齐，着大头缨，缨裾至腰。张融笑之曰："北国士大夫帽裾亦有等级不？"彪曰："上士至腰，中士至颈，下士之徒盖发而已。"

《山海经》曰：拘缨之国，一手把缨。

《管子》曰：桓公亲郊，管仲诎缨捷衽。

《孟子》曰：孺子歌曰："沧浪之水清兮，可以濯我缨。"

《庄子》曰：昔赵惠文王喜剑，太子患之，募左右孰能说王。左右曰："庄子当能。"太子乃使人以千金奉庄子，庄子不授，与使者俱往。太子曰："吾王所见唯剑，士蓬头突鬓，冠曼胡之缨，短后之衣，瞋目而语难，王乃说之。今大夫必儒服而见王，事必大逆。"庄子曰："请为剑服。"

又曰：原子居卫，正冠而缨绝，敛衿而肘见。言贫也。

《淮南子》曰：圣人见鸟兽髯胡之制，作緌缨之首饰。

《韩子》曰：邹君好服长缨，左右皆作长缨，缨甚贵。邹君患之，问左右，左右对曰："君服之，百姓亦多服，是故贵。"邹君因先自断其缨而出，国中皆不服长缨。

《说苑》曰：楚庄王赐群臣酒，日暮烛灭。乃有人引美人之衣者，美人援绝其冠缨，告王趣火来视绝缨者，王曰："赐人酒使醉，失礼，奈何欲显妇人之节而辱士乎？"乃命皆绝去其冠缨。

《尉缭子》曰：天子玄冠玄缨，诸侯素冠素缨，自大夫以下，皆皂冠皂缨。

后汉崔骃《达指》曰：有事则裳褰濡足，无事则摄缨整衿。

魏徐翰《齐都赋》曰：纤纚细缨，轻配蝉翼，自尊及卑，须我元服。

晋陆机诗曰：冠冕无丑士，长缨皆隽民。

晋成公绥《七唱》曰：琼弁曜首，玉缨照目。

宋谢灵运《七济》曰：翠緌媚目，朱裳妍形。

刘梁《七举》曰：华组之缨，从风纷纭。

弁

《释名》曰：弁如两手相合拚时也。以爵韦为之，谓之爵弁，以鹿皮为之，谓之皮弁，以韎韦为之，谓之韦弁也。

《系本》曰：鲁昭公作弁。宋均曰：作素弁也。

《五经通义》曰：皮弁冠，前后玉饰。

《白虎通》曰：皮弁者何谓也？所以法古至质冠之名也。弁之为言攀也，所以持发也。上古先贤服鹿皮，取其文章也。故《礼》曰："三王共皮弁素绩。"爵弁何谓也？其色如爵头，周人宗庙之冠也，周尚赤，所以不纯赤，但如爵头也。

《三礼图》曰：爵弁，士助君祭之服，以祭其庙，无旒。韦弁，王及诸侯兵服也。

《三礼冠弁图》曰：皮弁以鹿皮浅毛黄白色者为之，高尺二寸。春三月习大射，冠之行事。

《舆服志》曰：皮弁与委貌同制，长七寸，高四寸，制似覆杯，前高广，后卑锐，所谓夏之毋追、上音牟，下音堆。殷之章甫者也。行大射礼辟雍，公卿、诸侯、大夫行礼者冠季貌，执事者冠皮弁、衣都麻衣。

董巴《与服志》曰：爵弁一名冕，广八寸，长二寸，如爵形，前小后大，其上似爵头色，有收持笄，所谓夏收，殷哻况羽切者也。祠天地、五郊、明堂云翘舞，乐人服之。

《诗》曰：淑人君子，其带伊丝。其带伊丝，其弁伊骐。毛苌曰：骐，其文也。弁，皮弁也。

又曰：有匪君子，充耳琇莹，会弁如星。弁，皮弁，所以会发也。

又曰：有頍丘弹切者弁，实维伊何？

又曰：侧弁峨峨，屡舞傞傞。

《礼》曰：三王共皮弁素服。

又曰：祭之日，王皮弁，以听祭报。

又曰：太学始教皮弁、祭菜，示敬道也。

又曰：古者天子、诸侯必有公桑大昕之朝，君皮弁素积，卜三宫夫人，桑于公桑。

《左传》曰：楚子玉自为琼弁玉缨，未之服也，先战，梦河神谓己曰："畀予，予赐汝孟诸之麋。"

又曰：天王使刘定公劳赵孟于颍，馆于洛汭。刘子曰："美哉禹功，明德远矣。微禹，吾其鱼乎？吾与子弁冕端委以治民、临诸侯，禹之力也。"

《周礼》曰：司服掌王之吉凶衣服，凡兵事，韦弁服；郑玄曰：以韎韦为弁也。《春秋传》曰晋郤至衣韎韦之跗注是也。视朝则皮弁服；郑玄曰：视朝，视内外之事也。皮弁之服十五，外白布衣积素以为裳也。凡甸，冠弁服；郑玄曰：甸，猎也。冠弁，委貌也。其服缁布衣，亦积素以为裳，诸侯以为视朝之服。凡凶事服弁服；弁服，丧冠也。其服斩衰、齐衰。凡吊事弁绖服。弁绖者，如爵弁而素，加环绖。

又曰：弁师掌王之皮弁，会五采，玉璂、象邸、玉笄。璂，结也。皮弁之缝，中贯五彩，玉以为饰。邸，下柢也，以象骨为之。诸侯及孤卿大夫之冕韦弁、皮弁、弁绖，各以其等为之。

《仪礼》曰：士冠服爵弁服。郑玄曰：此与君祭之服同也。

《谷梁》曰：弁冠虽旧，必加于首；周室虽衰，必先诸侯。

《家语》曰：诸侯皮弁以告朔于太庙，卒朔，然后服之以视朝。

《汉书》曰：韩延寿为颍川太守，令文学校官诸生弁，执俎豆。

又曰：王莽初献新乐于明堂、太庙，群臣始冠麟韦之弁。

《魏志》曰：帝以杨彪故汉太尉，使着鹿皮冠。彪辞让不听，竟着布单衣、皮弁以见。

《隋书》曰：新罗尝遣使朝贡，李子雄至朝堂与语，因问其冠制所由。其使者曰："皮弁遗象，安有大国君子而不识皮弁也？"子雄因曰："中国无礼，求诸四夷。"使者曰："自至已来，此言之外，未见无礼。"宪司以子雄失词，奏劾其事，竟坐免。

又曰：何稠参会，今古多所改创，魏晋以来，皮弁有缨而无笄导。稠曰："此古田猎之服也。今服以入朝，宜变其制。"故弁施象牙簪导，自稠始也。

《邺中记》曰：石季龙宫婢数十，尽着皂褠，头着神弁，如今之礼先冠也。

太平御览卷第六百八十七 服章部四

帻颐

《释名》曰：帻，赜也。下齐眉颐然也。

扬雄《方言》曰：覆髻谓之帻巾，或谓之承露，或谓之覆髻，皆赵魏之间通语也。

应劭《汉官仪》曰：帻，古卑贱执事不冠者之所服也。

徐广《舆服杂注》曰：天子郊庙，则黑介帻。

《汉书》曰：武帝从馆陶公主饮，董偃绿帻傅韝殿下，乃赞曰："馆陶公主庖人臣偃昧死再拜谒。"

《后汉书》曰：刘盆子探得符，后弃之，复还依侠卿。侠卿为制绛单衣，半头赤帻。帻巾，所以覆髻也。《续汉书》曰：童子帻无屋，示未成人也。半头帻即空顶帻也。其上无屋，故以为名。董仲舒《繁露》曰：以赤统者，帻尚赤。盆子承汉统，故用赤也。《东宫故事》曰：太子有空顶帻一枚，即半头帻之制也。

《东观汉记》曰：光武初起，与诸季市弓弩、绛衣、赤帻。

又曰：诏赐段颎赤帻大冠一具。

又曰：马援外类倪荡简易而内重礼，事寡嫂，虽在闺内，必帻，然后见。

又曰：马援初见帝，令中黄门引入，上在宣德殿南庑下，但帻坐。援曰："陛下何知臣非刺客奸臣，而简易若是？"

谢承《后汉书》曰：巴祗字敬祖，为扬州刺史，黑帻毁坏，不复改易，以水澡墨，傅而用之。许慎《说文》曰：澡，洗也。

《续汉书》曰：许劭字子将。劭知人，入帻肆，拔樊子昭。

袁晔《汉献帝春秋》曰：孙坚屯梁东，为董卓所攻。众少而不敌，与其骁骑溃围得出，常着赤罽帻。卓骑追坚，坚脱罽帻，令亲近将祖茂着之，坚从间道得去。

《吴书》曰：顾悌字子通，疾笃，妻出而省之。悌命左右自扶起，冠帻加袭，令妻还，贞洁不黩如此。

《晋书》曰：庾敳字子嵩，性俭家富。刘舆说东海王越，令就换钱千万，冀其有吝，因此可乘，越于众坐中问敳，敳颓然已醉，帻堕机上，以头就穿取，徐答云："下官家故有两千万，随公所取矣。"舆于是乃服，越甚悦。

又曰：易雄字兴长，长沙浏阳人也，少为县吏，自念卑贱，无由自达，乃脱帻挂县门而去。

《宋书》曰：檀道济数拒魏有功，及诛，愤怒气盛，目光如炬，俄尔间引饮一斛，乃脱帻投地，曰："乃坏汝万里长城。"

《齐书》曰：卞彬字士蔚，济阴宛朐人也。祖嗣之，中领军。父延之，弱冠为上虞令，有刚气。会稽太守孟彭以令长裁之，积不能容，脱帻投地，曰："我所以屈卿者，政为此帻耳。今已投之，卿以一世勋门而傲天下国士。"拂衣而去。

《梁书》曰：谢举，临川始兴，诸王常所游践。劭陵王纶于娄湖立园，广宴，酒后好聚众宾冠，手自裂破，投之唾壶，皆莫讣涸。举尝预宴，王欲取举帻，举正色曰："裂冠毁冕，下官弗敢闻命。"拂衣而退。王屡召而不反，甚有惭色。

《北齐书》曰：平秦王归彦额骨三道，着帻不安。文宣见之，怒，使以马鞭击其额，血被面，曰："尔反时尝以此骨吓汉。"后归彦竟反云。

《汉官仪》曰：谒者着缃帻大冠。

司马彪《续汉书》曰：梁冀改易舆服之制，作平上軿车、卑帻狭冠也。

卫弘《汉旧仪》曰：凡斋绀帻，耕青帻。

周迁《与服杂事》曰：汉桓帝延熙中，梁冀诛后，京师作帻皆颜短耳长，短上长下，以为服袄。

董巴《汉舆服志》曰：古者有冠无帻，秦加其武将首饰，为绛柏以表贵贱，后稍作颜题。汉兴，续其颜，却结之，施巾连题却覆之，今丧帻是也。至孝文，乃高颜，续为之耳，崇其巾为屋，贵贱皆服之。

蔡邕《独断》曰：汉元帝额有壮发，不欲使人见，始进帻服，群臣皆随焉，尚无巾。王莽头秃，因施巾，故里语曰："王莽秃，帻施屋。"

傅畅《晋公卿礼秩》曰：中书监令着介帻。

《晋氏要事》曰：哀帝隆和元年，太学博士曹弘之等议立秋应读令，不应着缃帻，改为素。

《英雄记》曰：公孙瓒字伯珪，上计吏，郡太守刘基以事公车征，伯珪褠衣平帻，御车洛阳，身执徒养。

张敞《晋东宫旧事》曰：太子衣冠有空顶帻一。

挚虞《决疑》曰：凡救日蚀者，皆着赤帻，以助阳也。侍臣皆赤帻带剑。

干宝《搜神记》曰：昔魏武军中无故作白帢，此丧征也。初横缝其前，名之曰颜。晋永嘉初，乃去其缝，名无颜帻。其后二年，四海分崩，下人悲叹，无颜以生也。

《广志》曰：交址、苍梧俗以翡翠为帻。

董仲舒《止雨书》曰：执事者赤帻，由是言之，知不着冠之所服也。

斐启《语林》曰：晋明帝年少不伦，常微行，诏唤人以衣帻迎之，涉水过，衣帻悉湿。元帝已不重，明帝忽复有此，以为无不废理。既入，帻不正，元帝自为正之，明帝大喜。

刘桢《答魏文帝书》曰：南垠之金，登窈窕之首；貂蝉之尾，缀侍臣之帻。

《魏武遗令》曰：吾有头病，自先着帽帻，持大服，如存时勿遗。

陆云《与兄书》曰：一日案行视曹公器物，有一介帻如吴帻。

帽

《释名》曰：帽，冒也。

《释志》曰：杨阜字义山，拜城门校尉，尝见明帝着帽，披缥绫半袖。阜问帝曰："此于礼何法服也？"帝默然不答，自是不法服不以见阜。

又曰：管宁在家，恒着皂帽布裙，随时单复。

鱼豢《魏略》曰：夫馀国以金银饰帽。

韦昭《吴书》曰：朱然破魏将李典等军，斩首五百级，得鼓车三乘。拜然左大司马，加锡御织成帽。

又曰：陆逊破曹休于石亭，还，上脱翠帽以遗逊。

《晋书》曰：王濛字仲祖，美姿容。居贫，帽败，自入肆买之。妪悦其貌，争遗新帽。

萧方等《三十国春秋》曰：石季龙将猎，辄冠金缕之帽。

又陆翙《邺中记》云：季龙猎，着金缕织成合欢帽。

《宋书》曰：沈庆之随宗悫等伐沔北诸山蛮，大破之，威震诸山，群蛮皆稽颡。庆之患头风，好着狐皮帽，群蛮恶之，号曰："苍头公"。

又曰：元凶劭始生三日，帝往视之，簪帽甚坚，无风而坠于劭侧，上不悦。

又曰：何尚之，大明二年以左光禄开府仪同三司，侍中如故。尚之在家常着鹿皮帽，及拜开府，天子临轩，百僚陪位，沈庆之于殿庭戏之曰："今日何不着鹿皮冠？"

萧子显《齐书》曰：东昏侯自造游宴之服，缀以花彩锦绣，群小又造四种帽。帽因势为名，一曰山鹊归林者。《诗》曰《鹊巢》，夫人之德，东昏宠嬖淫乱，故鹊反薮。二曰兔度坑天意，言天下将有逐兔之事也。三曰反缚黄离喽，黄口小鸟也，反缚之应也。四曰凤凰度三桥，凤凰者嘉瑞，三桥，梁王宅处也。

又曰：永明中，萧谌开博风帽后裙之制，又为破后帽。世祖崩后，建谋废立，诛灭诸王。

又曰：茹法亮，吴兴武康人也，为前军。延昌殿为世祖阴室，藏诸御。高宗即位，开阴室，出世祖白纱帽、防身刀，法亮嘘唏流涕。

又曰：徐龙驹常住含章殿，着黄纶帽，被貂裘，南面向案，代帝书敕。

又曰：豫章王嶷妃庾氏尝有疾，瘳，上幸嶷邸。后堂设金石乐，宫人毕至，登桐台。使嶷着乌纱帽，因极宴尽欢。

《梁书》曰：到溉尝梦武帝遍见诸子，至湘东而脱帽与之，于是密敬事焉。

又曰：初，贺革之江陵也。意甚不悦，过别御史中丞江革，以情告之。答曰："吾尝梦主上遍见诸子，唯至湘东王所，手脱帽以与之，此人后必当璧，卿其行乎！"

又曰：沙门宝志忽重着三布帽，亦不知于何得之。俄而武帝崩，文惠太子、预章文献王相继薨。

又曰：邓至国，其俗呼帽曰突何。

又曰：倭国男女皆露髻，富贵者以锦绣杂彩为帽，似中国胡公头。

又曰：庾弘远字士操，清实有士誉，仕齐，为江州长史。刺史陈显达举兵，败，斩于宋雀航。将刑，索帽着之，曰："子路结缨，吾不可以不冠而死。"

又曰：垣崇祖为豫州刺史。魏攻寿春，崇祖着白纱帽，肩与上城，决水破之。

《后魏书》曰：辛绍先有至孝性，丁父忧，三年口不甘味，头不栉沐发遂落尽，故常垂裙皂帽。

又曰：高昂转司徒公，好着小帽，世因称司徒帽。

《北齐书》曰：齐制，宫内唯天子纱帽，臣下皆戎帽，特赐平秦王归彦纱帽以宠之。

《后周书》曰：独孤信在秦州尝因猎日暮驰马入城，其帽微侧，诘旦而吏人有戴帽者，咸慕信而侧帽焉。

《隋书》曰：后周之时着突骑帽，如今胡帽，垂裙覆带，盖索发之遗象也。又文帝项有瘤疾，不欲人见，每常着焉。相魏之时，着而谒帝，故后周一代将为雅服，小朝公宴，咸许戴之。

《唐书》曰：代宗时禁民皂衫压耳帽，以异官健。

《西京杂记》曰：赵飞燕为皇后，其弟在昭阳殿，遗飞燕书曰："令月嘉辰，贵妃懋膺大册，上遗金花紫纶帽，以陈踊跃。"

《孟嘉别传》曰：嘉为桓温参军。九月九日，温游龙山，参僚悉集。时佐吏并戎服，有风吹嘉帽堕，初不觉。良久如厕，温命还之，授孙盛纸笔，嘱之，置嘉坐处。嘉还见之，请笔即答，四坐嗟叹。

《幽明簶》曰：安开者，安成之俗师也，善于幻术。时王凝之为江州，向王当行阳为王刷头，簪荷叶以为帽与王着。当时亦不觉帽之有异，到座之后，荷叶乃见，举坐皆惊骇，王不知。

魏文帝《与刘晔书》曰：刘生帽裁制微不长，有似里父之服。

孟达《与诸葛亮书》曰：贡白纶帽一颜，以示微意。

刘谧之《下野赋》曰：头戴鹿心帽，足着狗皮靴，面傅黄灰滓，髻插芜菁花，男女四五人，皆如烧虾蟆。

束皙《近游赋》曰：帽引四角之缝，裙有叁条之杀。

又曰：老公戴合欢之帽，少年着蕞角之巾。

巾

《释名》曰：巾，谨也。二十成人，士冠，庶人巾，当自谨修四教也。

《方言》曰：两覆结谓之帻巾，或谓之承露巾，或谓覆发巾也。

《续汉书》曰：钜鹿张角自称天师，弟子数十万人。始起兵，皆着黄巾以相识别，故世谓黄巾贼。

《后汉书》曰：光武征鲍永，永疑，不至。及更始亡，乃发，去上将军列侯印绶，悉罢兵，但幅巾与诸将诣河内。幅巾，谓不着冠，但幅巾束首也。

又曰：何进、袁隗欲特表陈实以不次之位，实谢曰："久绝人事，饰巾待终而已。"

又曰：曹操既猜嫌忌孔融，令丞相军谋祭酒路粹枉状奏融，云："位为九列，不遵朝仪，秃巾微行，唐突宫掖。"

《魏志》曰：诸葛亮出斜谷，司马宣王拒之，坚壁不与战，亮致巾帼妇人之饰以怒宣王。

又曰：华歆为豫章太守，孙策略地江东。歆知策善用兵，乃幅巾迎策。

《蜀书》曰：诸葛武侯与宣王在渭滨将战，宣王戎服莅事，使人视武侯，乘素与，葛巾、毛扇指麾三军，皆随其进止。宣王闻而叹曰："可谓名士矣。"

邓粲《晋书》曰：王敦欲伐甘卓，遣使送大巾。

又曰：谢万字万石，简文辟为从事中郎，着白纶巾，鹤氅裘，履版而前，帝与谈移日。

沈约《宋书》曰：陶潜在家，郡将侯潜，值其酒熟，取头上葛巾滤酒，还暴着之。

《梁书》曰：武帝赐陶弘景以鹿皮巾，后屡加礼聘，并不出。

又曰：贺德基少游学都下，积年不归。衣资罄乏，又耻服故弊，盛冬止衣夹襦袴。尝于白马寺前逢一妇人，容服甚盛，呼德基入寺门，脱白纶巾以赠之，仍谓曰："君方为重器，不久贫寒，故以此相遗耳。"问姓名，不答而去。

又曰：武帝与何点有旧，及践祚，手诏论旧，赐以鹿皮巾等。召之，点以巾褐引入华林园。

又曰：王僧孺迁尚书左丞，俄兼御史中丞。僧孺幼贫，其母鬻纱巾以自业。

《后周书》曰：宣政元年，初服常冠，以皂纱为之，加簪而不施缨，其制若今之折角巾也。

《唐书》曰：张易之同休尝请公王大臣宴于司礼寺，因谓御史大夫杨再思曰："公面似高丽，请作高丽舞。"再思忻然剪纸自帖其巾，反紫袍，遂作之。

陆翙《邺中记》曰：皇后出，女骑一千为卤簿，冬月皆着紫纶巾、熟锦袴褶。

《郭林宗别传》曰：林宗尝行陈梁间，遇雨，故其巾一角垫而折。二国学士着巾莫不折其角，云作林宗巾，其见仪则如此。

《傅子》曰：汉末王公多以幅巾为雅，是以袁绍之徒虽为将帅，皆着缣巾。

张华《博物志》曰：魏文帝弹棋能用手巾角，时有一书生又能低头以所冠葛巾角撇棋。

羊祜《与从弟护军书》曰：年已朽老，既定边事，当角巾东路，还归乡里。

接离

郭璞注《尔雅》曰：白鹭翅上有长翰毛，江东取为接离。

《世说》曰：山简为荆州，时酣畅，人为之歌曰："山公时一醉，迳造高阳池，日暮倒戴归，酩酊无所知。时复乘骏马，倒着白接离，举手谢葛强，何如并州儿。"高阳池在襄阳，强是其爱将，并州人也。

障日

《晋八王故事》曰：初，赵王伦将篡位，洛下童谣曰："屠苏障日覆两耳，当有瞎儿作天子。"于时商农通着大裁障日，伦实眇目也。

孙楚《谢笺》曰：大恩赐障日，其器虽小而礼遇甚弘。昔卫绾锡六剑，珍而不用，楚虽不敏，且授而藏之。

太平御览卷第六百八十八 服章部五

貂蝉

徐广《车服杂注》曰：蝉取清高饮露而不食，貂取紫蔚温润而光彩不彰灼。

又曰：武官皆惠文冠，本赵服也，一名武弁大冠。凡侍臣加貂蝉，愚谓北土寒凉，本以貂皮暖附施于冠，因遂变而成饰也。

应劭《汉官仪》曰：侍中金蝉左貂，金取坚刚不朽，蝉居高食洁，貂内劲悍而外温润。貂蝉不见传记者，因物论义。予览《战国策》，乃知者赵武灵王胡服也。其后秦始皇破赵，得其冠，以赐侍中。高祖灭秦，亦复如之。末侍中皇权参乘，问貂珰何法，不知其说。复问地震，云不为灾。还宫，左迁议郎。

又曰：中常侍，秦官也。汉兴，或用士人银珰左貂。世祖以来，专用宦者，石貂金珰。

《汉书》曰：燕王旦郎中侍从着貂羽，黄金附蝉。

又曰：刘向上封事曰："今王氏一姓，乘朱轮华毂者二十三人，皆青紫貂蝉，充盈幄内。"

又曰：王莽篡位，更汉黑貂为黄貂，又改汉正朔、腊日。太后命其官属黑貂，至汉家正腊日，独与其左右相对，饮酒食肉。

《晋书》曰：赵王伦篡位，同谋者咸超阶越次，不可胜纪，至于奴卒厮役，亦加以爵位。每朝会，貂蝉盈坐，故时谚曰："貂不足，狗尾续。"

又曰：刘聪破洛，城将坏。帝还平阳，作赦书。以六月十一日破洛，群王十二，束手军门，貂蝉羽葆，以充王府。

又曰：阮孚字遥集，为安东府参军，蓬发饮酒，不以正务婴心。后拜散骑常侍，性既嗜酒，常以金貂换酒，为所司所弹，帝宥之。

萧子显《齐书》曰：侍中世为亲近职，魏晋选用，稍增华重。宋文帝元嘉中，王昙首、殷景仁等并为侍中，情任亲察。景仁与帝接膝共语，貂拂帝，帝手拔貂置案上，语毕，复手插之。

又曰：王俭以朝仪草创，衣服制则未有定准，议曰："汉景六年，梁王入朝，中郎谒者金貂出入殿门。左思《魏都赋》云：'蔼蔼列侍，金貂齐光。'此藩国侍臣有貂明文。"

又曰：张敬儿被收，敬儿脱冠貂投地曰："用此物误我。"

又曰：武陵昭王晔，武帝即位，历中书祠部尚书，巫觋或言晔有非常之相，以此自负。武帝闻之，故无宠，未尝处方岳。于御座曲宴醉，伏地，貂抄肉柈，帝笑之曰："污貂。"对曰："陛下爱其顺毛而疏其骨肉。"帝不悦。

又曰：何戢为侍中，上欲转戢领选，问尚书令褚彦回，以戢资重，欲加散骑常侍。彦回曰："宋时王球从侍中、中书令单作吏部尚书，资与戢相似，领选职方，昔小轻，不容顿加常侍。圣旨每以蝉冕不宜过多，臣与王俭既已左珥，若复加戢，则八座便有三蝉。若帖以骁游，亦不为少。"乃以戢为吏部尚书，加骁骑将军。

又曰：江淹累迁秘书监、侍中、卫尉卿。初，淹年十三，时孤贫，尝彩薪以养母。曾于樵所得貂蝉一具，将鬻以供养。其母曰："此故汝之休征也。汝才行若此，岂长贱耶？可留待得侍中着之。"至是果如母言。

又曰：周盘龙为东平太守，求解职，见许。还为散骑常侍，武帝戏之："卿着貂蝉，何如兜鍪？"盘龙曰："此貂蝉从兜鍪中生耳。"

《梁书》曰：朱异除中书郎，时秋日始拜，有飞蝉正集异武冠上，时咸谓蝉珥之兆。后果如其言。

又曰：王规为晋安王长史，王立为太子，仍为散骑常侍、太子中庶子，侍东宫，太子赐以所服貂蝉，并降令书，悦是举也。

又曰：陆云善奕棋，常夜坐侍武帝，冠触烛火，帝笑谓曰："烛烧卿貂。"帝将用为侍中，故以此戏之。

《后魏书》曰：神龟元年，诏加女侍中貂蝉，同外侍中之饰。任城王澄上表谏曰："高祖、世宗皆有女侍中官，未见缀金蝉于象珥，极鼲貂于须发。江南伪晋穆何后有女尚书而加貂珰，此乃衰乱之世、妖妄之服。请依常仪追还前诏。”帝从之。

《邺中记》曰：石虎征讨，所得妇女美色万余，选为女侍中，着貂珰，直皇后。

刘桢《答魏文帝笺》曰：貂鼲之尾，挂侍臣之帻。

潘岳《兴赋》曰：登春台之熙熙，珥金貂之颎颎。

成公绥《七唱》曰：金珰煌煌，貂珥峨峨也。

孙楚《会王侍中座上诗》曰：显允君子，时唯英劭，玄貂左移，华蝉增曜。

簪导

《释名》曰：簪，连也。所以簪冠于发也。导，所以导掠鬓发，使入巾帻之里也。或曰掠鬓，以事名之也。

服虔《通俗文》曰：帻导曰簪。

《史记》曰：赵平原君使人于春申君。赵使欲夸楚，为玳瑁簪。春申君客三千余人，上客皆玳簪，蹑珠履，赵使大惭也。

又曰：李斯上书曰：“宛珠之簪，傅玑之珥。”

《汉书》曰：上从馆陶公主饮，上曰：“愿谒主人。”公主乃下殿，去簪珥，徒跣顿首谢，自引董君。董君随主前伏殿下。

又刘向《列女传》曰：周宣姜后，齐女也。宣王常晏起，姜后脱簪珥，待罪于永巷也。

又《佞幸传》曰：景帝没入邓通家财，一簪不得着身。

《燕书》曰：高祖慕容廆，晋安北将军张华雅有人鉴，镇蓟，抚御诸部。高祖童儿往见，华甚异之，谓高祖曰：“君后为济世之器，匡难济时者也。”脱所着帻簪以遗高祖，结殷勤而别。

《梁书》曰：羊侃家妓孙荆玉，能反腰帖地，衔得席上玉簪。

《后魏书》曰：胡太后幸阙口温水，登鸡头山，自射象牙簪，一发中之。

董巴《汉与服志》曰：太皇太后入朝，服绀上皂下，簪以瑇瑁，为擿长一尺，端为华胜，上为凤凰爵，以翡翠为毛羽，下有白珠，垂黄金镊，左右各一，横簪之以安帼，结诸簪珥。

又曰：公卿、列侯中二千石夫人绀缯帼，黄金龙首，衔白珠，鱼须长尺为簪。

《江表传》曰：魏文帝遣使于吴，求通犀簪，群臣曰："贡有常典，魏所求非法，宜勿与！"孙权曰："彼在谅暗之中，而所求若此，宁可复与言礼？"皆备以付使。

《韩诗外传》云：孔子游少原之野，有妇人央泽而哭。夫子怪之，使弟子问焉。妇人对曰："向看刈蓍薪而忘簪。是以哀。"孔子曰："刈蓍而忘簪，有何悲焉？"妇人曰："非伤忘簪。吾所悲者，不忘故也。

《淮南子》曰：楚将子发好伎道之士，有善为偷者，往见子发，子发礼之。无几何，齐伐楚，子发将师当之，兵三却，齐师逾强。于是善偷则夜出取帻，明夕取枕，明夕。又取簪，悉归之。齐师大骇，谋曰："今夕不去楚军，恐取吾首。"还师而去之。故伎无细，能无簿，在人君用之也。

《盐铁论》曰：禹理水，过门不入，当此之时，堕簪不顾。

郭子横《洞冥记》曰：帝好微行，于长安城西，夜见一玉螭游于路。董谒曰："昔桀媚末喜于膝上，以金簪贯玉螭腹为戏弄。今螭腹有金穿痕，安知非此耶？"

《神仙传》曰：左慈能分杯饮酒，曹公闻，试之。慈拔簪以画，杯即断，其间相去数寸。

《幽明箓》曰：孙权时，南方遣史献簪，吏过宫亭湖庐山君庙请福，下教求簪，吏叩头曰："簪献天子，必乞哀念。"神云："临入石头，当相还。"吏遂去。达石头，有三尺鲤鱼跳入舡，吏破腹得之。

吴均《续齐谐记》曰：东海蒋潜尝至不其县，于林野中见一死人，鸟来食之。辄见一小儿，长三尺许，来驱鸟，乃起去。潜乃往看之，见有犀导，乃拔取。众鸟争集，无复驱者。

《梦书》曰：簪者为身，簪者己之尊也，梦着好簪身欢喜。

班固《与窦宪笺》曰：将军哀怜，赐以玉躬所喜骇玳瑁簪、绛单衣，以鲁缟之质，被服鸾凤之彩饰。

《诸葛恢集·诏答恢》曰：今送一犀导，小物耳，然是情发于中，而寄乎物。

班固《与弟超书》曰：令遗仲叔玳瑁黑犀簪。

《西京杂记》曰：武帝过李夫人，就取玉簪搔头，宫中争效之，玉价倍贵。

汉铙歌《有所思曲》曰：有所思，乃在大海南。何以为问遗？双珠玳瑁簪。

白笔

《魏略》曰：明帝时尝大会殿中，御史簪白笔，侧阶而坐，上问左右："此何官？"侍中辛毗对曰："此谓御史。旧簪笔以奏不法，今但备官耳。"

徐广《车服杂注》曰：古者贵贱皆执笏，有事则书之，常簪笔。今之白笔，是其遗象。

帢苦洽切

服虔《通俗文》曰：帛帻曰帢。

王隐《晋书》曰：陈舒议至尊临温公夫人丧，议曰："今白帢深衣，当古吊服。至尊临吊，谓深衣而已。"

崔鸿《十六国春秋·西凉篆》曰：敦煌父老令孤炽梦白头公衣帢，谓炽曰："南风动，吹长木。胡桐椎，不中毂。"言讫，忽然不见。李歆小字桐椎，至期而亡。

《南史》曰：何胤梦见神女二十许人，并衣帢，行列在前，俱拜床下，觉又见之。便命营凶具，既而疾困，不复瘳。

《后魏书》曰：宋游道与顿丘李奖一面便善，奖曰："我年位已高，会用弟为佐史，令弟北面于我足矣。”游道曰：“不能。”既而奖为河南尹，辟游道为中正，使者相属，以衣帢待之，握手欢谑。

《潘京别传》曰：陈耽初为州主簿，司空何次道帢偏岸，嘲耽顿帢有所蔽也。应声报曰：“耽顿以蔽有，明府岸以示无。”

《宜都山川记》曰：盐水上有石室，民骆都到室边采蜜，见一仙人裙衫白帢坐，见都，凝瞻不转。

《傅子》曰：汉末，魏太祖以天下凶荒，资财乏匮，拟古皮弁，裁缣帛以为帢，合乎简易随时之义，以色别贵贱。于今施行，可谓军容，非国容也。

《世说》曰：陆云好笑，着帢映水，见影，笑不能止。

高惠文妇《与惠文书》曰：今奉总帢拾枚。

帽

《傅子》曰：帽先未有歧，荀文若巾触树成歧，时人慕之，因而弗改。今通为庆吊之服，白纱为之，或单或裌，初婚冠送饯亦服之。

《后魏书》曰：太和中，文明太后崩，齐遣其散骑常侍斐昭明、谢峻等吊，欲以朝服行事，主客不许。昭明等执志不移，孝文敕尚书李冲选一与识者更与论执，冲奏遣成淹。昭明言：“不听朝服行礼，议出何典？”淹言：“玄冠不吊，童孺共闻。昔季孙将行，请遭丧之礼。千载之下，犹共称之。卿方谓议出何典，何其异哉？”昭明言：“唯赍袴褶，不可以吊，幸借衣帽，以申国命。”敕送衣帽给昭明等。明旦引入，皆令文武尽哀。

《后魏书·斐植传》曰：植母，夏侯道迁姊也，性甚刚峻，于诸子皆如严君。长城后，非衣帽不见，小有罪过，必束带伏门，经五、三日乃引见之，督以严训。唯少子衍得以常服见之。

幓头取遥反

《释名》曰：幓，钞也，钞发使上。或谓之陌头，言其以横陌而前也。齐人谓之奄发，使上也。

《礼记·玉藻》曰：士练带，率下辟。士以下皆禅不合而缂积，如今作幧头为之。

《东观汉记》曰：建武中征周党，党着短布单衣、谷皮幧头待见。尚书欲令更服，党曰："朝廷本以是故征之，安可复更？"遂以见，自陈愿守之所志，上听之。

《后汉书》曰：向栩，河内朝歌人，少为书生，性卓诡不伦，恒读《老子》，状如学道。又似狂生，好被发，着绛幧头。

《吴越春秋》曰：勾践与妻入臣吴王，衣独鼻幧头，夫人衣无缘衣，裳左开之襦以养马。

《古诗》曰：罗敷好养蚕，彩桑城南隅。少年见罗敷，脱巾着绡头。

繁钦《定情诗》曰：何以结相于，金薄画幧头。

太平御览卷第六百八十九 服章部六

衣

《白虎通》曰：衣者，隐也，裳者，障也，所以隐形自鄣蔽也。

《释名》曰：衣者，依也，人所依以庇寒暑也。

《尔雅》曰：衣裗音旒谓之祝。音霓，衣褄也。齐人谓之裾。或曰：袿衣之饰也。黼领谓之襮。绣刺黼文以裾领也。襮音博。缘谓之纯。衣绿饰也。袕谓之褮。衣开孔也。袕音穴。衣皆谓之襟。交领。衱居业切谓之裾衣后据也。衿谓之袸。辞见切，衣小带也。佩衿谓之褑。佩玉之带上属。执衽谓之结。持衣上笈。扱衽谓之襭。音木颉，极衣上笈于带。衣蔽前谓之襜。今蔽膝也。妇人之袆谓之缡緌也。即今之香缨也。袆邪交络带系于体，因名为袆。緌，系也。裳削幅谓之纀。蒲木切。削煞其幅深衣衣裳。

《世本》曰：胡曹作衣。宋里注曰：黄帝臣也。

《易》曰：黄帝尧舜垂衣裳而天下治，盖取诸乾坤。上衣下裳，乾坤之象。

又曰：讼卦上九，或锡之鞶带，终朝三褫之。

《象》曰：以讼授服，亦不足敬也。

《书》曰：予欲观古人之象，日月星辰、山龙华虫，作会宗彝、藻火粉米、黼黻絺绣，以五彩彰施于五色，作服汝明。

又《说命》曰：唯衣裳在笥。

《礼》曰：夫为人子者，父母存衣冠不纯素，孤子当室，衣冠不纯彩。纯，缘。

又曰：季康之母死，陈亵衣。亵衣，非上服。敬姜曰："妇人不饰不敢见舅姑。将有四方之宾来，亵衣何为陈于斯？"命撤之。

又曰：孔子曰："昔先王未有火化，食草木之实，鸟兽之肉，饮其血，茹其毛，未有丝麻，衣其羽皮。后圣有作，治其丝麻以为布帛。"

又曰：朝玄端，夕深衣。深衣三袪，谓大夫士也，袪尺二寸。缝齐倍要，衽当旁袂，可以回肘。长中继掩尺，袷二寸、袪尺二寸，缘广寸半。以帛里布，非礼也。士不衣织，无君者不贰彩，衣正色、裳间色，非列彩不入公门，振絺绤不入公门，振裘不入公门，袭裘不入公门。纩为茧，缊为袍，禅为网，帛为褶。

又《缁衣》曰：子曰："长民者衣服不贰，从容有常，以齐其民，则民德归一。"

《左传》曰：衮冕黼珽，黼，韦韠以蔽膝也。珽，玉笏也。带裳幅舄，带，革带也。衣下曰裳。幅，今之行縢者。舄，屦履。衡紞纮綖，衡，持冠者。紞，冠之垂者。纮，缨从下而上者。綖，冠上覆。昭其度也，藻率鞞鞛，藻率，以韦为之，所以籍玉。鞞，珮刀上饰，鞛，下饰。鞶厉游缨，鞶，绅带也，一名大带。厉，士带之垂者。游，旌旂之游。缨，在马应前。昭其文也。

子曰：狄人伐卫，卫懿公与石祁子玦，与宁庄子矢，使守曰："以此赞国，择利而为之。"与夫人绣衣，曰："听于二子。"取其文章顺序。

又曰：栾武子曰："若敖、蚡冒，筚路蓝缕以启山林。"若敖、蚡冒，楚之先君。荜路，柴本；蓝缕，弊衣也。

又曰：吴季札聘于郑，见子产，如旧相识，与之缟带，子产献纻衣焉。

《诗》曰：硕人其颀，衣锦褧衣。褧，单也。尚以禅衣，谓其文之大着。

又曰：缟衣綦巾，聊乐我员。

又曰：蜉蝣之羽，衣裳楚楚。蜉蝣之翼，彩彩衣服，蜉蝣掘阅，麻衣如雪。

又曰：青青子衿，悠悠我心。

又曰：山有枢，隰有榆。子有衣裳，弗曳弗娄。

又曰：《缁衣》，美郑武公也。缁衣之宜兮，敝予又改为兮。缁衣之好兮，敝予又改造兮。缁衣之席兮，敝予冠又改作兮。

又曰：衣锦褧衣，裳锦褧裳。

又：岂曰无衣七兮，不如子之衣，安且吉兮。岂曰无衣六兮，不如子之衣，安且燠兮。

又：岂曰无衣？与子同袍。岂曰无衣？与子同泽。岂曰无衣？与子同裳。

又曰：君子至止，黻衣绣裳。

又曰：七月流火，九月授衣。一之日觱发，二之日栗烈。无衣无褐，何以卒岁？

《史记》曰：文帝衣弋绨，所幸慎夫人，令衣不得曳地。

《汉书》曰：齐国有三服之官，春献冠帻，纵为首服，纨素为冬服，轻绡为夏服。

又曰：韩信既平齐，项羽使武涉说信背汉归楚。信曰："臣事项王，官不过郎中，位不过执戟。汉王予我上将军印，授我兵数万，解衣衣我，推食食我。夫人深亲信我，我背之不祥，虽死不易，幸为信谢项王。"

又曰：武帝末，郡国贼盗群起。暴胜之为直指使者，衣绣衣，持斧捕之。

又曰：朱博为琅琊太守，敕官属多作褒衣大袑，不中节度，自令掾吏，令去地三寸。

又曰：帝赐南粤王他上褚五十衣、中褚三十衣、下褚二十衣。以锦装衣曰褚。上中下者，绵之多少厚薄差。

又曰：江充初召见犬台宫，自请愿以所常被服冠见上，上许之。充衣纱縠单衣，曲裾后垂交输，如淳曰：交输，割正幅，使一头狭，状若燕尾，垂之两旁，见于后也。冠禅纚步摇冠，飞翮之缨，服虔曰：冠禅纚，故行则摇，以鸟羽作缨也。容貌术壮。帝望而异之，谓左右曰："燕赵固多奇士。"

又曰：隽不疑珮环玦、褒衣博带，盛服至门下，谒暴胜之。

又曰：王吉字子阳，好车马衣服，自奉养，极为鲜明，而迁徙所载，不过囊衣，天下服其廉而怪其奢。世传子阳能作黄金。

《后汉书》曰：更始时授官爵，皆群小贾竖，膳夫庖人多着绣而衣锦袴、襜褕、诸于，骂詈道中。时智者见之，以为服之不中身之灾也。《汉书音义》曰：诸于，大掖衣也。如妇人之袿衣。扬雄《方言》曰：襜褕，其短者。自关之西谓之祷裾。郭璞注曰：俗名褊掖。据此即是诸于上加绣裾，如今之半臂也。祷音充。裾音屈。

又曰：光武见来歙，大欢，即解衣以衣之。

又曰：祭遵为人廉约，家无私财。常衣韦袴，寝布被，夫人裳不加缘。

又曰：祭彤在辽东几三十年，衣无兼副。显宗美其清约，赐之衣被什物，无不悉备。

又曰：耿恭自疏勒回，衣屦穿决，形容枯槁。

又曰：东平宪王苍侍肃宗，享卫士于南宫，因从皇太后周行掖庭池，阅阴太后旧时器服，怆然动容。乃命留五时衣各一袭。五时衣，谓春青、夏朱、季夏黄、秋白、冬黑也。衣单复具白袭。及常所御衣合五十箧，余悉分布诸王、公主及子孙在京师者各有差，特赐苍及琅邪王京书，曰："闻享卫士于南宫，因阅视旧时衣物。唯王有孝友之德，今送光烈皇后假髻、帛各一及衣一箧，可时奉瞻，以慰《凯风》《寒泉》之思。又欲令后生子孙得见先后衣服之制。"

又曰：明德马后身长七尺二寸，方口美发，能诵《易》，好读《春秋》，常衣大练，裾不加缘。大练，大帛也。杜预注《左传》曰：大帛，厚缯也。朔望诸姬主朝请，望见后袍衣疏粗，反以为绮縠，就视乃笑。后辞曰："此缯特宜染色，故用之耳。"六宫莫不叹息。

谢承《后汉书》曰：袁忠乘舡戴笠诣王朗，见郎左右僮皆着青绛彩衣，非其奢丽，即辞疾发而退也。

又曰：郭贺拜荆州刺史，有殊政。显宗巡狩，到南阳，特见嗟叹，赐以三公之服，黼黻冕旒。敕行部去幨帏，令百姓见其容服，以彰有德。

《魏志》曰：文帝诏曰："三世长者知被服，五世长者知饮食。"此言被服、饮食难晓也。

又曰：明帝征管宁为光禄勋，辞不就。诏问青州刺史程喜："宁守节高乎？审疾尫顿耶？"喜氏言："宁恒着皂帽、布襦袴、布裙，时单复出入闺庭。能自拄杖，不须扶持。四时祭祀，辄自力强，改加衣服，着絮巾。故在辽东所，有白布单衣，亲荐馈馔，跪拜成礼。"

《魏略》曰：文昭甄后以汉光和五年十二月丁酉生。每寝寐家中，仿佛见有人持平衣覆其上者，常共怪之。

《魏氏春秋》曰：王允为吏部郎中，选郡守。明帝疑其所用非次，召入，将加罪。允妻阮出谓曰："明主可以理夺，难以情求。"允颔之而入。帝怒诘之，允对曰："某郡太守虽限满，文书先至，年限在后，月限在前。"帝取事视之，乃释遣出，望其衣败，曰："清吏也。"

《吴书》曰：孙权每赐周瑜衣，寒暑皆百领，诸将皆不及。

《晋书》曰：石崇以奢豪矜物，厕常有十余婢列侍，置香粉。有客如厕，皆易新衣而出。客多羞脱故，而王敦脱故着新，意气无怍。婢相谓曰："此必能作贼。"

又曰：高士郭文，字文举，河内轵人也。洛阳陷，奔吴，居大辟山，恒着鹿裘葛巾。馀杭令顾飏与葛洪造之。飏使致韦衣，不纳，使置室中，乃烂于内，竟不服用。

王隐《晋书》曰：董威辇，不知何许人。忽见洛阳，止宿白社。于市得残缯，辄结以为衣，号曰"百结衣"。

《宋书》曰：沈庆之领队防东掖门。刘湛被收之夕，上开门召庆之，庆之戎服履靺缚袴入。上见而惊曰："卿何意乃尔急装？"庆之曰："夜半唤队主，不容换服。"

又曰：明帝体肥憎风，夏月常着小皮衣。

又曰：明帝疾，召褚彦回入。帝坐帐中流涕曰："吾近危笃，故召卿，欲使着黄罗来可切耳。"指床头大函曰："文书皆函，得不复开。"彦回亦悲不自胜。黄罗，乳母服也。

又曰：范晔性精微，有思致，触类多善。衣裳器服，莫不增损制度，世人皆法学之。

又曰：江湛字微深，为吏部尚书。家甚贫，不营财利，饷馈盈门，一无所授，无兼衣余食。尝为上所召，遇浣衣，称疾经日，衣成然后起。

又曰：谢超宗为义兴太守，升明二年，公事免，诣东府门，自通。其日风寒，高帝谓四座曰："此客至，使人不衣自暖矣。"

《齐书》曰：宋元嘉制：诸主入斋阁，得自服裾帽见人主。唯出太极，西厢乃备朝衣，车驾幸其弟，乃白服、乌纱帽，以侍宴焉。至于衣服制度，动皆陈启，事无专制。

又曰：高帝即位后，手诏赐张融衣，曰："见卿衣服粗故，诚乃素怀有本。交尔蓝缕，亦亏朝望。今送一通故衣，意谓虽故乃胜新也。是吾所著，已令裁减，称卿之体。并履一量。"

又曰：陶弘景，永明十年脱朝服，挂神武门，上表辞禄，诏许之。

又曰：王思远立身简洁。诸客诣己者，觇知衣服垢秽，不前。形仪新楚乃与促膝。虽然，及去 之后，犹令二人交帚拂其坐处。

又曰：王琨性俭约。景和中，讨义阳王昶。六军诫严，应须紫服，左右欲营办。琨曰："元嘉初征谢晦，有紫衣在匣，不须更制。"检取，果得焉。

《梁书》曰：到溉性率俭，不好声色，庭室单床，旁无姬侍，冠履十年一易，朝服或至穿补。

又曰：波斯国婚姻法：一聘财讫，女婿将数十人迎妇。婿着金綖锦袴，戴天冠，妇亦如之。

又曰：新罗呼其冠曰遗子礼，襦曰尉解，袴曰柯半，靴曰洗。百济呼帽曰冠，襦曰复衫，袴曰裈。

又曰：张嵊音盛稷之子也。稷初为剡令，至嵊亭生之，因名嵊，字四山。少敦孝行，年三十余犹班衣授稷杖，动至数百，收泪欢然。

又曰：胡緭胡贵切随陈伯之入魏，时元会，緭戏为诗曰：帽上着笼冠，袴上着朱衣。不知是今是，不知非昔非。"

《南史》曰：何敬容为吏部尚书、侍中、领太子中庶子。敬容身长八尺，白皙，美须眉，性矜庄，衣冠鲜丽。武帝衣必浣衣而左右衣必须洁。尝有侍臣衣带卷折，帝怒曰："卿衣带如绳，欲何所缚？"敬容希旨，故益鲜明。常以胶清刷须，衣裳不整，伏床熨之，或暑月，背为之焦。

又曰：任昉有子东里、西华、南容、北叟。西华冬月着葛帔、练裙。事具《交友部》。

又曰：任昉为义兴太守，友人彭城到溉，弟洽从昉共为山泽游。及被代登舟，止有绢七匹，米五石。至都无衣，镇军将军沈约遗裾衫迎之。

《后魏书》曰：乐浪王万寿孙忠，明帝时位太常少卿。孝武帝泛舟天泉池，命宗室诸王陪宴。忠愚而无智，性好衣服，着红罗襦，绣作领，碧纳袴，锦为缘。帝谓曰："朝廷衣冠应有常式，何为着百戏衣？"忠曰："臣少来所爱，情存绮罗。歌衣舞服，是臣所愿。"帝曰："人之无良，乃至此乎！"

又曰：胡叟于高允馆，见中书侍郎李璨被服华靡，叟贫老衣褐，璨颇忽之。叟谓曰："老子今若相脱体上袴褶衣帽，君欲作何许也？"讥其唯假盛服，璨惕然失色。

又曰：文宣囚元韶，幽于京畿地牢。绝食，啗衣袖而死。

《北齐书》曰：尔朱敞字乾罗。彦伯之诛，敞小，随母养于宫中，年十二。敞自窦走，至大街见童儿群戏。敞解所着绮罗金翠服易衣而遁。追骑至，不识敞，便执绮衣儿，比究问，知非。会日已暮，由是免。

《陈书》曰：徐陵为吏部尚书，精简人物，搢绅之士皆向慕焉。陈暄以玉帽簪插髻，红丝布裹头，袍拂踝，靴至膝，不陈爵里，直上陵坐。陵不知识，命吏持下。暄徐步而出，举止自若，竟无怍容。作书谤陵，陵甚病之。

《隋书》曰：齐后主于苑内作贫儿村，亲衣蓝缕之服而行乞其间，以为笑乐。多令人服乌衣以相执缚。后主果为周所，败被虏困至以卖烛为业。

《唐书》曰：太宗诏冠冕制度，已备令文，寻常服饰，未为差等。于是三品已上服紫，四品已上服绯，六品、七品以绿，八品、九品以青。妇人从夫之色，仍通服黄。

又曰：杨妃宠爱特甚。宫中主贵妃刺绣者七百人，杨益及诸戚里每岁进衣服，布之于庭，光夺人目。

又曰：肃宗性节俭。尝出衣袖示近臣曰："此衣已三浣矣。"

又曰：贞元六年，德宗初赐节度观察使新制时服。尚方织作呈阅所宜，上曰："顷来赐衣，文彩不恒，非制也。朕今思之，节度使以雕衔绶带，取武毅以靖封内；观察使以雁衔威仪委，威仪委，瑞草也。取其行列有序，牧人有威仪也。"

又曰：文宗朝淮南节度使李德裕奏："比以妇人，长裾大袖，朝廷制度，尚未颁行，微臣之分，合副天心。比闻闾阎之间，袖阔四尺，今令阔一尺五寸，裾曳四尺，今曳五寸。"初，延安公主以衣服逾制，附马窦浣得罪，德裕因而奏之。

《六韬》曰：武王伐纣，蒙宝衣投火而死。

《国语》曰：晋献公使太子申生伐东山，衣之偏裻之衣。

又《鲁语》曰：季文子相宣成，无衣帛之妾，无食粟之马。仲孙它谏曰："子为上卿，妾不衣帛，马不食粟，人其以子为爱且不华国乎？"仲孙也，孟献子之子，子服也。爱郄也。文子以告孟献子，献子囚之七日。囚子服也。自是子服之妾衣不过七升之布。

《春秋后语》曰：田文谓其父靖郭君曰："君下宫蹈绮縠之衣，而士不得短褐。"

又曰：赵襄子既灭智伯，智伯之臣豫让变姓名，入宫涂厕以刺襄子，襄子觉而赦之。后让伏于桥下，襄子至桥，马惊，使视之，复得让。襄子叹曰："豫让之为智伯，名既成矣。寡人赦子，名亦足矣。子自为计，寡人不释子矣。"让曰："臣固伏诛，愿得君之衣而击之。"于是襄子义之，脱付身之衣以与之。让拔剑三跃，呼而击之，曰："吾可以下报智伯矣。"遂伏剑而死。

《汉杂事》曰：高祖时，大谒者臣章授诏长乐宫，令群臣议天子所衣服以安天下。谒者赵尧举春，李舜举夏，倪汤举秋，贡禹举冬，四人各职一时。制曰："可。"举者以各举一时之事白之，五服衣始于此。

董巴《汉与服志》曰：上古穴居衣毛，未有制度。后世圣人易之以丝麻，观翚翟之文，荣华之色，乃染帛以效之，始作五彩，成以为服，凡十二章。

《庄子》曰：庄子衣大布之衣而过魏王。魏王曰："何先生之惫耶？”庄子曰：“士有道德不能行，惫也。衣敝履穿贫也，非惫也。”

《商君书》曰：上世之人，衣不暖肤，食不满腹。

《孙卿子》曰：子夏家贫，衣若悬鹑。人曰：“子何不仕？”曰：“诸侯之骄我者，吾不为臣。大夫骄我者，吾不复见。”

《尹文子》曰：昔晋国苦奢，文公以俭矫之，乃衣不重帛，食不兼肉。无几时，国人皆大布之衣，脱粟之饭。

《韩子》曰：晏婴相齐，妻不衣帛，马不食粟。

又曰：齐桓公好服紫，国人尽服之，公患之。管仲曰：“君谓左右甚恶紫臭。”于是三日，境内莫有紫衣者。

又曰：杨朱之弟杨布衣素衣而出，天雨缁衣而反，其狗吠之。布恐，将击之。朱曰：“使汝狗白而往，黑而来，能不怪哉？”事具《狗门》。

《墨子》曰：古之人未知衣服之制，故圣人作之。冬则绢帛，轻且温，夏则絺绤，清且凉。所以适身体、和肌肤也。

又曰：晋文公好士之恶衣，故文公之臣皆牂羊之裳，韦以为带。

《吕氏春秋》曰：戎夷违齐如鲁，天大寒，而后与门弟子一人宿于郭外，寒愈急。谓其弟子曰：“子与我衣，我活；我与子衣，子活。我国士也，为天子惜死；子不肖也，不足爱子。与我衣？”弟子曰：“夫不肖之人安能与国士衣哉？”戎夷解衣与弟子，夜半而死，弟子遂活。

《淮南子》曰：林类荣启期，衣若悬蓑。

《说苑》曰：齐林既者衣苇朝景公，公曰：“何忽服小人衣耶？”林既曰：“衣狗裘者，不必羊鸣。今君衣狐裘，音能不狐乎？”

又曰：魏文侯封太子击于中山，三年使不往来。舍人赵仓唐奉使，文侯问：“子之君长大孰与寡人？”仓唐曰：“君赐之外府之衣则能胜之。”文侯遣仓唐赐太子衣一袭，令仓唐鸡鸣时至。太子迎，拜赐。发箧，衣尽颠倒。太子趣具驾，曰：“赐之衣非以为寒也，欲召击。知无谁与谋，故遣子以衣。”《诗》曰：“东方未明，颠倒衣裳。颠之倒之，自公召之。”事具《奉使门》。

《盐铁论》曰：古者庶人耄耋而后衣丝，其余则麻枲而已。

《拾遗箓》曰：宋景公之时悬四时衣，春夏以珠玉为饰，秋冬以翡翠为温。

又曰：礼敬国，其俗，人年三百岁而织芳茅以为衣，盖《尚书》云“岛夷卉服”之类也。

又曰：任末年十四，好学，观书有合意处，则题其衣裳及掌里，以记其事。门徒悦其亲骚，更以静衣易之。

又曰：太始元年，魏帝为陈留王之岁，有频斯国人来朝，以五色玉为衣，如今之铠。

又曰：天汉三年，渠搜国之西有折沦国，其俗淳和，人寿三百岁。有大木，一树千寻，若经此木下，皆不死不病。或有泛海绳山来会其国，缀草毛为绳，网其衣如今之罗纨也。至元狩六年，献网衣一袭，帝焚于九逵之道——恐后人征求此物，故烧之——烟如金石之气。

又曰：员峤山南有池移国，人长三尺，寿万岁。茅为衣，衣服皆长裾大袖，因风以升烟霞，若鸟用羽毛也。

《锺会母传》曰：夫人幼少，衣不过青绀。

《世说》曰：齐王冏为大司马辅政，嵇绍为侍中，诣冏咨事。冏召葛旟、董艾等共论时宜。旟等白冏曰：“稽侍中善于丝竹，公可能操之。”遂进乐器，绍推却不授。冏曰：“今共为欢，何为却耶？”绍曰：“公协辅皇室，令作事可法。绍虽职卑，忝备常伯。岂可以先王之服，为伶人之业？今逼高命，不敢有辞，当释冠冕，袭私服，此绍之心。”旟等不自得而退。

又曰：桓车骑不好着新衣，浴讫，妇故送新衣。车骑大怒，催使将去，妇便执还，传语云：“衣不经新，何由而故？”桓大笑而着之。

又阮宣子论鬼神有无。或以人死有鬼，阮子独以为无，曰：“今见者云着生时衣服。若人死有鬼，衣服亦有鬼乎？”

《孝子传》曰：老莱子年七十，父母犹在，莱子常服班襕衣，为婴儿戏。

《曹肇传》曰：明帝宠爱肇。与帝戏，赌衣服，有所获，辄入御帐服之，遥出。亲狎如此。

《襄阳耆旧记》曰：王昌字公伯，为东平相散骑常侍，早卒，妇是任城王曹子大女。昌弟式，字公仪，为渡辽将军长史，妇是尚书令桓阶女。昌母聪明，有典教。二妇入门，皆令变服，下车，不得逾侈。后阶子嘉尚魏主，欲金缕衣见式妇，嘉止之，曰："其妪严固，不听善耳，不须持往犯人家法。"

《列仙传》曰：道士徐延年，平阳人也，见人持新黄罗衣，云延年五百。夜半，夜明如昼，从五亿万人登仙也。

古艳歌曰：茕茕白兔，东走西顾。衣不如新，人不如故。

《离骚》屈原曰：新沐丈必弹冠，新浴丈必振衣。

太平御览卷第六百九十 服章部七

衮衣

《说文》曰：衮，天子享先王，卷音衮龙绣于下幡，一龙蟠阿上向。

《释名》曰：衮，卷也，画卷龙于衣也。

《书》曰：帝曰："予欲观古人之象，孔安国曰：欲观衣法象衣服制。日月星辰，山龙华虫，日月星为三辰。华象草华。虫，雉也。画三展山龙华虫于衣服，施旌旂。作会宗彝，会，会五彩也。以五彩成此愰猩。宗庙尊彝，亦以山龙华虫为饰。藻火粉米，黼黻絺绣，藻，水草有文者。火为火字，粉若粟，米若聚米，黼若斧形，黻为两己相背，葛之精者曰絺，五色备曰绣也。以五彩彰施于五色作服，汝明！"以五色明施五彩，作尊卑服，汝制之也。

《尚书大传》曰：山龙青，华虫黄，作缋黑，宗彝白，藻火赤，天子五服。

《诗》曰：九罭之鱼，鳟鲂。我觏之子，衮衣绣裳。

又曰：君子来朝，何锡予之？虽无予之，路车乘马。又何予之？玄衮及黼。

又曰：衮职有阙，仲山甫补之。

《左传》曰：诸侯伐楚，许男斯卒于师。凡诸侯薨于朝会，加一等；死王事，加二等。于是以衮敛。衮衣，公服也。谓加二等。

《礼》曰：有以大为贵者，天子龙卷，诸侯黼，大夫黻，士玄衣纁裳。

《郊特牲》曰：祭之日，王被衮以象天，戴冕藻，十有二旒，则天数也。

又《明堂位》曰：衮冕立于阼。

《周礼·春官上·司服》曰：王之吉服，享先王则衮冕。

又《夏官下》曰：节服氏掌祭礼朝觐衮冕，六人，维王之大常。郑玄曰：服冕者，从王服也。维，维之以缕。王旌十二旒，两，两也，缕缀连其旁，三人持之礼，天子旌曳也。

《仪礼·觐礼》曰：天子衮冕负斧扆。

《汉书》曰：韦孟诗云："肃肃我祖，家自豕韦。衮衣朱黻，四牡龙旂。"

《后秦记》曰：姚襄梦弟苌上御座，着衮服，谓官属曰："此儿或能大起吾族。"

《齐书》曰：陆澄兼左丞，泰始六年，诏皇太子朝贺服衮冕九章。澄与议曹郎丘仲起议："服冕以朝，实着经文。秦除六冕，汉明还备，魏晋已来，不欲令臣下服冕，故位公者加侍官。今皇太子礼绝群臣，宜遵圣王盛典，革近代之制。"

《唐书》曰：代宗时，渤海质子盗衮龙服，捕得之。词云："慕中国衣服。"上赦之。

董巴《汉舆服志》曰：上古衣毛而冒皮，后世圣人易之以丝麻。观翚翟之文、荣华之色，乃染帛以效之，始作五彩，成以为服。黄帝尧舜垂衣裳，盖取诸乾坤有文，故上衣玄而下裳黄。秦以战国即天子位，灭去礼学，郊祀之服皆以袀玄。汉承掌故，至显示初服冕旒衣章以祀天地。养三老五更于三雍，三公九卿郊祀天地明堂，皆冠冕垂旒，衣裳玄上纁下，乘舆备文日月星辰十二章，三公诸侯用山龙九章，九卿已下用华虫七章，皆五彩衣裳。乘舆，刺史、公侯、九卿已下皆织成，陈留襄邑献之。

《续汉·舆服志》曰：圣人处天子位，服日月升龙，所以福其德，章其功也。贤人佐圣，封国爱民，黼黻、文绣、降龙，所以显其仁，光其能也。

《环济要略》曰：天子龙冕，诸侯黼，大夫黻。白与黑谓之黼，黑与青谓之黻，青与赤谓之文，赤与白谓之章，五色备谓之绣。诸侯去日月星辰，服山龙华虫，卿大夫去山龙华虫，服藻火，服粉米。

挚虞《决疑要注》曰：秦除衮冕之制，唯为玄衣绛裳，一具而已。汉兴亦如之。中兴后，明帝永平中使诸儒案古文，依图书，始复造衮冕之服，至于今用之。

《谷梁传序》曰：一字之褒赏，逾华衮；片言之贬诛，深斧钺。

《六韬》曰：昔帝尧王天下，黼衣絓履不敝尽不更为也。

《傅子》曰：魏明帝疑三公衮冕之服似天子，减其彩章。

《陈留风俗传》曰：襄邑县南有涣水，有睢水。传曰："睢涣之水出文章。"故有黼黻藻锦，日月华虫，以奉天子宗庙御服焉。

鷩衣

《释名》曰：鷩雉，山雉也。鷩，憋并列切也，性急，憋不可生，必自煞。故画其形于衣，以象人执耿介之节也。

《周礼·春官上·司服》曰：王之吉服，享先公，享射鷩冕。郑玄曰：先公，谓后稷之后也。飨射，飨食及与诸侯射也。鷩，画以雉也。

《三礼图》曰：鷩冕服者，王祭先公及享射之服也。以朝天子助祭，玄衣纁裳，以华虫火宗彝三章画以为缋裳，藻粉米黼黻四章黹步里切以为绣，凡七章。

毳衣

《释名》曰：毳，芮也。画藻文于衣，象水草之毳芮，温暖而洁也。

《诗》曰：大车槛槛，毳衣如菼。毳衣，大夫之服。菼，骓也，芦之初生者也。古者天子大夫服毳冕以巡行。大车哼哼他昆切，毳衣如璊。璊，赪颜也。音门。

《周礼·春官上·司服》曰：王之吉服，祀四望山川则毳冕。郑玄曰：毳衣三章，衮之章也。

《三礼图》曰：毳冕，王祀四望山川服也。子男服以朝天子。

絺衣

《周礼·春官上·司服》曰：王之吉服，祭社稷五祀则絺冕。郑玄曰：絺或作绣，字之误也。绣刺粉米无画也。

玄衣

《诗》曰:《缁衣》,美武公之德。父子并为周司徒,善于其职,国人宜之。缁衣之宜兮,敝予又改为兮。缁衣,黑色,上卿听朝之正服也。

《周礼·春官上·司服》曰:王之吉服,祭群小祀玄冕。郑玄曰:群小祀林泽,坟衍四方,百物之属也。玄者,衣无文,裳刺黻而已。凡冕服,玄天绣衣也。

《礼·玉藻》曰:天子玄端而朝日于东门之外。郑玄曰:端当为冕字之误,朝日,春分时也。

《魏台访议》曰:礼,天子大夫玄冕而执雁。今秩中二千石、六百石者可使玄冕而执雁。

袆衣

《释名》曰:王后之上服曰袆衣,画翚雉之文于衣也。伊洛而西,雉青质,五色备,曰翚也。

《周礼·天官下·内司服》曰:内司服掌王后之六服、袆衣。王后之服,刻缯为翚之形,而彩画之,缀于衣。从王祭先王,则袆衣也。

《礼·明堂位》曰:夫人副袆,立于房中。郑玄曰:副,首饰也。今之步摇是也。《周礼》追师掌王后之首服为副。袆,王后之上服也,唯鲁及王者之后夫人服之。诸侯夫人自褕翟而下也。

又曰:《祭义》曰:"岁既单,世妇献茧于夫人,夫人副袆而授之。"

董巴《汉与服志》曰:太皇太后入庙,服绀上皂下,后谒庙,服白上皂下,皆深衣制。徐广云:深衣,即单衣。公卿、列侯、中二千石夫人入庙佐祭者服皂绢上下,皆深衣制。

《穆天子传》曰:吉日戊午,天子大服冕袆,冕,冠;袆,衣,王后之上服。今帝服之,未也。授河宗璧。

褕狄

《释名》曰:摇翟,画鸡雉之文于衣也。江淮而南,雉素质,五彩皆备成章。

《周礼·天官下·内司服》曰：内司服掌王后之六服、褕狄。郑玄曰：褕狄，阙翟画羽饰也。玄谓褕狄，青也。

《三礼六服图》曰：褕翟，王后从王祭先公之服也。侯伯之夫人服以从君祭宗庙。

阙翟

《释名》曰：阙翟，翦阙缯为翟雉形以缀衣也。

《诗曰》：委委蛇蛇，象服是宜。义曰：象服者，谓褕狄、阙狄也。

《周礼·天官下·内司服》曰：内司服掌王后之六服、阙狄。郑司农曰：褕狄，阙狄画羽饰也。郑玄曰：阙狄，刻而不画者也。此三者皆祭服。玄谓今世有袿衣者，盖三狄之遗象也，以椎次其色，阙狄，赤也。

《三礼六服图》曰：阙翟，王后从祭群小祀服也。亦子男夫人以从君祭宗庙。

鞠衣

《释名》曰：鞠衣，如菊花色也。

《周礼·天官下·内司服》曰：内司服掌王后六服，鞠衣。郑司农曰：鞠衣，黄桑服也。色如鞠座，像桑叶始生。

《三礼六服图》曰：鞠衣，王后桑之服也。孤之妻服以从助君祭。

董巴《汉舆服志》曰：太皇太后、皇太后蚕服青上缥下，深衣制。贵人助蚕，服纯缥上下，深衣制。公卿、列侯、中二千石夫人助蚕，服缥绢上下，深衣制。自二千石夫人已上至皇后，皆以蚕衣为朝服。

徐广《舆服杂注》曰：晋先蚕仪注，皇后衣纯青之衣，特进卿世妇、二千石命妇，助蚕则青绢上下。

展衣

《周礼·天官下》内司服，掌王后之六服、展衣。展衣，白衣。

《三礼六服图》曰：展衣，王后以礼见王及宾客之服也。卿大夫之妻以从助君祭。

《释名》曰：袒，展字或作此。坦也，坦然正白，无文彩也。

褖衣

《释名》曰：褖通贯反衣，褖然黑色也。

《诗·邶·柏舟褖衣》曰：褖兮衣兮，褖衣黄里。褖，间色；黄，正色。义云：褖兮衣兮，褖衣自有礼制也。诸侯大夫祭服之下，鞠衣为上，展衣次之。众妾亦有贵贱之等服，鞠衣黄，展衣白，褖衣黑。皆以素线为里，非其制，故以勇躬上僭焉。褖兮衣兮，褖衣黄裳。义云：妇人之服不殊，衣裳同色。今衣黑裳黄，喻乱嫡戟之礼也。

《周礼·天官下·内司服》曰：内司服掌王后六服，褖衣素纱。褖衣，御于王者之服也，亦似燕居。君子之褖衣黑，则是以黑也。

袗衣

《三礼图》曰：傅母，婚礼从者袗衣，古者傅母选无夫与子而老贱、晓习妇道者，使之应对也。

朱衣

应劭《汉官仪》曰：虎贲中郎衣纱縠单衣。《续汉志》同。晋令绛纱谷。

《东观汉记》曰：光武起义，衣绛单衣、赤帻。初，伯升之起，诸家子弟皆曰："伯升杀我。"及见上绛衣大冠，乃惊曰："谨厚者。"亦复为之。

《晋义熙起居注》曰：安帝自荆州至新亭，诏曰："诸侍官戎行之时不备朱服。"悉令袴褶从也。

《宋元嘉起居注》曰：治书侍御史朱兴启弹朝请向腾之，坐同僚会故员外散骑侍郎杨珍之丧，侍兵唱，变服然后唱，众官下陪位，而腾之着单衣在朱衣上，于礼有亏，请免所居官，诏"可"。

《齐书》曰：吕安国为右卫将军，加给事中，后改封湘乡侯。武帝即位，累迁光禄大夫，加散骑常侍。安国欣有文授，谓其子曰："汝后勿袴褶驱使单衣，犹恨不称，当为朱官也。"

《神异经》曰：西荒有一人，不读五经而意合，不观天文而心通，不诵礼律而精当。天赐其衣，男朱衣缟带委貌冠，女碧衣、戴金胜，皆无缝。

《墨子》曰：楚庄王绛衣博袍。

《语林》曰：何平叔面绝白。魏文帝疑其着粉，夏日唤与热饼，既啖，大汗出。以朱衣自拭，色转皎然，时帝始信之。

班彪《便宜事》曰：可选师傅将相子孙有行、好学者以备绛衣舍人。

班固《与窦宪笺》曰：将军哀怜，赐固手迹。告以中军宜鲜明，乃赐以瑇瑁簪，绛纱单衣。

太平御览卷第六百九十一 服章部八

单衣

《释名》曰：单衣，言无里也。

《方言》曰：单衣，江淮南楚之间谓之𧝓，关之东西谓之单，赵魏之间谓之左衣，古谓之深衣是也。

《礼·王制》曰：有虞氏深衣而养老。

又《深衣》曰：古者深衣，盖有制度，以应规矩，绳权衡。短毋见肤，长毋被土，带下毋压髀，上毋压胁。制十有二幅，以应十二月，袂圆以应规，曲袷如矩以应方，负绳及踝以应直，下齐如权以应平。故齐緆。《易》曰：坤六二之动，直以方也。下齐如衡者，以安其志而平其心也。五法以施，故圣人服之。故规矩取其无私，绳取其直，权衡取其平，故先王贵之，故可以为文，可以为武，可以摈相，可以治军旅。

又《儒行》曰：丘少居鲁，衣缝掖之衣。郑玄曰：缝犹大也。大掖衣大袂单衣，君子有道义者所衣也。

《汉书》曰：江充召见，上衣纱縠单衣曲裾，后垂交输。张晏曰：曲裾者，人衣也，后垂覆带半之也。

又曰：赵王彭祖为人巧佞，持诡辩以中人。每二千石至，彭祖衣皂布单衣，自行迎，多设疑事以诈动之，得二千石失言，中忌讳，辄书之。

又曰：盖宽饶左迁为卫司马，未出殿门，断其单衣，短令离地，躬按行士卒庐室。

《后汉书》曰：马援为隗嚣使公孙述，述盛陈陛卫，以延援入，交拜礼毕，使出就馆。更为援制都布单衣。《东观记》曰：都作答。《史记》曰：答布千匹。《前书音义》曰：答布，白叠也。

谢承《后汉书》曰：陆闳建武中为尚书令，美姿貌，喜着越布单衣，上见而好之，自是常敕会稽郡献越布。

又曰：陈留尹苞字延博，与同郡范史云善。二人俱贫，出入共一单衣，到人门外。苞年长，常先着单衣前入，须臾出，解与史云。

《魏志》曰：管宁四时祭祀，在辽东时布单衣，亲荐馔。

王隐《晋书》曰：梁孝王肜，宣帝子，将单衣补车幰，以为清。参军王铨曰："晏婴大官称清者，以为御食七百家也。公无此费，宜美衣服，使内外相称。"

《晋书》曰：桓温废东海王，王着白帢单衣，步下西堂。群臣拜辞，莫不嘘欷。

又曰：简文帝初立，于朝堂服着平巾帻，单衣，东向拜，授玺绶。

又曰：王导传苏峻平后，帑藏空竭，库中唯有练数十万匹，卖之不售，而国用不足。导患之，与朝贤俱制练布单衣。于是士庶翕然竞服之。练遂贵，端至二金。

《晋令》曰：朝服皂缘、中单衣。

《赵书》曰：勒参军周承为馆陶令，断官绢数百匹狱，以八坐议宥之。后每宴大会，使俳儿着介帻，黄绢单衣。优问曰："汝何官？"答："我本馆陶令。"斗薮单衣曰："正坐取是，故入汝辈。"以为大笑。事具《乐部》。

《梁书》曰：刘昙静母亡，时天寒，昙静身衣单布衣，庐于瘗所，昼夜哭临不绝声。

又曰：张稷为吴郡太守，就仆射征。道由吴，乡人候稷者满水陆。稷单衣装，径还都下，人莫之识。其率素如此。

董巴《与服志》曰：羽林左监，虎贲冠鹖，着纱縠单衣。

又曰：虎贲、武骑皆衣虎文单衣，襄邑岁献织成虎文。

应劭《汉官仪》曰：谒者皆着缃帻大冠、白绢单衣。

徐野民《车服杂注》曰：元帝召陈郡王隐待诏着作，单衣帻，朝望于着作之省。

又曰：天子郊礼、释奠，中单衣，绛缘其领袖，其朝服皂缘也。

《燕丹子》曰：荆轲抱秦王，乞听琴声而死。召姬人鼓琴声，曰：

"罗縠单衣，可制而绝；八尺屏风，可超而越。"

齐桓公夜出迎客，宁戚叩牛角而歌曰："短布单衣适至骭，终朝饮牛至夜半。"

仲长统《昌言》曰：蓟子训，不知何郡人，到陈公舍，自云："今日当死。"陈公与之一着单衣，于是入室寝，日中果死。

《傅子》曰：梁冀作火浣布衣，会客宾，行酒失杯而污之。伪怒，解衣而烧之，垢尽火灭，粲然洁白。

《世说》曰：王戎性俭，为其从子婚，与一单衣，后更责偿之。

《陈留耆旧传》曰：吴祐为胶东相，啬夫孙性盗富户钱五百，为父市单衣。父恐，便以单衣诣门自谢，祐以单衣遗其父。

《梁冀别传》曰：冀作狐尾单衣，上短下长。

《边让别传》曰：让才辩俊逸，孔融荐让于武帝曰："边让为九州之被则不足，为单衣襜褕则有余。"

《杨彪别传》曰：魏文帝令彪着布单衣，待以宾客之礼。

《拾遗记》曰：汉末，羽山之民献赤布，梁冀制为衣，谓之丹衣。而史家云单衣则今缝掖也，字异声同，未知孰是也。

《神仙传》曰：曹公欲杀左慈，将出市，忽失慈所在，乃闭市索之。传曰："一目眇，着葛巾帻、单衣。"正尔视之，一市中数万人皆眇一目，葛巾绩，单衣，竟不知所取。

《搜神记》曰：永嘉以来，士大夫竞服生单衣，识者怪之，曰："此古练縗之布，诸侯大夫所以服天子。"其后愍怀晏驾。

马融《遗令》曰：穿中除五时衣，但得施绛绢单衣。

中衣

《礼·郊特牲》曰：绣黼、丹朱、中衣，士大夫僭禮。郑玄注责曰：绣读为绡。绡，缯名也。衣制即今中单也。

董巴《汉与服志》曰：祀宗庙，初玄绛领袖为中衣、绛袴袜，示其赤心其奉神。五郊各从其色。

徐广《舆服杂注》曰：夫天子郊礼，释奠，中衣以绛缘其领袖，其朝皂缘。

《魏官仪》曰：皂缘领袖、中单衣。

《会稽典篆》曰：郑弘为县啬夫，民有弟斥兄钱者，未还之。嫂领诣弘，卖中单为叔还钱。兄闻之惭，遣妇，赍钱还弘不授。

曲领

《释名》曰：曲领，上横壅颈，其状曲也。

《礼·深衣》曰：曲袷如矩以应方。袷，曲领也。古者方领。

《后汉书》曰：朱勃字叔阳，年十二，能诵《诗》、《书》。尝候马援兄况，勃衣方领，能短步。《前书音义》曰：颈下施领正方，学者之服也。

袿襡

《广雅》曰：襡，长襦也。

《释名》曰：妇人上服曰袿，其下垂者，上广下狭，如刀珪也。襡，属也。衣裳上下相连属也。

徐广《舆服杂注》曰：今皇后谒庙，服袿襡大衣。

《后汉书》曰：和熹邓后性俭约，每有宴会，诸姬贵人竞自修整，簪珥光彩，袿裳鲜明，《说文》曰：簪，笄也。珥，瑱也，以玉充耳。后独省素无饰，其衣有与阴后同色，即时改易。

《南史》曰：南岳邓先生名郁，隐居不仕。魏夫大忽来临降，乘云而至，从少妪三十，并着绛紫罗绣袿襡，年皆可十七八许。

傅毅《舞赋》曰：珠翠的烁而照耀，华袿飞梢而杂纤罗。

《妇人集·张君平与妹宪书》曰：念诸里舍，皆富财贿，袿襡袠蔽，纷华照曜，于是之际，想汝怀愧。

韨

《释名》曰：韨韠，所以蔽前也，妇人蔽膝亦如之。齐人谓之巨巾，田家妇女出至田野，以覆其头，故因以为名也。

又曰：跪襜，跪时襜然张也。

《尔雅》曰：衣蔽前谓之襜。

《易·困卦》曰：朱韨方来。

《诗》曰：赤芾在股，邪幅在下。带，太古蔽膝之象也。冕服谓之带，其他服谓之韠，以韦为之。

《礼》曰：一命缊韨黝衡，再命赤韨幽衡。韨之言蔽也。缊，赤黄之色，所谓韨也。

又曰：韠，君朱，大夫素，士爵韦。韠以言蔽也。以为之象裳也。圆史直，日韠制。天子直，公侯前后方，大夫前方后锉角，士前后正。韠，下广二尺，上广一尺，长三尺。

又《明堂位》曰：有虞氏服韨，夏后氏山，殷火，周龙章。郑玄曰：韨，韠也。舜始作之，以尊祭服，禹汤至周，增以益之文，后王弥饰也。

《汉书·东方朔传》曰：馆陶公主迎武帝，蔽膝登阶也。

又曰：王莽妻着布蔽膝见客。

《魏志》曰：武帝《内诫令》云："今贵人位为贵人，金印蓝绂，女人爵位之极。"

又文帝《与于禁诏》曰：昔汉高祖脱衣以衣韩信，光武解绶以带李忠，诚皆人主当时贵敬功劳勤心之至也。封赐将军以魏王时所珮朱韨及远游冠。

《吴志》曰：孙权潘夫人有娠，梦人以龙头授己，以蔽膝授之，生亮。

《五经要义》曰：韠者，舜所制也。

又曰：天子朱绂，诸侯赤韨，赤盛色也。

又曰：太古之时，未有布帛，人食禽兽肉而衣其皮，知蔽前，未知蔽后。至舜冕服既备，故复制之，示不忘古。韠名有三，朝廷则谓之韠，宗庙则谓之韎韐。

《五经异义》曰：韨者，大带之饰，非韠也。

董巴《汉与服志》曰：五霸递兴，战兵不息。韨非兵饰，于是去韨。

《白虎通》曰：绋有何谓也？绋者，蔽也。行蔽前者，示有事，因以别尊卑，彰有德也。

徐广《舆服仪注》曰：蔽膝，古之韨也。战国连兵，以韨非兵饰，去之，汉明帝复制绂。

《环济要略》曰：凡韨以韦为之，以象裳色。汤至周增以画文。夏山，取仁可依，殷火，取其明，周龙章，取其变化。

《庄子》曰：祝牧谓其妻曰："天下有道，我韨子珮；天下无道，我负子戴。"当隐藏也。

《拾遗记》曰：孔子生，有麟吐玉书于阙里人家，文云："水精之子，继商周而素王出。故苍龙绕室，五星降庭。"征在贤明，知为神异，乃以绣绂系麟角而去。夫子系殷汤水德而素王，至敬王之末，鲁定公二十四年，鲁人锄商田于大泽，得麟以示夫子，知命之终，乃抱麟解绂而涕泗焉。

鞶囊

《礼》曰：男鞶革，女鞶丝。鞶，小囊盛帨巾者。男用韦，女用缯。

《礼》曰：鞶厉游缨。杜预曰：鞶，绅带，一名大带。厉，大带之垂也。

《白虎通》曰：男子有鞶者，尔有金革之事。

《东观汉记》曰：邓遵破诸羌，诏赐遵金刚鲜卑绲带一具，虎头鞶囊一。

《晋书》曰：邓攸祖殷，亮直强正，为淮南太守。梦行水边，见一女子，猛兽自后断其鞶囊。占者以为，水女汝字也。断鞶囊，新虎头代旧虎头也。若不作汝阴，当作汝南，后为汝南太守。

《曹瞒传》曰：太祖为人坦易无威重，身珮小鞶囊以盛手巾细物。

《邺中记》曰：石虎改虎头鞶囊为龙头鞶囊。

杨子《法言》曰：今之学也，非独为之华藻，从而绣其鞶囊。

班固《与弟超贡》曰：遗仲叔虎头旁囊，金银钩。

谢承《与步骘书》曰：所在近此，无它异物，裁奉织成虎头绶囊，可以服之。

孔珠《与王佐长史书》：朝不着鞶囊，不知为何不？答曰：寻此鞶囊，是《内则》施鞶之遗象，此为针线之属，非朝服所宜着。

太平御览卷第六百九十二 服章部九

珮

《说文》曰：珮，大带珮也。珮必有巾，故从巾。

《释名》曰：珮，倍也，言其非一物，有倍贰也。有珠、有玉、有容刀、有帨巾、有觿之属也。

《诗》曰：青青子珮，悠悠我思。珮，玉也。

又曰：有女同车，颜如舜华。将翱将翔，珮玉琼琚。

又曰：知子之来之，杂珮以赠之。杂珮者，珩璜琚瑀衡牙之类。知子之顺之，杂珮以问之。问，遗也。知子之好之，杂珮以报之。

又曰：彼留之子，贻我珮玖。

又曰：我送舅氏，悠悠我思。何以赠之？琼瑰玉珮。

又曰：巧笑之瑳，珮玉之傩。

又曰：鞙鞙音蠲珮璲，不以其长。鞙鞙，玉貌。璲，瑞也，以瑞玉为珮，珮之鞙然。

《周礼》曰：王府掌王之金玉玩好，共王之服玉珮玉。

《礼》曰：主珮倚则臣珮垂，主珮垂则臣珮委。

又曰：石骀仲卒，无嫡子，有庶子六人。卜所以为后者，曰："沐浴珮玉则兆。"五人者皆沐浴珮玉。石祁子曰："孰有执亲之丧而沐浴珮玉者乎？"不沐浴佩玉，石祁子兆。

又曰：古之君子必珮玉，右征角，左宫羽。趋以"彩齐"，路门之外乐节也。行以"肆夏"。证堂之乐节也。周旋中规，折旋中矩。进则揖之，退则扬之，然后玉锵鸣也。故君子在车则闻和鸾之声，行则鸣珮玉，是以非辟之心无自而入也。君在不珮玉，左结珮，右设珮，朝于君亦结左。齐则綪结珮而爵韠。凡带必有珮玉，唯丧否。珮玉有衡牙。居中央以前后触。君子无故玉不去身，君子于玉比德焉。天子珮白玉而玄组绶，公侯珮山玄玉而朱组绶，大夫珮水苍玉而纯组绶，世子珮瑜玉而綦组绶。士珮瓀玫而缊组绶。孔子珮象环五寸而綦组绶。

《大戴礼》曰：上车以和鸾为节，下车以珮玉为度。

《左传》曰：蔡昭侯为两珮与裘以如楚，献一珮一裘于昭王。服之以享，蔡侯服其一。子常欲之，弗与。三年止之。事具《玉部》。

又曰：吴申叔仪乞粮于公孙有山氏，申叔仪，吴大夫，公孙有山，鲁大夫，旧相识。曰："珮玉蕊兮，余无所系之。"蕊丞服饰备也。无以系珮，言吴王不恤下也。

鱼豢《魏略》曰：有双璜双珩，琚、瑀、衡牙、琨、珠为珮者，乃汉明帝彩古文始制也。

《晋书》曰：王祥着遗令子孙云："吾气绝，不须沐浴，勿缠尸，皆浣故衣，随时所服。所赐山玄玉珮、卫氏玉玦、绶笥，皆勿以敛。"

《齐书》曰：永明元年，有司奏贵妃、淑妃并加金章紫绶，珮于置玉。

《隋书》曰：何稠参会古今，多所改创，从省之服，初无珮绶，稠曰："此乃晦朔小朝之服，安有人臣谒帝而除去印绶，兼无珮玉之节乎？"乃加兽头小绶及珮一只。

《国语》曰：秦穆公使公子絷吊公子夷吾子于梁，退而私于絷，曰："请以黄金三十镒、白玉之珩六双，不敢当公子，纳之左右。"

又曰：王孙韦聘于晋，定公享之。赵简子鸣玉以相，鸣珮玉以相礼。问于王孙韦："楚之白珩犹在乎？"珩，珮上之黄者。对曰："然。"简子曰："其为宝也，几何矣？"曰："未尝为宝，先王之玩也。"

《周书》曰：武王俘商，得旧乏玉万四千，珮玉亿有八万石。

挚虞《决疑要注》曰：汉末丧乱，绝无玉珮。魏侍中王粲识旧珮，始复作之，今玉珮授法于粲。

《三礼图》曰：凡玉珮，上有双衡，长五寸，博一寸。下有双璜，径三寸，衡牙、蠙珠以纳其间。上下为衡，半璧为璜，璜中横以冲牙，以苍珠为瑀。

董巴《汉与服志》曰：古者君臣珮玉，三代同之。五霸兴兵，珮非战器，去珮留其系襚以为章表。秦乃以彩组连结，谓之绶。汉承秦制，用而弗改。至孝明皇帝乃为大珮、冲牙、双渠璜皆以白玉，乘舆络以白珠，公卿诸贵以彩丝，其玉视冕旒。

蔡邕《舆服志》曰：孝明作蠙珠之珮，以郊祀天地。

《白虎通》曰：所以必有珮者，表意见所能，故修道无穷，即珮环；能大道德，即珮琨；能决嫌疑，即珮玦。是以其所珮即知其所能，若农夫珮其耒耜，工匠珮其斧斤，妇人珮其针缕也。

《孔丛子》曰：子产死，郑人大夫舍玦珮，妇女舍珠玉。

《说苑》曰：襄成君始封之日，衣翠衣，带玉珮，至流水之上。大夫庄辛见而悦之。

又曰：经侯过魏太子，左服玉具剑，右带珮环，左光照右，右光照中左，太子不视。经侯曰："魏国有宝乎？"太子曰："主信臣忠，百姓戴上，此魏国宝也。"经侯应声解剑而去珮。

《盐铁论》曰：子思银珮。

《尚书旧传》曰：淑妃修媛，修华，修容，婕妤珮彩琼玉，贵人珮于置玉。

《邺中记》曰：石虎后出行，有女鼓吹，尚书官属皆着锦袴、珮玉。

《晋令》曰：皇太子妃珮瑜玉，诸王、郡公、太宰、太傅、太保、司空、诸长公主、诸王世子、大司马、大将军、太尉珮玄玉。

《晋宋旧事》曰：太后、皇后白玉珮。

《穆天子传》曰：七萃之士，天子赐以左珮玉华。玉华之珮，珮之清者。

又曰：天子渴于沙中，沙中无水。七萃之士高奔戎刺其左骖之颈，取其清血而饮天子。天子美之，乃赐奔戎珮玉一双。

《列仙传》曰：江滨二女者，不知何许人。步游江滨，逢郑交甫，挑之，不知神人也。女遂解珮与之，交甫悦，乃授珮而去数十步，空怀无珮，女亦不见。

《拾遗记》曰：燕昭王时西王母降，与昭王游乎燧林之下，说炎皇钻火之术。取绿桂之膏，然以照夜。忽有飞蛾衔火，状如丹雀，来拂桂膏之上。此穴出员丘之穴，穴洞达于九天，中有细珠流沙，可穿而结，因用为珮。

又曰：汉成帝时乘舆皆尚黑，宫中美女服皂，班姬以下皆玄绶王翳珮。

又曰：汉昭帝元始元年，穿淋池，广千步，中植分枝荷，一茎四叶，状如骈盖。日照则叶伭荫根茎，若葵之卫足也，名曰伭光荷。实如玄珠，可以饰珮。

《汉武内传》曰：上元夫人带六出火玉之珮。

《搜神记》曰：元康中，妇人之饰有五兵珮。

《楚辞》曰：扈江离与薜荔，扈，被也。纫秋兰以为珮。纫兰，索香草也。

又曰：云衣兮披披，披披，长貌。玉珮兮陆离。陆离，光彩貌。

又曰：连蕙若以为珮兮，过鲍肆而失香。

又曰：盍吾游此春宫，春宫，东方青帝宫。折琼枝以继珮。

潘岳《西征赋》曰：飞翠緌拖鸣玉，出入禁门者众矣，想珮声之遗响，若铿锵之在耳。

刘梁《七举》曰：珮则结绿，悬黎宝之妙微；荷彩照烂，流景杨晖。

曹植《与陈琳书》曰：带蜿虹以为绅，连日月以为珮。

殷仲堪《与相王笺》曰：所致玉珮，光润清越。

傅玄《大言赋》曰：腰珮六气，首戴天文。

环

《说文》曰：好倍肉谓之瑗，肉好若一谓之环。

《礼》曰：孔子珮象环五寸而綦组绶。谦不比德，亦不事也。象，有文环者，取其修无穷。

《左传》曰：穆叔之子仲壬与公御莱书观于公宫，公予之环，使才人入示之，不示出，命珮之。

又曰：宣子有玉环，其一在郑商，玉环同工共朴，自共为双。宣子谒诸郑伯，谒，请也。子产弗与。事具《玉部》。

《宋书》曰：江夏王义恭，孝武即位，以其藩所服玉环、大绶赐之。

《梁书》曰：柳惔，武帝之镇襄阳，惔祖道，帝解玉环赠之。天监二年元会，帝谓曰："卿珮玉环，是新亭所赠耶？"对曰："既瑞感神衷，臣谨服之无斁。"

《白虎通》曰：修道无穷，即珮环也。

《瑞应图》曰：黄帝时，西王母乘白鹿来献白环，舜时复来献白环。

王子年《拾遗记》曰：颛顼时，滨海之北有勒题国，皆衣毛，无翼而飞。帝乃更衣以文豹为饰，献黑玉之环，色如淳漆。

《荀卿子》曰：大夫待放于境，君赐以环即返，以玦即去。

《西京杂记》曰：赵飞燕为后，女弟昭仪上五色玉环。

《春秋后语》曰：秦始皇闻齐王后贤，尝使遗之连环，曰："齐人多智，能解此乎？"后以示群臣，莫能解，乃引椎破之，谢秦使曰："谨以解矣，以报。"始皇壮其志，益不敢谋齐。

刘向《列女传》曰：齐桓公行霸，诸侯朝之，卫独不至。公谋伐卫，卫姬脱簪珥，解环，再拜，请征之罪。

《庄子·内篇》云：彼是莫得其偶，谓之道枢，枢得其环中，以应于无穷。夫是非反覆，相寻无穷，故谓之环中空矣。今以是非为环，而得其中者也。无是非者也。无是非，故能夫是非无穷，故应亦无穷。

玦

《说文》曰：玦。玉珮。珮如环而有玦，故云玦。

《诗》曰：芄兰之叶，童子珮韘。韘，玦也。

《左传》曰：狄人伐卫，将战，卫懿公与石祁子玦，与宁庄子矢使守，庄子，宁远也。玦，玉玦。曰："以此赞国，择利而为之。"赞，助也。玦，示以当决断。矢，示以御难。

又曰：晋侯使申生伐山皋落氏，珮之金玦。狐突曰："金寒玦离，胡可恃也？"罕夷曰："金玦不复，虽复何为？君有心矣。"

《国语》曰：献公使申生伐东山，衣偏裻音笃之衣，珮之金玦。太子见理克曰:“君赐我以偏衣金玦,何也?”克曰:“孺子惧乎?衣金之偏而握金不偷矣。”太子遂行,狐突御戎,先友为右,告先友曰:“君与我此衣,何也?”先友曰:“中分而金玦之权在此行也。”狐突叹曰:“以尨衣纯尨,杂色纯德,谓太子。而玦之,以金铣者,寒甚矣,胡可恃也?"

《典略》曰:项羽与沛公饮,范增数目羽,举所珮玉以示之者三,羽默然。

《后汉书》曰:更始谋煞升伯,伯升,光武兄。乃会诸将,以成其计。绣衣御史申徒建随献玉玦,更始竟不能杀。

《东观汉记》曰:明帝诏曰:“冯鲂以忠孝出入八年,数进忠言正谏,赐以玉玦。”

《续汉书》曰:桓帝永兴二年,光禄勋史舍壁下夜有青气,视之得玉钩、玦各一。

《魏氏春秋》曰:明帝张掖郡金山玄川溢,涌宝石负图,有玉匣,开盖於前,上有玉玦二,璜一。

《魏略》曰:太祖征汉中,太子在孟津,闻锺繇有玉玦,使临淄侯曹子建也因人说之,繇遂送焉。太子与繇书曰:“南阳宗惠叔称君侯昔有美玦,闻之惊□喜笑,与抃会当自白书,恐传言未审,以令舍弟子建因荀仲茂时从容喻图指。邺骑既到,宝玦初至,捧押跪发,五内震骇,绳穷柙开,烂然满目。偎以蒙鄙之姿,得睹希世之宝。不烦一介之使,不损连城之价,既有秦昭章台之观,而无蔺生诡夺之诳。嘉贶益腆,敢不钦承。谨奉赋一篇。”

王隐《晋书》曰:礼,能使决疑者珮玦,故遗其臣亦授之以玦。晋授命有二块,其一当魏历数既终,当禅大晋,故与之玦。凡授命将即天子之位,皆众人之所疑,以武皇帝能断决,应天顺民,受曹氏禅而无疑,德应珮玦,故以赐焉。是以有二玦。

萧子显《齐书》曰:太祖在淮阴治城,得锡玦大数尺,下有篆字,人莫识。纪僧真曰:“何须辩文!此自久远之物,即九锡之征也。”太祖曰:“卿勿妄言!"

《北齐书》曰：乐陵王百年，传博陵人。贾德胄教百年尝作数敕字。德胄封以奏帝，帝怒，召百年。百年知不免，割带玦留与妃斛律氏。及百年被诛，妃把玦哀号，不食而死，玦犹在手，拳不可开。其父自擘之乃开。

《白虎通》曰：能决嫌疑则珮玦。

《瑞应图》曰：舜时西王母献白环玦。

《隋巢子》曰：召人以环，绝人以玦。

《庄子》曰：儒者授珮玦者，事至而断。

《西京杂记》曰：赵飞燕为皇后，女弟昭仪上珊瑚玦。

孟达《与诸葛亮书》曰：今送纶帽、玉玦各一，以征意焉。

笏

《释名》曰：笏，忽也。君有教命及所启白，则书其上，备忽忘也。或曰薄，可以薄疏物。

《礼》曰：笏，天子以球玉，诸侯以象，大夫以鱼须与须同文竹，士竹本象可也。见于天子与射无说音脱笏，入太庙说笏，非古也。小功不说笏，当事免则说之。免悲哀哭踊之时。凡有指画于君前用笏，造授命于君必书于笏。笏，毕用也。因饰焉。毕画也。笏度二尺有六寸，其中博三寸，其杀六分而去一。杀犹抒也。天子抒上经葵首，诸侯不经葵首。

又曰：将适公所，书思对命。思，所思念，将以告君，书之于笏，为失忘也。

又曰：侍坐于君子，君子欠伸，运笏泽剑首，还履，问日之蚤音早暮，请退，可也。运泽犹玩弄也。

《大戴礼》曰：天子御珽。王延言挺亟方正于天下。诸侯御荼，荼前诎后直，下天子也。荼音舒。大夫服笏。前诎后诎，无所不护也。

又曰：《五经要义》曰："天子之笏谓之珽，珽然无所屈也。"

《周书》曰：武王不闭外门，以示无惧，去剑搢笏，以示无仇。

《后汉书》曰：陈蕃为光禄勋，范滂为主事，以公仪诣蕃，执板入阁，至坐不夺，滂投板振衣而去。郭泰责藩曰："以阶级言，滂宜有敬，以类数推之，至阁宜省。”所景切。

《吴志》曰：朱治领吴郡，举孙权为孝廉。后权为吴王，治每见权，常执板交拜。板即笏也。

《晋书》曰：王敦表温峤为丹阳尹，因饯会钱凤，自起行酒。至凤未饮，峤伪醉，以手板击凤帻坠，作色曰：“钱凤何人？温太贞行酒！”敦不悦，两释之。

又曰：桓温秉政，谢安、王坦之往候之。坦之倒持手板。

《宋书》曰：建平王弘，文帝子也。元凶劭杀立，孝武入讨劭，录宏殿内，自拔莫由。孝武尝以一手板于宏，遣左右亲信周法道赍手板，诣孝武帝，以为尚书左仆射。

又曰：庾道愍尤精相板。宋明帝时，山阳王休祐屡以言语忤颜，见道愍，托以己板为他物，令道愍占之。道愍曰：“此乃甚贵，然使人多愆忤。”祐以褚彦回详密求换其板，他日彦回侍明帝，自称下官。帝多忌，甚不悦。休祐具以状言。帝乃意解。

又曰：綦母珍之在西州时，有一手板。相者云：“当贵”，每以此言动帝。又图黄门郎，帝尝问之曰：“西州时手板何在？”珍之曰：“此是黄门手板，官何须问？”帝大笑。

《齐书》曰：豫章王嶷薨，见形于弟居弟切后园，乘腰舆，指麾处分，呼直兵。直兵无手板，左右授一玉手板与之，谓曰：“橘树一株，死可补之。”因出后园阁，直兵倒地，仍失手板。

《宋书》曰：明帝起事，诸方并举兵。帝谓蔡兴宗曰：“顷日人情言何？事当济不？”兴宗曰：“今米直丰贱而人情更安，以此论之，清荡可坟。但臣所忧，更在事后，犹羊公言既平之后，方当劳圣虑耳。”尚书褚彦回以手板筑兴宗不已。上曰：“如卿言！”

《北齐书》曰：尔朱荣既诛，得其手板，上有数牒启，皆左右去留却墅，非其腹心在出限。帝曰：“竖子若过今日，便不可制。”

又曰：文襄疑文宣佯愚，虑其有后变，将阴图之，以问崔暹。暹曰：“尝与二郎俱在行位，试以手板拍其背而不瞋，乃将犀手板换暹竹者，自揩拭而玩视之。以是知其实痴，不足虑也。”帝既鏁暹，责其往昔打背。暹自陈所对文襄之言己功以赎死。帝悟曰：“我免祸，乃暹之力。”释而劳之。

《唐书》曰：高宗欲立武昭仪。褚遂良谏，不从，置笏殿衔，曰：“还陛下此笏！”乃解巾叩头流血。

又曰：崔涤，玄宗时尝朝夕宫掖出入无间，虑有所漏泄，乃于涤笏上亲札“慎密”二字以诫之。

又曰：玄宗以张九龄体弱，簪笏不胜，命置笏囊。

又曰：李绛面论吐突承璀用兵无功，合从显责。又论承璀于军中立圣政碑，事不可许。上初怒，色变。绛语不已，词旨恳切，因泣下。上察其意，乃大开忤，拜绛为中书舍人，即命曳去所立碑，曰：“微降言，吾不知为损。”又面赐绛紫，亲为绛择笏以赐之，因谓之曰：“尔他时勿易此心！”

又曰：朱泚盗据宫阙，乃遣将韩旻领兵疾趍奉天，召段秀实与之谋议。秀实从，欲图之，阴说大将刘海宾、何明礼等同谋杀泚。明日，泚召秀实议事，秀实勃然而起，夺源休笏以击泚，伤额流血。海宾等不至，秀实遂被害。

又曰：魏謩，文宗时为起居舍人，上谓之曰：“卿家有何旧书？”诏对曰：“比多失坠，唯簪笏独存。”辄令进之。郑覃曰：“在人不在笏。”上曰：“覃不解我意，乃此《甘棠》之义，非在笏而已。”

《三礼图》曰：士竹笏，饰以象骨，大夫饰以鱼须。

《舆服杂事》曰：古者贵贱皆执笏，主书君上之政令，有事则搢之于腰带中。近代以来，唯八座尚书执笏者，白笔缀手板头，以紫囊裹之。其余王公卿士但执手板，主于敬，不执笏，亦非记事官也。

周迁《车服杂事》曰：应仲远云：“昔荆轲逐秦王，其后谒者持匕首以备不虞，从此侍官执刀剑。汉高祖偃武修文，始制以手板代焉。

《江表传》曰：孙权既即尊位，请会百官，归功周瑜。初，张昭劝迎曹公，权不从，而周瑜败之。及是昭举笏，欲褒赞功德。未及言，权曰:“如张公之计,今已乞食矣。”昭大惭,伏地流汗。

又曰:献帝尝见郗虑及少府孔融。问融曰:“鸿豫原字鸿豫何所优长?”融曰:“可与适道,未可与权。”虑举笏曰:“融昔宰北海,政散民流,其权安在?”遂与融互相长短。

《穆天子传》曰:天子大服,冕祎帗带,搢笏夹佩。郭璞注云:沃跸也。夹佩,左右两佩也。奉璧南面,立于寒下,授何也。

郭子横《洞冥记》曰:孟岐,清河之逸人也,年可七百岁,语及周初时事如目前。岐时侍周公,升坛上岐,以手摩成王之足,周公以玉笏与之。

《郡国志》》曰:晋明为太子时,尝戏殿前,以玉手板弄铜蟠螭口,手倾溜入螭服中,不能出。人后见一白鼠出入螭口。

《世说》曰:王子猷作桓车骑骑兵参军。桓曰:“卿在府久,此当相料理。”初不答,高视,以手板柱颊云:“西山朝来,致有爽气,《相手板经》曰:相手板法出萧何,或曰四皓,初出殆不行世。东方朔见而喜之,曰:此非庸人所解。至魏司空陈长史见此书,叹伏,以示许士宗、韦仲将、管辂,见而推叹。郭景纯以夜兼昼,方得其妙理。相手板将以闲太之时,取五行,寻四时,定八节,明二十四气,百不失一。板长一尺五寸,广一寸五分。上狭而薄,下广而厚,八角十二芒,并欲端平,板形皆完净。板凶少吉多者可用,吉少凶多者不可用服也。旧用白直檀、刺榆、桑、柘四材也。番当令理通直,从上至下,直如弦,不得出边,绝理板头。是君坐板头缺,与君共事必不得终。分板作四分,上一分为二亲,左为父,右为母,弟二分都为妇,弟三分左为男,右为女,弟四分左为奴,右为婢,婢之不辟方,留为田宅、财物、牛马、猪羊鸡犬之属,以五行十二时分。若其处崩毁伤蹈,破裂吊节,蝎穿兆随,所属物必损失死亡。板两边,左为城,右为社,宽博,文彩班班,光泽清净,必得封邑。

《仲长子》曰:笏以书君教令,记善刺过。今之板以象焉。

刘义恭《启事》曰:圣恩优重,猥赐华缨玉笏。珍冠饰首,琛板耀握,非臣朽薄所宜服之。

太平御览卷第六百九十三 服章部十

袍

《说文》曰：以絮曰茧，茧以缊曰袍。

《礼记·玉藻》曰：纩为茧，缊为袍。缊，旧絮。纩，绵也。

《释名》曰：袍，丈夫着下至跗者。袍，苞也，内衣也。

《论语》曰：衣敝缊袍，与衣狐貉者立而不耻者，其由也与！

《诗》曰：岂曰无衣？与子同袍。

《史记》曰：秦相范睢与魏人须贾有隙，及贾使秦，睢自称张禄先生。见贾，寒，取一绨袍以赐之。及数其罪曰："尔得无死者，将以绨袍有恋恋故人之意。"

《汉书》曰：文帝使遗单于绣袷长襦、锦袷袍各一。

《续汉书》曰：袁安为光禄勋至清，鹿袍粝食。

又曰：《舆服志》曰：公主、贵人、妃以上嫁娶，得服锦绣罗縠，十二色绿袍。

《东观汉记》曰：明德马后袍极粗疏，诸王朝，望见，反以为奇。

华峤《后汉书》曰：药崧者家贫，为主无，被糟食，自此诏给帷被、皂袍。

袁山松《后汉书》曰：灵帝欲以羊续为太尉，时拜三公者皆输东园礼钱千万，中使取之，续乃举缊袍以示之，曰："臣之所资，唯斯而已。"故不登公位。

《古今善言》曰：续出黄纸补袍以示使人。时人谣曰："天下清苦羊续祖。"

又曰：桓鸾字始春，鄢弟也。少立志行，缊袍糟食不求盈余，以浊世，耻不肯仕。

《魏略》曰：薛夏字宣声，黄初中为秘书丞，帝与夏推论《书》

《传》，未尝不终日也。帝见其衣薄，解所御袍赐之。

《蜀志》曰：彭羕字永年，姿性骄傲，多所轻忽。唯敬同郡秦安，荐之于太守许靖曰："窃见处士绵竹秦安，膺山甫之德，履隽生之直，枕石漱流，吟咏缊袍也。"

王隐《晋书》曰：江东赐凉州刺史张骏真金印，大袍。

又曰：郑冲以儒雅为德，莅职无干局之誉。箪食缊袍，不营资产，世以此重之。

又曰：惠帝自邺还洛阳，赐中书监卢士鹤绫袍一领。

又曰：武帝赐桓伊钱百万，袍裘千端。

又曰：慕容冲进逼，符坚送一领锦袍遗冲，诏曰："古者交兵，使在其间。今送一袍，以明本怀。"

《齐书》曰：卞彬《蚤虱赋·序》曰："余居贫，布衣十年不制一袍之缊，有生所托，资其寒暑，无与易之。为之多病，起居甚疏。萦寝败絮，不能自释。"

《梁书》曰：侯景将为乱，时谣曰："青袍白马寿阳来。"后景军中悉着青袍，景长乘白马。

又曰：临贺王正德。侯景之乱，正德为平北将军，屯朱雀航。景王，正德乃北向望阙三拜，歔欷流涕。引贼入宣阳门，与景交揖马上，退据左卫府。先是，其军普着绛袍，袍里皆碧，至是悉反之。贼以正德为天子。

《唐书》曰：武后出绯紫单罗铭襟背袍以赐文武臣，其袍文各有炯戒：诸王则饰以盘石及鹿，宰相饰以凤池，尚书饰以对雁，左右卫将军饰以麒麟，左右武卫饰以对虎，左右鹰对饰以鹰，左右千牛饰以牛，左右豹韬饰以狮子，左右金吾饰以象，又铭其襟背，作八字回文焉。

又曰：肃宗为皇太子，授册，当彼绛纱袍。太子以为与皇帝同，称辞不敢当。下百官议，帝手敕改为米明服。

又曰：薛平能守法度，理身俭薄，一绿袍十年不易，恩加朱绂，然始解去。

《庄子》曰：曾子居卫，缊袍无表，十年不制衣。

《墨子》曰：楚庄王鲜冠缊组缨，绛衣博袍，以理其国政也。

《说苑》曰：子思居卫，缊袍无里。田子方遗狐白之裘，恐其不授，谓之曰："吾假人，遂忘之。"子思竟不授。

《盐铁论》曰：原宪之缊袍，贤于季孙之狐貉。

又曰：倪宽练袍，衣若仆妾，食若庸夫。

《东宫旧事》曰：太子纳妃，有绛绫袍一领。

《汉武内传》曰：上元夫人降，武帝服赤霜之袍云彩乱色，非锦非绣，不可得名。

《神仙传》曰：太傅杨骏使人迎孙登共语，不答，以复布袍赐之。授之，出门，从人借刀断袍，上下异处，于骏门下，又大欢斫刺。当时人谓为狂，后乃知骏当诛斩其人。

《王褒内传》曰：真人将褒见太上丈人，着流霞羽袍，芙蓉冠。

《搜神记》曰：有谈生者，年四十，无妇。夜有女，年十五六，姿颜无双，来为生妻。经三年，遂乃生一儿：曰："慎勿以火照我。后三年可照耳。"生不能忍，照之，腰上肉如人腰，以下但枯骨。妇求去，将生入华堂奥室，以珠袍与之。生至市卖袍，睢阳王识是女袍，收栲谈生。谈生具对，呼儿似王女。

又曰：郭璞每自为卦，知其凶终。尝逢一趋走少年，便脱青丝袍与之。此人不解其意，璞曰："身命卒当在君手，故逆相属耳。"及当死，果此人行刑，傍人皆为属求利。璞曰："我常托之久矣。"此人为之嘘唏哽咽。行刑既毕，乃说如此。

《邺中记》曰：石虎临轩大会，着丹纱袍。

锺岏《良史传》曰：袁彭字伯楚，为南阳太守。政以清洁，粝食缊袍，不改其操。

《古乐府》曰：《纻歌》曰："纻实如月，轻如云，色似银。袍以光，躯巾拂尘，制以为袍余作巾。"

《古诗》曰：青袍似青草，长条随风舒。

魏武帝《与杨虎书》曰：今遗足下贵室错彩罗縠锦袍一领。

刘弘《教》曰：将士寒穷者给一韦袍、复帽。

刘义恭《启事》曰：诏旨以赦日所制绫纹绵布袍放生，古具袍垂重赐。

刘谧之《与天公笺》曰：体战身噤，脱衣冻坐，赖詹公借袍，南城送火。

褐

《说文》曰：褐，短衣也。

《诗》曰：无衣无褐，何以卒岁？褐，毛布也。

《左传》曰：吴申叔仪乞粮于公孙有山氏，曰："珮玉蕊兮，余无系之；旨酒一盏兮，余与褐之。"对曰："粱则无矣。粗则有之。若登首山以呼庚癸，则乎诺。"军中不得出粮，收为私隐。庚，西方，主谷。癸，北方，主水。传言吴子不与士共饥渴，所以亡。

《韩诗外传》曰：东郭书知宋之将亡，故褰褐而过鬲其朝，曰："宋将有荆棘，故褰褐而避之也。"居三年，宋果亡。

《史记》曰：五羖大夫，鄙人也，闻秦缪公之贤，自粥秦客，被褐食牛。期年，举之牛口之下，加之百姓之上。

又曰：赵惠文王得楚和氏璧，秦昭王遗赵王书，愿以十城易璧。赵遣蔺相如奉璧，秦王无偿城色。相如使从者衣褐怀璧，便道亡归。

又曰：娄敬，齐人，戍陇西，过洛阳，衣羊裘，因齐人虞将军求见上。虞将军欲为易其衣，不肯，曰："臣衣帛，衣帛见；衣褐，衣褐见。"遂见上，说上西都长安。

《汉书》曰：贡禹上书云："年老贫穷，家赀不满万钱，妻子糠豆不赡，短褐不完。"

范晔《后汉书》曰：张玄字处徵，有才略，以世乱不仕。司空张温数以礼辟，不能致。后温以车骑将军出征凉州，将行，玄自庐被褐带索要说温，不能用。

《晋书》曰：皇甫谧字士安，上疏曰："咎繇振褐，不仁者远矣。"

陶潜《五柳先生传》曰：短褐穿结，箪瓢屡空，晏如也。

《孝子》曰：圣人被褐而怀玉。

《墨子》曰：人不可衣短褐。衣服不美，身体从容，不足观也。

《新序》曰：齐有妇人，极丑无双，号无盐女。行年四十，无所容入，衒嫁不售，乃拂短褐，自诣宣王曰："愿当君王盛颜。"

《符子》曰：有泽父者，冠葭芦之笠，纳麓之屦，莎裳褐衣。

斐渊《记》曰：蛮夷取谷树皮，熟捶之以为褐。

赵壹《疾邪赋》曰：势家多所宜，咳唾自成珠。被褐怀金玉，兰蕙化为刍。

《古诗》曰：短褐中无絮，带断续以绳。

衫

《释名》曰：衫，芟也。衫乘无袖端也。襦裆者当胸，一当背也。

扬雄《方言》曰：陈魏宋楚之间谓之襜，或谓之单襦。

沈约《宋书》曰：徐湛之母会稽公主。高祖微时有纳布衫袄等衣，皆是武敬皇后手自作。高祖既贵，以此衣付公主，曰："后代若骄奢不节者，可以此示之。"

又曰：到溉为建安太守，任昉以诗赠之，求二衫，云："铁钱两当一，百代易名实。为惠当及时，无待凉秋日。"溉答云："余衣本百结，闽中徒八蚕。假令金如粟，讵使廉夫贪？"

《宋书》曰：薛安都与魏战，魏多纵突骑，众军患之。安都怒甚，乃脱兜鍪，解所带铠，唯着绛衲两裆衫，马亦去具装，驰入贼阵，猛气咆哮，所向无当其锋者。

又曰：渴盘陀国士人翦发，着毡帽、小袖衣，为衫则开颈缝前。

《齐书》曰：阳休之除散骑常侍，监修起居注。顷之，坐事左迁骁骑将军，衣两裆。文宣郊天，百僚咸从。休之为骁骑将军，衣两裆，用手持白棓。时魏收为中书令，嘲之曰："义贞服彩。"休之曰："我昔为常伯，首戴蝉冕。今处骁游，身被衫甲。允文允武，何必减卿？”谈笑晏然。议曰：“服其夷旷。”

《唐书》曰：德宗在梁州，地热，未给将士春衣，上亦御夹服以视朝。左右请御衫，上曰：“从我者冬服未易，我岂可独衣衫乎？”将士闻之，莫不流涕。

《魏文帝别传》曰：吴选曹令史长沙刘卓字德然，病荒，梦见一人，以白越单衫与之，言曰：“汝着衫，汗，火烧便洁也。”卓觉，果有衫在侧，汗辄火浣之。

《晋惠帝起居注》曰：愍怀以体上白绢单衣一领寄与妃。

《宋起居注》曰：太起二年，御史丞羊希奏山阴令谢沉亲忧未除，常着青绛衲两裆，请免沉前所居官也。

《晋东宫旧事》曰：太子纳妃，有白縠、白纱、白绢衫，并紫玉綟。

祖台之《志怪》曰：建康小吏曹着为芦山使君所迎，配以女婉。着形意不安，屡求谏退。婉潸然流涕，赋诗序别，拜赠织裈衫也。

刘敬叔《异苑》曰：毋丘俭征洮涓，使王倾穷其东界，父老云：“曾有破舡从汉海流，得布衫，身如中国人，但两袖俱长三寸。”

襜褕

《方言》曰：襜褕，江淮之间谓之襩容，常容反。自关而西谓之襜褕，以布而无缘，谓之蓝褛。

《汉书》曰：元始五年，有一男子乘黄犊车，建黄旐，衣黄襜褕，着黄帽，诣北阙，自谓卫太子。

又曰：何并为长陵令。侍中王林卿通轻侠，倾京师，至寺，拔刀刺其建鼓，并追之。卿迫窘，乃令奴冠被其襜褕，自代乘，变服驰去。

《东观汉记》曰：耿纯率宗族宾客二千人皆缣襜褕、絺巾迎上。

又曰：更始在长安自恣，三辅苦之。又所官爵多群小，或绣面，衣锦袴、襜褕，骂詈道路。

又曰：王阜为益州太守。大将军窦宪贵盛，以绛罽襜褕与阜，阜不授。

又曰：段颎灭羌，诏赐颎钱十万，绛襜褕一领。

又曰：延岑上光武皮襜褕，宿下邑亭。亭长白言："睢阳贼衣绛襜褕，今宿客疑是。"乃发卒来，岑卧不动，吏谢去。

《边让别传》曰：让字文礼，孔融荐让于武帝，曰："边让为九州衣被则不足，为单衣襜褕则有余。"

桓谭《新论》曰：余自长安归，道病，蒙絮被厕襜褕，宿下邑亭。

太平御览卷第六百九十四 服章部十一

裘

《说文》曰：裘，皮衣也。

《礼》曰：十月之节，天子始裘。

又曰：唯君黼裘以誓，省大裘，非古也。君衣狐白裘，锦衣以裼之。君之右虎裘，厥左狼裘。士不衣狐白，君子狐青裘，豹袖，玄绡衣以裼之。麛裘，青犴袖，绞衣以裼之。犴，胡犬也，音岸。绞，苍黄之色。羔裘豹饰，缁衣以裼之。狐裘，黄衣以裼之。锦衣狐裘，诸侯之服也。犬羊之裘不裼。庶人无文饰。裘之裼也，见美也。

又曰：童子不衣裘裳。裘大温。

又曰：有若曰："晏子一狐裘三十年。"言其太俭偪下。

又曰：良冶之子，必学为裘。补器者，其金柔乃合，有似于裘。

《诗》曰：羔裘如濡，洵直且侯。羔裘豹饰，孔武有力。羔裘晏兮，三英粲兮。晏、鲜盛貌。三英，三德刚克柔克正直也。

又曰：君子至止，锦衣狐裘。颜如渥丹，其君也哉。

又曰：一之日于貉，取彼狐狸，为公子裘。

又曰：羔裘逍遥，狐裘以朝。羔裘翱翔，狐裘在堂。羔裘如膏，日出有曜。

又曰：彼都人士，狐裘黄黄。

又曰：狐裘龙茸，一国三公，吾谁适从。

《左传》曰：齐人以郲寄卫侯，右宰谷从而逃归，卫人将煞之。辞曰："余不悦初矣，余狐裘而羔袖。"乃赦之。狐裘羔袖，言一身尽盖，唯少有恶，言己虽从出，其罪不多。

又《传》曰：公赐公衍羔裘，使献龙辅于齐侯。龙辅，玉名。遂入羔裘。齐嘉，与之阳谷。阳谷，齐邑。

又《传》曰：齐侯伐晋夷仪，东郭书让登，犁弥从之。齐侯尝犁弥，辞曰："有先登者，臣从之。皙帻而衣狸制。"皙，白也。帻，齿上下相值也。制，裘也。公使视东郭书，曰："乃夫子也！"

《论语》曰：缁衣羔裘，素衣麑裘，黄衣狐裘、亵裘，长短右袂。

《周礼》曰：司裘掌为大裘，以供王祀天之服。仲秋献良裘，季秋献功裘。良，善也。仲秋鸟兽毛毨，因良时而用之功裘，人功微粗，谓狐窃茬裘之属也。大裘厥裘饰皮车。

又曰：宫角掌王宫之士庶子，庶子宿卫之言。月终则均秩，岁终则均叙，以时颁其衣裘。

《史记》曰：秦昭王囚孟尝君，欲煞之。孟尝使人抵昭王幸姬求解，姬曰："妾愿得君狐白裘。"此时孟尝君有一狐白裘，直千金，天下无双，入秦献之昭王，更无他裘。孟尝君患之，客最下坐为狗盗者，曰："臣能得狐白裘。"乃夜为狗盗，以入秦宫藏中，取所献裘奉姬。姬为言于王，王释孟尝君。

《汉书》曰：贾谊上书谏文帝曰："天下咸知陛下之义，卧赤子天下之上而安，植遗腹，朝委裘。"服虔曰：言天下安，虽赤子遗腹在位，犹不危也。孟康曰：委裘若容衣，天子未坐朝事先帝裘衣也。

《东观汉记》曰：东平王苍来朝，章帝以王触寒涉道，赐乘与貂裘。

又曰：蔡肜为辽东太守，鲜卑奉马一匹，貂裘二领。

《后汉书》曰：马援叹曰："殖货财产，贵其能施赈也，不则守钱虏耳。"乃尽散以班昆弟故旧，身服羊裘皮袴。

又曰：严光，世祖时游学，及世祖即位，乃变名隐身不见。帝思其贤，乃令以物色访之。后齐国上言曰："有男子披羊裘，钓泽中。"帝令赍玄纁聘之，三聘而后至。

谢承《后汉书》曰：刘虞为幽州刺史，常着毡裘。

《魏氏春秋》曰：高文惠为刺奸令史，夙夜匪懈，至拥膝抱文书而寤寐。太祖尝夜微出观察诸吏，见而哀之，徐解裘覆之而去。

《吴志》曰：陆逊破曹休，上为郡僚大会酒，与逊对舞，解所着狎子裘赐逊。

《晋书》曰：赵王伦字子彝，初封琅邪郡王，坐使散骑刘缉买工所将盗御裘。廷尉杜友正缉弃市，伦当与缉同罪。有司奏伦爵重属亲，可不坐，谏议大夫刘毅驳曰："王者之法，罚不阿贵贱，然后可以齐礼制而明典刑也。伦知裘非常，蔽不语吏，与缉同罪。"

又曰：桓玄杀罗企生。先是，玄以羔裘遗企生所生母氏，及企生遇害，即日焚裘。

又曰：王恭尝披鹤氅裘，涉雪行。孟旭曰："此神仙中人也。

王隐《晋书》曰：步熊字叔罴，好学，兼术数。赵王伦辟熊，熊言："伦死不久，不足应。"有人告伦，伦遣围之。熊使诸生着己裘南走，围者皆奔之，熊密从北道走，得脱。

又曰：王敦参军挚瞻见敦以故怀裘赐老外部都督，曰："此裘虽故，不如与小吏。"敦曰："何故？"瞻曰："上服赐下，貂蝉亦可赐下乎？"

《齐书》曰：文帝制孔雀毛裘。

又曰：文惠太子性奢侈，制珍玩之物，织孔雀毛为裘，光彩金翠，过于雉头远矣。

《北齐书》曰：唐邕字道和，少明敏，有治世才。解律金启太后曰："唐邕强干，一人当千。"显祖乃解所服青鼠皮裘赐之，云："意在与卿共敝。"

《赵书》曰：汲桑盛暑重裘重茵，使人扇之，恚不清凉，斩扇者。军中为之语曰："仕为将军何可羞？六月重茵披狐裘，不识寒暑断人头。"

《晋咸宁起居注》曰：大司马程据上雉头裘一领。诏曰："据此裘非常衣服，消费功用，其于殿前烧之！敕内外有造异服，诏罪之。"

晋令曰：山鹿白豽，游毛狐白，貂蝉黄貂，班白鼲子，渠搜国裘，皆禁服也。

《瑞应图》曰：王者奉五行，教民种植以事，则渠搜国来献裘；王者德茂，不耻恶衣服，则四夷乘白鹿来献白裘。

《黄帝出军决》曰：黄帝伐蚩尤，未克。梦西王母遣道人披玄狐之裘，以符授之。

《管子》曰：武王为役靡令，曰："豹襜豹裘，方得入朝。"故豹皮百金，功臣之家籴千钟，未得一豹皮。

《晏子》曰：景公时，雨雪三日。公披狐白之裘，曰："怪哉！雨雪三日不寒。"晏子曰："古之贤者，君饱而知人饥，温而知人寒。今君不知也。"公乃命出裘以与寒，发粟以与饥。

又曰：晏子适晋，至中牟，睹敝冠皮裘负刍者。晏子曰："子何者？"对曰："我越石父也，不免冻饿，为人仆三年。"晏子解左骖赎之也。

又曰：景公赐晏子狐白裘，其贸千金。晏子辞而不授，三反，曰："君服之上而使婴服之下，不可以为教。"

《墨子》曰：江河之水非一源，千镒之裘非一狐。

又曰：晋文公好士之恶衣，故文公之臣皆牂裘。

《列子》曰：林类年且百岁，书传无闻。盖古之隐士。底春而裘于畦。底当也。

《秦青子》曰：有千金之裘，而无千金之布。

《田休子》曰：渠搜之人服夏禹德，献其珍裘，毛出五彩，光曜五色。

又曰：少昊氏都于曲阜，鞬鞮毛人献其羽裘。

《韩子》曰：齐有盗狗子与胡跪子相夸，盗狗子曰："吾父之裘独有尾。"胡跪子曰："吾父冬夏独有一足裤。"

又曰：尧之王天下也，冬则鹿裘，夏则葛絺。

又曰：孙叔敖相楚，衣羖羊裘。

又《孔丛子》曰：田子方遗孔子思狐白裘也。

《符子》曰：为千金之裘而与狐谋之，其皮不可得。

《吕氏春秋》曰：天下无粹白之狐有粹白之裘，取之于众白也。

又曰：孔子始用于鲁，鲁人谤之，曰："麛裘而韠，投之无戾。韠而麛裘，投之无邮。"用三年，男行乎途左，女行乎途右，物之遗者，民莫之举。

《淮南子》曰：夫夏日之不披裘者，非爱之也，暖有余于身也。裘与蓑孰急？见雨则裘不用，上堂则蓑不御。此代为帝者，代，更也。帝王贵。白狐之裘，天子之被也，而在朝堂。然为狐计者，不若走于泽，披羊裘而赁，固其事也。狐裘而负笼，甚可怪也。

《抱朴子》曰：狐白不可以当暑。

《说苑》曰：晋平公使叔向聘吴。吴人饰舟以逆，左右各五百人，有绣衣而貂裘者。

《说苑》曰：林既衣韦衣而朝。齐景公曰："此君子服耶？"既作色曰："服何足以端士行！如君言，衣狗裘当犬号，羊裘当羊鸣乎？今君衣狐，意得无变乎？"

又曰：千金之裘，非一狐之皮也。

《说苑》曰：晋平出朝，有鸟环平公不去。平公谓师旷曰："吾闻之，霸王之主凤下之。今者出朝有鸟环寡人，终朝不去，是其凤鸟耶？"旷对曰："东方有鸟，名谏珂，其为鸟也，文身而赤足，憎鸟而爱狐。今者君必衣狐裘以朝乎？"平公曰："然。"

又曰：赵简子敝车瘦马，衣羖羊之裘。其宰曰："车新则安，马肥则疾，狐裘则温，君宜改之。"简子曰："君子服善则益恭，小人服善则益踞。"

《新序》曰：魏文侯出游，见反裘负刍者，问之，对曰："爱毛者。"文侯曰："尔不知皮尽而毛无所附耶？"明年东阳上计，其布十倍，大夫贺之。文侯曰："民不增而税倍，亦何异反裘负刍者？厚取于下则上不安，此自危之道也。子何用贺乎？

《新论》曰：振裘时领，万毛皆整。

《潜夫论》曰：挟夫私计以论公政，与狐议裘无时可得也。

《西京杂记》曰：司马相如初与卓文君至成都，居贫愁懑，以所服鹔鹴裘贳酒，与文君为欢。

又曰：度安世十五为成帝侍郎，善鼓琴。赵后悦之，白正，得出入御内，绝见爱幸。常着轻丝履，招风紫绨裘，与后同居。

又曰：成帝好蹙鞠，群臣以劳体非尊者所宜。帝曰："可择似而不劳者奏之。”刘向作弹棋以献，帝大悦，赐青羔裘，紫丝履。

《拾遗记》曰：周昭王缀青凤毛为二裘，一名烦质，一名暄凤，可以御寒也。至厉王流于彘，人得而奇之，分裂此裘。遍彘罪入大辟者，抽裘一毛以赎死，价直万金也。

《五经要义》曰：古者着裘于内，而以缯衣覆之，乃加以朝服，会之时袒其朝服见裘。裒覆衣谓之裼之言露，可见之辞，所以示美呈好而为饰；加以朝服谓之袭，袒谓之裼，大裘不覆，反本以其质也。

又曰：诸侯黼裘以誓田，新羔裘为黼文也。

《白虎通》曰：裘，所以佐女工助温也。古者缁衣羔裘，黄衣狐裘。禽兽众多，独以狐羔，取其轻暖，因狐死首丘，明君子不忘本也。羔，取其跪乳逊顺也。

《帝王世纪》曰：夏禹时渠搜国来献褐裘也。

《春秋后语》曰：淳于髡见邹忌，曰：“狐裘虽敝，不可补以黄犬之皮。”忌曰：“诺！谨授教，请择君子，无杂小人其间。”

《战国策》曰：苏秦说李兑，兑送秦黑貂裘，黄金百镒。

又曰：苏秦诣秦王，上书，十上而说不行。黑貂之裘敝，黄金百镒尽，形容枯槁。及归，妻不为下机，嫂不为炊。

又曰：或谓孟尝君曰：“太庙之椽，非一木之枝也；千镒之裘，非一狐之裘也。”

《吴越春秋》曰：延陵季子适齐，见路有遗金，当夏五月，有披裘而薪者。季子呼取金，薪者曰：“吾五月披裘而薪，资以金者哉？”

《外国图》曰：毛民国出名裘，去朔方七千里。

《十洲记》曰：汉武帝天汉三年，西国献吉光裘，色黄，盖神马之类，入水不沉，入火不灼。

《管宁别传》曰：宁字幼安，至孝。每祭祀，未尝不伏地流涕，恒着布裳貂裘。

《会稽典略》曰：魏朗字少英，为郡功曹佐，正旦，掾吏顾龛被裘以加朝服，朗以裘非臣服，龛不敬，勃卒撤去，龛恚而不听。朗右手鸣鼓，左手撤裘，以闻府君。喜朗，遂退龛，以朗代之。朗辞病不就。

《语林》曰：谢万就安乞裘，云："畏寒。"答曰："君妄语，正欲以为豪具耳。无复胜绵者。"以三十斤绵与谢。

《世说》曰：谢万与安共诣简文，万来，无衣帻可前。简文曰：俱前，不须衣帻。"即呼使入。万着白纶布鹄氅裘，履板而前。共谈移日，大器重之。

宋玉《风赋》曰：主人之女，被翠云之裘。

崔寔《四民月令》曰：囊虫并兴，以灰藏毡裘。

魏武《与杨彪书》曰：今赠足下锦裘二领。

魏文《与孙权书》曰：今因赵咨致文马一匹，鼲子裘一领。

王昶《家戒》曰：止寒莫若重裘，止谤莫若自修。

太平御览卷第六百九十五 服章部十二

襦

《说文》曰：襦，短衣也，一曰羼衣。羼，温也。奴案反。

《释名》曰：襦，暖也，言温暖也。单襦如襦而无絮也。反闭，襦之小者也，却向着之，领含于项，反于背，后开其衿。

《汉书》曰：班伯为侍中，与王许子弟为群，在于绮襦纨袴之间，非其好也。

又曰：昌邑王被废，太后被珠襦，如淳曰：以珠饰襦。《晋书》曰：贯珠为襦。盛服坐武帐中。王前听诏。

又曰：哀帝以东园秘器、珠襦、玉押皆豫以赐董贤。

《东观汉记》曰：廉范字叔度，为蜀郡太守。旧制禁民夜作，范毁削先令，百姓为便，歌之曰："廉叔度，来何暮？不禁火，民安作。平生无襦，今有五袴。"

又曰：来歙诣雒见上，上大喜，解所被襜襦衣赐歙。

又曰：弟五伦性节俭，为二千石，常衣布襦。

又曰：梁鸿妻孟氏女，布襦袴裙。鸿曰："此贞梁鸿妻也。"

《魏志》曰：管宁常着皂帽布襦，随时单复。

《晋令》曰：旄头羽林着韦腰襦。

《齐书》曰：武陵昭王晔过竟陵王子良宅，冬月，道逢乞人，脱襦与之。子良见晔衣单，进襦于晔。晔曰："我与向人亦复何异？"

《梁书》曰：顾协少清介，有志操。初为廷尉正，冬服单薄。寺卿蔡法度欲解襦与之，惮其清严，不敢发口，谓人曰："我愿解身上襦与顾郎恐顾郎难衣食者。"竟不敢以遗之。

又曰：郭祖深清俭，常服故布襦。

又曰：索君正为豫章内史，性不信巫邪。有师世荣称道术，为一郡巫长。君正在郡小疾，主簿熊丘问巫师，云："须疾者衣为信。"命君正以所着襦与之，事竟取襦，云："神将送与北斗君。"君正使检诸身，于衣裹获之，以为乱政，即刑于市而焚神。一郡无敢行巫。

《后魏书》曰：高祖复至邺，见公卿曰："朕昨日入城，见车上妇人冠帽而着小襦袄者。尚书何为不察？"任城王澄曰："着者犹少。"帝曰："任城意欲全着乎？一言可以丧邦，其斯之谓？可命史官书之。"

《东宫旧事》曰：太子纳妃，有紫縠襦，绛纱绣縠襦。

《吴越春秋》曰：勾践与妻入臣吴，夫人衣无缘之裳、左开之襦，筮以养马。

又曰：吴王阖闾葬女以珠襦之宝。

《锺离意别传》曰：意为司徒侯霸府议曹掾。诏送三百人到河北，遇隆冬，到弘农。意辄使属县令出钱与徒作襦袴。光武谓侯霸曰："君所使吏仁恕用心乎？"

《列仙传》曰：细伯子者，冬着单衣，盛暑襦袴。

《列异传》曰：东海君以织成青襦遗陈节方。

《述异记》曰：乾罗者，慕容廆之十一世祖也，着金银襦铠，乘白马，金银鞍勒，自天而降。鲜卑神之，推为君长。

《西京杂记》曰：赵飞燕为皇后。其弟在昭阳殿上遗织成上襦。

《吕氏春秋》曰：子产治郑，邓析务难之，约民"大狱一衣，小狱襦袴"。郑国大乱，子产杀邓析而民服。

桓谭《新论》曰：待诏景子春素善占，坐事系，其妇朱君至狱门，通言遗襦袴，子春惊曰："朱君来言与朱为诛，袴而襦中绝者也，我当诛断也。"后遂腰斩。

《世说》曰：司马宣王从辽东还，有六十假士，寒冻于车，乞一襦。公乞之酒，左右曰："官不少襦，可赐之。"公乞之酒曰："襦，官中物，臣无私施。"

《语林》曰：谢镇西着紫罗襦，据胡床弹琵琶，作《大道曲》。

《梦书》曰：上襦为大夫，妇却饰之，得贤夫也。

束皙《近游赋》曰：系明襦以御冬。

《古诗》曰：罗敷好蚕桑，采桑城南隅。缃绮为下裳，紫绮为上篚。

又曰：妾有绣腰襦，葳蕤金缕光。

陆机《与长沙夫人书》曰：士璜亡，恨一襦，少便以机新襦衣与之。

袴

《说文》曰：袴，胫衣也。

《释名》曰：袴，跨也，两股各跨别也。留，冀州所名大褶下至膝者也，留，牢也，幕络在衣表。

《方言》曰：齐鲁之间袴谓之褰，或谓之襱音龙，关西谓之袴，大袴谓之弟髻，小袴谓之芙蓉衫，楚通语也。

《史记》曰：屠岸贾攻赵，杀朔等，赵朔妻晋成公姊，有遗腹，公宫匿之，生男。屠岸贾索于宫中，夫人置儿袴中，祝曰："赵宗若灭即号，若不灭即无声。"及索，儿竟无声。

又《后魏书》云，平文皇后王氏，年十三，因事入宫，得幸于平文，生昭成。平文崩，昭成在襁褓。时国有内难，将害帝子。后匿帝于袴中，咒曰："若天祚未终者，汝无声。"遂良久不啼，得免于难。

又曰：淮阴屠中少年有侮韩信者，众辱之曰："信能死，刺我，不能，出我袴。"徐广曰：袴服也。袴亦作跨。于是视之，俯出袴下，蒲伏。一市皆笑信，以为怯。

又曰：周仁为人阴重不泄，尝衣弊补溺袴，张晏曰：阴重不泄，下不洁，故溺袴。甚为不洁清，以是得幸景帝。

《汉书》曰：昌邑王贺衣短衣大袴。

又曰：朱博，琅琊郡功曹，官属多褒衣大祒。孟康曰：祒音绍，谓大袴也。

又曰：昭帝上官后，霍光外孙。光欲后擅宠有子。帝体不安，左右及医皆阿意言"宜内。"宫人使令皆为穷袴，多其带，后宫无进者。张晏曰：穷袴前后有裆，使不得交通。

《东观汉记》曰：更始所爵多群小，被服威仪不以衣冠，或绣面衣锦袴。

《后汉书》曰：马援田牧，至有牛马羊数千头，尽散昆弟故旧，身衣羊裘皮袴。

又曰：祭遵，赏赐与士共之，家无私财，身衣韦袴。

又曰：吴良字大仪，齐国临淄人，以清白守正称，为郡议曹掾。正旦，掾吏入贺，门下掾王望举觞上寿曰："齐郡遭离盗贼，今明府视事五年，家给人足。"良跪曰："门下掾佞谄，明府勿授其觞。盗贼未尽，人庶困乏，今良曹掾尚无袴。"望曰：议"曹惰窳自无袴，宁足为不家给人足耶？"太守曰："此生言是。"赐良鳆鱼百枚。

谢承《后汉书》曰：秦护清廉，不授礼赂，家贫，衣服单露。乡人歌之曰："冬无袴，有秦护。"

《魏略》曰：贾逵居贫无袴，过其妻兄柳孚家宿，其明无何，着孚袴去，时人谓为通达。

又曰：许允闻李丰等被收，欲往见大将军，已出门，回遑不定，中道还取袴。丰等已收讫，大将军闻允前，遽怪之曰："我自收丰等，不知士大夫何为忽忽乎？"

又曰：赵跋避难至北海，着布袴絮巾，在市中卖饼。

《宋书》曰：刘穆之坏布裳为袴，往见武帝。帝谓曰："我始举大义，须一军中甚急，谁堪其选？"穆之曰："无见逾者。"帝笑曰："卿能自屈，吾事济矣。"

《梁书》曰：周刘显将之寻阳，朝贤毕祖道。显悬帛十匹，约曰："俭衣来者以赏之。"众人竞改常服，不过短长之间。显曰："将有甚于此矣。"既而周弘正绿丝布袴，轩昂而至，折标取帛。

又曰：元帝愍怀太子昵狎群小，好着微服，常入朝，公服中着碧丝布袴抠衣。帝见之，大怪，遣尚书周弘正责之。

又曰：安成王秀为郢州，冬月常作袴以赐冻者。

又曰：王裕之常使二老妇女戴五条辫，着青绞罗袴，饰以朱彩。

又曰：何点。永元中，崔景景围城，人间无薪，点悉伐园树以赡亲党。惠景性好侠义，慕交点，点不顾之，至是乃逼召占。点裂裙衣为裤，往赴其军，终日谈说，不及军事，其语默之迹如此。

《北齐书》曰：丞相司马任胄，主簿李世林，都督郑仲礼、房子远等潜谋害神武。自魏氏旧俗以正月十五日夜为打簇戏，能中者即时赏帛，胄令仲礼藏刀于裤中，因神武临观，谋窃发，后败。

《韩子》曰：郑人卜子，使妻为裤，曰写吾故裤。妻因凿新裤为孔效之。

又曰：韩昭侯使人藏弊裤，侍者曰："君上不以赐左右，而藏之？"昭侯曰："吾闻明主之爱，一颇一笑，有为颦而颦，有为笑而笑，今裤岂特颦笑哉？颦笑不妄为裤，岂可待幼而与之。吾必待有功者，故藏之。"事具《赏赐门》。

《盐铁论》曰：古者鹿裘皮帽，及其后，大夫、士狐貉，庶人则毛裤。

《高士论》曰：孙略冬日见贫士，脱裤遗之。

《列士传》曰：孟尝君食客三千人，上客食肉，中客食鱼，下客食菜，冯援经冬无裤，面有饥色。

《郭子》曰：孙兴公道曹辅佐才，云白地明光锦，裁为负板裤，非无文彩，然酷无财制。

《俗说》曰：谢仁祖年少时喜着刺文裤，出郊郭外。其叔父诮责之，仁祖于是自改，遂为名流。

董巴《舆服志》曰：祀宗庙绛裤，示赤心奉神也。

《搜神记》曰：晋中兴，作裤者直幅为口，无杀，不大夫裁也。王敦之征。

《东宫旧事》曰：皇太子纳妃有绛直文罗裤、七彩杯文绮裤。

《邺中记》曰：石虎猎，着金缕合欢裤。

《广州先贤传》曰：申朔字元游，苍梧人，为九真都尉，布襦布裤，乡邑叹慕之。

《蔡廊弹事》曰：兼司徒员外散骑常侍谢祭应着绛裤，而祭披裤不以贯足，有亏常体。

应劭《汉官仪》曰：司空骑吏以下皂袴，因秦水行。今汉家火行。宜绛袴。

又曰：虎贲中郎将衣纱縠单衣，虎纹锦袴。

《魏旧事》曰：杨平善裁袴，以官绢百匹，作小袴百枚。

《世说》曰：武帝尝降王武子，婢子百余人，皆绫袴裙，手擎饮食。

袴褶

《释名》曰：褶，袭也。覆氏之言也。

《晋书》曰：杨济字文通，历位镇南征北将军，迁太子太傅。济有才艺，尝从武帝校猎北邙下，与侍中王济俱着布袴褶，骑马执角弓在辇前。

《晋兴书书》曰：郭文举上馀杭大辟山，令顾飏以文山行，与韦袴癫筵具，文不纳。使者置衣室中而去，文亦无言。袴褶烂于户内。

《赵书》曰：中书令徐光奏"耕服介帻、青缣袴褶"。

《宋书》曰：元凶劭弑逆，袁淑止之。劭因起，赐淑等袴褶，又就主衣取锦，裁三尺为一段，又中裂之，与淑及左右，使以缚袴褶。

又曰：张畅为南谯王义宣司空长史。南郡太守元凶杀逆，义宣发哀之日，即便兵。畅为元佐，位居僚首，哀容俯仰，荫映当时。举哀改服，着黄韦袴褶，出射堂简人，音姿容止，莫不瞩目。见者皆愿为尽命。

萧子显《齐书》曰：东昏侯拜爱姬潘氏为贵妃，乘卧与侯，骑马为从，着织成袴褶。

《后魏书》曰：傅灵根及其弟灵越南走，灵根叔乾爱先在南，遣舡迎之得免。灵根差期，不得俱渡。临济人知，锉斩杀之。乾爱出郡迎灵越，问灵根愆期状，灵越残不应答。乾爱不以为恶，敕左右取匣中乌皮袴褶，令灵越代所常服，灵越言："不须。"乾爱云："汝可着体上衣服见桓公耶？桓公护之为刺史。"灵越竟不肯着。

《唐书》曰：玄宗时，御史大夫李适之秦，每大礼，六品官并服朱衣。自是以下，许通着袴褶，如有惨故，不合着朱衣袴褶者，听不入，自余应而不着者，请夺俸以惩不恪。

《西河记》曰：西河无蚕桑，妇女以外国异色锦为袴褶。

《魏百官名》曰：三公，朔赐青杯文绮长袖袴褶一方，道盛此。

《北疆记》曰：户主南郊着皇斑褶绣袴。

《江表传》曰：吕范愿暂领督，释褠着袴褶，执鞭诣阙下启事。

《语林》曰：夏少明在东不知名，闻斐逸民知人，乃裹粮寄载，入洛从之。未至家，少许，见一人着黄皮袴褶，乘马将猎。夏问曰："斐逸民家近远？"答曰："君何以问？"夏曰："闻其名知人，故从会稽来投之。"斐曰："身是逸民，君明可更来。"明往，逸民果知之，乃用为西门侯，于此遂知名。

傅畅《自序》曰：余年五岁，散骑常侍鲁叔虎与先公甚友善。每来往，善与余戏。尝解余衣褶披其背，脱余金环与侍者，谓余吝惜，而余笑与之，经数日不索。

太平御览卷第六百九十六 服章部十三

带

《说文》曰：带，绅也。男子鞶带，妇人带丝，象系珮之形。带必有巾，故从巾。

《释名》曰：带，蒂也，着于身如物蒂也。

《易·讼卦》曰：或赐之鞶带，终朝三褫之。鞶，命服之草带上饰也。

《礼记·玉藻》曰：革带博二寸。

《汉书》曰：文帝遗匈奴黄金饰具带一，黄金犀毗。

又班固《与窦将军笺》云，复赐固犀毗金头带，此将军所带也。

《东观汉记》曰：杨赐拜太常，诏赐自所服冠帻绶玉，兼革带。

又曰：邓遵破匈奴，上赐金刚鲜卑绲带一具。

《典略》曰：文帝尝赐刘桢廓落带，其后师死，欲取之为象，因与嘱桢云："夫物因人而贵，故在贱者之所不御至尊之侧。"桢答曰："荆山之璞，耀元后之宝；随侯之珠，烛众女之好；南垠之金，登窈窕之首；鼲貂之尾，缀侍臣之帻。此皆伏朽坏之下，潜污泥之中，而扬光钦簇之上，发彩畴昔之外。桢所带无他妙饰，若实殊异，上可纳也。"

《魏略》曰：疏勒王献大秦赤石带一枚。

又曰：汉阳嘉三年，疏勒王献海西责石金带。

《吴书》曰：陆逊破曹休于石亭，上脱御金校带以赐逊，又亲以带之，为钩络带。

《吴纂》曰：钩络者，鞍饰革带也，世名为钩络带。

《齐书》曰：张融形貌短丑，精神清彻。王敬则见融革带宽，殆将至骼，谓曰："革带太急。"融曰："既非步吏，急带何为？"

《后周书》曰：随文作相，李穆曰："周德既衰，愚智共悉，天时若此，岂能违天？"乃遣使谒随文帝，并上十三镮金带，盖天子服也，以微申其意。

《战国策》曰：鲁仲连谓田单曰："将军黄金横带，而驰乎淄渑之间，有生之乐，无死之心。"

《楚汉春秋》曰：北郭先生献带于淮阴侯，曰："牛马为人任用，力尽犹不置其革。"

吴时《外国传》曰：大秦国人皆着袴褶、络带。

又曰：扶南人悉着钩络带。

《穆天子传》曰：天子北征，舍于珠泽，献白玉食，天子赐黄金之环三五，朱带具饰三十。西征至赤乌氏，先出自周宗，乃赐赤乌之人具带五十。

《邺中记》曰：石虎皇后女骑腰中着金环，参缕带。

《述异记》曰：夏侯祖欣为兖州刺史，丧于官，沈僧荣代之。祖欣见形诣僧荣，沈床氏有一织成乏饰络带，夏侯曰："此带殊好，岂能见之与？"沈曰："甚善。"夏侯曰："卿直许，终不见关，必以为施，可命焚与沈。"沈对前烧，视此带，己在夏腰矣。

应璩《新诗》曰：革带绳为复，舄穿无底。

大带

《论语·卫灵公》曰：子张问行。子曰："言忠信，行笃敬，虽蛮貉之邦行矣。言不忠信，行不笃敬，虽州里行乎哉？"子张书诸绅。绅，大带。

《诗·芄兰》曰：容兮遂兮，垂带悸兮。容仪可观，珮玉遂遂然垂，其绅带悸悸焉有节度。

又《野有死麕》曰：无感我帨兮，无使尨也吠。

又《都人士》曰：彼都人士，垂带而厉。彼君子女，卷发如虿。匪伊垂之，带则有余。匪伊卷之发则有旟。旟，扬也。

又《鸣鸠》曰：淑人君子，其带伊丝，其带伊丝，其弁伊骐。骐，骐文也。弁，皮弁也。其带伊丝，谓大带也。大带用素丝以杂色饰马，骐当作琪，以玉为之。

《礼·玉藻》曰：凡侍于君，绅垂足如履齐。绅重则磬折，齐裳下缉。

又曰：绅长制：士三尺，有司二尺有五寸。子游曰："三分带下，绅居二焉，韠结三齐。

又曰：素带终辟，大夫素带垂辟，士练带率下辟，居士锦带，弟子缟带。素带终辟，谓诸侯也。辟读如裨冕之裨，谓以缯彩饰其侧也。

裳

《释名》曰：上曰衣，下曰裳。裳，障也，以自障也。

《易·坤卦·六五》曰：黄裳元吉。

《象》曰：黄裳元吉，文在中也。

又《易·系》曰：黄帝尧舜垂衣裳而天下治。

《尚书大传》曰：舜曰："精华已竭，褰裳去之。"

《诗·缁衣》曰：子惠思我，褰裳涉洧。

又《鸡鸣》曰：东方未明，颠倒衣裳。笺云：膝壶氏掌漏刻之节，东方未明而为已明也。

又《葛屦》曰：掺掺女手，掺掺犹纤纤也。可以缝裳。要之襋音戟之，好人服之。要，褄；襋，领也。

又《七月》曰：载玄载黄，我朱孔阳，为公子裳。阳，明也。

又《鸿雁》曰：乃生男子，载衣之裳，载弄之璋。

《礼·玉藻》曰：衣正色，裳间色。

又《曲礼上》曰：诸母不漱裳。

《左传》曰：华登以吴师救华氏。齐乌枝明曰："用少莫如齐致死，齐致死莫如去备。彼多兵矣。请皆用剑从之。"华氏北，复即之。厨人濮以裳裹首，而荷以走，曰："得华登矣。"遂败华氏于新里。

《春秋演孔图》曰：驱除名政，衣吾衣裳，坐吾曲床，滥长九州灭六王，至于沙丘亡。

《后汉书》曰：祭遵为人廉约，夫人裳不加缘。

《东观汉记》曰：鲍宣妻桓氏女，字少君。宣尝就少君父学，父奇其清苦，以女妻之，装送甚盛。宣谓妻曰："少君生富骄习美饰，而吾贫贱，不敢当。”妻乃悉归侍御服饰，更着短布之裳。

《续汉书舆服志》曰：樊哙常持铁盾。闻项羽有意煞汉王，哙裂裳以裹盾，冠之入军门，立汉王旁。

《管子》曰：桀之时，女乐三千人，无不服文绣衣裳者。

《邓析子》曰：责疲者以举千钧，督跛者以及走兔，驱骐骥于廷，求猿猴于槛。斯逆理而求之，犹倒裳以索领也。

《晏子春秋》曰：景公饮酒，数士衣縠绣之裳，一衣而五彩具焉。

又曰：景公饮酒数日，去冠披裳，自鼓盆瓮而已。

《淮南子》曰：楚欲攻宋。墨子闻之，自鲁趋而往，十日十夜，足重茧而不休息，裂裳而裹之，至于郢，见楚王。

《风俗通》曰：禹入裸国，欣起而解裳。俗说禹治水，乃播入裸国。君子入俗，不改其恒，于是欣焉而解裳也。原其所以，当言皆裳。裸国，今吴即是也。被发文身，裸以为饰，盖正朔所不及也，猥见大圣之君，悦禹文德，欣然皆着衣裳矣。

郭子横《洞冥记》曰：东方朔生三日而母死，邻母得而养之。经岁，母忽失朔，累月暂归。后复去家万里，见一枯树，脱白布裳挂树，裳化为龙。

《嵇康集·目纂》曰：孙登字公和，于汲郡北山中为土窟，夏则编草为裳，冬则以发自覆。

崔骃《达旨》曰：有事则褰裳，濡足。

刘梁《七举》曰：黼黻之服，纱縠之裳。繁饰参差，微鲜若霜。

《古乐府·陌上桑》曰：秦氏有好女，自名为罗敷。缃绮为下裳，紫绮为上襦。

傅玄《裳铭》曰：上衣下裳，天地则也；服从其宜，君子德也。

《楚辞》曰：青云衣兮白霓裳。

又曰：采薜荔以为裳。

又曰：披彩裳之芬芳。

又曰：制芰荷以为衣兮，集芙蓉以为裳。

扬雄《反骚》曰：被芙蓉之朱裳。

裙

《释名》曰：裙，下裳也，连接裙幅也。缉，下横缝缉，其下也。缘，裙之桅缘也。

又曰：裙，里衣也。古服裙不居外，皆有衣笼之。

扬雄《方言》曰：陈魏之间谓裙为帔音披，绕衿谓之裙。

《东观汉记》曰：王良为司徒司直，妻布裙，徒跣曳柴。

《续汉书》曰：汉明德太后秃裙不缘。

又《五行志》曰：献帝时女子好为长裙，而上甚短。

《魏略》曰：敦煌俗，妇人作裙，挛缩如羊肠，用布一匹，皇甫隆为太守，禁改之。

《魏志》曰：管宁恒着布裙。

《宋书》曰：羊欣字敬元，年二十，时王献之为吴兴太守，甚知爱之，欣尝夏月着新绢裙昼寝。献之入县见之，书裙数幅而去，欣书本工。因此弥善。

《齐书》曰：鱼复侯子响不道，帝以兵围之。有司奏绝子响属籍，赐为蛸氏。子响密作启数纸，藏妃王氏裙腰中，具自申明，云："轻舫还阙而不得见，此苦之深，唯愿矜之，无使竹帛，齐有反父之子，父有害子之名。"

《后魏书》曰：河间人齐与太武攻赫连昌，帝以微服入其城。齐固谏，不许，乃与数人从帝入城内。既觉，诸门悉闭，帝及齐等因入其宫中，得妇人裙，系之槊，帝乘而上，因此得拔，于齐有力焉。

《北齐书》曰：世祖为胡皇后造真珠裙，积所费不可胜计。后被火烧之。

《晋东宫旧事》曰：皇太子纳妃，有绛纱复裙，绛碧结绫复裙，丹碧纱纹双裙，紫碧纱纹双裙，紫碧纱纹绣缨双裙，紫碧纱縠双裙，丹碧杯文双裙。

《山陵故事》曰：梓宫有缃绛双裙，无腰。

《晋宋旧事》曰：崇进皇太后为太皇太后，有绛碧绢双裙，绛绢褥裙，缃绛纱复裙，白绢裙。

《四王起事》曰：惠帝还洛阳，得鹿犊车一乘，以单帛裙为帏。

《河东记》曰：西河无蚕桑，妇女着碧缬裙，上加细布裳。

《秦州记》曰：妇人着裙，制乃三十余幅。

崔鸿《十六国春秋·后赵录》曰：孟卓字君伟，少修苦之志，着单裙，十年不换。

《西京杂记》曰：赵飞燕为皇后，其女弟上织成□裙。

《列女传》曰：梁鸿妻孟光，布裙荆钗。

《汝南先贤传》曰：戴良嫁五女，皆布裙，无缘裙四等。

《真人内传》曰：南极夫人被锦，服青羽裙。

《俗说》曰：车武子妇大妒，夜恒出掩袭车。车后呼其妇兄颜熙夜宿共眠，取一绛裙挂着屏风上。其妇果来，拔刀径上床，发欲刃床氏人。定看，乃是其兄，于是惭羞而退。

繁钦《定情诗》曰：何以合欢欣，纨素三条裙。

束皙《近游赋》曰：着紫裙之裨莅。

又曰：帽有四角之隆，裙有三条之杀。

裈

《晋书》曰：王澄之荆州，送者倾城，澄脱衣，着犊鼻裈，上树取鹊鷇音寇旁若无人。

《晋记》曰：客诣刘伶，值其裸袒，因责伶。伶笑曰："吾以天为屋，以屋为裈，诸君不当入，何怨乎？"

《宋书》曰：桂阳侯义融孙冕字茂德，性庸鄙，为郢州刺史，暑月露裈上厅事。

《齐书》曰：郁林王常裸袒，着红縠裈。

《梁书》曰：周弘正善玄理，为当世所宗。藏法师于开善寺讲说，门徒数百。弘正年少未知名，着红裈锦绞髻，踞关而听，众人蔑之，弗谴也。既而乘闲进难，举坐尽倾。法师疑非世人，觇知，相赏狎。弘正后为左民尚书，夏月着犊鼻裈，衣朱衣，为有司所奏弹。其放达如此。

又曰：吉士瞻，少时尝于南蛮国中掷抟，无裈褰露，为侪辈所侮。及平鲁休烈军，得绢三万匹，乃作百裈，其外并赐军士，不以入室。

又曰：谢几卿性通脱，在省署夜着犊鼻裈，与门生登阁道，饮酒酣呼，为有司纠奏，坐免。

《西京杂记》曰：司马相如初与卓文君至成都，遂相谋还成都卖酒，相如自着犊鼻裈涤器，以耻王孙也。

《世说》曰：范宣洁行廉约。韩伯字康伯，为豫章太守，遗百匹绢不授，减五十匹复不授。如是减半，遂至一匹，既终不授。韩后与范载，就车中裂二丈与范，云："人宁可使妇无裈耶？"范笑而授之。

阮籍《大人先生传》曰：群虱之处裈，逃于深缝，自以为吉宅。君子之处城中，何异虱处裈中乎？

《竹林七贤论》曰：诸阮皆儒学富财，唯阮咸好酒，家贫。俗七月七日晒衣，诸阮庭中并列绨锦，咸以长竿挂犊鼻布裩。人问之，曰："未免能俗，聊复尔尔。"

《语林》曰：桓宣武性俭，着故裈，上马不调，裈败，五形遂露。

太平御览卷第六百九十七 服章部十四

履

《释名》曰：履，礼也，饰足所以为礼。亦曰拘也，所以拘足也。复其下曰舃。舃，腊也。久立地湿，故复其下使干腊也。不借言贱易有宜，各自畜，不假借之也。齐人曰搏借，搏借犹把鲊，粗之貌也。曰粗，丝麻韦草，皆同名粗。粗，措也，言所以安措足也。

《说文》曰：履，足所依也。靸，小儿履也。鞮，革履也。

《广雅》曰：履紟谓之棋。

《世本》曰：于则作履扉。于则，黄帝臣。草曰扉，麻曰履也。

《方言》曰：丝作之，麻作之，不借组者谓之履。屦，朝鲜洌水之上谓之邛角，南方江沔之间总谓之粗，梁益谓之屣，或谓之紊。下几反，一音尽。履，其通语也。徐土邳圻之间今下邳。沂音沂。谓之叩角。緉緉，上两下爽。关之东西或谓之緉，或谓之緉，其通语也。

《史记》曰：张良尝游于下邳圯上，有一老父至良所，堕其履圯下，顾谓良曰："孺子，下取之。"父曰："履我。"良业为取履，因长跪进之。

又曰：东郭先生待诏公车，贫困饥寒，衣敝不完。行雪中，履屦有上无下，足尽践地，道中人笑之。

又曰：赵平原君使人于春申君，欲夸楚，为瑇瑁簪，刀剑之室饰以珠玉。而春申君客三千余人，其上客皆蹑珠履，赵使大惭。

又曰：淳于髡曰："杯盘狼籍，履舃交错。"

《汉书》曰：王莽好高冠厚履。

又曰：郑崇，哀帝擢为尚书仆射，数谏争，每见曳革履，上笑曰："我识郑尚书履声。"

《魏志》曰：曹公令曰："议者以祠庙当解履，吾授赐命带剑，不解履上殿。今有事于庙而解履，是尊先公而替王命，敬父祖而简君王也，吾不敢脱履上殿。”

《蜀志》曰：先主少孤，织履为业。曹公骂曰：“卖履舍长。”

又曰：刘琰妻胡入贺太后，后特留胡，经月乃出。胡有美色，琰疑其与后主有私，呼卒伍伯挞胡，以履挎面。胡具以言告，琰坐下狱。有司议曰：“卒非挞妻之人，面非授履之地。”琰竟弃市。

《晋书》曰：夜，武库火，累代之宝皆焚焉。孔子履、汉祖斩蛇剑、王莽头并失。

又曰：符健时霖雨，河水溢，蒲津监寇登得一履于河，长七尺三寸，内指迹长一尺，深三寸。

《续晋汉阳春秋》曰：江州刺史王弘造陶渊明，无履，从人脱履以给之，语左右为彭泽作履。左右请履度，渊明于众坐，伸脚令度。及履至，着而不疑。

《晋惠帝起居注》曰：帝还洛阳，至陵下谒，无履，取左右履着，下拜。

《赵纂》曰：佛图澄卒，葬后郭，门吏报石季龙云：“是师携一履西去。”季龙发其墓，唯见一履与一石。

《后魏书》曰：王遵业从容恬素，若处丘园。尝着穿履，好事者多毁新履以学之。

《宋书》曰：益州道士邵硕元徽二年忽告人云：“吾命终。”因卧而死。后人见硕在荆州上明，以一只故履缚左脚而行甚疾，遂不知所之。

《齐书》曰：高祖俭素，宫人尽令着紫丝履。太公金匮履之书曰：“行必虑正。”

《六韬》崇侯虎曰：“今周伯昌怀仁而善谋。冠虽弊，礼加于首；履虽新，法以践地，可及其未成而图之。”

又曰：昔帝尧王天下，黼衣絓履，不弊不更为也。

《晏子》曰：公问：“子近市，识贵贱乎？”时公繁刑，晏子曰：“踊贵履贱。”公愀然，遂缓刑。

又曰：景公为履，黄金之綦，饰以银，连以珠，良玉之约，其长尺。

又曰：景公为履，饰以金玉，服以听朝。履重，仆不能举之。问曰：“天寒乎？”晏子曰：“古之制衣服，冬轻而暖，夏重而清，金玉之履，是重而寒也。”公入彻履。

《孙卿子》曰：大布之衣，麄紃之履，可以养体也。

《庄子》曰：儒者，冠圆冠者知天时，履方屦者知地形。

又曰：曾子居卫，提衿而肘见，纳履而踵决。

《韩子》曰：郑人有欲买履者，先自度足而置其坐，往市而忘操之。见履，乃曰：“吾忘度足。”乃归取之，市罢，不得履。人曰：“何不试以足？”曰：“宁信度数，无自信也。”

又曰：文王履系解，视左右尽贤，无可使系者，因俯而系之。

又曰：鲁人身善织履，其妻善织缟，而徙于越。或谓之曰：“子必穷。履，饰足也，而越人跣；缟，为冠之也。而越人被发。欲不穷，可得乎？”

《贾子》曰：天子黑方履，诸侯素方履，大夫素圆履。

《贾谊书》曰：昔楚昭王与吴战，楚军败，昭王走，而履决，失之，行三十步复旋取。左右问曰：“何惜此一踦履乎？”王曰：“楚国虽贫，岂爱一踦履哉？恶与偕出弗与偕反也。”自是之后，楚国之俗无相弃者。

又曰：履虽鲜，弗加之于枕；冠虽弊，弗以苴履。

又曰：二世胡亥之为公子，曰：“诏置酒，享群臣。”召诸子赐食，先罢。胡亥下阶，群臣陈履，状善者因行践败而去，诸侯闻之者莫不太息。及二世即位，皆知天下必弃之。

《淮南子》曰：禹之趋时，冠挂而弗顾，履遗而不取。

《盐铁论》曰：古者庶人鹿菲草履，今富者韦沓丝履。

《风俗通·论数》曰：踦者，奇也，履舄之一也。

《梦书》曰：履袜为子，属体末也，若梦得履袜者，必有子息也，履者为男，袜者为女也。

《西京杂记》曰：赵飞燕为皇后，其弟上遗同心七宝綦履。

又曰：度安世年十五为成帝侍郎，常着轻丝履。

又曰：匡衡邑人有说《诗》者，衡从与语，质疑，邑人推服，到履而去。

《拾遗记》曰：穆王起春宵之宫，西王母来焉，纳丹豹文履。

魏武帝《遗令》曰：诸舍中可学作组履卖之。

又《内式令》曰：吏民多制文绣之服，履丝不得过降紫金黄丝织履，前于江陵得杂彩丝履，以与家约："当着尽此履。不得效作也。"

《晋令》曰：士卒、百工履色无过绿青白，婢履色无过红青，古侩古会切卖者皆当着巾，帖额题所侩卖者及姓名，一足着黑履，一足着白履。

《东宫旧事》曰：太子妃有绛地绞履一緉。

《汉旧仪》曰：乘与带七尺斩蛇剑，履虎尾约履。

徐乾《古履仪》曰：正会大司马问剑履上殿义，徐言所以，遂见从，着履上殿。时人见咸讥云："古无履，但有舄。今当着舄上殿，不宜着履。"案《周礼》天王赤舄黑舄，后素葛履。郑君注曰：复下曰舄，单下曰履，是则古有履也。蔡谟《答台符》分别履舄之名事曰：被符小会义注，侍臣剑履升殿。而挚虞《决疑》言剑舄履之名宜审。谨案：今时所谓履者，自汉前皆名屦。屦，《左传》曰："踊贵履贱。"《礼》曰："户外有二屦"，不言二履。贾谊曰："冠虽敝，不以苴屦。"亦不言苴屦。言履者，犹足所履践耳。《诗》云："纠纠葛屦，可以履霜。"舄者，一物之别名。履者，足践之通称。称先代以来优崇重臣，言剑履则包舄也。又大臣升殿，不唯朝会，或私觐独见，临时所着，不必是舄，故总言履，以明不跣而已。挚虞中朝宿臣，多识往行，亲睹其礼，退而书之，即是晋之故典令。《决疑》言舄者，书时事也。《仪注》言履者，举总名也。寻文总意，所称虽异，其制一也。

邓德明《南康记》曰：昔有卢耽仕州为治中。当元会，至晓不及朝，化为白鹄，至阁前回翔，欲下威仪。以帚掷之，得一双履，耽惊还就列，内外左右莫不骇异。时步骘为广州刺史，意甚恶之，便以状闻，遂至诛灭。

《荆州记》曰：兴安水边平石上有石履。

《搜神记》曰：宫亭湖孤石，有一估客下都经其下，见二女子，云："可为妾买两緉丝履，自厚相报。"估客至都，与置之，并一箱，置履在内，留庙中去。兼一书一刀，忘而和留之。及下去，乘舟，忽有鲤鱼跃入，剖之，得刀与书。

《幽明箓》曰：晋太宁元年，馀杭人姓王，失其名，往上舍，过庙乞福。既去亡履，已行五六里，懒复更反取。一白衣人持履后至，云："宫使还君。"化为鹄，飞入田中。

《列仙传》曰：啸父，冀州人，在曲周市补履，数十年不老，人奇之。

又曰：昭帝既葬钩弋夫人，空棺无尸，但有丝履。

《列异传》曰：胡母班为太山府君，赍书诣河伯，贻其青丝履，甚精巧也。

《汉武内传》曰：七月七日，西王母降，履玄琼凤文之舄。

《列女传》曰：翟方进学于京师，后母怜其幼，随之长安，织履以给之。

皇甫谧《高士传》曰：陈仲字子终，自齐适楚，楚王欲以为相，其妻子曰："家织履以食，淡然而无为，乐在其中矣。"谢使者。

秦嘉《与妇淑书》曰：今枉虎龙组缇履一緉。

高文惠妇《与文惠书》曰：今聊奉组生履一緉，

曹植《贺冬表》曰：献白文履七緉，袜百副。

崔寔《四民月令》曰：八月制韦履，十月作白履。

刘桢《鲁都赋》曰：纤纤丝履，灿烂鲜新。表以文组，缀以朱蠙。

曹植《洛神赋》曰：践远游之人履，曳霜绡之轻裙。

古乐府诗曰：君子防未然，不处嫌疑间。瓜田不纳履，李下不正冠。

张华《轻薄篇》曰：足下黄金履，手中双莫邪。

甄述女诗曰：足蹑承云履，丰趺皜春锦。

古诗曰：头上金钗十二行，足下丝履五文章。

傅玄《履铭》曰：戒之哉，念履正，无履邪。正者吉之路，邪者凶之征。

贾谊《吊屈原文》曰：章甫荐履，渐不可久。嗟若先生，独离此咎。

舄

崔豹《古今注》曰：舄，以木置履下，干腊不畏泥溺也。

《方言》曰：履中有木者谓之复舄，自关而东谓之复履。其上单者谓之宛，下单谓之鞮。

《诗》曰：公孙硕肤，赤舄几几。

又《南有嘉鱼·车攻》曰：赤芾金舄。笺云：金舄，黄朱色也。

《周礼·天官下》曰：屦人掌王及后之服屦，为赤舄、黑舄、赤繶、黄繶、青句、素屦、葛屦。郑玄曰：王吉服有九，舄有三等，赤舄为上冕服之舄也。王后亦服六，唯祭服有舄。郑司农云：赤繶、黄繶，黄繶以黄赤云丝为下缘。繶音忆。

《左传》曰：楚子次于乾溪，雨雪，王皮冠、秦履复陶。秦所遗羽衣也翠被以翠羽饰被、豹舄，执辈馛出。

《三礼六服图》曰：王后翚衣玄舄、揄翟赤舄，鞠衣着履。鞠衣以下皆履之。

《三礼图》曰：复下曰舄，单下曰履，夏葛冬皮也。

《说苑》曰：襄成君始封之时，衣翠衣，带玉珮玉剑，履缟舄。

《曲论》曰：中常侍张让子奉为太医令，与人饮酒，辄掣引衣掌，发露形体，以为戏乐。将罢，又乱其舄履，无不颠倒。

《汉武内传》曰：西王母履文凤之舄。

《列仙传》曰：安期先生，琅琊阜乡人。秦始皇请见，与语三日三夜，赐金璧千万，出于阜乡，皆置去，留书，以赤玉舄一枚以报。

《拾遗箓》曰：秦王子婴寝于望夷宫，夜梦有人长丈，须、鬓绝青，纳王舄而乘丹车，告云："天下当乱。"王乃杀赵高。所梦则始皇之灵，所着则安期所遗者。

《列仙传》曰：黄帝葬桥山，山崩无尸，唯剑舄存。

《冲波传》曰：足履万钱之舄，漂如日光，宛如游龙。

《风俗通》曰：孝文身履革舄而衣弋绨。

又曰：俗说明帝时，尚书郎邺令王乔每月朔常诣台朝。帝怪其来数而无车，密令太史候望，言其临至时，常有双凫从东南飞来。因举罗，得一只舄，使上方识，是四年中所赐尚书履也。

杜氏《幽求》曰：褒衣博带，高冠厚舄，珮以珠玑，结之缨蕤。

陈思王《七启》曰：金华之舄，动趾遗光。

袜

《说文》曰：袜，足衣

《释名》曰：袜，末，在脚也。

《左传》曰：卫侯与诸大夫饮酒，褚声子袜而登席，公怒。

《帝王世纪》曰：武王伐纣，行至商山，袜系解。五人在前，莫肯系，皆曰："臣所以事君，非为系袜。"

《汉书》曰：中山王来朝，成帝赐食。后饱，起下，袜系解。成帝以为不能而贤定陶王。

又曰：景帝时，王生者善为黄老言。尝召居廷中，公卿尽会。张释之为廷尉，王生顾曰："吾袜解，为我结袜。"释之跪而结之。人或让王生："独奈何辱张廷尉如此？"王生曰："吾老且贱，自度终亡益于张廷尉。方今天下名臣，吾故聊使廷尉跪结袜，欲以重之。"诸公闻之，贤王生而重释之。

《东观汉记》曰：和帝召诸儒，侍中贾逵、黄香相难。罢朝。特颁赐履袜。

《文子》曰：均为缟也，或为冠，或为袜则履之。

又曰：文王伐崇，至凤凰之墟而袜系解。文王自结之，太公问焉。文王曰："吾闻亡君所与处尽其役，寡人虽不肖，所与处皆先君之人也。故无令结之。"《汉旧仪》曰：凡斋玄豹袜，耕用青袜。

《会稽典篆》曰：贺劭为人美容止，与人交久益敬之，在官府常着袜，希见其足。

崔浩《女仪》曰：近古妇以冬至日进履袜于舅姑。

张衡《南都赋》曰：罗袜蹑迹而容与。

曹植《洛神赋》曰：凌波微步，罗袜生尘也。

皇甫规《与马融书》曰：谨上袜一量，以通微薄。

秦嘉妇《与嘉书》曰：今奉细布袜二量。

高文惠妇《与文惠书》曰：今奉织成袜一量。

曹植《贺冬表》曰：献袜七量并为《袜颂》曰："玉趾既御，履和蹈贞。行与篆迈，动以福并。"

后汉崔骃作《袜铭》

太平御览卷第六百九十八 服章部十五

屦

《释名》曰：屦，拘也，所以拘足也。

《说文》曰：屦，履也。一曰鞮也。

《诗》曰：葛屦五两，冠绥双止。葛屦，服之贱者也。冠绥，服之尊者。笺云：以喻不宜同处。

又《葛屦》曰：纠纠葛屦，可以履霜。夏葛屦，冬皮屦，莫非所以履霜。

《周礼》曰：屦人掌王及后之服覆，为赤舄、黑舄，赤繶、黄繶、青句、素屦，葛屦。复下曰舄，单下曰履。古人言屦以通于复，今人吉屦以通于单，句当为絇，赤繶黄繶，以赤黄之丝为下绿也。辨外内命夫命妇之屦，功屦、散屦。功屦，次命屦。散屦，去饰着。

《大戴礼》曰：入于户，未尝越屦，是高柴之行也。

《礼》曰：侍坐于长者，屦不上堂。解屦，不敢当阶就屦，跪而举之，屏于侧，向长者而屦，跪而迁屦，俯而纳屦。

又曰：户外有二屦，言闻则入，言不闻则不入。毋践屦，毋踖席。

又曰：国家靡敝，君子不履丝屦。

《左传》曰：齐侯游于姑棼，遂田于贝丘，见丘，齐也。见大豕。从者曰："公子彭生也。"公怒曰："彭生敢见，射之！"豕人立而啼，公惧，坠于车，伤足丧屦，反诛屦于徒人费，弗得，鞭之见血。

又曰：楚子使申舟使于齐曰："无假道于宋。"及宋，华元曰："过我而不假道，鄙我也。鄙我，亡也，亡一也。"乃杀之。楚子闻之，投袂而起，屦及于窒皇，剑及于寝门之外。

又曰：齐晋战于鞍。郄克伤于矢，流血及屦，未绝鼓音。

又曰：吴伐越，越子御之，大败之。灵姑浮以戈击阖庐，灵始浮，越大夫。阖庐，吴王。伤将指，取其一屦。其足大指见斩，遂失履，姑浮取之。

《谷梁传》曰：公弟叔盻，其曰弟叔盻，贤之也。宣公杀赤而非之。宣公杀子赤，叔肸非责云。织屦而食，终身不食宣公之食。

《孟子》曰：许行自楚之滕，其徒数十人，皆衣褐，捆屦织席以为食。捆音阃，犹叩极椓也。织履欲使坚，故叩之。卖履席以供饮食也。

屐

《释名》曰：屐，搘以践泥也。为双足搘以践泥也。帛屐作之如屩者也，不曰帛屩而曰帛屐者，屩不可以践泥，屐可以践泥也，故谓之屐。

《汉书》曰：袁盎使吴，吴王使围守之。乃刀决帐直出，屐行七十里。

《东观汉记》：范升奏云："伏见太原周党、东海王良、山阳王戎，使者三到，乃肯就车，脱衣解屐，升于华毂。"

《晋书》曰：宣王初欲追诸葛于关中，多蒺藜，乃使军吏二千人着软材木屐前行，然后卒进焉。晋宣帝杂教云："当预作太平木屐遇践，时有蒺藜屐行，蒺藜悉着屐底。"

又曰：谢安遣弟石及从子玄征符坚，所在克捷。安方对客围棋，有驿书到。棋毕，还内过户限，心喜，不觉屐折齿。

又曰：王述性急。当食鸡子，以箸刺之，不得，便怒掷于地。鸡子圆转不止，便下以屐齿踏之，不得，嗔甚，掇口中，嚼而吐之。

又曰：祖约好财，阮孚好着蜡屐，同是累而未判其得失。有诣约，见正料财物，客至屏当不尽，余两小簏，着背后倾身障之，意未能平。或有诣阮，见正蜡屐，因叹曰："未知一生当着几量屐。"神色闲畅。于是胜负始分。

又曰：石勒击刘曜，使人着铁屐施钉登城。

《晋中兴徵祥说》曰：旧为屐者，齿皆达，名曰露卯。泰元中忽不复彻，名阴卯，亦服妖也。识者以为卯，谋也，必有阴谋。烈宗末，骠骑参军袁悦之始有阴谋之事，及隆安遂致大乱。

《宋书》曰：谢灵运好山水，寻山陟岭，必造幽峻。岩嶂数十重，莫不备尽登蹑。常着木屐，上山则去其前齿，下则去其后齿。

又曰：虞玩之，高帝镇东府，朝廷致敬。玩之为少府，犹跻屐造席。高帝取屐视之，讹黑钉锐，萎断，以芒接之。问曰："卿此屐已几载？"玩之曰："初释褐，拜征北行佐买之，着已三十年，贫士竟不易办。"高帝咨嗟，因赐以新屐，玩之不授。问其故，答曰："公之赐，恩华俱重，但蓍簪弊席复不可遗，所以不敢当。"帝善之。

又曰：刘凝之有尝认其着屐，笑曰："仆着已败，今家中觅新者偿君。"此人后田中得所失，送还，不肯复取。

《齐书》曰：沈麟士，昔尝行路，邻人认其所着屐。麟士曰："是卿屐耶？"即跣而反，邻人得屐，送前者还之。麟士曰："非卿屐耶？"笑而授之。

萧子显《齐书》曰：襄阳有盗发古冢者，传云是楚王冢，获玉屐玉屏风。

《梁书》曰：范廉为吴兴太守，广陵高爽有俭薄才，客于廉，委以文记。爽尝有求不遂，乃为屐断以喻廉，曰："刺鼻不知嚏，踏面不知瞋。啮齿作步数，持此得胜人。"讥其不计耻辱，以此取名位。

《论语隐义注》曰：孔子至蔡，解于客舍。人夜有取孔子一只屐去，盗者置屐于授盗家。孔子屐长一尺四寸，与凡人屐异。

《孔丛子》曰：孔穿振方屐见平原君。

《宗元嘉起居注》曰：刘祯弹广州刺史韦朗赃，有白荆屐六七十量。

《风俗通》曰：延嘉中，京师长者皆着木屐，妇女始嫁，作漆画屐，五色彩为系。后党事起，九族俱系，妇人桎盖木屐之象。

《世说》曰：王子敬兄弟见郄公，蹑屐问讯，甚修外生礼。及嘉宾死，着高屐，仪容轻慢。每命坐，皆云："有事不暇坐。"郗公慨然曰："若使嘉宾不死，鼠辈敢尔？"

《语林》曰：郑玄在马融门下，业成，辞归，融心忌之。郑玄亦疑有追，乃坐桥下，据屐。融果转式逐之，告左右曰："玄在上，下水上而据木，此必死矣。"遂罢追矣，竟以免。

《华阳国志》曰：何随家养竹人盗其笋。随行见，恐盗者觉，挈屐而归。

皇甫谧《高士传》曰：袁闳字夏甫，汝南人也。筑室于庭，首不着布，身无单衣，足着木屐。

《汝南先贤传》曰：戴良嫁女，布裳木屐。

《秦记》曰：符健皇始四年，新平县有长人见，语民张靖曰："符氏应天授命，当太平。"健以为妖妄，下靖狱。是月，河渭浦津坂监寇登于河中得只屐，长七尺三寸，称履，五指长尺余，指尺深寸。登以献健，因赦靖。

刘欣期《交州记》曰：赵妪者，九真军安县女子，乳长数尺，不嫁。入山聚群盗，常着金擒踶屐。

庾仲雍《荆州记》云：刘盛公，枝江人。桓司空临州与上佐游于灵溪。盛公诣市还，着皂盖布裙，以杖荷屐诣桓司空。

《神仙传》曰：左慈见孙讨逆，着鞭驱马，慈着木屐，策杖徐步。然终不能及，乃止。

《搜神记》曰：昔作屐，妇人圆头，男子方头。盖作意欲别男女也。太康妇人皆方头屐，与男无别。

《集异记》曰：广平游先期妄见一人着赤袴褶，知是其魅，乃以刀斫之，乃死。良久方变，是所常着履。

《异苑》曰：介子推逃禄隐迹，抱树烧死。文公拊木哀嗟，伐而制屐，每怀割股之功。俯视其屐曰："悲乎！足下。"足下之称，将起于此。

又曰：丹阳县有梅姑庙。姑生时有道术，能着屐行水上，后负道法。婿怒杀之。投其尸于水上，乃随波流漂，至今庙处。晦望之日，时见水雾中暧然有屐。

《梦书》曰：粗屐为使令卑贱类也，梦得粗屐，得僮使也。

王褒《僮约》曰：持斧入山，断輮裁辕。若有余材，当作俎几、木屐。

屣

《说文》曰：屣，鞮属也。鞮，革履也。

《史记》曰：汉孝武帝云："使朕诚得如黄帝，视弃妻子如脱屣耳。"

《魏志》曰：王粲字仲宣，蔡邕见而奇之。宾客盈坐，闻王到，倒屣迎之。

《后汉书》曰：皇甫规有当世重望。乡人有行贿为郡守，谒规。规卧不起。闻王符至，遂倒屣而迎。

《春秋后语》曰：魏太子击逢文侯之师田子方于朝歌，朝歌，纣之所都，今卫州地。引车避，下谒之。田子方不为礼，太子击因问曰："富贵者骄人乎，贫贱者骄人乎？"子方曰："贫贱者骄人耳，夫诸侯而骄则失国，大夫而骄则失家，富贵者安敢骄人？贫贱骄人耳，行不合，言不从，则去之楚越，若脱屣然。"太子不怿而去。

《淮南子》曰：尧之有天下也，年衰志闵，举天下而传之舜，犹却行而脱屣。

《孟子》曰：舜视弃天下犹弃敝屣也。

《世说》曰：何晏为吏部尚书。王弼未弱冠，往见之，晏倒屣迎之。

鞾与靴同

《释名》曰：鞾，本胡服也，赵武灵王始服之。

《北齐书》曰：郑太妃初与神武避葛荣，同走并州。负困，燃马屎，自作鞾。

又曰：任王谐为并州刺史。有妇人临汾水浣衣，有乘马人换其新靴而去。妇人执故靴诣州言之。谐召城外诸妪，以靴示之，给曰："有乘马人于路被贼劫害，遗此靴焉。得无亲属乎？"一妪抚膺哭曰："儿昨着此靴向妻家。"如其语，捕获。一时称明察。

《后魏书》曰：有人遗赵柔鞾数百枚，柔与子善明鬻之于市。有人从柔买，柔索绢三十匹。有商人知其贱，与柔三十匹。善明欲取之，柔曰："与人交易，一言便定，岂可以利动心也？"遂与之。

《唐书》曰：建中初，赠司徒沈易良之妻崔氏，即太后之季父母也。上见之，方屣而鞾。

《邺中记》曰：石虎皇后出，女骑千人，皆着五彩织成靴。

《列仙传》曰：仙人文宾，太丘人也，卖靴为业。

魏武《与杨彪书》曰：今足下织成靴一量。

慕容晃《与顾和书》曰：今致绣靴一量。

傅咸《表》曰：凉州民先辨靴，从军之物，然后作衣。

屩音脚

《说文》曰：屩，屐也。

《释名》曰：屩，草屦也。出行着之，屩轻便，因以为名也。

《春秋后语》曰：赵相虞卿蹑屩檐簦来说孝成王，一说，赐白璧一双、黄金百镒。再见，拜为上卿，故号虞卿。

谢承《后汉书》曰：江夏刘勤字伯，家贫，作屩供食。常作一量屦，断，勤置不卖，出行。妻卖以籴米，勤归炊熟，怪问："何所得米？"妻以实告。勤责曰："妻卖毁物，欺取其直也。"因弃不食。仕至司徒。

《宋书》曰：刘敬宣尝夜与僚佐宴。空中有投一只芒屩于坐，坠敬宣食盘上，长三尺一寸，已经人着，耳鼻间并欲坏。顷之，敬宣参军司马道赐反，敬宣为其所害。

又曰：张畅在彭城，为魏太武所围，太武遣李孝伯至城，欲与畅语。李伯曰："君南土膏粱，何为着屩？君而着此，使将士云何？"畅曰："膏粱之言武，诚为愧，但以不武授命，统军戎阵之间，不容缓服。"

《齐书》曰：沈瑀为馀姚令。瑀初至，富吏皆鲜衣美服，自彰别。瑀怒曰："汝等下县吏，何得自拟贵人？"悉使着芒屩粗布，侍立终日。足有蹉跌，辄加榜捶。

又曰：褚彦回幼有清誉。宋元嘉末，魏军逼瓜步。百姓咸负担而立。时父湛之为丹阳尹，使其子弟并着芒屩，于斋前习行。或讥之，湛之曰："安不忘危。"彦回时年十余，甚有惭色。

《梁书》曰：侯景即位，童谣曰："脱青袍，着芒屩，荆州天子定应着。"

又曰：何点方尚书乘柴车，蹑草屩，恣心所适，致醉而归。

《陈书》曰：沈众，武帝时兼起部尚书，监起太极殿，恒卧布袍，芒屩以麻绳为带。朝士咸共诮其所为。

《唐书》曰：孟元阳起于陈许军中，理戎整肃。曲环使主屯作西华，元阳芒屩立稻田中，须役者退而方去。

《风土记》曰：美朱爽之轻履，蔑龙舄之文章。爽，藤也，赤色，缘木而长，大如箭竿。越人以为屩，经以青芒，行山草，便于用靴，故越人重之。

《搜神记》曰：元康之末至太安之间，江浦之域有败屩自聚于道，多或至四五十两。人散去之，投林草中。明日视之，悉复矣。民或云："见狸衔而聚之。"世之所说屩者人之贱服，而当劳辱下民之象也。败者疲敝之象也。道者，地理四方所以交通，王命所由往来也。今败屩聚于道者，象下民疲病，将相聚为乱，绝四方而壅王命。

《临海水土记》曰：屩鱼长一尺，状如屩形。

《俗说》曰：刘真长少时居丹徒，家至贫。剧方回数出南射堂射。刘往市卖屩，路经射堂边。过人无不看射，刘过初不回顾。方回异之，遣问信。答云："老母朝来未得食，至市货屩，不得展诣。"后过，剧呼之，使与共语，觉其佳。

《笑林》曰：南方人至京师者，人戒之曰："汝得物唯食，慎勿问其名也。"后诣主人，入门内。见马矢便食，恶臭，乃步进，见败屩弃于路，因复嚼，殊不可咽，顾伴曰："且止，人言不可皆信。"后诣贵官，为设馔。因相视曰："故是首物，且当勿食。"

屟音燮

《宋书》曰：袁粲为丹阳尹，步屟白阳郊野间。遇一士人，便呼与饮。明日，此人谓被知，到门求进。粲曰："昨饮酒无偶，聊相要耳。"竟不与相见。

《齐书》曰：江泌字士倩，济阳人也。少贫，好学书，则斫屟为业，夜则读书随月光，光斜则握卷升屋。

《梁书》曰：临川王宏，奢侈过度，后庭数百十人，皆极天下之选，所幸江无畏服玩侔于齐东昏潘妃，宝屟直千万。

太平御览卷第六百九十九 服用部一

账

《释名》曰：帐，张也，张施于床氏也。小帐曰斗，形如覆斗也。

《尔雅》曰：帱谓之帐。

《史记》曰：丞相公孙弘燕见，上或时不冠。至如汲黯，不冠不见也。上尝坐武帐中，黯前奏事，上不冠，望见黯，避帐中，使人可其奏。其见敬礼如此。

《汉书》曰：东方朔曰："陛下诚能用臣朔之计，推甲乙之帐，甲乙，帐名。瓒曰：造甲乙之帐，缀以随珠。燔之于四达之衢。"

《东观汉记》曰：冯鲂，永平中，上行幸诸国，敕鲂车驾发后将缇骑宿玄武门复道上，诏："南宫复道，多恶风寒，老人居之且病痱苦。音肥。风病。内者多取帷帐，东西竟塞诸窗，望令致密。"

《汉官仪》曰：祭天有绀幄帐。

《魏略》曰：大秦国金织成五色帐，又以明月夜光珠为帐。

又吴时《外国传》云：斯条国王作白珠交结帐。

《魏志》曰：吕布将辞袁绍还洛，绍欲杀之。明日，当发，绍遣甲兵三十人，辞以送布。布使止于帐侧，伪使人于帐中鼓筝。绍兵卧，布无何出去而兵不觉。夜半，兵起，乱斫布床被，谓为已死。明旦，绍讯问，知布尚在。事见《乐部》。

又曰：太祖帷坏即补纳。

又曰：典韦拜都尉，太祖引置左右将亲兵数百人常绕帐，昼立侍终日，夜宿帐左右。

又曰：曹爽从帝朝高平陵，司马宣王语弟孚曰："陛下在外，不可露宿。送帐幔诣行在所也。"

《吴志》曰：蒋钦字公奕，拜左护军。权尝入其内，母疏帐缥被。

权叹其贵而守约，敕御府为母作锦被段易帷帐。

《晋令》曰：锦帐为禁物。

《晋后略》曰：张方兵入洛，御宝、织成、流苏、武帐，皆割分为马鞯矣。

《晋令》曰：元帝时，有奏太极殿施绛帐。帝诏曰："汉文以上书皂囊为帷，冬可青布，夏青疏。"

又曰：桓玄小会，于西堂殿施绛绫帐，镂黄金龙衔五色羽葆流苏。群臣切相语曰："此颇似輀车，亦王莽仙盖之流。"

沈约《宋书》曰：高祖围广固，夜忽有鸟，大如鹅，苍黑色，飞入高祖帐中。胡蕃起贺曰："苍黑，胡虏之色。胡虏归我，大吉之祥也。"明旦攻城，陷之。

《齐书》曰：高祖俭素，内殿施黄纱帐。

又曰：吐谷浑王河南，其国多善马，有屋宇，杂以百子帐，即穹庐也。

《隋书》曰：炀帝北巡，欲夸戎狄，令宇文恺为大帐，其下坐数千人。帝大悦，赐物千段。又造观风行殿，上容侍卫者数百人，离合为之，下施轮轴推移，倏忽有若神功。戎狄见之，莫不惊骇。

《唐书》曰：高祖时吴王杜伏威献竹帐，上以劳人不授。

又曰：始毕可汗衙帐无故自破，高祖曰："此何祥也？"内史令萧瑀进曰："昔魏文帝幸许昌，城门无故自坏，帝恶之而返，其年文帝崩。始毕帐坏，即其类也。"高祖然之。

《抱朴子》曰：蔡伯喈到江东，得《论衡》。中国诸儒觉其谈论更远，嫌得异书。求其帐中隐处，果得之。

《傅子》曰：太祖武皇帝魏武帝愍嫁娶之僭上，公主适人不过皂帐。

《郭子》曰：许侍中、顾司空俱作王丞相从事，常夜在丞相许戏，二人欢极，丞相便使入己帐中眠。顾至晓，犹展转不得熟寐，许上床便大鼾。丞相语诸客曰："此中亦是难眠处耳。"

《东宫旧事》曰：皇太子纳妃，有熟绛绫帐绛绢幄。

又曰：东齐夏施乌纱单帐，四率坊、洗马坊乌练帐。

《三辅事》曰：秦时奢侈，绨帐绮绣，土被朱紫。

《汉武故事》曰：上以琉璃珠玉明月夜光，杂错天下珍宝为甲帐，其次为乙帐。甲以居神，乙以自居。

桓谭《新论》曰：李少君置武帝李夫人神影于帐中，令帝观见之。

《燕丹太子》曰：秦始皇置高渐离于帐中击筑。

又时《外国传》曰：斯调王作白珠交结帐、金床氏天竺佛精舍。天竺王见珠圆好，意欲留焉，臣下谏，乃止。

《拾遗箓》曰：蜀先王甘后坐于白绡帐中，于外望之，如月下聚雪。

《益都耆旧传》曰：翟酺上事云："汉文帝连上事书囊以为帐，恶闻纨素之声。"

《神仙传》曰：茅君当授神灵之职，众宾皆至。忽然有素缣帐于屋下，敷数重白毡，金案玉杯，人皆饱醉。

又曰：茅君仙去，民为立庙，茅在帐中与人言。

《邺中记》曰：石虎御床辟方三丈，冬月施熟锦流苏斗帐，四角安䃂囮龙头衔五色流苏。或用青绨光锦，或用绯绨登高文锦，或用紫绨大小锦，絮以房子绵百二十斤，白绨为里，名为里复帐。帐四角安纯金银凿金香炉，以石墨烧集和名香。帐顶上安金莲花，花中悬金薄织成碗囊。春秋但锦帐，表以五色，总为夹帐。夏用纱罗或綦文丹罗，或紫縠文为单帐。

邓德时《南康记》曰：阳道士葬岩室，经数年，尸犹俨然葛帐覆之。

《幽明箓》曰：晋朱黄祖奉亲至孝。母病笃，天汉开明，有一老翁将小儿持箱自通，即以两丸药赐母，服之，患顿消，因停宿。夜中厅事上有五色气祭天，琴歌清好。祖往视之，翁坐斗帐裹，四角及顶上各有一大珠，形如鹅子，明彩炫耀。

《马融别传》曰：融为通儒，善鼓琴，好吹笛。达生任性，不拘儒者节，居宇器服多在侈饰。常坐高堂，施绛纱帐。前授生徒，后列女乐，弟子次相传授，鲜有入其室者。

《风俗通》曰：灵帝好胡服帐，京师皆竞为之。后董卓拥胡兵掠宫掖。

《语林》曰：刘植诣石崇，如厕，见有绛文帐大床，茵褥甚丽。不得行，乃更如他厕。

《俗说》曰：桓玄在南州，妾当产，畏风，应须帐。桓曰："不须作帐，可以到夫人故帐与之。"

《世说》曰：郄超为桓温参军。时谢安王坦之尝诣温，温令超帐中卧听论事，风动帐开，见超。安笑曰："郗生可谓入幕之宾矣。"

又曰：卞范为丹阳，羊孚于南州暂还。往卞许云："卞疾动不堪坐。"卞便开帐裈褥，羊迳上卞大床，枕入被下，乃回坐倾睐，移辰达暮。羊去，卞执手，曰："我弟一理其卿，卿莫负我。"

魏武《遗令》曰：吾与妓女皆着铜雀台上，施六尺床练帐。月朝十五，辄向帐作乐。

古诗曰：红罗复斗帐，四角垂香囊。

柴子大《七折》曰：锦衾内设，罗帱缋帐也。

较型《别赋》曰：春宫闷此青苔色，秋帐含兹明月光。

孔稚珪《北山文》曰：蕙帐空兮夜鹤怨，山人去兮晓猿惊。

《离骚》曰：翡翠羽帐饰高堂。

刘玄《休诗》曰：罗帐延秋月。

幔

《说文》曰：幔，幕也。

《释名》曰：幔，幔相连缀之言也。

《广雅》曰：幔，掩也。

《东观汉记》曰：岑彭与吴汉围隗嚣，壅谷水，以缣幔盛土为堤灌城。

《宋书》曰：晋安王子勋叛逆，取所乘车除脚以为辇。其夕有鸮集其幔。

《梁书》曰：曹景宗为扬州刺史，性躁动，不能沉默。出行常欲褰车帷幔，左右辄谏以位望隆重，人所具瞻，不宜然。景宗谓所亲曰：

"我昔在乡里平泽中逐獐，数肋射之，此乐使人忘死，不知老之将至。今来扬州作贵人，动转不得，路行开车幔，小人辄言'不可开'，置车中如三日新妇，此悒悒使人无气。"

又曰：柳惔音谈甚重妇，颇成畏惮。性爱音乐，女妓精丽，略不敢视。仆射张稷与惔狎密，而为惔妻所敬。稷每诣惔，必先相闻夫人。惔每欲见妓，但因稷请奏。其妻隔幔坐，妓然后出，惔因得留目。

《六韬》曰：将冬不服裘，夏不操扇，天雨不张帐盖，名曰礼。将不躬礼，尾馥知士卒寒暑也。

《军令》曰：战时皆取缸上布幔布衣渍水中，积聚之，贼有炬火、火箭，以掩灭之。

《拾遗箓》曰：周穆王时鸾章锦幔者，摩连国献焉，锦文如鸾翔。

又曰：吴主赵夫人巧妙无双，权居昭阳宫，倦暑，乃褰紫绡之帷。夫人曰："此不足贵也。"权使夫人厝其思焉。答曰："妾欲穷虑尽思，能使下绡帷而清风自入，视外无有蔽碍。列侍者飘然自凉，若驭风而行。"权称善。夫人乃析发，以神胶续之。神胶出郁夷国，接弓弩之弦，百绝百续。乃织为罗縠，累月而成，裁之为幔。内外视之，飘飘如烟气，轻动而房内自凉。时权尚军旅，常以此幔自随，以为征幕。舒之则广纵一丈，卷之内文漆枕中，谓之"丝绝"。

《秦记》曰：苻坚以太常韦逞母宋传其父业，得《周官音义》，乃就家立讲堂。书生百人，隔纱幔而授业焉。

《陆机别传》曰：机梦黑幔绕车，手决不开，至明见诛。

《世说》曰：庾太尉亮有儿，年数岁，温太真常隐幔怛之。怛，惊也。此儿神色恬然，乃徐跪曰："君侯何以为论者？"乃谓："不减亮。"

王融《咏幔诗》曰：幸得与珠缀，幂历君之楹。日映不辞卷，风来辄自轻。每聚金炉气，时驻玉琴声。但愿置樽酒，兰釭当夜明。

幌《说文》作榥

《说文》曰：榥，帷，屏风之属。

《晋惠帝起居注》曰：有云母幌。

《邺中记》曰：石虎太武殿西有昆华殿，閤上辄开大窗，皆绛纱幌。

华延隽《洛阳记》曰：洛阳城十八观，皆笼云母幌。

帱

《说文》曰：帱，单帐也。

谢承《后汉书》曰：黄昌夏多蚊，贫无帱，佣债为作帱。

又曰：羊续为庐江太守，卧一幅布帱，帱穿败，糊纸补之。

《淮南子》曰：楚将子发求伎道之士，楚有善为偷者，愿以伎自效，子发礼之。后齐伐楚，偷乃夜解齐将之帱，献之子发，因复还之，齐将惧而退。

《楚辞》曰：翡翠帱高堂，纱版玄玉梁。

又曰：翡翠珠被齐光弱，被，烂衾。阿拂壁罗帱张？“

马融《广成颂》曰：张云帆，施霓帱。

曹植《九咏》曰：蕙帱兮荃床。

床幨

《通俗文》曰：障床曰幨沧芪切。

《释名》曰：床前帷曰幨。幨，垂也。

《东宫旧事》曰：皇太子纳妃，有箓石绮绢裹床幨二。

青庐

《世说》曰：魏武帝少时常与袁绍，好为游侠。观人新婚，因潜入主人园中，夜叫呼云：“偷！”青庐中人皆出观。帝乃抽刀劫新妇，与绍还出。失道棘林中，绍不能动。帝复大叫：“偷人今在此！”绍惶迫，自掷出，遂俱免。

《唐书》曰：建中中议公主出降之仪曰：“近代设毡帐，择地而置，此乃北胡穹庐之制，不可以为佳。宜于堂室中置帐，以紫绫缦为之。”

太平御览卷第七百 服用部二

帘

《释名》曰：帘，廉也，自障蔽为廉耻也。

《声类》曰：帘，户蔽也。

《通俗文》曰：户帏曰帘。

扬雄《方言》曰：宋魏陈楚谓之笛，或谓之麴。自关以西谓之箔。南楚谓之蓬薄。

《汉书》曰：周勃以织薄曲为业。苏林曰：薄一名曲也。

又曰：严君平筮卜成都市，日得百钱，则闭肆下帘而授《老子》。

《梁书》曰：夏侯亶性节俭，不事华侈。晚颇好音乐，有妓妾十数人，无被服姿容。每有客，常隔帘奏，时谓帘曰"夏侯妓衣"。

《齐书》曰：沈麟士字云祯，有高尚之心。居贫，织帘诵书，号为织帘先生。

又曰：柳世隆善卜别龟甲，价至万。永明初，世隆曰："永明九年我亡，后三年丘山崩，齐亦于此季矣。"屏却庶典签，李党取笔及高齿屐，题帘箔旌曰："永明十一年。"因流涕谓党曰："汝当见，吾不见也。"

《唐书》曰：张嘉贞，蒲州猗氏人也。弱冠应五经举，拜平乡尉，坐事免归。侍御史张循宪为河东彩访史，荐嘉贞"材堪宪官"，请以己之官秩授之。则天召见，垂帘与之言。嘉贞奏曰："以臣草莱而得入谒九重，是钦簇一遇也。咫尺之间，如隔云雾，竟不睹日月，恐君臣之道有所未尽。"则天遽令卷帘与语，大悦，擢拜监察御史。

又曰：王锷为淮南作法，军中无一弃物，至故帘亦令收之，他日付舡坊以为篸箬。上作含切，下而灼切。他皆如此。

《庄子》曰：河上有家贫穷，纬萧以为业。司马彪注曰：萧，蒿也。织苇蒿为薄帘也。

又曰：张毅者，高门悬薄，无不奏也。

《汉武故事》曰：甲帐居神，以白珠为帘箔，玳瑁押之，象牙为篾。

《洞冥记》曰：汉武元鼎元年，甘泉宫起招仙灵阁，编翠羽麟毫以为帘。

《西京杂记》曰：汉诸陵寝皆以竹为帘，帘皆为水文及龙凤象。

又曰：昭阳殿织珠为帘，风至，声如珩珮。

《拾遗记》曰：石虎于太武殿前起楼，高十丈，结珠为帘，垂五色玉珮，至铿锵和鸣。

《晋东宫故事》曰：帘箔皆以青布缘纯。

《三秦记》曰：明光宫在渐台西，以金玉珠玑为帘箔，段龟龙。

《凉州记》曰：吕纂时，胡人发张骏冢，得白珠簿帘。

《汝南先贤传》曰：范滂被收，曰："愿得一幡一薄，埋于首阳山，上不负皇天，下不愧夷齐。"

谢绰《拾遗》曰：戴明宝历朝宠幸，家累千金。大儿娇淫，为五色珠帘，明宝不能禁之。

崔寔《政论》曰：珠玑玩饰，匿若怀袖，文绣蔽于帷帘。

《梦书》曰：梦帘、屏风，蔽匿一身也。

《唐国史补》曰：尚书李廙有清德，其妻刘晏妹也。晏尝造廙，见其门帘甚弊，乃暗度广狭，以粗竹织成，不加缘饰。将以赠廙，三携至门，不敢发言而去。

帷

《说文》曰：在旁曰帷。

《释名》曰：帷，围也，以自障围也。

《礼记·曲礼》曰：帷薄之外不趋。

又曰：弊帷不弃，为埋马也。

又曰：路马死，埋之以帷。

《周礼·春官下》曰：掌舍掌王之会同之舍帷、宫设、旌门。谓王行昼止，有所展肆。若食息，张帐为宫，树旌表门。

《左传》曰：齐归公孙敖之丧，为孟氏且国故也。为惠叔毁请且国之之族，故听其归殡而书之。葬视共仲，制如庆父，皆以罪降。声己不视帷堂而哭。声己，惠叔母，怨敖从莒女，故帷堂。

又曰：公孙归父以襄仲之立也有宠，欲去三桓，以张公室。与公谋而聘于晋，欲以晋人去之。冬，公薨，季子言于朝曰："使我杀適立庶以失大援者，仲也夫！"遂逐东门氏。襄仲居东门。子家还，及笙。子家归父。坛帷复命于介。除地为坛而侦场。介，副也，使副反命于君。

又曰：闾丘婴以帷缚音篆其妻而载之，与申鲜虞乘而出。仁子，在公倍臣也。鲜虞推而下之，下婴撇藭。曰："君昏不能匡，危不能救，死不能死，而知匿其昵。匿，藏也。昵，亲也。其谁纳之？"

又曰：公孟有事于盖获之门外。齐子氏帷于门外，而伏甲焉。

《礼记》曰：士丧，君使人吊，撤帷，主人迎吊于寝门外。

《史记》曰：孔子见卫夫人，夫人在絺帷中而拜。

又曰：苏秦说齐宣王曰："临灾之众，连衽成帷。"

又曰：高祖曰："运筹帷幄之中，决胜千里之外，子房功也。"

又曰：文帝帏帐不得文绣。

又曰：董仲舒为博士，下帷讲诵。弟子以次相授，或莫见其面，三年不窥舍园。

《汉书》曰：秦起咸阳而至西壅，离宫三百，帷帐不移而具。

又曰：成都侯王商弟内大池以行舡，立羽盖，张周帷。

又曰：东方朔上疏云："文帝集上书囊为殿帷。"

《后汉书》曰：更始委于赵萌，日夜与妇人饮宴后庭，群臣欲言事。辄醉不能见。时不得已，令侍中坐帷内与语。诸将识非更始声，出皆怨曰："成败未可知，遽自纵放若此。"

华峤《后汉书》曰：班始尚阴成公主。公主，顺帝之姑，贵骄淫乱。与所嬖居帷中，而始入，使伏床下。

袁宏《汉记》曰：献帝出长安，李傕来追。董承惧射之，以被为帐幔。

又曰：贾宗为冀州刺史，垂帷而行。及至州，曰：“刺史当远视广听，反垂帷以自掩蔽。”乃命褰帷。

《东观汉记》曰：张奂字然明，使匈奴中郎将。时休屠各及朔方乌丸并反，烧度辽将军门，烟火相望，兵众大恐，各欲亡走。奂安坐车中，与弟子讲书自若。

《魏志》曰：司马景王奏太后废齐王芳，曰：“帝于陵云台曲室中施帷，见九亲妇女。”

《吴志》曰：孙峻欲诛诸葛恪，置酒，伏兵于帷中。

《晋书》曰：穆帝立，年始二岁。皇太后褚氏设白纱帷于太极前殿，抱帝临轩。

《晋阳春秋》曰：武帝令曰：“殿前织成帷不须施也。”

《宋书》曰：袁粲每经傅昭户，辄叹曰：“经其户，寂若无人；披其帷，其人斯在。岂非名贤乎？”

《齐书》曰：毛惠素为少府卿，性孝。母服除后，更修母所住处帏屏。每月朝十五，向帷悲泣，旁人为之感伤。终身如此。

《吕氏春秋》曰：伍子胥将欲见吴王而不得。客有言之于王子光者，王子光见而恶其貌，客以告。子胥曰：“此易改也，愿令王子光居于堂上，重帷而见其衣。”王子光许之。子胥说之，半，王子光举帷搏其手而与之坐。

《淮南子》曰：先针而后缕，可以成帷；先缕而后针，不可以成衣。

《汉武帝内传》曰：七月七日，宫掖之内张云锦之帷，然九光之灯，候西王母至也。王母以紫锦为帷。

《神仙传》曰：淮南王见八公。至，足下及履，迎之。登思仙之喜，张绮罗之帷。

《西京杂记》曰：赵飞燕为皇后，其弟上遗金错绣帷。

《拾遗记》曰：汉安帝好微行于郊间，或露起帷宫千间，皆用锦罽文绣。

《风俗通》曰：俗说帷帐车不可作衣，令人病疠。

《东宫旧事》曰：太子纳妃，有青布碧里梁下帏一，绀绢、青布窗户帏各一。

《梦书》曰：梦见帷帐，忧阴事。

《离骚》曰：纽薜荔而为帷。

《楚词》曰：翡翠帱，饰高堂。

张衡《南都赋》曰：暮春之禊，元巳之辰。朱帷连纲，曜野映云。

左太冲《吴都赋》曰：蔼蔼翠帷，袅袅素女。

潘岳《寡妇赋》曰：入空室兮望灵座，帷飘飘兮灯荧荧。

庾阐《杨都赋》曰：皇帝乃坐路寝，御组帷。

阮籍诗曰：簿帷鉴明月，清风吹我衿。

幄

《尔雅》曰：以覆帐谓之幄。

《说文》曰：幄，木帐也。

《三礼图》曰：在上曰帟，四旁及上曰帷，上下四旁悉周曰幄。幄，大帷也。

《书》曰：成王疾大渐，出缀衣于庭。孔安国曰：缀衣，幄帐。

《周礼·天官》曰：幕人掌帷幕幄帟。皆以布为之，四合象室宫曰幄，至所居幄也。

《左传》曰：楚子伐郑，诸侯还救郑。晋侯使张骼辅跞致楚师，求御于郑。郑人卜宛射犬，吉。二子在幄，坐射犬于外。

又曰：子产、子太叔相郑伯以会。子产以幄幕九张行；子太叔以四十，既而悔之，每舍损焉，及会亦如之。

又曰：卫侯为虎幄于籍圃。以籍田之圃，幄幕以虎兽为饰也。

《汉书》曰：元后未央宫置酒，内者令为傅太后张幄坐于太皇后旁。王莽案行，责内者令曰："定陶太后藩妾，何得与至尊并，撤去更设坐。"傅太后闻之，大怒，不肯会。

《汉官仪》曰：祭天紫坛，有绀幄帐。

《西京杂记》曰：成帝设云幄云幕于甘泉紫殿，世谓为三云殿。

《拾遗纂》曰：燕昭三年，广延之国献善舞者二人，王处以丹绡华幄。

《物论理》曰：汉末黄门张让、段珪等于灵帝幄后相对泣，帝惊问："尚复几时哉？"于是大收诸党。

刘植《鲁都赋》曰：缇幄弥津，丹帷覆洲。

幕

《广雅》曰：幕，帐也。

《释名》曰：幕，络也，在里之称也。

《说文》曰：帷在上曰幕，蒙之覆案食亦曰幕。

《周礼·天官下》曰：幕人掌帷，幕，幄，帟，绶之事。在旁曰幄，在上曰幕。

又曰：国君过市刑人赦，夫人过市。罚一幕，世子过市罚一帟。命夫过市罚一盖，命妇过市罚一帷。谓诸侯及夫人世子过其国市，大夫内子过其都之市者，人之所交利而行刑之处，君子无故不游观之，若游观之则施惠。

《仪礼》曰：国君与卿图事，管人布幕寝门外。

《左传》曰：楚子元伐郑，楚师夜遁。谍告曰："楚幕有乌。"乃止。谍，间也。郑所使间候伺楚也。幕，帐也。

又曰：吴季札来聘，过卫，夜宿于戚，戚，子孙邑也。闻钟声。季子曰："异哉，夫子之在此，犹燕之巢于幕上，而又何乐乎？"文子闻之，终身不听琴瑟。

又曰：晋人执季孙意如，以幕蒙之。

《汉书》曰：卫青征匈奴，大克。武帝就拜大将军于幕下府中，因号"幕府"。

《东观汉记》曰：明德马皇后既处椒房，太官上饭，重加幕覆，辄撤去。

《晋书》曰：郗超字嘉宾。桓公与谢安论大事，令超卧帐内听之，风动帐开。安笑曰："郗生可谓之幕入宾。"

《宋书》曰：刘穆之孙瑀仕官甚不得意。至江陵，与颜峻书曰："朱循之三世叛兵，一旦居荆州青油幕下，作谢宣明面。"

《唐书》曰：杜暹为监察御史，往碛西覆屯。蕃人赍金以遗，暹固辞不授。左右言“不可逆其情”，乃授而埋之幕下。既去，乃移牒令取之。

黄石公《三略》曰：军幕未设，将不言热，此谓之礼将。

《说苑》曰：晏子谓景公曰：“合疏缕之纬以成幕。”

《兵书》曰：将军帐幕无故动，敌人散走。

鱼豢《典略》曰：孔子反卫，见夫人在锦帷中。孔子北面稽首，夫人自帷中再拜，环珮之声璆璆然。

王子年《拾遗记》曰：汉成帝好微行，于太液池旁起宵游宫，铺黑缇幕，器服皆尚黑色。

《汉武内传》曰：李夫人既死，帝思之。命工人作夫人形状，置于轻纱幕中，宛然如生。帝大悦。

《楚辞》曰：离榭修幕，侍君之间。

潘安仁《籍田赋》曰：青坛蔚其岳立，翠幕黯似云布。

张景《洛阳禊赋》曰：停与蕙渚，息驾兰田。朱幔虹野，翠幕霓连。

刘桢诗曰：明月照缇幕，华烛散炎晖。

帟

《释名》曰：小幕曰帟，张在上弈帟然也。

《周礼》曰：幕人掌帷帟。凡圣，王则张帟三重，诸侯再重，聊大夫不重。

又《掌次》曰：师田则设重帟。

《礼》曰：君于士，有赐帟。

太平御览卷第七百一　服用部三

屏风

《释名》曰：屏风，以屏障风也。扆，在后所依倚也。

《周礼·天官·掌次》曰：王大旅上帝，掌次设皇邸。大旅上帝，祭天于圜丘也。郑司农曰：皇，羽覆也，玄谓后板屏风与梁羽，象凤凰色，以为饰也。

《礼记·明堂位》曰：天子负斧扆，南面而立。郑玄曰：斧扆画屏风。

又《三礼图》曰：扆纵广八尺，画斧文。今之屏风，则其遗象也。

《汉书》曰：陈万年字幼公，善人事，赂外戚为御史大夫。子咸字子康，年十八，有异材，抗直，首茉事刺讥近臣。万年尝病，召咸，教诫于床下，语至夜半。咸睡着，头触屏风。万年大怒，欲杖之，曰："乃公教戒汝，汝反睡，不听吾言，何也？"咸叩头谢曰："具晓所言，大要教咸谄也。"万年因不复言。

又曰：班伯以侍中光禄大夫养疾。久之，成帝出，过临侯伯，伯乃再视事。自大将军薨后，师古曰：王凤也。富平、定陵侯张放、淳于长等始爱幸，出为微行，行则同与执辔，入则侍中，设晏饮之会，及赵、李诸侍中，皆引满举白。时乘辔幄，坐帐画屏风，师古曰：坐音才卧反。画纣醉踞妲己作长夜之乐。上以伯新起，数目礼之，因顾指画而问伯："纣为无道至于是乎？"伯对曰："《书》云：'乃用妇女之言。'何有踞肆于朝？所谓众恶归之，不如是之甚者也。"上曰："苟不若此，此图何戒？"伯曰："沉湎于酒，微子所以告去也。'式号式呼'，《大雅》所以留连也。师古曰：《大雅·荡》之诗云："式号式呼，俾昼作夜。"醉号呼以昼为夜。流连，作诗之欢而泣涕流连也。而诸书乃以流连为亡，盖失之矣。《大雅》以流连，不谓饮酒之人也，呼音大故反。《诗》、《书》淫乱之戒，其原皆在于酒。"上乃喟然叹曰："吾久不见班生，今日复闻谠言。"放等不怿。

又曰：成帝省减椒房、掖庭用度。许皇后上疏曰："设妾欲作某屏风张于某所，必绳妾以诏书矣。”

又曰：王莽常翳云母屏风。

《东观汉记》曰：宋弘尝燕见，御坐新施屏风，图画列女，帝数顾视之。弘正容言曰：“未见好德如好色者。”上即为撤之。上娣湖阳公主新寡，上与共论朝臣，微观其意。主曰：“宋公威容德器，群臣莫及。”上曰：“方图之。”后弘见上，令主坐屏风后，因谓弘曰：“谚言‘贵易交，富易妻’，人情乎？”弘曰：“臣闻：贫贱之交不可忘，糟糠之妻不下堂。”上顾谓主曰：“事不谐矣。”

谢承《后汉书》曰：郑弘为太尉，举弟五伦为司空，班次在下。每正朔朝见，弘曲躬自卑。上问知其故，遂听置云母屏风分隔其间。由此为故事。

《吴志》曰：景帝时纪亮为尚书令，子骘为中书令。每朝会，诏以御屏风隔其坐焉。或曰：隔以云母屏风。

又曰：曹不兴善画，孙权使画屏风。误笔落点素，因就以作蝇。权以为生蝇，举手弹之。

《魏书》曰：太祖雅性节俭，帷帐屏风坏则补纳。

《魏志》曰：太祖平柳城，班所获器物。特以素屏风、素凭几赐毛玠，曰：“以君有古人之风，故赐君以古人之服。”

《晋书》曰：吴隐之字处默，清贫。刘裕拜太常卿，以竹蓬为屏风，坐无毡席。

《续晋阳秋》曰：何无忌母，刘牢之娣。无忌与宋高祖谋，夜于屏风中制檄文。母登屏风窥之，大喜曰：“汝能如此，吾雠雪矣。”

《宋书》曰：颜延之爱姬死，以冬日临哭。忽见妾排屏风以压延之，延之惧，坠地，因病。

又曰：王琨俭于财用，设酒不过两爵，辄云：“此酒难遇。”盐豉姜菜之属并挂屏风，酒酱悉置床下。内外有求，琨手自付之。

《宋起居注》曰：元嘉中，中丞刘祯奏：“风闻广州刺史韦朗于州作绿沉银泥漆屏风二十三床，请以事免朗官。”

王琰《宋春秋》曰：明帝性多忌讳，禁制回避者数十百品。亦恶白字，屏风书古来名文，有白字辄加改易，玄黄朱紫随宜代之。

《齐书》曰：宜都王铿年十岁时与吉景曜商略先言往行，左右误排楠瘤屏风，倒压其背。颜色不异，言谈无辍，亦不顾视。

又：皇太子在雍，有发古冢，得玉屏风，遣将还都。

又《刘悛传》武帝常在东宫，每幸悛坊，闲言至夕，赐屏风帷帐。

《南史》曰：王远字景舒，位光禄勋，时人谓远如屏风，屈曲从俗，能蔽风露，言能不亏物理也。

《唐书》曰：太宗引虞世南为秦府十八学士。尝令写《列女传》以装屏风，于时无本，世南书之，一无遗失。

又曰：田神功卒，赐屏风茵褥于灵座。

又曰：宪宗以天下无事，留心典坟，着书十四篇，名曰《前代君臣事迹》，写于六扇屏风，以示宰相。

《春秋后语》曰：孟尝君每待客坐语，屏风后常有侍史主记所与客语，知其亲戚居处。客去后，使使谢馈，无所遗失。

《盐铁论》曰：一杯棬用百人之力，棬，去远反。《说文》曰：棬粉。一屏风就万人之功，其为多矣。功积于无用，财尽于不急。

桓谭《新论》曰：五声各从其方，春角、夏征、秋商、冬羽、宫居中央而兼四季。以五音须宫而成，可以殿上五色屏风谕而示之。望视则青赤白黄，各各异类。就视则皆以其色为地，五色文上。世其欲为四时五行之乐，亦当各以声为地，而用四声文饰之，犹彼五色屏风矣。

《西京杂记》曰：广川王去疾发魏哀王冢，有石屏风。

又曰：赵飞燕为皇后，其女弟遗云母屏风、琉璃屏风。

又曰：汉江都王建劲健，尝跳跃七尺屏风。

《汉武旧事》曰：帝起神台，其上扉屏风悉以白琉璃作之，光治洞澈也。

郭子横《洞冥记》曰：上起神明台，上有金床、象席，杂玉为龟甲屏风。

《拾遗箓》曰：董偃尝卧延清之室，设紫琉璃屏风，列麻油灯，于户外视屏风，若无屏风矣。侍人唯见灯明，以言无碍，乃于屏风外扇。偃曰："玉石岂须扇而后清凉也？"侍者乃屏风扇，以手摸之，方知有屏风之碍矣。

又曰：孙亮作琉璃屏风，甚薄而彻。每于月下清夜舒之，常爱宠四姬，使坐屏风中。外望之，乃如无隔，唯香气不通于外。

刘向《七略》别传曰：臣与黄门侍郎歆以《列女传》种类相从为七篇，以着祸福荣辱之效，是非得失之分，画之于屏风四堵。

《桓任别传》曰：任子亡，愍念之，为作象着屏风置座边。

《古今注》曰：孙亮作琉璃屏风，镂作瑞应图一百二十种。

《邺中记》曰：石虎作金银钮屈膝屏风，衣以白缣，画义士、仙人、禽兽之象，赞者皆三十二言。高施则八尺，下施则四尺，或施六尺，随意所欲也。

《三辅决箓》曰：何敞为汝南太守。和帝南巡过郡，有刻镂屏风，为帝设之。帝命侍中黄香铭之曰："古典务农，雕镂纱蜀。忠在竭节，义在修身。"

《风土记》曰：阳羡县令袁起生有神异，无病而亡。冢东面有屏风，盖神之所座。

《东宫旧事》曰：皇太子纳妃，有床氏屏风十二牒，织成漆连银钩纽，织成连地屏风十四牒，铜环钮。

《京兆旧事》曰：杜陵萧彪字伯文，为巴郡太守，以父老归供养，父有客，常立屏风后，自应使命。

《三秦记》曰：荆轲入秦，为燕太子报仇。把秦王衣袂曰："宁为秦地鬼，不为燕地囚。"王美人弹琴作语曰："三尺罗衣何不掣？四面屏风何不起？"王因掣衣而走，得免。

段龟龙《凉州记》曰：有人发张骏墓，得真珠帘箔云母屏风。

《语林》曰：满奋字武，秋羸恶风，侍坐武帝。屡顾看云母幌，或云："北窗琉璃屏风，实密似疏。"有难色。武帝大笑之。答曰："臣如吴牛，见月则喘。”或云是胡质侍魏明帝座。

《俗说》曰：荀介子为荆州刺史。荀妇大妒，恒在介子斋中，客来便闭屏风。有桓客者，时为中兵参军，来诣荀咨事，论事已讫，为复作余语。桓时年少，殊有姿容。荀妇在屏风里，便语桓云：“桓参军，君知作人不？论事已讫，何以不去？桓狼狈便走。

又曰：谢万作吴兴郡，其兄安时随至郡中。万眠常晏起，安清朝便往床前叩屏风，呼万起。

淮南王《屏风赋》曰：列在左右，近君头足，不逢仁人，永为朽木。

曹毗《诗叙》曰：余为黄门，在直多怀。遂作诗，书屏风。

李尤《屏风铭》曰：舍则潜辟，用则设张。立必端直，处必廉方。壅阏风邪，雾露是抗。奉上蔽下，无失其常。

王羲之《与殷浩书》曰：劝令画廉蔺于屏风。

步障

《晋书》曰：石崇与王恺相尚，恺以紫丝步障四十里，崇以锦步障五十里以敌之。

又曰：王凝之妻谢氏有才辩。凝之尝与宾谈论，词理将屈。谢氏遣婢白献之曰：“欲与小郎解围。”乃施青绫步障自蔽，与客申献之前议，客不能屈。

《齐书》曰：江夏王宝玄与崔惠景叛。景败，宝玄逃奔，数日乃出。帝召入后堂，以步障裹围之，令群小数十人鸣鼓角绕其外，遣人谓曰：“汝近围我亦如此。”少日乃煞之。

《北齐书》曰：琅琊王俨字仁威，武成弟三子也。武成甚爱之，仪卫甚盛。帝尝与后在华林园东门外张幕、施青绫步障以观之。

《东宫旧事》曰：太子纳妃，有丝布碧裹步障三十，漆竿铜钩。

《拾遗记》曰：石虎为洛台，列凤文锦步障，萦蔽于洛所。

《语林》曰：许玄度将弟出都婚，诸人闻是玄度弟，钦迟之。既见，乃甚痴，便欲嘲弄之。玄度为之解纷，诸人遂不能犯境。刘真长叹曰："玄度为弟婚施十重铁步障。"

《语林》曰：大将军刑周伯仁，以步障绕之，经日已具。王曰："周伯仁子弟痴，何以不知取其翁尸？"周家然后收之。

承尘

《释名》曰：承尘，施于上以承尘土也。

《周礼·春官下》曰：幕人掌帟绶之事。云谓帟在王幕，若幄中坐上承尘也。

《后汉书》曰：雷义字仲公，豫章鄱阳人也。初为郡功曹，皆擢举善人，不伐其功。义尝济人死罪，罪者后以金二斤谢之，义不授金。主伺义不在，默投金于承尘上，后葺理屋宇，乃得金。金主已死，无所复还，义乃以付县曹。

《宋书》曰：建平王弘子景素在南徐，甚得人心而谤声日积，深怀忧惧。尝与故吏刘琎独处曲台，有鹄集于承尘，飞鸣相追。景素泫然曰："若斯鸟者，游则参于风烟之上，止则隐于林木之下，饥则啄，渴则饮，形体无累于物，得失不关于心，一何乐哉！

《搜神记》曰：长安有张氏者，独处一室，有鸠自外入，止于床。张氏恶之，披怀而祝曰："鸠，尔来为我祸耶，飞上承尘上；为我福也，来入我怀。"鸠翻飞入怀，乃化为一钩。从尔资产巨亿万。

又曰：博陵刘伯祖为河东太守，所止承尘上有神能语。京师诏书诰下消息，辄豫告伯祖。伯祖问其所食啖，欲得羊肝，于前切之，脔随刀不见，尽两羊肝。有一老狸眇眇在案前，持刀者举刀欲斫之，伯祖诃止，自举着承尘上。须臾大笑曰："向者啖肝，醉忽失形，与府君相见，大惭愧。"后伯祖当为司隶，复先语伯祖云："某月某日书当到。"期如言。及入司隶府，神随逐承尘上，辄言省内事。伯祖大怒怖，谓神曰："今职在刺举，左右贵人闻神在此，因以相害。"神答曰："如府君所虑，当相舍去。"遂无声。

支僧载《外国事》曰：斯诃调国有大富长者条三弥，与佛作金薄承尘，一佛作两重承尘。

《抱朴子》曰：余友人滕永叔尝养大猕猴，以铁锁锁之，着床间，而犬忽啮杀之，永叔便合锁埋之。后百许日，有鬼者见猕猴走上承尘上，不悟是猕猴鬼也，惊指之曰："猕猴何以被伤流血断走乎？"永叔曰："始乃今日知猴死复有鬼乎？"

《语林》曰：傅信忿母。母羸病，恒惊悸。信乃取鸡鸭去毛置承尘上，行落地，母辄恐怖。

《楚辞》曰：经堂入奥朱尘筵。尘，承尘也。

太平御览卷第七百二 服用部四

扇

扬雄《方言》曰：扇，自关而东谓之扇，自关而西谓之箑，《世本》曰："武王作箑。"

《帝王世纪》曰：武王自盟津还返于国，见暍人自左拥而以扇之。

《续汉书》曰：梁冀舆服之制，作拥身扇。

《东观汉记》曰：黄香至孝，夏则以扇侍于亲侧。

《魏略》曰：韩宣字景然，为丞相军谋掾。步入宫门内，与临淄侯相遇。时新雨，地有泥潦，宣碍不得去，以扇自障。

《晋书》曰：武帝太始中，博选良家以充后宫。先下书禁天下嫁娶，使宦者驰传州县召充选者，使杨后选所取。后妒不取端正好，唯取长白。时卞蕃女有美色，帝举扇障面语后云："卞蕃女好。"后曰："蕃三世后族，不宜枉以卑位。"帝乃止。

又曰：何植字元干，常以缚笔、织扇为业，以奉供养。

又曰：庾亮出镇于外，以帝舅故执朝权。王导不能平，尝遇西风起，辄举扇自蔽，曰："元规尘污人。"

又曰：王羲之字逸少，居蕺山。见一老姥，持六角扇卖之，羲之书其扇，各为五字。姥初叹惋，因谓姥曰："无苦，但言是王右军书，以求百金价。"姥如言，人竟买之。后姥复将数扇来请书，羲之不答。

又《顾荣传》曰：广陵相陈敏反，渡江攻扬州。刺史刘机阻兵据州郡，有鼎峙之意，遣顾荣敛舟于岸。敏率万人出，不获济，荣自麾羽扇，敏众大溃也。

《晋中兴书》曰：安帝义熙元年，禁绢扇及樗蒲。

《续晋阳秋》曰：谢安释袁宏机对辩速。宏为东阳郡，时贤祖道治亭，安起执宏手，顾左右，取一扇授云："聊以赠行。"宏应声曰：

“辄当奉扬仁风，慰彼黎庶。”合坐称其率要。

又曰：谢安乡人有罢中宿县者，还诣安。问其归资，答曰：“岭南凋弊，唯有五万蒲葵扇。”谓“非时，为滞货。”乃取其一中者捉之。于是京都士庶竞而慕焉，增价数倍，旬日则无所卖。

《宋书》曰：明帝王皇后。上尝宫内大集而裸妇人，观之以为欢笑。后以扇障面，独无所言。

又《明恭王后传》曰：废帝失德，太后每加勗譬，始犹见顺，后狂慝稍甚。太后尝赐帝玉柄毛扇，帝嫌毛柄不华，因此欲加鸩害，令太医煮药。左右止之，乃止。

又曰：范晔谋逆被击。上有白团扇甚佳，送晔令书诗赋美句。晔授旨，授笔而书曰：“去白日之炤炤，袭长夜之悠悠。”上循览凄然。

《齐书》曰：竟陵王子良孙贲，字文奂，形不满六尺，神识耿介。幼好学，有文才，能书善画，于扇上图山水，咫尺之内，便觉万里为遥。

又曰：刘祥字显征，轻言肆行，不避高下。建元中为正员郎。司徒褚彦回入朝，以腰扇障日，祥从侧过曰：“作如此举止，羞面见人，扇障何益？”彦回曰：“寒士不逊。”祥曰：“不能杀袁刘，安得免寒士？”

又曰：萧子显颇负才气，及掌选，见九流宾客，不与交言，但举扇一抟而已，衣冠窃恨。

《梁书》曰：临川王宏子正表幼不惠，常执白团扇。湘东王取题八字铭玩之，正表不知嗤之，终常摇握。

又曰：柳恽早有令名，少工篇什，为诗云：“亭皋木叶下，陇首秋云飞。”琅琊王融见而嗟赏，因书斋壁及所执白团扇。

《南史》张敷字景胤，生而母亡。年数岁，问之，虽童蒙，便有感慕之色，至十岁许，求母遗物，而散施已尽，唯得一画扇，乃缄箓之，每至感思，辄开笥流涕。

又曰：羊欣字敬元，会稽王世子元显每使书扇，常不奉命。元显怒，乃以为后军府舍人。

又曰：何戢美容仪，动止与褚彦回相慕，时人呼为“小褚公”。家业富盛，性又华侈，衣被服饰极为奢丽。出为吴兴太守，颇好画扇。宋武赐戢蝉雀扇，善画者顾景秀所画。时吴郡陆探微、顾宝元皆能画，叹其巧绝。戢因王晏献之。

《后魏书》曰：尔朱弼字辅伯，节闵帝时封河间郡公，寻为青州刺史。韩陵之败，欲奔梁，数日，与左右割扇为约。弼帐下都督冯绍隆为弼信待。说弼曰："今方同契阔，宜当心沥血示众以为信。"弼从之，大集部下，弼乃踞胡床，令绍隆持刀破心，绍隆因推刃杀之。

《唐书》曰：中宗为皇太子，太后以时热，令皇太子外朝用扇障日。太子让之，诏不许。

《太公六韬》云：将冬不衣裘，将夏不操扇，名礼将之也。

《管子》曰：夏行五政，三曰禁扇去笠。

《淮南子》曰：失火而凿池，披裘而用扇，不能救也。

又曰：夫夏日不披裘，非爱之也，暖有余于身也。冬日不用箑者，非简之也，清有余也。

《抱朴子》曰：风不辍则扇不用，日不出则烛不息。

《春秋繁露》曰：以龙致雨，以扇逐暑。

崔豹《古今注》曰：雉尾扇起于殷，高宗有雊雉之祥，服章多用翟羽。周制以为皇后、夫人车服，辇车有翣，即缉雉羽为之，以障翳风尘也。汉朝乘与服之，后以赐梁孝王。魏晋以来以为常准，诸王皆得用之。

又曰：障扇，长柄扇也。汉世多豪侠，为雉尾而制长扇也。

又曰：五明扇，舜所作也。既授尧禅，广开视听，求贤人以自辅，故作五明扇。秦汉公卿大夫皆用之，魏晋非乘舆不得用也。

《东宫旧事》曰：皇太子初拜，供漆要弱，青竹扇各一，太子纳妃同心扇二十，单竹扇二十。

《修复山陵故事》曰：玄宫中用绢团扇六枚。

《西京杂记》曰：朱买臣为会稽太守，怀章绶还至金堂，而国人未知也。所知钱谷见其墨露，乃劳之曰："得无罪乎？"遗以纨扇。买臣至郡，引为上客。

又曰：长安巧工丁缓作七轮扇，连七轮，大皆径尺，相连续，一人运之，则满堂寒战。

又曰：赵飞燕为皇后，其弟上遗云母扇、五明扇、七华扇、翟扇、蝉翼扇。

又曰：天子夏则设羽扇，冬则设缯扇。

《晋中兴徵祥说》曰：旧为羽扇柄者，刻木以象骨，翮用十毛，取全数也。中兴初，王敦始改用长柄，使其下出可捉，而减其羽用八，识者以为服妖也。柄使可执者，国柄之象，毛减用八，是羽翮损少而飞羽不终之应也。

《邺中记》曰：石虎作云母五明金薄莫难扇，此一扇之名也。薄打纯金如蝉翼，二面彩漆画列仙、奇鸟、异兽。其五明方中，辟方三寸，或五寸，随扇大小。云母贴其中，细缕缝为其际，唯画而彩色明彻，看之如谓可取，故名莫难也。虎出时以此扇挟乘舆，亦用象牙桃枝扇，其上竹或绿沉色、或木兰色、或作紫绀色、或作郁金色。

《异物志》曰：扶南国昔但知作大扇，遣人持之，不知人各自用也。乃今，热时各自用也。

《拾遗箓》曰：周昭王时，涂修国献青凤、丹鹊各一雌一雄。夏至取鹊翅为扇，一名施风，一名条翮，一名反影。时有南瓯献二美女，更摇此扇，待于王侧。

《世说》曰：王大将军在西朝时，见周侯转扇障面而得住，后度江左，不能复尔。王叹曰："不知吾进、伯仁退。"敦性强梁，自少而长，季伦斩妓，曾尾色，如斯敖狠，惮于周顗斯不然之音。

又曰：温峤娶姑女，既婚，交礼，女以手披纱扇，抚掌大笑："我嫌是老奴，果如所疑。"

又曰：羊孚作《雪赞》云："资清以化，乘气以霏。值象能鲜，即洁成晖。"桓胤遂以书扇。

《语林》曰：诸葛武侯与宣王在渭滨将战，武侯乘素舆、葛巾、白羽扇指麾三军，三军皆随其进止。

又曰：胡母彦国至湘州，坐厅事断官事，尔时三伏中，旁摇扇视事。其儿子光从容顾谓曰："彦国复何为？自贻伊戚。"

又曰：庾翼为荆州都督，以毛扇上城。帝疑是故物，侍中刘邵曰："柏梁云构，匠者先居其下；管弦繁奏，夔牙先聆其音。翼之止扇以好不以新。"季恭闻之曰："此人宜在帝左右。"

《俗说》曰：顾虎头为人画扇，作嵇、阮而都不点眼精。主问之，顾答曰："那可点精，点精便语。"

《列仙传》曰：介之推随晋重耳去国，后辞禄，与母入介山，从伯阳游。后世见在东海王治卖扇。

《搜神记》曰：鲁少千，山阳人。汉文帝微服怀金，欲问其道，少千执象牙扇，出应门。

《续搜神记》曰：吴猛好道术。尝渡，以白羽扇画水，横流直过，不用舟楫也。

《异苑》曰：高平檀茂宗义熙中丧亡，其母刘氏梦见宗云："方永违离，今以此扇奉别。"母流涕，觉，于屏风间得扇，上皆如蜘蛛网络。

《妇人集》曰：没太子妻季氏为夫所遣，妇与夫书，并致安众扇两双。

古诗曰：绫扇如团月，出自机中素。画作秦女形，乘鸾入烟露。

班婕妤《扇诗》曰：新裂齐纨素，鲜洁如霜雪。裁为合欢扇，团团似明月。出入君怀袖，动摇微风发。

魏陈王曹植《九华扇赋》曰：昔吾先君常侍，得幸汉桓帝。帝得赐尚方竹扇，不方不员，其中结成文，名曰九华。其辞曰：形五离而九折，篾氂解而缕分。放虬龙之蜿蝉，法云霓之烟煴。因形致好，不常厥仪。方不应矩，圆不中规。随皓腕以徐转，发惠风之微寒。时气清以芳厉，纷飘动乎绮纨。

徐干《团扇赋》曰：于唯合欢之奇扇，肇伊洛之纤素。仰明月以取象，规圆体之仪度。

傅咸《狗脊扇赋》曰：盖卑以自居，君子之经。孤寡不谷，王侯修名。尚不愧狗脊之为号，亦焉顾九华之妙形？

盖

《释名》曰：盖，在上覆盖人也。

《通俗文》曰：张帛避雨，谓之伞盖。

《礼·檀弓下》曰：弊盖不弃，为埋狗也。

《左传·定》曰：齐侯伐晋夷仪，敝无存死于霤下。斗死于门溜下。齐侯谓夷仪人曰："得敝无存者以五家免。"给其王家命常不供役事。乃得其尸，公三襚之。襚，衣也。殡三加襚，深礼厚之。与之犀轩直盖。犀轩，轻本；直盖，高盖。

《家语》曰：孔子将行，命从者持盖，既而果雨。圣人无所不通也。

又曰：孔子将行，雨，无盖。门人曰："商也有焉。"孔子曰："商也之为人也，甚短于财。吾闻与人交者，推其长者，违其短者，故能以久也。"

《史记》曰：五羖大夫相秦也，劳不坐乘，暑不张盖。

《汉书》曰：上官杰少时为羽林郎，从武帝上甘泉，天大风，车不得行，解盖投之。杰奉盖，虽风，常属车，雨下，盖辄御。上奇其材力焉。

又曰：黄霸为扬州刺史。三年，宣帝诏赐车盖，特高一尺，以彰有德。

又《王莽传》曰：或言黄帝时建华盖登仙，莽乃造华盖，高八丈一尺，皆全瑶羽盖，载以秘机四轮车，驾六马，挽者皆呼"登山"。

《续汉书》曰：灵帝时讲武平乐观，建十重五彩华盖，高十丈，建九重华盖，高九丈。

又曰：祠老子于濯龙，中设华盖八座。

《东观汉记》曰：隗嚣破，上归过汧，幸祭遵，劳之。时遵有疾，诏赐重茵，覆以御盖。

《后汉书》曰：光武东巡，虞延从驾到鲁，还经封丘城门，门小不容羽盖。封丘，今东京县也。帝怒，使挞御史，延救之，乃止。

《吴志》曰：曹休入皖城，陆逊破之。权令左右以御盖覆逊。

又曰：周泰字幼平，数战有功。孙权覆以御盖。《江表传》曰：青兼盖也。

又曰：刘基，孙权爱敬之。尝从御楼舡上，时雨甚，权以盖自覆，又令覆基，余人不得也。

又曰：贺齐为将，骑饰所乘舡，青盖绛幨。

《晋安帝记》曰：桓玄游于水南，飘风飞其輗盖。后义兵起，遂败。

《宋元嘉十年起居注》曰：御史中丞荀伯子奏左卫将军何尚之，"公事每罩笠，有亏体制。建野笠于公门，弃华伞而不御。"

《宋元嘉二十九年起居注》曰：诃罗单国奉孔雀盖一具。

《齐书》曰：始安王遥光傅江祐被诛。东昏召遥光入殿，告以祐罪。遥光惧，还省便阳狂号哭，自此称疾，不复入台。先是，遥光行还入，风飘仪伞出城外。遥光后败。

《梁书》曰：王籍为中散大夫，弥日忽忽不乐，乃至徒行市道，不择交游。有时途中见相识，辄以笠伞覆面。

《南史》曰：殷孝祖与贼合战，每常以鼓盖自随。军中人相谓曰："殷统军可谓死将至矣。今与贼交锋，而以羽仪自标显，若此，射者十手攒射，欲不毙得乎？"是日，中流矢死。

又曰：扶南，其俗罩古具伞。

《文子》曰：大丈夫恬然无思，淡然无虑。以天为盖，以地为舆。

又宋玉《大言赋》曰：圆天为盖，方地为舆。

《淮南子》曰：盖非撩不能蔽日，轮非辐不能追疾。然而撩盖未足恃也。撩，盖骨也。

《孔丛子》曰：夫子适郯，郯子遇子于途，倾盖而语，终日而别，命子路将束帛赠焉。

《尉缭子》曰：吴起与秦人战，仆嗽之盖，足以蔽霜露。

《说苑》曰：田子方遇翟璜乘轩车，戴华盖，疑以为人君也。

崔豹《古今注》曰：华盖，黄帝所作也。与蚩尤战于涿鹿之野，常有五色云气、金枝玉叶于帝上，有花葩韦委切之象，故因而作华盖。

又曰：曲盖，太公所作。武王伐纣，大风折盖，太公因折盖之形而制曲盖焉。战国常以赐将军。自汉朝乘舆用之，因谓睥睨盖，有军号者，赐其一焉。睥，匹诣切，睨，王计切。

《搜神记》曰：湖陂吏丁初忽见少妇人，姿容可爱，青衣戴伞，呼初。初疑而待，顾视妇自投波中，是大苍獭，衣伞皆是莲荷。

《异苑》曰：义熙中，乌阳小吏见女子戴青伞，姿容甚丽，遂要之。女至多电光，乃是大狸，抽刀斫杀，其伞乃枯荷叶。

《真人周君传》曰：紫阳真人周义山子通合会仙人，在金屋铜门之内，以紫云为盖。

《真人王君传》曰：太上大道君授务成君绣羽盖、双明珠。

《俗说》曰：徐干木年少时，尝夜梦见乌从天上飞，衔伞树其廷中，如此凡三过衔来，作恶声而去。徐后果得伞，遂以恶终。

青乌子《葬书》曰：作墓发土，夕梦见罩伞入市者富贵。

《楚辞》曰：孔盖兮翠旍，言以孔雀翅为军盖，翠羽为旍具也。登九天兮抚惠星。

又曰：乘水车兮荷盖，驾雨龙兮骖螭。

宋玉《高唐赋》曰：霓为旍，翠为盖，风起雨霁，千里而逝。

司马相如《大人赋》曰：屯余车其万乘兮，綷云而树华旂。綷，子对切。

阮籍《清思赋》曰：折丹木以蔽阳，竦芝盖之三重。

刘植《鲁都赋》曰：盖如飞鹄，马如游鱼。

宋玉《大言赋》曰：圆天为盖，方地为舆。

太平御览卷第七百三 服用部五

麈尾

《晋阳秋》曰：石勒伪事王浚，遗勒麈尾。勒为不执，置之于壁，朝拜之，云："见王公所赐，如见公也。"

《晋书》曰：王衍夷甫盛才美貌，明悟若神，每捉玉柄麈尾，与手同色。

又曰：王导妻曹氏妒，导乃别修馆以安众妾。曹氏知之，导将恐有他喧辱，命驾犹恐迟，以所执麈尾柄驱牛而进。司徒蔡谟闻之，谓导曰："朝廷欲加公九锡。"导不之觉，但谦退而已。谟曰："不闻余物，唯有短辕犊车、长柄麈尾。"导大怒。

《宋书》曰：张融字思光，弱冠有名，道士同郡陆修静，以白鹭羽麈尾扇遗之，曰："此既异物，以奉异人。"又融临卒，遗令建白旐无旒，不设祭，令人捉麈尾登复魂。

又曰：张敷好读玄言，兼属文论。弱冠初，父劭使与高士南阳宗少文谈《系》《象》，往复数番。少文欲屈，握麈尾叹曰："吾道东矣。"于是名价日重。

《齐书》曰：周颙音辞辩丽，长于佛理，着《三宗论》，言空假义。西凉州智林道人遗颙书，深相赞美，言"捉麈尾来四十余载，颇见宗篆，唯此涂白黑无一人得者，非意此音猥来入耳"，见重如此。

《梁书》曰：卢广有儒术，为国子博士，于学中讲说，仆射徐勉以下毕至。谢举造坐屡折广，词理遒迈，广深叹服，乃以所执麈尾赠之，以况重席焉。

《陈书》曰：张讥善讲论。后主在东宫集宫僚置宴，时造玉柄麈尾新成，后主亲执之曰："当今虽复多士如林，至于堪捉此者，独张凯耳。"即手授讥。后主尝幸钟山开善寺，召从臣坐于寺西南松下，敕讥讲议。时索麈尾未至，后主敕取松枝，手以属讥，曰："可代麈尾。"

《郭子》曰：何次道尝诣王丞相，以麈尾敲床，呼何共坐曰："此君子坐也。"

又曰：孙安国往殷中军，许共语左右进食，冷而复暖者数四，彼我奋掷，麈尾悉堕落满饭中，宾主遂至暮忘餐也。

又曰：王长史病已笃，寝，灯下转麈尾而视之，叹曰："如此人曾不得满四十。"及亡，刘尹临殡，以犀柄麈尾置柩中，因恸哭。

《世说》曰：王丞相常悬一麈尾着帐中。及殷中军来，乃取之，曰："今当遗汝。"

又曰：客问乐令旨不至者，乐亦不复剖析文句，以麈尾柄敲机曰："至不？"客曰："至。"乐因又举麈尾曰："若至者，那得去。"客乃悟服。

《语林》曰：康法畅造庾公，捉麈尾至彼。公曰："麈尾过丽，何以得在？"答曰："廉者不求，贪者不与，故得在耳。"

《华阳国志》曰：宜君山出麈尾。

王道《麈尾铭》曰：谁谓质卑？御于君子。拂秽静暑，虚心以俟。

许询《白麈尾铭》曰：蔚蔚秀格，伟伟奇姿。荏弱软润，云散雪霏。君子运之，探玄理微。

如意

《齐书》曰：苍梧欲害高帝。帝尝以书案下安鼻为楯，以铁为书镇，如意甚大，以备不虞，欲以代仗。

萧子显《齐书》曰：明僧绍字丞烈，平原聂人也。隐长广郡劳山，诏征为正员郎，称疾不就。赐竹根如意、笋箨冠，隐者以为荣。

《梁书》曰：席阐文，武帝将起兵，阐文劝萧颖胄同焉。仍遣客田祖恭私报帝，并献银抓署。帝报以金如意。

又曰：韦叡拒魏于邵阳，叡乘素木与，执白角如意以麾军，一日数合。

又曰：殷钧字季和。梁武与钧父睿有旧，以女永兴公主妻钧。公主骄淫险虐，钧形貌短小，为主所憎。每被召入，先满壁为"殷叡"

字，钧辄流涕以出，主命婢束而反之。钧不胜怒，言于帝，帝以犀如意击主，碎于背。然犹恨钧，自侍中出为王府咨议。

又曰：李膺字公胤，有才辩。西昌侯藻为益州，以为主簿，使至都。武帝悦之，谓曰："今李膺何如？"膺对曰："今胜昔。"问其故，对曰："昔事桓灵之主，今逢尧舜之君。"帝嘉其对，以如意击席者久之，以为益州别驾。

《后魏书》曰：高祖孝文欲试诸子志尚，乃大陈宝物，任其所取。京兆王愉等竞取宝玩，宣武皇帝唯取骨如意而已，帝大奇之。

又曰：广陵王羽为太子太保，篆尚书事。孝文将南讨，遣羽持节安抚六镇，发其突骑，夷夏宁悦，还领廷尉卿。及车驾发，羽与太尉元丕留守，帝赐羽如意，以表心焉。

《拾遗记》曰：吴主潘夫人之父坐法，夫人输入织室。夫人容态少俦，为江东绝色。同幽者百余人，谓夫人为神女，敬而远之，有司闻于吴主，使图其容貌。夫人忧戚不食，减瘦改形。工人写其贞状以进吴主。吴主见图而嘉之，以虎魄如意抚案，碎折，嗟曰："此神女也。"遂纳之。

又曰：孙和悦邓夫人，常置膝上。和月下舞火精如意，误伤夫人颊。

《胡综别传》曰：时有掘得铜匣，长二尺七寸，以琉璃为盖，布云母于其上，开之得白玉如意，所执处皆刻螭虎文、蝇蝉等形，时人莫有识者。太常以问综，综答曰："昔秦始皇帝东游，以金陵有天子气，乃改名，掘凿江湖平诸，山南处处辄埋宝物以当王气。其事见于《秦记》。"

《石委伦本事》曰：崇有珊瑚如意，长三尺二寸。

《世说》曰：殷荆州有所识，作赋示束皙，慢戏之，殷甚以为有才，语王恭。适见新文甚可观，便于手函出之。王既读，殷笑不自胜。王看竟，既不笑，亦不言好恶，但以如意点之而已。殷怅然自失。

又曰：谢万北征而常啸咏自高，未尝抚慰众士。万兄安谓万曰："汝为元帅，宜数呼诸将宴，以悦其心。"万从之，于是召集诸将帅，无所说，直以如意指四坐，曰："诸君皆是劲卒。"诸将甚恨之。

《语林》曰：石崇与王恺争豪。晋武帝，恺之甥也，每助恺以珊瑚高二尺许。恺以示之，崇以铁如意击之，应手瓦碎。恺声色俱厉，崇曰："此不足恨。"乃命取珊瑚有三尺光彩溢目者六十七枝，恺怅然自失。

《异苑》曰：太原郭澄之，义熙初，诸葛长民欲取为辅国咨议，澄之不乐，后为南康太守。卢循反自广州，长民以其谋先告，因骋私恶，收澄之以付廷尉。将致大辟，夜梦见一神人以乌角如意与之，既觉，便在其头侧，可长尺余，形制甚陋，澄之遂得无它。后从入关，赍以自随，忽失所在。

刘义庆《启事》曰：恩旨赐臣犀镂竹节如意，目所未睹。

拂

《晋书》曰：武帝泰康四年，有司奏先帝旧物，麻绳为细拂，以明俭约。

《宋书》曰：孝武大明中，坏高祖所居阴壁，于其处起玉烛殿。与群臣观之，床头有土障，壁上挂葛灯笼、麻绳拂，侍中袁觊盛称上俭素之德。孝武曰："田舍翁得此，已为过矣。"

《齐书》曰：陈显达子休尚为郢府主簿，过九江拜别显达，谓曰："凡奢侈者，鲜有不败。麈尾蝇拂是王谢家许，汝不须捉此。"即取于前烧除之。

《东宫旧事》曰：太子有白旄拂二。

秦嘉妇《与嘉书》曰：今奉旄牛尾拂一枚，可拂尘垢。

唾壶

《晋书》曰：王敦为荆州牧，既专外任，有问鼎之志，引刘隗、刁协为腹心。及隗用事，颇间王氏。敦怒，疏陈之，自尔愤愤不平。每酒后咏魏武帝《乐府歌》曰："老骥伏枥，志在千里。烈士暮年，壮心不已。"以铁如意击唾壶为节，壶边尽缺。

《梁书》曰：天监中，中天竺国奉表，献琉璃唾壶。

《修复山陵故事》曰：皇后玄宫有白瓦唾壶五枚。

《东宫旧事》曰：太子纳妃，有漆书银带唾壶一。

魏武帝《上杂物疏》曰：御杂物用有纯金唾壶一枚，漆圆油唾壶四枚。贵人有纯银参带唾壶三十枚。

王子年《拾遗记》曰：魏文帝纳薛灵芸，灵芸别父母，嘘唏累日，泪下沾衣。至升车就路之时，玉唾壶承泪，壶即如红色，及至京师，壶之泪如淖堨矣。

又曰：吴王潘夫人，帝尝与夫人游昭宣之台，恣意幸适，既尽酣醉，唾于玉壶中，使侍婢泻于台下。

《西京杂记》曰：广川王发魏襄王冢，得玉唾壶一枚。

《交州杂记事》曰：太康四年，临邑王范熊献紫水晶唾壶一口，青、白水精唾壶各二口。

《续齐谐记》曰：武昌小吏吴龛渡水得五色石，夜化为女子，称是龛妇。至家见妇翁，被白罗袍，隐漆几、铜唾壶，状如天府，自称河伯。

马融《遗令》曰：冢中不得下铜唾壶。

贺循《葬礼》曰：藏物，今用瓦唾壶一枚。

蔡邕《表》曰：诏赐薰炉、唾壶，朝廷之恩，前后重叠，父母于子，尾敲加此。

孔臧《与子琳书》曰：侍中安国，群臣近见崇礼，不供亵器，犹复掌御唾壶。朝廷之士，莫不荣之。

书台

《东宫旧事》曰：皇太子初拜，有柏书台。

又曰：太子妃有漆书台。

香炉

《汉官典》曰：尚书郎给女史二人，洁衣服，执香炉烧薰，从入台中，给使护衣服。

《梁书》曰：侯景即位。景床东边香炉无故堕地，景呼东西南北，皆谓为厢。景曰："此东厢香炉，那忽下地？"议者以为湘东军下之征。

《南史》曰：陶弘景字通明，丹阳秣陵人也。父贞，孝昌令。初，弘景母郝氏梦天人手执香炉来至其所，已而有娠。

又曰：庾仲文贪贿。何尚之奏："选令史龙向臣说，亦叹其授纳之过，言实得嫁女具，铜炉四人举乃胜，细葛斗帐等物，不可称数。"

《齐书》曰：江泌为南康王子琳侍读。建武中，明帝召诸王后，泌忧念子琳，访志公道人，问其祸福。志公覆香炉灰示之，曰："都尽无余。"后子琳被害。

《东宫旧事》曰：皇太子初拜，有铜博山香炉一枚。

《晋东宫旧事》曰：泰元中，皇太子纳妃王氏，有银涂博山连盘三斗香炉一。

《西京杂记》曰：长安巧工丁谖作卧褥香炉，一名被中香炉，为机环转四周而炉体常平，可置之褥被，故取被褥以为名。又作九层博山香炉，镂以奇禽怪兽。

魏武《上杂物疏》曰：御物三十种，有纯金香炉一枚，贵人、公主有纯银香炉四枚。

《襄阳记》曰：刘和季性爱香，上厕置香炉。主簿张坦曰："人名公作俗人，贞不虚也。"和季曰："荀令君至人家坐处三日香，君何恶我爱好也？"

《邺中记》曰：石虎冬月为复帐，四角安纯金银凿镂香炉。

徐先生《南岳记》曰：衡山石室中有几及香炉。

卢谌《祭法》曰：香炉四时祠，坐侧皆置也。

徐爰《家仪》曰：婚迎，车前用铜香炉二。

《集异记》曰：吴郡吴泰能筮。会稽卢氏失博山香炉，使泰筮之，泰曰："此物质虽为金，其象实山，有树非林，有孔非泉，阊阖风至，时发青烟，此香炉也。"语其主处，求即得之。

《古诗》曰：四坐且莫喧，愿听歌一言。请说铜炉器，崔嵬象南山。上以植松柏，下根据铜盘。雕文各异类，离娄自相连。末火燃其中，青烟飏其间。顺风入君怀，四坐莫不欢。香风难久居，空令蕙草残。

梁昭明太子《铜博山香炉赋》曰：禀至精之纯质，产灵岳之幽深。经般倕之妙指，运公输之巧心。有蕙带而岩隐，亦霓裳而升仙。写嵩山之巃嵸，象邓林之仟眠。

太平御览卷第七百四 服用部六

囊

《说文》曰：囊谓橐也。橐，车上大囊也。

《方言》曰：自关而西，食囊谓之掩囊。

《周易·坤卦六四》曰：括囊无咎。《象》曰：括囊无咎，慎不害也。

焦赣《易林·归妹之损》曰：争鸡失羊，亡其金囊，利得不长。

《毛诗·公刘》曰：乃裹餱粮，于橐于囊。

《公羊传·哀公》曰：齐景公死，舍立。陈乞迎阳生，使力士举巨囊而至，开之，则公子阳生也。乞曰："此君也。"诸大夫皆再拜稽首，自是往杀舍。

《史记》曰：韩信已定临淄，楚使龙且救齐，夹睢水阵。韩信乃夜令人为万余囊，盛沙以壅水上流。引军半渡击龙且，佯不胜，遂走。龙且追信。信渡水，使人决壅。水大至，急击煞龙且。

《战国策》曰：荆轲逐秦王，时侍医夏无且以乐囊提轲。提，抵击也。

《汉书》曰：陆贾使尉佗，佗赐贾囊，中装直百金。

又曰：东方朔曰："侏儒长三尺，奉一囊粟、钱二百四十。朔长九尺余，亦一囊粟、钱二百四十。侏儒饱欲死，臣朔饥欲死。"

又曰：杨王孙病且终，先令其子曰："吾欲裸葬，以反吾真。"死则为布囊盛，入地七尺。既下，从兄脱其囊，以身亲土。

又《东方朔传》曰：文帝集上书囊以为殿帷。

又曰：张安世持囊簪笔，事孝武数十年，见谓忠谨。囊，挈橐也，近臣负也。

又曰：邴吉驭吏尝知边塞。吏出，适见驿持赤白囊，边郡发奔命书驰来至，虏入云中、代郡。遽归府见吉白状。

又曰：成帝许美人乳，诏使婢严持乳医及药箧至美人所。后诏使严持绿囊书与许美人，告严曰：“美人当有以予，女授来置饰室中。”美人苇箧一合，盛所生儿死缄封及绿囊报书予严。

又曰：王阳好车马，衣服鲜明，而迁徙转移，所载不过囊橐。时人怪其奢，伏其俭，故俗传王阳能作黄金。

《东观汉记》曰：岑彭与吴汉围隗嚣，壅谷水，以缣囊盛土为堤灌西城。

《后汉书·张堪传》曰：光武尝召见诸郡计吏，问前后守令能否。蜀郡计掾樊显曰：“渔阳太守张湛昔在蜀，仁以惠下，威能讨奸。前公孙述破时，珍宝山积，卷握之物，足富十世。而湛去职之日，乘折辕车，布被囊而已。”

范晔《后汉书》曰：杨璇为零陵太守，以绯囊盛石灰于车上，系布索于马尾。会战，从风鼓灰，贼不得视，因以火烧布，布烧马惊，奔突贼阵。

又曰：和熹邓后临朝，杜根以安帝长，宜亲政事，乃上书直谏。太后怒，收根，盛以缣囊，扑杀之。执法者以根知名，私语行事人，使不加力，而载出城外，根得苏。

《典略》曰：马超为司隶督军从事，讨郭援，为飞矢所中，乃以囊裹其足而战，斩援首。诏拜徐州刺史。

《魏略》曰：大秦国王有五宫，相去各十里。王一旦至一宫，听事止宿，明旦复至一宫，遍而还。出行常以一韦囊自随，有上言者，收辞囊中，还宫乃省之。

《吴纂》曰：步骘《表》言：“北降王潜等说北箱部伍图以东向，多作布囊，欲以盛沙塞江。”孙权见吕范、诸葛恪云：“每读骘《表》，辄独失笑。此江与开辟俱生，宁有可囊塞理乎？”

王隐《晋书》曰：枣嵩用事于王浚，时谣曰：“十囊五囊入枣郎。”

《晋中兴书》曰：孙恩败，以囊簏盛婴儿，投之于外，而告之曰：“贺汝先登仙堂，我寻而后就汝。”

《晋书》曰：郭公居河东，精卜筮。郭璞从而授业，公以青囊中书九卷与之，璞由是洞晓其术。

《宋书》曰：吴郡人陈遗少为郡吏，母好食铛底饭。遗在役，恒带一囊，每煮食，辄箓其焦以贻母。

《陈书》曰：后主怠于政事。每启奏，后主依隐囊，置张贵妃于膝上，共决之。

《隋书》曰：张虔威尝在涂见一遗囊，恐其主求失，因令左右负之而行。后数日，物主求认，悉以付之。

《庄子》曰：人而不学，命之曰视皮；学而不行，命之曰辄囊。

又曰：将为胠箧探囊发匮之盗而为守备，则必摄缄縢，固扃鐍，此世俗所谓智也。然巨盗至，则负匮揭箧担囊而趋，唯恐缄縢之不固也。

《淮南万毕术》曰：鸿毛囊之，可以渡江。

《东宫旧事》曰：太子纳妃，有绛石绮绢裹被囊一、丹罗长命绮绢裹椀囊一、紫綦文绮绛绢裹椀囊二。

《晋中经簿》曰：盛书皂缥囊书函中皆有香囊二。

《世说》曰：谢玄年少时，好着紫罗香囊，垂覆手。太傅患之而不欲伤其意，乃鐍与戏赌，得即烧之。

《语林》曰：刘承胤少有淹雅之度。王庾、温公皆素与周旋。闻其至，共载看之。刘倚被囊，了不与王公言，神味亦不相酬。俄顷宾退，王庾甚怪此意，未能解。温曰："承胤好贿，被下必有珍宝。当有市井事。"令人视之，果见向囊皆珍玩焉。与胡父论贾。谐贾鬻。

又曰：石崇厕内两婢持锦囊，是筹也。

《俗说》曰：何承天、颜延年俱为郎。何问颜曰："藿囊是何物？"颜答曰："此当复何解耶？藿囊将是卿。"言腹中无所有，纯是藿。此是世俗相调之辞也。

《西京杂记》曰：惠帝起与赵王同寝处，后杀之不得。后帝早猎，后命力士于被中扼杀之，乃死。吕后不信，以绿囊盛之，载以小軿车，入见。厚赐之。力士，东都门外官奴，帝后知，腰斩之。

《拾遗录》曰：苏秦、张仪二人假食于路，剥树皮为囊，以盛天下良书。

又曰：燕昭王梦西方羽人从云中来，曰："大王精智未开，求恒生久视之观不可得也。"以指画王心，应手而裂。王乃惊悟，血湿于襟。王复见所梦人曰："本欲易王之心。"乃出方寸绿囊，囊中有续脉石名丸，补血精散，摩王之臆，俄而即愈。

又曰：石虎为浴台，皆用鍮石珷玞为堤岸，或以琥珀车渠为瓶杓。夏则自渠水以内池，池中皆纱縠为囊，盛百杂香，渍于水里。

王肃《丧服要记》曰：昔鲁哀公祖载其父，孔子问曰："宁设五谷乎？"哀公曰："五谷囊者，起伯夷叔齐让国，不食周粟而饿首阳之山，恐魂之饥，故作五谷囊。吾父食味含哺而死，何以此为？"

《国语》曰：吴王杀申胥，盛以鸱鵜而投之于江。鸱鵜，革囊。

《春秋后语》曰：赵王使平原君入楚，求其从约，其客有文武者二十人偕，得十九人，未有可以备二十者，毛遂请行。平原君曰："贤士处世，譬如锥之处囊，其锋立见。今先生处胜门下，三年无所闻，是先生无所能也。"遂曰："臣乃今日请处囊中耳。若早处囊中，乃颖脱而出，非特末见也。"平原君乃许与偕。

《江表传》曰：魏太祖与马超单马会语。超负其多力，尝置六斛米囊东西走马，辄制米囊以量太祖轻重。太祖寻知之，曰："几为狡虏所欺。"

《汉武内传》曰：帝见王母，有一卷书置以紫锦之囊。母曰：此五贞形图也。

《曹瞒传》曰：操性佻易，自珮小鞶囊，盛手巾细物。

《益部耆旧传》曰：阎宪字孟度，为绵竹令。男子杜成行于路，得遗装囊，开视，有锦帛二十五匹。明送诣吏。

《汝南先贤传》曰：范滂被诘授几许赃赇，滂曰："曾为北部督邮、汝阳令，有记囊表里六尺。若以此为赃，赃直六十耳。"

《郭文举别传》曰：文举，河内人也，怀帝未济江至馀杭，市卖箭箬易盐米。以树皮作囊，得米盐以内囊中。

斐渊《广州记》曰：州厅事梁上画五羊象，又作五谷囊，随象悬之，云昔高固为楚相五年，衔谷萃于楚庭，因是图其象。

《荆楚岁时记》：八月，民俗以锦彩为眼明囊，记曰，赤松子。此日以囊承柏树下露，以为相贻。或以金薄为之，递相饷遗。

《幽明箓》曰：习凿齿为荆州主簿，从桓宣武出猎，见黄物，射之，即死。是老雄狐，臂带绛绫香囊。

又曰：广陵韩略将下马，觉鞭重，见有绿锦囊，中有短卷书着鞭鞘。皆不知所从来，开视之，放谷纸祝经，乃世之常闻也。

《异苑》曰：信安郑微，年少时见人遗一囊，云："中有物，欲碎便为凶兆。"微密开看，乃是一梃炭，意甚秘之。年八十，病笃，语子弟云："吾齿老矣。可试启此囊。"见炭悉碎折，于是遂死。

赵一《秦客诗》曰：文籍虽满腹，不如一囊钱。

宋刘义恭《启》曰：垂赐金虎魄茱萸囊、七宝校装玉眼明囊。

帊幞

《通俗文》曰：帛三幅曰帊，帊衣曰幞。

《职官》曰：尚书郎入直中宫，供青缣，白绫幞。

《晋中兴书》曰：陆纳为吴兴太守，征拜左右尚书。临发，止留被幞，余悉还官。

《梁书》曰：张讥幼丧母。有错彩丝经帕，即母之遗制，及有所识，家人具以告之。每岁时辄对帕哽咽，不能自胜。

《南史》曰：关康之寓居南平昌，特进颜延之等当时名士十许人入山候之，见其散发被黄巾帊而卧，了不相眄。延之等咨嗟而退，不敢干也。

《北史》曰：后魏元文既专政，于禁中自作别库，掌握之珍宝充牣其中，又曾卧妇人于食舆，以帊覆之，令人与入禁内。出亦如之。直卫虽知，无敢言者。

《东宫旧事》曰：皇太子纳妃，有绛绫裹幞帊五具、绢裹帊五。

太平御览卷第七百五 服用部七

簏

《说文》曰：簏，竹高箧也，字或作箓。

《通俗文》曰：簏谓之匮笥。

《魏晋世语》曰：武帝欲以临淄侯植为嗣。世子患之，以车载簏，内诣朝歌长吴质与谋。杨脩以白太祖不推。世子惧，质曰："明后簏授绢车内以惑之，脩必复白推之，无人，脩授罪矣。"世子从之，脩果白推而无人，太祖繇是疑焉。

王隐《晋书》曰：洛阳有尉部小吏，忽有好物，尉疑诘问。云："先行逢一老媪，说'有病，师卜当得城南年少暂相烦'，相报乃土车内，着漆簏中，行十余里，过六七门，开簏，忽见楼阁好屋，问'此何处'云'是天上'见一妇人，三十五六，短青黑色，眉后有疵"。时贾后疏，亲闻其状，知是贾后，惭而去。

《晋书》曰：陆纳性吝，每自算料财物。有客入见之，羞忸以身映簏。

《晋中兴书》曰：王敦害周顗，籍其家，止见素簏，中有故絮。

《修复山陵故事》曰：武悼皇后玄宫贮衣虾蟆簏二。

《东宫旧事》曰：皇太子初拜，有漆马齿书簏，金装彩花簏。

《古诗》曰：交文象牙簏，婉转青丝绳。

箧

《左传·昭四》曰：叔鲋求货于卫，谣刍荛者，卫人使屠伯馈叔向羹与一箧锦。

《春秋后语》曰：魏文侯命乐羊将攻中山，三年而拔之。乐羊反而论功，文侯示之谤书一箧。

《汉书》曰：张安世字子儒，以父任用为郎，用善书给事尚书，精力于职。上行幸河东，尝亡书三箧。诏问，莫能知。唯安世识之，具作其事。后购求得书，以相校，无遗失。

《魏志》曰：胡质为荆州刺史薨，无余财，唯有赐衣书箧而已。

《晋书》曰：张华身死之日，家无遗财，有文史溢于讥箧。

太平御览卷第七百六 服用部八

床

许慎《说文》曰：床，身之安也。

《释名》曰：床，装也，所以自装载也。

《方言》曰：床，齐鲁谓之箦，陈楚之间谓之笫，音滓，一音姊。北燕朝鲜谓之树，秦晋之间谓之杠，南楚谓之赵，东齐海岱之间谓之樺音诜卫之北郊、赵魏之间谓之牒。

《易》曰：初六，剥床以足，蔑贞凶。《象》曰：剥床以足，以灭下也。六二剥床以辩，蔑贞凶。《象》曰：剥床以辩，未有与也。六四，剥床以肤，凶。《象》曰：剥床以肤，切近灾也。

又曰：巽在床下。《象》曰：巽在床下，上穷也。

《诗》曰：乃生男子，载寝之床。

《礼》曰：曾子寝疾，乐正子春坐于床下，曾元、曾申坐于足，童子隅坐而执烛。童子曰："华而睆，大夫之箦与！"华盖也，床弟也。曾子曰："然！斯季孙之赐也，我未之能易也。元，起易箦！"命元起也。曾元曰："夫子之病革矣，不可以变。幸而至于旦，请敬易之。"曾子曰："尔之爱我也不如彼。君子之爱人也以德，细人之爱人也以姑息。吾何求哉？吾得正而毙焉，斯已矣。"举扶而易之，反席，未安而没。

《左传》曰：齐无知弑其君，杀孟阳于床。《注》云，阳小臣代公居床。事具《逐门》。

又曰：楚子围宋。宋大惧，使华元夜入楚师，登子反之床曰："寡君使元以病告。"

又曰：夏子庚卒，楚使薳子凭为令尹，访于申叔豫，叔豫曰："国多宠而王弱，国不可为也。"遂以疾辞，方暑，掘地下冰而床焉，重茧衣裘，鲜食而寝。楚子使医视之，复曰："瘠则甚矣，而血气未动。"乃使子南为令尹。

《周礼》曰：王府掌王之衽席床笫。

《国语》曰：晋献公寝而不寐，郤叔虎曰："床笫之不安邪？骊姬之不存侧耶？"

《战国策》曰：孟尝君至楚，献象床。郢之登徒直，送之，不欲行。见孟尝君门人公孙戍曰："象床之直千金，伤此若发，标卖妻息不足以偿。足下能使仆无行，先人有宝剑，愿献之。"戍曰："诺。"

范晔《后汉书》曰：袁术僭号，人情离叛，欲北至青州。曹操使刘备邀之。至江宁，坐箦床而叹曰："袁术乃至于此乎？"呕血而死。

又曰：向栩性卓诡，常于灶北坐板床上，如是积久，板乃有膝踝足指之处。

又曰：羊茂字季宝，为东郡太守，冬日坐百羊皮；夏月坐一榆木板床。蔬食，出界买盐豉食之。

又曰：薛淳为汉中太守，夏但坐板床，不设席，冬坐羊皮。河内高弘为琅琊相亦然也。

《魏志》曰：陈登字元龙。许汜与刘备并在荆州牧刘表坐，汜曰："陈元龙河海之士，豪气不除。"备问汜："君言豪有事耶？"汜曰："昔遭乱过下邳，见元龙。元龙无主客之意，不相与语，自上床卧，使客卧下床。"备曰："君有国士之名。今天下大乱，帝王失所，望君忧国忘家，有济世之意，而君求田问舍，言无所采，是元龙所讳，何缘当与君语？如小人欲卧百尺楼上，卧君于地下，何但上下床之间耶？"表大笑。

《晋书》曰：武帝会宴凌云台。卫瓘醉，因跪帝床前，曰："臣欲有言。"因以手抚帝床曰："此座可惜。"帝意乃悟，因谬曰："公贞大醉也。"瓘于此不复言。

又曰：齐献王攸特为文帝所宠爱。每见攸，辄抚床呼其小字，曰："此桃符坐也，几为太子者数矣。"

又曰：中宗元帝既登尊号，百官陪列。诏王导升御床共坐，导固辞曰："太阳下同万物，苍生何由仰照？"中宗乃止。

又曰：陶淡字起静，好道养。年十五六便绝谷，设小床，常独坐，不与人共。

又曰：太尉郄鉴使人求女婿于王导，问令就东厢遍观诸子。使者归谓鉴曰："王氏诸少年并佳，然闻信至，咸自矜持。唯一人在东床坦腹而食，独若不闻。"鉴曰："正此佳婿。"访之，乃逸少也，遂以女妻之。

又曰：桓玄从荆州下都篡位，所坐御床忽陷。殷仲文进曰："将由圣德渊重厚，地不能载。"玄大悦。

《燕书》曰：公孙凤隐于昌黎九城，寝于土床也。

沈约《宋书》曰：武帝初开国，有司奏东西堂施扃脚床银涂钉。上不许，使用直脚床钉用铁也。

又曰：江湛为元凶劭所害。初，湛家数见怪异，未败之日，所眠床忽有数斗血。

又曰：王微不仕，元凶之变，微寻书玩古，遂至足不履地。终日端坐，床皆生埃，唯当坐处独净。

又曰：羊戎好为双声。江夏王义恭尝设斋，使戎布床。须臾，王出，以床狭，乃自开床。戎曰："官家恨狭，更广七寸。"王笑曰："卿岂唯善双声，乃辩士也。"

又曰：张敷为中书舍人。狄当、周赳善管要务，以敷同省名家，欲诣之。赳曰："彼若不相容接，便不如不往，讵可轻行？当曰吾等并已员外郎矣，何忧不得共坐？"敷先设二床，去壁三四尺。二客就席，数呼左右曰："移我远客。"赳等失色而去。其自标遇如此。

又曰：王僧达，大明中以归顺功封宁陵县五等侯，迁中书舍黄门郎。路琼之，太后兄庆之孙也，宅与僧达门并，尝盛车服诣僧达。僧达将猎，已改服。琼之就坐，僧达了不与语，谓曰："身昔门下驺人，路庆之者是何亲？"遂焚琼之所坐床。

《齐书》曰：纪僧真幸于武帝，稍历军校，容表有士风。谓帝曰："臣小人，出自本县武吏，遭逢圣时，陛劳至此。为儿婚得荀昭先女，即时无复所须，唯就陛下乞作士大夫。"帝曰："江敩、谢瀹，我不得历此意，可自诣之。”僧真承诣。斅登榻，坐定，斅便命左右曰：“移吾床让客。”僧真丧气而退之。

又曰：虞愿除后军将军。褚彦回诣，愿不在，见其眠床氏积尘埃，有书数卷。彦回叹曰：“虞君之清，乃至于此！”令人扫地拂床而去。

又曰：竟陵王子良为会稽郡，閤下有虞翻旧床，罢任还，乃致以归。后于西邸起古斋，多聚古人器服以充之。

又曰：少帝夜醉，萧坦之与曹道罚挟抱还延昌殿，置玳瑁床氏。

《梁书》曰：侯景既篡位，闻义师转近，猜忌弥深。床前兰锜自晓，然后见客。

又曰：长沙王懿孙植性恬静，独处一室，床有膝痕。宗室衣冠，莫不楷则。

又曰：兼弘性奢侈，侍妾百余人，不胜金翠。服玩车马，皆一时之绝。有眠床一张，皆是蹙柏，四面周匝无一有异，通用银镂金花两重为脚也。

又曰：贺革字文明。少以家贫，躬耕供养，年二十始辍耒，就父授业，精力不怠。有六尺方床，思义未达则横卧其上，不尽其义，终不肯食。

又曰：西域龟兹等国，其王坐金床，随太岁转。与妻并坐接客。

《后魏书》曰：魏收读书，夏月坐板床，随树阴讽诵。积年床板为之锐减，而精力不辍。

又曰：韩务除龙骧将军、郢州刺史，献七宝床、象牙席。

《唐书》曰：贞观十八年，召三品以上，赐宴于玄武门。太宗操笔作飞白书，群臣乘醉，就太宗手中相竞。散骑常侍刘洎登御床，引手然后得之。其不得者咸称“洎登床，罪当死，请付法”，太宗笑曰：“昔闻婕好辞辇，今见常侍登床。”

《庄子》曰：骊姬之父，封人之子。晋国之始得也，日涕泣沾衿。及其与同匡床、食刍养，而后悔其涕泣也。

《商君书》曰：明者无所不见，人主处匡床之上而天下治。

《论衡》曰：孔子将死，遗秘书曰：“不知何一男子，自谓秦始皇，上我堂，踞我床。”

《世本》曰：纣为玉床。

《南方志》曰：南方老人以龟支床。及老人亡，舁床，龟尚活。

《天文集》曰：紫宫门外有天床六星。

《东宫旧事》曰：太子有素柏扃脚床七具。

《汉武帝内传》曰：武帝授西王母真刑六甲云飞十二事，帝盛以黄金，封以白玉函，珊瑚为床，紊锦为帷，安着柏梁台上。

皇甫谧《高士传》曰：老莱子隐蒙山之阳，支木为床。

《神仙传》曰：卫叔卿入华山，有紫云郁，郁白玉为床。

《真人周君传》曰：周义山字季通，令会仙人，在金屋太室，以彩玉为床。

《马明先生别传》曰：明生随神女还岱宗石室中，金床玉几。

《西京杂说》曰：武帝为七宝床、杂宝屏风、别宝帐，设于柱宫中，时人谓为宝宫。

又曰：昭阳殿设玉床。

又曰：韩嫣以玳瑁为床。

《拾遗记》曰：董偃常卧延清之室，画石为床。石文如画，体甚轻，出郅支国。上设紫琉璃帐、火齐屏风。

又曰：石季伦屑沉水之香如尘沫，布置象床氏，使所爱者践之，无迹则赐真珠百琲。珠百斛曰琲。若有迹者则节其饮食，令体弱。故闺中相戏曰：“尔非细骨轻躯，那得百琲真珠？”

又曰：频斯国有枫林，林东有大石室，可容万人坐。壁上刻为三皇之像，天皇十三头，地皇十一头，人皇九头，皆龙身。亦有膏烛之处，缉石为床，床氏有膝痕，深二三寸。

《衡山记》曰：仙人室中有黄玉床。

盛弘之《荆州记》曰：长沙郡有贾谊所穿井，旁扃脚石床，可容一人坐，其形古制，传云：“谊所坐床也。”

《西征记》曰：金乡焦氏山北有汉司隶校尉曾峻冢，前有石床，长八尺，莹摩鲜明，叩之即鸣。时太尉从事中郎傅珍之，谘议参军周室穆折石床，各取一头。为曾氏之后所讼。

《邺中记》曰：石虎御床殿方三丈，其余床皆局脚，高下六寸。后宫别房中有小形玉床，又有转关床，射鸟兽。

《异物志》曰：麢贵柴二音狼，形如麇而角向前，入林则得之，角正四据，人因以作踞床。

《异苑》曰：沙门支法存，有八尺沉香板床。刺史王淡息切求，不与，遂杀而籍焉。籍，没也。后息疾，法存出为祟也。

《世说》曰：袁绍年少时，曾夜以剑遣人掷魏武，小下不着，帝揆其后必高，因帖卧床，剑至果高。

《语林》曰：简文为抚军时，所坐床氏尘，不听左右拂。见鼠行迹，视以为佳。

《杂五行书》曰：凡安床，东首贫贱疾病，西首富，南首贵，北首死。

《兵书》曰：将坐床无故自动，下欲害之。

《梦书》曰：梦床所坏者，为忧妻也。

曹植《九咏》曰：蕙帱兮荃床。

柴子太《七折》曰：下莞上簟，华镂之床。

刘桢《续虑赋》曰：布玳瑁之席，设蟕蠵之床。蟕蠵，大龟也。蠵音唯。冯玫瑶之几，对金精之盘。

李尤《卧床铭》曰：体之所安，寝处之欢。夕则敬慎，崇德远奸。

榻

《坚床铭》曰：体之所安，寝处知欢。久则敬慎，崇德远奸。

《释名》曰：长狭而卑曰榻，言其榻然近地也，小者坐主人无二，独所坐也。

谢承《后汉书》曰：徐稚字孺子，豫章人。陈蕃为太守，不接宾客，唯稚来特设一榻，去则悬之。

又曰：周璆字孟玉，陈蕃为太守，璆来，置一榻，去则县之也。

《蜀志》曰: 简雍性简傲佚荡, 自诸葛亮以下, 则独擅一榻, 须枕卧语, 无所为屈。

《吴志》曰: 周瑜荐鲁肃, 孙权引肃合榻对饮言议。

《宋议书》曰: 当阳侯刘彦节既贵, 士子自非三署, 不得上方榻, 时以此少之。

又曰: 颜延之为秘书监光禄勋太常, 时沙门释惠林以才学为文帝所赏, 朝廷政事多与之谋, 遂士庶归仰。上每引见, 常升独榻, 延之甚嫉焉, 因醉曰: "昔同子骖乘, 袁丝正色, 此三台之座, 岂可使刑余居之?" 上变色。

又曰: 王瞻字明远, 一字叔鸾, 负气傲俗, 好贬裁人物。仕宋为王府参军, 常诣刘彦节, 直登榻曰: "君侯是公孙, 仆是公子。引满促膝, 唯余二人。" 彦节外虽酬之, 意甚不悦。

《齐书》曰: 孔休源字庆绪, 博学, 为晋安王府长史, 甚得人誉。王深相倚仗, 常于中斋别施榻, 云: "此是孔长史坐, 人莫得预焉。" 其见敬如此。

《后魏书》曰: 元顺为吏部尚书右仆射, 上省, 登阶向榻, 见榻甚故, 问都令史徐忭起, 曰: "此榻曾见先王坐。" 顺即哽塞, 涕泗交流, 久而不能言, 遂令换之。

《梁书》曰: 临汝侯猷为益州, 颇僭滥。客筵内遂有香灯, 不置连榻。武帝知之, 以此为僭。还都, 以忧愧成疾卒。

《唐书》曰: 玄宗命太常韦绍读时令, 每月一篇。每孟月朔日, 上御宣政殿, 侧置一榻, 东置面案, 令韦绍坐而读之。

又曰: 李岘为相, 元载于政事堂置榻, 邀宣事中官坐。岘至, 叱左右去榻。

《唐高士传》曰: 管宁自越海, 及归, 常坐一木榻, 积五十余年, 未尝箕股, 榻上当膝处皆穿。

《郭子》曰: 杜预拜镇南将军, 朝士悉至, 客皆在连榻。于稚舒后至, 曰: "杜元凯复以连榻坐客。" 不坐便去。

《列仙传》曰：修羊公者，魏人也，止华阴山石室，有悬石榻，卧其上，石尽穿陷。

胡床

《风俗通》曰：灵帝好胡床，董卓权胡兵之应也。

《魏志》曰：斐潜为兖州刺史，常作一胡床。及去官，留以挂柱。

《齐书》曰：张景贞僭侈。武帝拜陵还，景贞白服乘舴艋，坐胡床，观者咸疑是太子。

《梁书》曰：武帝军至新林，杨公则自越城移此，领军府垒北楼与南掖门相对。尝登楼望战，城中遥见麾盖，纵神锋弩射之，矢贯胡床，左右皆失色，公则曰："虏几中吾脚。"谈笑如初。

又曰：侯景既篡位，时着白纱帽而尚披青袍，头插象牙梳，殿氏设胡床及荃蹄，着靴，垂脚坐。

《北齐书》曰：武成胡后与沙门昙献通，布金钱于献席下，又挂宝装胡床于献屋壁，武成平生之所御者也。

庾肩吾《赋胡床诗》曰：传名乃外域，入用信中京。足欹形已正，文邪体自平。临堂对远客，命旅誓初征。

太平御览卷第七百七 服用部九

枕

《说文》曰：枕，卧为所荐首者也。

《释名》曰：枕，检也，所以检项也。

《诗》曰：角枕粲兮，锦衣烂兮。

又曰：有美一人，硕大且俨。寤寐无为，展转伏枕。

《周礼》曰：玉府掌王之金玉玩好，大丧则供角枕。

《礼曰》：鸡初鸣，咸盥漱，敛枕簟。敛枕簟，不欲人见。

《国语》曰：楚灵王败于乾溪，王亲独行，彷徨于山林之中。三日乃见其涓人畴，王呼之曰："余不食三日矣。"畴移而进，王枕其股以寝于地。王寐，畴枕王曰："墣而去之。"墣，块也。

《洞林》曰：丞相从事中郎王文英家枕自作声。

《汉书》曰：淮南王有《枕中鸿宝秘苑书》，言使鬼物为金之术，及邹衍重道延命方，世人莫知。刘更生父于武帝时治淮南狱，得书。更生以为奇，献之，言黄金可成。上命典尚方铸，事费甚多，不验。

《后汉书》曰：乐崧天性朴忠，家贫为郎。尝独直台上，无被，枕杫，杫音思渍切，谓俎九也。蜀汉之郊曰胡杫。食糟糠。帝每夜入台，辄见崧，问其故，甚嘉之。自此诏太常赐尚书以下朝夕飡，给帏帐。

《东观汉记》曰：黄香事亲，暑则扇枕，寒则以身温席。

《后汉书》曰：魏高昌有白盐，其形如玉。高昌人取以为枕，贡之中国。

《魏志》曰：苏则为侍中，董昭尝枕则膝卧，则推下之曰："苏则膝非佞人枕也。"

《魏略》曰：大秦国出五色枕。

《吴书》曰：张纮作《楠榴枕赋》，陈琳在北得之，因以示士人曰：

“此吾乡里张子幼作也。”

《晋书》曰：王敦镇豫章，为王澄以旧意所侮。敦益忿怒，请澄入宿，阴欲杀之。而澄左右二十人持铁马鞭为卫，澄手恒捉玉枕以自防，故敦未之得发。后敦赐澄左右酒，皆醉。借玉枕观之，因下床而谓澄曰：“何与杜弢通信？”敦令力士路戎扼杀之。

又曰：筮者谓董丰曰：“君忧狱，远二枕，避三沐。”丰既归，妻具枕授沐，丰皆不从，其夜果误杀妻也。

沈约《宋书》曰：《武帝记》曰：宁州常献虎魄枕，光色甚丽。时北征以虎魄治金疮，上大悦，命捣碎分诸将。

又曰：武昌王浑少而凶戾，为中书令，每夕裸身露头往散骑省戏。因弯弓射直郎周郎，中枕，以为笑乐。又朱龄石少好武，不事崖捡。舅淮南蒋氏才劣，龄石使舅卧厅事，剪纸方一寸，帖着舅枕，以刀子悬掷之，相去八九尺，百掷百中。舅畏龄石，终不敢动。

《齐书》曰：陈显达建武世不自安，侍宴酒后启上借枕，帝令与之。显达抚枕曰：“臣年已老富贵已足，唯少枕死。特就陛下乞之。”上失色曰：“公醉矣。”

《北齐书》曰：郎基字世业性清慎，尝语人曰：“任官之所木枕亦不须作，况重于此者也。”

《梁书》曰：王茂为雍州长史。人或谮茂反，武帝弗之信。令郑绍叔往候之，遇其卧，因问疾。茂曰：“我病可耳。”绍叔曰：“都下杀害日甚，使君家门涂炭。今欲起义，长史那犹卧？”茂因掷枕起，即袴褶，随绍叔入见武帝。

《唐书》曰：玄宗尝制大被、长枕，与宁王宪申共之。

又曰：贵妃娣虢国夫人豪侈尤甚，所枕照夜枕，不知其价，夜中照庑，其光如昼。

《尸子》曰：孝子一夕五起，视亲衣之厚薄，枕之高下。

《淮南子》曰：楚将子发好伎道之士。有善偷者往见子发，子发礼之。无几，齐伐楚。偷夜出盗其齐将军枕，归之。明夕，复取其簪，又以归之。齐师大骇，还师而去。

《越绝书》曰：越王问范子曰："寡人已问阴阳之事，谷之贵贱可得而知乎？"曰："阳者主谷贵，阴者主谷贱，故当寒而不寒，谷为之暴贵；当温而不温者，谷为之暴贱。"王曰："善。"书帛藏之枕中，以为国宝。

范子曰："尧舜禹汤者，皆有预见之明，虽有凶年而民不穷。"王曰："善。"以丹书置之枕中，以为邦贵。

《东宫旧事》曰：皇太子纳妃，有龙头旧髻枕、银环钩副之。

蔡质《汉官仪》曰：尚书郎直给通中枕。

《西京杂记》曰：赵飞燕为皇后，其女弟上遗虎珀枕、龟文枕。

《拾遗篆》曰：魏咸熙二年，宫中夜夜有异，或吼呼惊人，乃有伤害者，诏使宦者暗中伺候，有白虎，毛色净密，以戈投虎，即中左目，俄而往取，虎已隐形，更搜觅不见。乃于藏中得一玉虎枕，左目有血。帝嗟其大异，问诸大臣。答云："昔诛梁冀，得玉虎枕一枚，云此枕单池国所献，臆下有题云'帝辛九年献'，帝辛，纣也。金玉久而有神。"

《神仙传》曰：泰山父者，汉武帝东巡狩，见父头顶白光高数尺。帝呼问之，曰："有道士教臣作神枕，枕有三十二物。二十四物以气应二十四气，八物应八风。臣行之，转少而齿生。"

《列异传》曰：景初中，咸阳县吏王臣夜倦，枕枕卧。有顷，闻灶下有呼曰："文纳何不以之头下？"应曰："我见枕不得动，汝来就我。"至乃饮缶也。

《集异记》曰：中山刘玄暮忽见一人，着乌袴褶，取火照之，面首有七孔，面莽党然。乃请师筮之，师曰："此是君家先世物，久则为魅。"刘因执缚，刀砍数下，变为一枕，乃是其先祖时枕。

《异苑》曰：滕放枕文石枕卧，忽暴雷震其枕。旁人莫不为之怖慑，微觉有声，不为惊也。

楚宋玉《高唐赋》曰：楚王尝游高唐，怠而昼寝，梦见一妇人，曰："妾巫山之女也，愿荐枕席。"

司马相如《长门赋》曰：抟芳若以为枕，席荃兰而为香。

又《美人赋》曰：高茵重设，角枕横施。

刘向《别纂》曰：向有《芳松枕赋》。后汉张纮《瑰林枕赋》曰：有卓尔之殊瑰，超诡异以邈绝。且其色也，如芸之黄；其为香也，如兰之芳。其文彩也，霜地金茎，紫叶而红荣。

蔡邕《警枕铭》曰：应龙蟠蛰，潜德保灵。帛器象物，示有其形。哲人降鉴，居安虑倾。

崔骃《六安枕铭》曰：枕有规矩，恭一其德。承元宁躬，终始不忒。六安言六面安也。

苏彦《楠榴枕铭》曰：珍木之奇，文郁理鲜。廉棱方正，密滑贞坚。卞敬宗作，《无患枕赞》。无患，木名也。又言枕之无患也。江文通诗曰：抚枕怀百虑。

被

《说文》曰：衾，大被也。

《释名》曰：被，所以被覆人也，衾也。其下广大如岸，一授人也。

《论语》曰：必有寝衣，长一身有半。

《诗》曰：锦衾烂兮。

又曰：肃肃宵征，抱衾与裯。裯，单被也。

《传》曰：楚子次于乾溪。雨雪，楚王皮冠、秦复陶、翠被、豹舄，执辈菽出。

《史记》曰：王章字仲卿，疾无被，卧牛衣中。

又曰：汲黯曰："公孙弘位至三公，俸禄甚厚。为布被，此诈也。"上问弘，弘谢曰："有之。夫九卿与臣善者无过黯，然今日廷诘臣，诚中臣之病。夫以三公为布被，饰诈以钓名。且臣闻管仲相齐有三归，侈拟于君，桓公亦霸；晏婴相景公，食不重肉，妾不衣丝，齐国亦治。今臣位为御史大夫而为布被，自九卿以下至小吏，无差，诚如黯言。且无汲黯申之，陛下安闻此言？"天子以为谦让，愈益厚之。

《汉书》曰：广川王去疾妃昭信甚妒。王爱姬陶望卿，昭信妒之，谮于王曰："望卿视有奸窥。"即言郎中令卧锦被，王信之，击杀之。

又曰：李夫人病笃，上自临候之。夫人蒙被谢曰："妾久寝病，形貌坏，不可见帝，愿以王及兄弟为托。"

又曰：霍光薨，诏赐绣被百领。

《后汉书》曰：祭遵奉公，家无私财，布被，夫人裳不加彩。

又曰：宣乘性节俭，常服布被，蔬食。

华峤《后汉书》曰：乐崧为郎，独宿直台上，无被，帝推被与之。

袁山松《后汉书》曰：范丹为莱芜长，去官无被，空囊自随也。

谢承《汉书》曰：京兆朱宠字仲威，为太尉，家贫，卧布被。朝廷赐锦被，卧兼布被。

又曰：羊续字兴祖，为南阳太守，以清率下。唯卧一幅布裯，败，糊纸补之。絢与裯同。

《东观汉记》曰：王良为大司徒，在位恭俭。妻子不入官舍，布被瓦器。

又曰：冯豹字仲文，后母恶之。尝因豹夜卧，引刀砍之，正值其起，中被，获免。

又曰：冯豹每奏事未报，常服省阁下，或从昏至明。天子默使小黄门持被覆之，曰："勿惊之。"

《汉官典职》曰：尚书郎入直，供青练白绫被，或锦被。

《魏书》曰：文帝诏朝臣三代大夫知被服，五代大夫知饮食，此言被服、饮食难晓也。

《晋阳春秋》曰：景帝有目疾。文鸯之来攻，惊而目出，惧六军恐，蒙以被，痛甚，啮被破。

《晋书》曰：魏舒为尚书郎。或有非其人，论者欲有沙汰之言，舒乃曰："吾即其人也。"幞被径出。论者咸自愧之也。

又曰：杨骏被诛。初，骏征高士孙登，遗以布被。登截被于门外，大呼曰："斫刺！"旬日，托疾死。及是，其言果验。

又曰：光逸字孟祖，为博昌小吏。令使之冒雨还，令不在，逸解衣卧衾中。令还，诘之，逸曰："衣单冒雨，如不易衣衣，必致冻死，何惜一被而杀一人耶？"令奇之而不问。

又曰：祖逖字士稚，与琨共被寝，中夜闻鸡鸣，蹴琨觉，曰："起舞！此非恶声。

又曰：吴纳为吴兴守，征为尚书，去任，有被幞而已。

又曰：秃发乌孤之祖寿阗之在孕，母胡掖氏因寝而产于被中。鲜卑谓被为秃发，因而氏焉。

《宋书》曰：虞和位中书郎廷尉。少好学，居贫，房漏，恐湿坟典，乃舒被覆书，书获全而被大湿。时人以比高凤。

又曰：沈麟士以杨王孙、皇甫谧深达生死而终礼矫俗，乃自为终制，遗令"气绝剔被，取三幅布以覆尸。及敛，仍移布于尸下，以为敛服。反被左右两际以周上。"

又曰：康沙门释宝志，王亮欲以衲被遗之，未及有言，宝志忽来，牵被而去。

又曰：罗研齐狗儿之役，临汝侯嘲之曰："卿蜀人，乐祸贪乱，一至于此。"对曰："蜀中积弊，实非一朝。百家为林，不过数家有食，贪乱乐祸，无足多怪。若令床氏有百钱布被，甑中有数升麦饭，宁肯为乱乎？"

《梁书》曰：斐之横字如岳，少好宾，重气侠，不事产业。兄之高以其纵诞，乃为狭被、蔬食以激厉之。之横叹曰："大丈夫富贵必作百幅被。"后为吴兴太守，作百幅被，以成其志。

《陈书》曰：高宗时豫州献织成罗文锦被，诏"于云龙门外焚之。"

《孙卿子》曰：天子至尊重无上矣。衣被则五彩杂间色重文绣，加饰之以珠玉。

《家语》曰：黔娄先生死，被短露足。孔子及门人见之，谓其妻曰："宁使正之不足，不可斜之有余。"

《说苑》曰：鄂君乘青翰之舟，张翠华之盖。越人拥楫而歌曰：

“山有木兮木有枝，心悦君兮君不知。”于是鄂君举绣被而覆之。

夏侯《孝子集》曰：羊太常辛夫人，字宪英，性不好华丽，从外孙胡母杨上夫人锦被，夫人取，反卧之。

《晋惠帝起居注》曰：帝至朝歌，无被。中黄门以两幅布被给帝。

《东宫旧事》曰：太子纳妃，有彩枉文绮被一、绛具文罗一幅被绛被罗文绣四五幅被一。

《东宫故事》曰：太子有七彩文绮被，又有绛文罗面被。

《京兆旧事》曰：长安孙晨家贫，为郡功曹，十月无被，夜卧蒿束，昼收之。

《西京杂记》曰：赵飞燕为皇后，其女弟上遗鸳鸯被。

晋陆云《与兄机书》曰：一日按行曹公器物，有寒夏被七枚。

《海内先贤传》曰：姜肱字伯淮，事继母。年少，肱兄弟感《凯风》之孝，同被而寝不入室，以慰母心也。

《边让别传》曰：让字元礼，才辩俊逸。孔融荐于魏武曰：“边让为九州之被则不足，为单衣襜则有余。”

《益部耆旧传》曰：王忳字少林，于客舍见诸生疾，甚困，谓忳曰：“腰下有黄金十斤，愿以相与，乞收藏尸骸。”未及问其姓名，呼吸困绝。忳卖金一斤以给棺柩，余九斤置生腰下。后署大度亭长，到亭，有白大马一匹入亭中。其日大风，有一绣被随风而来，而后忳乘马，马突入金彦父家。彦父见曰：“真得盗矣。”忳说得马之状，又取被示之。彦父曰：“卿有何阴德？”曰：“念葬诸生事。”且说形状。彦父曰：“真我子也。”忳即以被马归之，彦父不授。遣迎生丧，金具存焉。

《列女后传》曰：江夏孟宗少游学，与同学共处。母为作十二幅被。其邻妇怪问之，母曰：“少儿无异操，惧明类之不顾。大其被以招贫生之卧，庶闻君子之言耳。”

《桓任传》曰：任后母酷恶，常憎任，为作二幅箕踵被。

《杜祭酒别传》曰：君曾新作被，暖眠不觉，晏起，乃叹：“暖眠使人忘起异事。”因命着陌上，有寒苦人，举被乞之。常眠布被中。

《孙略别传》曰：亲戚有穷老者，略或推被以恤之，竟寒不解带而寝。

《郭子》曰：殷浩好作扬州，刘君行，日小欲暮，便令左右取被幞。人问其故，答云："刺史严，不敢夜行。"

《语林》曰：魏武云："我眠中不可妄近，近辄斫人不觉，左右宜慎之。"后乃阳冻眠，所幸小儿窃以被覆之，因便斫杀。自尔莫敢近之。

又曰：傅信字子思。遭父丧，哀恸骨立。母怜之，窃以锦被蒙其上。林宗往吊之，见被，谓之曰："卿海内之隽，四方是则。如何当丧，锦被蒙上？"郭奋衣而去。自后宾客绝百许日。

《古诗》曰：客从远方来，遗我一端绮。文彩双鸳鸯，裁为合欢被。着以长相思，缘以结不解。

《乐府诗》曰：天寒知被薄，忧思知夜长。

《楚辞》曰：翡翠珠烂齐光。

陆云《芙蓉诗》曰：寝共织成坊，絮之同功绵。

傅玄《被铭》曰：被虽温，无忘人之寒，无厚于己，无薄于人。

张华《苦行》曰：重无暖气，班被覆空床。

潘岳《悼亡诗》曰：凛凛凉风升，始觉夏衾单。岂曰无重纩，诗与同岁寒。

刘孝威《谢赉锦被启》曰：色艳蒲萄，采逾联璧。鄂君惭绣，楚侍羞珠。虽复帝赐鹤绫，客赠鸳绮。高惭藻丽，远谢鲜明。汉老悦其怪文，魏马惊其香气。

太平御览卷第七百八　服用部十

簟

《说文》曰：簟，竹席也。

《释名》曰：簟，覃也，布之覃然正平。

《礼》曰：莞簟之安，稿秸之谈。

又曰：父母舅姑之簟席，枕几，不传。

《诗》曰：下莞上簟，乃安斯寝。莞蒲曰席，蒲竹苇曰簟。

《方言》曰：簟，宋、魏之间谓之笙，或谓之籧曲；自关而东谓之簟，其粗者谓之籧篨、行唐；以蘧直文而粗也。自关而东，周、楚、魏之间谓之倚佯音阳；自关而西谓之行唐。

《东观汉记》曰：殇帝诏省荏弱平簟。

又曰：马稜为会稽太守，诏诰会稽车牛不务坚强，车皆以桃枝细簟。

又曰：尚书令王允奏曰："太史令王立说《孝经》六隐事，能消却奸邪。"常以良月，允与立入为献帝诵《孝经》一章，以丈二竹簟画九宫其上，随日时入焉。及允被害，乃不复行也。

《晋书》曰：王恭字孝伯，与王忱齐名，友善。恭有六尺簟，忱见之，谓其有余，因求之。恭辄以送，遂坐荐上。忱闻而大惊，恭曰："吾平生无长物。"

王隐《晋书》曰：车永为广州刺史。永子溢使工作象牙细簟，工患之。

《晋公卿礼秩》曰：太宰何曾逊位，赐簟褥一具。

萧子显《齐书》曰：林邑王永明九年遣使贡献金簟等物。

《孙卿子》曰：轻暖平簟，而体不知其安。

《淮南子》曰：席之上先萑簟，尊之上先玄酒。王贵之，先本而后末也。

《东宫旧事》曰：太子纳妃，有赤花霎文簟。

《西京杂记》曰：武帝以象牙为簟，赐李夫人。

又曰：会稽献竹簟供御，世号为流黄簟。

诸葛亮《转教》曰：计一岁运用蓬旅簟十万具。

庾翼《与王书》曰：今致八尺、丈二细桃枝簟十枚，黄篾双文簟二领，黄篾独坐双文簟一枚。

王廙《春可乐》曰：弱簟平端。

潘岳《悼亡诗》曰：展转睇枕席，长簟竟床空。

左思《吴都赋》曰：桃笙象簟，韬于筒中。

王鉴《竹簟赋》曰：楚簟陈于玉房，巴箱列于椒台。

褥

《尔雅》曰：褥谓之兹。

《释名》曰：褥，人所坐亵辱也。

又曰：茵，车中所坐用虎皮也。

《诗》曰：文茵畅毂，驾我骐馵。文茵，虎皮。

《汉书》曰：霍禹广治弟室，作乘舆，辇加绣茵。凭黄金涂，如淳曰：冯谓所冯者也。金涂之，黄金涂饰之也。韦絮荐轮。晋灼曰：御辇以韦缘轮，贮之如絮也。

《东观汉记》曰：祭遵有疾，诏赐重茵。

《魏略》曰：焦先字孝然，河东人也。高尚不仕，自作蜗牛庐。净扫其中，荣木为床，布褥其上，天寒构火以自炙。

《魏志》曰：太祖性节俭，帷帐屏风坏则补纳，茵褥取温，无有缘饰。

又曰：王朗上疏曰："老臣慺慺，愿国家同祚于轩辕之伍。且少小常苦被褥泰温，泰温则不能使软肤弱体，是以难可防护，而易用感慨。若常全小缊袍，不至于甚厚，则必咸保金石之性，而比寿于南山矣。

《吴箓》曰：孟仁字恭武，江夏人也。从李肃学，其母为作厚褥大被。人问其故，母曰："小儿无德，客多贫，故为广被大褥。"

《齐书》曰：宗测高尚不仕。王俭亦雅重之，赠以蒲褥笋席。

又曰：褚彦回弟澄为左户尚书。彦回薨，澄以钱一万一千，就招提寺赎高帝所赐彦回白豹坐褥。

又：柳庆远为仪同。初，庆远从父兄世隆，尝谓庆远曰："吾梦太尉以褥席见赐，吾遂亚台司。适又梦以吾褥席与汝，汝必光我门族。"至是庆远亦继世隆焉。太尉谓元景也。

《后魏书》曰：尔朱世隆将被诛。此年正月晦日，令、仆并不上省，西门不开。忽有河内太守田帖家奴告省门亭长云："今旦为令王借车牛一乘，终日于洛滨游观，至晚，王还省。将车出东掖门，始觉车上无褥，请为之记识。"

《世说》曰：晋孝武年十三四时，冬天昼日不着衣，夜则累茵褥。谢公云："体宜令常和。陛下昼过冷，夜过热，恐非摄生之术。"帝曰："夜静宜温。"谢公出，叹之也。

《南越传》曰：尉陀卧象床锦茵。茵，褥也。

《东宫旧事》曰：皇太子拜，有八尺褥一，重中褥一，步舆褥一。纳妃，有承床褥三。

《会稽后贤传》曰：丁潭以光禄大夫还弟，诏赐床帐席褥。

《邺中记》曰：石虎作褥，长三丈。用锦缘之。

《神异经》曰：北方有冰万里，厚百丈奚鼠在冰下土中，其毛长八尺，可以为褥。

《西京杂记》曰：赵飞燕为皇后，其女弟上遗鸳鸯褥。

《拾遗箓》曰：周穆王时，紫罗文褥者，坛孙国献之。

《语林》曰：大将军收周侯，至石头，坐南门盘石上。将戮之，送己褥与周。

司马相如《美人赋》曰：高茵重设。

毡

《说文》曰：蛮毛可以为毡。

《释名》曰：毡，旃也，毛相着旃旃然也。

《韵集》曰：毡，细罽也。

《周礼·天官·掌次》曰：王大旅上帝，则张毡案。大旅上帝，祭天于圜丘也。张毡案，以毡为林于堀中。

又曰：掌皮供其毳为毡，以待邦用事。

《汉书》曰：苏武使匈奴，匈奴绝，不与食。天雨雪，武卧啮雪，与毡毛裹咽之也。

《汉书》曰：王吉谏昌邑王游猎曰："夫广厦之下，细毡之上，明师居前，劝诵在后，上论唐虞之际，下及殷周之盛，其乐岂徒衔橛之间也哉？"

又曰：江都王女《细君歌》云："远适异国乌孙王，穹庐为室毡为墙。"

《魏志》曰：李胜为荆州刺史，往辞太傅曹爽，使察之。太傅曰："谬问。"胜曰："并州有佳毡，可致之。"胜出曰："太傅耄，无能为也。"

又曰：邓艾伐蜀，自阴平行无人之地，凿山通道作桥，以毡自裹，推转而下。

魏武帝《与杨彪书》曰：今赠足下青毡床褥三具也。

《晋书》曰：杜预子锡为愍怀太子舍人，屡直谏于太子。太子患之，置针于锡坐处毡中，锡上，刺足血出。

又曰：《载记》曰："慕容熙后符氏卒。慕容隆妻张氏，熙之嫂也，美姿容，有巧思，熙将以符氏之殉，欲以罪杀之。乃毁其襚鞾中弊毡，遂赐死。三女叩头求哀，熙不许。

《齐书》曰：孔奂为晋陵太守，清白自守。妻子并不之官，唯以单舡临郡，所得秩俸随即分赡孤寡，郡中号曰"神君"。曲阿富人殷绮见奂居处俭素，乃饷以毡衣一具，奂辞不授。

《北齐书》曰：斐宽与东魏将彭乐战于新城，因伤被擒，至河阴见齐文襄。宽举止闲雅，善于占对，文襄实甚异之，解锁付馆，厚加礼遇。宽乃裁所卧毡，夜缒而出。因得遁还。

又曰：清河三年，周师及突厥至并州。突厥谓周人曰："尔言齐乱，故我伐之。今齐人眼中有铁，何可当也？"乃还至陉岭，冻滑，乃铺毡以渡之。

又曰：綦俊佞巧，能候当途，斛斯椿、贺拔胜，皆与友善。性多诈。贺拔胜出镇荆州，过俊别，因辞。俊故见败毡敝被，更遗之钱物。

《广志》曰：羌女人披大华毡以为盛服。

《拾遗箓》曰：汉武帝以毡琦弟藉地，恶鞧之喧也。

《搜神记》曰：太康中，天下以毡为陌头及带身、袴口，于是百姓相戏曰："中国其必为胡所破也。夫毡，胡之服也，而今天下以为陌头、带身、袴口，胡既三制之矣。"

《淮南子》曰：夫胡人见麻，不知其可以为布；越人见毳，不知其可以为毡，故不通于物者，不可与言俗。

《俗说》曰：桓豹奴病劳冷，无毡可卧。桓车骑自撤己眠毡与之。

《语林》曰：王子敬在斋中卧，偷人取物，一室之内略尽。子敬卧而不动，偷遂登榻，欲有所觅。子敬因呼曰："偷儿，石染青毡是我家旧物，可特置否？"于是群偷置物惊走。

《南传》曰：调斯国有青石染毡，绛染毡也。

王褒《圣主得贤臣颂》曰：夫荷毡被毳者，难与道纯绵之丽密。

陆云《诗》曰：冬坐比肩毡。比肩，兽名也，取其毛为毡。

卧具

《风俗通》曰：扶风苏不违父为司隶。李暠所迁司农，不违穿府北垣，径上厅事，斫暠卧具。暠一宿数迁。

沈约《宋书》曰：朱百年隐居山阴，家素贫，母以冬月亡衣并无絮，自此不衣锦帛。尝寒时就孔觊饮酒，醉眠。觊以卧具覆之，百年不觉也。既觉，引卧具去体，谓觊曰："绵定奇温。"因流涕悲恸，觊亦为之感伤。

《齐书》曰：谢朓尝行，还过候江革。时大寒雪，见革敝絮单席而枕，觉不倦。朓嗟叹久之，乃脱其所着襦，并手割半毡与革充卧具而去。

又曰：刘孝绰与到溉兄弟甚狎。溉少孤，宅近僧寺。孝绰往溉宅，适见黄卧具。孝绰谓“僧物色也”。抚手笑。溉知其旨，奋拳击之，伤口而去。

氍毹

《通俗文》曰：织毛褥谓之氍毹。

《声类》曰：氍毹，毛席也。

《广志》曰：氍毹，田氍毛织也，近出南海。文称北汉之氍毹，非其所生。

《魏略》曰：大秦国以野茧作织成氍毹文，出黄白黑绿氍毹。

《后周书》波斯国，大月氏之别种也，其地出氍毹。

吴时《外国传》曰：天竺国出细靡氍毹。

《陶侃别传》曰：外国献氍毹，公举之曰：“我还国，当与牙共眠。”牙名惔之，字处静，是公庶孙，小而被知。以为后嗣。

《南州异物志》曰：氍毹以羊毛杂群兽之毳为之，鸟兽人物草木云气作鸲鹉，远望轩若飞也。

《古乐府诗》曰：请客上北堂，坐毡及氍毹。

张衡《四愁诗》曰：美人赠我毡氍毹。

《诸葛亮集·诏答恢》曰：行当离别，以为惆怅。今至氍毹一，以达心也。

毾㲪上音榻，下音登

《通俗文》曰：氍毹细者谓之毾㲪。名毾㲪者，施大床前小榻之上，所以登而上床也。

《东观汉记》曰：景丹率众至广阿，光武出城外，马坐按毡毾㲪，上设酒肉。

《魏略》曰：大秦国以羊毳木皮野丝作毾㲪之属，有五色九色毾㲪，其色鲜于海东诸国所作也。

《南史》曰：中天竺国出好裘毾㲪。

《世说》曰：王子猷诣郄雍州，雍州在内未出。王见铺毾㲪，云："阿乞那得此？"令左右送向家。郄出，王曰："向有大力者负之以趋。"郄恢为雍州刺史。阿乞，恢小字。郄无忤。

《异苑》曰：沙门有法存者，生广州，善医术，遂富。有八尺毾㲪，作百种形象。又有沉香八尺板床。太原王淡为刺史，大儿劭之屡求二物，法存不与，王杀而籍焉。法存后形见于府内经日。王寻得疾亡，邵之又丧。

杜笃《边论》曰：匈奴请降，毾㲪罽褥，帐幔毡裘，积如丘山。

班固《与弟超书》曰：月支毾㲪大小相杂，但细好而已。

马融奏："马贤于军中帐内施毾㲪，士卒飘于风雪。"

太平御览卷第七百九 服用部十一

荐席

《说文》曰：席，藉也。《礼》：天子诸侯席有黼绣纯。

又曰：筵，竹席也。

又曰：蒻，蒲子也，可以为荐。

《释名》曰：荐，所以自荐藉也。蒲平，以蒲作之，其体平也。席，释也，可卷可释也。

《书》曰：牖间南向，敷重篾席，黼纯，华玉仍几。篾，桃枝竹白黑杂缯绿之，华，彩色，华玉以饰凭几因因也，因生时几不改作。西序东向，敷重底席，缀纯，文贝仍几。东西厢谓之序，底蒻苹缀杂彩，有文之具饰矣。东序西向，敷重丰席，画纯，雕玉仍几。丰，莞彩色为画雕刻镂，此养国老飨群臣之坐。西序南向，敷重荀席，玄纷纯，漆仍几。荀，蒻竹玄纷黑绶，此亲属私宴之坐。

《诗·邶·柏舟》曰：我心匪席，不可卷也。席虽平，尚可卷。

《礼·曲礼上》曰：群居五人，则长者必异席。席以四人为节。为人子者坐不中席。

又曰：有忧者侧席而坐。侧犹持也。有丧者专席而坐。专犹单也。侍坐于所尊，敬无余席。必尽其近者，尊之端，为其后来也。

又曰：姑娣妹女子子，已嫁而反，兄弟不与同席而坐，不与同器而食。

又曰：奉席如桥居庙切横。奉之令左昂右低，如有首尾。然，桥井上挈槔，衡上低昂。请席何向，请衽何趾？顺尊者所安也，衽，卧席也，坐问向，卧向趾，因于阴阳也。席南向北向以西方为上，东向西向以南方为上。若非饮食之客，则布席，席间函丈。谓讲问客也。函犹容也。讲问宜相对容丈，足以指画也。饮食之客。布席于牖前。主人跪正席，客跪抚席而辞，客彻重席，主人固辞，客践席乃坐。

《又檀弓下》曰：仲尼之畜狗死，使子贡埋之，曰："丘也贫无盖，与之以席。"

《传》曰：大辂越音活席，昭其俭也。服虔曰：越席，纪草为席。

又曰：臧文仲不仁者三：下展禽，废六关，妾织蒲。杜预曰：家人贩席、与民争利。

《周礼·天官·玉府》曰：玉厢府掌王之衽。郑司农云：衽，席。许慎曰：纯衽席，敷弱布也。

又《春官》曰：司几筵掌五席，凡大朝觐、大飨射，凡封国命诸侯，以王位设黼依，依前南乡，设莞筵纷纯，加缫席画纯，加次席黼纯。郑司农云：纷，白绣也。纯，绿纯也。谓纷有文如绶而狭者也。缫席、削蒲编以五彩，若今合欢也。画谓云气也。次者，有文次列之也。诸侯祭祀席，蒲筵缋纯，加莞席纷纯，右雕几。昨席莞筵纷纯，加缫席画纯。筵，甸役，则设熊席。凡圣事，设苇席。

《大戴礼》曰：武王践祚，席前左端之铭曰："安乐必敬。"前右端之铭曰："无行所悔。"后左端之铭曰："一反一侧，尔不可忘。"后右端之铭曰："所鉴不远，视尔所代也。"

《论语》曰：席不正，不坐。君赐食，必正席，先尝之。

《史记》曰：苏秦激张仪，令相秦，以马荐席坐之。

又曰：任安、田仁俱为卫将军舍人，居门下。卫将军从此两人过平阳，至主家，令两人与骑奴同席而食。此二子拔刀断席而坐，主家皆怪而恶之，莫敢问也。

又曰：陈平以弊席为门。

《汉书》曰：文帝以莞蒲为席。

又曰：元帝病，史丹以亲密侍疾。候上独寝，直入卧内，顿首伏青蒲上。服虔曰：青，绿；蒲席也。应劭曰：以青规地曰青蒲。自非皇后不得至此。孟康曰：以蒲，青席弊地也。

《后汉书》曰：更始至长安，居长宫，升前殿，郎吏以次列庭中。更始羞怍，俯首刮席，不敢视。

又曰：来歙征隗嚣，径至洛阳。斩隗嚣守将，因保其城，嚣乃悉兵围洛阳，筑堤灌城。歙固守，矢尽，发屋断木为兵。上自将上陇，嚣众溃走。于是置酒高会劳赐，歙班坐绝席，在诸将之上。

又曰：邓训于闺门甚严，兄弟莫不敬惮。诸子进见，未当赐席，接以温色。

又曰：赵丙有术，曾至渡头，求船不得，乃布席于水而坐，呼风乃过。

又曰：李恂迁武威太守，坐事免，织席自给。

《东观汉记》曰：郭丹师事公孙昌，敬重，常持蒲编席，人异之。

又曰：王常为横野大将军，位次与诸将绝席。

又曰：黄香家贫，躬执勤苦，尽心供养。暑则扇床枕，寒则自温席。

又曰：张禹为太傅尚书。邓太后以殇帝初育，欲令重臣居禁内，乃诏禹与三公绝席。

又曰：宣秉，建武元年拜御史中丞，上特诏御史中丞与司隶校尉、尚书令会同，并专席而坐，故京师号曰“三独”。

谢承《后汉书》曰：戴凭征博士，诏公卿大会，群臣皆就席，凭独立。世祖问其意，凭对曰：“博士说经皆不如臣，而坐居臣上，是以不得就席。”令与诸儒难说，善之。后正旦朝贺，令群臣说经，更相难诘，义有不通，辄夺其席以益通者，凭重五十席。京师议曰：“解经不穷戴侍中。”

又曰：殷亮为博士，讲学大夫。诸儒论胜者赐席，亮重八九席，帝曰：“学不当如是也？”

又曰：许敬字鸿卿，其乡吏有诬君者，会于县令坐。敬拔刀断席曰：“敬不忍与恶人同席。”

又曰：汝南薛惇字子礼，为北海长史。家贫，坐无完席。妻曰：“君无俸禄给子孙，复无完席耶？”惇以善与妻，自坐败者。又卫良字叔贤，拜尚书令，病，罢官还家。家无完席，宾客省之者生桑下，谈论，饮水去。

《典略》曰：袁尚、袁熙奔辽东。公孙康先置精勇于厩中，请熙、尚。熙、尚入，乃缚之，坐于冻地。尚寒，求席，熙曰："头颅方行万里，何席之为？"

《蜀志》曰：先主少孤，母贩履织席为业。

《晋书》曰：王浑为将军，镇寿阳。虚怀抚士，坐无空席。

王隐《晋书》曰：陶侃字士衡。亲人过侃宿，时大雪，无草。侃母湛撤床杂蒋，手锉给客牛马。《晋阳春秋》云：蒋，荐也。

《晋中兴书》曰：王敦死，裹以席，涂以蜡，埋斋中。

《晋建武起居注》曰：立敬后庙，荐席不用绿缘。

《晋前燕书》曰：高祖廆年十五，出避难。追者急，咨避民家，入其屋，以席自障。追者入屋，发视，无所见，遂免。

《宋书》曰：林邑王阳迈初在孕，其母梦生儿，有人以金席籍之，其色光丽。夷人谓金之精者为阳迈，中国云紫磨者，因以为名。

《宋起居注》曰：元嘉中，刘祯为御史中丞，奏"风闻广州刺史韦朗于州部作白蒐席三百二十领，请以事追免郎官"。

吴均《齐春秋》曰：刘琎字子敬，耿介好礼。尝与故人共车于津阳，内见一女子，容质甚丽，盼睐之，王琎因抽坐席悬车中，以隔绝之。其正如此。

《唐书》曰：代宗时，晋州男子郇模以麻辫发，持竹筐苇席哭于东市，三十字论时政，每字条一事，上即召见。

又曰：玄宗子颍王璬为剑南节度大使。玄宗将幸蜀，遣璬先赴本郡。渡绵州江，乘船，见以彩缘席而籍者，顾曰："此可以为寝处，奈何践之？"令撤去。

《六韬》曰：桀纣之时，妇人坐文绮之席，衣以纨绮之衣。

《家语》曰：明王之守也，则必折冲千里之外；其征也，还师衽席之上。

《汉书仪》曰：祭天，紫坛绀席，登地用六彩，席六重。

《吕氏春秋》曰：卫灵公天寒凿池，宛春谏曰："天寒起土，恐伤民。"曰："天寒乎哉？"宛春曰："公衣狐裘，坐熊席，陬隅有灶，是以不寒。”

《庄子》曰：申屠嘉，兀者也，与郑子产同师伯昏瞀人，合堂同席而坐也。

《鲁连子》曰：人君所察者三，不可以不知，不知行与不行，譬以方为轮也；不知宜与不宜，譬以锦缘荐也。

《列子》曰：杨朱南之沛之梁而过老子，老子曰：“睢睢盱盱，而谁与居？夫太白若辱，盛德如不足。”杨朱曰：“闻命矣。”其往也，舍丈避席；其来也，炀者与之争灶席。

《晏子》曰：景公猎休，坐地而食。晏子后至，戍葭而席。公不悦，曰：“子犹席，何也？”对曰：“臣闻介胄坐陈不席，狱尸不席，二者皆忧也。臣故不敢以忧侍坐。”公曰：“善！”令大夫皆席。

又曰：景公饮酒，移于晏子，晏子曰：“夫铺荐陈簠簋者有人，臣不敢与焉。”又移于司马攘苴，曰：“铺荐席陈簠簋者，有人，臣不敢与焉。”

范子《计然》曰：六尺兰席出河东，上价七十；蒲席出三辅，上价百。

《子思子》曰：舜不降席而天下治，桀纣不降席而天下乱。

《韩子》曰：赵简子谓左右曰：“车席泰美。夫冠虽恶，头必戴之，履虽善，足必履之。金车如此，其太美也，吾将何以履之？且夫美下而耗上，妨义之道也。

又曰：卫嗣公时，县有人于令左右，县令发褥而席敝。嗣公令人遗席曰：“吾闻汝发褥而席敝，其赐汝席！”县令大惊，以君为神。

又曰：孟献伯相鲁，不坐重席。

又曰：禹为蒋席，颇缘此弥侈矣，而国不服者三十三；殷作茵席，雕文弥侈矣，国之不服者五十三。

又曰：文公至河，令席衽捐之。咎犯闻之，曰：“席蓐，所卧也。而君弃之，臣不胜其哀。”

《说苑》曰：孔子困于陈蔡之间，居环堵之内，席三经之席。

《盐铁论》曰：古者庶人蒲席以草经，及后践蒲蒻，复筵方荐帛缘者也。

又曰：古者大夫复荐草缘，蒲平单莞。今富者绣茵，

崔豹《古今注》曰：草名虎须者。江东织以为席。曰西王母席也。

《东宫旧事》曰：太子有独坐龙须席赤皮花席一领。

《山海经》曰：鹊山至箕尾式，其神皆鸟身龙首，祠之，用白管为席。

《西京杂记》曰：昭阳殿设缘熊席，毛皆长一尺余。眠而雍毛自蔽，望之者不能见也；坐则没膝，其中杂薰诸香，一坐此席，余香百日不歇也。

又曰：赵飞燕为皇后，其女弟上遗回风席。

《汉武内传》曰：帝斋于寻真台，紫罗荐地。臆觪更后西王母至也。

王子年《拾遗箓》曰：轩皇使百辟群臣授教者，先列珪玉于兰蒲席上。

又曰：蘽乘草高五丈，叶色如绀，叶形如半月之势，亦曰半月花。草无实，其质温柔，可以为席。

又曰：方丈山有草，名濡荮，叶色如绀，茎色漆，细软可萦。海人织以为荐席，卷之不盈一手，舒之列。

又曰：昆仑山有葭红色，可编为席，温柔如毬毳焉。

又曰：瀛州南有金峦之馆，有青瑶几，覆以云纨之素席，用香水柔莞。

又曰：岱与山有草，名莽煌，叶圆如荷，去之十步，炙人衣服则焦，鸟兽不敢近也。刈以为席，方冬弥温，以枝相磨，则火出矣。

又曰：穆王时，西王母来敷碧蒲之席、黄莞之荐。莞色若金。

又曰：燕昭王设麟文席，麟文者，错杂宝饰席为云霞麟凤之状。

《神仙传》曰：淮南王为八公设象牙席。

《异苑》曰：庾实妻毛氏，五月晒暴荐席，忽见其三岁女在席下荐上卧，惊怛，便灭。女真形在别床如故，不旬日而夭。世传仲夏忌移床。

《搜神记》曰：罗威字德，行以至孝。母老，天寒以身温席，而后授其处。

《邺中记》曰：石虎作席，以锦杂以五香，以五彩綖编蒲，皮缘之锦。

范汪《荆州记》曰：安城郡今属江州，出桃枝席。

《成公兴内传》曰：登白鹿山，延成君入，为敷鱼须之席。

《文士传》曰：张俨、朱异、张纯三人，共诣骠骑将军朱据。闻三人才名，告各为赋，然后乃坐纯席，曰："席为冬设，簟为夏施。揖让而坐，君子攸宜。"

皇甫谧《高士传》曰：严君平成都市卖卜，诏征不起。蜀有富人罗仲，与君平善，问："何以不往？"曰："无车粮。"中即为具车焉粮粈。君平曰："吾病身，非不足也，我有余而子不足也。我有余而子不足，奈何以不足奉有余也？"仲曰："吾一席直万金，子无檐石，乃云'有余'，谬矣。"

又曰：老莱子亲没隐蒙山之阳，枝木为床，荐艾为席。

《益部耆旧传》曰：张充为州治中从事。刺史每坐高床，为从事设单席于地。

锺玩《良吏传》曰：吴隐之字处默，鄄城人也。转广州刺史，返舟之日，唯身而已。宅有茅茨六间，坐无完席。以蓬为屏风。

《会稽先贤赞》曰：董昆字文通，为太农帑丞，坐无完席。

卢毓《冀州论·常山为林大陆》曰：泽蒹葭蒲苇云母御席，地产不为无珍也。

《汝南先贤传》曰：郑敬以茅葭为席，常随杞柳之阴。

《会稽典箓》曰：隆修字奉迁，为豫章太守。厅事荐编绝不改，以郡风俗不整，常卷坐席。唯徐稚李贽数诣问，乃待以殊礼。

《世说》曰：管宁与华歆同席，尝读书，有乘轩冕过门者，废书出看。宁割席分坐曰："子非吾友也。"

《楚辞》曰：瑶席兮玉瑱。

扬雄《甘泉赋》云：靡薜荔以为席兮，折琼枝以为芳。

魏刘桢《清虚赋》曰：布玳瑁之席，设蠵蠵之筵。蠵，悦吹切。蠵，大龟也。

太平御览卷第七百十 服用部十二

几

《释名》曰：几，庪也。所以庪物也。庪音轨。

《书·顾命》曰：王乃洮頮水，相被冕服，凭玉几。王疾发大命，临群臣，必斋戒沐浴。今疾病。故但洮与頮面，扶相被以冠冕，凭玉几以生命。

《易·涣卦·九二》曰：涣奔其几，悔亡。《象》曰：涣奔其几，得愿也。几，承物者。

《诗·行苇》曰：戚戚兄弟，莫远具尔。或肆之筵，或授之几。

《周礼·春官》曰：司几筵掌五几，大朝觐、大飨射，凡封国命诸侯，王设左右玉几。祀先王昨席亦如之。诸侯祭祀右雕几。筵国宾于牖前亦如之，左彤几。国宾，老臣也。甸役则右漆几。凡丧事素几，吉事变几，凶事仍几。

《礼记》曰：谋于长者，必操几杖以从之。

又曰：献几杖者拂之。

又曰：大夫七十而致仕，若不得谢，谢，去，君贪其德而留之也。则必赐之以几杖。

又曰：乘车必以几。

又曰：龟策几杖，不入公门。龟厕，问家之吉凶。几杖嫌自长老。

又《月令》曰：八月之节养衰老，授几杖。

又《内则》曰：父母舅姑坐御者举几敛席。

又曰：始死缀足用燕几。

《左传语》曰：诸侯之师久于逼阳，荀偃、士匄请于荀罃曰："水潦将降，惧不能归，请班师。"班，还也。智伯怒，智伯，荀。投之以几，出于其间。出偃正之间也。

又曰：蔿启疆曰："圣王务行礼，不求耻人。设几而不倚，爵盈而不饮，礼之至也。

《国语·楚语》曰：左史倚相曰："倚几有训诵之戒。"训诵，上师所诵练，书之于几。

《汉书》曰：吴王称疾不朝，验问不实。及后使人为秋请，春曰朝，秋曰请，如古诸侯朝聘也。上复责问。吴使使者曰："察见渊中鱼不祥。"张宴曰：喻人君不当见臣下之私也。于是天子赐吴王几杖。

又曰：朱博迁琅琊太守，齐郡舒缓养名。博奋髯抵几曰："观齐儿欲以为俗耶？"皆斥罢诸病吏。

《续汉书》曰：魏文帝赐杨彪几杖，以彰旧德。

《东观汉记》曰：黄香为尚书郎，以香父尚在，赐卧几、灵寿杖。

又曰：上初即位，先访求贤茂，诏曰："前密令卓茂名冠天下，尝授天下重赏。今以茂为太傅，封裒德侯，赐几杖。

《魏志》曰：太祖为司空、丞相，毛玠为东曹掾。太祖平聊城，颁所获物，特以素屏风、素凭几以赐玠，曰："君有古人之风，故赐古人之物。"

又曰：吕布遣陈登，因陈布勇而无谋，宜早诛之，太祖悦。始因登求徐州牧，不获，及登还，布拔戟斫几，责之。

《晋书》曰：刘毅仲雄以太康六年卒，帝抚几惊曰："失吾名臣，不得生作三公。"即赠仪同三司。

又曰：魏舒以年老称疾逊位，诏赐几杖不朝，及钱百万、床帐簟褥。

又曰：王羲之字逸少，尝往门生家，见棐几滑净，因书之，贞草相半。后其父误刮去之，门生惊懊累日。

《宋书》曰：沈麟士字云祯，隐居，以笃学为务，恒凭素几，鼓素琴。

吴均《齐春秋》曰：孔灵产为光禄大夫，览止足之分，不肯仕。太祖以白麈毛扇素几遗之，曰："以君有古人风，故赐卿古人之物也。"

《陈书》曰：王冲为太子少傅。武帝以冲前代旧臣，特申长幼之敬。文帝即位，益加尊大。尝从幸司空徐度宅，宴筵之上，赐之以几。

《后魏书》曰：咸阳王僖谋逆，诛。其宫人为之歌曰："可怜咸阳王，奈何作事误？床玉几不能眠，夜蹋霜与露。”

《庄子》曰：南郭子綦隐几而坐，仰天而嘘嗒焉，似丧其偶。

《孟子》曰：孟子去齐，宿于昼。有欲为王留行者，坐而言。不应，隐几而卧。客不悦曰：“弟子齐宿而后敢言，夫子卧而不听，请勿复敢见矣。”昼，齐邑也，齐人欲为君留孟子行，孟子不以倚几而卧也。

《山海经》曰：西王母梯几而戴胜。梯谓凭也。

《汉旧仪》曰：天子用玉几。

《拾遗箓》曰：瀛洲南有金峦之观，中藏宝几，覆以云纨之素。

《汉武帝内传》曰：帝授西王母《五岳真形经》，盛以黄金之几。

《西京杂记》曰：汉制：天子玉几，冬则加绨锦其上，谓之绨几。公侯皆以木为几，冬则以细罽为囊凭之，不得加绨锦之饰于几案。

《会稽典箓》曰：葛仙公凭白桐几，学数十年，白日登仙。几化为白虎，三脚两头，往往人见之。

魏武《上杂物疏》曰：御物三十种，有上车，漆画重几，大小各一枚。

《语林》曰：任元褒为光禄勋。孙凭翊往诣之，见门吏凭几视之。孙入语任曰：“吏几对客为不礼。”任便推之，吏答云：“得罚体痛，以横木扶持，非凭几也。”孙曰：“直木横施，值其两足。便为凭几，何必孤蹯鹄膝曲木抱腰？”

姚信《士语》曰：马援凭几而见梁窦，子弟文举坐榻，而授徐文高拜。

戴胜《竹林七贤论》曰：魏朝封文王，固让公卿，皆当喻旨。司空郑冲等驰使从阮籍求其文，立待之。籍时在袁孝尼家宿，扶醉而起书，几板为文，无所治定，乃写付信。

《邺中记》曰：石虎御座几悉漆雕，尽皆为五色花。

《南岳记》曰：衡山有石室，内有石床石几。

《异苑》曰：历阳石秀之欻，有一人着平巾袴褶，语秀云：“闻君巧侔班尔，刻几尤妙。太山府君相召。”秀之自陈云：“刘政能造。”数旬而殒，石氏犹存。刘作几有名，遂以致毙。

《幽明箓》曰：海中有金台，水出百丈台，其内有金几，雕文备制，上有百味之食。

李尤《几铭·叙》曰：昔黄帝轩辕仁智，恐事之有阙，作几之法。

张华《倚几铭》曰：倚几之设，设而倚作器，此成于彼也。

案

《说文》曰：檈似绿切，圆案也。

《方言》曰：陈楚宋魏谓案为写。

《楚汉春秋》曰：项王使武涉说淮阴侯，淮阴侯曰："臣故事项王，位不过中郎，官不过执戟。及去项归汉，汉王赐臣玉案食，臣具之，剑臣背之，内愧于心。"

《史记》曰：高祖过赵，赵王张敖自持案进食甚恭，上箕踞骂之。

《汉书》曰：万石君石奋子孙有过失，不诮让，为便坐，对案不食。

又曰：贡禹奏曰："见赐杯案，画文金银饰，非当所以食臣下也。"

又曰：朱博为人廉俭，自微贱至富贵，不食重味，案上不过三杯酒。

又曰：许后五日一朝皇太后于长乐宫，亲奉案上食。

《东观汉记》曰：更始韩夫人嗜酒。每侍饮，见常侍奉事，辄怒曰："帝方对我饮，正用此时持事来乎？"起抵破书案。

又曰：魏霸延平元年仕为光禄大夫，妻死，长兄伯为娶妻，送至官舍。霸曰："年老，儿子备具，何用空养他家老妪？"为即自入拜其妻，手奉案前肉跪曰："不敢相屈。"而妻惭求去。

又曰：尹敏字幼季，与班彪相友。每相与谈论，辄屏案不食。

又曰：梁鸿常赁舂，每归，妻为具，举案齐眉。

又曰：蔡彤素清，在辽东三十年，衣无储副。赐钱百万，下至杯案食物，大小重沓。

《南史》曰：江秉之为新安大守，在郡作书案一枚。去官，留以付库。

《梁书》曰：郭祖深清俭，素木案，食不过一肉。

《汉旧仪》曰：丈二旋案以陈三十六肉、九谷饮食。

《东宫旧事》曰：皇太子犯初拜，有漆金渡足奏案一枚。

魏武《上杂物疏》曰：御物有纯银参镂带漆画案一枚。

《江表传》曰：曹公平荆州，欲伐吴。张昭等皆劝迎曹公，唯周瑜、鲁肃陈距北之计。孙权拔刀斫前奏案曰："诸将复有言迎北军，与此同也！"

《西京杂记》曰：武帝为七宝床、杂宝案于桂宫中。

《汉武故事》曰：武帝时，东郡献短人，长五寸，上疑是山精，常令在案行。东方朔问曰："巨灵，汝何以叛？阿母健否？"

《广陵传》曰：吴戒字贵齐，姓刚直。同业生陈升为贼，戒见之。升为设食，戒曰："汝已为贼，奈何为设食？"因举案投江中，令其趣降。

《神仙传》曰：吴兴人沈羲为仙人所迎，上见老君。玉女以金杯玉案药赐羲曰："此神仙丹，不死之药。"

《邺中记》曰：石虎以宫人为女官，门下通事以玉案行文书。

《燕丹子》曰：太子常与荆轲同案而食。

《盐铁论》曰：文杯画案，婢妾衣纨履丝，所谓以乱治乱也。

《潜夫论》曰：前羌始叛，器械未备，虏或以铜镜以蒙兵，或负板案以类盾，诚易战耳。

《异苑》曰：百丈山上有石房，内有案，置石书二卷。

《梦书》曰：梦见杯案，宾客到也。多客大案，少客小案也。

陆云《与兄机书》曰：按行曹公器物，有奏案五枚。又作欹枕，以卧视书。

张衡《四愁诗》曰：美人赠我锦绣段，何以报之青玉案。

李尤《书案铭》曰：居则致乐，承颜接宾。承钺奏记，通达谒刺。尊上答下，道合仁义。

梁简文帝《书案铭》曰：刻香镂彩，纤银卷足。漆花曜紫，画制舒绿。怪广知平，人雕非曲。厕质锦帐，承芳绮褥。披古道今，察奸纠俗。

仗

《说文》曰：杖，持也。

《大戴礼》曰：武王践祚，杖之铭曰："恶乎失道于嗜欲，相忘于富贵。"

《周礼·秋官上》曰：伊耆氏掌国之大祭祀，共其杖咸，咸读曰函。老臣虽杖于明，事鬼神尚敬去之。有司以此函藏之，既事，乃换之。军旅授有爵者杖，吏卒且以杖，尊者将军杖。共王之齿杖。王者所以赐老者之杖。

《礼记》曰：献杖者执末。

又《檀弓上》曰：孔子蚤作，作，起。负手曳杖，逍遥于门，歌曰："太山其颓乎，梁木其坏乎，哲人其萎乎。"子贡闻之曰："夫子殆将病也。"

又曰：子夏丧其子而丧其明，曾子吊之。子夏曰："天乎，余之无罪也！"曾子怒曰："商，汝何无罪也？"吾与汝事夫子于洙泗之间，退而老于西河之上，使西河之民疑汝于夫子，尔罪一也；丧尔亲，使民未有闻焉，尔罪二也；丧尔子而丧尔明，尔罪三也。而曰汝何无罪与！"子夏投其杖而拜："吾过矣。"

又《王制》曰：五十杖于家，七十杖于国，八十杖于朝。

《左传》曰：邾庄公与夷射姑酒，私出。阍乞肉焉，夺之杖以敲之。

《论语》曰：乡人饮酒，杖者出，斯出矣。

又曰：子路从而后，遇丈人，以杖荷蓧。子路问曰："子见夫子乎？"丈人曰："四体不勤，五谷不分，孰为夫子？"植其杖而耘。

《史记》曰：张骞云："臣前在大夏时见邛竹杖、蜀布。问曰：'安得此？'大夏国人曰：'贾人往市之身毒，在大夏之东南可数千里。'"

《续汉礼仪》曰：三老五更杖玉杖。

又曰：秋之月按户比民，年七十者授之以玉杖，八十礼有加赐玉杖，长九尺，端为饰鸠。鸠者，不噎之鸟，欲老人不噎。

华峤《后汉书》曰：熹平中，袁逢为三公赐玉杖。

《魏志》曰：文帝引汉太尉杨彪，待以客礼，赐之几杖，诏曰："夫先王制几杖之锡，所以宾礼黄耇，褒崇元老也。昔孔光、卓茂并以淑德高年，授兹嘉锡。其赐公延年杖及凭几。"

又曰：周宣为郡史，太守杨沛梦人曰："八月一日，曹公当至，必与君杖，饮以药酒。"宣占之曰："夫杖，起弱，药，治人病。八月一日，黄巾贼必灭。"至时果败。

《吴书》曰：全综年高，赐以御杖。

《晋书》曰：魏帝尝赐景帝春服，帝以赐山涛，又以其母年老，并赐藜杖一杖。

又曰：阮宣子出行，常以百钱挂杖头。每至酒家，辄醉而归。

《后魏书》曰：甄琛拜侍中，以其衰老，诏赐御府杖，朝直杖以出入。

《庄子》曰：子贡乘大马轩车，不容巷，往见原宪，杖藜应门。

《山海经》曰：夸父与日竞走，渴饮河、渭不足，北走大泽，未至，道死，弃其杖，化为邓林。

《广志》曰：九真出灵寿杖。

《吕氏春秋》曰：孔子弟子从远方来者，孔子荷杖而问曰："子之父不有恙乎？"持杖而揖之，问曰："子之母不有恙乎？"置杖而问曰："子之兄弟不有恙乎？"杖步而倚之问："子之妻子不有恙乎？"故孔子以六尺之杖谕贵贱之等，辨亲疏之义。

陆贾《新语》曰：夫居高者，自处不可以不安，履危者，任杖不可以不固。自处不安则坠，任杖不固则颠，是圣人居高处上，则以仁义为巢，乘危履倾，则以圣贤为杖也。

《新序》曰：昌邑王征为天子到营阳买积竹刺杖二枚，龚遂谏曰："积竹刺杖者，骄蹇少年杖也。大王奉大丧，当拄竹杖。"

《风俗通》曰：汉高祖与项籍战京，索间，遁丛薄中。时有鸠鸣其上，追者不疑，遂得脱。及即位，异此鸟，故作鸠杖，赐老人也。

《拾遗记》曰：老子当周之末，居山与世人绝迹，唯有黄发老叟五人，手捉青筇之杖，出入室中，与老子谈。

又曰：縻竺用陶朱计术，日益富有，宝库千间。竺常赈生恤死，家马厩旁有古冢，夜闻泣声。寻之，见妇，诉云："汉末为赤眉所害，剖棺见剥，乞更深埋，并乞敝衣自掩。"竺从其言。后历一年，复见前妇云：

"君财宝可支一世，应遭火厄。今以青庐杖一枚，长九尺，报君衣棺之惠。"竺挟杖而归。而后邻家常见竺家有一青气，如龙蛇之形。又有青衣童子数人来，云："麋竺家当有火，赖君能恤敛枯骨，天道不孤君德，故来攘却此灾，使君财物不尽。"旬日，火从库起，烧其珠玉，十分遗一。火盛之时，见青衣童子十数来扑火，又有气如云覆火上，即灭。

又曰：刘向于成帝之末校书天禄阁，专精覃思。夜有老人，着黄衣、植藜杖，杖叩阁而进。向阁中独坐诵书，老人乃吹端火出具以照向，且说开辟以前。向因授《五行》《鸿范》之文，恐辞说繁广，向乃裂裳及绅，以记其言。至曙而去，请问姓名，答曰："我是太一之精。天帝闻金卯之姓有博学者，下而观焉。"乃出怀中竹牒，有天文地图之书，余略授子焉，至向子歆从授术，亦不语人焉。

《汉武内传》曰：帝先有玉箱杖，是西湖母所献。帝甚爱之，崩后故以入椁。其年人有于扶风郿市中买得者，帝时左右侍人识之。告有司，诘问云："见市中有一人卖之，实不知卖杖主名也。"

《神仙传》曰：费长房欲求道而顾家。夏壶公乃断一青竹杖，与长房身等使悬之舍后。家人见，以为缢死，大小惊号，遂殡葬之。长房立其旁，人无见者。后长房归家，人不信是房。房曰："往日所葬，竹杖耳。"发冢，视杖犹存。

又曰：壶公遣费长房归，以一竹杖与之骑："此当到家，以杖投葛陂中。"长房骑杖，忽然如睡，便到家。以杖投葛陂中，顾之，乃青龙也。

又曰：介象令人骑青竹，自吴往蜀。

《刘根别传》曰：孝武皇帝登少室，见一女子以九节杖仰指曰："闭左目，开右目。"气且绝，久乃苏息。武帝使问之："所行何等？"女子不答。东方朔曰："妇人食日精者。"

《刘向别传》曰：有骐驎角杖。

《塔寺记》曰：谢尚梦其父告之曰："西南有气至，冲人必死，勿当其锋。见塔寺可禳，未暇立寺，可杖头刻作塔形，见有气来，拟之。"尚如其言，置杖左右。果有黑气冲尚家，尚以杖指之，气即回散，阖门获全。气所经处，数里，无复孑遗。

《三石伪事》曰：佛澄死，以澄生所服金杖银钵内置棺中。经后冉闵，开棺视之，不见体骨，唯见杖钵。

《武当山记》曰：山有石室，有板床铜杖，长七尺三分。

《交州记》曰：合浦围州有石室，其里一石如鼓形，见榴木杖倚着石壁。采珠人常致祭焉。

魏文《典论》曰：尝与平虏将军刘勋、奋威邓展共食饮宿。闻展善有手臂，晓五兵。余与论剑，酒酣耳热，方食甘蔗，便以为杖下殿交，三中其臂。

《谈薮》曰：后魏河间邢峦字山宾，迁殿中侍御史。尝有疾，策山桃杖。帝问："此何杖？"答曰："巨源杖。"太武讳焘，故言焉。

《法显记》曰：那端国有佛锡杖，牛头旃檀，上长丈六七许，以筒盛之，百千人举不能移。

又曰：祇垣精舍西北四里有榛林，名曰"得眼"。本有五百盲人，佛为说法，尽得眼开。盲人喜，刺杖着地，头面作礼，杖遂生长成榛。

邓德明《南康记》曰：南野县有汉监匠陈怜，其人通灵。夜尝乘龙还家，其妇怀身。怜母疑与外人通，密看乃知是怜乘龙，至家辄化成青竹杖。怜内致户前，母不知，因将杖去。须臾，光彩满堂，俄尔飞失。怜失杖，乃御双鹄还。

《搜神记》曰：汉文帝微服尝过鲁少千，少千拄金杖出应门。

《列异传》曰：陈留史均字威明，尝得病，临死，谓其母曰："我得复生。埋我，杖竖我瘗上，若杖拔，出之。"及死，埋杖如其言。七日，往观，杖果拔，即掘出之，便平复如故。

《神异记》曰：陈敏，孙皓之世为江夏太守，自建业赴职。闻宫亭庙验言灵验，过乞在任安稳，当上银杖一枚。年限既满，作杖拟以还庙。抚捶铁以为干，以银涂之。寻徵为散骑常侍，往宫亭，送杖于庙中。乞即进路，日晚，降神巫宣教曰："陈敏许我银杖，今以涂杖见与。便投杖水中，当送以还之。欺蔑之罪，不可容也。"于是取杖看之，剖视，众见铁干，乃置之湖中，杖浮在水上，其疾如飞，遥到敏舫前，敏舟遂覆也。

魏武帝《与杨彪书》曰：今赠足下银角桃杖一枚。

崔瑗《杖铭》云：乘危履险，非杖不行。年老力竭，非杖不强。诸蔗虽美，犹不可杖。佞人悦己，亦不可相。

太平御览卷第七百一十一 服用部十三

箱

《东宫旧事》曰：皇太子初拜，有马齿垦事箱四枚。

《汉武帝内传》曰：帝崩时遗诏，以杂道书四十卷置棺中。至延康二年，河东功曹李及入上党抱犊山，采药于岩室中，得此书，盛以金箱，卷后题日月，是武帝时河东太守张纯以箱及书奏上之。武帝时左右见之，涕泣曰："此是帝崩时殡殓物。"宣帝怆然，以书付茂陵，安合如故。

晋陆云《与兄机书》曰：一日行曹公器物，有书箱五枚。想兄识彦高，书箱甚似之。

巾箱

《汉武内传》曰：武帝见西王母巾箱中有一卷书，王母曰："此《五岳贞形图》，昨青城诸仙就我求，今当付之。"

《宋书》曰：元凶劭弑逆，南阳公主见女巫严道育云："天神当赐符应。"时主夕卧，见流光相随，状若萤火，遂入巾箱，化为双珠，圆青可爱，因是巫蛊而败。

《齐书》曰：衡阳王钧常手自细书写五经，部为一卷，置于巾箱中，以备遗忘。侍读贺玠问曰："殿下家自有坟索，复何须蝇头细书，别藏巾箱中？"答曰："巾箱中有五经，于检阅易，且一更手写，则永不忘。"诸王闻而争效为，巾箱五经自此始也。

《世说》曰：威法济者，义兴人。其儿年二十得病，经年，有神来语，言："床席不净，神何处得坐？"曰："有漆巾箱甚净，神何不入中？"因内新果于箱中，觉有声，以箱盖覆之。于是便闻箱中动摇，即以衣傅之，可五升米重，而病愈。

《异苑》曰：晋孝武太元末，每闻手巾箱中有鼓吹鞞角之音。帝是岁崩，天下大乱。

笥

《说文》曰：箪，笥，饭及衣之器也。

《尚书》曰：唯衣裳在笥。

《论语》曰：一箪食，一瓢饮。箪，笥也。

《东观汉记》曰：上问弟五伦："卿为市掾，人有遗卿母一笥饼，卿从外来见之，夺母笥，探口中饼出之。"伦对曰："实无此，众人以臣愚蔽，故为生此语。"

《东观汉记》曰：上闻王郎将军至，复惊去，冯异进笥麦饭，免肩。

《续汉书》曰：世祖微时，系南鸣市狱，市吏以一笥饭与之。

《吴越春秋》曰：越以文笥七枚献吴王。

《西京杂记》曰：宣帝以虎魄笥盛身毒宝镜。

《风俗通》曰：孝灵帝建宁中，京师长者皆以苇辟方笥为妆具。时有识者窃言："苇方笥，郡国献篋也。今珍用，天下皆当有罪谳于理官也。"后党锢皆谳廷尉，人名悉入方苇笥中，斯为验矣。

张衡《绶笥铭》曰：南阳太守鲍德有诏所赐先公绶笥，传世用之，更治笥。平子为德主簿，故为之铭也。

笈

《说文》作极，曰：笈，驴上负也。

《风俗记》曰：笈，学士所以负书，箱如冠藉箱也。

谢承《后汉书》曰：徐稚字孺子，公车五征，皆不降志。其有丧，负笈赴吊行五里也。

又曰：袁闳字夏甫，汝南人也。博览群书，常负笈寻师，变易姓名。

又曰：高弘字伯武，河内山阳人。为琅琊相，到官，自负笈，单步入界，听采风俗。

又曰：苏章字士成，北海人，负笈追师，不远万里。

又曰：方诸字圣明，负笈到三辅，无术不览。

又曰：郎宗负笈卖卜给食，诸公表上博士征宗，宗负笈遁去。

《李固传》曰：固父为三公，而固步行负笈，千里从师。

《拾遗纂》曰：汉惠帝时有仙人韩稚，东至沈离国，遇其人洞室负笈，而问其年几何。

《汉武内传》曰：上元夫人语武帝曰："阿母令以琼笈妙蕴发紫台之文赐汝。"

火笼

《方言》曰：南楚江沔之间笼谓之篣，或谓之笯，陈楚宋魏之间谓之庸君，今薰笼是也。

《齐书》曰：卞彬性饮酒，火笼什物多诸诡异，自称卞田居。

又曰：范述曾为永嘉太守，有善政，征为游击将军，郡故旧送钱二十余万，一无所授，唯得白桐木火笼朴十余枚而已。

《梁书》曰：临贺王正德为吴郡太守，正德自谓应居储嫡，心常怏怏。后奔魏，初去之始为诗一绝，内火笼，曰："桢干屈曲尽，兰麝气氲销。欲知怀炭日，正是履冰朝。"

《修复山林故事》曰：当梓宫中有象牙火笼。

《东宫旧事》曰：太子纳妃，有漆画手巾薰笼二、条大被薰笼三。

《西京杂记》曰：汉制：天子以象牙为笼；上皆散花文，后宫则五色绫文。

刘向《别纂》曰：淮南王有《薰笼赋》。

齐谢朓《咏竹火笼诗》曰：庭雪乱如花，井水粲成玉。因炎入豹袖，怀温奉芳褥。体密用宜通，文斜性非曲。

梁范静妻沈咏《五彩竹火笼诗》曰：可怜润霜雪，纤剖后毫分。织作回风莒，制为萦绮文。含芳出珠被，耀绿接细裙。徒嗟今丽饰，岂念昔凌云？

太平御览卷第七百一十二 服用部十四

熨斗

《通俗文》曰：火斗曰熨。

《帝王世纪》曰：纣欲重刑，乃先作大熨斗，以火爇之，使人举不能胜，辄烂手，与妲己为戏笑。

《魏末传》曰：优人欲使幼帝取大将军昭昌熨斗柄，帝不敢发。

《晋书》曰：韩康伯年数岁，母殷氏高时。时大寒，母方为作袴，令康伯捉熨斗而谓之曰："且着襦，靴毛作复袴。"康伯曰："火在斗中，而柄尚热。今既着襦，下亦当暖。"

又《张紊别传》曰：芜小时，母谓其寒，且作袴。芜曰："且作襦，如熨斗着火，柄亦热。"

《隋书》曰：尉迟迥及于邺，时李穆在并州。高祖虑其为迥所诱，遣使往布腹心。穆遽奉熨斗于高祖曰："愿以此熨安天下也。"高祖大悦。

《三辅故事》曰：董卓坏铜人十枚，为小钱、熨斗。

《淮南子》曰：糟丘生于象箸，炮烙始于热斗。许慎曰：热斗，熨斗也。烂人手，遂作炮烙之刑也。

《晋东宫旧事》曰：皇太子纳妃，有金涂熨斗三枚。

《魏武帝集》上腾所得顺帝赐物铜熨斗二枚。

澡盘

魏武《上杂物疏》曰：御物有纯银盘，又有容五石铜澡盘也。

杜预《奏事》曰：澡盘、熨斗，民间要用。

《世说》曰：大将军王敦至石崇家，如厕，还有数十婢曳罗縠，擎金澡盘盛水，琉璃碗盛澡豆。因令着水，调而饮之，谓是干饭，群婢莫不大笑也。

《述征记》云：长安逍遥宫门里有澡盘，面径丈二也。

《异苑》曰：中朝有人畜铜澡盘，旦夕恒鸣。张华曰："与洛钟宫商相谐，故声相应。"错鑢之，乃止。

傅玄《澡盘铭》曰：与其澡于水，宁澡于德。水之清，犹可秽也；德之兴，不可尘也。

澡灌

《四王起事》曰：惠帝征成都，军败。帝渴，帐下赍五升铜灌，就民家取水，就灌饮之。

《齐书》曰：刘悛少与齐武款好。帝常至悛宅昼卧，觉，悛自奉金澡灌，授四升水以沃盥，因以与帝前后，所纳称此。

《东宫旧事》曰：皇太子初拜，有金涂澡灌一枚，青丝三合绳一枚，长二丈五尺。

又曰：皇太子纳妃，有金澡灌二枚。

《西域诸国志》曰：月支国有佛澡灌，授二升许。青石，名罗勒，色碧玉班白，授水无定，随其多少。

惠远法师《澡灌铭序》曰：得摩罗偷石澡灌一枚，故以此铭答之。

伏虎

《周礼·天官》曰：玉府掌王之燕衣服，凡亵器。郑司农云：亵器，净器，虎子也。

《春秋后语》曰：智伯围赵襄子于晋阳，襄子大败智伯军，杀智伯，漆其头，以为饮器。秽器，虎子也。

《史记》曰：匈奴破月氏王，以其头为饮器。

《魏略》曰：苏则为侍中，旧侍中亲省起居，故俗因谓执虎子，始苏则同隐，吉茂后见，嘲之曰："仕宦不己执虎子。"

《纂异传》曰：吴时嘉兴倪彦思，忽见鬼魅其家，能与人语，饮食如人，唯不见形。思乃延道士逐之，酒肴既设，道士便击鼓召请诸神。

魅乃取伏虎于神坐，吹作角声，以乱音。顷，道士忽觉背中冷，惊起解衣，乃伏虎也。

马融《遗令》曰：穿中不得下铜虎，况它铜物。

太平御览卷第七百一十三 服用部十五

匣

《说文》曰：匣，匮也。

《论语·季氏》曰：孔子谓冉求曰："虎兕出于匣。"

《拾遗纂》曰：含涂国人善服鸟兽鸡犬，皆使之能言。鸡犬牛豕死者，以玉为匣，埋海上。其主游戏海上，于地中闻犬豕鸡之声，主人犹识，掘而取之，还，养如昔焉。唯毛羽秃落，久更悦弈。

魏武帝《上杂物疏》曰：银镂漆匣四枚。

古歌曰：流尘生玉匣。

匮

《说文》曰：匮，椟也，匣也。

《论语·子罕》云：韫椟而藏诸？求善价而沽诸？椟，匮也。

《论语·季氏》曰：龟玉毁于椟中。

《左传》曰：昭七年传曰：燕人归燕姬以瑶瓮玉椟。

《国语》曰：夏之衰也，褒人之神化为二龙，而言曰："余褒之二君也。"夏后布币而策告之。龙亡而漦在，椟而藏之。漦，俟淄切。龙涎也。

王隐《晋书》曰：甘卓家金匮鸣，声似棰镜，清而悲。师言："金匮将离，是以悲鸣。"寻而卓下，将军周虑等承望敦意害卓。

《唐书》曰：王伾下劣阘茸，不能如叔父有大志，唯务金帛宝玩。为无门大柜，上开一孔，使足以授物，夫妻寝止其上。

《韩子》曰：楚人卖其珠于郑者，为木兰之椟，薰以桂椒，缀以珠玉，饰以玫瑰，缉以翡翠。郑人买椟而还珠，未可谓善鬻珠也。

李尤《匮匣铭》曰：国有都邑，家有匣匮，货贿之用，我之利器。

厨

《魏略》曰：扈累，字伯重，京兆人，常随青牛先生。先生字方正，晓知星历、风角、鸟情。累得其术。有妇无子，后亦丧妇，独居道侧，以砖为障，施一厨床，食宿其中。

《晋阳秋》曰：顾恺之尤好丹青，尝以一厨画寄桓玄，悉糊，题其前。玄乃发厨后而取之，封题如旧以还之。恺之见封题如初，但失其画，直云："妙画通灵，变化而去，犹人登仙也。"

沈约《宋书》曰：收范晔家乐器、服玩，并皆珍丽，妓妾亦盛饰。母住止单陋，唯有一厨，盛樵薪。

《齐书》曰：衡阳王钧母区贵人卒，钧哀毁甚。先是，贵人花钗厨子赐钧以为玩弄，贵人亡后，每岁时及朔望辄开，礼再拜鲠咽，见者皆为之悲。

又曰：陆澄，当世称为硕学，读《易》三年，不解文义。欲撰《宋书》，竟不成。王俭戏之曰："陆公，书厨也。"

《南史》曰：记谢弘微临终语左右曰："有上厨书，须刘领军至，可于前烧之，慎勿开也。"

《拾遗记》曰：郭况家富，以玉器盛食，故东京谓郭家为琼厨金窟。

《东宫旧事》曰：皇太子拜有柏书厨一，梓书厨一。

范宁敬曰：籍，官之大信，而比散在众曹，此不可也。可令作十五籍厨，一县一厨。

太平御览卷第七百一十四 服用部十六

梳篦

《说文》曰：栉，梳枇总名也。

《释名》曰：梳，言其齿疏也；枇，言其细相枇也。

《礼记·曲礼上》曰：男女不同巾栉。

又《玉藻》曰：栉用椫栉发晞用象栉。

《左传·僖公中》曰：晋太子圉为质于秦，将逃归，谓嬴氏曰："与子归乎。"对曰："寡君之使婢子侍，执巾栉以固子也，从子而归，弃君命也。不敢从，亦不讣涸。"

《汉书》曰：孝文帝遗匈奴襦、袍、梳、枇各一也。

《续汉书》曰：季文德素善延笃，谓公卿曰："延笃有王佐之才，欲引进之。"笃闻，为书止文德曰："吾常昧爽栉梳，坐于客堂。朝则诵虞夏之书，历公旦之典礼，览仲尼之《春秋》。当此之时，不知天之为盖，地之为与。慎勿迷其本，弃其生也。"

《魏志》曰：徐季龙取十三种物，着大箧中，使管辂占之。辂先说鸡子，后道蚕蛹，遂一一名之，唯以梳为枇耳。

《修复山陵故事》曰：梓宫用象牙梳五枚，后梓宫物象牙梳六枚，瑇瑁梳六枚。

《东宫旧事》曰：太子纳妃，有瑇瑁梳三枚。

盛弘之《荆州记》曰：临贺兴安县东边有平石，其上有栉履各一具。俗云，越王渡溪，脱履坠栉于此。

崔寔《政论》曰：无赏罚而欲世之治，是犹不梳枇而欲发之治。

《物理论》曰：威行法明，漏吞舟之鱼；法之不明，则数于细栉，细栉则苛慝生也。

《梦书》曰：梦梳枇为忧解也。虱尽去，百病愈。

傅咸《栉赋》叙曰：夫才之治世，犹栉之理发。

涂岑诗曰：思见君巾栉，以弭我劳慚。

蔡邕《女诫》曰：用栉则思其心之理。

高文惠《与妇书》曰：今致瑇瑁梳一枚。

陆云《与兄机书》曰：按行视曹公器物，梳枇皆在。

《四愁诗》曰：美人遗我旃檀梳。

晋傅咸《栉赋》曰：我嘉兹栉，恶乱好理，一发不顺，实以为耻。虽日用而匪懈，不告劳而自已。苟以理而委任，期竭力以没齿。

刷

《说文》曰：荔草，似蒲而小，根可作刷。

《通俗文》曰：所以理发谓之刷。

《释名》曰：刷，帅也，帅发长短，皆令上从也。

《东宫旧事》曰：太子纳妃，有七猪牦刷。

嵇康《养生论》曰：劲刷理发，仅乃得之。

陆云《与机书》曰：按行视曹公器物，刷赃处尚识。

镊

《释名》曰：镊，摄也，摄取发也。

《通俗文》曰：摄减须鬓谓之镊。

《说文》作籋，曰：籋箝也。

《洞林》曰：卷县令施安氏怀镊，令郭璞射之。璞曰："此是镜物，有两歧。"

沈约《宋书》曰：彭城王义康饷沈熙光铜镊。

《修复山陵故事》曰：梓宫中用铁镂镊五枚。

《临海水土记》曰：镊鱼长七寸，头如镊。

《齐书》曰：高祖恒令左右拔白发，隆王昌，高祖之孙，年五岁，戏于床前，帝曰："儿言我是谁？"答曰："太翁。"帝曰："岂有为人曾祖拔白发乎？”即掷去镜镊。

《说文》曰：觿角锐端，可以解结。

《毛诗·淇澳》曰：芄兰之支，童子珮觿。芄兰，草。觿，所以解结。

《礼记·内则》曰：子事父母，左珮小觿金燧，右珮大觿木燧。

剔齿纤

陆云《与兄机书》曰：一日行曹公器物，有剔齿纤，今以一枚寄兄。

太平御览卷第七百一十五 服用部十七

步摇

《释名》曰：后首饰曰副。副，覆也，以覆于首上，有垂珠，步则摇也。

《周礼》曰：王后首服为副，所以副首为饰，若今步摇也。

《续汉书·舆服志》曰：皇后入庙，步摇以黄金为山，题贯白珠，桂枝相纠，八爵九华，熊虎赤罴、天鹿、辟邪。

《后汉书》曰：和熹邓后赐冯贵人王赤绶，以未有步摇、环珮，各加赐一具。

《晋书》曰：慕容廆曾祖莫护跋，魏初率其诸部入居辽西，从宣帝伐公孙氏，以功拜率义王，始建国于棘城之北。时燕代多冠步摇冠，护跋见之，乃敛发袭冠，诸部因呼之为步摇，其后音讹，遂为慕容焉。

《江表传》曰：孙皓使尚方以金作步摇，假髻以千数，令宫人着以相扑，朝成夕败，辄命更作。

《晋令》曰：步摇、蔽髻，皆以禁物。

《西京杂记》曰：赵飞燕为皇后，其女弟上遗黄金步摇。

宋玉《风赋》曰：主人之女，垂珠步摇。

梁沈静妻沈氏《步摇花诗》曰：珠花萦翡翠，宝叶间金琼。剪荷不似制，为花如自生。低枝拂衣领，微步动瑶英。

假髻

《周礼》曰：追师掌王后首服为副。

郑玄云：副，妇人首饰，三辅谓之假髻。

《东观汉记》曰：章帝诏东平王苍：唯王孝友之德。今以光烈皇后假髻、帛巾各一，衣一箧遗王。可时瞻视，以慰《凯风》寒泉之思。

《晋中兴书·征祥说》曰：太元中，公主妇女缓眉假鬟以为盛饰。用发丰多，不可恒戴，乃先于笼上扶之，名曰假髻，或名假头。至于贫人，不能自办，自号无头，就人借髻。后孙思、桓玄之乱，死者万计，被戮之家多亡头首，至大敛时，皆以藤缚菰草为头，是假髻之应也。

《晋令》曰：士卒百工，不得着假髻。

髲

《释名》曰：髲，被也，髲少者得以被助其发也。

《诗》曰：鬒发如云，不屑髢也。

《传》曰：卫庄公自城上见戎州已氏之妻发美，使髡之以为吕姜髢，后为已氏所煞也。

《吴志》薛综上事云：汉氏朱崖叛，以长吏睹其人好，髡取为髲，故百姓怨叛。

《南越志》曰：闻安县出头髲。

《异苑》曰：琅琊费县民家恒患失物，作绳弨施穿穴口，因系得一髲，长三尺许，后不复失物。

太平御览卷第七百一十六 服用部十八

手巾

《汉名臣奏》曰：王莽斥出王闳，太后怜之，闳伏泣失声，太后亲自以手巾拭闳泣。

《英雄记》曰：在尊者前，宜各具一手巾，不宜借人巾用。

《江表传》曰：孙权克荆州，将吏悉皆归附，而潘濬涕泣交横，慰劳与语，使亲近手巾拭其面。

《东宫旧事》曰：太子纳妃，有百济白手巾也。

《广志》曰：炎州以火浣布为手巾。

《博物志》曰：魏文帝善弹棋，能用手巾角。

《竹林七贤论》曰：王戎虽为三司，率尔私行，巡省园田，不从一人，以手巾插腰。戎故吏多大官，相逢辄下道避之。

《名山略记》曰：郁州道祭酒徐诞常以治席为事，有吴人姓夏侯来师诞，忽暴病死。终冬涉春，有长沙门从北来，于道中见夏侯云："被昆仑召，不得辞师，寄手巾为信。"诞得手巾，乃本所送入棺者。

《志怪》曰：会稽人吴详见一女子溪边洗脚，呼详共宿。明旦别去，女赠详以紫巾，详答以白布手巾。

《神仙服食经》曰：伏苓如拳，着手巾中，百鬼消灭。

秦嘉妇《与嘉书》曰：今奉越布手巾二枚。

絮巾

《汉书仪》曰：皇后亲蚕丝絮，织室作祭服，皇后得以作絮巾。

《魏略》曰：赵岐避难至北海，着絮巾，市卖饼。

《邺中记》曰：石虎皇后出，以女骑一千为卤簿，冬月皆絮纶巾。

《博物志》曰：蜀人以絮巾为帽絮。

太平御览卷第七百一十七 服用部十九

镜

《释名》曰：镜，景也，有光景也。

《广雅》曰：鉴谓之镜。

《玄中记》曰：尹寿作镜。

《大戴礼》曰：武王践祚，镜之铭曰："见尔前，必虑尔后。"

《尚书帝命期》曰：桀失其玉镜，用之噬虎。郑玄注曰：镜喻清明之道，虎喻暴也。

《尚书考灵耀》曰：秦失金镜，鱼目入珠。金镜，喻明道也。始皇，不韦子，言乱贞也。

《诗·墉·柏舟》曰：我心匪鉴，不可以茹。鉴，所以察形。茹，度也。

《汉书·东方朔传》曰：郭舍人曰："四铢籀文章，背有组索，两人相见，朔能知之为上客。"朔曰："此玉之莹，石之精，表如日光，里如众星。两人相睹，见相知情，此名为镜。"

《魏略》曰：夏侯敦从征吕布，为流矢所中，伤左目。时夏侯渊俱为将军，军中号敦为盲夏侯。敦恶之，每照镜恚发，辄扑镜着地。

《蜀志》曰：张裕晓相术，每举镜视面，自知刑死，未尝不扑之于地。

沈约《宋书》曰：刘敬宣八岁丧母。四月八日，敬宣见众人灌佛，乃拔头上金镜，以为母灌，因悲泣不胜。

又曰：殷仲文在东阳，照镜而不见其头面，旬日而戮。

又萧方等《三十国春秋》曰：甘卓将被诛，引镜不见其头。

又曰：慕容垂攻邺，符丕遣其从弟龙请救。乃遗谢玄青铜镜，黄金宛转绳等，以为之信。

《齐书》曰：綦母珍之有一铜镜，背面有三公字。常语人云："征祥如此，何患三公不至。"

又曰：陆惠晓迁太子洗马。庐江何点常称惠晓心如照镜，遇形触物，无不朗然。

《梁书》曰：王珍国，武帝起兵，东昏召珍国。以众还都，使出屯朱雀门，为王茂所败。及入城，密遣郄纂奉明镜献诚于梁帝，帝断金以报之。后侍宴帝，曰："卿明镜尚存，昔金何在？"珍国曰："黄金谨在，臣不敢失坠。"

又曰：到溉子镜，字圆照。初在孕，其母梦怀镜，及生，因以名焉。

《隋书》曰：文帝委任高颎，后卫右将军庞晃及将军卢贲等前后短颎于上，上怒之，皆被疏黜。因谓颎曰："独孤公犹镜也，每被磨莹，皎然益明。"

《唐书》曰：太宗谓群臣曰："夫以铜为镜，可以正衣冠；以古为镜，可以知兴替；以人为镜，可以明得失。朕常保此三镜，以防己过。今魏征殂，犹一镜亡矣。"

《庄子》曰：至人之用心也，若镜，不将不迎，应而不藏，故胜物而无伤。

《符子》曰：心能善知人如明镜，善自知者如渊蚌。镜以曜明故鉴人，蚌以含珠故内照。

《韩子》曰：古之人，目短于自见，故以镜观面；智短于自知，故以道正己。镜无见疵之罪，道无明过之恶。面失镜则无以正鬓眉，身失道则尾黻知迷惑。

《吕氏春秋》曰：人之阿甚矣，而无所镜，其残亡无日矣。孰当可镜？其唯士人乎？镜明己也细，士明己也大。

《淮南子》曰：明镜之始，朦然未见形容也。及拭之以玄锡，磨之以白毡，则鬓眉微毛可得而察。

又曰：镜便于照形，丞食不如竹箄。

又曰：圣人若镜，不将不迎，将，送也。应而不倡。故万化无伤，其得之乃失之也。

又曰：高悬大镜，坐见四邻。取大镜高悬，盆中水晃见四邻。

又曰：人莫鉴于流沫雨而鉴于止水者，以其静也。沫雨潦上沫起，言其浊扰也。莫窥形于生镜而窥形于明镜者，以睹其易也。

《抱朴子·内篇》曰：或问："知将来吉凶，为有道乎？"答曰："用镜九寸自照，有所思存，七月七夕则见神仙，自知千里之外事也。明镜用一或二，谓之日月镜，或用四，谓之四规镜。"

又曰：万物之老者，其精皆能假托人形以炫人，唯镜中不能易其真形。是以入山道士以明镜径九寸悬于背，有老魅未敢近。或后来者视镜中，其是仙人，及山中好神者，镜中故知人形。

《蜀王本记》曰：武都大夫化为女子，蜀王娶以为夫人。无几，物故。葬于武都，以石化镜一枚表其墓。

魏名臣高堂隆奏曰：阳符，一名阳燧，取火于日。阴符，一名阴燧，取水于月。并八铜作镜，名曰水火之镜。

《东宫旧事》曰：皇太子纳妃，有着衣大镜，尺八寸；银花小镜，尺二寸；漆匣盛盖银华金簿镜三枚；银龙头授福莲华钩锁四副。

魏武帝《上杂物疏》曰：御物有尺二寸金错镜一枚；皇太子杂纯银错七寸铁镜四枚；贵人至公主九寸铁镜四十枚。

《邺中记》曰：石虎三人台及内宫中镜有径二三尺者，纯金蟠龙雕饰。

《世说》曰：晋孝武将讲《孝经》，谢公兄弟与诸人私相讲习，车武子难苦问谢，谓袁羊曰："不问则德音有遗，多问则重劳二谢。"袁曰："何尝见明镜疲于屡照？"

《益部耆旧传》曰：杜真孟宗周览求师，经历齐鲁，资用将乏，磨镜自给。

《南蛮獠人俗》曰：诸婚姻以奴婢一人为媵，无奴婢，以铜镜当人婢。

《吴兴郡记》曰：临安县东石镜山，山东有石镜一，径二尺四寸，甚清亮。

山谦之《寻阳记》曰：庐山东面有一石，若镜悬崖，明净照见人形。

《海内士品》曰：徐孺子尝事江夏黄公。黄公薨，往会其葬。家贫无以自致，赍磨镜具自随，赁磨取资，然后得前。既至，祭而退。

荀悦《申鉴》曰：君子三鉴：鉴乎前，鉴乎下，鉴乎镜。前唯训，人唯明。商德之衰，不鉴于汤禹也；周秦之弊，不鉴于群下也；侧弁垢颜，不鉴于明镜也。

《古今注》曰：平帝始元三年，延陵西园神寝内御户座前大镜皆清液，如汗水出状。

《西京杂记》曰：高祖入咸阳宫，周行府库，有方镜九寸，表里明人。直来照之，影则侧见，以手掩心而来，即肠胃五藏历然无碍。人有病在内，则掩心而照之，即知病之所在。女子有邪心，则胆张目动。秦始皇帝以照宫人，胆张心动者则杀之。

又曰：宣帝被收，系郡邸狱，臂上犹带史良娣合彩婉转，绳系身毒宝镜一枚，大如八铢钱。旧传此镜照见妖魅，珮之者为天神所福。宣帝从危获济，及绍大位，每持此镜，感咽移辰。帝崩，镜不知所在。

《拾遗箓》曰：周穆王时，渠国贡火济镜，广三尺六寸，暗中视物如昼，人向镜语，镜中则响应之也。

又曰：周穆王时，有如石之镜，此石色白如月，照面如雪，谓之月镜。

又曰：方丈山池泥百炼成金镜，色青，可照魑魅。

《洞冥记》曰：望蟾阁上有青金镜，广四尺。元光年中，祗国献此镜。照见魑魅，百鬼不能隐形。

《列仙传》曰：负局先生负石磨镜，局徇吴中，炫摩镜，得一钱，因磨之。

《神仙传》曰：河东孙博能引镜为刀，屈刀为镜。

《刘根别传》曰：思形状可以长生。以九寸明镜照面，熟视之，令自识己身形，常令不忘，久则身神不散，疾患不入。

《搜神记》曰：孙策既杀于吉，每独自，仿佛见吉在其左右。引明镜自照，见在镜中，因倍大叫，疮皆裂，须臾而死。

又《吴历》曰：策为许贡客所伤，引镜自照，曰："面如此，当可复建功立事乎？"因椎几大叫，疮裂而卒。

《续搜神记》曰：文献曾令郭璞筮己一年中吉凶，文献，王道谥。璞曰："当有小不吉利，可取广州二大罂盛水，置床帐二角，名曰镜耗以厌之。某时撤罂去水，如此其灾可消。至日忘之，寻失铜镜，不知所在，后撤去水，乃见所失镜在于罂中。罂口数寸，镜大尺余。王公后令筮镜罂之意，璞曰："撤罂违期，故至此妖。邪魅所为，无他故也。"使烧车辖以拟，镜立出。

又曰：林虑山下有一亭，人过宿者，或病或死。常云："十许男女各杂衣，或白或黑，辄来为害。"有郅伯夷者过宿于此，独坐诵经，忽有十余人来与伯夷并坐，因共蒲博。于是伯夷密以镜照之，乃是一群犬。因执烛而起，佯误以烛烧其衣，毛乃焦。伯妇怀刀投一人，中之遂死，成犬。余悉走去。

《神异经》曰：昔有夫妻将别，破镜，人执半以为信。其妻与人通，其镜化鹊飞至夫前，其夫乃知之。后人因铸镜为鹊安背上，自此始也。

《幽明箓》曰：宫亭湖边旁山门有石数枚，形圆若镜，明可以鉴人，谓之石镜。后有行人过，以火燎一枚至不复明，其人眼乃失明。

《地镜图》曰：欲知宝所在地，以大镜夜照，见影若光在镜中者，物在下也。

《风角要占》曰：厌盗贼法：三月以小形铜镜七枚埋于申地，秤七百斤土覆之。坎深二尺五寸，广二尺五寸，筑令坚固。

孟达《与刘封书》曰：天地生初如镜。

陆机《与弟云书》曰：仁寿殿前有大方铜镜，高五尺余，广三尺二寸，立着庭中。向之便写人，形体了了，亦怪也。

秦嘉《与妇徐淑书》曰：顷得此镜，既明且好，形观文藻，世所希有，意甚爱之，故以相与。明镜可以鉴形。淑答书曰：今君征未旋，镜将何施行？明镜鉴形，当待君至。

傅咸《镜赋》曰：从阴位于清商，采秋金之刚精。醮祝融以致度，命欧冶而是营。晞日月之光烈，仪厥象乎曜灵。

镜台

《世说》曰：温峤为刘越石长史，北讨刘聪，得玉镜台。峤从姑刘氏有女美，峤有意自媒，数日乃下玉镜台，姑喜。既婚交礼，女曰："我固疑是老奴，果如所卜也。"

《三国典略》曰：胡太后使沙门灵昭造七宝镜台，合有三十六户。每室别有一妇人，手各执锁。才下一关，三十六关一时自闭。若抽此关，诸门皆启，妇人各出户前。

魏武《杂物疏》曰：镜台出魏宫中，有纯银参带镜台一，纯银七，贵人公主镜台四。

《晋东宫旧事》曰：皇太子纳妃，有玳瑁钿镂镜台一。

《宋起居注》曰：元嘉中，韦明为广州刺史，作铜镜台一具，御史中丞刘祯请以事，追免朗官。

谢朓诗曰：玲珑类丹槛，孤高似玄阙。对凤临清水，垂龙挂明月。照粉拂红妆，插花理云发。玉颜徒自见，畏见君情歇。

古诗曰：珊瑚挂镜烂生光。

奁

《后汉书》曰：阴太后崩，明帝性孝爱，追慕无已，谒原陵。帝从席前伏御床，视太后镜奁中物，感恸悲涕，令易脂泽装具。左右皆泣，莫能仰视焉。

《拾遗记》曰：阴贵人食瓜美，帝使求之。时有敦煌献异瓜，云是空峒灵瓜。又常山献巨桃。及后崩，侍者见铜奁中有瓜桃之核，视之涕零也。

《列仙传》曰：朱崖令，死当还法内珠于关者死，其继母弃其系臂珠。其男年九岁，好之，置镜奁中，皆不知也。至海关，吏收得十枚，乃母子争死，吏遂弃而遗之。事具《义门》。

《语林》曰：范汪至能啖梅，人至一斛，奁□□啖，须臾尽也。

蔡邕《表》曰：赐镜奁等，前后重叠。父母于子，无以加此。

魏武《上杂物疏》曰：纯银藻豆奁，纯银括搂奁。

孙仲《寄妹临亡书》曰：镜与粉盆与郎，香奁与若。欲令其行身如明镜，纯如粉，誉如香。

合

《宋元嘉起居注》曰：广州刺史韦朗被弹事，有金镂合二枚，银缕合二枚。

《刘向别传》曰：向有《合赋》。

祖台之《志怪》曰：吴中有王大夫，行至曲阿回唐上，有一女子，便留住宿。解臂上金合，系其肘下，令暮更来，遂不至。更使寻求，都无女人。过猪栏边，见猪钾有合。

多罗

《纂文》曰：多罗，粉器。

《扶南传》曰：扶南国王以纯金多罗遗毗骞王。

严器

魏武《淖上器诫令》曰：孤不好鲜饰，严具用新皮苇笥，以黄苇缘中。遇乱世，无苇笥，乃更作方竹严具，以皂苇衣之，鹿布裹，此孤平常之用者也。内中妇曾置严具，于时为之推坏。今方竹严具绿漆甚华好。

魏武《上杂物疏》曰：油漆幉邢器一，纯金参带画方严器一。

《齐书》曰：宜都王铿镇姑熟于时，人发桓温女冢，得金巾箱，织金篾为严器，条以启闻郁林，敕以赐之。铿曰："今取往物，后取今物，如此循环，尔岂可不熟念？"使长史蔡约自往修复，纤毫不犯。

《北史·后妃传》曰：旧仪，司饰三人掌簪珥花严。

《修复山陵故事》曰：梓宫用严器五具，马齿严器五具。

《汝南先贤传》曰：戴良嫁女，以笥为严器。

秦嘉妇《与嘉书》曰：今奉严器中物几具。

陆云《与兄机书》曰：按行视曹公器物，严器方六七寸，高四寸。

太平御览卷第七百一十八 服用部二十

笄

《释名》曰：笄，系也，所以拘冠，使不坠也。

《三礼图》曰：笄，簪也。士以骨，大夫以象。《诗》曰：君子偕老，副笄六珈。副，后夫人之首饰，编发为之。珈，笄饰之最盛者。

《白虎通》曰：男子幼娶必冠，女子幼嫁必笄。

《礼》曰：女子许嫁，笄而字。

《国语》曰：司马期欲以妾为子，内子，卿之嫡室。访于左史倚相曰："吾有妾，而愿欲笄之。"倚相止之。

又曰：范文子暮退于朝，武子曰："何暮也？"对曰："有秦客廋辞于朝，瘦，隐也。大夫莫之能对也。吾知三焉。"解其三事。武子怒曰：'大夫非不能也，让父兄也。尔童子而三掩人于朝，吾不在，晋国亡无日矣。"击之以杖，折其委笄。

《春秋后语》曰：赵襄子之姊为代王夫人。襄子笄代，杀王，平其地。其姊闻之，泣而呼天，磨笄自杀。代人怜之，名其地为磨笄山。

齐淳于髡《十酒说》曰：罗襦排门，翠笄窥牖。

钗

《释名》曰：钗，枝形也。因名之也。爵钗者，钗头施爵。

曹植《美女篇》曰：头插金爵钗。

《续汉书》曰：灵帝时，江夏黄氏母浴而化为鼋，入于深渊。其后，人时见出浴，簪一银钗，犹在其首。

又《舆服志》曰：贵人助蚕服，瑇瑁钗。

《江表传》曰：魏文帝遣使于吴，求玳瑁三点钗。群臣以为非礼，咸人不与。孙权敕付使者。

《晋记》云：王达妻卫氏太安中为鲜卑所掠，路由章武台，留书并钗钏访其家。

《晋令》曰：六品下得服金钗以蔽髻。

又曰：女奴不得服银钗。

《晋山陵故事》曰：后服有瑇瑁钗三十只。

沈约《宋书》曰：秦王始三年，以皇后已下六宫金钗千枚班赐北征将士。

《列女传》曰：梁鸿妻孟光，荆钗布裙。

《洞冥记》曰：元鼎元年，起招灵阁，有神女留一玉钗与帝，帝以赐赵婕妤。至昭帝元凤中，宫人犹见此钗，共谋欲碎之。明旦视之匣，唯见白燕直升天去。故宫人作玉钗，因改名玉燕钗，言其吉祥。

《拾遗纂》曰：汉献帝为李傕所败。帝伤指，伏后以绣绂拭血，刮玉钗以拂于创，应手则愈。

又曰：魏文帝纳美女薛灵芸，有献火珠龙鸾钗，帝曰："珠翠尚不能胜，况龙鸾之重乎？"

又曰：魏明帝时，昆明国贡嗽金鸟，鸟常吐金屑如粟，用饰钗珮，谓之辟寒金。宫人相嘲曰："不服辟寒金，那得帝王心。"

又曰：石季伦爱婢翔风，别玉声金色为倒龙之珮，莹金为凤冠之钗，言刻玉如倒龙之势，铸金象凤凰之状。结袖绕盈，舞于昼夜。使声声相接，谓之恒舞。欲有所招者，不呼姓名，悉听珮声，视钗色。玉轻声者居前，金色艳者居后，以为行次而进也。

《华阳国志》曰：涪阳大龟，其甲可卜，其缘可作钗，世号灵钗。

斐渊《广州记》曰：豪富女子以金银为大钗，执以叩铜鼓，号为铜鼓钗。

崔豹《古今注》曰：蟠龙钗，梁冀妇所制。

《异苑》曰：吴郡有徐君庙。东阳长山县吏李瑫，义熙中遭事在都，妇过庙乞恩，拔银钗为愿。未至富阳，有白鱼跳妇前，剖腹，得所愿钗，夫事寻解。

《幽明录》曰：寻阳参军梦一妇人，前跪自称："先葬近水，沦没。诚能见救，虽不能富贵，可令君薄免祸。"参军答曰："何以为志？"妇人曰："君见渚边上有鱼钗，即我也。"参军明旦觅，果见一毁坟，其上有钗。移置高燥处。却十余日，参军行至东桥，牛奔直趣水，垂堕，忽转正，得无恙也。

《录异传》曰：吴人费季客贾去家，与诸贾人语曰："吾临行，就妇求金钗，妇与之，吾乃置户楣上，忘白妇说。"妻梦见季死，前金钗在户上，妻取，得发哀。一年，季却还。

《神仙占》曰：头上着钗，夜卧堕靴履中者，妇人与外夫杀之。

司马相如《美人赋》曰：玉钗挂臣冠；罗袖拂臣衣。

黄香《九宫赋》曰：剥骇鸡以为钗。骇鸡，犀也。

古歌辞曰：头上金钗十二行，足下丝履五文章。

陈司马《美玉篇》曰：头戴金雀钗，腰珮翠琅玕。

崔瑗《三子钗铭》曰：元正上日，百福孔灵。鬓发如云，乃象众星。三珠横铳，摄媄赞灵。

魏陈思王《美女篇》曰：头戴合欢钗。

梁阳济《泄井得金钗诗》曰：昔日倡家女，摘华露井边。摘华还自比，插映还自怜。窥窥终不已，笑笑自成妍。宝钗于此落，从来非一年。翠羽成泥去，金色尚如先。此人今不在，此物今空传。

秦嘉《与妇淑书》曰：今致宝钗一双，价值千金，可以耀首。淑答曰：未奉光仪，则宝钗不设。

《灵怪》曰：吴兴妖童赠谢府君诗曰："玉钗空中坠，金钿色已歇。独泣谢春风，良夜辜明月。"

镊钗类

《齐书》曰：文安皇后为皇太子妃，无宠。太子为宫人制新丽衣裳及首饰，而后床唯陈故古旧钗镊数枚。

又曰：周盘龙为右将军。建元元年，魏攻寿春，以盘龙为军主，假节助豫州刺史桓崇祖拒魏，大破之。上闻之喜，下诏美称，送金钗镊二十枚与其爱妾杜氏。

王仲宣《七释》曰：载明中之羽雀，杂华镊之威蕤。

孔炜《粕别》曰：长袖随腕而遗曜，紫镊承鬓而聘辉。

珰珥

《说文》曰：珥，瑱也。瑱，以玉充耳也。

《释名》曰：珥，瑱也。悬珰耳旁，不欲使人妄听，自镇重也。此本出于蛮夷。蛮夷妇女轻浮好走，以此珰锤之也。今中国仿之也。

《风俗通》曰：耳珠曰珰。

《周书》曰：武王驰纣，商师大崩。帝辛登禀台，取天知王珥及鹿玉衣身以自焚。鹿玉则销，天知珥在火中不销。

《诗》曰：玉之瑱也，象之揥也。瑱，塞耳也。

又曰：有匪君子，充耳琇莹。琇莹，美玉。

《传》曰：夏，齐侯将纳公鲁昭公也命，无授鲁货。申丰从女买以币锦二两，缚一如瑱。瑱，充耳也；缚，卷也。急卷使如充耳，易怀藏。

《史记》曰：淳于髡谓齐威王曰："前有堕耳，后有遗簪，此可饮八斗。"

又曰：武帝谴责钩弋夫人，夫人脱簪珥叩头。

《魏书》曰：卞太后性约俭，不尚华丽，无文绣珠玉，器皆黑漆。太祖尝得名珰数具，命后自选一具，后取其中者。太祖问其故，对曰："取其上者为贪，取其下者为诈，故取其中者耳。"

《吴录》曰：袁博出游，其女荣得坏墟齐珰珥百枚，于是封上之，诏以赐博也。

《晋令》士卒百工，不得服真珠珰。

又《诸葛恪别传》曰：范慎嘲恪曰："马虽大畜，禀气于天，今残其耳，岂不伤仁？"，恪答曰："母之于女，天下至亲。穿珥附珠，何伤于仁？"

《战国策》曰：齐王夫人有七美珥。

《韩子》曰：齐威王夫人死，有十孺子。所窥者凡十人。薛公欲知所立人，为十玉珥而美其一，献于王，以付十孺子。明日视美珥所在，乃立之。

《西京杂记》曰：赵飞燕为皇后，其女弟上遗合浦圆珠珥。

《梦书》曰：珠珥为人子之所贵，梦得珠珥，得子也。

魏陈思王《洛神赋》曰：献江南之明珰。

刘祯《鲁都赋》曰：含丹吮素，巧笑妍祥。插曜日之笄，珥明月之珰。

繁钦《定情诗》曰：何以致区区，耳中双明珠。

王粲《七释》曰：抗照夜之明珰，焕煜爚以垂晖。

傅玄《七谋》曰：珮昆山之美玉，珥海南之明珰。

钏跳脱附

《通俗文》曰：环臂谓之钏。

《东宫旧事》曰：皇太子纳妃，有金钏二双。

祖台之《志怪》曰：建安中，河间太守刘照夫人卒于府。后太守至，梦见一好妇人，就于室家。持一双金鑦古唤切与太守，不能名，妇人乃曰："此鋖竹志切鑦。"鋖鑦者，其状如纽珠，大如指，屈伸在人。太守得，置枕中。前太守迎丧，言有鋖鑦。开棺视夫人臂，果无复有鋖鑦焉。

《甄异记》曰：乐安章沉病死，未殡而苏。云被箓到天曹，主者是其外兄，断理得免。见一女同时被箓，乃说金钏二双，记沉以与主者，亦得还，遂共燕接。女云家在吴，姓徐，名秋英。沉后寻问，遂得之。女父母因以女妻沉。

高文惠《与妇书》曰：今致金鑦一双。

《交州记》曰：波斯王以金钏聘斯调王女也。

《唐书》曰：交河王麹崇裕兄昭，少好学。尝有鬻异事书于市者，其母将为买之，搜索家财，不足其价，唯箧中有金钏数枚。既而叹曰："何爱此物，令吾子不有异闻乎！"促令货易此书。昭后历位司膳卿，颇以诗咏流誉。

繁钦《定情诗》曰：何以致契阔，绕臂金跳脱。

指环

《春秋繁露》曰：纣刑鬼侯之女，取其环。

《五经要义》曰：古者，后妃群妾礼御于君所。

《女史书》曰：授其环以进退之。有娠则以金环退之，当御者以银环进之。进者，着于左手，阳也，以当就男，故着左手。右手，阴也，既御而复故，此女史之职。

《汉书仪》曰：宫人御幸，赐银环。

《后汉书》曰：孙程等十九人立顺帝有功，各赐金指钏环。

《晋书》曰：羊祜年五岁，令乳母取所弄金环，乳母曰："汝先无此物。"祜乃于邻人李氏东墙桑树中探得之。李氏见，惊曰："余亡儿所失物也。"乳母具言前事，李氏悲惋。时人异之。谓李氏之子，即羊祜之前身也。

又曰：傅畅年五岁，父友见而戏，解畅衣，取其金环与左右。畅不惜，以此赏之。后选入，侍讲东宫。

《宋书》曰：西南夷元嘉七年遣使献金刚指环。

《梁书》曰：武丁贵嫔。武帝镇樊城，尝登楼以望，见汉滨五彩如龙。下有女子，擘绕纩，则贵嫔也。帝赠以金环，纳之，时年十四。

《后魏书》曰：咸阳王禧弟树，字秀和，位宗正卿。后奔梁，武帝尤器之。后复归魏。初辞梁，其爱姝玉儿以金指环与树，常着之，寄以还梁，表必还之意。朝廷知之，俄而赐死。

《拾遗纂》曰：吴主潘夫人以火齐指环挂石榴枝上，因其处台，名曰环榴台。时有谏者云："今吴蜀争雄，还刘之名将为妖乎！"权乃翻其名为榴还环台也。

《西京杂记》曰：戚姬以百炼金为彄环，照见指，上骨恶之，以赐侍儿。

《益部耆旧传》曰：刘宠丧母，时危乱，坟墓发伤。宠乃矫母令："家贫无财，唯有手上金环。卖造墓供送。免发掘。"

《西戎传》曰：大宛国人深目多鬓，娶妇人，以金同心指环为聘。

《外国杂俗》曰：诸问妇许婚，下全同心指环，保同志不改。

《林道记》曰：林邑王献金指环于吴主。

《胡俗传》曰：始结婚姻，相然许，便下金同心指环。

《扶南传》曰：扶南有讼者，煮水令沸，以金指环投汤中，然后以手探汤。其直者，手不烂；有罪者，入汤即焦。

《茅君传》曰：勾曲山上有神芝五种。求之法，当以三月登山，赍金环二双，启以奉誓，如此者三，以为盟也。必得芝草，投环于石间，忘顾念。

《集灵记》曰：王諿，琅邪人也。仕梁，为南康王记室。亡后数年，妻子困于衣食。岁暮，諿见形谓妇曰："卿困乏衣食。"妻因与之酒，别而去。諿曰："我若得财物，当以相寄。"后月，小女探得金指环一只。

《甄异传》曰：沛郡秦拊，义熙中至曲阿村，日暮失路，远见火光，投之。屋有少女，因寄宿。晓临别，女以指环与拊，拊去。回顾，乃是冢焉。

太平御览卷第七百一十九 服用部二十一

粉

《释名》曰：粉，分也。研米使分散也。赪赤贞切粉者，赤也。染粉使赤，以着颊也。

《墨子》曰：禹造粉。

《博物志》曰：纣烧铅锡作粉。

《汉书》曰：广川王去疾幸姬陶望卿，去疾后昭信谓去疾曰："前画工画望卿，袒裼傅粉，疑有奸。"

又曰：惠帝侍中皆傅脂粉。

《续汉书》曰：顺帝时，所除官多不次，李固奏免百余人。此等既怨，共作飞章诬固曰："大行在殡，路人掩涕。固独胡粉饰貌，搔头弄姿，盘旋偃仰，曾无惨怛之心。"

《魏略》曰：何晏性自喜，动静粉白不去手，行步顾影。

《魏略》曰：邯郸淳诣临淄侯植，时大暑，植取水浴，以粉自傅。科头、胡舞、击剑、诵小说，顾谓淳曰："邯郸生，何如也？"

《韩子》曰：若毛嫱西施之美丽，无益吾面；用脂泽粉黛，则倍其初。言先王之仁义，无益于治；明法度，必赏罚，则国之脂泽粉黛。

《淮南子》曰：漆不厌黑，粉不厌白。

《抱朴子》曰：或问涉海之法，答曰："先于川，次破鸡子一枚，以少粉杂香末合搅水中，则不畏风波。"

又曰：民不信黄丹及胡粉是化铅所作。

《神仙传》曰：真人南极子能含粉成鸡子，吐之数十枚，煮之，鸡子黄中皆有少粉也。

《华阳国志》曰：巴郡江西县有清水穴，巴人以此水为粉，则皜曜鲜芳。尝贡京师，名为粉水。

《扶南传》曰：顿逊国有磨夷花，末之为粉，大香。

《梦书》曰：妇却饰粉饰为怀妊。

《神农本草》曰：粉锡，一名鲜锡。

《语林》曰：石崇厕置甲煎粉，沉香汁之属。

《汉官仪》曰：省中以胡粉涂壁。

《邺中记》云：石虎以胡粉和椒涂壁，曰椒房。

宋玉《登徒子赋》曰：着粉太白，施朱太赤。

蔡邕《女诫》曰：弘粉则思其心之鲜。

曹植《乐府》曰：御巾粉于君旁，中有藿纳都梁。

傅长虞《感凉赋》曰：珠汗陨于王躬，粉附身而沾凝。

黛

《说文》作黱，画眉也。黱，与黛同。

《释名》曰：黛，代也。减去眉毛，以此代其处也。

《通俗文》云：染青石谓之点黛。

《后汉书》曰：明德马后，眉不施黛，独左眉角小缺，补之如粟。

《宋起居注》曰：河西王沮渠蒙逊献青雀头黛百斤。

《楚辞》曰：粉白黛黑，施芳泽只，长袂拂面，善留客。

脂泽

《释名》曰：泽，人发恒枯瘁，以此濡泽之。唇脂，以丹作，象唇赤也。

《广志》曰：面脂，魏兴以来始有之。

《汉书》曰：翁伯贩脂而倾县邑。

又曰：孔奋为姑藏长，清俭，人或讥之，以身处脂膏，不能自润。

《北史·后妃传》曰：晋旧仪，典栉三人，掌宫中栉、膏、沐。

《世说》曰：江淮以北，谓面脂为面泽。

蔡邕《女诫》曰：傅脂则思其心之和，泽发则思其心之润。

《冯衍集》曰：衍与妇弟任武达书曰："唯一婢，武所见，头无钗，泽面无脂粉。

燕脂

《博物志》曰：作燕支法：取蓝葹韦委切捣以水，洮去黄汁，作十饼如手掌，着湿草，卧一宿便阴干。欲用燕支，以水浸之三四日，以水洮赤黄汁，尽得赤汁而止也。

《西河旧事》曰：祁连山焉支山宜畜养。匈奴失此二山，乃歌曰："失我祁连山，使我六畜不蕃息；失渭荷支山，使我妇女无颜色。"

崔豹《古今注》曰：燕支叶似蓟，花似菖蒲，出西方，土人以染，名为燕支。中国人谓红蓝，以染粉为妇人面色，谓为燕支粉也。

习凿齿《与燕王书》曰：此下有红蓝，足下先知之不？北方人彩取其花染绯黄，接其上英者作燕支，妇人用为，颜色可爱。

班固曰：匈奴名妻作阏氏，言可爱如燕支。

的

《释名》曰：以丹注面曰的。的，灼也。此本天子诸侯有群妾者，以次进御。有月事者，止不御，重不口说，故注此于面，灼然而识也。

王粲《神女赋》曰：施华的，结羽钗。

傅玄《镜赋》曰：珥明珰之迢迢，点双的以发姿。

花胜

《释名》曰：花胜，草花也。言人形容正等，着之则胜。

《续汉书·舆服志》曰：皇后入庙，为花胜。上为凤凰，以翡翠为毛羽，下有白珠垂金绮，镊横簪之。

《山海经》曰：西王母梯几戴胜。

《符瑞图》曰：金胜者，仁宝也。不断自成，光若明月。

《晋中兴书》曰：一名金称，《援神契》曰："神灵滋液，百珍宝用有金胜。"晋孝武时，阳谷氏得金胜一枝，长五寸，形如织胜。

太平御览卷第七百二十　方术部一

养生

《易》曰：天地之大德曰生。

《传》曰：君子有四时：朝以听政，听国政。昼以访问，问可否。夕以修念，念所施。夜以安身。于是节宣其气，宣，散也。勿使有所地壅闭。湫子小切。底音止以露其体，湫，集也。底，滞也，露，裸也。宣之则血气集滞而体裸露。兹心不爽，而昏乱百度。兹，此也。爽，明也。百度，百事之节。

《老子养生要诀》曰：一人之身，一国之象。胸臆之设犹宫室也。支体之位犹郊境也，骨节之分犹百川也，腠七构切理之间犹四衢也。神犹君也，血犹臣也，气犹民也。故志人能理其身，亦犹明君能治其国。夫爱其民所以安其国，爱其气所以全其身。民弊即国亡，气衰即身谢。是以志人上士，当施医于未病之间，不追修施于既败之后。故知国难保而易丧，气难清而易浊。审机权可以安社稷，制嗜欲可以保性命。若能摄生者，当先除六害，然后可以延驻。何名六害？一曰薄名利，二曰禁声色，三曰廉货财，四曰捐滋味，五曰屏虚妄，六曰除疽妒。六者若存，则养生之道徒设耳。盖未见其有益也，虽心希妙理，口念贞经，咀才与切嚼英华，呼吸景象，不能补其促矣。诚者，所以保和全真，当须少思少念，少笑少言，少喜寿怒，少乐少愁，少恶少好，少事少机。夫多思则神散，多念则心劳；多笑则脏腑上翻，多言则气海虚脱；多喜则膀胱纳客风，多怒则腠理奔浮血；多乐则心神邪荡，多愁则头面焦枯；多好则气智溃溢，多恶则精爽奔腾；多事则筋脉干急，多机则智虑沉迷。兹乃伐人之生甚于斤斧，蚀人之性猛于豺狼。无久行，无久坐，无久立，无久卧，无久视，无久听。不饥强食则脾劳，不渴强饮则胃胀。体欲少劳，食欲长少。劳则勿过，少勿令虚。冬则朝勿虚，夏则夜勿饱。早起不在鸡鸣前，晚起不过日出后。心内澄则真人守其位，气内定则邪物去其身。行欺诈则神悲，行争竞则神沮。轻侮于人当减算，杀害于物必伤年。行一善则魂神欢，构一恶则魄神喜。魂神欲人生，魄神欲人死。常欲宽泰自居，恬淡自守，则神形安静，灾病不生。仙箓必书其名，死籍必消其咎，养生之理，尽在此矣。至于炼琼丹而补脑，化金液以留神，此上真之妙道，非食谷啗血越分而修之。万人之中，得者殊少，深可诫焉。

《庄子》曰："善养生若牧羊，视其后者而鞭之。"周威公曰："何谓？"曰："鲁有单豹者，岩居而谷饮，不与民共利，行年七十而犹有婴儿之色。不幸遇饿虎，杀而食之。有张毅者，高门悬薄，无不走也。行年四十而有内热之病以死。豹养其内，而虎食其外；毅养其外，而病攻其内。此二子者，皆不鞭其后者。"夫守一方之事，至于过理者不及于会通之适者，鞭其后者，去其不及耳。

又曰：养形必先之以物。物有余而形不养者有之矣。有生必先无离形，形离而生亡者有之矣。其来不能却，其去不能止也。悲夫！世之人以为养形足以存，养形神情，果不足以存生。

《文子》曰：太上养神，其次养形。神清意平，百节皆宁，养生之本也。肥肌肤，充腹肠，开嗜欲，养生之末也。《淮南子》同。

《韩子》曰：神不注于外则身全，身全之谓得。得者，得身也。

《吕氏春秋》曰：凡生之长也，顺之也。使生不顺者，欲也。故圣人必先适欲。适，节也。室大则多阴，台高则多阳。多阴则蹷，多阳则痿，蹷也，逆寒疾也。痿躄不能行。此阴阳不适之患也。是故先王不处大室，不为高台。味不众珍，衣不燀之演切热。燀热则理塞，脉则闭节。理塞则气不达。味从珍则胃充，胃充则中大鞔音坚，惫也，中大鞔则气不达，以此求长生，其可得乎？昔先圣王之为苑囿园池也，足以观望劳形而已矣；其为宫室台榭也，足以辟燥备湿而已矣；其为与马衣裘也，足以逸身暖骸而已矣；其为饮食酏音移醴也，足以适味充虚而已矣；其为声色音乐也，足以安性自娱而已矣。此五者，之所以养性也，非好俭而恶费也，节于性也。

又曰：天生阴阳寒暑燥湿。四时之化，万物之变，莫不为利，莫不为害。圣人察之以便生，故精神安乎形，而年寿长焉。长也者，非短而续之者也，毕其数也。毕数之务在去乎害。何谓去害？大甘大酸大苦大辛大咸，五者充形，则生害矣；大喜大怒大忧大恐大哀，五者接神，则生害矣；大寒大热大燥大湿大风大雾，六者动精，则生害矣。诸言大者，皆言过制。故凡养生莫若知本，知本则疾无由至矣。

又曰：汤问伊尹曰："欲取天下，若何？"伊尹曰："欲取天下，天下可取。身将先取。身先为天下所取也。凡事之本，必先治身。啬其大宝，大宝，身也。用新弃其陈，凑理遂通，精气日新，邪气尽去，反其天年，此之谓真人。昔先圣王成其身而天下成，治其身而天下治。故善响者不于响，于声；善景者不于景于形。为天下者不于天下，于身。《诗》曰："淑人君子，其仪不忒。其仪不忒，正是四国。"言正诸身也。故反道而身善矣，行义而人善矣。

《淮南子》曰：君子行正气，小人行邪气。内便于性，外合于义。循理而动，不系于物者，正气也。重于滋味，淫于声色，发于喜怒，不顾后患者，邪气也。邪与正相伤，欲与性相害，不可两立，一置一废，故圣人损欲而从事于性。凡治身养性，节寝处，适饮食，和喜怒，便动静，而邪气自不生。岂若忧瘕疵之兴，痤疽之发，而豫备之哉？

又曰：今万物之来擢拔吾性，搴取吾精，势若泉源，虽欲勿禀，庸可得乎？今夫树木，灌以潦水，畴以肥壤，十人养之，一人拔之，则必无余蘖。况以一国同伐之，虽欲久生，岂可得哉？今盆水在廷，清之终日，未能见眉睫，浊之不过挠，而不能察方员。人神易浊而难清，犹盆水之类也。

又曰：夫水之性清而沙土汩之，人之性安而嗜欲乱之。夫人之所授于性者，耳目之于声色也，鼻口之于芳臭也；肌肤之于寒暖也，其情一也。或通于神明，或不免于痴狂者何也？其所以为制者，异也。是故神者，智之渊也，神清则智明矣。智，心之府也，智公则心平矣。人莫鉴于沫洇而鉴于止水者，以其静也。莫窥于生铁而窥于明镜者，以其易也。夫唯易且静，故能形物之情性，由此观之用者也。是故虚室生白，吉祥止焉。

又曰：圣人不变其宜，不易其常，放准修绳，曲因其当。夫喜怒者，道之邪；悲忧者，德之失；好憎者，心之过；嗜欲者，性之累。夫大怒破阴，大喜坠阳，薄气发喑，惊怖为狂。忧悲多恚，病乃成积；好憎繁多，祸乃相随。故心不忧，乐德之至也；性而不变，静之至也。嗜欲不载，虚之至也；无所爱憎，平之至也；不与物散，粹之至也。能此五者，则通于神明。通于神明者，得其内者也。

《抱朴子·内篇》曰：夫太元之山，难知易求。不天不地，不沉不浮；绝险缅邈，崔巍崎岖；和气烟缊，神童并游；玉井泓窈，灌溉延休；百二十官，曹府相由；离坎列位，玄芝万株；绛树特生，其实如珠；金玉嵯峨，醴泉出隅；还年之士，甘其清流；子能修之，松乔同俦。此一山也。长谷之山，杳杳巍巍。玄灵飘飘，玉液霏霏；金紫之房，在乎其隈；愚人竞往，至皆死归；有道之士，登之不衰；彩服黄精，以致天飞。此二山也，古贤之所秘，子精思之。

又曰：凡养生者，欲令多闻而贵要，博见而择善。偏修一事，不足必赖也。又好事之徒，各伏其所长，知玄素之术者则曰："帷房中之术可以度世矣"，明吐纳之道者则曰"唯行气足以延寿矣"，知屈伸之法者则曰："唯导引可以难老矣"，知草木之方者则曰："唯奇药可以无穷矣"，学道之不能成就，由乎偏枯之若此也。

又曰：余祖鸿胪，少时当为临沅令，云此县有民家世寿考，或出百岁，或八九十。后徙去，子孙转多夭折。他人居其故宅，后亦累世寿考。由此乃觉是宅之所为，而不知何。疑其井水殊赤，乃试掘井左右，得古人埋丹砂数十斛，去井数尺，此丹砂汁因泉渐入井，是以饮其水而得寿。况乃炼丹砂而服之乎？

又曰：人亦有不病者，各有所制摄生。食不欲饱，眠不欲扇，星下不卧。里语曰："人在人间，日失一日。"如牵牛以诣屠所，每进一步，去死转近也。夫入九泉之下，长夜罔极，始为蝼蚁之粮，终与尘埃合体，令人怛然心热。求生之志，何可不营？

《新论》曰：曲阳侯王根迎方士西门君惠，从其学养生却老之术。君惠曰："龟鹤称三千岁，以人之才，何乃不如虫鸟耶？"

《白虎通》曰：男子六十闭房户，所以辅衰故，重性命也。

《会稽典录》曰：王充年渐七十，乃作养生之书，凡十六篇，养气自守，闭明塞聪，爱精自辅，服药导引，庶几获道。

《刘根别传》曰：取七岁男齿女发，与己劲垢合烧，服之一岁，则不知老；常为之，使老有少容也。

嵇康《养生论》曰：养生有五难；名利不减，此一难也；喜怒不除，此二难也；声色不去，此三难也；滋味不绝，此四难也；神虑精散，此五难也。五丈必存，虽心希难老，口诵至言，咀嚼英华，呼吸太阳，不能不夭其年也。五者无于胸中，则信顺日深，玄德日全，不祈喜而自福，不求寿而自延，此养生大理所归也。

又曰：夫为稼于阳，世偏有一溉之功者。虽终归于焦烂，必一溉者后枯，然则一溉之益，固不可诬也。而世常谓一怒不足以侵性，一哀不足以伤身，轻而肆之，是犹不识一溉之益，而望嘉谷于旱苗者也。是以君子知形恃神以立，神须形以存。悟生理之易失，知一过之害生，故修性以保神，安心以全身，爱憎不栖于情，忧喜不留于心，泊然无感而体气和平。又呼吸吐纳，服食养身，使形神相亲，表里俱济也。夫种田者，一亩十斛谓之良田，此天下通称也。不知区种可百余斛，田种一也。至于树养不同，则功收相悬。谓商无十倍之价，农于百斛之望，此守常而不变者也。且豆令人重，榆令人瞑，合欢蠲忿，萱草忘忧，愚智所知也。薰辛害同，豚鱼不养，世所识也。虱处头而黑，麝食柏而香，颈处险而瘿，齿居晋而黄。推此而言，凡所食之气，蒸性染身，莫不相应。岂唯蒸之使重而无使轻，害之使暗而无使明，薰之使黄而无使坚，芬之使香而无使延哉？故神农曰"上药养命，中药养性"者，诚知性命之理因辅养以通也。而世人不察，唯五谷是嗜，声色是耽；目惑玄黄，耳务淫哇；滋味煎其腑脏，醴醪煮其肠胃，香芳腐其骨髓，喜怒悖其正气，思虑消其精神，哀乐殃其平粹。夫以蕞尔之躯，攻之者非一途；易竭之身，而内外授敌；身非木石，其能久乎？

《神仙传》曰：彭祖云："养寿之道，但莫伤之而已。夫冬温夏凉，不失四时之和，所以适身也。美色淑姿，安闲性乐，不致思欲之感，所以通神也。车服威仪，知足无求，所以一志也。八音五色，以养视听之欢，所以导心也。凡此皆以养寿，而不能斟酌之者，反以速患。古之至人，恐下才之子不识事宜，流遁不还，故绝其源，故经有"上士别床，中士异被；服药百过，不如独卧；色使目盲，声使耳聋，味令口爽"。言若能节宣其宜适，抑扬其通塞者，不减年算而得其益。凡此之类，譬犹水火，可否失适，反为害耳。人不知其经脉损伤，血气不足，肉理空疏，髓脑不实，体已先病，故为外物所犯，因风寒酒色以发之耳。若本充实，岂有病乎？凡远思强健伤人，忧愁悲哀伤人，喜乐过量伤人，忿怒不解伤人，汲汲所愿伤人，戚戚所患伤人，寒暖失节伤人，阴阳不交伤人。人所伤者其众，而独责房室，不亦惑哉？男女相成，犹天地相生也，所以道养神气，使人不失其和。天地得交接之道，故无终竟之限；人失交接之道，故有残折之期。能避众伤之事，得阴阳之术，则不死之道也。天地昼离而夜合，一岁三百六十交，精气和合者有四，故能生育万物，不知穷极。人能则之，可以长存。次则有服气得其道，则邪气不能入，治身之本要也。其余历藏导引之术，及念体中万神有含影中形之事，不然于心志也。人能爱精养体，服气炼神，则万神自守。其不然者，营卫枯疲，万神自逝，非思念所留者也。

《魏志》曰：吴普尝问道于华他，他谓普曰："人体欲得劳动，但不当使极耳。如摇动则谷气易消，血脉通流，病不得生。譬犹户枢不蠹，流水不腐，以其常动故也。是以仙者及汉时有士君，旧为导引之事，熊经鸱顾，引挽腰体，动诸关节，以求难老。吾有一术，名五禽之戏，汝可行之。一曰虎，二曰鹿，三曰熊，四曰猿，五曰鸟。亦以除疾，并利蹄足，以当导引。体中不快，起作一禽之戏。普施行之，遂年九十余。

《博物志》曰：魏武帝问封君达养生之术。君达曰："体欲常劳，食欲常少，劳无过虚。省肥浓，节咸酸，减思虑，损喜怒，除驰逐，慎房室。春夏施写，秋冬闭藏。”武帝行之，有效。

高湛《养生论》曰：王叔和，高平人也。博好经方，洞识摄生之道。尝谓人曰：“食不欲杂，杂则或有所犯，当时或无灾患，积久为人作疾。”寻常饮食，每令得所多餐，令人彭亨短气，或致暴疾。夏至秋分，少食肥腻饼臛之属，此物与酒食瓜果相妨，当时不必习病，入秋节变，阳消阴息，寒气忽至，多诸暴卒，良由涉夏取冷大过，饮食不节故也。而不达者皆以病至之日便谓是授病之始，而不知其所由来者渐矣。岂不惑哉？

《养生要》曰：起，东向坐，以两手相摩令热。以手摩额，上至顶上，满二九止，名曰存泥丸。又清旦初起，以两手人两耳极上下之，二七止，令人不聋。次缩鼻闭气，右手从头上引左耳，二七止。次引两发鬓举之，令人血气流通，头不白。又摩手令热，以摩身体，从上至下，名干浴。令人胜风寒、时气、寒热、头痛，百病皆除。

《庄子》曰：吹煦呼吸，吐故纳新，熊经鸟伸，为寿而已矣。此道引之士，养形之人也。彭祖寿考者之所好也。

《养生要·伏气经》曰：道者，气也，宝气得道长存。神者，精也，宝精则神明长生。精者，血脉之川流，守骨之灵神。精去则骨枯，骨枯则死矣，是以为道者务宝其精。从夜半至日中为生气时，正僵仆，瞑目握固，握固者，如婴儿之卷手。闭气不息，于心中数至生二百，乃口吐气出之，曰增息。如此身神具，五藏安。能闭气数至二百五十，华盖明，化盖，眉也。耳目聪，举无病，邪不入。宝气，一名曰行气，一名长息。其法：正僵仆，徐漱澧泉澧泉，唾也。而咽之。因行气，口但吐气，鼻但内气，徐缩引之，莫大极，满者难还入五息，已一息，自可吐也。一息数之至九十息，频伸讫，复为之，满四九三百六十息为一竟，咽之，乃鼻内气也。不尔或令咳，凡内气上外吐气，则气不流自觉周身也。

《抱朴子》曰：城阳郗俭，少时行猎，堕空冢中，饥饿，见冢中先有大龟，数数回转，所向无常，张口吞气，或俯或仰。俭素亦闻龟能导引，乃试随龟所为，遂不复饥。百余日后，人有偶窥冢中，见俭而出之。后竟能咽气断谷。魏王拘置土室中闲试之，一年不食，颜色悦泽，气力自若。

又曰：尔乃咀吸宝华，谷神大清，外珍五耀，内守九精。

《修养杂诀》曰：老子云：玄牝之门，是谓天地根。绵绵若存，用之不勤。"言口鼻也。天地之门以吐纳阴阳生死之气。每至旦，面向午，展两手于膝之上，徐按捺百节，口吐浊气，鼻引清气，所以吐故纳新。是蹙气良久，徐徐吐之，仍以左右手上下前后拓。取气之时，意想太和，元气下入毛际，流于五脏，四支皆授其润，如山纳云，如地授泽。若气通则竟腹中咽，咽转动。若得十通，即竟，身体润泽而光色涣，耳目聪明，饮食有味，气力倍加，诸疾去矣。

《守九精法言》曰：生气时，床铺厚软，枕与身平，仰卧，展脚握固去身四五寸，两手亦去身四五寸，微微鼻引大阳清气入，竟送此气遍身体，即闭气至极，然后细从口吐之，勿令耳闻吐气之声也。

《着生论》曰：大凡着生，先调元气。身有四气，人多不明。四气之中，各主生死。一曰乾元之气，化为精，精反为气。精者连于神，精益则神明，精固则神畅，神畅则生健。若精散则神疲，精竭则神去，神去则死。二曰坤元之气，化为血，血复为气。气血者通于内，血壮则体丰，血固则颜盛，颜盛则生合。若血衰则发变，血败则脑空，脑空则死。三曰庶气。庶气者，二元交气。气化为津，津复为气。气运于生，生托于气，阴阳动息，滋润形骸，气通即生，气乏则死。四曰众也。众气者，谷气也。谷济于生，终误于命。食谷味虽生，蕴谷气还死。精能附血，气能附生，常使循环，即身永固，乾元之阳，阳居阴位，脐下气海是也。坤元之阴，阴居阳位，脑中血海是也。生者属阳，阳贯五脏，喘息之气是也。死者属阴，阴纳五味，秽恶之气是也。气海之气，以壮精神，以填骨髓。血海之气，以补肌肤，以流血脉。喘息之气，以通六腑，以扶四支。秽恶之气，以乱身神，以腐五脏。

《修养杂诀·气铭》曰：一气未分，三才同源。清浊既异，元精各存。天法象我，我法象天。我命在我，不在于天。昧用者夭，善用者延。性和者寂，守一神闲。灵芝在身，不在于山。返一守和，理合玄玄。精极乃明，神极乃灵，气极乃精，无精气乃冥。因气而衰，因气而荣；因气而死，因气而生。喜怒乱气，性情交争，拥构成患，神形岂宁？炼阳销阴，其气自行，以正遣邪，其患自平，乾坤澄净。子后午前，闭目平坐，握固冥然。纳息卢中，吐息天关。入息微微，出息绵绵。以意引气，脏腑回旋。前后吐之，荣卫通宣。但有不和，遣之踵前。五呵六呵，无疾不蠲。凡欲胎息，导引为先。经脉不拥，关节不烦。或如射雕，侧身弯环。或举腰膝，如蟾半圆。交枝脑后，左旋右旋。劲展两足，气出指端。摆掣四肢，捉搦三关，熟摩尺泽，气海亦然。叩齿集神，合眸固关。置心亡形，任意往还。觉气调匀，拥塞喉间。拥气则咽，三咽相连。转舌漱入，咽下丹田。以意送之，令声泊然。一咽三咽，再咽如前。三十六咽，胎息成焉。大道无为，为于无为。不为无为，莫若无为。不思为思，莫若无思。万法自然，不假施为。不寒不热，不渴不饥。恬淡无为，以道自怡。妙中之妙，微中之微，怀道君子，铭之珮之。

太平御览卷第七百二十一　方术部二

医一

《周礼·天官下》曰：医师掌医之政令，聚毒药以供医事。凡邦之有疾病者、疕疡者造焉，则使医分而治之。岁终则稽其医事，以制其食。十全为上，十失一次之，十失四为下。

又《天官·疾医职》曰：疾医掌养万民之疾病。四时皆有疠疾：春时有痟首疾，夏时有痒疥疾，秋时有疟寒疾，冬时有嗽气疾。以五味、五谷、五药养其病，以五气、五声、五色视其死生。两之以九窍之变。参之以九藏之动。凡民之有疾病者。分而治之。死终则各书其所以。而入于医师。疡医掌肿疡、溃疡、金疡、折疡之祝音祝药，劀音刮杀之剂。凡疗疡以五毒攻之，以五气养之，以五药疗之，以五味节之。凡药，以酸养骨，以辛养筋，以咸养脉，以苦养气，以甘养肉，以滑养窍。凡有疡者，授其药焉。

《礼记·曲礼》曰：君有疾，饮药，臣先尝之。亲有疾，饮药，子先尝之。医不三世，不服其药。

又《王制》凡执技以事上者，祝、史、射、御、医、卜及百工。

又《曾子问》世子之记曰：若内竖言疾，药必亲尝之。

《左传》曰：晋侯疾，求医于秦，秦伯使医缓为之。缓，医名。为，犹治也。未至，公梦疾为二竖子，曰："彼良医也，惧伤我焉，逃之。"其一曰："居肓之上，膏之下，若我何？"肓，心鬲也。心下为膏。医至，曰："疾不可为也，在肓之上，膏之下，攻之不可，达之不及，药不至焉。不可为也。"公曰："良医也。"厚为之礼而归之。

又《襄二十一》曰：楚子使薳子冯为令尹，访于申叔豫。叔豫曰："国多宠而王弱，国不可为也。"遂以疾辞。方暑，阙地，下冰而床焉。重茧衣裘，鲜食而寝。楚子使医视之。复曰："瘠则甚矣，而血气未动。”乃使子南为令尹。

又《昭元》曰：晋侯求医于秦伯，秦伯使医和视之，曰：“疾不可为也。是谓近女室，疾如蛊。惑疾。非鬼非食，惑以丧志。惑女色而失志。良臣将死，天命不佑。”良臣不匡救君过，故将死而不为天所右。公曰：“女不可近乎？”对曰：“节之。先王之乐，所以节百事也。故有五节。五声之节。迟速本末以相及，中声以降，五降之后，不容弹矣。于是有烦手淫声，慆堙心耳，乃忘平和，君子弗听也。物亦如之，至于烦，乃舍也已。无以生疾。君子之近琴瑟，以仪节也，非以慆心也。天有六气，谓阴阳风雨晦明也。降生五味，发为五色，征为五声，淫生六疾，六气曰阴、阳、风、雨、晦、明也。分为四时，序为五节，过则为灾。阴淫寒疾，阳淫热疾，风淫末疾，雨淫腹疾，晦淫惑疾，明淫心疾。女，阳物而晦时，淫则生内热惑蛊之疾。今君不节、不时，能无及此乎？”赵孟曰：“何谓蛊？”对曰：“淫弱惑乱之所生也。于文皿虫，血为蛊，谷之飞亦为蛊，在《周易》，女惑男风落山谓之蛊，皆同物也。”赵孟曰：“良医也。”厚其礼而归之。

又《昭五》曰：许悼公疟。饮太子止之药卒。太子奔晋。

《晋书》曰：“弑其君。”君子曰：“尽心力以事君，舍药物可也。”药物有毒，当由医，非凡君之名人所知，讥上不舍药物，所以加杀。

《尚书·说命》曰：若药弗瞑眩，厥疾弗瘳。开汝心以沃我心，如服药。心瞑眩极，其病乃除，欲其出言以自警也。

《论语》曰：子曰：“人而无恒，不可以作巫医。”

《帝王世纪》曰：伏羲氏仰观象于天，俯观法于地，观鸟兽之文，与地之宜，近取诸身，远取诸物，于是造书契以代结绳之政，画八卦以通神明之德，以类万物之情，所以六气六府，五藏五行，阴阳四时，水火升降，得以有象，百病之理，得以有类。乃尝味百药而制九针，以拯夭枉焉。

又曰：炎帝神农氏长于姜水，始教天下耕种五谷而食之，以省杀生。尝味草木，宣药疗疾，救夭伤之命。百姓日用而不知，着《本草》

四卷。

又曰：黄帝有熊氏命雷公、歧伯论经脉傍通，问难八十一，为《难经》。教制九针，着《内外术经》十八卷。

又曰：歧伯，黄帝臣也。帝使岐伯尝味草木，典主医病。《经方》《本草》《素问》之书咸出焉。

《素问》曰：黄帝坐明堂，召雷公而问之曰："子知医之道乎？"雷公对曰："诵而未能解，解而未能别，别而未能明，明而未能彰。足以治群僚，不足至侯王。愿得授树天之度，四时阴阳合之，别星辰与日月光，以彰经术，后世益明。上通神农着，至教疑于二皇。"黄帝曰："善，无失之。此皆阴阳表里上下雌雄相输应也。而道，上知天文，下知地理，中知人事，可以长久。以教众庶亦不疑。殆《医道》《论篇》可传后世，可以为宝。"

《世本》曰：巫咸，尧臣也。以鸿术为帝尧之医。

《史记》曰：扁鹊，渤海郑人，姓秦，名越人。少时为人舍客，长桑君过扁鹊，扁鹊独奇之，常谨遇之，长桑君亦知扁鹊非常人，乃呼鹊与语曰："我有禁方，年老，欲传与公，公无泄。"乃出怀中药与扁鹊："饮是以上池之水，三十日当知物矣。"乃悉取禁方，尽与扁鹊。以其言饮药三十日，视见垣外一方人。以此视疾，尽见五藏症结，特以诊脉为名耳。为医，或在齐，或在赵。赵简子疾，五日不知人。召扁鹊入，视疾出，董安于问扁鹊，扁鹊曰："血脉滞也，而何怪。昔秦穆公尝如此，七日而寤。"居二日半，简子寤，语诸大夫曰："我之帝所，甚乐。与百神游于钧天，广乐九奏万舞，不类三代之乐，其声动心。有一熊欲援我，帝命我射之，中熊，熊死。有罴来，我又射之，中罴，罴死。帝甚喜，赐我二笥，皆有副。吾见儿在帝侧，属我一翟犬，曰：'及而子之壮也以赐之。'帝告我：'晋国且世衰，七世而亡。嬴姓将大败周人于范魁之西，而亦不能有也。'"董安于授言，书而藏之。以扁鹊言告简子，简子赐扁鹊田四万亩。其后，扁鹊过虢，虢太子死。扁鹊至虢宫门下，问中庶子喜方者曰："太子何病，国中治穰过于众事？"中庶子曰："太子病血气不时，交错而不得泄，暴发于外，则为中害。精神不能止邪气，邪气畜积而不得泄，是以阳缓而阴急，故暴蹶而死。”扁鹊曰：“其死何时？”曰：“鸡鸣时。”“至今曰收乎？”收谓棺敛。曰：“未也，其死未至半日。”鹊曰：“臣齐渤海秦越人也，家在郑，未尝得望清光侍谒于前也。闻太子不幸而死，臣能生之。”中庶子曰：“先生得无诞乎？何以言太子之可生也！臣闻上古之时，医有俞跗，治病不以汤液醴洒，鑱石挢引，案杌毒熨，一拨见病之应，因五藏之输，乃割皮解肌，诀脉结筋，搦髓，折肓爪膜，湔浣肠胃，漱涤五脏，炼精易形。先生之方若能是，则太子可生也；若不如是而欲生之，曾不可以告孩婴之儿！”扁鹊仰天叹曰：“夫子之为方也，若以管窥天，以隙视文；越人之为方也，不待切脉、望色、听声、写形，言病之所在。闻病之阳，论得其阴；闻病之阴，论得其阳。病应见于大表，不出千里，决者至众，不可曲止也。子以吾言为不诚，试入诊太子，当闻其耳中鸣而鼻张，循其两股以至于阴，当尚温也。”中庶子闻扁鹊言，目眩然而不能瞚，舌挢然而不能下，乃以扁鹊言入报虢君。虢君闻之大惊，出见扁鹊于中阙，曰：“窃闻高义之日久矣，然未尝得拜见于前也。先生过小国，幸而举之，偏国寡臣幸甚！有先生则活，无先生则弃捐沟壑，长终而不反。”言未及毕，因嘘唏服皮力切臆，涕泣横流，不能自止，容貌变更。扁鹊曰：“太子病者，所谓‘尸蹶’者也。夫以阳入阴中，动胃繵缘，中经维络，别下于三焦、膀胱，是以阳脉下遂音坠，阴脉上争，会气闭而不通，阴上而阳内行，下内鼓而不起，上外绝而不交使，上有绝阳之络，下有破阴之纫，破阴绝阳之色已废，脉乱，故形静如死状。太子未死也。夫以阳入阴支兰藏者生，以阴入阳支兰藏者死。凡此数事，皆五藏蹷中之时暴作也。良工取之，拙者疑殆。”扁鹊乃使弟子子阳砺针砥石，以取外三阳五会。有间，太子苏。乃使子豹为五分之熨，以八减之齐和煮之，以更熨两胁下。太子起坐。更适阴阳，但服汤二旬而复故。故天下尽以扁鹊为能生死人。扁鹊曰：“越人非能生死人也，此自当生者，越人能使之起耳。”扁鹊过齐，齐桓侯客之。入朝见，曰：“君有疾，在腠理，不治将深。”桓侯曰：“寡人无疾。”扁鹊出，桓侯谓左右曰：“医之好利，欲以不病者为功。”后五日，复见，曰：“君有疾，在血脉，不治将深。”桓侯曰：“寡人无疾。”扁鹊出，桓侯不悦。后五日，扁鹊复见，曰：“君有疾，在肠胃，不治将深。”桓侯不应。扁鹊出，桓侯不悦。后五日，扁鹊复见，望桓侯退走。桓侯使人问其故，扁鹊曰：“疾在腠理，汤熨所及；其在血脉，针石可理；其在肠胃，酒醪所能；及其在骨髓，虽司命无奈之何。今在骨髓，臣是以无请。”后五日，桓侯体病，使人召扁鹊，鹊已逃遁焉。桓侯遂卒。扁鹊名满天下。旁游六国，至邯郸，闻赵贵女病，扁鹊即为带下医。过洛阳，闻周人爱老，扁鹊即为耳目痹医。入咸阳，闻秦人爱小儿，即为小儿医。随俗为变，无所滞碍。秦太医令李醯自知伎不如，遂密使人刺杀之。

又曰：公孙光，齐淄川唐里人。善为古方及传语法。淳于意师之，悉受其书。意欲尽求他精方，光曰：“五方尽矣，吾身已衰，无所事之。是吾少年所授妙方也，公毋以教人。”意曰：“悉得禁方，幸甚。死不妄传人。”光喜曰：“公后必为国工。临菑杨庆有奇方，吾不如之，汝可谨事，必得之。”意遂舍光而事庆焉。

又曰：杨庆，齐人也，年七十余。有古先黄帝、扁鹊脉书，五色诊病，知人死生。决嫌疑，定可否，治及药论之书，甚精妙。又家自给富，不肯为人治病，亦不教子孙。后淳于意以父道事之甚谨，庆爱之，尽以其禁方与之，曰：“汝慎勿令我子孙知汝学我此法。”意曰：“谨闻命矣。”意行，用其方，遂尽其妙焉。

又曰：太仓公者，齐太仓长，临淄人，姓淳于，名意。少而喜医方术，更授师同郡元里公乘杨庆。庆年七十余，无子，使意尽去其故方，更悉以禁方授之，传黄帝、扁鹊脉书，五色诊疾，知人死生，多验。齐郎中令循病，众医皆以蹶入中而刺之。意诊之曰：“涌疝也，令人不得前后溲。”循曰：“不得前后溲三日矣。”意饮以火齐汤，一饮得前后溲，再饮得大溲，三饮而疾愈。淄川王美人怀子而不乳，来召意。意往，饮以莨砀药一撮，以酒饮之，旋乳。意复诊其脉，躁。躁者有余疾，即饮以消石一剂，即出血如豆，比五六校。济北王侍者韩女病，意诊脉曰："内寒，月事不下也。"即窜以药，旋下，病已。病得之欲男子而不可得也。灾川王病，召意诊脉，曰："蹶上为重，头痛身热，使人烦懑。"意即以寒水拊其头，刺足阳明脉，左右各三所，疾旋已。病得之沐发未干而卧，诊如前，所以蹶，头热至肩。齐王黄姬兄黄长卿家有酒召客，意与诸客坐。未上食，意望见王后弟宋建，告曰："君有病，往四五日，君腰胁痛，不可以俯仰，又不得小溲。不亟治，病即入濡肾，及其未舍五藏，急治之，病方今在客肾濡，此所谓'肾痹'也。"宋建曰："然。建故有腰脊痛。往四五日，天雨，黄氏诸倩见建家京下方石，《方舍》曰：东齐之间壻谓之倩。取弄之，建强欲效之，效之不能起，即复置之。暮，腰脊痛，不能溺，至令不愈。"建病得之好持重。所以知建病者，意见其色，太阳色干，肾部上及界腰以下者枯四分所，故以往四五日知其发也。意即为柔汤使服之，十八日而病愈。临灾女子薄吾病甚，众医皆以为寒热笃，当死，不治。意诊其脉，曰："蛲瘕。"蛲音饶。蛲瘕为病，腹大，上肤黄粗，循之戚戚然。意饮以芫华一撮，即出蛲，可数升，病愈，三十日如故。齐王侍医遂病，自炼五石服之。意往过之，遂谓意曰："不肖有病，幸诊遂也。"意即诊之，告曰："公病中热。论曰'中热不溲者，不可服五石'。石之为药精悍，公服之不得数溲，亟勿服。色将发臃。"遂曰："扁鹊曰'阴石以治阴病，阳石以治阳病'。夫药石者，有阴阳水火之济。故中热，即为阴石柔济治之；中寒，即为阳石刚齐治之。"意曰："公所论远矣。扁鹊虽言若是，然必审诊，起度量，立规矩，称权衡，合色脉，表里有余不足逆顺之法，参其人动静与息相应，乃可以论。论曰：'阳疾处内，阴形应外者，不加悍药及镵石'。夫悍药入中，则邪气辟矣，而宛气愈深。诊法曰'二阴应外，一阳接内者，不可以刚药'。刚药入则动阳，阴病益衰，阳病益着，邪气流行，为重困于俞如喻切。忿发为疽。"意告之后百余日，果病疽发乳上，入缺盆，死。此所谓论之大体也。必有经纪，拙工有一不习，文理阴阳失矣。齐丞相舍人奴从朝入宫，意见之食闺门外，望其色有病气，意即告宦者平，平好为脉，学意所，即示之。舍人奴之病，告之曰：“此伤脾气也，当至春鬲塞不通，不能饮食，法至夏泄血而死。”宦者平即往告相曰：“君之舍人奴有病，重，死期有日。”相君曰：“何以知之？”曰：“君朝入宫，君之舍人奴尽食闺门外，平与仓公立，公乃示平曰：病如是丈必死。”相即召舍人奴而谓之曰：“奴有病不？”舍人奴曰：“无病，身无痛者。”至春果病，四月泄血死。所以知奴病者，脾气周乘五藏，伤部而交，故伤脾之色也。望之煞然黄，煞，苏葛切。察之如死青之滋。众医不知，以为大虫，不知伤脾。所以至春死者，胃气黄，气黄者，土气也，土不胜木，故至春死。所以至夏死者，脉法曰“病重而脉顺清者曰内关”。内关之病，人不知其所以痛，心急然无若。若加以一病，死中春；一愈顺，及一时。其所以四月死者，诊其人时愈顺。愈顺者，人尚肥也。奴之病得之流汗数出，灸于火而以出见大风也。齐淳于司马病，意诊其脉，告曰：“当病迵音洞风。迵风之状，饮食下嗌辄后之，如膊臡。病得之饱食而疾走。”淳于司马曰：“我之王家食马肝，饱甚，见酒来，即出，驱疾至舍，即泄数十余出。”意告曰：“为火齐米汁饮之，七八日当愈。”时医秦信在旁，意出，信谓左右阁都尉曰：“意以淳于司马病为何？”曰：“以为迵风，可治。”信即笑曰：“是不知也。淳于司马病，法当后九日死。”即后九日不死，其家复召意，意往问之，尽如意诊。即为一火齐米汁，使服之，七八日病愈。或问其故，意曰：“诊其脉时，切之，尽如法，其病顺，故知不死。”

又曰：宋邑，临淄人，师仓公，授五诊脉论之术。

太平御览卷第七百二十二　方术部三

医二

《史记》曰：冯信，临淄人，为齐太仓长，好医。淄川王令就淳于意学方，意教以审法逆顺，论药法，定五味及和剂汤法。信授之，擅名汉世。

又曰：高期仕济北王为太医，王遣就仓公淳于意学经脉高下及奇络结，当论俞所居，及气当上下出入邪正逆顺之，宜鑱石，定砭灸之法，岁余，亦颇通之。

又曰：唐安，临淄人也。雅性好医，仓公淳于意教五诊上下经脉，奇咳，四时应阴阳之法，为齐侍医。

又曰：杜信，高永侯家丞，自知身病，乃专心学医。仓公甚怜之，教以上下经脉五诊之法。

又曰：邓训为护乌桓校尉。羌胡俗耻病死，每病临困，取以刀自刺。训闻有病困者，辄拘缚束，不与兵刃，使医药疗之，愈者非一，小大莫不感悦。

又王符论曰：凡疗病者，必先知脉之虚实，气之所结，然后为之方，故疾可愈而寿可长也。为国者必先知人之所苦，祸之所起，然后为之禁，故奸可塞而国可安也。

又曰：郭玉者，广汉人也。初有老父，不知何出，常渔钓于涪水，因号涪翁。乞食人间，见有疾者，时下针石，辄应时而效，乃着《针经诊脉法》传于代。弟子程高寻求积年，翁乃授之，高亦隐迹不仕。玉少师事高，学方诊六征之技，阴阳不测之术。和帝时为太医丞，多有效应，帝奇之，仍试，令嬖臣美手腕者与女子杂处帷中，使玉各诊一手，问玉所疾苦。玉曰："左阳右阴，脉有男女，状若异人，臣疑其故。"帝叹息称善，玉仁爱不矜，虽贫贱厮养，必尽其心力，而鉴疗贵人，时或不愈。帝乃试，令贵人羸服变处，一针即差。召玉诘问其状，对曰："医之为言意也。腠理至微，腠理及皮肤之间也。《韩子》曰：扁鹊见晋桓侯，曰"君有病，在腠理"也。随气用巧；针石之间，毫芒即乖。神存于心手之际，可得解而不可得言也。夫贵者处尊高以临臣，臣怀怖慑以承之。其为疗也，有四难焉；自用意而不任臣，一难也；将身不谨，二难也；骨节不强，不能使药，三难也；好逸恶劳，四难也。针有分寸，时有破漏，分寸，浅深之度，破漏，曰有冲破者也。重以恐惧之心，加以裁慎之志，臣意且犹不尽，何有于病哉？此其所为不愈也。"帝善其对。年老，卒官。

又曰：曹褒迁城门校尉。将作大匠，时有疾疫，褒巡行病徒，为致医药，经理饘粥，多蒙济活。

《东观汉记》曰：邓训谦恕下士，无贵贱，见之如旧。朋友子往来门内，视之如子，有过如鞭扑之教。太医皮巡从猎上林，还，暮宿殿门下，寒疝病发，时训直事，闻巡声起，往问之，巡曰："异得火以慰背。"训身至太官门为求火，不得。乃以口嘘其背，复呼同庐郎共更嘘。至朝遂愈。

《锺离意别传》曰：黄说为会稽太守。建武十四年，吴大疾疫，署意中部尉督邮，意乃露车不冠，身循行病者门，入家至赐与医药，诸神庙为民祷祭，召粲医师百人合和草药，恐医小子或不良毒药齐贼害民命，先自吞尝，然后施行。其所临护四千余人，并得差愈。后日府君出行灾害，百姓攀车涕泣，曰："明邮府君不须出也。但得锺督邮，民皆活也。"

《何颙别传》曰：同郡张仲景总角造颙，谓曰："君用思精而韵不高，后将为名医。"卒如其言。颙先识独觉，言无虚发。王仲宣年十七，尝遇仲景，仲景曰："君有病，宜服五石汤，不治且成门，后年三十，当眉落。"仲宣以其贯长也，远不治也。后至三十，疾果成，竟眉落，其精如此。仲景之方术今传于世。

张仲景《方序》曰：卫泛好医术，少师仲景，有才识，撰《四逆三部厥经》及《妇人胎藏经》、《小儿颅囟方》三卷，皆行于世。

高湛《养论生》曰：王叔和性沉静，好着述，考核遗文，采摭群论，撰成《脉经》十卷，编次张仲景方论，编为三十六卷，大行于世。

《魏志》曰：华他，字元化，沛国谯人。游学徐土，兼通数经，晓养性之术，年且百岁而犹有壮容，时人以为仙。沛相陈珪举孝，太尉黄琬辟皆不就。精于方药，处齐不过数种，心分铢不假秤量，针不过数处，裁七八壮。若病发结于内，针药所不能及者，乃令先以酒服麻沸散，既醉，无所觉，因刳破肠，皆抽割积聚。若在肠胃，则截断，洗除去疾秽，既而缝合，傅以神膏，四五日疮愈，一月之间皆平复。

又曰：甘陵相夫人有娠六月，腹痛不安。他视脉，曰："胎已死矣。"使人手摸知所在，在右即女，在左即男。人云在左，于是为汤下之，果下男形，即愈。

又曰：县吏尹世苦四支，烦口干，不欲闻人声，小便不利。他曰："试作热食，得汗即愈；不汗，后三日死。"即作热食而汗不出，他曰："藏气已绝于内，当啼泣而绝。"果如他言。又府吏倪寻、李延共止，俱患头痛身热，所苦正同。他曰："寻当下之，延当发汗。"或难其病同疗异，他曰："寻内实，延外实，故治之宜殊。"即各与药，明旦并起。

又督邮徐毅得病，他往省之，毅谓他曰："昨使医曹吏刘租针胃管，讫，便苦咳嗽，卧不安。"他曰："刺不到胃管，误中肝也。食当日减，后五日不救。"遂如他言。

又，东阳陈叔山小男，三岁得下痢，常先啼，日以羸困。问他，他曰："其母怀躯，阳气内养，乳中虚冷，儿得母寒，故令不时愈。"他与四物紫苑丸，十日即除。

又，至军吏梅平得病，除名还家。家居广陵，未至二百里，止亲人舍。有须，他偶至主人许，主人令他视平。他谓平曰："君早见我，不应至此。今疾已结，促去，可得与家人相见，五日卒。"应时归，果如他言。

又，他行道，见一人病噎塞，嗜食而不得下，家人车载欲往就医。他闻其呻吟，驻车往视，语之曰："向来道傍有卖饼家，蒜齑大酢，从取三升，饮之，病自当差。”即如他言，立吐蛇一条，遂悬之车边，欲造他。他尚未还，他家小儿戏门前，迎见，自相谓曰：“客车边有物，必是逢我公也。”疾者前入坐，见他壁北悬此蛇辈以十数。

又，有一郡守病，他以为其人盛怒则差，乃多授其货而不加功。无何弃去，留书骂之，守果大怒，令人追杀。守子知之，属使勿逐。守瞋恚，吐黑血数升而愈。

又，有一士大夫患体中不快，诣他。他云：“君病至深，当破腹取之。然君寿亦不过十年，病不能杀君，君忍痛十岁，寿俱当尽。不足，故自刳裂也。”士大夫曰：“余不见忍痛，必请治之。”他遂下手，所患寻差，十年竟死。

又，广陵太守陈登得胸中烦满，面赤不食。他诊脉，曰：“府君胃中有虫数升，欲成内疽，食腥物所为也。”即作汤二升，先服一升，斯须尽服之。食顷，吐出三升许虫，赤头，皆动，半身，犹是生鱼脍也。所苦便愈。他曰：“此病后三期当发，遇良医乃可济。”依期果发，时他不在，遂死。

又，有妇人常病经年，世谓为寒热注病。冬月中，他令坐石槽，中平旦，用冷水汲灌，云当满百。始七八灌，冷战欲死，他令满。数至八十灌，热气乃蒸出，嚣嚣高二三尺。满百灌，他乃使然火温床，厚覆衣，良久汗洽出，着粉燥，便愈。

又，有人病腹中攻痛十余日，鬓眉堕落。他曰：“是脾半腐，可刳腹治也。”使饮药，令卧，破腹就视脾，果半腐坏，以刀断之，割去恶肉，以膏傅之，即差。太祖闻而异之，召他常在左右。太祖苦头风，每发，心乱目眩，他针鬲，随手而愈。

又，军吏李成苦咳，昼夜不寐，时吐脓血，以问他。他言：“君病肠痈，咳之所吐，非从肺来也。与君散两钱，匕已服，当吐二升余脓血讫，快自养，一月小起，好自将爱，一年便健。十八岁当一小发，服此亦复差。若不得此药，故当死。”复与两钱散。成得五六岁，亲人有病如成者，谓成曰：“卿今强健，我见欲死，何忍急去，祛举切。藏药以待不祥？先特贷我，差为卿从华他更索。”成与药已，故到谯从索药，适会值他见收，匆匆不忍从求。后十八岁病发，无药可疗，以至死。

又曰：樊阿，彭城人。少师华他，尝问他求服食法，他授以漆叶青黏散子方，云：“服之去三虫，利五藏，轻身益气，使头发不白。”阿从其言，年百余岁。漆叶，所在有之。青黏，生于丰沛彭城及朝歌。青黏，一名地节，一名黄芝，主理五藏，益精气，本出于迷人入山者，见仙人服之，以告他，他以为佳，语阿，阿秘。之近者人见阿之寿而气力强盛，怪而问之所服食，阿因醉乱误说之，人服多验。

《蜀志》曰：关羽为流矢贯臂，每阴雨常疼痛。医曰：“矢镞有毒，当破臂刮骨去毒，乃可除之。”

《晋书》曰：斐頠，通博多闻，兼明医术。荀勖之修定律度也，检得古尺短世所用四分有余。頠上言宜以改诸度量，若是未能悉革，可先改太医权衡。此若差违，遂失神农、歧伯之正。药物轻重，分两乖互，所可伤夭，为害尤深，古寿考而今短折者，未必不由此也。卒不能用。

又曰：颜含兄畿，咸宁中得疾，就医自疗，遂死于医家。家人迎丧，旐每绕树而不可解，引丧者颠仆，称畿言曰：“我寿命未死，但服药大多，伤我五藏耳。今当复活，慎无葬也！”其父祝之，曰：“若尔有命复生，岂非骨肉所愿？今但欲还家，不尔葬也。”旐乃解。

又曰：张苗雅好医术，善消息诊处。陈廪丘得病，连服药发汗，汗不出。众医皆云：“发汗不出者死。”自思可蒸之如中风法，令温气于外迎之，必得汗也。复以问，苗云：“鲁有人疲极，汗出卧簟，中冷得病，苦增寒。诸医与散，四日凡八过，发汗，汗不出。苗乃烧地，布桃叶于上蒸之，即得大汗。便于被下傅粉，身极燥乃起，即愈。”廪丘如其言，果差。

又曰：赵泉性好医方，拯救无倦，善疗众疾，于疟尤工，甚为当时所叹伏焉。

《晋中兴书》曰：葛洪字稚川，丹阳句容人。幼览众书，近得万卷，自号“抱朴子”。善养性之术，撰经用救验方三卷，号曰《肘后方》。又撰《玉函方》一百卷，于今行用。

《晋书》曰：皇甫谧，字士安，幼沉静寡欲，有高尚之志，以着述为务。自号“玄晏先生”。后得风痹疾，因而学医。习览经方，手不辍卷，遂尽其妙。

又曰：刘德，彭城人也。少以医方自达众疾，于虚劳尤为精妙，疗之，随手而愈。犹是向风千里而至者多矣。官至太医校尉。

又曰：史脱，性器沉毅，志行敦简。善诊候，明消息，多辩论，以医术精博，拜太医校尉。治黄疸病最为高手。

又曰：宫泰，幼好坟典，雅尚方术，有一艺长于己者，必千里寻之。以此精心，善极诸疾，于气尤精。制三物散方治喘嗽上气，甚有异效，世所贵焉。

又曰：靳劭，性明敏，有才术，本草经方，诵览通究，裁方治疗，意出众表。创制五石散方，晋朝士大夫无不服饵，皆获异效。

又曰：程据为太医令。武帝初授魏禅，改元为太始，而据贡雉头裘。帝以奇伎异服，典礼所禁，焚之于殿前。据以医术承恩出入禁闼，因为贾后合巴豆杏子丸，害愍怀太子，遂就戮焉。

又曰：范汪，字玄平，性仁爱，善医术，常以拯恤为事。凡有疾病，不限贵贱，皆为治之，十能愈其八九。撰方五百余卷。又一百七卷后人详用，多获其效。

又曰：殷仲堪，陈郡人，能清言，善属文，名士咸爱之。谢玄以为长史，厚遇之。仲堪父病积年，衣不解带，躬本医术，究其精妙，执书挥泪，遂眇一目。

又曰：魏咏之，字长道，任城人也。家贫素而躬耕为事，好学不倦，生而菟缺，有善相者谓之曰：“卿当富贵。”年十八，闻荆州刺史殷仲堪帐下有名医能疗之。贫无行装，谓家人曰：“残丑如此，用活何为？”遂赍数斛米，西上而投仲堪。即至，造门自通。仲堪嘉其盛意，召医语视之，医曰：“可割而补之，但须百日进粥，不得语笑。”咏之曰：“半生不语而有半生，亦当疗之，况百日耶？”仲堪于是处之别屋，令医善疗之。咏之遂闭口不言，唯食薄粥。其厉志如此。及差，仲堪厚资遗之。

刘敬叔《异苑》曰：王纂，海陵人。少习经方，尤精针石。宋元嘉中，县人张方女日暮宿广陵庙门下，夜有物假作其婿来魅惑，成病。纂为治之，始下一针，有獭从女被内走出，病遂愈。

《宋书》曰：徐文伯，字德秀，濮阳太守熙曾孙也。熙好黄老，隐于秦望山，有道士过，求饮。留一瓠芦与之，曰："君子孙宜以道术救世，当得二千石。"熙开之，乃扁鹊《镜经》一卷。因精心学之，遂名震海内。生子秋夫，弥工其术，仕至射阳令。尝夜有鬼声，甚凄怆，秋夫问："何所须？"答言："姓斯，家在东阳，患腰痛。死为鬼，痛犹难忍，请疗之。"秋夫曰："云何厝法。"鬼请为刍人，案孔穴针之。秋夫如言，为灸四处，又针肩井三处，设祭埋之。明日，见一人谢恩，忽然不见。当世服其通灵。

又，宋明帝宫人患腰痛牵心，每至辄气欲绝。众医以为肉症。文伯曰："此发症。"以油投之，即吐得物如发，稍引之长三尺，头已成蛇，能动。悬柱上，水滴尽，一发而已。病都差。

又，宋后废帝出乐游苑门，逢一妇人有娠，帝亦善诊脉，为诊之，曰："此腹是女也。"问文伯，文伯曰："腹有两子，一男一女。男左边青黑，形小于女。"帝性急，便欲使剖。文伯恻然，曰："若加刀斧，恐其变异，请针之，立落。"便泻足太阴，补手阳明，胎便应针而落，两儿相续出，如其言。

又曰：孙法宗忽苦头创，夜有女人至，曰："我是天使，来相谢。行创本不关善人，使者远相及。但取牛粪煮傅之即验。"一傅便差，一境赖之。

又曰：羊欣，字敬元，性好文儒，兼善医药，撰方三十卷，为代所重焉。

又曰：秦承祖性耿介，专好艺术。于方药，不问贵贱，皆治疗之，多所全护，当时称之为工手。撰方二十卷，大行于世。

太平御览卷第七百二十三 方术部四

医三

《齐书》曰：徐嗣伯为临川王映所重。时直阁将军房伯玉服五石散十许剂，无益，更患冷，夏日常复衣。嗣伯为诊之，曰："卿伏热，应须以水发之，非冬月不可。"至十一月，冰雪大盛，令二人夹捉伯玉。伯玉解衣坐石上，取冷水从头洗之。尽二十斛，伯玉口噤气绝，家人啼哭，请止。嗣伯遣人执杖防閤，敢有谏者挝之。又尽水五斛，伯玉始能动，而见背上彭彭有气。俄而起坐，曰："热不可忍。"乞冷饮，嗣伯以水与之，一饮一升，病都差。自尔恒发热，冬月犹单衣，体更肥壮。

又，尝有伛人患滞冷，积年不差。嗣伯为诊之，曰："此尸注也。当得死人枕煮服之乃愈。"于是往古冢中取枕，枕已一边腐缺，服之即差。后秣陵人张景，年十五，腹胀面黄，众医不能疗。以问，嗣伯曰："此石蚘耳，极难疗，当得死人枕煮之。"依语煮枕，以汤投之，得大痢并蚘虫头坚如石者五升，病即差。后沈僧翼患眼痛，又多见鬼物，以问嗣伯，嗣伯曰："邪气入肝，可觅死人枕煮服之。服竟，可埋枕于故处。"如其言，又愈。王晏问之曰："三病不同，而皆用死人枕，而俱差，何也？"答曰："尸注者，鬼气伏而未起，故令人沉滞。得死人枕促之，魂气飞越，不得复附体，故尸注可差。石蚘者，久蚘也。医疗既僻，蚘虫转坚，世间药不能遣，所以须鬼物驱之，然后可散，故令煮死人枕也。夫邪气入肝，故使人眼痛而见魍魉，应须邪物以钩之，故用死人枕也。气因枕去，故复埋于冢间也。"

又，春月出南篱门戏，闻草屋中有呻吟声，嗣伯云："此病甚重，更二日不疗，必死。"乃往视，见一老姥，称体痛而处处有䵟黑无数。嗣伯还煮斗余汤，送令服之，服之讫痛，热愈甚跳，投床者无数。须臾，所䵟处皆拔出，长寸许。乃以膏涂诸疮口，三日而复，云此名钉疽也。

又，薛宗伯善徙痈疽，公孙泰患发背，伯宗为气封之，徙置斋前柳树上。明日痈消，树边便起一瘤如拳大。稍稍长二十余日，瘤大脓烂，出黄赤汁升余，树为之痿损。

《齐书》曰：褚澄字彦道，建元中为吴郡太守。百姓李道念以事到郡，澄见，谓曰："汝有重病。"答曰："旧有冷病，至今五年，众医不差。"澄为诊脉，曰："汝病非冷热，当是食鸡子过多所致。"令取蒜一升煮之服。一服乃吐一物如升许，涎裹之而动，开视，乃鸡雏十二头，而病都愈。

吴均《齐春秋》曰：顾欢字玄平，吴都人也，隐于会稽山阴白石村。欢率性仁爱，素有道风。其济人也，或以禳厌而多全护。有病邪者造之，欢问："君家有书乎？"答曰："唯有《孝经》三篇。"欢曰："取置病人枕边，恭敬之，当自差。"如言，果愈。后问其故，欢曰："善禳祸，正胜邪，故尔。"

《梁书》曰：陶弘景，字通明，丹阳人。性爱林泉，尤好着述，常曰："我读书未满万卷，以内典参之，当小出耳。"先生性好医方，专以拯济。欲利益群品，故修撰《神农本草经》三卷为七卷，撰《真诰》十卷，《集验方》五卷，广肘后为百一之制，世所行用，多获异效焉。

又曰：范云疾，召医徐文伯视之。文伯曰："缓之一月乃复。欲速即时愈，正恐二年不复可救。"云曰："朝闻道，夕死可矣。而况二年？"文伯乃下火而壮焉。重衣以覆之，有顷许，汗流于此，即起。二年果卒。

又曰：王僧孺，工属文，善楷隶，多识古事。侍郎金元起欲工《素问》，访以砭石。僧孺答曰："古人当以石为针，必不用铁。

《说文》有此砭字，许慎云：'以石刺病也。'《东山经》：'高氏之山多针石。'郭璞云：'可以为砭针。'《春秋》：'美疹不如恶石。'服子慎注云：'石，砭石也。'季世无复佳石，故以铁代也。

《后魏书》曰：王显字世荣，阳平人也，颇参士流。虽以医术自达，而明敏有决断才用。初闻昭怀后之怀世宗也。梦为日所逐，化龙而绕后。后寤而惊悸，遂成心疾。敕召诸医诊脉。徐謇云："是微风入藏，宜进汤药。”显云：“案三部脉，非有心疾，将是怀孕生男之象。”后果如显言。乃补御史，常在御营进药，出入禁内。世宗诏显撰药方三十卷，颁布天下。

又曰：徐謇字伯城，丹阳人也。与兄文伯皆善医药。謇性秘忌，承奉不得其意，虽贵为王公，不为指疗。魏孝文迁洛，除中散大夫。子雄亦以医术称。

又曰：裴宣患笃，世宗遣太医令驰驲就视，并赐御药。宣素明阴阳之书，自始患便知不起，因自克亡日，果如其言。

又曰：高允微有不适，犹不寐卧，呼医请药，出入行止，吟咏如常。高祖、文明太后闻而遣医李循往脉视之，告以无恙。修入密陈允荣卫有异，惧其不久。于是遣使备赐御膳珍羞，自酒米至于盐醢，百有余品，皆尽时味，及床帐、衣服、茵被、几杖，罗列于庭。王官往还，慰问相属，允喜形于色，语人曰：“天恩以我笃老，大有所赉，得非以赡容矣。”表谢而已，不有他虑。如是数日，夜中卒，家人莫觉。

《北齐书》曰：张子信少以医术知名，隐于白鹿山。时出京师，甚为魏收、崔季舒所知，尝以诗酬赠。大宁中，征为尚药典御。岁余，谢病归。

又曰：马嗣明，河内野王人，少明医术，诊脉预知生死。邢劭子大宝十七八，苦伤寒。嗣明诊其脉，告杨愔曰：“此子今病不疗自愈，然不逾年必死。觉之少晚，不可为也。”数日，两公待宴酒酣，显祖曰：“子才儿聪，宜以近郡处之。”愔曰：“年少未可。”劭出，愔以嗣明言奏，乃止。宝未期而卒，其验如此。杨愔背发肿，嗣明以粗理色石，大如鹅卵，烈火烧令黄赤，投醋中，使屑落尽，暴干，捣筛和傅之，立愈。嗣明从驾之晋阳。至辽阳，见榜云：“女病，能差之，与钱拾万。”从医视之，无敢措手，嗣明见榜，笑曰：“贞得汝矣。”乃抵其家，问其由，云：“曾将麦穗，见赤物长二尺，似蛇，入指中，因惊倒。手臂疼重月余，日渐及半身，腰痛不可忍，呻吟昼夜不绝。”嗣明曰：“毒蛇为鹤所啄，遗血于此，犯而得之。”即授方，令服十余剂，以汤散补之。明年还邺，女疾都愈，载镪而归。嗣明恃其伎，视徐之才、崔鸾叔等蔑如也。隋开皇中卒。

又曰：李元忠，赵郡柏仁人也，代为着姓。元忠倜傥博学，通阴阳术数。初以母老多患，乃专心医药，研习积年，遂善于方技。性仁恕，人有疾病，无间贵贱，咸为疗之。故乡里推敬，声称益远。后拜南郡太守。族弟密性方直，亦以母老习医，遂成妙手。

又曰：崔季舒，字叔正，博陵安平人。少孤。明敏有识干，精于医术，经方本草，常所披览。天保中于徒所无事，更锐意研精。后虽位望显贵，亦不懈怠。

张太素《齐书》曰，徐之才，字士茂，高平金乡人。五叶祖仲融隐于秦望山，有道士过之，求饮，因留瓠芦，谓之曰："习此，子孙当以道术救世，位至二千石。"开视，乃扁鹊《镜经》一卷。习之，遂为良医，至濮阳太守。父雄，员外散骑侍郎，代传其术，号为神明。而之才幼而俊发，尤为精敏。仕梁，为豫章王综镇东右常侍。随综镇彭城，综降魏，之才走至吕梁，为魏所获。既羁旅，以医自业，又谐隐滑稽无方，王公贵人争馈之，为贵人居矣。稍迁员外散骑常侍，加中军金紫。天平中，高祖诣晋阳，恒居内馆，所疗十全。皇建中除兖州刺史，未行。武明皇太后不豫，之才奉药立愈，赏赐巨万。有人脚跟肿痛不堪忍，诸医莫识。之才视曰："蛤精也。当乘船入海出脚水中得之。"疾者曰："是也。"之才为割，得两蛤子，大如榆厕。或以五色骨为配刀靶，之才曰："此人瘤也。何从得之？"对曰："于古冢见骷髅额骨长数寸，试削视文理，故用之。"其通识类此。武成酒色过度，恍惚不恒。曾病发，自言："初见空中有五色物，稍近，变成一美妇人，去地数丈，亭亭而立。"之才曰："此色欲过多，大虚所致。"即进药。一服，稍稍远变成五色物，数服而愈。病发辄驰召之，针药所加，无不愈者。齻音积武成王生龊牙，遍召诸医，尚药典御邓宣文以实对，帝怒而挞之。之才拜贺，曰："此谓智牙，生则圣明而寿。"帝大悦，赐帛万匹，加金玉重宝。

又曰：张远游，齐人，以医药道术知名。寻有诏征，令与术士同合九转金丹。成，显祖置之玉匣，曰："我贪人间乐，不能飞上天。待我临死，方可服之。"

《后周书》曰：姚僧坦，字法卫，吴兴武康人也。父菩提，梁高平令，尝婴疾历年，乃留心医药。梁武帝性又好之，每召菩提讨论方术，言多会意，由是颇礼之。僧坦幼通洽，居丧尽礼，年二十四即传家业。梁武帝召入禁中，面加讨试，僧坦酬对无滞，梁武帝奇之。时武陵王所生葛修华，宿患积时，方术莫效，帝令僧坦视之。僧坦还说其状，武帝叹曰："卿用意绵密，乃至于此。以此候疾，何疾可逃！朕每留情，颇识治体，今闻卿说，益开人意。"十一年，帝因发热，欲服大黄。僧坦曰："大黄乃是快药，然至尊年高，不宜轻用。"帝弗从，遂至危笃。梁元帝尝有心腸疾，诸医咸谓宜用平药，可渐宣通。僧坦曰："脉洪而实，此有宿妨，非用大黄，必无差理。"帝从而愈。及大军克荆州，为燕公于谨所召，大相礼接。太祖遣使驰驿征，僧坦谨固留不遣，谓使人曰："吾年时衰暮，疢疾婴沉，今得此人，望与之偕老。"太祖以谨勋隆重，乃止。明年，随至长安。伊娄穆以疾还京，请僧坦省疾，自云："自腰至脐，似有三缚，两脚缓纵，不复自持。"坦即为诊脉，处汤三剂。穆初服一剂，上缚解，再服，中缚解，又服，三缚悉除，而两脚疼痹，犹自挛弱。更为合散，稍得屈伸。至九月，遂能起行。大将军襄乐公贺兰隆先有气疾，加以水肿，喘息奔急，坐卧不安。或有劝其服决命大散者，其家疑未能决，乃问僧坦。僧坦曰："意谓此患不与大散相当。若欲自服，不烦赐问。"因而委去。其子殷勤拜请，曰："多时仰屈，今日始来，竟不下治，意实未尽。"僧坦知其可差，即为处方，诸患悉愈。大将军乐平公窦集暴感风疾，精神瞀乱，无所知觉。诸医先视者皆云已不可救。僧坦后至，曰："困矣，终当不死。若专以见付，相为治之。"其家欣然。僧坦为合汤散，所患即瘳。大将军永世公叱伏列椿苦痢积时，而不废朝谒，燕公于谨尝问僧坦曰："乐平永世俱有痼疾，若如仆意，永世差轻。"对曰："夫患有深浅，时有克杀。乐平虽困，终当保全。永世虽轻，必不免死。"谨曰："君言必死，当在何时？”对曰：“不出四月。”果如其言，谨叹异之。文宣太后寝疾，医巫杂说，各有同异。高祖引僧坦问曰：“太后患势不轻，诸医并云无虑。朕人子之情，可以意得，君臣之义，言在无隐。公以为何如？”对曰：“臣无听声视色之妙，特以经事已多，准之常人，窃已忧惧。”帝泣曰：“公既决之矣，知复何言！寻而太后崩。四年，高祖亲戎东讨。至河阴遇疾，口不能言，脸垂覆目不得视，一足短缩又不得行。僧坦以为诸藏俱病，不可并治。军中之事莫先于语，乃处方进药，帝遂得言。又治目，目疾便愈。未及治足，足疾亦瘳。比至华州，帝已痊复。是岁，高祖幸云阳，遂寝病，乃召僧坦赴行在所。内史柳昂私问曰：“至尊贬膳日久，脉侯何如？”对曰：“天子上应天心，或当非愚所及。若凡庶如此，万无一全。”寻而帝崩。宣帝初在东宫，尝苦心痛，乃令僧坦治之，其疾即愈。及即位，因礼弥隆。大象二年，除太医下大夫。帝寻有疾，僧坦宿直侍疾。帝谓随公曰：“今日性命，唯委此人。”僧坦诊候，知帝危殆，乃对曰：“臣荷恩既重，思在效力，但恐庸短不逮，敢不尽心。”帝颔之。及静帝嗣位，迁上开府仪同大将军。隋开皇初卒。僧坦撰《集验方》二十卷，《行纪》三卷，行于世。

《隋书》曰：许智藏，高阳人也。祖道幼尝以母疾览医方，因而究拯世号名医。诫其诸子曰：“为人子者，尝膳视药。不知方术，岂谓孝乎？”由是世相传授。仕梁，官至员外散骑侍郎。父景武，竟陵王咨议参军。智藏少以医术自达。仕陈，为散骑常侍。及陈灭，高祖以为员外散骑侍郎。使诣扬州，会秦孝王俊有疾，上驰召之。俊夜中梦其妃崔氏泣曰：“本来相迎，如许智藏将至，其人若到，当必相苦，为之奈何？”明夜，俊又梦崔氏曰：“妾得计矣，当入灵府中以避之。”及智藏至，为俊诊脉曰：“疾已入心，即当发痫，不可救也。”果如言，俊数日而薨。上奇其妙，赍物百段。炀帝即位，智藏时致仕于家，帝每有所苦，辄令中使就询访，或以迎轝入殿，扶登御床。智藏为方奏之，用无不效。

《唐书》曰：甄权，许州扶沟人也。尝以母疾，与弟立言专医方，得其旨趣。开皇初为秘书省正字，后称疾免。隋鲁州刺史库狄嵚苦风患，手不得引弓，诸医莫能疗。权谓之曰：“钦但将弓箭向垛，一针可以射矣。”针其肩隅一穴，应时射。贞观十七年，权年一百三岁。太宗幸其家，视其饮食，访以药性，因授朝散大夫，赐几、杖、衣服，其年卒。撰《脉经》《针方》《明堂人形图》各一卷。弟立言，武德中累迁太常丞御史大夫。杜淹患风毒发肿，太宗令立言视之，既而奏曰：“从今更十一日午时必死。”果如其言。时有尼明律，年六十余，患心腹鼓胀，身体羸瘦，已经二年。立言诊其脉曰：“腹内有虫。当是误食发为之耳。”因令服雄黄。须臾，吐一蛇，如人手小指，唯无眼，烧之犹有发气，其疾乃愈。

又曰：许裔宗，常州义兴人也。初仕陈，为新蔡王外兵参军。时柳太后感风不能言，名医疗皆不愈，脉益沉而噤。裔宗曰：“口不可下药，宜以汤气薰之，令药入腠理，周时可差。”乃造黄耆防风汤数十斛置于床下，气如烟雾，其夜便得语。武德初，关中多骨蒸病，得之必死，递相连染，诸医无能疗者，裔宗每疗无不愈。或谓曰：“公医术若神，何不着书以贻将来？”裔宗曰：“医乃意也，在人思虑。又脉候幽微，苦其难别，意之所解，口莫能宣。且古之名手，唯是别脉，脉既精别，然后识病。夫病之于药，有正相当者，唯须单用一味，直攻彼病，药力既纯，病即立愈。今人不能别脉，莫识病源，以情臆度，多安药味。譬之于猎，未知兔所，多发人马空地遮围，或冀一人偶然逢也。如此疗疾，不亦疏乎？假令一药偶然当病，复共他味相和，君臣相制，气势不行，所以难差，谅由于此。脉之深趣，既不可言，虚设经方，岂加于旧？吾思之久矣，故不能着述耳。”年七十余卒。

又曰：秦鸣鹤为侍医。高宗苦风眩，头重，目不能视。武后亦幸灾异，逞其志。至是疾甚召鸣鹤张文仲诊之，鸣鹤曰：“风毒上攻，若刺头出少血即愈矣。”天后自帘中怒曰：“此可斩也！天子头上，岂是试出血处耶？”上曰：“医之议病，理不加罪，且吾头重闷殆不能忍，出血未必不佳。”命刺之。鸣鹤刺百会及脑户出血，上曰：“吾眼明也。”言未毕，后自帘中顶礼拜谢之曰："此天赐我师也。"躬负缯宝以遗鸣鹤。

又曰：安金藏为太常工人，时睿宗为皇词，或有诬告皇词潜有异谋者，则天令来俊臣按之，左右不胜楚毒，皆欲自诬。唯金藏大呼谓俊臣曰："公既不信金藏言，请剖心以明皇嗣不反。"即引珮刀自剖其胸，五藏并出，血流被地，气遂绝。则天闻之，令舁入宫中，遣医人却内五脏入，以桑白皮缝合之，傅药，经宿乃苏。

太平御览卷第七百二十四　方术部五

医四

《唐书》曰：孙思邈，京兆华原人也。七岁就学，日诵千余言，弱冠善谈庄老及百家之说。周宣帝时，思邈以王室多故，乃隐居太白山。隋文帝辅政，征为国子博士，称疾不起。尝谓所亲曰："过五十年当有圣人出，吾方助之以济人。"及太宗即位，召诣京师，嗟其容色甚少，谓曰："故知有道者，诚可尊重。羡门广成，岂虚言哉？"将授以爵位，固辞不授。显庆四年，高宗召见，拜谏议大夫，又固辞不授。上元元年，辞疾请归，特赐良马及鄱阳公主邑司以居焉。当时知名之士宋令文、孟诜、卢照邻等，执师资之礼以事焉。照邻有恶疾，医所不能愈，乃问思邈："名医愈疾，其道如何？"思邈曰："吾闻善言天者必质之于人，善言人丈亦本之于天。天有四时五行，寒暑迭代。其转运也，和而为雨，怒而为风，凝而为雪霜，张而为虹霓，此天地之常数也。人有四肢五藏，一觉一寝，呼吸吐纳，精气往来，流而为荣卫，彰而为气色，发而为音声，此人之常数也。阳用其形，阴用其精，天人之所同也。及有失也，蒸则生热，否则生寒，结而为瘤赘，陷而为痈疽，奔而为喘乏，竭而为焦枯。诊发乎面，变动乎形，推此以及天地亦如之。故五纬盈缩，星辰错行，日月薄蚀，孛彗飞流，此天地之危诊也。寒暑不时，天地之蒸否也；石立水踊，天地之瘤赘也；山崩土陷，天地之痈疽也；奔风暴雨，天地之喘乏也；川渎竭涸，天地之燋枯也。良医导之以药石，救之以针齐；圣人和之以至德，辅之以人事，故形体有可愈之疾，天地有可消之灾。"

又曰：胆欲大而心欲小，智欲圆而行欲方。《诗》曰："如临深渊，如履薄冰。"谓小心也。赳赳武夫，公侯干城"，谓大胆也。"不为利回，不为义疚"，仁之方也。见几而作，不俟终日"，智之圆也。思邈自云：开皇辛酉岁生，至今年九十三矣。询之乡里，咸云数百岁人。话周、齐间事，历历如眼见，以此参之，不啻百岁人矣。然犹视听不衰，神彩甚茂，可谓古之聪明博达不死者也。撰《千金方》三十卷，行于代。

又曰：张文仲，洛州洛阳人也。少与乡人李虔纵、京兆人韦慈藏并以医术知名。文仲则天初为侍御医，时特进苏良词于殿庭，因拜跪绝倒。则天令文仲、慈藏随至宅候之，文仲曰："此因忧愤邪气激也。若痛冲胁则剧难救。"自朝候之，未及食时，苦冲胁绞痛。文仲曰："若入心可不疗。"俄顷心痛，不复下药，日旰而卒。文仲臧善疗风疾，其后则天令文仲集当时名医共撰疗风气诸方，仍令麟台监王方庆监其修撰。文仲奏曰："风有一百二十种，气有八十种。大体医药虽同，人性各异。庸医不达药之行使，冬夏失节，因此杀人。唯脚气头风上气，常须服药不绝，自余则随其发动，临时消息之。但有风气之人，春末夏初及秋暮要得通泄，即不困剧。"于是撰四时常服及轻重大小诸方十八首，表上之。文仲。久年终于尚药奉御。撰《随身备急方》三卷，行于代。

又曰：孟诜，汝州梁人也，以进士擢弟。垂拱初，累迁凤阁舍人。诜学方术，尝于凤阁侍郎刘祎音辉之家，见其敕赐金盘，谓祎之曰："此药金也。若烧之，上有五色。"试之果然。则天闻之不悦，因事出为台州司马，撰《补研藿》《必效方》各三卷。

又曰：王方庆，太原人也。雅有材度，博学多闻，笃好经方，精于药性。则天令监领尚药。奉御张文仲、侍医李虔纵、光禄韦慈藏等撰诸药方，方庆撰《随身左右百发百中备急方》十卷，大行于代。

又曰：天宝中诏曰："朕顷者所撰《广济方》救人疾患，颁行已久，传习亦多。犹虑单贫之家未能缮写，闾阎之内或有不知，倘医疗失时，因致夭横性命之际，宁忘恻隐？宜命郡县长官就《广济方》中逐要者于大板上件箓，当村方要路榜示，仍委采访使勾当，无令脱错。"

又曰：德宗撰《贞元集要广利方》，亲为之制序，敢题于天下通衢。其方总六千三种，五百八十六首。

《庄子》曰：秦王有病召医，舐痔者得车五乘也。

《韩子》曰：医善吮人肠，含人血，非有肌骨之亲也，利之所加也。

《列子》曰：龙叔谓文挚曰："子之术微矣！吾有疾，子能已乎？"文挚即命龙叔背明而立，文挚从向明望之，既而曰："嘻！吾见子之心矣！方寸之地虚矣，几圣人也。子心六孔流通，一孔不达。旧说圣人心七孔。今以圣智为疾者，或由此乎矣！

又曰：杨朱之友季梁得疾，七日大渐。其子请三医：一曰矫氏，二曰俞氏，三曰卢氏，脉其所疾。矫氏谓季梁曰："汝寒温不节，虚实失度，疾由饥饱色欲，精虑烦散，非人非鬼。虽渐，可攻也。"季梁曰："众医也，亟屏之。"俞氏曰："汝始则胎气不足，乳湩有余。病非一朝一夕之故，其所由来者渐矣，弗可已也。"季梁曰："良医也，且食之。"卢氏曰："汝病不由天，亦不由人，亦不由鬼。禀生授形，既有制之者，亦有知之者矣。药石其如汝何？"季梁曰："神医也，重贶遣之。"俄而季梁病自瘳。

又曰：鲁公扈、赵齐婴二人有疾，同请扁鹊求治。扁鹊治之，同愈。谓曰："汝曩之所疾，自外而干腑藏，固药石之所已。今有偕生之病，与体偕长，为汝攻之何如？"二人曰："愿先闻其验。"扁鹊谓公扈曰："汝志强而气弱，故足于谋而寡于断；齐婴志弱而气强，故少于虑而伤于专；若换汝之心，则均于善矣。"遂饮二人毒酒，迷死三日，剖胸探心，易而置之，投以神药，既寤如初。

《尸子》曰：有医竘音驱主反者，秦之良医也。为宣王割痤音在戈反，为惠王疗痔，皆愈。张子之背肿，命竘治之，谓医竘曰："背非吾背也，任子制焉。"治之遂愈。竘诚善治疾也，张子委制焉。夫身与国亦犹此，必有所委制然后治。"

《孔丛子》曰：宰我使齐反，见夫子曰："梁丘据遇虺毒，三旬而后瘳。朝齐君，齐君会大夫众宾而庆焉。弟子与在宾列。大夫众宾并复献攻疗之方，弟子谓之曰：'夫所献方者，将为病也。今梁丘子已瘳矣，而诸夫子复骤献方，意欲梁丘大夫后有虺害，当用之乎？'众座默然无辞。弟子此言何如？"孔子曰："女说非也。夫三折股而后为医。

梁丘子遇虺害而获瘳，虑有与之同疾者必问所以已之方焉。众人为此之故，各言其方，欲售之以已人疾也。凡言其方者，称其良也。且以参处所以已之方之优劣也。”

《公孙尼子》曰：孔子有疾，哀公使医视之，医曰：“居处饮食何如？”子曰：“丘春之居葛笼，夏居蜜阳，秋不风，冬不炀。饮食不馈，饮酒不劝。”医曰：“是良药也。”

《鹖冠子》曰：扁鹊兄弟三人并善医，魏文侯问曰：“子昆弟三人孰最善？”对曰：“长兄视色，故名不出家。仲兄视毫毛，故名不出门。鹊针人血脉，投人毒药，故名闻诸侯。”

《吕氏春秋》曰：齐王疾，使人之宋迎文挚。文挚至，视王疾，谓太子曰：“非怒则王疾不可治，怒王则文挚死。”太子曰：“苟已王疾，臣与母以死争之，愿先生勿患也。”文挚曰：“诺。”与太子期而将往不者三，齐王固已怒。文挚至，不解履，登床履王衣问疾，王怒，不与言，挚因出，固辞以重怒王，王吐而起，疾乃遂已。王不悦，果以鼎生烹挚。太子与母合争之，不得。夫忠于平世易，忠于浊世难也。

又曰：鲁有公孙绰者，告人曰：“我能治偏枯，今吾倍为偏枯之药，则可以起死人矣。”

又曰：用药者，得良药则活人，得恶药则杀人。

《楚辞·九章》曰：九折臂而成医兮，吾今而知其信然。

《神仙传》曰：李少君与议郎董仲舒相亲，见仲舒宿有固疾，体枯气少，少君乃与其成药二剂并方。用戊己之草，后土服黄，良兽沈肪，先义之根，百卉华醖，亥月上旬合煎铜鼎中，童男沐浴洁净，调其汤火。合药成，服如鸡子三剂，齿落更生。服尽五剂，命不复倾。

又曰：凤纲者，渔阳人也。常采百药华，以水渍封泥之，自正月始，尽五月末，埋之百日煎丸之。卒死者以此药内口中，皆立生。纲服此药，得数百岁不老。

又曰：士燮为交州刺史，得毒病死，经三日。董奉时在南方，乃往，以三丸药内死人口中，以寒水含之，令人举死人头摇道之。食顷，士燮开目动手足，半日能起坐，遂活。活后四日能语，云："死时奄然有数十马卒收之，将载辂车上，去入大赤门，住以付狱。狱中人各一户，户才容一人。以燮内一户中，以土从外封之，不复见外，恍惚闻人言：'太一遣使者来召士燮，急开出之。'闻人以铧掘其居户，良久引之，见外有马赤盖，三人共坐车上，一人持节，呼燮上车，将还，至门而活。"奉还庐山，了不田作。为人治病亦不取钱，重病愈者，令种杏五株，轻者一株。数年之间，杏树成林。县令亲故有女病，医疗不差，令谓奉曰："若能治之，便以妻君。"奉使敕召鬼魅，有大白鼍长数尺，陆行诣病者门，奉使人斩之，女病即愈。遂以妻之。

又曰：封居达，年百余岁，往来乡里，视之年三十许人。常骑青牛行，闻有疾病死者，识与不识，遇便以药治之，应手皆愈。不以姓字语人，能骑乘青牛，故号青牛道士。

《列仙传》曰：负局先生者，吴郡人，莫知姓名，负石磨镜，局循吴中磨镜，辄问人得无有疾苦乎。有即出紫丸、赤丸与之服，服药，病无不差。如此数年，后吴有大疫，先生家至户到，与药，活数万许人。后上吴山绝崖，悬药与人。欲去时，语人曰："吾欲还蓬莱山，为汝曹下神水。"崖头一日有水，色白，从石间流下，服之疾愈。

《玉匮针经序》曰：吕博少以医术知名，善诊脉论疾，多所着述。吴赤乌二年为太医令。撰《玉匮针经》及注《八十一难经》，大行于代。

《千金序》曰：沙门支法存，岭表人。性敦方药。自永嘉南渡，士大夫不袭水土，多患脚弱，唯法存能拯济之。

又曰：仰道人，岭表僧也。虽以聪惠入道，长以医术开怀。因晋朝南移，衣缨士族不袭水土，皆患脚软之疾，染者无不毙踣。而此僧独能疗之，天下知名焉。

又曰：僧深，齐、宋间道人。善疗脚弱气之疾，撰纂法在存等诸家医方三十余卷，经用多效，时人号曰"深师方"焉。

袭庆《鬼遗方序》曰：刘涓子，不知何许人也。晋末于丹阳郊外照射，忽见一物，高二丈许，因射而中之，走如电激，声若风雨，夜不敢追。明旦，率门人弟子邻伍数十人，寻其纵迹。至山，见一小儿，问之何姓，小儿云："主人昨夜为涓子所射，今欲取水以洗疮。"因问小儿主人是谁，答曰："是黄父鬼。"乃将小儿还来，至闻捣药声，遥见三人：一人卧，一人开书，一人捣药。比及齐叫突而前，三人并走，遗一帙《痈疽方》并一臼药。人有云痈者，涂之，随手而愈。

太平御览卷第七百二十五 方术部六

卜上

《说文》曰：灼龟也，象兆之纵横也。

《周礼·天官·太宰职》曰：祀五帝，则掌百官之誓戒，与其俱修。前期十日，帅执事而卜日，遂戒。前期，前所诹之日也。十日容散齐，七日致斋，三日执事，亲伯太卜之属也。既卜，又戒百官以始而。

又《春官》：尝之日，莅卜来岁之芟。卜者问后岁宜芟不。狝之日，莅卜来岁之戒。秋田为㣎，卜者问后岁兵冠之备。社之日，莅卜来岁之稼。卜问后岁稼所宜矣。

又曰：太卜掌三兆之法，一曰玉兆，二曰瓦兆，三日原兆。兆者，灼龟发于火，其形可占者。原，原因也。象似玉瓦原之璺罅，是用名之焉。其经兆之体皆百有二十，其颂皆千有二百。

又《卜师》职曰：卜师掌开龟之四兆，一曰方兆，二曰功兆，三曰义兆，四曰弓兆。开，开出其占书也。經兆百二十体，言此四兆者，分之为四部，若易之二篇。《书·金滕》曰："开籥见书"是也。

又曰：龟人掌六龟之属，各有名物。天龟曰灵属，地龟曰绎属，东龟曰果属，西龟曰雷属，南龟曰猎属，兆龟曰若属。各以其方之色与其体辨之。上春衅龟，祭祀先卜。衅者，杀牲以血之神之也。郑司农云：祭卜其日与牲也。

又曰：占人掌占龟，以八筮占八颂，以八卦占筮之八故，以视吉凶。凡卜筮，君占体，大夫占色，史占墨，卜人占坼。

《礼记》曰：正月命有司衅龟策，占兆，审卦吉凶。《周礼》龟人上春衅龟，谓建寅之月。

《曲礼》曰：凡卜筮日，旬之外曰远某日，旬之内曰近某日。丧事先远日，吉事先近日。曰："假尔泰龟有常，假尔泰筮有常。"命龟筮辞，龟筮于吉凶有常，大事卜，小事筮。卜筮不過三。卜筮不相袭。龟为卜，策为筮。卜筮者，先圣王之所以使民信时日、敬鬼神、畏法令也，所以使民决嫌疑、定犹与也，故曰疑而筮之。

又《檀弓下》曰：石骀仲卒，骀仲，卫大夫石碏之族。无适子，有庶子六人，卜所以为后者。曰："沐浴珮玉则兆。"言齐洁则得吉兆也。五人皆沐浴珮玉。石祁子曰："孰有执亲之丧，而沐浴珮玉者乎？"不沐浴珮玉。石祁子兆，卫人以龟为有知也。

又《礼运》曰：龟为前列，先知也。龟知事情者，阵于庭在前。

又《郊特牲》曰：卜郊，授命于祖庙，作龟于祢宫，尊祖亲考之义也。授命谓告之退而卜。卜之日，王立于泽，亲听誓命，授教谏之义也。

又曰：国君世子生三日卜，士负之。

又《玉藻》曰：卜人定龟，史定墨，视兆坼。君定体。视兆所得也。

又《少仪》问卜筮，曰："义与？志与？"义则可问，志则否。大卜问来卜筮者也。义，正事也。志，私意也。

又曰《杂记》曰：大夫之丧，太宗人相，小宗人命龟，卜人作龟。

又《祭义》曰：昔者圣人建阴阳天地之情，立以为《易》。易抱龟南面，天子卷冕北面，虽有知明之心，必进断其志焉。示不敢专，以尊天也。善则称人，过则称己。教不伐，以尊贤也。立以为易，谓作易。易抱龟，易官名。《周礼》曰：大卜，大卜主兆三易三梦之吉。

又曰《表记》曰：南人有言曰：人而无恒，不可以为卜筮，古之遗言与龟筮犹不能知也，而况于人乎？

又曰：子言之，昔三代明王，皆事天地之神明，无非卜筮之用，不敢以其私亵事上帝，言动任卜筮也。神明谓群神也。是故不犯日月，不违卜筮。日月谓冬夏至及四时也。所不违者，日与牲尸也。卜筮不相袭也。袭，因也。大事则卜，小事则筮也。大事有时日，大事，有事于大神，有常时常日也。小事无时日，有筮。外事用刚日，内事用柔日，不违龟筮。

《左传》曰：楚伐郧，莫敖曰："盍请济师于王？"斗廉曰："师克在和，不在众。商、周之不敌，君之所闻也。成军以出，又何济焉？"

莫敖曰："卜之。"对曰："卜以决疑，不疑何卜？"遂败郧师于蒲骚。

又曰：初，懿氏卜妻敬仲，其妻占之曰，吉。事具《筮门》。

又《僖上》曰：初，晋献公欲以骊姬为夫人，卜之不吉，筮之吉。公曰："从筮。"卜人曰："筮短龟长，不如从长。"

又《僖中》曰：狐偃言于晋侯曰："求诸侯莫如勤王。诸侯信之，且大义也。继文之业，而信宣于诸侯，今为可矣。"使卜偃卜之，曰吉，遇黄帝战于阪泉之兆。

又曰：晋惠公之在梁也，梁伯妻之。梁嬴孕过期。卜招父与其子卜之，杜预曰：卜招，梁太卜也。其子曰："将生一男一女。"招曰："然。男为人臣，女为人妾。"故名男曰圉，女曰妾。及子圉西质，妾为宦女焉。

又曰：夏四月，卜郊，不从，乃免牲，非礼也。诸侯不得郊天，鲁以周公故，得用天子礼乐，故郊为鲁常祀。犹三望，亦非礼也。礼不卜常祀，而卜其牲、日，牛卜日曰牲，牲成而卜郊，上怠慢也。望，郊之细也，不郊，亦无望可也。

又曰：卫迁于帝丘，卜曰："三百年。"

又《文下》曰：邾文公卜迁于绎，史曰："利于民而不利于君。"邾子曰："苟利于民，孤之利也。天生民而树之君，以利之也。民既利矣。孤必与焉。"左右曰："命可长也，君何弗为？"邾子曰："命宰渗民。死之长短，时也。民荀利矣，迁也，吉莫如之。"遂迁于绎。五月，邾文公卒。君子曰，知命也。

又曰：春，齐侯戒师期，而有疾，医曰："不及秋，将死。"公闻之，卜曰：尚无及期。"惠伯令龟卜楚丘占之，曰："齐侯不及期，非疾也；君亦不闻，令龟有咎。"二月丁丑，公薨。

又《宣上》曰：郊牛之口伤，改卜牛，牛死，乃不郊。

又《宣下》曰：楚子围郑，旬有七日，郑人卜行成不吉，卜临于大宫，且巷出车，吉。国人大临，守陴者皆哭，楚子退师。

又《成上》曰：鼷鼠食郊牛角，改卜牛。

又《襄元》曰：夏四月，三卜郊，不从，乃免牲。孟献子曰："吾乃今而后知有卜、筮。夫郊祀后稷，以祈农事也。是故启蛰而郊，郊而后耕，今既耕而后卜郊，宜其不从也。”

又《襄二》曰：“郑皇耳帅师侵卫，楚令也。亦兼授楚之敕命也。皇耳，皇庶子。孙文子卜追之，献兆于定姜，姜氏问繇曰：“兆如山陵，有夫出征，而丧其雄。”姜氏曰：“征者丧雄，御寇之利也。大夫图之。”卫人追之，孙蒯获郑皇耳于大丘。

又曰：晋侯还，及着雍，疾，卜桑林见。事具《乐部》。

又曰：郑石㚟言于子囊曰：“先王卜征五年，先征五年而卜吉凶也。征谓巡狩。而岁习其祥，祥习，则行，不习，则增修德而改卜。”

又《襄五》曰：卢蒲癸、王何卜攻庆氏，示子之兆，曰：“或卜攻雠，敢献其兆。”子之曰：“克，见血。”庆封田于莱，陈无宇从。文子使召之，请曰：“无宇之母疾病，请归。”庆季卜之，示之兆曰：“死。”奉龟而泣，乃使归。

又《昭二》曰：越大夫常寿过，帅师会楚子于琐。琐，楚地也。闻吴出师，薳启彊帅师从之，从吴师也。遽不设备，吴人败诸鹊岸。庐江舒县有鹊尾渚。楚子以驲至于罗汭。驲，传也，罗，水名。吴子使其弟蹶由犒师，犒，劳。楚人执之，将以衅鼓。王使问焉，曰：“汝卜来吉乎？”对曰：“吉。寡君闻君将治兵于弊邑，卜之以守，龟，曰：‘余亟使人犒师，请行以观王怒之疾徐，而为之备，尚克知之。’龟兆告吉，曰：‘克可知也。’君若驩焉，好逆使臣，滋弊邑休怠，休，解。而忘其死，亡无日矣。今君奋焉震电凭怒，凭，盛也。虐执使臣，将以衅鼓，则吴知所备矣。敝邑虽识羸，若早修完，其可以息师。难易有备，可谓吉矣。且吴社稷是卜，岂为一人？使臣获衅军鼓，而弊邑知备，以御不虞，其为吉孰大焉？国之守龟，其何事不卜？一臧一否，其谁能常之？城濮之兆，其报在邲。今此行也，其庸有报志？”乃弗杀。

又《昭三》曰：公卜，使王黑以灵姑銔暗丕。率，吉。请断三尺焉，而用之。灵姑銔，公旂也。断三尺，不敢与君同。

又《昭四》曰：楚召观从，曰：“唯尔所欲。”对曰：“臣之先，佐开卜。”乃使为卜尹。佐卜人开龟兆。

又曰：初，灵王卜，曰：“余尚得天下。”不吉。投龟，诟天而呼曰：“是区区者而不余畀，余必自取之。”民患王之无厌也，故从乱如归。

又曰：吴伐楚，阳匄为令尹，卜战，不吉。司马子鱼曰：“我得上流，何故不吉？且楚故，司马令龟，我请改卜。”令曰：“鲂也，以其属死之，楚师继之，尚大克之！”吉。战于长岸。子鱼先死，楚师继之，大败吴师。

又《昭六》曰：初，臧昭伯如晋，臧会窃其宝龟偻句。偻句，龟所出地名。以卜为信与僭，僭吉。

又《定下》曰：晋车千乘在中牟。卫侯将如五氏，卜过之，龟焦。卫侯曰：“可也。卫车当其半，寡人当其半，敌矣。”乃过中牟。

又《哀上》曰：楚子在城父，将救陈，卜战，不吉。卜退，不吉。王曰：“然则死也。再败楚师，不如死；弃盟逃雠，亦不如死。死，一也。其死雠乎？”命公子申为王，不可。则命公子结，亦不可。则命公子启，五辞而后许。将战，王有疾。庚寅，昭王攻大冥，卒于城父。

又曰：楚昭王有疾，卜，曰：“河为祟。”王弗祭。事具《江部》。

又曰：晋赵鞅卜救郑，遇水适火。水火之兆。占诸史赵、史墨、史龟。皆晋史也。史龟曰：“是谓沈阳，火阳得水故沈。可以兴兵。兵，阴类也，故可以兴兵。利以伐姜，不利子商。姜，齐姓也。子商谓宋。伐齐则可，敌宋不吉。”史墨曰：“盈，水名也。子，水位也。名位敌，不可干也。炎帝为火师，姜姓其后也。水胜火，伐姜则可。”史赵曰：“是谓如川之满，不可游也。郑方有罪，不可救也。救郑则不吉，不知其他。”阳虎以《周易》筮之，遇《泰》之《需》曰：“宋方吉，不可与也。微子启，帝乙之元子也。宋、郑，甥舅也。祉，禄也。若帝乙之元子归妹而有吉禄，我安得吉焉？”乃止。

《毛诗》曰：升彼虚矣，以望楚矣。望楚与堂，景山与京。降观于桑，卜云其吉，终然允臧。龟曰卜，违国必卜之。

又曰：尔卜尔筮，体无咎言。

又曰：君曰卜尔，万寿无疆。

又曰：卜筮偕止，会言近止，征夫迩止。卜之筮之，会人占之。笺云：或卜或筮，俱占之，言于繇为近，征夫如今近耳。

又曰：我龟既厌，不我告猷。卜筮数而渎龟。龟灵厌之，不复告其所图之吉凶。言虽不兆，占繇不中。

又曰：爰群爰谋，爰契我龟。

又曰：考卜维王，宅是镐京。唯龟正之，武王成之。

又曰：哀哉填寡，宜岸宜狱。握粟出卜，自何能谷。哀我穷尽寡财之民，仍有狱讼之事。持粟行卜，求其胜负，从何能得生。

《尚书·大禹谟》曰：枚卜功臣，唯吉之从。帝曰："禹，官占，唯先蔽志，昆命于元龟。朕志先定，询谋佥同，鬼神其依，龟筮协从。卜不习吉。"

又《洪范》曰：七，稽疑：择建立卜筮人，龟曰卜，蓍曰筮。乃命卜筮：曰雨，曰霁，曰蒙，曰驿，气落驿不连属。曰克，曰贞，曰悔，兆相交错五者卜兆之常法。内卦曰贞，外卦曰悔。凡七。卜五，占用二，衍忒。立时人作卜筮。三人占，则从二人之言。汝则有大疑，谋及乃心，谋及卿士，谋及庶人，谋及卜筮。汝则从，龟从，筮从，卿士从，庶民从。是之谓大同。身其康强，子孙其逢吉。汝则从，龟从筮从，汝则逆，庶民逆，吉。庶民从，龟从，筮从，汝则逆，卿士逆，吉。汝则从，龟从，筮逆，卿士逆，庶民逆，作内吉，作外凶。龟筮共违于人，用静吉，用作凶。

又《金縢》曰：既克商二年，王有疾，弗豫。伐讨明年，武王有疾，不悦豫。二公曰："我其为王穆卜。"周公曰："未可以戚我先王。"穆，敬也。戚，近也。召公大公言，王疾当卜吉凶。周公言，未可以死近我先王相顺之辞。公乃为三坛同墠。乃卜三龟，一习吉。习，因也。以三王之龟卜一相因而吉也。

又《大诰》曰：宁王遗我大宝龟，绍天明。即命。我有大事，休？朕卜并吉。天休于宁王，兴我小邦周，宁王唯卜，用克绥授兹命。

又《洛诰》曰：予唯乙卯，朝至于洛师，致政在冬，本其春来至洛众说，始卜定都之意。我卜河朔黎水，我乃卜涧水东、瀍水西，唯洛食；我使人卜涧瀍之间，南近洛吉。我又卜瀍水东，亦唯洛食；伻来，以图，及献卜。

《史记》曰：宋元王二年，江使神龟使于河，至泉阳，渔者豫且举网得而囚之，置笼中。夜而见梦于元王曰："我为江使于河，豫且得我，我不能去。身在患中，莫可告语。王有德义，故来告诉。"元王召博士卫平问之，平乃授式而起，仰天视月之光，观斗所指，定日处乡，规矩为辅，副以权衡。四维以定，八卦相望。视其吉凶，介虫先见。乃对曰："今昔斗壬子，宿在牵牛。河水大会，神鬼相谋。汉正南北，江河固期，南风新至，江使先来。白云拥汉，万物尽留。斗柄指日，使者当囚。玄服而乘辎车，其名为龟。"使人问泉阳令，取龟献使者，载行出于泉阳之门。正昼无见，风雨晦暝。云盖其上，五彩青黄，雷雨并起。将入端门，见于东箱。身如流水，润泽有光。望见元王，引颈而前，三步而止，缩颈而却，复其故处。元王见而怪之，问卫平，平对曰："龟在患中，而终夕囚，王有德义，使人活之。今延颈而前，以当谢也；缩颈而郤，欲亟去也。"元王曰："善哉！趣驾送龟，毋令失期。"平对曰："龟者是天下之宝，先得此龟者为天子，且十言十当，十战十胜。生于深渊，长于黄土。知天之道，明于上古。游三千岁，不出其域。安平静正，动不用力。寿蔽天地，莫知其极。与物变化，四时变色。居而自匿，伏而不食。春苍夏黄，秋白冬黑。明于阴阳，审于刑德。先知利害，察于祸福。以言而当，以战而胜。王能宝之，诸侯尽服。王勿遣也。"王大悦，于是向日而谢，再拜而授。择日斋戒，甲乙最良。乃刑白雉，以血灌龟，于坛中央。以刀刳之，身全不伤。脯酒礼之，横其腹肠。荆支卜之，必制其疮。程达于理，文相错迎。使工占之，所言尽当。

又曰：沛父老率子弟共杀沛令，开城门，迎刘季，欲以为沛令。父老皆曰："平生所闻刘季，奇怪当贵，且卜筮，莫如刘季。"于是乃立为沛公。

又曰：陈平等遣人迎代王，欲立为帝。代王卜之龟，卦兆得大横。占曰："大横庚庚，余为天王，夏启以光。"曰："寡人因已为王矣，又何王？”卜人曰：“所谓天王，乃天子也。”

又曰：常以月旦祓龟，先以清水澡之，以卵祓之，乃持龟而遂之。若常已卜，不中皆祓之以卵。东乡立居，取生荆枝及坚木。坚木枝烧之，斩取热处以灼龟，所卜处灼以荆。若卵指之者三，持龟以卵周环之。祝曰：今日吉，谨以粱卵，祓去玉灵之不祥。玉灵必信以诚，知万事之情。辩兆皆可占，不信不诚，则烧玉灵，扬其灰，以惩后龟。

又曰：窦皇后弟广国，字少君。年四五岁时，家贫，为人所略卖。至宜阳，为其主人入山作炭，寒卧岸，岸崩，独得脱，不死。自卜，数日当侯。

又曰：司马季主，楚人也。卜于长安东市。宋忠为中大夫；贾谊为博士，俱出洗沐，相从论议，诵习先王圣人之道术，究遍人情，相视而叹。贾谊曰：“吾闻古之贤人，不居朝，必在卜医之中，今吾已见三公九卿朝士大夫，皆可知矣。试之卜数中观采。”二人即同与之市，游于卜中。天新雨，道少人，司马季主闲坐，弟子三四人侍，方辩天地之道，日月之运，阴阳吉凶之本。二大夫再拜谒司马季主，季主观其状貌，类有道者，即礼之，使弟子延之坐。坐定，司马季主复理前语，分别天地之始终，日月星辰之纪差，次仁义之际，别吉凶之符，语数千言，莫不顺理。宋忠、贾谊瞿然而悟，猎缨正衿危坐，曰：“吾望先生之状，听先生之辞，小子窃观于世，未尝见也。今何居之卑，何行之污也？”司马季主捧腹大笑，曰：“观大夫之貌，类有道术者，今何言之陋也，何辞之野也！今夫子所贤者谁也？所高者何也？今何以卑污长者乎？”二君曰：“尊官厚禄，世之所高也，贤才处之。今所处非其地，故谓之卑。言不信，行不验，取不当，故谓之污。夫卜筮者，世之所贱简也。世皆言曰：‘夫卜者，多言夸严以得人情，虚高人禄命以说人志，擅言祸灾以伤人心，矫言鬼神以尽人财，厚求拜谢以私于己。’此吾之所耻，故谓之卑污也。”司马季主曰：“公且安坐。公见夫被发童子乎？日月照之则行，不照则止，然问日月疵瑕吉凶，则弗能理也。今夫卜者，必法天地，象四时，顺于仁义，分策定卦，旋式正棋，然后别天地之利害，事之成败。昔者先王定国，必先龟策日月，而后乃敢代也；

正时日，乃后入家；产子，必先占吉凶，后乃有之。自伏羲作八卦，周文王演三百八十四爻而天下治。越王勾践仿周文王分卦以破敌国，霸天下。由是观之，卜筮有何负哉！且夫卜筮者，扫除设坐，正其冠带，然后乃言事，此有礼也。言鬼神或以飨，忠臣以事其上，孝子以养其亲，慈父以畜其子，此有德者也。而以义置数十百钱，病者或以愈，且死或以生，患或以免，事或以成，嫁子娶妇或以养生。此之为德，岂直数十百钱哉！此老子所谓'上德不德，是以有德。'今夫卜筮者利大谢少，老子之言岂异于是乎？庄子曰：'君子内无饥寒之患，外无劫夺之忧，居上而敬，居下而不为害，君子之道也。'今夫卜筮者之为业也，积之无委聚，藏之不用府库，徙之不用车辎，负装之不重，而用之无尽索之时。持不尽索之物，游于毋穷之世，虽庄氏之行未能增也，子何故而云不可卜哉？天不足西北，星辰西北移；地不足东南，以海为池；日中必移，月满必亏；先王之道，乍存乍亡。公责卜者言必信，不亦惑乎！公见夫谈士辨人乎？虑事定计，必是人也，然不能一言说人主意，故言必称先王，语必道上古；虑事定计，饰先王之成功，语其败害，以恐喜人主之志，以求其欲。多言夸严，徐广曰：一作险。莫大于此矣。然欲强国成功，尽忠于上，非此不立。今夫卜者，导惑教愚也。夫愚惑之人，岂能以一言知之哉！言不厌多，故骐骥不能与罢驴为驷，凤凰不与燕雀为群，而贤者亦不与不肖者同列。故君子处卑隐以避众，自匿以避伦，微见德顺，以除众害，以明天性，助上养下，多其功利，不求尊誉。公等喁喁者也，何知长者之道乎！"

《汉书》曰：谷口有郑子贞，蜀有严君平，皆修身自保，非其服弗服，非其食弗食。成帝时，元舅大将军王凤以礼聘子真，子贞遂不诎而终。君平卜筮于成都市，以为卜筮贱业，以惠众人。有邪恶非正之问，则依蓍龟为言利害，与人子言依于孝，与人臣言依于忠，各因其势，道之以善。

又曰：张禹字子文。父徙家莲勺。上音辇，下音酌。禹为儿，数随家至市，喜观于卜相者前。久，颇晓其别蓍布卦意，时从旁言。卜者爱之，又奇其面貌，谓禹父："是儿多知，可令学经。"及禹至长安，学从沛郡施雠授《易》。

谢承《后汉书》曰：姜肱，桓帝时再以玄纁聘，不就。即拜太史大夫，诏书至门，肱使家人对云："久病，就医。"遂羸服间行，窜伏青州界中，卖卜给衣，召命得断。家亦不知其处，历年乃还。

又曰：田戎拥众夷陵，闻秦丰被围，惧大兵方至，欲降，而妻兄辛臣谏戎曰："今四方豪杰各据郡国，洛阳地如掌耳，不如按甲以观其变。"戎不从，乃留辛臣守夷陵，自将兵沿江沂沔，止黎丘，刻日当降。而辛臣于后盗戎珍宝，从间道先降于岑彭，而以书召戎。戎疑必卖己，乃灼龟卜降，兆不吉，中折，遂止不降。

又曰：范丹字史云，朝议欲以为侍御史，因遁身逃命于梁、沛之间。徒行弊服，卖卜于市。

《魏志·管公明传》曰：洛中有一小人失婢，辂为卦，教明日东明城门中伺担豚人牵与共斗。具如其言，豚逸走，即追之。豚入人舍，突破主人瓮，婢从瓮中出。辂在田舍时，常候远邻，主人患失火。辂卜，教使明日于陌上伺，有一角巾书生驾黑牛弊车，必引留宿，此能除之。即从辂语，得书生，遂留宿，意甚不安。主人罢入，生乃抱刀出门，薪积欻有一小物，直来如兽，手中持火，以口吹之。生举刀斫断腰，视之，狐也。自此无复火灾。

太平御览卷第七百二十六 方术部七

卜下诸杂卜附

《晋书》曰：郭公者，客居河东，精于卜筮。郭璞从之授业，公以青囊中书九卷与之，由是遂洞五行、天文、卜筮之术，禳灾转祸，通致无方，虽京房、管辂，不能过也。璞门人赵载尝窃青囊书，未及读而为火所焚。

又曰：宣城边洪以四月中就韩友卜家中安否，友曰："卿家有兵殃，其祸甚重。可伐七十束柴积于庚地，至七月丁酉放火烧之，咎可消也。不尔，其凶难言。"洪即聚柴。至日大风，不敢发火。洪后为广阳领校，遭母丧归家。友来投之，时日已暮，告从者："速装束，吾当夜去。"从者曰："今日已暝，数十里，何急复去？"友曰："非汝所知也。此间血覆地，宁可复住。"洪苦留之，不待食而去。其夜洪欻发狂，绞杀两子，并杀妇人，斫父妾二人，皆被创，因出亡走。明日，其族往收殡亡者，寻索洪数日，于宅前林中得之，已自经死。宣城太守殷佑疾，友筮之曰："七月晦日，将有太鹳鸟来集厅事上，宜勤伺取，若获者为善，不获将成祸。"佑乃谨为其备。至日果有大鹳，束尾九尺，来集厅事上，掩捕得，佑乃迁石头督护，后为吴郡太守。友卜占神效甚多，而消殃转祸，无不皆验。

王隐《晋书》曰：步熊字叔罴，阳平人。少好卜筮术数，门徒甚盛。熊学舍侧有烧死人，吏疑是熊诸生失火，持诸生急。熊曰："吾已为卜得其人矣。使从道南行，当有一人来，问得火主，来者，便缚之。"吏如熊言，果是耕人。自言草恶难耕，故烧之。忽风起延烧，实不知草中有人。又邻人儿远行，或告已死，其父母号哭制服。熊为卜，克日当还。如期果至。

《宋书》曰：蔡兴宗初为郢府参军，彭城颜敬以式卜曰："亥年当作某官，有大字者不可授也。”及有开府之授，而太岁在亥，果薨于光禄大夫。

又曰：荀伯玉为晋安王子勋镇军行参军。泰始初还都，卖卜自业。

《齐书》曰：王敬则少时于草中射猎，有虫如乌豆，集其身。掷去乃脱，其处皆流血。敬则恶之，诣道士卜。道士曰：“此封侯瑞也。”敬则闻之喜，故出都自效。

又曰：柳世隆善卜，别龟甲，价至万。永明初，世隆曰：“永明九年我亡，后三年丘山崩，齐亦于此季矣。”屏人，命典签李党取笔及高齿屐，题帘箔旌曰：“永明十一年。”因流涕谓党曰：“汝当见，吾不见也。”

《梁书》曰：吉士瞻年逾四十，忽忽不得志，乃就江陵卜者王先生计禄命。王生曰：“君拥旄仗节非一州。后一年当得戎马大郡。”

《三国典略》曰：梁武昌太守朱贾臣闻元帝议迁都，入劝梁主云：“建邺旧都，茔陵攸在。荆镇边疆，非王者宅。愿陛下勿疑，致后悔也。臣家在荆州，岂不愿陛下？但恐是臣富贵，非陛下富贵耳。”乃召卜者杜景豪决去留，遇兆不吉，答云：“未去。”景豪退而言曰：“此兆为鬼贼所留也。”事具《京都部》。

又曰：周文育随卢安兴征俚獠有功，除海南令。监州王励深委任之，励被代，文育与俱下。至大庾岭，诣卜者，卜者曰：“君北下不过作令长，南入则为公侯。”文育曰：“足钱便可，谁望公侯之事！”卜人曰：“君须臾当暴得银至二千两。若不见信，以此为验。”其夕宿逆旅，有贾人求与文育博，文育胜之，得银二千两。且辞励，励问其故，文育以告，励乃遣之。

又曰：东魏相齐王澄以舟师还，次于小平津北岸。古冢崩，骨见，铭曰：“今卜，高原千秋之后化为下泉，当逢霸主，必为改迁。”王曰：“古人之卜，其何至也！”令更葬之。

又曰：齐害其废主济南王也，长广王湛惧，高元海为画三策，湛不能断，令郑道谦、吴导世等卜以决之。道谦等曰：“不利举事，静则吉。”

又曰：初，邺有卖卜者，相赵隐当大贵。及隐自黄门侍郎迁秘书监，崔肇师呼卜者而问己焉。卜者对曰："公令望虽高，爵位难进。"肇师不悦。终如其言。

《隋书》曰：献皇后崩，上令萧吉卜择葬所。吉历筮山原，至一处云："卜年二千，卜世二百。"具图而奏之。上曰："吉凶由人，不在于地。高纬父葬，岂不卜乎？国寻灭亡。正如家墓田，若不吉，朕不当为天子；若云不凶，我弟不当战没。"然竟从吉言。

《唐书》曰：王远知事梁贞白先生陶弘景，隐居茅山，尽传其符箓。隋炀帝为晋王出镇扬州，遣人迎至。及即位，于东都起玉清观以处之。太宗之为秦王也，既平王世充，与记室房玄龄往诣之，立枚以问其吉凶。远知指秦王之枚曰："此当上应天命，下济苍生者。"又指玄龄之枚云："圣之辅也。"及太宗践祚，恩礼甚厚。

又曰：城阳公主初适杜如晦之子荷，荷贞观中为尚衣奉御，坐承乾事伏诛。公主改适饶州刺史薛昱之子瓘。将成婚，太宗使卜之。卜人曰："两火俱食，始则同荣，末亦双悴。若昼日行合卺之礼，则终吉。"太守将从之，马周谏曰："臣闻朝谒以朝，思相戒也；讲习以昼，思相成也；宴饮以昃，思相欢也；婚合以夜，思相亲也。是以上下有威，内外有规，动息有时，吉凶有仪。先王之教，不可黩也。今陛下欲谋其始而乱其终，不可为也。夫卜筮者，所以定犹豫，决嫌疑。若黩乱礼常，先王所不用也。"太宗又从其言而止。

又曰：宪宗尝谓李绛曰："卜筮之事，习者罕精，或中或否。近日风俗，尤更崇尚，何也？"对曰："臣闻古先哲王畏天命，示不敢专。邦国有大事可疑者，故谋于卿士、庶人，决于卜筮，俱吉则行之。末俗浮伪，辜以徼福；正行虑危，邪谋觊安；持疑昏惑，谓小数能决之。而愚夫愚妇假时日鬼神者，欲利欺诈，参之见闻，用以刺射，小近其事，神而异之。近者风尚卜筮，此诚弊俗。圣旨所及，实辨邪源。但存而不论，弊斯息矣。"

《六韬》曰：文王卜田。史偏曰："卜田渭阳，将大德焉。非熊非罴，非虎非狼。兆曰：'得公侯，天遗汝师，以之化昌，施及三王。'大吉。"

又曰：文王问散宜生："卜伐殷，吉乎？"钻龟，龟不兆。祖行之日，雨輜至轸，行之日，帜折为三。散宜生曰："此凶。四不祥，不可举事。"太公进曰："非子之所知也。龟不兆，圣人生天地之间，承衰乱而起。龟者，枯骨；蓍者，朽草；不足以辨吉凶。祖行之日，雨輜至轸，是洗濯甲兵也。行之日，帜折为三，此军分为三。如此，斩纣首之象。"

《国语》曰：晋献公卜伐骊戎，史苏占之曰："胜，不吉。"公曰："何谓也？"遇兆挟以衔骨，齿牙为猾。遇，见也。挟，会也。骨所以鲠刺人。猾，弄也。齿牙谓兆端，左右折，有似齿牙中有从画，故曰衔骨，骨在口中，齿牙弄之，以象谗口之为害也。《礼》太卜掌龟，大夫占色，史占墨。戎夏交捽。兆有二画，外象戎，内象诸夏。夏谓晋也。兆端会齿牙交，有似捽。捽，交对也。交捽是交胜也。臣故云言晋胜戎，戎复胜晋。且惧有口，齿牙衔骨，皆在口也。携人国移心焉。携，离。公曰："何口之有？口在寡人。寡人弗授，谁敢兴之？"对曰："苟可以携其入也，必甘逞而不知，故胡扣空也。"期何逞快。壅，防也，甘言人耳心以为快，而不知其恶何可止也。公不听，遂伐，克之。克，胜。获骊姬以归。有宠，立为夫人。

《春秋后语》曰：二世梦白虎啮其左骖，杀之。心恶，怪之，卜云："泾水为祟。"鬼物为灾曰祟，音思醉切。

又曰：邹忌与田忌不相善。公孙闵谓邹忌曰："何不诈令人操千金卜于市，曰：'我田忌之人也。吾三战三胜，声威天下，欲为大事，亦吉乎？'卜者出，因令人捕焉。"卜者验其辞于王之所，邹忌从之。田忌惧，无以自白。遂率其徒攻临淄，欲杀邹忌，不胜而奔。

《说苑》曰：成王卜洛事曰："昔有周成王之卜居成周也，其命龟曰：'予一人兼有天下，辟就百姓，敢无中土乎？使予有罪，则四方伐之，无难得也。'周公卜居曲阜，其命龟曰：'作邑乎山之阳，贤则茂昌，不贤则速亡。'季孙行父戒其子也，曰：'吾欲室之夹于两社之间也。使吾后世有不能事上者，使其替之益速。'如是则曰：'贤则茂昌，不贤则速亡'。安有择地而封哉？示有天固也。"

又曰：孔子问漆雕马人曰："子事臧文仲、武仲、孺子容三大夫者，孰为贤？”马人对曰：“臧文氏家有龟焉，名曰蔡。文仲立，三年为一兆焉；武仲立，三年为二兆焉；孺子容立，三年，为三兆焉。马人见之矣。若夫三大夫之贤不贤，马人不识也。”孔子曰：“君子哉，漆雕氏之子！其言人之美也，隐而显；其言人之过也，又微而着。故智不能及，明不能见，得无数卜乎？”

《楚辞·卜居》曰：屈原既放，三年不得复见，竭智尽忠，而蔽障于谗。心烦虑乱，不知所从。往见太卜郑詹尹曰：“余有所疑，愿因先生决之。”詹尹乃端策拂龟曰：“君何以教之？”原曰：“吾宁悃悃款款朴以忠乎？将送往劳来斯无穷乎？宁诛锄草茅以力耕乎？将游大人以成名乎？宁正言不讳以危身乎？将从俗富贵以偷生乎？宁超然高举以保真乎？将哫音足訾栗斯，喔咿嚅唲以事妇人乎？宁廉洁正直以自清乎？将突梯滑稽，如脂如韦以洁楹乎？宁昂昂若千里之驹乎？将泛泛若水中之凫，随波上下，偷以全吾躯乎？宁与骐骥抗轭乎？将随驽马之迹乎？宁与黄鹄比翼乎？将与鸡鹜争食乎？此孰吉孰凶？何去何从？世溷浊而不清，蝉翼为重，千钧为轻；黄钟毁弃，瓦釜雷鸣；谗人高张，贤士无名。吁嗟默默兮，谁知吾之廉贞？”詹尹乃释策而谢曰：“夫尺有所短，寸有所长；物有所不足，知有所不明；数有所不逮，神有所不通。用君之心，行君之意，龟策诚不能知此事。”

司马迁《与任安书》曰：仆先人非有丹书剖符之功，依倚卜祝之间，人主以排优遇之。

《白虎通》曰：干草稿骨众多，独以蓍龟何？龟之言久也，蓍之言耆也。

《尚书洪范五行传》曰：此禽兽草木之久而能知吉凶也。

蔡邕《月令章句》曰：大卜官各以牲祠龟策，涂以牲血，谓之衅者。龟甲所以卜也，蓍草所以筮也。

《三礼图》曰：龟以春灼后左，夏灼前左，秋灼前右，冬灼后右。楚焞他昆切，以荆为然，以灼龟。正以荆者，凡木心皆圆，而荆心方，是以用之。

《抱朴子》曰：卜者，小数饰福者，谓知来之妙。

《异苑》曰：会稽馀姚钱佑以元嘉四年五月二日夜出屋后，为虎所取，十八日乃自还。说："虎初取之时，至一官府，入重门，见一人凭几而坐，形貌伟庄，左右侍者三十余人。谓佑曰：'吾欲使汝知术数之法，故令虎迎汝，无惧也。'留十五日，昼夜语诸要术，尽教道之方。佑授法毕，便遣令还。而不知道，即使人送出门，仍见归路。"既得还家，大知卜占，无幽不验，经年乃卒。

又曰：北海任诩，字彦期。从军远征，十年乃归。临还，握粟出，卜师云："非屋莫宿，非时莫沐。"诩结伴数十共行，遇雷雨，不可蒙冒，相与庇于岩下，想"非屋莫宿"之戒，遂负担栉沐。于是岩崩，压伴死。至家，妻先与外人通，谋共史之，请以湿发为认。妇宵则劝诩令沐，复忆"非时莫沐"之忌，收发而止。妇心惭负诈，乃自沐发而同寝。通者夜来，不知妇也，斩首而去。

《述异记》曰：宋车骑将军南谯王刘义宣镇荆州，府吏蔡谶善卜，能悉验，时有妙见，精究如神。公尝在内斋，见一白鼠缘屋，命左右射之，内置函中。时侍者六人悉驱入斋后小小户内，别呼人召谶。谶至，使卜函中物，谓曰："中则厚赏，假加重罚。"谶卜，兆成，笑曰："知之矣。"公曰："何？"谶曰："兑色之鼠，背明向户，弯弧射之，绝其左股。孕五子，三雄二雌。若谓不信，剖腹立知。"公使剖鼠腹，皆如谶言，即赐钱一万。

蠡卜

《春秋后语》曰：苏秦事鬼谷子，学终辞归。道乏困行，以燕人蠡卜传说自给，燕人用蠡卜，秦托此以取资自给，付会事以为词说。各解臧获之裘。臧获，役人，解其衣裘以赏其怪说之言也。

虎卜

《博物志》：虎知冲破，又能画地卜。今人有画物上下者，唯其奇偶，谓虎卜。

鸡卜

《史记》曰：越巫立越祀，而以鸡卜。

鸟卜

《隋书》曰：女国在葱岭之南，其国俗事何修罗神及树神。岁初以人祭，或用猕猴。祭毕，入山祝之。有一鸟如雌雉，来集掌上，破其腹而视之，有粟，则年丰；沙石，则有灾，谓之鸟卜。开皇六年遣使朝贡，其后遂绝。

樗蒲卜

《博物志》曰：老子入西戎，造樗蒲。樗蒲，五木也。或云胡人亦为樗蒲卜。后传楼阴善其功。

十二棋卜

《异苑》曰：十二棋卜出自张文成，授法于黄石公。行师用兵，万不失一。逮至东方朔，密以占众事。自此以后，秘而不传。晋宁康初，襄城寺法味道人忽见一老公，着黄皮衣，竹筒盛此书，以授法味，无何，失所在。遂复流于世。

《齐书》曰：江谧出为镇北长史东海太守，未发，忧甚，乃以灵棋经占卦云："有客南来，金碗三杯。"上使御史大夫沈冲奏谧前后罪，收付廷尉，赐死，果以金罂盛药鸩之。

竹卜

《荆楚岁时记》曰：秋分以牲祠社，其供帐盛于仲春之月。社之余胙，悉贡馈乡里，周于族。社余之会，其在兹乎？此其会也。掷教于社神，以占来岁丰俭，或拆竹以卜。

《楚词》曰：索琼茅以筳篿。楚人折竹结草以卜，谓为筹也。

牛蹄卜

《晋书》曰：夫馀国若有军事，杀牛祭天，以其蹄占吉凶。蹄解者为凶，合者为吉。

杨方《五经钩沉》曰：东夷之人以牛骨占事，呈吉示凶，无往不中。牛非智之物，骨者若此之效。

太平御览卷第七百二十七　方术部八

筮上

《说文》曰：筮易卦用蓍也。从竹巫。巫，古文也。

《周礼·春官上》曰：筮人掌三易，以辨九筮之名。一曰《连山》，二曰《归藏》，三曰《周易》。九筮之名，一曰巫更，二曰巫咸，三曰巫式，四曰巫目，五曰巫易，六曰巫比，七曰巫祠，八曰巫参，九曰巫環，以辨吉凶。郑玄曰：此九巫读皆当为筮字之误也。更谓筮迁都邑也。凡国之事，先筮而后卜。

《礼记·曲礼》曰：假尔太龟有常，假尔太筮有常。卜筮不过三，求吉不过三也。卜筮不相袭也。卜不吉则又筮，筮不吉则又卜，是渎龟筮。卜筮者，先圣之所以使民信时日、敬鬼神、畏法令、决嫌疑、定犹豫也。

又《表记》曰：天子无筮，谓出征巡狩也。天子至尊，大事皆用卜。《春秋传》曰：先王卜征伍，年袭其祥也。诸侯有守筮。守筮，守国之筮也。有事则用。天子道以筮，诸侯非其国不以筮。

《左传·庄公》曰：初，懿氏卜妻敬仲。懿氏，陈大夫也。龟曰卜。其妻占之，曰："吉。是谓'凤皇于飞，和鸣锵锵。雄曰凤。雌雄相和而鸣锵锵然，犹敬仲夫妻相随，适齐有声誉。有妫之后，将育于姜。妫，陈姓也。姜，齐姓也。五世其昌，并为正卿。八世之后，莫之与京。'"京，大也。陈厉公，蔡出也。姊妹之子曰出也。故蔡人杀五父而立之，五父，陈它。生敬仲。其少也，周内史有以《周易》见陈侯者，周太史也。陈侯使筮之，遇观之否。曰："是谓'观国之光，利用宾于王。'此其代陈有国乎？不在此，其在异国乎？非在其身，在其子孙。光，远而自他有耀者也。坤，土也；巽，风也；乾，天也。风为天于土上，山也。巽变为乾，故曰风为天。自二至四有艮象，艮为山也。有山之材，而照之以天光，于是乎居土上。故曰：'观国之光，利用宾于王'。庭实旅百，奉之以玉帛，天地之美具焉，故曰‘利用宾于王’。艮为门庭，乾为金玉，坤为布帛，诸侯朝王陈贽币之象也。旅，陈也，百言物备也已矣。犹有观焉，故曰‘其在后乎’。因观文以博占，故言犹有观非在己之言，故知在子孙也。风行而着于土，故曰‘其在异国乎’，若在异国，必姜姓也。姜，太岳之后也。山岳则配天，物莫能两大。陈衰，此其昌乎？”变而象艮，故知当尖于太岳之后也。得太岳之权，则有配天之大功，故知陈必衰也。

又《闵公》曰：晋献公以魏赐毕万，卜偃曰：“毕万 之后必大。卜偃，晋掌卜大夫也。万，盈数也。魏，大名也。以是始赏，天启之矣。天子曰兆民，诸侯曰万民。今名之大，以从盈数，其必有众。”初，毕万筮仕于晋，遇屯之比。辛廖占之，曰：“吉。辛廖，晋大夫也。屯固比入，吉孰大焉？其必蕃昌。震为土，车从马，足居之，兄长之，母覆之，众归之。六体不可易，合而能固，安而能杀，此公侯之卦也。公侯之子孙，必复其始。

又《闵公》曰：成季之将生也，桓公使卜。楚丘之父卜之，曰：“男也。其名曰友，在公之右。在蛹涸用事。间于两社，为公室辅。两社，同社、亳社也。两社之间，朝廷执政所在。季氏亡，则鲁不昌。”又筮之，遇大有之乾，曰：“同复于父，敬如君所。”及生，有文在其手曰友，遂以命之。

又《僖上》曰：秦伯伐晋，卜徒弗冗之，吉。涉河，侯车败。诘之。秦伯涉河，则晋侯本败，则秦伯不解，谓败在己，故诘之。对曰：“乃大吉也。三败必获晋君。其卦遇蛊，曰：‘千乘三去，三去之余，获其雄狐。’夫狐《蛊》，必其君也。于《周易》卦，利涉人川往有事也，亦秦胜晋之卦也。今此所言，盖卜筮书杂辞以狐虫为君，其义欲以喻晋惠公，其象未闻。蛊之贞，风也。其悔，山也。内卦为贞，外卦为悔。岁云秋矣，我落其实，而取其材，所以克也。今岁已秋风吹落山木之实，则为人所取。实落材亡，不败何待？”三败及韩。晋侯本三坏也。

又曰：初，晋献公筮嫁伯姬于秦，遇归妹之睽。史苏占之，曰：“不吉。其繇曰：‘士刲羊，亦无衁也；女承筐，亦无贶也。《周易》归妹上六爻辞也。谥，血也；贶，赐也。刲羊，士之功；承筐，女之力也。离为中女，震为长男，故称上女也。西邻责言，不可偿也。将嫁女于西而遇不吉之卦，故知有责让之言，不可法偿也。归妹之睽，犹无相也。’归妹，女嫁之卦也。睽，乖离之象，故曰无相相助也。震之离，亦离之震，为雷为火，为嬴败姬。车说其輹，火焚其旂，不利行师，败于宗丘。《归妹》《睽》孤，寇张之弧。侄其从姑，六年其逋，逃归其国，而弃其家，明年其死于高梁之虚。”及惠公之在秦，曰：“先君若从史苏之占，吾不及此夫！”韩简侍曰：“龟，象也；筮，数也。物生而后有象，象而后有滋，滋而后有数。先君之败德，其可数乎？史苏是占，勿从何益？”

又《僖中》曰：狐偃言于晋侯曰：“求诸侯莫如勤王。诸侯信之，且大义也。继文之业，而信宣于诸侯，今为可矣。”使卜偃卜之。曰：“吉。遇黄帝战于阪泉之兆。”公曰：“吾不堪也。”对曰：“周礼未改，今之王，古之帝也。”公曰：“筮之。”遇大有之睽，曰：“吉，遇公用享于天子之卦。战克而王飨，吉孰大焉？且是卦也，天为泽以当日，天子降心以逆公，不亦可乎？大有去睽而复。亦其所也。”

又《成下》曰：晋楚将战，苗贲皇言于晋侯曰：“楚之良，在其中军王族而已。请分良以击其左右，而三军萃于王卒，必大败之。”公曰：“筮之。而三军萃于王卒，必大败之。”公曰：“筮之。”史曰：“吉。其卦遇《复》，曰：‘南国蹙，射其元王，中厥目。’夏阳长之卦，阳气起子，南行推阴，故曰南国蹙也，南国蹙势则离授其咎。离为诸侯，又为日，阳气激南，飞失之象，故曰射其元。国蹙王伤，不败何待？”公从之。

又《襄元》曰：穆姜薨于东宫。太子宫也。穆姜娇淫侨如，欲废成公，徙从居东宫。事在《成十六年》。始往而筮之，遇艮之八。艮下艮上，艮。《周礼》太卜掌三易，然则杂用连山、归藏、周易，其二易皆亡，以八为占，故言遇艮之八也。史曰：“是谓艮之随，震下兑上，随。史疑占易，遇八为不利，故更以《周易》占变爻得随卦而论之。随其出也，史谓随非闭固之卦。君必速出！”姜曰：“亡！亡，无也。是于《周易》曰：‘《随》，元亨利贞，无咎。’元，善之长也。亨，嘉之会也。利，义之和也。贞，事之干也。体仁足以长人，嘉会足以合礼，利物足以和义，贞固足以干事。然故不可诬也，是以虽随无咎。今我妇人，而与于乱，固在下位妇人卑于丈夫而有不仁，不可谓元。不靖国家，不可谓亨。作而害身，不可谓利。弃位而姣，姣，淫之别名。不可谓贞。有四德者，虽随而无咎。我皆无之，岂随也哉？我则取恶，能无咎乎？必死于此，弗得出矣。"

又《襄四》曰：齐棠公之妻，东郭偃之姊也。棠公，齐棠邑大夫可也。偃臣崔武子。棠公死，偃御武子以吊焉，见棠姜而美之，使偃娶之。为己娶也。偃曰："男女辨姓。今君出自丁，臣出自桓，不可。"武子筮之，遇困之大过，史皆曰："吉。"示陈文子，曰："夫从风坎为中男，故曰夫也。变而为巽，故曰从风也。风陨，妻不可娶也。风能陨落，变陨落，故不可也。且其繇曰：'困于石，据于蒺藜；入于其宫，不见其妻，凶。'用六仁党辞也。困于石，往不济也；据于蒺藜，所恃伤也；入于其宫，不见其妻，凶，无所归也。"崔子曰："嫠也，何害？先夫当之矣。"寡妇曰嫠。言棠公己当此凶也。遂取之。

又《昭五》曰：初，穆子之生也，庄叔以《周易》筮之，庄叔，穆子父得臣也。遇明夷之谦。以示卜楚丘，楚丘，卜人姓名也。楚丘曰："是将行，行，出奔也。而归为子祀。秦祭祀也。以谗人入，其名曰牛，卒以馁死。《明夷》日也。日以数十，故有十时，亦当十位。自王已下，其二为公，其三为卿。日上其中，食日为二，旦日为三。明夷之谦，明而未融，其当旦乎！故曰'为子祀'。日之《谦》当鸟，故曰'明夷于飞，明而未融，故曰垂其翼。象日之动，故曰'君子于行'。当三在旦，故曰'三日不食'。离，火也。艮，山也。离为火，火焚山，山败。于人为言。败言为谗，故曰'有攸往主人有言'言必谗也。纯《离》为牛，世乱谗胜，胜将适《离》，山焚则离胜。故曰'其名曰牛'。谦不足，飞不翔，垂不峻，翼不广，故曰'其为子后乎'。吾子，亚卿也，抑少不终。"

又曰：卫襄公嬖人婤姶上音周，下音阖。生子，名之曰元。孔成子以《周易》筮之，曰："元尚享卫国，主其社稷。"遇屯，又曰："余尚立絷，尚克嘉之。"遇屯之《比》，以示史朝，史朝曰："元亨，又何疑焉！"成子曰："非长之谓乎？"对曰："康叔名之，可谓长矣。孟非人也，将不列于宗，不可谓长。且其繇曰'利建侯'。嗣吉，何建？建非嗣也。二卦皆云，子其建之！康叔命之，二卦告之。筮袭于梦，武王所用也，弗从何为？"

又《昭三》曰：南蒯之将叛也，枚筮之，遇坤之比，曰："黄裳元吉。"以为大吉也。示子服惠伯，曰："即欲有事，何如？"惠伯曰："吾尝学此矣，忠信之事则可，不然必败。外强内温，忠也；和以率贞，信也：故曰'黄裳元吉'。黄，中之色也；裳，下之饰也；元，善之长也。中不忠，不得其色。下不共，不得其饰。事不善，不得其极。外内倡和为忠，率事以信为共，供养三德为善，非此三者弗当。且夫《易》，不可以占险，将何事也？且可饰乎？中美能黄，上美为元，下美则裳。参成可筮，犹有阙也。筮虽吉，未也。"

又哀下曰：卫侯梦于北宫，见人登昆吾之观，被发北面而躁曰："登此昆吾之虚，绵绵生之瓜。余为浑良夫，叫天无辜。"公亲筮之，胥弥赦占之曰不害。与之邑，置之，而逃奔宋。卫侯贞卜，其繇曰："如鱼窥尾，衡流而方羊。裔焉大国，灭之将亡。阖门塞窦，乃自后逾。"

又曰：巴人伐楚，围鄾。初，右司马子国之卜也，观瞻曰："如志。"故命之。及巴师至，将卜帅，王曰："宁如志，何卜焉？"使帅师而行，败巴师于鄾，故封子国于析。君子曰："惠王知志。《夏书》曰：'官占，唯先蔽志，昆命于元龟。'其是之谓乎？《志》曰：'圣王不烦卜筮。'惠王其有焉。"

又曰：晋荀瑶伐齐。将战，长武子请卜。知伯曰："君告于天子，而卜之以守龟于宗祧，吉矣。吾又何卜焉？且齐人取我英丘，君命瑶，非敢耀武也，治英丘也。以辞伐罪足矣，何必卜？"

《周易系辞上》曰：大衍之数五十，其用四十有九。王弼曰：演天地之数，所赖者五十也。其用四十有九，则其一不用而用，以之通，非数而数，以之成。斯易之大极也，四十有九，数之极也。夫无不可以无明，必因于有，故常于有物之极，而必明其所由之宗也。分而为二以象两，挂一以象三，揲之以四以象四时，归奇于扐以象闰，五岁再闰，故再扐而后挂。奇凡四，揲之余不足，复揲者也。分而为二，既揲之，余合挂于一，故曰再扐而后挂，凡闰，十九年七闰为一章，五岁再闰者二，故略举其凡也。天数五，五，奇也。地数五，五奇合为二十五。五位相得而各有合。天数二十有五，地数三十。五耦合为三十。凡天地之数五十有五，此所以成变化而行鬼神也。变化以此成，鬼神以此行。《乾》之策二百一十有六，阴爻六，一爻三十六策，六爻二百一十六策。《坤》之策百四十有四，阴爻六，一爻二十四策，六爻百四十四策。凡三百有六十。当期之日，二篇之策，万有一千五百二十，当万物之数也。二篇三百八十四爻，阴阳各半，合万一千五百二十策。是故四营而成《易》，分而为二以象两，一营也，卦一以象三，二营也。揲之以四，三营也。归奇于扐，四营也。十有八变而成卦，八卦而小成。引而伸之，伸之六十四卦。触类而长之，天下之能事毕矣。显道显，明也。神德行，由神以成其用。是故可与酬酢，可与佑神矣。可以应对万物之求，助成神化之功也，酬酢，应对也。

又曰：蓍之德圆而神，卦之德方以知。神以知来，知以藏往。探赜索隐，钩深致远，以定天下之吉凶，成天下之亹亹者，莫大乎蓍龟。

《归藏》曰：蓍末大于本，为上吉；蒿末大于本，次吉；荆末大于本，次吉；箭末大于本，次吉；竹末大于本，次吉。蓍一五神，蒿二四神，荆三三神，箭四二神，竹五一神。筮五犯皆藏，五筮之神明皆聚焉。

《洪范五行传》曰：若烦数溷渎，或不精严，神不告也。或观卦察兆，占不得也。或龟不神，蓍不灵，此其所以过差，圣人不得专用也。龟筮共违于人，神灵不佑也。

《汉书》曰：宣帝八月饮酎行祠孝昭庙。先驱旄头剑挺堕首拂泥中，刃向乘舆车，马惊。于是召梁丘贺筮之，有兵谋，不吉。上还，使有司行祠。是时霍氏外孙代郡太守任宣坐谋反诛，宣子章为公车丞，亡在渭城。中夜玄服入庙，居郎间，执戟立庙门，待上至，欲为逆，事发，伏诛。

《后汉书》曰：许曼者。汝南平舆人也。祖父峻，字季山，善卜占之术，多有显验，时人方之前代京房。自云少尝笃病，三年不愈，乃谒太山请命。太山主人生死，故请命也。行遇道士张巨君，授以方术，所着《易林》至今行于代。曼少传峻学，桓帝时，陇西太守冯绲始拜郡，开绶笥，有两赤蛇，分南北走。绲令曼筮之，卦成象，曼曰：“三岁之后，君当为边将官。有东名，当东北行三千里。复五年，更为大将军南征。”延熹元年，绲出为辽东太守，讨鲜卑。至五年，复拜车骑将军，击武陵蛮贼，皆如占。其余多此类云。

《东观汉记》曰：沛献王辅善京氏《易》。永平五年，京师少雨，上御云台，自作卦，以《周易林》占之，其䌷曰：“蚁封穴户，大雨将至。”上以问辅，辅上书曰：“蹇，艮下坎氏。艮为山，坎为水，山出云为雨。蚁穴居，知雨将至，故以蚁为兴。”

又曰：孝顺梁皇后永建三年春三月丙午选入掖庭，相工通见之，瞿然惊骇，却再拜，贺曰：“此所谓日角偃月，相之极贵，臣所未尝见。”太史卜之，兆得“戴房”。又筮之，得坤之比。

又曰：明德皇后尝久病，至卜者家为卦，问咎祟所在。卜者卦定释蓍，仰天叹息，卜者乃曰：“此女明年小疾，必将贵。”遂为帝妃，不可言也。

《魏志》曰：管辂父为利漕。利漕民郭恩兄弟三人皆得躄疾，不知何故。使辂筮其所由，辂曰：“卦中有君本墓中有女鬼，非君伯母，当叔母也。昔饥荒之世，当有利其数升米者，排著井中，啧啧有声，推一大石下，破其头。孤魂冤痛，自诉于天。”于是恩涕泣服罪。

又曰：管辂往见安平太守王基，基令作卦。辂曰：“当有贱妇人生一男儿，堕地便走入灶中死。又床氏当有一大蛇衔笔，小大共视，须臾便去。又乌来入室，与燕共斗，燕死乌去。有此三怪。”基大惊，问其吉凶。辂曰：“直官舍久远，魑魅魍魉为怪耳。儿生便走，非能自走，直宋无忌之妖将其入灶也。大蛇衔笔，直老书佐耳。乌与燕斗，直老铃下耳。今卦见其象而不见其凶，非妖咎之征，自无所忧也。”后卒无庢。

又曰：馆陶令诸葛原迁新兴太守，管辂往祖饯，宾客并会。原自起取燕卵、蜂巢、蜘蛛着于器中，使射覆。卦成，辂曰：“第一物，含气须变，依于宇堂，雄雌以形分，翼翅舒张。此燕卵也。第二物，家室倒悬，门户众多，藏精育毒，得秋乃化，此蜂窠也。弟三物，觳觫长足，吐丝成罗，寻网求食，利在昏夜，此蜘蛛也。”举座惊叹。

又曰：管辂举秀才，吏部尚书何晏请之，曰：“闻君蓍爻神妙，试为作一卦，知位当至三公不。”又问：“夜连梦青蝇数十头来鼻上，驱之不肯去，有何意故？”辂曰：“夫飞鸮，天下贱鸟，及其在林食椹，则怀我好音，况辂心非草木，不敢不尽忠。昔元、凯之弼重华，宣慈惠和，周公之翼成，王坐而待旦，故能流光六合，万国咸宁。此乃履道之休应，非卜筮之所明也。今君侯位重山岳，势若雷电，而怀德者鲜，畏威者众，殆非小心翼翼多福之人。又鼻者艮，此天中之山，臣松之案，相书鼻为天中，鼻有山象，故曰天中之山。高而不危，所以长守贵也。今青蝇臭恶而集之焉，位峻者颠，轻豪者亡。不可不思害盈之数，盛衰之期。是故山在地中曰谦，雷在天上曰壮。谦则裒多益寡，壮则非礼不履。未有损己而不光大，行非而不伤败。愿君侯上追文王六爻之旨，下思尼父彖象之义，然后三公可决，青蝇可驱也。”

又，管辂过魏郡太守锺毓，共论《易》义。辂因言：“卜可知君生死之日。”毓使筮其生日月，如言无蹉跌。毓大愕曰：“君可畏人也。命以付天，不以付君。”遂不复问。

又曰：平原太守刘邠取印囊及山鸡毛着器中，使筮。辂曰：“内方外圆，五色成文，含宝守信，出则有章，此印囊也。高岳嵈岈，有鸟朱身，羽翼玄黄，鸣不失晨，此山鸡毛也。”

又曰：清河令徐季龙使人行猎，令管辂筮其所得。辂曰：“当获其小兽，复非食禽。虽有爪牙，微而不强。虽有文章，蔚而不明。非虎非雉，其名曰狸。”猎人暮归，果如辂言。

又曰：邓艾当伐蜀，梦坐山上而有流水。问殄虏护军爰邵，邵曰：“《易》卦，山上有水曰蹇。蹇繇曰：‘蹇利西南，不利东北。’孔子曰：‘蹇利西南，往有功也。不利东北，其道穷也。’往必克蜀，殆不还乎！”艾怃然不乐。

《吴志》曰：虞翻，字仲翔，会稽人。尝与孔融书，示以所着《易注》，融答书曰："闻延陵之理乐，睹吾子之理易。乃知东南之美者，非徒会稽之竹箭也，可谓探赜穷通矣。"关羽既败，权使筮，遇节之临，翻曰："不出二日，必当断头。"果如其言。权曰："卿不及伏羲，可与东方朔为比矣。"

又曰：陆机之克步阐，孙皓意张，乃使尚广筮并天下，遇《同人》之《颐》，对曰："吉。庚子岁，青盖当入洛阳。"故皓不修其政，而常有窥上国之志。

王隐《晋书》曰：淳于智，字叔平，济北人也。性沉深，有思义，少为诸生，善《易》。高平刘柔夜卧，鼠啮其左手中指。意甚恶之，以问智。智为筮之，曰："鼠本欲杀君而不能，当相为，使之反死。"乃以朱书其手腕横文后二寸为"田"字，辟方一寸二分。使夜露手卧。以其明，有大鼠伏死手前。谯国夏侯藻母病，因五鼓中出，诣智卜。有一狐当门，向之嗥唤，藻愁愕，遂驰诣智，智曰："其祸甚急，君速归，在狐嗥处抚心啼哭，令家人惊怪，大小毕出。一人不出，啼哭勿休，然后其祸仅可救也。"藻如之，母亦扶病而出啼。家人既集，堂屋五间捽然暴崩。护军张劭母病笃，智筮之，使西出市外，猴系母臂，令旁人捶拍，恒使作声，三日三夜放去。劭从之。其猴出门，即为犬所咋死，母于此渐差。

又曰：上党鲍瑗家多丧病，贫苦。或谓之曰："淳于叔平，神人也。君何不试就卜，知祸所在？"瑗性质直，不信卜筮，曰："人生有命，岂卜筮所移？"会智适来，应思远谓之曰："君有通灵之思，而但为贵人用。此君寒士贫苦，多屯蹇，可为一卦。"智乃令詹作卦，卦成，谓瑗曰："为君安宅者女子耶？"瑗曰："是也。""此人安宅失宜，既害其身，又令君不利。君舍东北有大桑树。君径至市，入门数十步，当有一人持荆马鞭者，便就请买，还以悬此桑树，三年当暴得财也。"瑗承其言，诣市，果得马鞭。悬之正三年，浚井得钱十万，铜铁杂器复可二十余万，于是家业用展，病者亦愈。《搜神记》同。

又曰：韩友，字光景，庐江舒人也。善卜占，行京、费厌胜之术。龙舒长邓子林妇病积年，垂死，医巫皆息。友为筮之，使画作野猪象，着卧处屏风上，一宿觉佳，于是遂差。舒县廷掾王睦病卒已复魄，友为卜之，令以丹画板作日月，置床头，及卧虎皮马鄣泥，登时大愈。刘世则女病魅积年，巫为祈祷，伐空冢故城间，得鼍数十，犹不差。友筮之，令作布囊。女发时，张囊着窗牖间，友闭户作气，若有所驱逐。斯须之间，囊大胀如吹葱叶，因便败，女仍大发。友乃便作皮囊二枚，沓张之，施如前囊，复胀满，因急缚囊口，悬着树间。二十许日渐消下，开视有一二斤毛，状如狐毛，女遂大差。

太平御览卷第七百二十八　方术部九

筮下

《晋书》曰：严卿，会稽人也。善卜筮。乡人魏序欲暂东行，荒年而多抄盗，令卿筮之。卿筮，曰："君慎不可东行，必遭暴害之气，而非劫也。"序之不信。卿曰："既必不信，宜有以禳之，可索西郭外独母家白雄狗系着船前。"求索，正得驳狗，无白。卿曰："驳者亦足，然犹恨其色不纯，当余小毒，正及六畜辈耳。无所复忧。"序行半路，狗忽作声甚急，如有人打之者。比视，已死，吐黑血斗余。其夕，序墅上白鹅数头无故自死，而序家无恙。

又曰：郭璞既过江，宣城太守殷佑引为参军。时有物，大如水牛，灰色卑脚类象，胸前尾氏皆白，大力而迟钝。来到城下，众咸异焉。佑使人伏而取之。令璞作卦，遇遯之蛊，其卦曰："艮体连乾，其物壮巨。山潜之畜，匪兕匪虎。身与鬼并，精见二午。法当为禽，两灵不许。遂被一创，还其本墅。"按卦是为驴鼠。卜适了，伏者以戟刺之，深尺余，遂去，不复见。巫云："庙神不悦，曰："此是郱亭驴，山君鼠。使诣到山，暂来过我，不须触之。"其精妙如此。

又曰：王导深重郭璞，引参己军事。导令作卦，璞言："公有震厄，可命驾。西出数十里，得一柏树，截断如身长，置常寝处，灾当可消矣。"导从其言。数日果震，柏木粉碎。元帝初镇建邺，导令璞巫之，遇咸之井，璞曰："东北郡县有武名者，当出铎，以着授命之符。西南郡县有阳名者，井当沸。"其后，晋陵武进县人于田中得铜铎五枚。历阳县中井沸，经日乃止。及帝为晋王，又使璞筮，遇豫之睽，璞曰："会稽当出钟，以告成功，上有勒铭。应在人家井沸泥中得之。繇辞所谓'先王以作乐，崇德，殷荐之上帝'者也。"及帝即位，太兴初，会稽剡县果于井中得一钟，长七寸二分，口径四寸半。上有古文奇书十八字，云“会稽岳命”，余字时人莫识之。

又曰：王敦之谋逆也，温峤、庾亮使郭璞筮之，璞对不决。峤、亮复令占己之吉凶，璞曰：“元吉。”峤等退，相谓曰：“璞对不了，是不讣涠。或天夺敦魄，今吾等与国家共举大事，而璞云元吉，是为举事必有成也。”于是劝帝讨敦。初，璞每言：“杀我者，山宗。”至是果有姓崇者构璞于敦。敦将举兵，又使璞筮，璞曰：“无成。”敦因疑璞之劝峤、亮。又闻卦凶，乃问璞曰：“卿更筮吾寿几何？”答曰：“思向卦，明公起事必祸。不久，若往武昌，寿不可测。”敦大怒曰：“卿寿几何？”曰：“命尽今日中。”敦怒，收璞诣南岗而斩之。璞临出，谓刑者：“欲何之？”曰：“南岗头。”璞曰：“必在双柏树下。”既至，果然。复云：“此树应有大鹊巢。”众索，云不见。璞更令寻觅，果于枝间得一大巢，密叶蔽之。

又曰：庾翼幼时尝令璞筮公家及身，卦成，曰：“立始之末，丘山倾。长顺之初，子凋零。”及康帝即位，将改元为建元，或谓庾冰曰：“子忘郭生之言耶？立始，建元也。丘山，上名。此号不宜用。”冰抚心欢恨。帝崩，何充改元为永和，庾翼叹曰：“天道精微，乃当如是。长顺者，永和也。吾庸得免乎！”其年翼卒。冰又令筮其后嗣，卦成，曰：“卿诸子并当贵盛。然有白龙者，凶征至矣。若墓碑生金，庾氏之大忌也。”后冰子蕴为广州刺史，妾房内忽有一新生白狗子，莫知所由来。其妾秘爱之，不令蕴知。狗转长大，蕴入，见狗眉眼分明，又身至长，又弱，异于常狗，蕴甚怪之，将出共视，在众人前忽失所在。蕴慨然曰：“殆白龙乎！庾氏之祸至矣！”又墓碑生金，俄而为桓温所灭，终如其言。璞之占验，皆此类也。撰前后筮验六十余事。名为《洞林》。又抄京、费诸家要最，更撰《新林》十篇、《卜韵》十篇。

《载记》曰：秦符融为司隶校尉。京兆人董丰游三年而返，过宿妻家。是夜妻为贼所杀，兄疑丰杀之，送丰有司，不堪楚掠，诬引杀妻。融察而疑之，问曰：“汝行往还，颇有怪异？及卜筮以不？”丰曰：“初将发，夜梦乘马南渡水，返而北渡，复自北而南。马停水中，鞭策不去。俯而视之，见两日在于水下，左白而湿，右黑而燥。寤而心悸，以为不祥。还之夕，复梦如初；问筮者，筮者云：‘忧狱讼。远三枕，避三休。’既至，妻为具沐，夜授丰枕，丰记筮者之言，皆不从之，乃自沐，枕枕而寝。”融曰：“吾知之矣。《周易》坎为水马、为《离》，三爻同变而成《离》。《离》为中女，《坎》为中男。两日，二夫之象。《坎》为执法吏，吏话其夫，妇人被流血而死。《坎》二阴一阳，《离》二阳一阴，相承易位，《离》下《坎》上。《既济》，文王遇之，囚羑里，有礼而生，无礼而死，马左而湿，湿水也。左冰右马，冯字也。两日，昌字也。其冯昌杀之乎？”于是推验获昌。诘之，具首服，曰：“本与其妻谋杀董丰，期以沐新枕为验，是以误中妇人。”

《宋书》曰：刘休善筮，因尚书令吴喜事明帝。遂见亲，赏长直殿内。后宫孕者，帝使筑其男女，无不如占。

《齐书》曰：贺玚伯祖导养工卜筮经，遇工歌女人病死。为筮之曰：“此非死也，天帝召之歌耳。”乃以土块加其心上，俄顷而苏。

《南史》曰：梁大同中，同泰寺灾，帝召太史令虞履筑之，遇坤之履曰：“无害。其繇曰：‘西南得朋，东北丧朋，安贞吉。’《文言》曰：‘东北丧朋，乃终有庆。’”帝曰：“斯魔也。酉应见卯，金来克木。卯为阴碱，鬼而带贼，非魔孰为致之？酉为口舌，当就说言乎？兑故知善言乎？宜前为法事。”于是人人赞善，莫不从风。

《梁书》曰：邓元起初为益州刺史。及巴东，闻蜀乱，使蒋光济筮之，遇蹇，喟然叹曰：“吾岂邓艾而及此乎？”后果如筮。

又《阮孝绪传》曰：孝绪见善筮者张有道曰：“见子隐迹而心难明，自非考之龟蓍，无以验也。”及布卦，既揲五爻，曰：“此将为《咸》，应感之法，非嘉遁之兆。”孝绪曰：“安知后爻不为上九？”果成《遁卦》。有道叹曰：“此所谓‘肥遁无不利’象实应德，心迹并也。”孝绪曰：“虽获《遁卦》，而上九爻不发，升遐之道，便当高谢。”

又曰：阮孝绪自筮，卦曰：“吾寿与刘着作同年。”及刘着卒，孝绪曰：“刘侯逝矣，吾其几何？”其年十月卒。

《后魏书》曰：任城王澄。高祖外示南讨，意在谋迁，斋于明堂。左个诏太常卿王谌，亲令龟卜《易》筮南伐之事其兆遇革。高祖曰："此是汤武革顺之卦也。"群臣莫敢言，澄曰："'革者，更也。'将欲应天顺人，革君臣之命。汤武得之为吉，陛下帝有天下，重光累叶。今日卜征，乃可伐叛，不得云革命。此非君人卦，未可为吉也？"高祖厉声曰："此《象》云'大人虎变'，何云不吉也？"澄曰："陛下龙兴既久，不宜方同虎变。"高祖勃然作色曰："社稷，我社稷，任城而欲沮众也。"澄曰："社稷，诚知陛下之社稷。然臣是社稷之臣也。务参顾问，敢尽愚衷。"高祖久之乃解，曰："各言其志，亦复何伤？"车驾还宫，便召澄，未及升陛，遥谓曰："向者之革，今便欲论之。明堂之忿，惧众人竞言沮我计，故厉色怖文武耳。想解朕意也。"

又曰：邓渊博览经书，长于《易》筮。太祖定中原，擢为吏部郎。

又曰：许彦，少孤贫，好读书。后从沙门法叡授《易》。世祖被征，以卜筮频验，遂在左右参与谋议。

《北史》曰：后魏乐平王丕坐事，以忧薨。及日者董道秀之死也，高允遂着筮论，曰："昔明元末起白台，其高二十余丈。乐平王尝梦登其上，四望无所见。王以问日者董道秀。筮之曰：'大吉。'王默而有喜诗。后事发，王遂忧死，而道秀弃市。道秀善推六爻，以对王曰：《易》称亢龙有悔。穷高曰亢，高而无人不为善也。夫如是，则可上宁于王，下保于己。福禄方至，岂有祸哉？今舍其本而从其末，咎衅之至，不亦宜乎？'"

《三国典略》曰：西魏孝武帝字孝则，孝文皇帝之孙也。性沉厚少言，体有鳞文。初封汝阳公，梦人谓己曰："汝当大贵，得二十五年。"将即位，使吴遵世筮之，遇明夷之贲，曰："初登于天，后入于地。"帝曰："何谓也？"遵曰："初登于天，当作天子也。后入于地，不得久也。"

又曰：清河王岳，神武从父弟也，初家于洛邑。神武奉使入洛，常止岳舍。母山氏尝夜起，见神武室中有光，窥而无火。移于东屋，其光复存，以为怪也。诣卜者筮之，遇乾之大有，占曰："吉。《易》称'龙飞在天'，大人造也。飞龙九五，大人之卦，当大贵，主人蒙其福。"神武起兵于信都，山氏闻之大喜，谓岳曰："赤光之瑞，今当验矣，可间从之，共图大计。"岳至信都，神武以为散骑常侍。封山氏为郡君，授女侍中，入侍皇后。

又曰：齐赵辅和明《易》善筮，后宫诞男女时日，筮无不中。有人父疾，辅和筮之，遇乾之晋，告之以吉。退而谓人曰："乾为天，夫变为魂而升于天，能无死也？"果如其言。

又曰：齐许遵，高阳新城人也。明《易》善筮，兼晓天文，齐神武引为馆客。自言禄命不富贵，终必横死。是以任情疏诞，多所犯忤。时齐王无道既甚，遵语人曰："多折算来，吾筮此狂夫何时当死。"于是布算满床，大言曰："不出首冬，我乃不见。"

又《后周书》曰：梁孝元，凡诸伎术，无所不该。南平嗣王恪尝以铜合盛金玉、琥珀、指环，请孝元射覆。卦遇姤之履，林曰："上既为天，其体则圆。指环之象，金玉在焉。寅爻带午，寅则为虎。琥珀生光，在合中央。合中之物，凡有三种，案卦而谈，或轻或重。"恪于是神服。又以壬申日寅时筮南军何时有信，遇剥之艮。孝元曰："使还，已在门外。"遣人往看，果如所说。宾客惊其妙而问之，孝元曰："艮为门，时在寅，与日辰并，故知之耳。"凡所占决，万不失一。及我军之伐，授蓍为卦，取龟式验之，因抵于地曰："吾若死此下，岂非命乎？"

《隋书》曰：杨伯丑，冯翊武乡人也。好读《易》，隐于华山。开皇初，被征入朝。见公卿不为礼，无贵贱皆汝之。人不能测也。高祖召与语，竟无所答。上赐之衣服，至朝堂舍之而去。于是被发阳狂，游行市里，形体垢秽，未尝栉沐。时有张永乐者，卖卜京师，伯丑每从之游。永乐为卦有不能决者，伯丑辄为分析爻象，寻幽入微。永乐嗟服，自以为非所及也。伯丑亦开肆卖卜。有人尝失子就伯丑筮者，卦成，伯丑曰："汝子在怀远坊南门道东北壁上，有青裙女子抱之，可往取也。"如言果得。或有金数两，夫妻共藏之。于后失金，其夫意妻有异志，将逐之。其妻称冤，以诣伯丑。伯丑为筮之，曰："金在矣。"悉呼其家人，指一人曰："可取金来。"其人赧然，应声而取之。道士韦知常诣伯丑问吉凶，伯丑曰：“汝勿东北行。必不得已，当早还。不然者，杨素斩汝头。”未几，上令知常事汉王谅。俄而上崩，谅举兵反，知常逃归京师。知常先与杨素有隙，及素平并州，先访知常，将斩之，赖此获免。又有失马，来诣伯丑卜者。时伯丑为皇太子所召，在途遇之，立为作卦。卦成，曰：“我不遑为卿占之，卿且向西市东壁门南弟三店，为我买鱼作脍，当得马矣。”其人如此言，须臾有一人牵所失马而至，遂擒之。崖州尝献径寸珠，其使者阴易之。上疑焉，召伯丑筮，曰：“有物出自水中，质圆而色光，是大珠也。今为人所隐。”具隐者姓名、容状。上如言簿责之，果得本珠。上奇之，赐帛二十匹。

《唐书》曰：太宗皇后长孙氏，隋大业中归宁于永兴里，后舅高士廉有姬张氏，于后所宿舍侧见一大马，二丈余，鞍勒具备。士廉筮之，遇《坤·彖》，曰：“至哉坤元，万物资生，乃顺承天。坤厚载物，德合无强。《象》曰：‘牝马地类，行地无疆地。’《泰·彖》曰：‘内阳而外阴，内健而外顺。则是天地交而万物通也。’《象》曰：‘后以辅相，天地之宜，而左右人也。’”卜人曰：“龙，乾之象也，马，坤之象也，变而为《泰》，天地交也。繇协于《归妹》，妇人兆也。案王弼云：‘妇人谓嫁曰归。女处尊位，履中居顺也。’此女当大贵也。其可尽言乎？”士廉志之而心独喜。亲戚知者，咸敬异焉。

又曰：卫大经笃学善《易》，口无二言。则天降诏征之，辞疾不起。尝预筮死日，先凿墓，自为志文，如筮而终。

又曰：玄宗之为潞州别驾，将入朝，有军人韩凝礼自谓知五兆，上因以食箸试之。既布卦，一箸无故自起。凡三偃三起，观者以为大吉征。既而诛韦氏，定天保。因此行也，凝礼起家五品。

《家语》曰：孔子尝自为筮，而卦得贲，愀然有不乐之状。子张进曰：“师闻卜者，得贲是吉卦也，而夫子之色不平，何也？”孔子曰：“以其杂也。在《周易》，山下有火谓贲，非正色之卦也。夫质也，白宜正白，黑宜正黑。今而以贲，非吉兆也。吾闻丹漆不文，白玉不雕，何者？质之有余。质有余者，不授饰故也。”《说苑》同。

《古史考》曰：庖羲作卦，始有筮。

《冲波传》曰：孔子使子贡往外而未来，谓弟子占之。遇鼎，皆言："无下足，不来。"颜子掩口而笑曰："无足者，乘舟而来。赐至矣，清朝也！"子贡果朝至。

《国语》曰：晋公子在秦，筮之曰："尚有晋国。"得贞《屯》悔《豫》，皆八也。内曰贞，外曰悔。震下坎氏，屯；坤下震上，豫。得此两卦，震在屯为贞，在豫为悔。八谓震两阴爻在悔，皆不动，故曰皆八，诸爻无为也。筮史占之，皆曰："不吉。卦闭而不通，爻无为也。"司空季子曰："吉。是在《周易》，皆'利建侯'。不有晋国以辅王室，安能建侯？我命筮曰：'尚有晋国。'筮告曰：'利建侯，得国之务也。吉执大焉！'是二者，得国之卦也。二者，屯豫。

又曰：惠公卒，秦伯纳公子。董囷迎公于河，公问焉，曰："吾其济乎？"对曰："岁在大梁，集天行，元年始授，实沉之星也。实沉之虚，晋人是居，所以兴也。今君当之，无不济矣。君之行也，岁在大火。大火，阏伯之星也，是谓大辰。臣筮之，得《泰》之八。乾下坤上，泰。遇泰无动，爻筮为侯也。泰三至五震为阴爻不动，其数皆八，故得泰之八，与贞屯悔豫皆八义同。曰：是谓天地配亨，小往大来，今及之矣，何不济之有？且以辰出，而以参入，皆晋祥也。济且秉成，必伯诸侯。秉，执。子孙赖之，君无惧矣。"

又曰：晋孙谈之子适周事适襄公。襄公有疾，召顷公而告之曰："吾闻晋之筮之也，遇乾之否，曰：'配而不终'。君三出焉，一既往矣，后之不知，其次必此。且吾闻之成公之生也，其母梦神规其臀以黑，曰使有晋国，规，画；臀，尻。三世而畀，驩之孙，故名之曰黑臀。于今再矣。"襄公曰："驩，此其孙也。此周子者，晋襄公之孙也。而令德孝恭，非此其谁！且其梦曰：'必驩之孙，实有晋国。'其卦曰：'必三取君于周，其德又可以君，国三袭焉。'袭，合也。三合德梦卦也。吾闻之《泰誓》曰：'朕梦协于朕卜，袭于休祥，戎商必克。'以三合袭，晋仍无道而鲜胄，其将失之矣。早善晋子，其当之。"顷公许诺。及厉公之乱，召周子而立之，是为悼公。乱谓杀之。

《智琼传》曰：弦超为神女所降。论者以为神仙，或以为鬼魅，不可得正也。着作郎于宝以《周易》筮之，遇熙之益。以示同寮郎郭璞曰："颐，贞吉，正以养身，雷动山下，气性唯新，变而之益。延寿永年，乘龙御风，乃升于天。此仙人之卦也。"

《搜神记》曰：桥玄，字公祖，梁国人也。初为司徒长史，五月末，夜卧，见东壁正白如门，呼左右，左右莫见。因起自往，手扪摸之，壁如故。还床又见。心大怒。其旦，应劭往候之，元告劭曰："乡人有童彦兴者，许季山外孙也。其探赜索隐，穷神知化，然天性褊狭，羞于卜筮者。玄闻往请之？"公祖虚礼盛馔，下席行觞。彦行辞，公祖让再三。尔乃应之曰："府君怪见曰光如门明者，然不为害也。六月上旬鸡鸣时闻南家哭，即吉。到秋节迁北行郡。以金为名，位至将军三公。"到六月九日，太尉杨秉薨。七月拜钜鹿太守，钜边有金焉。复为度辽将军。遂登三事。

《续搜神记》曰：郭璞每自为卦，知其凶终。尝得建康栅塘，逢一趋走少年，便牵住，脱丝布袍与之，此人乃授。及当死，果此人行刑。旁人皆为求属，璞曰："我托之久矣。"此人为之歔欷哽咽。

又曰：欷超年二十余得重病，庐江杜不愆始学《易》卜，屡有验，超令试筮之。卦成，不愆曰："案卦言之，卿所苦寻除。然宜于东北三十里上宫姓家索其先养雄雉，笼而绊之，置东檐下。却后九日辰加午，必当有野雌雉飞来与交合，既毕，双飞去。若如此，不出二十日，病都除。又是休应年将八十，位极人臣。若但雌逝雄留者，病一周方差，年半八十，名位亦失。"超依其言，索雄果得。至期日，超卧南轩下观之，至日晏，果有雌雄飞入笼与雄交而去，雄雉不动。超叹息曰："虽管郭之奇，何以尚此？"超病弥年乃起，至四十，卒于中书郎。

《录异传》曰：隗照者，汝阴鸿寿亭人也。善于易。临死，书板授其妻曰："吾亡后当大荒穷。虽尔，慎莫卖宅也。却后五年春，当有诏使来顿此亭，姓龚，此人负吾金。卿以此板往责之，勿违吾言。"言乞而卒。后果大困乏，欲卖宅，忆夫言，辄止。期日有龚使者至亭，妻遂赍板往。使者执板，茫然不知所以，乃言曰："我生不践此，何缘尔耳？”妻曰：“夫临亡手书板见命如此，不敢妄也。”使者沉吟良久而寤，谓曰：“贤夫何善？”妻曰：“亡夫善于易，而未曾为人卜也。”使者曰：“噫！可知矣！”乃命取蓍筮之，卦成，抚掌而叹曰：“妙哉！隗生含明隐迹，可谓镜穷达而洞吉凶者也。”于是告照妻曰：“吾不可相负金也，贤夫自有金耳。知亡后蹔穷，故藏金以待泰平。所以不告妇儿者，恐金尽而困无已也。知吾善《易》，故书板以寄意耳。金有五百斤，盛以青罂，覆以铜柈，埋在堂屋东头，去壁一丈，入地九尺。”妻还掘之，皆如其言。

《金楼子自述》云：初至荆州，卜雨，聊附见首末。孟秋之月，亢阳日久，月旦虽雨，俄尔便晴。有人云：“谚曰：‘雨月额，千里赤。’盖旱之征也。”吾乃端筴拂蓍，遇动不动，既而言曰：“庚子爻，为世于金。七月建申，申子辰。又三五合，必在此月五日庚子。”果值甘雨。余又以十七日荚何时云卷金翘，日耀合璧，红尘暗阻，丹霞映峙，谓亢阳之势，未霔膏泽。筮遇坎之比。于是辍蓍而叹曰：“《坎》者，水也。子爻为世，其在金。今夜三更，平地上有水，称之为《比》。其方有甘雨乎！”欣然有自得之志。

又曰：桃文烈善龟卜，谓余曰：“此二十一日将雨，其在虞渊之时。”余乃筮之，遇谦之小过，既言曰：“坤、艮二象，俱在十宫，非直无雨，乃应开霁。”俄而星如玉李，月上金波，雾生犹縠，河垂似带。余乃欣然。

《异苑》曰：颍州庾嘉德善于蓍蔡之事。有一人失婢，庾卦云：“君可出东陵口伺候，有姓曹乘车者，无问识否，但就其载。得与不得，殆一理也。”旦出郭，果有曹郎上墓，迳便升车。曹大骇呼，牛惊奔入草，刺一死尸，下视，乃其婢也。

《博物志》曰：龟三千岁，游于卷耳之上。蓍千岁而三百茎，同本以老，故知吉凶。

又曰：筮必沐浴，斋洁，烧香，每朔望浴。蓍必五浴之浴，龟亦然。

《鬼谷子》曰：夫决情定疑，万事之基，以正乱治。天决，诚为难者也。先生乃用蓍龟，以助自决也。

太平御览卷第七百二十九 方术部十

相上

《左传·文上》曰：王使内史叔服来会葬，公孙叔敖闻其能相人也，见其二子焉。叔服曰："谷也，食子，难也收子。谷，文伯；难，惠叔也。食子，奉祭祀供养者也。收子，葬子身也。谷也丰下，必有后于鲁国。丰下，盖方而也。

又曰：初，楚子将以商臣为太子，访诸令尹子上。子上曰："君之齿未也，而又多爱，黜乃乱也。楚国之举，恒在少者。且是人也，蜂目而豺声，忍人也。可不立也。"弗听。

又《宣上》曰：楚司马子良生子越椒，子文曰："必杀之！是子也，熊虎之状而豺狼之声。不杀，必灭若敖氏矣。谚曰：'狼子野心。'是乃狼也，其可畜乎？"子良不可。子文以为大戚。及将死，聚其族曰："椒也知政，乃速行矣，无及于难。"且泣曰："鬼犹求食。若敖氏之鬼，不其馁而！"

《周书》曰：师旷见太子晋曰："汝声清浮，汝色赤火，色不寿。"王子曰："后三年上宾于帝，汝慎毋言，殃将及汝。"师旷归，未及三年，告死者至。

《史记》曰：秦王见尉缭元礼，衣服食饮与缭同。缭曰："秦王为人，蜂准、徐广曰：蜂一作隆。长目、鸷啄、鸟膺、豺声，少恩而虎狼心，居约易出人下，得志亦轻食人。我布衣也，然见我常身自下我，诚使秦王得志于天下，天下皆为虏矣。不可与久游。"乃亡去。王觉，固止之，以为秦国尉。

又曰：吕公曰："臣少好相人，相人多矣，无如季相，愿季自爱。臣有息女，愿为箕帚妾。"吕公女乃吕后也。季，汉高祖字也。

又曰：吕后与两子居田中耨，有一老父过请饮，吕后因餔之。老父相后曰："夫人天下贵人。"令相两子，见孝惠曰："夫人所以贵，乃由此男。”相鲁元，亦皆贵。

又曰：薄姬母媪之许负相薄姬，当生天子。薄姬少时，与管夫人、赵子儿相约曰：“先贵无相忘。”而管、赵先幸汉王；汉王坐河南成皋台，两美人相与笑薄姬初约。汉王问其故，以实告汉王。心怜薄姬，召一幸，生代王。即文帝也。

又曰：姑布子卿见赵简子，简子遍召其子使相之。子卿曰：“无为将军者。”简子曰：“赵氏其灭乎？”子卿曰：“吾尝见一子于路，殆君之子也。”简子召子毋恤。毋恤至，则子卿起曰：“此真将军矣！”简子曰：“其母贱翟婢也，奚道贵哉？”子卿曰：“天所授也，虽贱必贵。”自是 之后，简子尽召诸子与语，毋恤最贤。简子乃告诸子曰：“吾藏宝符于常山之上，先得者赏。”诸子驰之恒山，求，无所得。毋恤还，曰：“已得符矣。”简子曰：“奏之。”毋恤曰：“从常山临代，代可取也。”简子于是知毋恤果贤，乃废太伯鲁，而以毋恤为太子。

又曰：平原君对赵王曰：“渑池之会，臣察武安君之为人，小头锐上，瞳子白黑分明，眂瞻不转。小头锐上，断敢行也。瞳子白黑分明者，见事明也。眂瞻不转者，执志强也。眂读如视，古文通用。可与持久，难与争锋。廉颇为人勇挚而爱士，知难而忍耻，与之野战则恐不如，守，足以当之。”王从其计。

又曰：蔡泽者，燕人也。游学干诸侯，大小甚众，而不遇。因从唐举相，曰：“闻子相李克，百日之内持国秉政，有之乎？”曰：“有之。”曰：“若臣者如何？”唐举熟视而笑曰：“先生曷鼻，曷鼻如谓蝎虫也。巨肩，巨肩谓顶低而肩竖。魋颜，蹙齃，谓蹙鼻于眉。膝挛。两脚曲也。吾闻圣人不相，殆先生乎？”蔡泽知唐举戏之，乃曰：“富贵吾所自有，吾所不知者，寿也，愿闻之。”举曰：“先生之寿，从今已往，四十三岁矣。”蔡泽笑谢而去，谓其御者曰：“吾将梁啮肥，跃马疾驱，怀黄金之印，结紫绶于腰，揖让人主之前，肉食富贵，四十三岁亦足矣。”

又曰：英布少时遇相者，曰：“当黥而王。”后布被刑欣然，果为王。

又曰：上使善相者相邓通，曰：“当贫饿死。”文帝曰：“能富通者在我。”于是，赐通蜀道严铜山，得自铸钱。景帝立，有告通盗出徼外铸钱。下吏验问，颇有，遂竟案，尽没其家，一簪不得着身。遂寄死人家。

又曰：条侯周亚夫为河内太守时，许负相之曰：“君三岁而侯，侯八岁为将相，贵重于人臣无两。其后九岁而饿死。”负指其口：“有从理入口，此饿死法也。”

又曰：韦贤为吏，至大鸿胪，有工相之，至丞相。有男四人，使相之。至弟二子玄成，相工曰：“此子贵，当封侯。”竟为丞相。

又曰：卫青为侯家人，少时归其父，使牧牛。母子皆奴畜之，不以为兄弟数。青尝从上至甘泉居室，有一钳徒相青曰：“贵人也，官至封侯。”青笑曰：“人之奴，得无笞骂即足矣，安得封侯！”

《汉书》曰：上立刘濞于沛，为吴王，王郡五十三城。已拜授印，高帝召濞相之曰：“若状有反相。”因拊其背曰：“汉后五十年东南有乱者，岂汝耶？然天下同姓一家，慎无反。”濞顿首曰：“不敢。”

又曰：李陵为匈奴所围，上意陵战死。召陵母及妇使相者视之，无死丧色，后闻降，上甚怒。

又曰：翟方进，字子威，汝南上蔡人，家世微贱。方进年十二三失父，孤学，给事大守府为小史，号迟钝不及事，数为掾吏所詈辱。方进自伤，乃从汝南蔡父相问己能所宜。蔡父大奇其形貌，谓曰：“小史有封侯骨，当以经术进。”方进闻蔡父言，心喜，因病归家。辞其后母，欲西至京师授经。后母怜其幼，随之长安，织履以感藿进。

又曰：黄霸与善相者共载出，见一妇人。相者言：“此妇人当贵。不然，相书不可用矣。”霸推问之，乃其乡里巫家女也。霸即娶为妻，与之终身。后为丞相。

《后汉书》曰：世祖以朱佑为护军，常见亲幸，舍止于中。佑侍宴从容曰：“长安乱，公有日角之相，此天命也。”

又曰：龙渊善相。刘宏造渊，渊闻弘声，乃起迎曰：“公当极位也。”宏曰：“家贫负债，可得贵乎？”渊曰：“公相然也。”张济就渊相，渊曰：“事刘宏，可至三公。”济事弘，宏后为解渎侯，既去南阳。

桓帝崩，迎解渎侯为天子，是为灵帝。济为司空也。

又曰：明德马皇后，伏波将军援女。其母尝使善相者看后，曰“此女必将大贵”，遂为帝王妃。然而少子，养他子得力，乃当逾于所生耳。

又曰：章德窦皇后，扶风平陵人，大司徒融之曾孙也。父勋尚东海恭王疆女沘阳公主，后其长女也。家既废坏，数呼相工问息耗，薛氏《韩诗章句》曰：耗，恶也。息耗犹言善恶也。见后者皆言当大尊贵，非臣妾容貌。

又曰：《和熹邓后传》曰：幼时尝有相者苏大，见后大惊曰：“此成汤之骨法也，贵不可言。”家人窃喜，而不敢宣。

又曰：汉法常因八月算人。《汉仪》注曰：八月初为算赋，故曰算人。遣中大夫与掖庭丞及相工，于洛阳乡中阅视良家童女，十三岁以上二十已下，姿色端丽合法相者，载还后宫。择视可否，乃用登御，所以慎娉纳详求淑哲。

《东观汉记》曰：班超行诣相者，相者曰：“祭酒布衣诸生耳，而当封侯万里之外。”超问其状，相者指曰：“生燕颔虎颈，飞而食肉，此万里侯相也。”

又曰：李固，字子坚，汉中南郑人也，司徒郃之子。固貌状有奇表，鼎角匿犀，足履龟文。少好学，常步行随师，不远千里。

《魏志》曰：管辂族兄孝国居在斥丘，辂往从之，与二客会。客去后，辂谓国曰：“此二人天廷及耳口之间同有凶气，黑变俱起，双魂无宅，《辂别传》曰：厚味腊毒，天精幽夕，坎为棺椁，兑为丧本。流魄于海，骨归于家，少许时当并死。”后数十日，二人饮酒醉，夜共载车，牛渴下道，入漳河中，皆即溺死矣。

又曰：锺繇尝与族父瑜俱至洛阳，道遇相者，曰：“此童有贵相，然当厄于水，努力慎之。”行未十里，度桥马惊，堕水几死。瑜以相者言中益贵，繇而供给资费，使得专学，举孝廉。

又曰：朱建平，沛国人，善相术。颍川荀修、锺繇相与亲善。修先亡，子幼，繇经纪其门户，欲嫁其女，与人书曰：“吾与公达曾共使朱建平相，建平曰：‘荀君虽少，然当以后世付锺君。’吾时嘲之曰：‘唯当嫁卿阿骛耳。’何意此子竟早殒殁，戏言遂验乎？今欲嫁阿骛，使得善处为。追思建平之妙，虽唐举、许负，何以复加耶？”

又曰：文帝为五官将，坐上会客三十余人，文帝问朱建平已年寿，又命遍相众宾。建平曰：“将军当寿八十。至四十时当小有厄，愿谨护之。”谓夏侯威曰：“君四十九，位为州牧，而当有厄。厄若得过，年可至七十，致位公辅。”谓应璩曰：“君六十二，位为常伯，而当有厄，先此一年独见白狗，而旁人不见也。”谓曹彪曰：“君据藩国，至五十七当厄于兵，宜善防之。”后文帝皇初七年，年四十病因，谓左右曰：“建平所言八十，谓昼夜也，吾其决矣。”顷之，果崩。夏侯威为兖州刺史，年四十九，十二月上旬得疾，念建平之言，自分必死，至三十日夜半卒。应璩六十一为侍中，直省内，欻见白狗，问之众人，悉无见者。于是数聚会，并急游田里饮晏自娱，过期一年而卒。曹彪封王，五十七坐与王凌通谋，赐死。凡说此辈，无不如言。

《魏书》曰：文帝甄皇后，汉光和五年十二月丁酉生。每寝寐，家中仿佛见如人持玉衣覆其上，常共怪之。后相者刘良相后及诸娣，指后曰：“此贵乃不可言。”

《蜀志》曰：先主穆皇后，陈留人也。兄吴壹少孤。壹父素与刘焉有旧。焉有异志，闻善相者相后当大贵，遂为子瑁纳后。瑁死，后寡居。先主既定益州而孙夫人还吴，群下劝先主娉后，先主疑与瑁同族，法正进曰：“论其亲疏，何与晋文之于子圉乎？”于是纳后为夫人。

又曰：张裕晓相术，每举镜视面，自知刑死，未尝不扑之于地也。

又曰：邓芝，字伯苗，义阳新野人也。汉末入蜀，知益州从事张裕善相，芝往从之，裕谓曰：“君年过七十，位至大将军封侯。”

《吴志》曰：汉以孙策远修职贡，遣使者刘琬加锡命。琬语人曰：“吾观孙氏兄弟才秀明远，然皆禄祚不终，唯中弟孝廉形貌奇伟，骨体不恒，有大贵之表，年又最寿，尔其识之。”

《晋书·斐秀传》曰：文帝未定嗣，而属意舞阳侯攸。武帝惧不得立，问秀曰：“人有相否？”因以奇表示之。秀后言于文帝曰：“中抚军人望既茂，文表如此，固非人臣之相也。”由是世子乃定。

又曰：孝武李太后讳陵容，本出微贱。始简文帝为会稽王，有三子继夭，自道生废黜。献王早世，其后诸姬绝孕将十年，帝乃令善相者召诸爱妾而示之，皆云非其人。又悉以诸婢媵示焉。时后为宫人，在织坊中，形长而色黑，宫人皆谓之昆仑。既至，相者惊云："此其人也。"帝以大计，召之侍寝，后数梦两龙枕膝，日月入怀。意以为吉祥，向侪类说之，帝闻而异焉。遂生孝武帝及会稽文孝王、鄱阳长公主。

《晋书》曰：王览。祥之弟也。初，吕览有佩刀，工相之以为必登三公，可服此刀。虔谓祥曰："苟非其人，刀或为害。卿有公辅之量，故以相与。"祥始固辞，强之乃授。祥临薨，以刀授览曰："汝后必兴，足称此刀。"览后奕世多贤才，兴于江左矣。

又曰：羊祜少丧父，游汶水之滨，父老谓之曰："子有好相，年未满六十，必建大功于天下。"既而去，莫知所在。

又《羊祜传》曰：祜幼时，有善相墓者言祜祖墓有帝王气，若凿之则无。后祜遂凿之。相者见曰："犹出折臂三公。"而祜竟堕马折臂，位至三公而无子。

又曰：豫章人雷焕妙达纬象，张华乃要焕宿。屏人曰："可共寻天文，知将来吉凶。"因登楼仰观。焕曰："仆察之久矣，唯牛斗之间颇有异气。"华曰："是何祥也？"焕曰："宝剑之精上彻于天耳。"华曰："君言得之。吾少时有相者，言吾六十位登三事，当得宝剑佩之。斯言岂效软？"

又曰：檀梁凭之。尝有善相者晋陵华叟见凭之，大惊曰："卿有急兵之厄，其候不过三四日耳。宜深藏以避之，不可轻出。"及桓玄将皇甫敷之至罗落桥也，凭之与刘裕各领一队而战，军败，为敷军所害。

又曰：魏咏之字长道，任城人。家素贫而躬耕为事，好学不倦。生而兔缺，有善相者谓之曰："卿当富贵。"后果如言。

又曰：王弥少游侠京师，隐者董仲道见而谓之曰："君豺声豹视，好乱乐祸。若天下骚扰，不作士大夫矣。"

《晋中兴书》曰：陶侃少渔雷泽，梦生八翼，飞至天门而不入。相者师珪曰："君位当上公，为八州都督。"

太平御览卷第七百三十 方术部十一

相中

《宋书·高帝纪》曰：晋陵人韦叟善相术，桓修令相帝当得州不。叟曰："当得边州刺史。"退而私于帝曰："君相贵不可言。"帝笑曰："若相中，当用为司马。"至是，叟谓帝曰："成王不负桐叶之信，公亦应不忘司马之言。然不敢希镇军司马，愿得领军佐。"于是用焉。

又曰：初，桓玄篡位，迁晋帝于寻阳。桓修入朝，高祖从至建业，玄见高祖，谓司徒王谧曰："昨见刘裕，其风骨不恒，盖人杰也。"每游集，赠赠甚厚。玄妻刘氏，尚书令耽之女也，聪明有智鉴。尝见帝，因谓玄曰："刘裕龙行虎步，瞻视不凡，恐不为人下，宜早为之所。"玄曰：我方平荡中原，非裕莫可。待关陇平定，然后议之。"

又曰：柳元景少时贫苦，尝至下都。值大雷雨，日暮寒甚，颇有羁旅之叹。岸侧有一老父自称善相，谓元景曰："方大富贵，位至三公。"元景曰："不为幸甚，岂望富贵？"老父曰："后当相忆。"及贵，求之，不知所在。

又曰：明帝大会新亭，接会诸军王樗蒲官赌，李安人五掷皆卢。帝大惊，目安人曰："卿面方如田，封侯状也。"安人少时贫，有一人从门过，相之曰："君后当富贵，与天子交手共戏。"至是，安人寻此人，不知所在。

孙严《宋书》曰：沈攸之字仲达，少孤贫。与吴郡孙超之、全景文共乘小船出京都，三人共氏引埭，有一人止之而相曰："君三人皆当至方伯。"攸之曰："岂有三人俱有相？"相者曰："骨法如此。若不验，便是相书误耳。"后攸之为荆、郢二州，超之广州，景文南豫州。

又曰：徐羡之年少时，尝有一人来谓曰："我是汝祖。"羡之拜此人。汝曰："有贵相而有大厄，宜以钱二十八文埋宅四角，可以免灾，过此可位极人臣。”后羡之随亲之县内，尝暂出，而贼自后破县，县内人无免者，鸡犬亦尽。唯羡之在外获全。

《齐书》曰：太祖初为建康令，有能名。少府萧惠开雅有知人鉴，谓人曰：“昔魏武为洛阳，北部人服其英。今看萧建康，但当过之耳。”

又曰：张欣泰少时，有人相、当得三公而年才三十。后屋瓦坠伤额，又问，相者云：“无复公相，年寿可更增，亦可得方伯之任耳。”后为刺史，年三十六卒。

又曰：曹武虽武士，颇有知人之鉴。性俭啬，无所饷遗，独饷梁武，谓曰：“卿必大贵，我当不及见，今以弱子相托。”每密遗钱物并好马。时帝在戎多乏，就武换借，未尝不得，遂至十七万。

又曰：明帝体上有赤志，常秘不言。既而江佑劝帝出以示人。晋寿阳太守王洪轨罢任还，上祖示之曰：“皆谓此是日月相，卿幸无泄。”轨曰：“公日月在躯，如何可隐？辄当言之公卿。”上大悦

《梁书》曰：梁武帝初为卫将军王俭东阁祭酒，俭一见深相器异，请为户曹属，谓庐江何宪曰：“此萧郎三十内当作侍中，出此则贵不可言。”

又曰：梁武帝迁隋王镇西咨议参军，行经牛渚，逢风入泊龙渎，有一老人谓帝曰：“君龙行虎步，相不可言。天下将乱，安之者其在君乎？”问其名氏，忽然不见。

又曰：梁武帝初为司州刺史，有沙门自称僧恽，谓帝曰：“君顶有伏龙，非人臣也。”复求，莫知所之。

又曰：武帝起兵时，吕僧珍一夜忽头痛壮热，及明而颡骨益大，其骨法盖有异焉。又尝语亲旧曰：“吾昔在蒙县，热病发黄，时必谓不济，主上见语：“卿有富贵相，必当不死。”俄而果愈。又僧珍童儿时，从学，有相工历观诸生，指僧珍曰：“此儿有奇声，封侯相也。”后随武帝起义，平东昏，封平固侯，南兖州刺史。

《后魏书》曰：李䜣字元盛。䜣母贱，为诸兄所轻。父崇曰：“此子相者言贵，吾每观察，或未可知。”遂使入都为中书学生。世祖幸中书学，见而异之，谓从者曰：“此小儿终效用于朕之子孙矣。”目识眄之。

世祖舅阳平王杜超有女，将许贵戚，世祖闻之，谓超曰：“李䜣后必官达，益却逝户，可以女妻之。”遂劝成婚。南人李哲尝言䜣必显贵达，杜超之死也，世祖亲哭三日。䜣以超婚，得在丧位出入，帝目而指之，谓左右：“观此人举动，岂不有异于众？必为朕家干事之臣。”

又曰：寇赞字奉国，上谷人。尝从相者唐文相曰：“君额上黑子入帻，位当方伯，封公。”及为上谷太守，文以百姓礼拜谒，文曰：“明公忆畴昔言乎？尔日但知公当贵，不知得为州人。”赞曰：“往时卿言杜琼不得官，人咸谓不然。后琼得周至令，卿犹言相中不见，而琼未拜，果暴终。昔魏舒见主儿死，自知己必至三公。吾恒以卿言琼之验，亦复不息此望也。”

又曰：卢渊出镇关右，诏兼侍中。初，渊年十四，尝诣长安，将还，饯送者五十余人别于渭北。有相者扶风人王伯达曰：“诸君皆不如此卢郎，虽位不副实，然德声甚盛，望逾公辅。后二十余年当制命关右，愿不相忘此行也。”相者年过八十，诣军门请见，言叙平生。

《南史》曰：梁元帝初从刘景授相术，因讯以年，答曰：“未至五十当有小厄，禳之可免。”帝曰：“苟有期会，禳之何益？”及四十七，为魏所灭。

崔鸿《十六国春秋·后赵纂》曰：石勒东至平原，卖与茌平人师欢为奴。有一老父谓勒曰：“君龙角发际上四道已成，当贵为人主。甲戌之岁，王彭祖可图。”勒曰：“若如公言，不敢忘德。”忽然不见。

又曰：张秀，字文伯，羌梁部人也。颇晓相法，常谓石虎曰：“明公之相，非人臣之骨。”虎掩其口，曰：“君勿妄言，族吾父子。”

又《南燕纂》曰：慕容德年十八，身高八尺二寸，姿貌雄异，额上有日月两角，足下有偃月重文。太史公黄泓善相，谓德曰：“殿下相法当先为人臣，然后为人君。但恐下官入地，不见殿下升天耳。”德拜范阳王，建平元年即帝位。

又《前凉纂》曰：况瑗与同郡陈琠他典反、宗配遇相者于路，相者曰：“三人皆二千石封，然况瑗腹有逆毛，当兵死，无后。”

《北齐书》曰：房豹迁侍御史。王思敬入据颍州，随慕容绍宗出讨，乃为绍宗开府主簿兼行台郎中。绍宗自云有水厄，遂于战舰中浴，并自投于水中，冀以厌当之。豹谓绍宗曰："夫命也，在天，岂人理所能延？公若实有灾厄，非禳避所免。若其实无，何禳之有？今三军之事，在于明公，唯应达命任理，以保之元吉。"未几，而绍宗遇溺死。

又曰：慕容显时幼，见一沙门指之曰："此郎子有好相表，大必为良将，贵极人臣。"语终失僧，莫知所在。后累迁，特进骠骑大将军，封定阳王。

又曰：尉瑾为聘梁，使梁人陈昭善相，谓瑾曰："二十年后当为宰相。"瑾出，昭谓人曰："此公为宰相后不过三年当死。"昭后为陈后主兼散骑常侍，至齐，瑾时兼右仆射，鸣驺铙吹。昭复谓人曰："二年当死。"果如言焉。

又曰：庐潜陷陈，时李騊駼将逃归，并要潜。潜曰："我此头面，何可诳人？吾少时，相者云没在吴越，死生已定。弟其行也。"因寄书与弟士邃曰："吾梦汝以其日得患，某月某日渐损。"皆如其言。既而叹曰："寿阳陷，吾以颈血湔城而死，佛教不听自煞，故荏苒偷生，今可死矣。"于是闭气而绝。其家购尸归葬。

又曰：辽西段长、太原庞仓鹰，俱有行知之监。长为魏怀朔镇将，见高祖，甚异之。谓高祖云："君有康世之才，终不徒然也。请以子孙为托。"兴和中，启赠司空，公子宁相府从事中郎。天禄初，兼南中郎将。仓鹰交游豪侠，厚待宾旅，居于州城。高祖客其舍，初居处于蜗牛庐中，苍鹰母数见庐上赤气属天，苍鹰亦知高祖有霸王之相。每私加敬，割其宅半以奉高祖，由此遂蒙亲识。

《三国典略》曰：高澄嗣渤海王朝于邺，时有吴士目盲而妙于声相，王使试之，闻刘桃桃板之声，曰："有所系属，当大富贵，王侯将相多死于其手，譬如鹰犬为人所使。"闻赵道德之声，曰："亦系属人。"闻太原公之声，曰："当为人主。"闻王之声，崔暹私称之，谬曰："亦国主也。"曰："我家群奴犹当极贵，况吾身也。"

又曰：齐文宣字子进，神武弟二子也。娄太后初孕文宣，每夜有赤光照室。既生数月，后乃与亲姻相对，共忧寒馁。文宣忽应曰："得活。"故名"侯尼干"，鲜卑言有相子也。及长，黑色，大颡兑下，鳞身重踝，瞻视审定，不好戏弄，深沉有大度。晋阳有沙门，乍愚乍智，时人不测，呼为阿秃师。娄后见其诸子，历问禄位。至文宣，再三举手指天而已，口无所言，见者异之。

又曰：梁宣丰侯修、参军陈冕善相人，修因法会，将冕自随。令相简文有天下否，冕言："简文九州骨成，必践帝位。而地部过弱，非但王畿蹙侵，兼恐不得善终。"

又曰：东魏御史贾子儒善相，太常卿崔暹私引子儒潜觌齐王。儒曰："人有七尺之形，不如一尺之面。一尺之面，不如一寸之眼。大将军脸薄顾速，非帝王相也。"皇甫玉又窃观王于道，曰："此不作物会是垂涕者。"垂涕者，谓太原公洋。

又曰：齐高归彦尝令皇甫玉相己，玉曰："公位极人臣，必可反。"归彦曰："我为何须反？"玉曰："公有反骨。"

又曰：周王轨以隋公杨坚相表殊异，因入侍宴，阳醉拨去坚帽，言曰："是何物头额？"帝谓之："虽大而却，无所至也。"皇甫后见坚，又举手自拍其额。帝谓坚曰："皇后道公额也。"帝拇授使来和相坚，和诡对曰："坚相貌是守节忠臣。宜作总管、大将。作总则能静肃一方，作大将则能全军破敌。"

《隋书》曰：长沙王叔坚母，本吴中酒家婢，相者言当生贵子。宣帝微时，因饮通焉，生叔坚。及即位，召拜淑仪。

又曰：章昭达字伯通。少时遇相者，谓曰："卿容貌术善，须少亏则当富贵。"梁大同中，昭达为东宫直，后因醉堕马，鬓角小伤，昭达喜之。相者曰："未也。"侯景之乱，昭达率乡人援台城，为流矢所中，眇其目。相者见曰："卿相善矣，不久当贵。"后还乡里，与陈文帝游，因结君臣之分，以功进位司空。

《后周书》曰：太祖身长八尺，方颡广额美，髯长至委地，垂手过膝，皆有黑子，宛转若龙盘之形，面有紫光，人望而敬畏之。

又曰：孝闵帝觉，太祖弟三子。九岁封略阳郡公，时有善相者史元华见帝，退谓所亲曰："此公子有至贵之相，但恨其寿不足以称之耳。"

《隋书》曰：高祖生于冯翊波若寺，紫气冲庭。有尼来自河东，谓皇妣曰："此儿所从来甚异，不可俗间处之。"尼将高祖舍于别馆，躬自抚养。皇妣尝抱高祖，忽见头上角出，遍体鳞起。皇妣大骇，坠高祖于地。尼自外入，见曰："已惊我儿，致令晚得天下。"为人龙颜，额有五柱入顶，目光外射，有文在手曰："王长上短下，沉深严重。"

又曰：高祖在周明帝即位，授右小宫伯，进封大兴郡公。帝尝遣势相者赵照视之，照诡对曰："不过作柱国耳。"既而阴谓高祖曰："公当为天下君，必大诛杀而后定。善记鄙言也。"

又曰：韦鼎仕梁，为太府卿。初，鼎之聘周也，尝与高祖相遇。鼎谓高祖曰："观公容貌，故非常人，而神监深远，亦非群贤所逮也。不久必大贵，贵则天下一家，岁一周天。老夫当委质。愿深自爱。"及陈平，上驰召之，授上仪同三司，待遇甚厚。

又曰：庞晃知高祖非常人，深自结纳。及高祖去官归京师，晃迎见高祖于襄邑，高祖甚欢，晃因白高祖曰："公相貌非常，名在图箓。九五之日，希愿不忘。"高祖笑曰："何妄言也！"顷之，一雄雉鸣庭，高祖命晃射之，曰："中则有赏。然富贵之日，特以为验。"晃既射而中。高祖抚掌大笑曰："此是天意！公能感之而中也。"

又曰：来和好相术。高祖微时，来诣和相，和待人去，私谓高祖曰："公当王有四海。"及为丞相，拜仪同。既授禅，进爵为子。开皇末，和上表自陈曰："臣早奉龙颜，自周代。天和三年已来，数蒙陛下顾问，当时具言至尊应图授命，光宅区宇。此乃天授，非由人事所及。臣无劳效，坐致五品二十余年。臣是何人，敢不惭惧！愚臣不任区区之至，谨箓陛下龙潜之时，臣有所言一得，书之秘府，死无所恨。昔陛下在周，尝与永富公窦荣之语臣曰：'我闻有行声，即识其人。'臣当时即言：'公眼如曙星，无所不照，当王有天下，愿忍诛杀。'建德四年五月，周武帝在云阳宫谓臣曰：‘诸公皆汝所识，隋公相禄何如？’臣报武帝曰：‘隋公止是守节人，可镇一方。若为将领，阵无不破。’臣即于宫东南奏闻。陛下谓臣：‘此语不忘。’明年，乌丸轨言于武帝曰：‘隋公非人臣。’帝寻以问臣，臣知帝有疑，臣诡报曰：‘是节臣，更无异相。’于时王谊、梁彦光等知臣此语。大象二年五月，至尊从永巷东门入，臣在永巷东门北面，陛下问臣曰：‘我得无灾鄣不？’臣奏陛下曰：‘骨法气色相应，天命已有付属，未几，遂总百揆。’”上览之大悦，进位开府，赐物五百段，米三百石，地十顷。

又曰：炀帝在藩时，好学善属文，沉深严重，朝野属望。高祖密令善相者来和遍视诸子，和曰：“晋王眉上双骨隆起，贵不可言。”

又曰：宇文述年十一时，有相者谓述曰：“公子善自爱，后当位极人臣。”周武帝时以父军功起家，拜开府。

又曰：李景，辽东之役为马军总管。及还，事汉王。帝祖奇其壮武，使袒而观之，曰：“卿相表当位极人臣。”

又曰：帝尝谓赵绰曰：“朕于卿无所爱惜，但卿骨相不当贵耳。”仁寿中卒。

又曰：文帝时，兰陵公主寡，上为之求夫，选亲卫柳述及萧玚等以示韦鼎，鼎曰：“玚当封侯而无贵妻之相，述亦通显而守位不终。”上曰：“位由我耳。”遂以主降。

又曰：来和善相术，同郡韩则尝诣和相。谓之曰：“后四五当大官。”人初不知所谓。则至开皇十五年五月而终。人问其故，和曰：“十五年为三五，加以五月为四五。大官，椁也。”和言多此类。着《相经》四十卷。

《北史》曰：李贤幼有志节，不妄举动。常出游，逢一老人，须眉皎白，谓曰：“我年八十，观士多矣，未有如卿。卿必为台牧，努力勉之。”九岁从师授业，略观大指而已。或议其不精，答曰：“贤岂能领师徒授业，至如忠孝之道，实铭于心。”问者惭服。

又曰：牛弘初在襁褓，有相者见之，谓其父曰：“此儿当贵，善爱养之。”及长，须貌术伟，性宽裕，好学博闻。

又曰：隋齐王暕妃早卒，遂与妃娣元氏妇通，生一女，外人皆不得知。阴引乔令则于弟内宴，召相工遍视后庭，相工指妃姊曰：“此产子者，当为皇后。王贵不可言。”

太平御览卷第七百三十一　方术部十二

相下

《唐书》曰：高祖生长安，紫气冲庭，神光照室，体有三乳，左腋下有紫志如龙。初有善相者史良言于高祖曰："公骨法非常，必为人主。至于命也，非所敢知。"久之，史良复遇高祖，乃大惊曰："骨法如旧，年寿之相顿异昔时。勿忘鄙言，愿深自爱。"高祖心益自负。

又曰：隋尚食奉御郭弘道，字大宝，弘农华阴人也。性宽厚如愚而内敏。仕隋，历通事舍人、沧州长史。炀帝时，征为奉御。时高祖为殿内少监，深善之，亟相往来，情契愈昵。弘道善相，因言曰："公天中伏犀，下相接于眉，此非人臣之相，愿深自爱。"高祖取弘道银盆，置之于地，引弓射之，谓弘道曰："向言有验，当一发中之。"既发，应弦而中。弘道曰："愿公事验之后赐偿金盆。"高祖大悦。

又曰：太宗年四岁时，忽有书生自言善相，诣高祖门曰："公是贵人，有大贵子。"因目太宗曰："龙凤之姿，天日之表也。公之贵以此儿，后必由之而创功业，年将二十，必能济世安民。"高祖闻其言甚惧，及书生辞出，使人捕，欲杀之以灭口，而不知所在。高祖以为神，阴采济世安民之义，遂以名焉。

又曰：乙弗弘礼，贝州高唐人也。隋炀帝居藩，召令相己。弘礼跪而贺曰："大王骨法非常，必为万乘之主，诚愿诫之在德。"炀帝即位，召天下道术人，置坊以居之，仍令弘礼统摄。帝见海内渐乱，玄象错谬，内怀忧恐，尝谓弘礼曰："卿昔相朕，其言已验。且占相道术，朕颇自知。卿更相朕，终当奈何？"弘礼逡巡不敢答，帝迫之曰："卿言与朕术不同，罪当死。"弘礼曰："臣本观相书，凡人之相有类于陛下者，不得善终。臣闻圣人不相，故知凡圣不同耳。"自是帝常遣人监之，不得与人交言。

又曰：则天初在襁褓，袁天纲来弟中，谓其母氏曰："唯夫人骨法，必生贵子。"乃召诸子令天纲相之，见元庆、元爽，曰："此二子皆保家之主，官可至三品。"见韩国夫人，曰："此女亦大贵，然不利其夫。"乳母时抱则天，衣男子之服，天纲曰："此郎君子，神形爽彻，不易可知，试令行看。"于是步于床前，仍令举目，天纲大惊曰："龙睛凤颈，贵人之极也。"更转侧视之，曰："若是女，后当为天下之主也。"

又曰：乙弗弘礼善占相。初，泗州刺史薛大鼎隋时尝坐事，没为奴。贞观初，与数人诣弘礼。次至大鼎，曰："君奴也。欲何所相？"咸曰："何以知之？"弘礼曰："观其头目，贞是贼人，但不知余处何如耳？"大鼎有惭色，乃解衣视之。弘礼曰："看面不异前言，占君自腰已下，当为方岳之任。"其占相皆此类也。贞观末卒焉。

又曰：袁天纲，成都人也。尤工相术，以大业元年至洛阳。时杜淹、王珪、韦挺就之相，天纲谓淹曰："公兰台成就，学堂宽博，必得亲纠察之官，以文藻见知。"谓王曰："公三亭成就，天地相临，从今十年已外，必得五品要职。"谓韦曰："公面似大兽之面，交友极诚，必得士友携接，初为武职。"复语淹等："二十年外，终恐三贤同被责黜，暂去即还。"淹寻迁侍御史，武德中为天策府兵曹文学馆学士。王珪为太子中允。韦挺隋末与隐太子友善，后太子引以为率。至武德六年，俱配流巂州。淹等至益州，见天纲曰："袁公洛邑之言则信矣，未知今日之后何如？"天纲曰："公等骨法大胜往时，终当俱授荣贵。"至九年，被召入京，共造天纲。天纲谓杜公曰："当即得三品要职，年寿非天纲所知。王、韦两公在后，当得三品官，兼有年寿，然晚途皆不称惬，韦公尤甚。"淹至京，拜御史大夫检校吏部尚书。王珪寻授侍中，出为同州刺史。韦挺历御史大夫，太常卿，贬授象州刺史。皆如天纲之言，大业末，窦轨客游德阳，尝求问天纲，天纲谓曰："君额上伏犀，贯玉枕，辅角又成，必于梁益州大树功业。"武德初，轨为益州行台仆射，引天纲深礼之，天纲又谓轨曰："骨法成就，不异往时之言。然目气赤脉贯瞳子，语则赤气浮面。如为将军，恐多杀人，愿深自戒慎。"武德九年，轨坐事被征，将赴京，谓天纲曰："更得何官？"曰："面上家人坐仍未见动，辅角右畔光泽更有喜色。至京必承恩还来此任。"其年，果重授益州都督。贞观八年，太宗闻其名，召至九成宫。时中书舍人岑文本令视之，天纲曰："舍人学堂成就，眉覆过目，文才振于海内。头又生角，犹未大成。若得三品，恐是损寿之征。"文本官至中书令，寻卒，其年。侍御史张行成、马周同问天纲，天纲曰："马侍御伏犀贯脑，兼有玉枕文，背如负物，当富贵不可言。近古已来，君臣道合，罕有如公者。公面色赤，命门色暗，耳后骨不起，耳无根，只恐非寿者。"周后位至中书令兼吏部尚书，年四十八卒。谓行成曰："公五岳四渎成就，下亭丰满。得官虽晚，终居宰辅之地。"行成后至尚书右仆射。天纲相人所中，皆此类也。申国公高士廉尝谓曰："君更作何官？"天纲曰："自知相命今年四月尽矣。"果至是月而卒。

又曰：刘仁轨初为陈仓尉，相工袁天纲谓曰："君相当位邻台辅，年将九十。"后果如其言。

又曰：张憬藏，许州长社人。少工相术，与袁天纲齐名。太子詹事蒋俨年少时常遇憬藏，因问禄命。憬藏曰："公从今二年当得东宫掌兵之官，秩未终而免职。免职之后，厄在三尺土下。又经六年，据此合是死征，然后当享富贵，名位俱盛。即又不合中夭，至六十一岁为蒲州刺史，十月三十日午时禄绝。"俨后皆如其言。尝奉使往高丽，被莫离支囚于地窖中，经六年然后得归。及在蒲州，年六十一矣。至期，召人吏及妻子，与之告别云："当死。"俄而有敕许令致仕左仆射。刘仁轨微时，常与乡人靖思贤各赍绢赠憬藏以问官禄。憬藏谓仁轨曰："公居五品要官，虽暂解黜，终当位极人臣。"仁轨后自给事中坐事，令白衣海东效力。固辞思贤之赠，曰："公当孤独客死。"及仁轨为仆射，思贤尚存，谓人曰："张憬藏相刘仆射则妙矣。吾今已有三子，田宅自如，岂其言亦有不中也？"俄而三子相次而死，尽货田宅，寄死于所亲园内。憬藏相人之妙，皆此类。竟不仕，寿终。

又曰：高智周之少也，与来济、郝处俊、孙处约同游，寓于扬州，江都人石仲览倾产以待之。尝引相工视济等，相工曰："四人皆宰相也。而石氏不及见焉。然来早贵而末途屯踬，高晚达而最为寿考。夫速登者易颠，徐进者少患，天之道也。"仲览贞观末为兵部郎中，卒后济等乃贵，皆如相工所言。

又曰：金梁凤，不知何许人也。天宝十三载客于河西，善相人，又言玄象。时哥舒翰为节度使，诏入京师。斐冕为祠部郎中，知河西留后左武威。梁凤谓冕曰："玄象有变，半年间有兵起，郎中此时当得中丞，不拜中丞即得宰相，不离天子左右，大富贵。冕曰："公乃狂言，冕何至此？"梁凤曰："有一日向东京，一日入蜀川，一日来朔方，此时公得相。"冕惧其言，深谢绝之。其后安禄山反，南犯洛阳，僭称伪位。哥舒翰东守潼关累月，奏冕为御史中丞，追赴京。冕又诘曰："事验矣。"冕又问三日之兆，梁凤曰："东京日即自磨灭，蜀川日亦不能久，此间日何转分明？不可说。"冕志之。即潼关失守，玄宗幸蜀。肃宗北如灵武，冕为之，劝成策立，改元为至德。。元年，冕果为中书侍郎平章事。冕奏之肃宗，召拜都水使者。梁凤在河陇，谓吕諲曰："判官骨相亦合得宰相，须得一大惊怖即得。"諲后至驿，责让驿长榜之，驿吏武将，性粗猛，持弓矢突入射諲，再发，几中諲面，諲逾墙得免。以报梁凤，梁凤曰："此必入相。"逾年，諲以黄门侍郎知政事。梁凤在凤翔，李揆、卢允二人同见之，俱素服，自称选人。梁凤谓之曰："公等并至清望官，那得云无官。"揆、允以实对，梁凤遣二人行，谓揆曰："公从舍人即入相，一年内事。"谓允曰："公好即是吏部郎中。"及克复两京，揆自中书舍人知吏部侍郎事，入为中书侍郎平章事，乃以允为吏部郎中。其验多此类。佯聋自以晦。后冕为右仆射兼御史大夫，成都尹剑南节度使有进止令，将梁凤行。后病卒。

《后周史》曰：周玄豹者，本邺人，少为僧。其师有知人之鉴，从游十余年，苦辛无惮。师知其可教，遂传其秘旨。既长，还归俗。卢程寄褐尝游于燕，与同志二人谒焉。玄豹退谓乡人张殷衮曰："适二君子明年花发，俱为故人。唯彼道士他年甚贵。"来岁，二子果零落于赵魏间。又二十年，程登庸于邺下。

《周书》曰：师旷见太子晋曰："汝声轻浮，汝色赤火，色不寿。"王子曰："后三年上宾于帝所，汝慎毋言，殃将及汝。"师旷归，未及三年，告死者至。

《孔丛子》曰：魏安厘王问子顺曰："马回之为人虽少文，鲠亮直，有丈夫大节也。吾欲以为相，可乎？"答曰："知臣莫若君，何有不可？"至于亮直之节，臣未明也。闻诸孙卿，其为人也，长目而豕视者，必体方而心员。每以其法相人，千百不失。臣见回，然甚疑其目。王卒用之，三月，果诈得罪。

《金楼子》曰：宣修容善许负之术，曾正会登楼，还语人曰："太尉今年必当不济。"时静惠王尚康胜，或以为不然，曰："行步向前，气韵殊下。若其不尔，不复言相。"至其年末，静惠王薨。及昭明入朝，又云："必无嗣立之相。"俄而，昭明薨。

《孙卿子》曰：古者有姑布子卿，今世之梁有唐举，相人形状颜色，而知其吉凶。世俗称之。故相形不如论心，论心不如择术。形不胜心，心不胜术。术正而心从之，则形相恶无害为君子也；形相虽善而心术恶，无害为小人也。

《符子》曰：楚成王生太子商臣，乃召楚之善相者相之。楚巫相之已，而言于楚王曰："子吉矣，而王不吉。臣闻鸱枭者，食母而飞。非其子之不吉，但其母为之灾。今太子非子之不吉，但其王为之灾耳。"楚王怒而杀之。

《论衡》曰：世人固有身瘠而志立，体小而名高者，于圣则否。是以尧眉八采，舜目重瞳，禹耳参漏，文王四乳。然则世亦有四乳者，此则驽马一毛似骥耳。

又曰：宋臣有公孙吕者，长七尺，面长三尺，广三寸，名震天下。若此之状，盖远代而求，非一世之异也。使形殊于外，道合其中，名震天下，不亦宜乎？语云："无爱而戚，忧必及之；无庆而欢，乐必还之。"此心有先动而神有先知，则色有先见也。故扁鹊见桓公，知其将亡，申叔见巫臣，知其窃妻而逃也。荀子以为，天不知人事邪？则周公有风雷之灾，宋景有三次之福。知人事乎？则楚昭有弗荣之应，郄文无延期之报。由是言之，则天道之与相占，可知而疑，不可而无也。

太平御览卷第七百三十二 方术部十三

占候

《周礼·春官·宗伯下》曰：眡祲掌十辉之法，以观妖祥、妖祥，善恶之征，郑司农云：辉谓日光气也。眡音视。辨吉凶。一曰祲，二曰象，三曰镌，四曰监，五曰暗，六曰瞢，七曰弥，八曰叙，九曰跻，十曰想。故书弥作迷，跻作资。郑司农曰：祲，阴阳气相侵也。象者，如赤鸟也。镌谓日旁气，四面反向，如辉状也。监云气临日也。暗，日月食也。瞢，日月瞢瞢无光也。弥者，白虹弥天也。叙者云有次序，如山在日上也。跻者，升气也。想者，辉光也。玄谓：镌，读如童子珮镌之镌，谓日旁气刺日也。监，冠珥也。弥，气冠日也。跻，虹也，《诗》云：朝跻于西。想，杂气有似可形想。掌安宅叙降，宅，居也。降下也。人见妖祥，则不安，主安其居处也。次序其凶祸所下，谓禳移之。正岁则行事，占梦以季冬赠恶梦，此正月而行安宅之事，所以顺民。岁终则弊其事。弊，断也。谓计其吉凶然否多少。

《传》曰：僖五年正月辛亥朔，日南至。公既视朔，遂登观台以望，而书，礼也。视朔，亲告朔也。观台，台上构屋，可以远观也。朔旦冬至，而数之所始，治历者因此则可以明其术数，审别阴阳，叙事训民。鲁君不能常修此礼，故善公之得礼也。凡分、至、启、闭，必书云物，分，春秋分也。至，冬夏至也。启，立春立夏。闭，立秋立冬。云物，气色灾变也。传重申周典，不言公者，日官掌其职。为备故也。素察妖祥，逆为之备。

又《襄二十八年》曰：春无冰。梓慎曰："今兹宋、郑其饥乎！岁在星纪，而淫于玄枵，岁，岁星也。星纪在丑，斗牛之次，玄枵在子。虚危之次。《十八年》晋董叔曰：天道多在西北，是岁岁星在亥，至此年十一岁，故在星纪，明年乃当在玄枵，今已在玄枵，淫行失次。以有时灾，阴不堪阳。时灾，无冰也。盛阴用事而温无冰，是阴不胜阳，地菩蔻泄。蛇乘龙。蛇，玄武之宿，虚危之星。龙，岁星，岁星，木也。木为青龙，失次出虚危，下为蛇所乘。龙，宋、郑之星也。岁星本位在东方。东方房心为宋，角亢为郑，故以龙为宋郑之星也。宋、郑必饥。

玄枵，虚中也。玄枵三宿，虚星在其中。枵，耗名也。土虚而民耗，不饥何为？”岁为宋郑之星，今失常经，入虚耗之次，时夏无冰，地气发泄，故曰土虚民耗也。裨灶曰：“今兹周王及楚子皆将死。裨灶，郑大夫。岁弃其次，而旅于明年之次，以害鸟帑，周、楚恶之。”旅，客处也。岁星弃星纪之次，客在玄枵。岁星所在，其国有福。失次于北，祸冲在南。南为朱鸟，鸟尾曰帑，鹑火鹑尾，周楚之分，故周王楚子授其咎，俱现岁星过次，梓慎则曰：宋郑饥。裨灶则曰：周楚王死。传故备举，以示占卜唯人所在也。

又曰：子蟜之卒也，将葬，公孙挥与裨灶晨会事焉。会葬事。过伯有氏，其门上生莠，子羽曰：“其莠犹在乎？”子羽公孙，俾以莠喻伯有侈，知其不能久存。于是岁在降娄，降娄中而旦。裨灶指之，曰：“犹可以终岁，指降娄也，岁星十二年而一终。岁不及此次也已。”不及降娄。及其亡也，岁在娵訾之口，娵訾，营室东。二十八年岁星淫在玄枵，今三十年，在娵訾，是岁星停在会枵二年。其明年乃及降娄。

又曰：昭七年夏四月甲辰朔，日有食之，晋侯问于士文伯曰：“谁将当日食？”对曰：“鲁、卫恶之，卫大鲁小。”公曰：“何故？”对曰：“去卫地，如鲁地，卫地。豕韦也。鲁地，降娄也。日食于豕韦之末，及降娄之始乃息，故祸在卫大在鲁小也。周四月，今二月，故曰在降娄也。于是有灾，鲁实授之。其大咎其卫君乎！鲁将上卿。”

又曰：夏四月，陈灾。郑裨灶曰：“五年陈将复封，五十二年遂亡。”子产问其故，对曰：“陈，水属也。陈，颛顼之君，故为水属。火，水妃也，火畏水，故为之妃，妃音配。而楚所相也。今火出而火陈，火，心星也。火出于周为五月，而以四月出者，以长历推前年误置闰。逐楚而建陈也。水得妃而兴，陈兴楚衰，故曰逐楚而建陈。妃以五成，故曰五年。妃，合也。五行各相妃合，得五而成，故五岁而陈夏封，为十三年陈侯吴归于陈传。岁五及鹑火，而后陈卒亡，楚克有之，天之道也，故曰五十二年。”

又曰：有星出于婺女，郑裨灶言于子产曰：“七月戊子，晋君将死。今兹岁在颛顼之虚，姜氏任氏守其地，居其维首，而有妖星焉，告邑姜也。邑姜，晋之妣也。天以七纪。戊子，逢公以登，星斯于是乎出。吾是以讥之。”

又曰：有星孛于大辰，西及汉。申须曰：“彗，所以除旧布新也。天事恒象，今除于火，火出必布焉，诸侯以火灾乎！”梓慎曰：“往年吾见之，是其征也。火出，而见，今兹火出而章，必火入而伏。其居火也久矣，其与不然乎？火出，于夏为三月，于商为四月。于周为五月。夏数得天。若火作，其四国当之，六物之占，在宋、卫、陈、郑乎！宋，大辰之虚也；陈，大皞之虚也；郑，祝融之虚也；皆火房也。星孛及汉。汉，水祥也。卫，颛顼之虚也，故为帝邱。其星为大水。水，火之牡也。其以丙子若壬午作乎！水火所以合也。若火入而伏，必以壬午，不过其见之月。”郑裨灶言于子产曰：“宋、卫、陈、郑将同日火。若我用瓘斝玉瓒，郑必不火。”子产弗从。十八年夏五月，火始昏见。丙子，风。梓慎曰：“是谓融风，火之始也。七日其火作乎！”戊寅，风甚。壬午，大甚。宋、卫、陈、郑皆火。梓慎登大庭氏之库以望之，曰：“宋、卫、陈、郑也。”数日皆来告火。裨灶曰：“不用吾言，郑又将火。”郑人请用之，子产不可。子太叔曰：“宝以保民也。若有火，国几亡。可以救亡，子何爱焉？”子产曰：“天道远，人道迩，非所及也。何以知之？灶焉知天道？是亦多言矣，岂不或信？”遂不与，亦不复火。

又曰：昭公二十年二月己丑，日南至。梓慎望气，曰：“今兹宋有乱，国几亡，三年而后弭。蔡有大丧。”叔孙昭子曰：“然则戴、桓也。汰侈，无礼已甚，乱所在也。”

《后汉书》曰：谢夷吾，字尧卿，会稽山阴人也。少为郡吏，学风角占候，太守弟五伦擢为督邮。时乌程长有赃衅，伦使收案其罪。夷吾到县，无所验，但望阁伏哭而还。一县惊怪，不知所为。及还，白伦曰：“窃以占候知长当死。近三十日，远不过六十日。游魂假息，非刑所加，故不收之。”伦听其言，至月余日，果有驿马赍长印绶，上言暴卒。伦以此益礼信之。

又曰：杨由，字辰侯，蜀郡成都人。少习《易》并七政、元气、风云、占侯，为郡、文学掾。时有大雀夜集于库楼，太守廉范以问由，对曰：“此占郡内当有小兵，然不为害。”后二十余日，廉柔县蛮夷反，杀伤长吏。郡发库兵击之。由尝从人饮，敕御者，曰：“酒若三行，便宜严驾。”既而趋去。后主人舍有斗相杀者，人请问何以知之。由曰：“向社中木上有鸠斗，此兵贼之象也。”

又曰：公沙穆迁弘农令。永寿元年霖雨大水，三辅以东，莫不湮没。穆明晓占候，乃豫告，令百姓徙居高地，故弘农人独得免害。

又曰：段翳字元章，广汉新都人。习《易经》，明风角。时有就其学者，虽未至，必豫知姓名。尝告守津吏曰：“当有诸生二人荷担问翳舍处者，幸为告之。”后如其言。又有一生来学，积年自谓略究要术，辞归乡里。翳为合膏药，并以简书封于筒中，告生曰：“有急，发视之。”生到葭萌，与吏争津，吏挝破从者头。生开筒得书，言：“到葭萌，与吏斗。头破者以此膏裹之。”生用其言，创者即愈。生叹服，乃还卒业。翳遂隐居窜迹，终于家。

《晋书》曰：戴洋善方术。司马飏为乌程令，将赴职，洋曰：“君深慎下吏。”飏后果坐吏免官。洋又谓曰：“卿免官十一月，当作郡加将军。”至期，为太守镇武将军。飏卖宅将行，洋止之曰：“君不得至，当还，不可无宅。”飏果为徐龛所逼，不得之郡。元帝增飏众二千，使助祖逖。洋劝不行，乃称病，收付廷尉，俄而因赦得出。康帝将登祚，使洋择日，洋以为宜用三月二十四日景午。太史令陈卓奏“用二十二日。昔越王用三月甲辰反国。范蠡称在阳之前，当主尽出，上下尽空，德将出游，刑入中宫。今与此同。”洋曰：“越王为吴所囚，虽当时逊媚，实怀怨怼，故用甲辰。乘德而归，留刑吴宫。今大王内无含咎，外无怨愤，当承天洪命，纳祚无穷。何为追越王去国留殃故事耶？”乃从之。咸和元年，祖约南行，路遇大雷雨西南来。洋曰：“甲子西南天雷，其下必失火。”将至夏，汝南人反，执约兄子济进于石勒，约府内地忽赤如丹，洋曰：“按《河图征》云，地赤如丹血丸，当有下反上者，恐十月二十七日胡马当来饮淮水。”至时，石勒骑大至，攻城大战。其日西风，兵火俱发，约大惧，会风回、贼退。时传言勒潜骑向寿阳。约欲送其家还江东，洋曰："必无此事。"寻而传言果妄。征西将军庾亮镇武昌，咸康三年，洋言于亮曰："武昌土地有山无林，正可图始，不可居终。山作八字，数不及九。昔吴用壬寅来上。创立宫城，至己酉还下秣陵。陶公亦涉八年。土地盛衰有数，人心去就有期，不可移也。公宜更择吉处，武昌不可久住。"

《隋书》曰：庾季才初仕梁，元帝颇明星历，因共仰观，从容谓季才曰："朕犹虑祸起萧墙，何方可息？"季才曰："顷天象告变，秦将入郢。陛下宜留重臣，作镇荆、峡，整旆旋都，以避其患。"帝初然之，后与懔等议，乃止。俄而江陵陷灭，高祖为丞相，尝夜召季才而问曰："吾以庸虚，授兹顾命，天时人事，卿以为何如？"季才曰："天道精微，难可急察。窃以人事卜之，符兆已定。季才纵言不可，公岂复得为箕、颍之士乎？"高祖默然久之，因举首曰："吾今譬如骑兽，诚不得下矣。"因赐杂彩五十匹，绢二百段，曰："愧公此意，宜善为思之。"大定元年正月，季才言曰："今月戊戌平旦，清气如楼阙，见于国城之上，俄而变紫，逆风西行。《气经》云：'天不能无云而雨，皇王不能无气而立。'于今王气已见，须即应之。二月日出卯入酉，居天之正位，谓之二八之门。日者，人君之象。人君正位，宜用二月。其月十三日甲子，甲为六甲之始，子为十二辰之初。甲数九，子数又九，九为天数，其日即是惊蛰，阳气壮发之时。昔周武王以二月甲子日定天下，享年八百。汉高帝以二月甲午即帝位，享年四百。故甲子、甲午为得天数。今二月甲子，宜应天授命。"上从之。开皇初，授通直散骑常侍。高祖将迁都，夜与高颎、苏威二人定议。季才旦而奏曰："臣仰观玄象，俯察图记，龟兆允袭，必有迁都。且尧都平阳，舜都冀土，是知帝王居止世代不同。且汉营此城，经今八百岁，水皆咸，不甚宜人。愿陛下协天人之心，为迁徙之计。"高祖愕然，谓颎等曰："是何神也！"遂发诏施行。赐绢三百段，马两匹，进爵为公。谓季才曰："朕自今已后，信有天道矣。"

又曰：卢太翼善历数，其后目盲，以手摸书而知其字。仁寿末，高祖将避暑仁寿宫，太翼固谏不纳，至再三。太翼曰："臣愚岂敢饰词，但恐是行銮舆不及反。”高祖大怒，系之长安狱，期还而斩之。高祖至宫寝疾，临崩，谓皇太子曰：“太翼非常人也，前后言事，未尝不中。吾来日道当不反，今果至此，尔宜释之。”

《唐书》曰：桑道茂者，大历中游京师，善太一遁甲五行灾异之说，言事无不中。代宗召之禁中，待诏翰林，建中初，神策军修奉天城道，茂请高其垣闾，大为制度，德宗不之省。及朱泚之乱，帝仓卒出幸，至奉天，方思道茂之言。时道茂已卒，命祭之。

太平御览卷第七百三十三　方术部十四

占星

《汉书》曰：高祖元年十月，五星聚东井。客谓张耳曰："东井，秦地也。汉王入关，五星从岁星聚，当以义取天下。"

《后汉书》曰：严光字子陵，少有高名，与光武同游。及帝即位，光变姓名，隐身不见。帝思其贤，乃令以物色访之。后齐国上言，有一男子，被羊裘，钓泽中。帝疑其光也。乃备安车玄纁，遣使聘之，三反而后至。帝尝引光入论道旧故，相对累日，帝从容问曰："朕何如昔时？"对曰："陛下差增于往。"因共偃卧。光以足加帝腹上。明日，太史奏客星犯御座甚急。帝笑曰："朕故人严子陵共卧耳。"

又曰：李郃，字孟节，汉中南郑人也。父颉以儒学称，官至博士。郃袭父业，游太学，通五经，善河洛风星。外质朴，人莫之识，县召署幕门候吏。和帝即位，分遣使者，皆微服单行，各至州县，观彩风俗。使者二人当到益部投郃舍。时夏夕露坐，郃因仰观，问曰："二君发京师时，宁知朝廷遣二使耶？"二人默惊，相对视曰："不闻也。"问郃何以知之，郃指星示云："有使星向益州分野，故知之耳。"

又曰：曹公破袁绍于官渡。初桓帝时，有黄星见于楚、宋之分。辽东殷馗善天文，言后五十岁当有真人起于梁、沛之间，其锋不可当。至是凡五十年而公破袁绍，天下莫敌也。

《晋书》曰：戴洋善占候，扬州刺史尝问吉凶于洋，答曰："荧惑入南斗，八月暴水，当有客军西南来。"如期果大水，而石冰作乱。冰既据扬州，洋谓人曰："视贼云气，四月当破。"果如其言。泰宁二年正月，有流星东南行，洋曰："至秋，应当寿阳。"及王敦作逆，祖约问其胜败，洋曰："太白在东方，辰星不出。兵法先起者为主，应者为客。辰星若出，太白为主，辰星为客。辰星不出，太白为客。先起兵者败。今有客无主，有前无后，宜传檄所部应诏伐之。”约乃率众向合肥，俄而敦死众败，遂住寿阳。洋又谓曰：“江淮之间当有军事，谯城虚旷，宜还固守。不言然者，雍丘、沛皆非官有也。”约不从，豫土遂陷于贼。南中郎将桓宣以洋为参军，将随宣往襄阳，太守陶侃留之，住武昌。时侃谋北伐，洋曰：“前年十一月，荧惑守胃昴，至今年四月，积五百余日。昴，赵之分野，石勒遂死。荧惑以七月退，从毕右顺行入黄道。未及天关，以八月二十二日复逆行，还钩、绕毕、向昴，昴、毕，为鄙兵主胡夷，故置矢弓以射之。荧惑逆行，司无德之国，石勒死是也。勒之余烬已自残害，今年官与太岁、太阴三合癸巳。癸为北方，北方当授灾。岁、镇二星，共合翼、轸，从子及己，徘徊六年，荆郢之分，岁、镇所守。其下国昌，岂非功德之征也？今年六月。镇星前角亢，角亢，郑之分。岁星移入房，太白为心。房，宋分，顺之者昌，逆之者亡。石季龙若行兵东南，此其死会。官若应天与不取，反授其咎。”侃志在中原，闻而大喜会。病笃，不果行而薨。

又曰：祖逖将城武牢，未成而逖病甚。先是，华谭、庾阐问术人戴洋，洋曰：“祖豫州九月当死。”初，有妖星见于豫州之分，历阳陈训谓人曰：“今年西北大将军当死。”逖亦见星，曰：“为我矣。方平河北，而天欲杀我，此乃不佑国也。”俄卒于雍丘。

又《载记》曰：符坚。时有大风从西南来，俄而晦冥，恒星皆见。又有赤星见于西南。太史令魏延言于坚曰：“于占，西南国亡。明年必平蜀汉。”坚大悦。

又曰：符坚以弟融为镇东大将军，代王猛为冀州牧。融将发，坚祖于霸东，奏乐赋诗。坚母苟氏以融少子，甚爱之。比发，三至灞上。其夕又窃如融所，内外莫知。是夜，坚寝于前殿，魏延言天市南门屏内后妃星失明，左右阍寺不见后妃移动之象。坚问知之，惊曰：“天道与人，何其不远！遂重星官。

《后魏书》曰：崔浩明识天文，好观星变。常置金银铜铤于酢器中，令青夜有所见，即以铤书纸、作字，以记其异。

又曰：姚兴死之前岁，太史奏荧惑在匏瓜星中，一夜忽然亡失，不知所在。或谓下入危亡之国，将为童谣言之，妖而后行其灾祸。太宗闻之大惊，乃召诸硕儒十数人，令与史官求其所诣。崔浩对曰："按《春秋左氏传》说，神降于莘，其至之日各以其物祭也。请以日辰推之。庚午之夕，辛未之朝，天有云。荧惑之亡，当在此二日之内。庚之与午，皆主于秦，辛为西夷。今姚兴据咸阳，是荧惑入秦矣。"诸人皆作色，曰："天上失星，人安能知其所诣，而妄说无征之言？"浩笑而不应。后八十日，荧惑果出于东井，留守盘旋。秦中大旱赤地，昆明池水竭。童谣讹言国内喧扰。明年姚兴死，二子交兵，三年国灭。于是诸人乃服曰："非所及也。"

《唐书》曰：严善思，同州朝邑人也。少以学涉知名，尤善天文、历数及卜相之术。则天时为监察御史，稍迁太史令。圣历二年，荧惑入舆鬼，则天以问善思，善思对曰："商姓大臣当之。"其年，文昌左相王及善卒长安中。荧惑入月，镇星犯天关，善思奏曰："法有乱臣伏罪，且有臣下谋上之象。"岁余，张柬之、敬晖等起起兵，诛张易之昌宗。其占验皆此类。

又曰：尚献甫，卫州汲人也，尤善天文。则天时召见，起家拜太史令。数顾问灾异事，皆符验。长安二年，献甫奏曰："臣本命纳音在金，今荧惑犯上诸侯太史之位。荧惑，火也，火能克金，是臣将死之征。"则天曰："朕为卿禳之。"遽转献甫为水衡都尉，谓曰："水能生金。又去太史之位，卿无忧矣。"其秋，献甫卒。则天甚嗟异惜之。

又曰：元和八年，荧惑犯太微、上相，历执法。占者言："今之三相皆不利，始轻末重。"月余，李绛以足疾免。明年十日，李吉甫以暴疾卒。九年六月，武元衡为盗所害，年五十八。始元衡与吉甫齐年，又同日为宰相，及出镇，分领扬、益。至吉甫再入，元衡亦还。吉甫生一年以元衡生月卒，元衡后一年以吉甫生月卒。吉凶之数，若符会焉。

占风

《后汉书》曰：郎顗上书曰："今月十七日，戊午征日也。阳嘉二年正月。日加申，日在申时也。风从寅来，丑时而止。丑、寅、申皆征也。不有火灾，必当为旱。南方为征，故为火及旱也。愿陛下校计缮修之费，求念百姓之劳，罢将作之官，减雕文之饰，损庖厨之馔，退晏私之乐。"

又曰：任文公，巴郡阆中人也。阆中，今隆川县。父文孙明晓天官风星秘要。文公少修父术，州辟从事。哀帝时，有越巂太守欲反，刺史大惧，遣文公等五从事检行郡界，潜伺虚实，共止传舍。时暴风卒至，文公遽起，白诸从事促去，当有逆变来害人者，因起驾速驱。诸从事未能自发，郡果使兵杀之，文公独得免。

又曰：李南字孝山，丹阳句容人也，少笃学，明于风角。和帝永元中，太守马棱坐盗贼事被征，当诣廷尉。吏人不宁，南特通谒贺，棱意有恨，谓曰："太守不得，今将即罪，而君反相贺耶？"南曰："旦有善风，明日中时应有吉问，故来称庆。"旦日，棱延望景晏，以为无征，至晡，乃有驿使赍诏书原停棱事。南问其迟留之状，使者曰："向渡宛陵浦里航，宛陵县二阳郡。航，以舟济水也。航，何唐切也。马踠足，是以不得速。"踠，屈损也。棱乃服焉。后举有道辟公府，病不行，终于家。南女亦晓家术，为由拳县人妻。晨诣爨室，卒有暴风，妇便上堂，从姑求归，辞其二亲，姑不许，乃跪而泣曰："家代传术。风卒起，先吹灶突及井，此祸为妇女主爨者，妾将亡之应。"因着其亡日，乃听还家。如期病卒。

又曰：郎宗为吴令时，卒有暴风，宗占知京师当有大火，记识时日，遣人参候，果如其言。诸侯闻而表，上以博士征之。宗耻以占验见知，闻征书到，包县印绶于县廷而遁去。遂终身不仕。

《吴志》曰：孙权征黄祖，军行及浔阳，吴范见风气，因诣舡贺，瓷兵急行。至郎破祖，祖夜亡，权恐失之，范曰："未远，必生擒祖。"至五更，果得之。权与吕蒙谋袭关羽，议之近臣，多曰不可。权以问范，范曰："得之在后。"

《晋书·戴洋传》曰:“……王辛德在南方,酉授自刑,梁在谯北。乘德伐刑,贼必破亡。及甲子日,东风,而雷西行,谯在南,雷在军前,为军驱除。昔吴伐关羽,天雷在前,瑜拜贺。今、往同,故知必克。”约从之,果平梁城。洋往浔阳,时刘裔镇浔阳,九月甲寅,申时回风从东来,入裔儿舡中西过,状如匹练,长五六丈。洋曰:“风从咸池中来,摄堤下去。咸池为刀兵,大杀为死丧。到甲子日申时,府内大聚骨埋之。”裔问在何处,洋曰:“不出州府门也。”裔架东门,洋又曰:“东为天牢,下闭门,忧天狱。”至十二月十七日,洋又曰:“腊近,可闭门,以五十人备守,并以百人备东北寅上,以却害气。”裔不从。二十四日壬辰,裔遂为郭默所害。

《北齐书》曰:权会明风角玄象,曾令家人远行,久而不反。其行人还,垂欲至宅,乃逢寒雪,寄息他舍。会方处学堂讲说,忽有旋风瞥然吹雪入户,会乃笑曰:“行人至,何意中停?”遂命使人,令诣某处追寻,果如语。每为人占筮,小大必中。但用爻辞、彖、象,以辨吉凶。

占雨

《后汉书》曰:任文公为侍中从事,时天大旱,白刺史曰:“五月一日当有大水,其变已至,不可防救,宜令吏人豫为其备。”刺史不听。文公独储大船。百姓或闻,颇有为防者。到其日,旱烈。文公曰:“急促载,使白。”刺史笑之。日将中天,北云起,须臾大雨,至晡时,湔水涌起十余丈,湔,音千延反。突坏庐舍,所害数千人。

又曰:高获善天文,晓遁甲,能役使鬼神。时郡境大旱,太守鲍昱自往问何以致雨,获曰:“急罢三部督邮,《续汉书》曰:监属县有三部,每部督邮书掾一人。明府当自北出,到三十里,亭雨可致也。”昱从之,果得大雨。

又曰:扬统善天文推步之术,建初中为鼓城令。一州大旱,统推阴阳消伏,县界蒙泽。太守宗湛使统为郡求雨,亦即降澍。

望气

《史记》曰：汉文十五年夏四月，赵人新垣平以望气见，因说上设立渭阳五庙，欲出周鼎，当有玉英见。《瑞图》云：玉英，五常并修则见。

《汉书》曰：范增说羽曰："沛公居山东时，贪财好色。今闻其入关，珍物无所取，妇女无所幸，此其志不小。吾使人望其气，皆为龙，成五色，此天子气，急击之勿失！"

又曰：孝武钧弋赵婕妤，昭帝母也，家在河间。武帝巡狩，过河间，望气者言："此有奇女。"天子使召之。既至，女两手皆拳。上自披之，手即时伸，由是得幸，号曰"拳夫人"进为婕妤，居钧弋宫，生昭帝。

又曰：宣帝，武帝曾孙，戾太子孙，生数月，遭巫蛊事。虽在襁褓，犹坐收系郡邸狱。而邴吉为廷尉监，怜之无辜，使女徒更乳养。望气者言："长安狱中有天子气。"上遣使者分条中都官狱系者，轻重皆杀之。内谒者令郭穰夜至郡邸狱，吉拒闭，使者不得入，赖吉得全。

《后汉书》曰：《光武纪》云：望气者苏阿伯为王莽使，至南阳，遥望见舂陵郭，唶曰：唶，叹也，音千夜反。"气佳哉！郁郁葱葱然。"及始起兵，还舂陵，远望舍南，火光赫然属天，有顷不见。

《晋书》曰：秦时望气者云："五百年后，金陵有天子气。"故始皇东巡狩以厌之，改其地曰"秣陵"，堑北山以绝其势。及孙权之称号，自谓当之。考其历数，犹为未及。元帝之渡江也，乃五百二十六年，真人应之在此矣。

又曰：初，吴之未灭也，斗牛之间有紫气。道术者皆以吴方强盛，未可图也，唯张华以为不然。及吴平 之后，紫气愈明。事见《剑门》中。

又曰：陈训字元道，历阳人也。学天文算历，阴阳占候，无不毕综，尤善风角。孙皓以为奉车都尉，使其占候。皓政严酷，训知其必败而不讣洄。时钱塘湖开，或言天下当太平。青盖入洛时，皓以问训。训曰："臣止能望气，不能达湖之开塞。"退而告其友曰："青盖入洛，将有与梓衔璧之事，非吉祥也。"寻而吴亡。及陈敏作乱，弟宏为历阳太守，训谓邑人曰："陈家无王气，不久当灭。"宏闻，将斩之。训乡人秦璩为宏参军，乃说宏曰："训善风角，可试之。如不中，徐斩未晚也。"乃赦之。时宏攻征东参军衡彦于历阳，乃问训曰："城中有几千人，攻之可拔不？"训登牛渚山望气，曰："不过五百人，然不可攻之，必败。"宏复大怒曰："何有五千人攻五百人而不得理？"令将士攻之，果为颜所败。方信训有道术，乃优遇之。

《宋纪》曰：齐宣帝坟茔在武进县，常有云气氤氲入天，故元嘉中望气者称此地有天子气。

《后周书》曰：蒋升字凤起，少善天文玄象之学。太祖雅信待之，常侍左右，以备顾问。大统三年，东魏将窦泰入寇，济自风陵，顿军潼关。太祖出师马牧泽。时西南有黄紫气抱日，从未至酉，大祖谓升曰："此何祥也？"升曰："西南未地，主土。土王四季，秦之分也。今大军既出，喜气下临，必有大庆。"于是进军与窦泰战，擒之。

《隋书》曰：韦鼎仕梁，为太府卿。至德初，鼎质货田宅，寓居僧寺。友人毛彪问其故，答曰："江东王气尽于此矣。吾与尔当葬长安，期运将及，故破产耳。"陈武帝在南州，鼎望气知其当王，遂寄孥焉。因谓陈武帝曰："明年有大臣诛死，后四岁，梁其代终，天之历数当归舜后。昔周灭殷氏，封妫满于宛丘，其裔子孙因为陈氏。仆观明公天纵神武，继绝统者，无乃是乎！"武帝阴有图僧辩意，闻鼎言，大喜，因而定策。

太平御览卷第七百三十四 方术部十五

巫上

《说文》曰：巫，祝也。女能事无形以舞降神也。象人两袖舞形，与工同意。

《周礼·春官》曰：司巫掌群巫之政令。若国大旱，则帅巫而舞雩。雩，旱祭也。国有大灾，则帅巫而造巫恒。凡丧事，掌巫降之礼。男巫掌望祀、望衍授号，旁招以茅。女巫掌岁时祓除、衅浴。旱暵则舞雩。若王后吊，则与祝前。凡邦之大灾，歌哭而请。

《礼》曰：君临臣丧，以巫祝桃茢执戈恶之，为有凶邪之气在侧，君闻大夫之丧，去乐卒事而往未袭也。其已袭，则止巫去。桃茢，鬼所恶。茢，萑苕，可扫不祥。所以异于生也。

又曰：襄公朝于荆，康王卒，荆人曰："必请袭。"欲使袭之公依。鲁人曰："非礼也。"荆人强之，巫先桃茢。荆人悔之。巫祝桃茢，君临臣丧之礼。

又曰：岁旱，穆公召县子而问然，曰："天久不雨，吾欲暴巫而奚若？"曰："天则不雨，而望之愚妇人，于以求之，毋乃已疏乎？"已犹甚也。巫主接神，亦觋天哀而雨之。《春秋传》说，巫在女曰巫，有男曰觋。《周礼》女巫旱暵则舞雩。

《传》曰：晋侯改葬共太子。秋，狐突适下国，遇太子，太子使登，仆，而告之曰："夷吾无礼，余得请于帝矣，将以晋畀秦，秦将祀余。"对曰："臣闻之：'神不歆非类，民不祀非族'君祀无乃殄乎？且民何罪？失刑乏祀，君其图之。"君曰："诺。吾将复请。七日，新城西偏，将有巫者而见我乎？"许之，遂不见。

又曰：夏，大旱，公欲焚巫、尪。臧文仲曰："非旱备也。修城郭、贬食、省、用、务穑劝分，杜预注曰：劝分，有无相济也。此其务也。巫、尪何为？天欲杀之，则如勿生；若能为旱，焚之滋甚。"公从之。是岁饥而不害。

又曰：初，楚范巫商似，商似，范巫之名。谓成王与子玉、子西曰："三君皆将强死。"城濮之役，王思之，故使止子玉曰："毋死。"不及。止子西，子西缢而悬绝，王使适至，遂止之，使为商公。沿汉泝江，将入郢。王在渚宫，下见之。惧而辞曰："臣免于死，又有谗言谓臣将逃，臣归死于司败也。"王使为工尹。又与子家谋杀穆王，穆王闻之，杀斗宜申及仲归。

又曰：晋侯梦大厉，披发讥椰，搏应而踊曰："杀余孙不义，余得请于帝矣。"坏大门及寝门而入。公惧，入于室，又坏户，公觉。召桑田巫，桑田，晋邑。巫言如梦。公曰："何如？"曰："不食新麦矣。"言公不得及食新麦。六月丙午，晋侯欲麦，使甸人献麦，馈人为之。召桑田巫，示而杀之。将食，张，如厕，陷而卒。

又曰：晋中行献子将伐齐，梦与厉公讼，弗胜。公以戈击之，首坠于前，跪而戴之，奉之而走。见梗阳之巫皋。他日见诸道，与之言同，巫曰："今兹主必死。若有事于东方，则可逞。"献子许诺，晋伐齐。

又曰：公在楚，楚人使公亲禭，公患之。穆叔曰："祝殡而禭，则布币也。先使巫祝除殡之凶邪，而行禭礼，与朝而布币无异。乃使巫以桃茢先祓殡。茢，黍穰。楚人弗禁，既而悔之。

《书》曰：敢有恒舞于宫，酣歌于室，时谓巫风。

《论语》曰：人而无恒，不可以作巫医。

《史记》曰：魏文侯时，西门豹为邺令。往到邺，会长老，问民之疾苦。长老云："苦于河伯娶妇，以故贫。"豹问其故，对曰："邺三老、廷掾常岁敛百姓，取其钱数百万，用其二三十万为河伯娶妇，与巫共分其余钱持归。当其时，巫行视小家女好者，云：'是当为河伯妇。'即聘娶。洗沐，为治新缯绮縠之衣，闲居斋戒，为治斋宫河上，张缇绛帐帷，女居其中，为具牛酒饮食。十余日，共粉饰之，如嫁女床席，令女居其上，浮之河中。始浮，行数十里乃没。其人家有好女者，恐大巫祝为河伯娶之，以故多持女远逃亡，以故城中益空无人，又贫困，所从来久远矣。民人俗语曰：‘即不为河伯娶妇，水来漂溺民人。’”西门豹曰：“至为河伯娶妇时，愿与三老、巫祝、父老送女河上，幸来告语之，吾欲往送女。”皆曰：“诺。”至其时，西门豹往会之河上。三老、官属、豪长、父老皆会与，人民观之者二千人。其巫，老女子也，年七十。从弟子女十人所，衣皆缯单衣，立大巫旁。西门豹曰：“呼河伯妇来，视其好丑。”即将女出帷中，来至前。豹视之，顾谓三老、巫祝、父老、女子，曰：“是女不好，烦大巫妪为入报河伯，更求好女，后日送之。”即使卒共抱女巫妪投之河中。有顷，曰：“巫妪何久也？弟子趣之！”复以弟子一人投河中。有顷，曰：“弟子何久也？复使一人趣之！”复投一弟子河中。凡三弟子。西门豹曰：“巫妪、弟子，女也，不能白事，烦三老入白之。”复投三老河中。西门豹簪笔罄折，向河立侍良久，长老旁观者皆为惊恐。西门豹顾曰：“巫妪、三老不来还，奈之何？复使廷掾与豪长一人趣之。”皆叩头且破，额血流地，色若死灰。西门豹曰：“诺。且留待之。”须臾，豹曰：“廷掾起矣。河伯留之久矣，皆罢去归。”邺吏民大惊恐，是后不敢复言河伯娶妇。

又曰：武帝时，游水发根服虔云：游水，县名。发根，人姓。言上郡有巫病，而鬼下之，上召置祠之甘泉。及病，使人问神君，神君曰：“天子无忧病。”于是病愈。

又曰：柏梁灾，越巫勇之曰：“越俗有火灾，后起屋必用胜服之。”于是作建章宫，度为千门万户。

又曰：越巫立越祀，而以鸡卜，上信之。《汉书音义》曰：持鸡。鸡卜如鼠卜矣。

又曰：孝武帝天汉二年秋，上禁巫祠道中者。文颖曰：“始汉家于道中祠，排祸咎，移之于行人百姓，以其不经，今止之也。”

《后汉书》曰：樊崇等至弘农，与更始诸将战，克胜，众遂大集，乃分万人为一营，凡三十营，置三老、从事各一人。进至华阴，军中常有齐巫鼓舞，祠城阳景王以求福助。以其定诸吕，安淑稷，故郡国多为立祠焉。盆子承其后，故军中祠之也。巫言：景王大怒曰：“当为县官，何故作贼？”县官谓天子也。有笑巫者，辄病，军中惊动。时方望弟阳怨更始，杀其兄，乃逆说崇等曰：“更始荒乱，政令不行，故使将军得至于此。今将军拥百万之众，西向帝城而无称号名，为群贼不可以久，不如立宗室，挟议诛伐，以此号令，谁敢不服？”崇等以为然，而巫言益甚，前及郑。令阜孙。乃相与议曰：“今迫近长安，而鬼神如此，当求刘氏，共尊立之。”六月，遂立盆子为帝，自号为建世元年。

又曰：许杨字伟君，汝南平与人也，少好术数。王莽辅政，召为郎，稍迁酒泉都尉。及莽篡位，杨乃变姓名为巫医，逃匿他界。莽败，方还乡里。

又曰：弟五伦为会稽太守。会稽俗多淫祀，好卜筮，常以牛祭神，百姓财产以之困匮。其自食牛肉而不以荐祠者，发病且死，为牛鸣。前后郡将莫敢禁。伦到官，移书属县，晓告百姓，其巫祝有依托鬼神者，诈怖愚人，皆案论之。有妄屠牛者，吏辄行罚。人初颇恐惧，或祝诅妄茉，伦案之愈急。后遂绝，百姓以安。

又曰：顺帝时，廷尉河南吴雄，字季高，以明法律断狱平。起自孤寒，致位司徒。雄少时，家贫丧母，营人所在封土者，择葬其中，葬事趣辨，不问时日，巫医皆言当族灭，而不顾及。子䜣孙恭，三代廷尉，为法名家。

又曰：宋均为九江太守，陵道县有虞后二山，人共祠之。众巫遂取百姓男女，以为公妪。以男为山公，以女为山妪，犹祭之尸主也。岁岁改易，既而不敢嫁娶。前后守令莫敢禁，均乃下书曰：“自今以后，为山娶者，娶巫家，勿扰良人。”于是遂绝。

又曰：安丘望之，字仲都，京兆长陵人。少时学《老子经》，恬静，不求进官，号曰安丘丈人。成帝闻，欲见，望之辞不肯见，为巫医于人间也。

《献帝起居注》曰：李傕性喜鬼怪左道之术，常有道人、女巫击鼓下神，祭六丁，符劾厌胜之，具无不为。又于朝廷省门外为董卓作神坐，数以牛羊祠之。天子使左中郎将李固持节，拜傕为大司马，在三公之右。傕自为得鬼神之助，乃厚赐诸巫。

《东观汉记》曰：高凤年老，执志不倦，名声着闻。太守连召请，恐不得免，自言本巫家，不应为吏。

又曰：班超使西域，于阗王广德，超至，礼意甚疏。其俗信巫，巫言："神怒何故向汉？汉使有骊马，急求取以祠我。"广德就超请马，超许之，而令巫自来取马。有顷，巫至，超即斩其首送广德，因辞让之。

《吴志》曰：景帝有疾，求视鬼者，得一人。景帝欲试之，乃杀鹅而埋之，于中架小屋施床机，以妇人纸履服物着其上，乃使觋视之，告曰："若能说此冢中鬼形状者，即信。当厚赐加赏矣。"竟日尽夕无言，帝问之急，乃曰："实不见有鬼，但见一白鹅立墓上。所以不即白之者，疑是鬼神变化作此。想当候其真形而定，无复移易，不知何故，不敢不以实上闻。"景帝乃厚赐之。

《晋书》曰：夏统字仲御。从父敬宁祠先人迎女巫章丹、陈珠，二人并有国色，装服甚丽，善歌舞，又能隐形匿景。甲夜之初，撞钟击鼓，间以丝竹，丹、珠乃大破舌，吞刀吐火云雾杳冥，流光电发。统诸从兄弟欲往观之难统，于是共绐之，曰："从父间疾病得瘳，大小以为喜，欲因其祭祀，并往贺之，卿可俱行乎？"统从之入门，忽见丹、珠在中庭，轻步徊舞，灵谈鬼笑，飞觞挑拌，酬酢翩翻。统惊愕而走，不由门，破藩直出。

又曰：武悼杨后既为贾后所幽死，贾后又信妖，巫谓太后必诉冤先帝，乃覆而殡之，施诸厌劾符书药物畋。李矩屯于荥阳，刘聪遣从弟畅步骑三万讨矩，屯于韩王故垒。时畅卒至城东，未暇为备，遣使奉牛酒诈降于畅，畅大飨渠帅，人皆醉饱。知矩谋夜袭之，兵士以贼众，皆有惧色。矩令郭诵祷郑子产祠，曰："君昔相郑，恶鸟不鸣，凶胡臭羯，何得过庭！"使巫扬言：东里有教，当遣蜀兵相助。将士闻之，皆踊跃争进。

又《载记》曰：石虎太子邃保母刘芝，初以巫术进，及养邃，有深宠，通贿赂，豫言论，权倾朝廷，亲贵多出其门，封芝为宜城君。

又曰：李雄母罗氏。雄信巫觋之言，多有忌讳，至欲不葬其母，司空赵肃谏之。

《宋书》曰：前废帝子业好游华林园竹林堂，使妇人裸身相逐，有一妇人不从，命斩之。后经少时，梦游后堂，有一女子骂曰："尔悖虐不道，明年不及熟矣。"帝怒，遂于宫中求得似所梦者，戮之。其夕，复梦所戮女骂曰："汝枉杀我，以诉上帝。"至是巫云："此堂有鬼。"帝日与阴山公主及六宫彩女数百人随郡巫捕鬼，屏除侍卫，帝亲自射之。

又曰：王僧绰豫参朝政，从兄征惧其太盛，劝令损抑，僧绰乃求吴郡及广州。会巫蛊事泄，上先召僧绰，具以言之。

又曰：明帝选王俭尚阳羡公主，拜驸马都尉。帝以俭嫡母武康公主因太初巫蛊事，不可以为妇姑，欲开冢离葬。俭因入自陈，密以死请，故事不行。

《齐书》曰：郁林王在西州，令女巫杨氏祷祝，速求天位。及文惠薨，谓由杨氏之力，倍加敬信，呼杨婆。宋氏已来，人间有杨婆儿歌，盖此征也。武帝有疾，又命杨氏日夜祈祷。

又曰：明帝身衣绛衣，服饰皆赤，以为厌胜。巫觋云，后湖水头经过宫内，致帝有疾。帝乃自至太官水沟，左右启太官无水则不立，帝决意塞之，欲南引淮流。会崩，事寝。

又曰：东昏侯偏信蒋侯神，迎来入宫，昼夜祈祷左右。朱光尚诈云见神，动辄咨启，并云降福，遂加位相国。朱又为灵帝车服羽仪，一依王者。又曲信小祠，日有十数巫师魔媪，迎送纷纭。光尚辄托云神意。范云谓光尚曰："君是天子要人，当思百全计。"光尚曰："至尊不可谏正。当托神鬼以达意耳。"后东入乐游，人马忽惊，以问光尚，光尚曰："先帝大瞋，不许数出。"帝大怒，拔刀与光尚寻觅，既不见处，乃缚菰草为明帝形，北面斩之。

又曰：诸暨东洿里屠氏女，父失明，母有痼病疾，亲戚相弃，乡里不容。女移父母，远住纻舍，昼采樵，夜纺绩，以供养。父母俱卒，亲营殡葬，负土成坟。忽空中声云："汝性可重山，神欲相驱使。汝可为人疗病，必得大富。”女谓是魑魅，弗敢从，遂得病积时，邻舍人有溪蜮毒者，女试疗之，自觉病便差，遂以巫道为人疗病，无不愈。家产日益，乡里多欲要之。女以无兄弟，誓守坟墓不嫁。

又曰：武陵王毕为祠部尚书，巫觋或言晔有非常之相，以此自负。武帝闻之，故无宠，未常处方岳焉。

又曰：王敬则母为女巫，常谓人云：“敬则生时，胞衣紫色，后应得鸣鼓角。”人笑之曰：“汝子得为人吹角可矣。”后果封侯，给鼓吹。

又曰：袁君政字世忠，为豫章内史，性不信巫邪。有师世荣称道术，为一郡巫长。君政在郡小疾，主簿熊岳荐之，师云：“须疾者衣为信。”命君政以所着襦与之。事竟，取襦云：“神将送与北斗。”君政使检诸身，于衣里获之。以为乱政，即刑于市而焚神，一郡无敢行巫。

《梁书》曰：沈约病，梦齐和帝剑断其舌，令巫视之，言如梦。乃呼道士奏赤章于天，称禅代之事不由己出。

又曰：元帝背生黑子，巫媪见曰：“此大贵不可言。”

又曰：蔡撙为临海太守，有百姓杨元孙以婢采兰，贴与同里正黄权，约生子酬乳哺直。权死后，元孙就权妻吴氏赎婢，吴背约不还。元孙诉，撙判还本主。吴能为巫，出入撙内，以金钏赂撙妾，遂改判与吴。元孙挝登闻鼓讼之，为有司劾。时撙已去郡，虽不坐，而常以为耻。

又曰：王神念为青冀二州刺史，性刚正，所更州郡，必禁止淫祠。时东北有石鹿山，临海有神庙，妖巫欺惑百姓，远近祈祷，糜费极多。及神念至，便令毁拆，风俗遂改。

《后魏书》曰：郭祚少而孤贫，姿貌不伟，乡人莫之识也。有女巫许相后当富贵。祚涉历经史，习崔浩之书，尺牍文章见称于世。举秀才，对策上弟，拜中书士，累迁黄门侍郎。

又曰：定州流人解思安，其兄庆宾惧后役追责，规绝名贯，乃认城外死尸，诈称其弟为人所杀，迎归殡葬。颇类思安，见者莫辨。又有女巫杨氏自云见鬼，说思安被害之苦，饥渴之意。庆宾又诬疑同军兵苏显甫、李盖等所害。经州讼之，二人不胜楚毒，各自款引。狱将决竟，李崇疑而停之。密遣二人非州内所识者，伪从外来，诣庆宾，告曰：“仆住在北州，去此三百。有一人见过寄宿，夜中共语，疑其有异，便即诘问，迹其由绪，乃云是流兵，背役逃走。姓解，字思安。时欲送官，苦见求及，称有兄庆宾，今住扬州相国城内，更姓徐君，脱矜悯为往告报，见申委曲。家兄闻此，必重相报，所有资财，当不爱惜。今但见质，若往不获，送官何晚？是故相告指伸此意。君欲见雇几何当放贤弟，若其不信，可见随看之。”庆宾怅然失色，求其少停，当备财物。此人具以报，崇摄庆宾，问曰：“尔弟逃亡，何故妄认他尸？”庆宾伏引。更问盖等，乃云自诬。数日之间，思安亦为人纠送。崇召女巫视之，鞭笞一百。崇断狱精审，皆此类也。

《三国典略》曰：初，齐神武之克邺城，于北台上建立神祠，盍布衣时所事也。每祠之日，唯与巫潘妪及数人行事，亲自神宰割，外无见者。至是，齐主焚除创薯，并掷巫于火，令烧杀之。

又曰：齐高纬夜梦黑衣贵人迭相驱逐，乃向之拜。巫者乌大以厌之。又于芳林园自着破衣裳为穷貌，入市躬自交易焉。筑西鄙诸城为羌兵鼓噪凌之，多作黑衣人共相执缚，亲率内参临拒，或实弯弓射人，自晋阳东巡，单马驰骛前不得有人，衣解发散而归。

又曰：崔季舒未遇害，家池莲茎化为人面，着鲜卑帽。妻昼魇，魇寤云，见人长一丈，遍体黑毛，欲来逼己。巫曰：“此是五道将军，入宅者不祥。”

又曰：侯景之首，至于江陵，枭之于市，然后煮而漆之，以付武库。先是，谣曰：“苦竹町，市南有好井。”荆州军杀侯景，及首至湖东，付咨议参军宗季长，季长宅东有苦竹町，以景首置其中，用市南井水煮之。先是，巫言有鬼万计，断头折颈，入宅去来云。季长大惧，设斋迎佛，又有数万鸟，自江津飞噪集其家焉。

《北史》曰：齐琅琊王俨之未获罪，邺北城有白马佛塔，是石季龙时为澄公所作。俨将修之，巫曰：“若动此浮图，北城失主。”不从。破至弟二级，得白蛇，长数丈，回旋失之，数旬而败。

又曰：窦泰母初梦风雷暴起，若有雨状。出庭观之，见雷光夺目，驟雨沾洒，寤而惊汗，遂有娠。期月而不产，大惧。有巫曰："渡河湔裙裾，产子必易。"便向水所，忽见一人曰："当生贵子，生可从而南。"泰母从之，俄而生泰。

《隋书》曰：卫昭王爽讨突厥，明年，征为纳言，高祖甚重之。未几，爽寝疾。上使巫者薛荣宗视之，云："众鬼为厉。"爽令左右驱逐之。居数日，有鬼物来击荣宗，荣宗走下而死。其日，爽毙。

又曰：李景为代州总管。先是，府内井中甃上生花如莲，并有龙见，时变铁为马甲士。又有神人，长数丈，见于城下，其迹长四尺五寸。景问巫。对曰："此是不祥之物，来食人血耳。"景大怒，推出之。旬日而兵至，死者数万焉。

又曰：李密破宇文化及，化及还，其劲兵良马多战死，士卒皆倦。王世充欲乘其弊而击之，恐人不一，乃假托鬼神，言梦见周公。乃立祠于洛水上，遣巫宣言："周公欲令仆射急讨李密，当有大功。不则兵皆疫死。"兵多楚人，俗信妖妄，故出言以惑之。众皆请战。

太平御览卷第七百三十五 方术部十六

巫下

《唐书》曰：薛举寇幽岐之地，太宗征之。刘文静、殷开山与举战于高墌音只城西西，为举所败。卫尉郝瑗劝举秉胜直指长安，举然之。临发而遇疾，召巫视之，巫言：“唐兵为祟。”举恶之，未几而死。

又曰：刘文静性嗜酒，与其弟文起酣饮，出怨言，拔刀斫柱，曰：“会当斩裴寂头耳。”家中妖怪数见，文起忧之，遂召巫者，于星月之下，被发衔刀，为厌胜之法。其爱妾失宠，以告其兄，妾兄上变高祖，以之属吏。

又曰：武后将如洛阳，至阌乡县界，骑忽不进。召巫者问之，巫言：“晋龙骧将军王濬云：‘臣墓在道南，每为采樵者所害。’闻圣驾今至，故来哀告。”后敕去墓五里，不得采樵。

又曰：肃宗重阴阳鬼神之事，或命巫媪乘驷行郡县，为厌胜之术。有妖人王玙，遂以左道为相。代宗亦笃信之，凡所修筑，动牵禁忌。而奸人黎干得以左道尹京。又内集众工编刺珠绣为御衣，既成而焚之，为禳除法，且无虚月。

又曰：永太中，回纥首领罗达干等率其众诣泾阳，请降，郭子仪许之。因去甲胄，与之相见。既而子仪先执杯，合胡禄都督请咒，子仪咒曰：“大唐天子万万岁！回纥可汗亦万万岁！两国将相亦万万岁！若起负心违背盟约者，身死阵前！家口屠戮！”合胡禄都督等失色。及杯至，即译曰：“如令公盟约。”皆喜，曰：“初发本部来日，将巫师两人来，云：‘此行大安稳，然不与唐家兵马斗，见一大人即归。’今日领兵见令公，令公不为疑，脱去衣甲，单骑相见，谁有此心胆？是不战斗，见一大人，巫师有征矣。”欢跃久之，子仪抚其背，首领等分缠头彩以赏巫师。

又曰：朔方先锋兵马使南阳郡王白元光，与回纥合兵于泾州灵台县西，共破吐蕃等十万余众。初，白元光等到灵台县西，探知贼势。为月明，思少阴晦。回纥使巫师便致风雪，及迟明战，吐蕃尽寒冻，弓矢皆废，披毡徐进。元光与回纥随而杀之。

又曰：大历九年七月久旱，是日，澍雨丰沛。初，京兆尹黎干以旱故，祈雨于朱雀街。造土龙，悉召城中巫觋更舞，观者骇笑。

又曰：房孺复，故太尉管之孽子。年二十，淮南陈少由焚为从事。多招阴阳巫觋，令扬言己身过三十必为宰相。

又曰：贞元中，昭义节度使李抱真以久疾为巫祝所惑，请降官爵以禳之。章奏凡七上，词甚切至，上难违之，故自司空而授仆射。

又曰：田仁会为右金吾将军，所得禄俸估外有余，辄以纳官，时人讥其邀名。仁会强力病恶，昼夜巡警，丝毫越法，无不立发。躬自阅罚，略无宽者，京城贵贱咸畏惮之。时有女巫蔡娘子，以鬼道惑众，自云能令死者复生，市里以为神明。仁会验其假妄，奏请徙边。上曰："若死者不活，便是妖妄。若死者得生，更是罪过。不可容也。"竟依仁会所奏。

又曰：李德裕为浙西观察使。德裕壮年得位，锐于报政。凡旧俗之害民者，悉革其弊。江岭之间信巫祝，惑鬼怪，有父母兄弟厉疾者，举室弃之而去。德裕欲变其风，择乡人之有识者，谕之以言，绳之以法，数年之间，弊风顿革。属郡祠庙，按方志前代名臣贤后则祠之，四郡之内除淫祠一二千所，又罢私邑山房一千四百六十，以清寇盗。人乐其政，优诏嘉之。

又曰：刘禹锡贬朗州司马，比居西南夷，土风僻陋，举目殊俗，无与言者。禹锡在朗十年，唯以文章吟咏陶冶情性。蛮俗好巫，每淫祠鼓舞，必歌俚词。禹锡或从事于其间，乃依骚人之作，为新辞以教巫祝，故武陵溪洞间夷歌，率多禹锡之辞也。

《庄子》曰：郑有神巫曰季咸，知人生死。郑人见之皆弃走，列子见之而心醉归。

又曰：小巫见大巫，拔茅而弃，此其所以终身弗如也。

《淮南子》曰：郑之神巫相壶子林见其征，在男曰觋。在女曰巫。巫能占骨法，吉凶之气，故见其兆征。征，应也。告列子，列子行泣报壶子，列子，郑之隐士也。壶子，弟子报白者也。壶子持以天壤。言精神天之有也，形骸地之有也。死也自归其本，故曰持天壤矣。名实不入，机发于踵，名，爵号之名也。实，币帛货财之实。不入者，心不恤也。机，疾也，谓命危殆，不旋踵而至，犹不怨惧者也。壶子视之，死生亦齐。齐，等也。

《尸子》曰：齐有田果者，命狗曰富，命子为乐。将欲祭也，狗入室，果呼之曰："富出！"巫曰："不祥也。"家果大祸。长子死，哭曰："乐乎！"而不似悲也。

《吕氏春秋》曰：管仲病，桓公问焉。仲曰："愿君远易牙、竖刁、常之巫、公子启方。"公曰："常之巫，能审于死生。子痫犹疑耶？"仲曰："死生，命也。病是天也，君不守其本而侍巫，彼将以此无不为也。"及公病，常之巫曰："公以某日薨。"易牙等作乱，公叹曰："死若有知，何面目以见仲父？"蒙面而死。

《山海经》曰：火荒中有灵山，巫咸、巫即、巫盼、巫彭、巫姑、巫贞、巫礼、巫抵、巫谢、巫罗十人，从此升降，百药爰在。

《国语》曰：古者，民神之不能杂，择民之精爽不携贰者，而以能齐肃忠正，其智能上下比义，其圣能光远宣朗，其明能光照之，其聪能听达之，如是则神明降之。在女曰巫，在男曰觋。

又曰：厉王虐，国人谤王。厉王，恭王之曾孙，夷王之子。劭公告曰："民不堪命矣。"劭公，郡康公之后，穆公虎也，为王卿士。言人不堪暴虐之政命也。王怒，得卫巫，使监谤者。卫巫，卫国之巫，监察之也。巫有神灵，有谤必知也。以告，则杀之。巫言谤王，王则杀之。国人莫敢言，道路以目。王喜，告劭公曰："吾能弭谤矣。乃不敢言。"弭，止。

《离骚》曰：欲从灵氛之吉占兮，心犹豫而狐疑。巫咸将夕降兮，怀椒糈私吕反而要之。椒者，香物也，所以降精神来，所以享神。

《东方朔传》曰：武帝时，有神雀下。丞相、御史、中丞、二千石、谏议臣、博士皆上寿，东方朔独不贺。帝曰：“群臣皆贺，而独不贺，何也？”对曰：“恐后有巫为国害者。”朔因谢疾去。其后卒有巫蛊之事，不知朔竟所终也。

《桓子新论》曰：昔楚灵王骄逸轻下，信巫祝之道，躬舞坛前。吴人来攻其国，人告急，而灵王鼓舞自若。

《异苑》曰：曹娥父能弦歌为巫，五月五日于西江泝涛迎婆娑神，溺死，不得尸。娥年十四，缘江号哭七日，遂投江求之而死。

《幽明箓》曰：董卓信巫，军中常有巫都言祷求福利。言从卓求布，仓卒无布，有手巾，言曰：“可用耳。”取便书巾上，如作两口，一口大，一口小，相累以举，谓卓曰：“慎此也。”卓后为吕布所杀。后人则知，况吕布也！

又曰：太元年中，临海有巫李，不知所由来，能卜相作水符，治病多愈，亦礼佛读经。语人云：“明年天下当大疫，此境尤剧。又二纪之后，此邦之西北大郡疆尸横路。”时汝南周叔道罢临海令，权停家，巫云：“周公今去，不宜南行，必当暴死。”便指北山曰：“后二十日，此山应有异，则其事彰也。”后十余日，大石夜颓落百丈，碎磕若雷。庾楷为临海太守，过诣周殷馔作伎。至夜，庾还舫中。天晓，庾自披屏风呼叔道：“何痴不起？”左右抚看，气绝久矣。到明年，县内病死者数千。

又曰：巴丘县有巫师舒礼，晋永昌元年病死。土地神将送诣太山，俗人谓巫师为道人也。人过礼舍门前，土地神问吏：“此是何等舍门？”吏曰：“道人舍。”土地神曰：“是人亦是道人。”便以相付。礼入门见囗间瓦囗，皆县竹帘，自然床塌，男女异处。有诵经者，唱偈者，然饮食快乐不可言。礼文书名已至太山门，而又身不到推入。土地神云：“道见数千间瓦屋，即问吏，言女道人，即以付之。于是遣蜀即箓取。”礼观未遍，见有一人，八手四眼，捉金杵，遂欲撞之，便怖走，还出门，神已在门迎，捉送太山。太山府君问礼：“卿在世间，昔何所为？”礼曰：“事一万六千神，为人解除祠祀。或杀牛犊猪羊鸡鸭。”府君曰：“汝罪应上热熬。”便牵着熬。所见一物，牛头人身，捉铁叉，叉礼着熬上宛转，身体燋烂，求死不死。一宿二日，府君问主者：“礼寿命应尽，为顿夺其命。校筭籍，余算八年。”乃命将筭来，牛头复以铁叉叉着熬边。府君曰：“今遣卿归，终毕余筭，勿后杀生淫祠。”礼乃还活，不复为巫师。

《江氏家传》曰：江统为太子洗马，谏愍怀太子曰：“臣闻土者民之主用，播殖、筑室、营都、建邑，皆有明制，着在经典，而无禁忌犯害之文。唯末俗小巫乃有此言。巫书乃禁入地三尺，有四时方面不皆禁也。窃见禁土令，不得缮治坛垣、动移屋瓦。臣等以为此违典义，不可为永制。”

《两京记》曰：宣政门内曰宣政殿。初成，每见数十骑驰突出没。高宗使巫祝刘门奴问其所以，鬼云：“我汉楚王戊太子，死葬于创逝。”奴曰：“按《汉书》，戊与七国反，诛死无后，焉得葬此？”鬼曰：“我当时入朝以路远不随，后坐病死，天子于此葬我。《汉书》自遗误耳。”门奴因宣诏，欲为改葬。鬼曰：“出入诚不安，改葬幸甚。天子敛我玉鱼一双，幸勿夺之。”及发掘，玉鱼宛然，棺柩略尽。

又曰：尚书省左司郎厅事后有古冢，高宗武后间，郎中屡有暴死者。圣历中，有巫者见尚书郎郑默冢，发之，得铭志符验，棺柩尚在，并有凡木杂器。郑氏子孙相率改葬。

厌蛊

《史记》曰：江充见上年老，恐晏驾后为太子所诛，因奏上，言曰：“疾祟在巫蛊。”以充为使者，治巫蛊。充将胡巫掘地求木偶。至，遂掘得蛊。于太子宫得桐木人，太子惧，不能自明。收，充自临斩之。

《宋书》曰：文帝时，使宫内皆蚕，欲以讽厉天下。有女巫严道育，夫为劫，坐没入奚官，元凶劭姊东阳公主，应阁婢王鹦鹉白公主，严道育通灵。主乃白上，托云善蚕，求召入。道育云：“所奉天神，当赐符应。”时主夕卧，见流光相随，状如荧火，遂入巾箱，化为双皃，圆青可爱。于是主及劭并信惑之。始兴王濬素佞事劭，并多过失，虑上知，使道育祈请，欲令过不上闻，歌舞咒诅，不舍昼夜。道育辄云："自上天陈请，必不泄露。"劭等敬事，号曰："天师。"后遂巫蛊，刻玉为上形象，埋于含章殿前。初，东阳公主有奴陈天兴，鹦鹉养以为子，而与之淫通。鹦鹉、天兴及宁州所献黄门庆国并与巫蛊事。劭以天兴补队主。东阳主薨，鹦鹉嫁吴兴沈怀远为妾。鹦鹉既适怀远，虑与天兴私通事泄，请劭杀之。劭密使人害天兴。而庆国谓往来唯有二人，天兴既死，虑将见及，乃以白上。上惊惋，即收鹦鹉家，得劭、濬手书，皆咒诅巫蛊之言。得所埋上形象于宫内。道育叛亡，捕之不得。上诘责劭、濬。劭、濬唯陈谢而已。道育变服为尼。逃匿东宫。濬往京口。又以自随。或出止亲人张旿家。后濬当镇江陵，得载道育还东宫，欲将西上。有人告上云："京口张旿家有一尼，服食出入征北内，似严道育。"上使掩得二婢，云："道育随征北还都。"上惆怅惊惋。劭弑逆，后孝武平乱，不见传国玺。问劭，云："在严道育处。就取得之。道育、鹦鹉并都街鞭杀于石头四望山，焚其尸，扬灰于江。

《梁书》曰：萧纪举岷蜀之众，由外水而下。湘东王命方士伯人于长州苑板上画纪形象，亲下铁符，钉于支体以厌之。

《陈书》曰：后主阴令人告长沙王叔坚厌魅，刻木为偶人，衣以道士衣，施机关，能拜跪，昼夜于星月下醮之，祝诅于上，又令上书告其事，案验令实。后主召叔坚，囚于西省。后赦之，免所居官。

《北齐书》曰：初立太子恒母弘德夫人穆氏为左皇后，大赦国内。初斛律后之废也，陆令萱欲以穆氏代之。祖挺请立胡昭仪为后，胡太后亦卑辞厚礼以求。令萱以胡氏宠幸方睦，不得已而白齐主立之，然意在穆氏。每私谓齐主云："岂有男为太子，而身为婢妾。"乃求左道行厌蛊之术。旬朔之间，胡氏遂即精神恍惚，言笑无恒。齐主渐畏恶之，于是立穆氏。

《隋书》曰：独孤陀性好左道，其外祖母高氏先事猫鬼，已杀其男郭沙罗，因转入其家。上微闻而不信。会献皇后及杨素妻郑氏俱有疾，召医视之，皆曰："此猫鬼疾。"上以陀后之异母弟，陀妻杨素之异母妹，由是意陀所为。阴令其兄穆以情喻之，上又避左右讽陀，陀言无有。上不悦，左迁，出怨言。上令高颎、苏威、大理正皇甫孝绪、大理丞杨远等推案之。陀婢徐阿尼言，本从陀母家来，常事猫鬼，每以子日夜祀之。言子者，鼠也。其猫鬼每杀人者，所死家财物潜移于蓄猫鬼家。陀尝从家中索酒，其妻曰："无钱可沽。"陀因谓阿尼曰："可令猫鬼向越公家，使我足钱。"阿尼便咒之。居数日，猫鬼向素家。后上初从并州还，陀于园中谓阿尼曰："可令猫鬼向皇后所，使多赐吾物。"阿尼复咒之，遂入宫中。杨远乃于门下外省遣阿尼呼猫鬼。阿尼于是夜中置香粥一盆，以匙扣而呼曰："猫女可来，无住宫中。"久之，阿尼色正青，若被牵曳者，云："猫鬼已至。"上以事下公卿，奇章公牛弘曰："妖由人兴，杀其人，可以绝矣。"上令以犊车载陀夫妻，将赐死于其家。陀弟整诣阙求哀，于是免陀死，除名。以其妻杨氏为尼。先是，人讼其母为人猫鬼所杀者，上以为妖妄，怒而遣之。及此，诏诛行猫鬼家。陀未几而卒。

又曰：滕王瓒子纶当文帝世子，不自安。炀帝即位，尤被猜忌。纶忧惧，呼术者王姿问之，姿答曰："王相禄不凡，滕即腾也，此字足为善应。"有沙门惠恩、崛多等颇善占候，纶每与交通，尝令此三人为厌胜法。有人告纶怨望咒诅，帝令黄门侍郎牛弘穷验之。

又曰：秦王俊好内，妃崔氏性妒，甚不平之，遂于瓜中进毒，俊由是遇疾，笃，含银，银色异。为遇蛊，未能白。遣使奉表陈谢，帝责以失德。薨，帝哭之数声而已，曰："晋王前送一鹿，我令作脯，拟赐秦王。王亡，可置灵坐之前，心已许之，不可亏信。帝及后往视，见大蜘蛛、大蛷螋从柩头出之，不见。穷之，知妃所为也。

又曰：蜀王秀渐奢侈违法度，及太子勇废，秀甚不平。皇太子终恐为后患，阴令杨素求其罪状而谮之。又令杨素、苏威、牛弘、柳述、赵绰推治子。太子阴作偶人，书帝及汉王姓字，缚手钉心，令人埋华山下，令杨素发之。又作檄文陈逆臣贼子专弄威柄，陛下唯守虚器，一无所知。帝乃下诏数其罪曰："汉王于汝，亲则弟也，乃画其形象，题其姓名，缚手钉心，枷鏁杻械，仍云请西岳华山慈父圣母收杨谅神闭在华山下，勿令散荡。我之于汝，亲则父也，仍云请西岳华山慈父圣母赐为开化杨坚夫妻，回心欢喜，又画我形象，缚手撅头，仍云西岳华山收杨坚魂神。如此形状，我今不知杨谅汝何亲也。灭天理，逆人伦，皆为之不祥也。欲免患祸，长守富贵，其可得乎？”

《搜神记》曰：鄱阳赵寿有犬蛊。有陈岑诣寿，忽有大黄犬六七群出吠岑。后余相伯归与寿妇食，吐血几死，乃屑桔梗以饮之，乃愈。

《两京记》曰：杨素有美妾，姿色绝伦。时有千牛桑和，有妖蛊异术，常云一见妇人，便即能致。炀帝尝密使人窃之。素宅深邃，和朝奉诏，其夜便窃以匿。炀帝奇其能，便诏素赐之。

《唐书》曰：《高骈传》云，毕师铎入城，吕用之、张守一出奔，杨行密诈言所居有金。行密入城，掘其家地下得铜人，长三尺余，身被桎梏，钉其心，刻高骈二字于胸。盖以魅道厌胜蛊惑其心，以至族灭。

太平御览卷第七百三十六 方术部十七

祝

《说文》曰：祝，祭主赞词者。

《周礼》曰：大祝，掌六祝之辞，以事鬼神，示祈福祥，求永贞。一曰顺祝，二曰年祝，三曰吉祝，四曰化祝，五曰瑞祝，六曰策祝。

又曰：掌六祈以同鬼神示，作六辞以通上下、亲疏、远近，辨六号，辨九㨃与拜同。

又曰：小祝掌小祭祀。丧祝掌大丧劝防之事。甸祝掌四时之田。诅祝掌盟、诅、类、造、攻、说、禬、禜之祝号。

《左传》曰：晋范文子反自鄢陵，使其祝宗祈死，曰："君骄侈而克敌，是天益其疾也，难将作矣。爱我者，唯祝我，使我速死。无及于难，范氏之福也。"六月戊辰，士燮卒。

又曰：宋皇国父为太宰，为平公筑台，妨于农功。子罕请俟农功之毕，公弗许。筑者讴子，曰："泽门之皙，实兴我役。邑中之黔，实慰我心。"子罕闻之，亲执朴以行筑者，而抶其不勉者，曰："吾侪小人，皆有阖庐以避燥湿寒暑，今君为一台而不速成，何以为役？"讴者乃止。或问其故，子罕曰："宋国区区，而有诅有祝，祸之本也。"

又《襄二十七年》曰：楚子木问于赵孟曰："范武子之德何如？"对曰："夫子之家事治，言于晋国，无隐情；其祝史陈信于鬼神，无愧辞。"

又曰：齐侯疥，遂痁，期而不瘳。诸侯之宾问疾者多在，梁丘据与裔款言于公曰："吾事鬼神，丰，于先君有加矣。今君疾病，为诸侯忧，是祝、史之罪也。诸侯不知，其谓我不敬，君盍诛于祝固、史嚚以辞宾？"公说，先告晏子。晏子曰："日宋之盟，屈建问范会之德于赵武，赵武曰：'夫子家事治，言于晋国，竭情无私。其祝、史祭祀，陈信不愧。其家事无猜，其祝、史不祈。'建以语康王。康王曰：'神、人无怨，宜夫子之光辅五君，以为诸侯主也。’”公曰：“据与款谓寡人能事鬼神，欲诛于祝、史。子称是语何？”对曰：“若有德之君，外内不废，上下无怨，动无违事，其祝、史荐故信，无愧心矣。是以鬼神用飨，国受其福禄，祝、史与焉。其所以蕃祉老寿者，为信君使也，其言忠信于鬼神。其适遇淫君，外内倾邪，上下怨疾，动作避违，从欲厌私，高台深池，撞钟舞女，斩刈民力，输掠其聚，以成其违，不恤后人。暴虐淫纵，肆行非度，无所还忌，不思谤言。不惮鬼神。神怨民痛，无悛于心。其祝、史荐信，是言罪也。其盖失数美，是矫诬也。进退无辞，则虚以求媚。是以鬼神不飨其国以祸之，祝、史与焉。所以夭昏孤疾者，为暴君使也，其言僭嫚于鬼神。”公曰：“然则若之何？”对曰：“不可为也。言非诛祝史所能治。山林之木，衡鹿守之；泽之萑蒲，舟鲛守之；薮之薪蒸，虞候守之；海之盐蜃，祈望守之。县鄙之人，入从其政；逼介之关，暴征其私；丞嗣大夫，强易其贿。布常无艺，征敛无度；宫室日更，淫乐不违。内宠之妾，肆夺于市；外宠之臣，僭令于鄙。私欲养求，不给则应。人民苦病，夫妇皆诅。祝有益也，诅亦有损。聊、摄以东，姑、尤以西，其为人也多矣。虽其善祝，岂能胜亿兆人之诅？君若诛于祝、史，修德而后可。”公说，使有司宽政，毁关、去禁、薄敛、责己。

又曰：卫太子祷曰：“曾孙蒯聩敢昭告皇祖文王、烈祖康叔、文祖襄公：郑胜乱从，晋午在难，不能治乱，使鞅讨之。蒯聩不敢自佚，备持矛焉。敢告无绝筋、无折骨、无面伤，以集大事，无作三祖羞。大命不敢请，珮玉不敢爱。”

《韩诗外传》曰：齐桓公至海丘，见封人，曰：“尔何为者也？”对曰：“臣海丘封人也。”桓公曰：“叟年几何？”曰：“臣八十有三矣。”桓公曰：“美哉！寿也。叟盍为寡人寿也？”对曰：“野臣不知为君王之寿。”桓公曰：“盍以叟之寿祝寡人？”封人奉觞再拜，曰：“使吾君固寿，金玉之贱，人民是宝。”桓公曰：“善哉，祝乎！叟盍复祝乎？”封人曰：“使吾君好学而不恶问，贤者在侧，谏者得入。”桓公曰：“善哉，祝乎！”封人曰：“无使群臣百姓得罪于吾君，亦无使吾君得罪于群臣百姓。”桓公不悦，曰：“此言非夫前二言之善也。叟其革之！”封人澜然涕下，曰：“愿与吾君终言之。此言乃夫前二言之上也！臣闻子得罪于父母，可困姑姊妹而谢也。父乃赦之。臣得罪于君，可因便僻之左右而谢也，君乃赦之。昔桀得罪于汤，纣得罪于武王，此君得于臣也，至今未有为谢者。”公曰：“善！”扶而载之，自御以归。

《礼·外篇》：成王冠，周公使祝雍曰：“辞达而已，勿多也。”祝雍曰：“近于民，远于佞，近于义，啬于时，惠于财，任贤使能。陛下摛显先祖之光耀，以承皇天之嘉禄。钦顺仲春之吉日，遵并大道邦域，康阜万福之休灵，始加昭明之元服，推远邪佞之忠，弘积文武之龙德，肃勤高祖之清庙。六合之内，靡不蒙德，永永与天无极。”

又曰：大夫成群立社，祝曰：“今某月日，君为某立社，社祭土而主阴气也。五谷用成，万民以生，敢用肥豚、嘉蔬、清酒，敬致大神。自今日已来，祈请雨，唯灵是听，子孙眉寿，万神含灵。”止雨祝曰：“天生五谷，以养生民。今天雨不止，用伤五谷。如何神灵，而行而止，杀牲以赛神灵。雨则不止，鸣鼓攻之，朱缘绳索而胁之。”

《史记》曰：楚大发兵如齐，齐王使淳于髡之赵请救兵，遗金百斤，车马十驷。淳于髡仰天大笑，冠缨索绝。王曰：“先生少之？”髡曰：“何敢！”王曰：“笑岂有说乎？”髡曰：“今者，臣从东方来，见道旁有穰田者，操一豚蹄，酒一盂，而祝曰：‘瓯窭满篝，瓯窭犹杯楼也。言丰年彩掇，易满篝笼也。汙耶满车，汙耶，下地有薪草也。五谷蕃熟，穰穰满家。’臣见其所持者狭，而所欲者奢，故笑之。”

《吴越春秋》曰：勾践五年夏五月，将与大夫种、范蠡入臣于吴，群臣皆送。临水祖道，大夫种前为祝，其辞曰：“皇天佑助，先沉后扬。祸为德根，忧为福堂。威人者灭，服从者昌。王虽牵致，其后无殃。君臣生离，感动上皇。众夫哀悲，莫不感伤。臣谨再拜，伏称万岁，上酒三觞。”勾践仰天太息，举杯垂涕，嘿无所言。

《宋书》曰：王悦之，宋明帝泰始中为黄门郎。上以其廉介，赐良田五顷，以为侍中，在门下尽心力。检校御府太官太医诸署，时承奢忲之后，奸窃者众。悦之案意刻覆无所避，得奸巧甚多。于是众署共咒诅，悦之病甚，恒见两乌衣人捶之。及卒，上乃收典章者十许人，桎梏之送淮阴，密令渡瓜步江投之中流。

《北史》曰：后魏时，有沙门惠怜，自云咒水饮人能差诸病。病人就之者，日有千数。灵太后诏给衣食，事力，使于西南疗百姓。

《北齐书》曰：娄太后为博陵王纳崔陵妹为妃。敕中使曰：“好作法用，勿使崔家笑人。”婚夕，显祖举酒祝曰：“新妇宜男、孝顺、富贵。”陵奏曰：“孝顺出自臣门，富贵恩由陛下。”

《尸子》曰：鲍叔为桓公祝曰：“使公无忘在莒时，管子无忘在鲁时，宁武子无忘车下时。”

《灵鬼志》曰：石虎时，有胡道人驱驴作估于外国深山中行，有一绝涧，窈然无底，行者恃山为道，鱼贯相连。忽有恶鬼牵之下入涧中，胡人急性，便大嗔恚。寻迹涧中，并祝誓呼诸鬼神下，远忽然出一平地，城门外有一鬼，大鏁项，脚着大铁桎。鬼见道人，便乞食。曰：“得食当与汝。”既至门，乃是鬼王所治。前见王，道人便自说驱驴载物为鬼所夺，寻迹至此，须臾，即得其驴，载物如故。

贾谊《新书》曰：汤见设网者，四面张网而祝之曰：“自天下者，自四方至者，皆罗我网。”汤曰：“嘻！尽之矣。非桀，其孰能如此！”合去三面，教之曰：“蛛蝥作网，今之人修绪。欲左者左，欲右者右，欲高者高，欲下者下。吾请授其犯命者。”民闻之曰：“德及禽兽，而况我乎？”于是下亲其上。

《说苑》曰：齐遣淳于髡到楚，为人短小，楚人甚薄之，谓曰：“齐无人耶！而使子来，子何长也？”对曰：“臣无长，腰中七尺之剑，欲斩无状。”王曰：“止！吾但戏子耳。”即与髡曰：“饮酒。”谓髡曰：“吾有仇在吴国，子定能为报之乎？”对曰：“来见道旁鄙民，持一头鱼，上田祝曰：‘上得万木，下得千斛。’臣窃笑之，以为礼薄而辞多，祭轻而望重。王今与吾半日之乐，而委以吴王，非其计。”楚王嘿然。

《新序》曰：中行寅将军召其大祝，而欲加罪，曰：“子为我祝，辞令不精耶？牺牲不肥泽也？威仪不谨敬耶？斋戒不洁清也？乃使吾国将亡，何也？”祝简对曰：“昔吾先君中行密子有车十乘，不忧其薄，忧其德义之不足也。今之主君有车百乘，不忧德义之薄，唯患车之不足也。且船车饬则赋敛厚，赋敛厚则民怨而谤诅矣。君苟以为祝之有益于国，则谤诅亦将为亡矣。一人祝之，一国诅之。一人祝不胜万人诅，国亡不亦宜乎？祝其何罪！”中行子默然而惭。

《风俗通论》曰：案《明帝起居注》，东巡太山，到荥阳，有乌飞鸣乘车上，虎贲王吉射之，中。而祝曰：“乌鸣哑哑，引弓射，洞右掖。陛下寿万岁，臣为二千石。”明帝赐钱二百万。

《世说》曰：刘灵嗜酒，其妇止之。灵祝曰：“天生刘灵，以酒为名。一饮一斛，五斗解醒。妇人之言，慎不可听。”

蔡邕《祖饯祝》曰：令岁淑月，日吉时良。爽应孔嘉，君当迁行。神龟吉兆，休气煌煌。着卦利贞，天见三光。鸾鸣雍雍，四牡彭彭。君既升与，道路开张。风伯雨师，洒道中央。阳遂求福，蚩尤辟兵。仓龙夹毂，白虎扶行。朱雀道引，玄武作侣。勾陈居中，厌伏四方。君往临邦，长乐无疆。

符

《黄帝出军诀》曰：昔者，蚩，尤总政无道，残酷无已。黄帝讨之于涿鹿之野，暴兵中原。黄帝仰天叹息，愀然而睡。梦西王母遣人披玄狐之裘，以符授之，曰：“太一在前，天一备后。得兵契信，战则克矣。”黄帝悟，思其符，立坛请而祈之，祭以太牢，用求神佑。须臾，玄龟巨鳌衔符出从水中，置坛中而去。黄帝再拜稽首，亲自授符。视之，乃所梦也。于是黄帝珮之以攻，即日擒蚩尤。

《龙鱼河图》曰：玄女出□兵符付黄帝，制蚩尤。

《葛仙公别传》曰：仙公付书符投江中，顺流而下。次又投一符，逆流而上。次投一符，不上不下，停住水中，而向二符皆还就之。

《神仙传》曰：汉章帝问刘冯：“殿下有怪，常有朱衣披发持烛相随而走，为扣坷不？”冯曰：“可。”帝因使人伪为之，冯以符掷之，使人顿地。帝惊曰：“以相试耳。”乃解之。

又曰：仙人帛和，弟子孙真舅氏当葬，路远不得车马，和以一函符与贞，诫曰：“汝持此行二十里，当有以车牛给汝者，又有厨供。不可发此函。”真行，果有一少年御一车牛给真，并送酒食。即到舅家，以函着衣箱中。真弟不知，发函，函有纸画车牛，一人御之。因失车牛所在。

《列仙传》曰：涓子钓于河泽，得符于鲤鱼肠中。

《续搜神记》曰：吴猛字世云，有道术。狂风暴起，猛掷符上，便有一飞鸟接符去，须臾风静。人问之，答云：“南湖有遭此风者两舫人，是道士呼天求救，故符以止风。”

《抱朴子》曰：刘安君用药及符，能令人含笑则为妇人，蹙面则为老夫，踞地则为小儿。

葛洪《神仙传》曰：葛玄见卖大鱼者，谓曰：“暂烦此鱼往河伯处？”鱼主曰：“鱼已死。”玄曰：“无苦。”乃丹书纸，内鱼口中，投水。有顷，鱼化□□□□□□□□□□□□□□禁而飞。

术

《后汉书》曰：郭宪字子横。建武七年代张堪，为光禄勋，从驾南郊。宪在位，忽乃向东北含酒三潠。执法奏为不敬。诏问其故，宪对曰：“齐国失火，故以厌之。”比后，齐果有火灾，与郊同日。

又曰：樊英字季齐，善风角算河洛七纬。常有暴风从西方来起，英谓学者曰：“成都市火甚盛。”因含水西向漱之，乃令记其日时。客后有从蜀都来，云是日大火，有黑云卒以东起，须臾大雨，火遂得灭。于是天下称其术艺。

《劭氏家传》曰：劭信臣为少府，南阳遭火，烧数万人。信臣时在丞相匡衡坐，心动，含酒东向漱之，遭火处见云西北来，冥晦大雨以灭火，雨中酒香。

《桂阳列仙传》曰：成武丁正旦大会，以酒沃廷中。有司问其故，对曰："临武县失火，以酒救之。"遣骑果然。

《神仙传》曰：栾巴为尚书，正旦会，得酒西南潄，云："成都失火，作雨救之。"后使至，果如其言。

《抱朴子》曰：外国方士能祝龙，临渊禹步，龙浮出，长数十丈。方士吹之，则缩短数寸，掇取着壶中，辄四五寸，以水养之。余国少雨屡旱者，辄赍一龙往卖之，一龙千金。取一头着渊中，即兴云雨也。

又曰：庐江太守华念思就道士学微视术，未满百日，夜见天文及四邻不复有屋舍篱障。有妾死已久，亦见其形。与语，如平生。念思方信道术。

又曰：李阿者，行道逢奔车，阿两脚中车，脚即折。弟子占弼见之，惊怖。阿须臾取断脚相续如故也。

《淮南万毕术》曰：慈石提棋，取鸡磨针铁以相和，慈石棋头置局上自相投也。

又曰：鹊脑令人相思。取雌雄鹊各一，燔之四通道。丙寅日与人共饮酒，置脑酒中，则相思也。

又曰：老槐生火，胶，桡水则清，敝箕止碱，取箕以内酱中，碱着箕矣。

又曰：首泽浮针。取头中垢以涂针，塞其孔，置水即浮。

又曰：烧角入山，则虎豹自远，恶其臭也。

又曰：赤布在户，妇人留连。取妇人月事布，七月七日烧为灰，置楣上，即不复去。勿令妇人知。取苓皮置罂中，自沸如雨也。

又曰：梧木成云，取梧木置十硕瓦罂中，气尽则出云。

又曰：铜瓮雷鸣，取沸汤置瓮中，沉之井里，则鸣数十里。取家祠黍以啖儿，儿不思母。

又曰：取门冬、赤黍，渍以狐血，阴干之。欲饮酒，取一丸置舌下，酒吞之，令人不醉。

又曰：门冬、赤黍、薏苡为丸，令妇人不妒。

又曰：取鸡子去汁，然艾火内空中，疾风高举自飞去。取亡人衣，裹磁石悬井中，亡者自归矣。

又曰：取蜘蛛涂布，天雨不能濡之。

又曰：取马尾、犬尾，置朋友夫妻衣中，自相憎矣。

又曰：削冰令圆，举以向日，以艾承其影，则火生。

又曰：取牛胆涂热釜，即鸣矣。

又曰：取伯劳血涂金，令人不取，化为石也。

又曰：拔剑倚门，儿不惊。

又曰：狼皮在户，羊不出牢，羊畏狼故也。

又曰：烧木卖酒，人民自聚。取失火家木、刻作人形，朝朝祭之，人聚也。

又曰：取守宫虫，饵以丹，阴干，涂女人身，男合即灭。

又曰：猬膏涂铁，柔不折甑瓦。止乌鸣，取甑底抵之，则止。

又曰：犀角置狐穴中，狐不归。

又曰：鸱胫血涂鸡头，不能起。

又曰：马啮人，取僵蚕涂上唇，即止。复不啮人。

太平御览卷第七百三十七　方术部十八

禁

《后汉书》曰：章帝时，有寿光侯者，寿姓。《风俗通》云：寿于姚吴大夫。能劾百鬼众魅，令自缚见形。其乡人有妇为魅病，侯为劾之，得大蛇数丈，死于门外。又有神树，人止者辄死，鸟过丈必坠。侯复劾之，树盛夏枯落，见大蛇长七八尺，悬死其间。帝闻而征之，谓曰："吾殿下夜半后常有数人，绛衣被发，持火相随。岂能劾之乎？"侯曰："此小怪，易消耳。"帝伪使三人为之，侯劾，三人登时仆地无气。帝大惊，曰："非魅也，朕相试耳。"解之而苏。

又曰：徐登万者，闽中人也。本女子，化为丈夫，善为巫术。

又曰：赵炳字公阿，东阳人，能为越方。时遭兵乱，疾疫大起，二人遇于乌伤溪水之上，郦元长注《水经》曰：吴宁溪出吴宁县，乌伤之乌伤务溪在今婺州义乌县东也。遂结言约，共以其术疗病。各相谓曰："今既同志，且可试各所能。"登乃禁溪水，水为不流。炳复次禁枯树，树即生荑。《易》曰：枯杨生荑。王弼注云：荑者，杨之秀也。二人相视而笑，共行其道焉。登年长，炳师事之。贵尚清俭礼神，唯以东流水为酌，削桑皮为脯。但行禁架，所疗皆除。禁架即禁术也。后登物故，炳东入章安，百姓未之知也。炳乃故升第屋，梧鼎而爨，主人见之惊懅。梧，支也。懅，忙也。炳笑不应。既而爨熟，屋无损异。又尝临水求渡，船人不和之。和犹许也。俗本作者知误也。炳乃张盖坐其中，长笑呼风，乱流而济。

《吴志》曰：贺齐讨山贼，中有善禁者，每当交战，官军刀剑皆不得拔，弓弩射矢皆还自向，辄致不利。齐有长思，乃曰："吾闻金有刃者可禁，虫有毒者可禁，其无刃、毒则不可禁。彼必能禁吾兵也，必不能禁无刃物矣。"乃多作劲木棒，选勇力精卒五千人为先登，尽捉棒。彼山贼恃其善禁，不严备。于是官军以白棒击之，彼禁不复行。打杀者万计。

萧子显《齐书》曰：陈显达，南彭城人。显达出杜姥宅大战，被贼矢中左眼，拔箭而镞不出。地黄村潘妪善禁，先以钉钉柱中，妪禹步作气，钉即时出，乃禁显达目中镞，出之。

又曰：顾欢弟子鲍灵绶门前有一株树，本十余围，上有精魅，数见影动，印树即枯死。山阴白石村多邪病，村人告诉求哀，欢住村中为讲《老子》，规地作狱，有顷，见狐狸鼋龟自入狱中者甚多，即命杀之，病者皆愈。又有病邪者问欢，欢曰："家书有否？"曰："唯有《孝经》。"欢曰："可取置病人枕边，恭敬之，自差。"病者果愈。人问其故，答曰："善禳恶，正胜邪。此病者所以瘳。"

《北齐书》曰：崔子武，季舒之族孙也。幼时宿于外祖扬州刺史赵郡李宪家，一夜，梦一女，姿色甚丽，自云封龙王女，愿与崔郎私通。子武悦之，牵其衣裙，微有裂绽。未晓，告辞，结带而别。至明访问，乃是山神。遂往祠中观之，旁画女，容状即梦中见者，裂裙尚存，结带犹在。子武自是通梦，惚恍成疾。后逢医禁之，乃绝。

《隋书》曰：张文诩常有腰疾，会医者自言善禁，文诩令禁之，遂为刃所伤，至于顿伏床枕。医者叩头请罪，文诩遽遣之。

《唐书》曰：叶法善尝于东都凌空观设坛醮祭，城中士女竞往观之。俄顷，数十人自投于火中。观者大惊，救之而免。法善曰："此皆魅病，于吾法所摄耳。"问之果然。法善悉为禁劾，其病遂愈。

《六韬》曰：武王代殷，丁侯不朝，太公乃画丁侯于策，三箭射之。丁侯病困，卜者占云："祟在周。"恐惧，乃请举国为臣。太公使人甲乙日拔丁侯着头箭，丙丁日拔着口箭，戊己日拔着腹箭，丁侯病稍愈。四夷闻，各以来贡。

《异苑》曰：永嘉阳童，孙权时俗师也。尝独乘船往建宁，泊在渚次。宵中，忽有一鬼来，欲击童，因起谓曰："谁敢近杨童者？"鬼即稽颡，云："实不知是杨使者。"童便敕使乘船飞迅駚，有过猛帆，至县乃遣之。

又曰：赵侯少好诸术，姿形悴陋，长不满数尺。以盆盛水，闭目作禁，鱼龙立见。侯有白米为鼠所盗，乃把刀画地作狱，四面开门，向东啸，群鼠俱到，咒曰："凡非啖者过去。"有止者十余，剖腹看，藏有米宰缮。曾徒跣须履，因仰头微吟，双屐自至。有笑其形容者，便佯说以酒打向口中，即掩鼻不脱，仍稽颡谢过，着地不举。永康有骑石山，山上有石人骑石马。侯仰指之，人马一时落，首今犹在山下。

《神仙传》曰：严青常从弟子家夜归，都督夜行逢青，呵问何人夜行。青亦厉声问曰："汝是何人，而夜行？"都督怒应付。不知是青，因叱从兵，使纂夜行人。青亦复叱，其从人曰："皆缚夜行人。"青便去。而都督及从者数十人，人马皆不复得去。明旦，行人见都督，问何为在此，都督曰："事状如此。"行人曰："必是严公也。"都督曰："我不能得动，可报余家。"家人知之，往叩头启谢青。自说昨宵不知是先生，乞得放遣。青乃大声曰："解遣昨宵所纂行人还去。"都督乃得去，其后夜行，每见行人，先逆问："非严公乎？"

又曰：王方平降蔡经家北舍。有陈姓者，失其字，尝罢尉也。闻经家有人，乃诣门叩头乞求拜见。方平遣人引前与语，此人便乞得随从驱使，比于蔡经。方平曰："君且起向日方。"平从后视之，言曰："噫，君心叙不正，终不可教以仙道也。当授君以地上主者之职。"临去，以符并一传着小箱中，以与陈尉，告言："此不令君度世也，能令君本寿自出百余岁也。可禳灾治病者，命未终及无罪过者，君以符到其家，便愈矣。若有邪鬼血食作祸祟者，君便以符带此以敕，社吏当收送其。心中亦当知其轻重，临时以意治之。"陈尉以此符治病，有效。事之者数百家，寿一百一十岁而死。后弟子行其符，不效也。

《抱朴子》曰：治金疮，以气吹之即断痛。登山蛇虺毒虫中人，在近者，就以气禁之。其相远者，或数十里，便延治之，呼其姓名而咒之。男也，吹我右手，记识其时，后校问之，皆即时愈也。又有介象者，能以气禁一里中愈。居人炊之，不得蒸。以气禁树上群鸟。即堕地。又于茅上爨火煮鸡，热而茅不燋。又禁刀矛以刺人腹，以椎打之，刃曲而不复入。又烧釜正赤而立上久之，不知热。以钱投于沸釜汤中，亦探取钱而手不灼。能令一市人皆坐，不得起。

幻

《说文》曰：幻，相诈幻惑幻人，从反予。

《周书》云：无或诪张为幻。

《后汉书》曰：永宁元年，西南夷掸国王诣阙，献乐及幻人，能变化吐火，自支解，易牛马头。元会在庭作，安帝与群臣共观，大奇之。

又曰：安帝时作九宾乐，有含和宾利之兽从西方来，戏于庭，入前殿，激水化成鱼，嗽水作雾，化成黄龙，长八丈，出水游戏于庭，炫熠日光。

又曰：解奴辜、张貂者，亦不知是何郡国人也。皆能隐沦出入不由门户。奴辜能变易物形，以诳幻人。

《晋书》曰：郭璞将促装去，爱主人婢，无由而得，乃取小豆三斗，绕主人宅散之。主人晨起，见赤衣人数千围其家，就视则灭。甚恶之，请郭璞，曰："君家不宜畜此婢，可于东南二十里卖之，慎勿争价，则此妖可除也。"主从之。璞阴令人贱买此婢。复为符投井中，数千赤衣人皆反缚，一一自投于井，主人大悦。璞携婢而去。

《后魏书》曰：悦般国贞君九年遣使朝贡，并送幻人。称能割人喉脉令断，击人头令碎陷，皆血出，淋漓数升，或盈斗。以草药令嚼咽之，须臾血止。世祖恐言是虚，乃取死囚试之，皆验。

崔鸿《北凉纂》曰：玄始十四年七月，西域贡吞刀吐火秘幻奇伎。

《北齐书》曰：由吾道荣，琅琊人也。初，晋阳有人甚明法术，为人佣力，无识之者。道荣闻之，访得其人。以道荣好尚，将法授之，谓道荣曰："我本恒山仙人，有罪，为天官所谪。今限满，将归乡里。卿且送吾至于汾水。"及至汾河，值水暴至。其人乃临水禹步，以一符投水中，流便绝。徐自沙石上渡河而去。道荣尝至辽阳山中，夜逢猛兽，以杖画地成大坑，猛兽遂走。

《唐书》曰：显庆元年，上御安福门楼观大酺，胡人欲持刀自刺，以为幻戏。上不许之，乃下诏曰："如闻在外有婆罗门胡等，每于戏处，乃将剑刺肚，以刀割舌，幻惑百姓，极非道理。宜并遣发还蕃，勿令久住。"仍约束边州，若更有此色，并不须遣入朝。

《金楼子》曰：周穆王时，西极有化人，入水火，贯石及山川，移城邑，乘虚不坠，触实不碍，千变万化，不可穷极。穆王为起中天之台，郑卫奉承云之乐。日日献玉衣，月月荐玉食，幻人犹不肯舍，乃携王至幻人宫，称以金银，络以珠玉，鼻口所纳，皆非常人间物也。由是王心厌宫室。幻人曰："易之耳。"王悦，遂肆志远游。

《西京杂记》曰：余所知有鞠道龙善为幻术，向余说古事。有东海人黄公，少时为幻，能刺蛇御虎，珮赤金为刀，以绛缯束发，立兴云雾，坐成山河。及衰老，气力羸惫，饮酒过度，不能复行其术。

又曰：淮南王好方士，皆以术见，遂后画地为江河，摄土为山岳，嘘呼为寒暑，喷嗽为雨露。王亦卒与诸方士俱去。

《异苑》曰：高阳新城叟，晋咸宁中为淫祠妖幻置署百官，又以木自鉴，辄见所署置之人，衣冠丽然。百姓信惑，京都翕习。收而斩之。

又曰：上虞孙湲奴多诸幻伎。元嘉初叛，建安中复出民间，治人头风，流血滂沲，嘘之便断创。又即敛虎伤，蛇噬烦毒，乘死禁护，皆差。向空长啸，则群雀来萃。夜咒，蚊虻悉皆死于侧。至三十年，于长山为本主所得，知有术，虑必亡叛，约缚枷鏁，极为重复。明日，已失所在。

《搜神记》曰：永嘉中，有天竺胡人来渡江南，其人有数术，能断舌复续之，吐火。所在人士聚观，试其断时，先以舌示宾客，然后刀截，血流覆地，乃取置器中，传以示人，视之舌头，半舌犹在。既而还取续之，坐有顷，坐人见舌则如故，不知其实断否。其续断，取绢布，与人各执一头，对剪一断之，已而两段合，将视之，则复还连绢，无异故体。时人多疑，以为幻。阴乃试之，真继绢也。其吐火，先有药在器中，取一片与黍饴合之，再三吹呼。而已张口，火满口中，因就爇，取以爨，则火也。又取书纸及绳缕之属投火中，众共视之，见其烧燃消糜乃尽。及举而出之，故向物也。

《灵鬼志》曰：太元十二年，有道人外国来，解吞刀吐火，珠玉金银，说其所授术师曰："衣非沙门也。"行见一人担，担上有小笼子，可受升余，语担人云："吾步行疲极，欲寄君担。"担人甚怪之，虑是狂人，便语之云："自可尔，君欲何许自厝耶？"其人答云："若见许，正欲入笼子中。"笼不便，担人逾怪之，乃下担入笼中。笼更不大，其人亦不更小，担之亦不觉重于先。既行数里，树下住食，担人呼共食，云："我自有食。"不肯出。止住笼中饮食，器物罗列，肴膳丰腆亦辨，乃呼担人来食。未半，语担人："我欲妇共食。"腹中吐出一女子，年二十许，衣裳容貌术美，二人共食。食欲竟，其夫便卧。娇语担人云："我有外夫，欲来共食，夫觉，君勿道之。"妇便口中出一年少丈夫，食笼中便有三人，宽急之事，亦复不异。有顷，其夫动如欲觉，妇便以外夫内口中。夫起，语担人曰："可去。"即以妇内口中，次及食器物。此人既至国中，有一家大富，资财巨万，而性悭吝。语担人云："试为君破悭。"即至其家，有好马甚珍之，系在柱上，忽失去，寻索不得。明日，见马在五升罂中，终不可破，便语："君作百人厨，以周一穷乏，马得出耳。"主人即作之，毕，马还在柱下。明早，其父母在堂上，忽然不见，举家惶怖，不知所在。开装器，忽然见父母在泽壶中，不知何由，复往请之，其人云："君当更作千人饮食，以饴百姓穷者。"当时便作，父母在床也。

《幽明箓》曰：安城人，俗巫也，善于幻术。每至祠神时，击鼓宰三牲，积薪燃火盛炽，束带入火中，章纸烧尽而开，形骸衣服犹如初时。王疑之为江祠王，当酒行，为王刷头簪，荷叶为帽，与王亦当，不觉有异，到坐之后，荷叶乃见，一坐惊骇。

桓谭《新论》曰：方士董仲君犯事系狱，佯死，目陷虫烂，故知幻术靡所不有。又能鼻吹口歌，耸眉动目。荆州有鼻饮之蛮，南城有头飞之夷，非为幻也。

孔伟《七引》曰：弄幻之士，因时而作。殖苽种菜，立起寻尺。投芳送臭，卖黄售白。麾天兴云雾，画地成江海。

太平御览卷第七百三十八 疾病部一

总叙疾病上

《说文》曰：疾，病也。疹，病加也。疢，热病也。痹，劳病也。疸，黄病也。痁，入病也。

《释名》曰：疾，病也，客气中人急疾也。病，并也，与正气并在肤体中也。疹，诊也，有结聚可得诊见也。痛，通也，通在肤脉中也。痒，扬也，其气在皮中，人摇发之扬出也。

《尔雅》曰：痡瘏、虺颓、玄黄、劬劳、咎顇、瘽愈、鳏戮、癙癵、痙痒、疷疵、闵逐、疚痗、瘥痱、
瘽瘵、瘼瘠、病也。

《方言》曰：南楚疾愈谓之差，或谓之间，或谓之知，通语也。或谓之惠，或谓之了，或谓之瘳，或谓之除。殗于怯反殜音业微也。晋楚之间，凡病不甚曰殗殜。郭曰：半卧半起也。凡病少愈而加剧，谓之不斟。斟，盆也。或谓之何斟。言虽小损，无所益也。瘼，音莫复病也。东济海岱之间曰瘼，或曰瘕，秦曰瘎。音阎，或谌。

《周易·无妄卦》曰：无妄之疾，勿药，有喜也。

《周礼·天官下》曰：疾医掌养万民之疾病。四时皆有疠疾，春时有痟首疾，夏时有痒疥疾，秋时有疟寒热疾，冬时有嗽上气疾。

又曰：医师掌医之政令，凡邦之有疾病者，有疕疡者造焉，则使医分而治之。

《礼记·曲礼下》曰：君使士射，不能则辞以疾，曰某有负薪之忧。

又礼记·檀弓上曰：曾子寝疾，病。乐正子春坐于床下，郑玄注：子春，曾参弟。曾元、曾申坐于足。元、申，曾参之子。童子隅坐而执烛。童子曰："华而睆，大夫之箦与？"华，画也。谓床箦也。说者以睆为刷节目，字或为刷。子春曰："止。"以病困，不可动。曾子闻之，瞿然曰："呼！"呼，虚惫之声也。曰："华而睆，大夫之箦与？"曾子曰："然。斯季孙之赐也，我未

之能易也。元，起易箦！”曾元曰：“夫子之病革矣。不可以变。幸而至于旦，请敬易之。”革，急也。变，动也。

又《丧服·大记》曰：疾病，外内皆扫，为宾客将来问病也。疾勒椿病也。君、大夫彻悬，士去琴瑟。声音动人，病欲静也。寝东首于北牖下。废床，彻亵衣，加新衣，体一人。男子不死于妇人之手，妇人不死于男子之手。

又曰：君于大夫疾，三问之。士疾，一问之。

《左传·成十五年》曰：晋侯疾病，求医于秦。秦伯使医缓为之。未至，公梦疾为二竖子，曰：“彼，良医也，惧伤我焉，逃之。”一曰：“居肓之上，膏之下，若我何？”医至，曰：“疾不可为也，在肓之上，膏之下，攻之不可，达之不及，药不至焉，不可为也。”公曰：“良医也。”厚为之礼而归之。

又《昭上》曰：晋侯有疾，郑伯使公孙侨如晋，聘且问病。叔向问焉，曰：“寡君之疾病，卜人曰‘实沉、台骀为祟’，史莫之知。敢问此何神也？”子产曰：“若君身，则亦出入、饮食、哀乐之事也，山川、星辰之神，又何为焉？言实沉台骀不为君疾。侨闻之，君子有四时：朝以听政，昼以访问，夕以修令，夜以安身。于是节宣其气，勿使有所壅闭、湫子小切底以露其体。湫，集；底，带也。露，羸也。一之则血气集滞而体羸露。今无乃一之，则切生疾矣。”

又《昭上》曰：晋侯有疾，求医于秦，秦伯使医和视之，曰：“疾不可为也。是谓近女室，疾如蛊。蛊，惑也。非鬼非食，惑以丧志。惑女色而失志。良臣将死，天命不佑。”良臣不□君过，故将死而夫不佑。公曰：“女不可近乎？”对曰：“节之。天有六气，降生五味，发为五色，征为五声，淫生六疾。”事具《医门》。

又《昭二》曰：郑子产聘于晋，韩宣子曰：“寡君寝疾，今梦黄熊奴才反入于寝门，其何厉鬼也？”对曰：“尧殛鲧于羽山，其神化为黄熊，以入于羽渊，实为夏郊，三代祀之。晋为盟主，其或未之祀乎？”韩子祀夏郊，晋侯有间。

《春秋谷梁传》曰：季孙行父秃，晋郤克跛，孙良父眇，曹公子手偻，同骋于齐。齐使秃者御秃者，跛者御跛者，眇者御偻者。偻者御偻者。萧同叔子处台而笑之，客不悦，相立胥闾而语，移日不解。齐有知者，曰："齐患必自此始也。"麋俗，胥闾，门名也。御，迎也。

《春秋公羊传》曰：卫絷不立，恶疾也。何休解曰：恶疾，聋盲之属。

《国语·鲁语》曰：子叔声伯如晋，郄犨欲与之邑，弗授。郄犨，晋卿，苦成叔也。归，鲍国谓之曰："子何以辞苦成叔之邑？"对曰："吾闻之，不厚其栋，不能任重，重莫若国，栋莫若德。夫苦成叔欲任两国，而无大德，亡无日矣。譬之如疾，余惧易焉。"疾疫，厉病。

《论语》曰：曾子有疾，召门弟子曰："启予足，启予手。"启，开也。曾以为孝子授体于父母，当完全之，今疾或死，故使弟子开衾而视之。

《史记》曰：陈轸适秦，秦惠王曰："子去寡人之楚，亦思寡人不？"陈轸对曰："闻乎越人庄舄乎？"王曰："不闻。"曰："越人庄舄仕楚执珪，有顷而病，为越声。"楚王曰："舄，故越之鄙细人也。今仕楚，执珪，贵极矣。亦思越不？"对曰："凡人思故在其病也，彼思越则越声，不思越则且楚声。使人往听之，犹尚越声也。今臣虽弃逐之楚，岂能无秦声哉？"

又曰：留侯多疾，即导引不食谷。《汉书》曰：服辟谷药，静居行气也。

《汉书》曰：王章为诸生，学长安，独与妻居。章病，无被，卧牛衣中，与妻决涕泣。其妻呵怒之，曰："仲卿京师尊贵，在朝廷，人谁逾仲卿者。今病困，不自激卬，如淳曰：激厉抗扬之意也。乃返涕泣，何鄙也！"

又曰：朱云年七十余，终于家。病不呼医饮药，遗言以身服敛，棺周于身，土周于椁。

《魏志》曰：太傅锺繇有膝病，时华歆亦以高年疾病，朝见皆使虎贲舆上殿就坐。后三公疾，常以为故事。

《吴志》曰：吕蒙获关羽，封侯未下，会疾发。权时在公安，迎置内殿，所以治护者万方，募封内有能愈蒙疾者赐千金。恐其劳动，常穿凿壁瞻之，见其小能下食，则喜，顾左右言笑，不然则咄嗟，夜不能瘵。病中瘳，为下赦令，群臣毕贺。后更增笃，权自临视，命道士于星辰下为之请命。

《晋书》曰：王戎先有吐疾，居丧增甚，帝遣医疗之，并赐药物，又断宾客。

《晋书》曰：乐广字彦辅。尝有亲客久阔不复来，广问其故，答曰："前在坐，蒙赐酒，方欲饮，见杯中有蛇，意甚恶之，既饮而疾作。"时河南厅事壁上有角漆画作蛇，广意杯中蛇即角影也。复置酒于前处，谓客曰："酒中复有所见不？"答曰："所见如初。"广乃告其所以。豁然意解，沉痾顿愈。

又《风俗通》曰：予之祖郴为汲令，以夏至日请主簿杜宣赐酒。时北壁上有悬弓照于杯中，其影如蛇，宣畏恶之，然不敢不饮。其日便得病，云蛇入腹。郴召宣于故处设酒，杯中有一蛇，因谓宣："此乃壁上弓影耳，非他怪。"宣意遂解，甚夷怿。

又曰：皇甫谧，字士安，因病服寒食散，而性与之忤。每委顿不伦，尝悲恚叩刃欲自杀，叔母谏而止。谧尝上疏曰："久婴笃疾，躯半不仁，右脚偏小，十有九载。又服寒食药，违诸节度，辛苦荼毒，于今七年。隆冬裸袒食冰，当暑烦闷，加以咳逆，或若温疟，或类伤寒，浮气流肿，四支酸重，于今困劣。"

《宋书》曰：羊欣有病不服药，饮符水而已。兼善医术，撰药方数十卷。

沈休文《宋书》曰：谢述有心虚疾，性理时或炒数，除吴郡太守，以疾，不之官。

斐子野《宋略》曰：殷景仁入居西州，疾笃，上为之累息，敕西州道上不得有车声。

谢绰《宋拾遗》曰：宋悫表曰："臣昔贫贱时，尝疾病，家人为臣斋，勤苦七日。臣昼夜，梦见一童子，青衣，执缣广数寸，与臣。臣问之用此何为，答曰：'西王母符也，可服之。'服符竟，便觉，一二日病差。"

《梁书南史》曰：范云忽中疾，居二日半，召医徐文伯视之。伯曰：

“缓之一二月乃复，欲速即时愈止，恐二年不复可救。”云曰：“朝闻道，夕死可矣，而况二年？”文伯乃下火而床焉，重衣以覆之，有顷许，汗流于背，即起。二年果卒。

《南史》曰：褚澄善医术，建元中为吴都太守，百姓李道念以公事到郡，澄见，谓：“汝有重病。”答曰：“旧有冷病，至今五年，众医不差。”澄为诊，谓曰：“汝病非冷非热，当是食白瀹鸡子过多所致。”令取蒜一升煮服。乃吐一物如升，涎裹之，动，开看，是鸡雏，羽翅爪距具足，能行走。澄曰：“此未尽。”便服所余药，又吐得如何者鸡十三头，而病都差，当时称妙。

《北史》曰：齐兰陵王长恭有战功，帝忌之。人谓长恭勿预事，长恭然其言。未能退，及江淮寇扰，恐复为将，叹曰：“我去年面肿，今何不发？”自是有疾不疗。

《后魏书》曰：李谐为人短小，六指，因瘿而举颐，因跛而后步，因謇而徐言。人言李谐善用三短。

《北史》曰：周斐侠尝遇疾沉顿，士友忧之。忽闻五鼓，便即惊起，顾左右可向府耶，所苦因此而瘳。晋公护闻之，曰：“斐侠危笃若此，而不应忧公，因闻鼓声，疾病遂愈，此岂非天佑其勤恪也！”

《唐书》曰：太宗谓侍臣曰：“治国与养病无异也。病人觉愈，弥须将护。若有触犯，必至殒命。治国亦然，天下稍安，尤须兢慎，若便骄逸，必至丧败。”

又曰：有患应病者，问医官苏澄，云：“自古无此方，今吾所撰《本草》网罗天下药物，亦谓尽矣。试将读之，应有所觉。”其人每发一声，腹中辄应，唯至一药，再三无声，过至他药，复应如初。澄因为处方，以此药为主，其病自除。

《老子》曰：知不知，上；不知知，病。圣人不病，以其病病。夫唯病病，是以不病。

《庄子》曰：尧以天下让许由，许由不授。又让于子州支父，子州支父曰：“以我为天子，可也。虽然，我适有忧幽之病，方且治之，未暇治天下也。”

又曰：子来有病，喘喘然将死，其妻子环而泣之。子黎往问之，倚其户与之语曰：“伟哉！造化以女为鼠肝乎？以女为虫臂乎？”子来曰：“父母于子，东西南北唯命之从，阴阳于人，不翅为父母。”信阴阳制人，甚于父母。

又曰：南荣趎曰：“里人有疾，里人问之。病者能言其病，病者犹未病也，若趎之问大道也，譬犹饮药以加病者也。司马彪曰：加，增加也。趎愿闻卫生之经而已矣。”卫生谓卫护其生，全性命。

《列子》曰：龙叔谓文挚曰：“子之术微矣，吾有疾病，子能已乎？”文挚曰：“唯命所听，然先言子所病之证。”龙叔曰：“吾乡誉不以为荣，国毁不以为辱。得而弗喜，失而弗忧；视生如死，视富如贫。此奚疾哉？奚方能已之乎？”文挚乃命龙叔背明而立，文挚从后向明而望之。既而，曰：“嘻，吾见子之心矣，方寸之地虚矣，几圣人也。子心六孔流通，一孔不达。今以圣智为病者，或由此乎？非吾浅术所能已也！”

又曰：秦人逢氏有子，少而惠，及壮，而有迷罔之疾。闻歌以为哭，视白以为黑，飨香以为朽，尝甘以为苦，行非以为是。意之所之，天地四方、水火寒暑无不倒错者焉。列子曰：“鼻将窒者，先觉焦朽；体将僵者，先亟奔佚；心将迷者，先识是非。”故物不至者则不反。

又曰：宋阳里华子中年病忘。朝取而夕忘，夕与而朝忘；在涂则忘行，在室则忘坐；不识先后，不识今古。鲁有儒生，自媒能治之，华子之妻以居室之半请其方。儒生曰：“吾试化其心，变其虑，庶几其瘳乎！”于是试露之而求衣，饥之而求食，幽之而求明。生欣然告其子曰：“疾可已也。然吾方密传，不可告人，试屏左右。”独与居室七日，而积年之病一日都尽。

又曰：杨朱之友曰季梁。季梁得疾，七日大渐，其子环而泣之，请谒医。季梁谓杨朱曰：“吾子不肖，如此之甚。汝奚不为我歌以晓之？”其子曰：“不晓。”终谒三医，而季梁之疾自瘳。

《墨子》曰：墨子病，洗鼻问曰：“先生以鬼神为明，福善祸恶，今先生圣人也，何故病？”墨子曰：“病者多方，有得之劳苦，有得之寒暑。今有百门而闭其一，贼何处不入哉？”

管子曰：凡国都，皆有养疾，聋盲喑哑、跛躄偏枯不耐自生者，上收而养之。

《尹子》曰：与死者同病，难为良医。与亡国同道，不可为谋。

又曰：人将疾也，必先不甘鱼肉之味。

《韩子》曰：秦昭王有疾，百姓买牛而家为王祷。

《魏子》曰：待扁鹊乃治病，终身不愈也。用道术则无所不治也。

《淮南子》曰：土地各以类生人，是故山气多男，泽气多女，水气多喑，风气多聋，林气多癃，木气多伛，生子多有此疾。岸下气多肿，湿气所坐。石气多力，险阻气多瘿，暑气多残，残折不经。寒气多寿，谷气多痹，丘气多狂，衍气多仁，下而平出。陵气多贪。蒙陵积聚。

《春秋后语》曰：齐桓公六年，越医扁鹊过齐，桓侯客待之，入朝见曰：“君有疾，在腠理，不治将深。”腠理，皮肤也。桓侯曰：“寡人无疾。”扁鹊出。桓侯谓左右曰：“医之好利，欲以不病为功。”后五日复见，曰：“君疾宰瑟脉。”后五日复见，曰：“疾在肠胃。”后五日见桓侯而还走，桓侯使人问其故，曰：“疾在骨髓，臣是以无请也。”桓侯遂卒。

《战国策》曰：扁鹊见秦武王，示之病，扁鹊请除之。左右曰：“君之病在耳之前，目之下也。除之使耳不聪，目不明。”君以告扁鹊，扁鹊怒而投其石，曰：“君与智者谋之，而与不智者败之，使秦政如此，则一举而亡国矣。”

《韩诗外传》曰：人主之疾，十有二发，非有贤医，莫能治也。何谓十二发？曰：痿、蹷、逆、胀、满、支、隔、盲、烦、喘、痹、风。贤医治之如何？曰：“省事轻刑则痿不作，无使小民饥寒则蹷不作，无令财货上流则逆不作，无使仓廪积腐则胀不作，无使府库充实则满不作，无使群臣纵恣则支不作，无使下情不上通则隔不作，上材恤下则盲不作，法令奉用则烦不作，无使下怨则喘不作，无使贤人伏匿则痹不作，无使百姓歌吟诽谤则风不作。夫重臣群下者，人主之心腹支体也。心腹支体无患，则人主无疾矣。故非有贤医，莫能治也。人主有此十二疾而不用贤医，则国非其国也。

赵晔《吴越春秋》曰：越王出石室，召范蠡谓之曰："吴主疾病，三月不愈。孤闻人臣之道，主疾臣忧。且吴王遇孤，恩泽甚厚，恐疾之无瘳也。唯先生卜焉。"范蠡曰："今日日辰阴阳，上下和亲，无相入者。法曰：天一救，且何忧。吴王不死明矣。到己巳，当有瘳也。"

《吕氏春秋》曰：齐王疾痟，使人之宋迎文挚，挚视疾，谓太子曰："王疾可已，虽然，必杀挚。非怒王则不可治，怒而挚必死。"太子请之。文挚期而不至，三，齐王已怒。文挚至，不解履登床，王重怒，叱而起，病乃已。生烹文挚。

《物理论》曰：赵简子有疾，扁鹊诊侯，出曰："疾可治也，而必煞医焉。"以告太子，太子保之。扁鹊频召不入，入而着履登床。简子大怒，便以戟追杀之。扁鹊知简子大怒，则气通、血脉畅达也。

太平御览卷第七百三十九 疾病部二

总叙疾病下

《吕氏春秋》曰：身尽府种，筋骨沉滞，血脉壅塞，九窍寥寥，曲失其宜。高诱曰：府，腹疾也。种，首疾也。极三阕之欲以病其身，故九穷寥寥然，虚曲失其适以害其生也。虽有彭祖，犹不能为也。

《太公金匮》曰：丁侯不朝，武王乃画丁侯，三旬射之。丁侯病大剧，使人卜之，祟在周。恐惧，乃遣使者请之于武王，愿举国为臣虏。武王许之归，为太师尚父谓使曰："归矣。吾已告诸神，言丁候前畔义，今已遣人来降，勿复过也。"使者辞去，归至，丁侯病稍愈，四夷闻之皆惧，各以其职来贡。

《六韬》曰：欲伐大国，行且有期，王寝疾，十日不行。太公负之而起之曰："行已有期，君不发，天子闻之，国亡身死，胡不勉之？"王允焉，如无病者。

《说苑》曰：邴吉有阴德于孝宣帝微时。及即位，众莫知，亦不言。帝将封之，会吉病甚，将使人加封及其生也。太子太傅夏侯胜曰："此未死也，臣闻有阴德必飨其乐，以及子孙。"病果愈，封为博阳侯。

《世说》曰：卫玠总角时尝问乐广梦，乐云是想。卫曰："神形所不接，而梦岂是想？"曰："因也。"卫思因经日不得，遂病。乐闻，故命驾为剖折之，卫病小小而差。乐叹曰："此儿胸中当必无膏肓病。"

又曰：卫玠从豫章下，都人久闻其姿容，观者如堵墙。玠先有羸疾，不堪劳，遂发病死。时人谓之看杀。

《语林》曰：王仲祖病，刘真长为称药，荀令则为量水矣。

又曰：孔君平病困，庾司空为会稽，省之，问讯甚至，为之流涕。孔慨然曰："丈夫将终，不问安国宁家之术，而反作儿女相问。"庾闻，回还谢之，请其语言。

桓谭《新语》曰：余少时，见杨子云之丽文高论，不自量年少新进，而猥欲逮及。尝激一事而作小赋，用精思大剧，而立感病。子云亦言，帝上甘泉，诏使作赋，为文卒暴。及倦卧，梦其五藏出在地，以手收内。及觉，大少气，病一岁，卒。

王符《潜夫论》曰：夫理世不得真贤，譬由治疾不得真药也。治病当得真人参，反得罗菔，当得麦门冬，反得蒸穬麦。已而不识贞，合而服之，病以浸剧。不自知为人所欺也，乃反谓方不诚而药皆无益于疗病，因弃。后药弗敢复饮，而更求巫觋者，虽死可也。

《论衡》曰：子夏丧明，曾子责以有罪。按伯牛有疾，仲尼以为命也。或是丧子数哭，因中风耳。

《风俗通》曰：无恙。俗说恙，病也。凡人相见及书问者，曰："无疾病耶？"案上古之时，草居野宿。恙，噬虫也，善食人心。凡相劳问，曰："无恙乎？"非为病也。

《白虎通》曰：天子疾称不悆，诸侯称负子，大夫称负薪，士称犬马。不悆者，不复预政也。负子者，诸侯子民，今不复子民也。负薪、犬马，皆谦也。

杨泉《物理论》曰：凡病可治也，人不可治也。体羸性弱，不堪药石；或刚暴狷急，喜怒不节；或情欲放纵，贪淫嗜食；此皆良医不能加功焉。夫君子病也，犹可为也；必使无病也，不可为矣。盖谓节其饮食，量其多少也。

又曰：谷气胜元气，其人肥而不寿；元气胜谷气，其人瘦而寿。养性之术，常使谷气少，则病不生矣。

葛洪《神仙传》曰：茅君治于茅山，人有疾病，往请福，常煮鸡子十枚，以内帐中。须臾，茅君皆一二掷鸡子还之，归，破之，皆无复黄者，病人当愈。若中有土者，不愈，以为常候，鸡子如故，无开处也。

《汉武故事》曰：初，霍去病微时，数自祷，神君乃见其形，自修饰，欲与去病交接，去病不肯，神君亦惭。及去病疾笃，上命为祷神君。神君曰："霍将军精气少，寿命不长。吾尝欲以太一精补之，可得延年，霍将军不晓此意，逐见断绝。今疾必死，非可救也。”去病竟薨。

《西京杂记》曰：高祖初入咸阳宫，周行库，有方镜，广四尺，高五尺九寸，表里有明，人疾病在内照，掩心则知其病之所在。

皇甫谧《高士传》曰：安丘望之病，弟子公沙都来看之。举丘于庭树下，安丘晓然有痊，开目见双赤李着枯枝，都仰手承李，安丘食之，所苦尽除。

《皇甫谧自序》曰：士安每病，母辄推燥居湿，以复易单。

《何颙别传》曰：张仲景过山阳王仲宣，谓曰：“君体有病，后年三十当眉落。”仲宣时年十七，以其言贯远，不治。后至三十，疾，果眉落。

《三辅决箓》曰：赵歧初名嘉，年三十余，有重疾，卧蓐七年，自虑奄忽，乃为遗令敕兄子：“可立一员石于吾墓前，刻之曰：汉有逸民，姓赵名嘉。有志无时，命也奈何！”

刘桢《与曹植书》曰：明使君始垂怜哀，意眷日崇，譬之疾，乃使炎农分药，歧伯下针。疾虽未除，就没无恨。何者？以其天医至神，而荣魄自尽也。

狂

《书》曰：狂恒雨若。君行诳妄则常雨顺之。

《尚书·多方》曰：周公曰：“唯圣罔念作狂，唯狂克念作圣。”

《毛诗》曰：不见子都，乃见狂且。

又《东方未明》曰：折列樊圃，狂夫瞿瞿。

《论语·子路》曰：不得中行而与之，必也狂狷乎！狂者进取，狷者有所不为也。中行，行能得中者。狂者进取于善道，狷者守节无为。

又：子在陈曰：“归欤！归欤！吾党之小子狂简，斐然成章，不知所以裁之。”

又：楚狂接与歌而过孔子曰：“凤兮凤兮！何德之衰！往者不可谏，来者犹可追。已而已而！今之从政者殆而！”

《国语·晋语》曰：下邑之役，董安于多。下邑，晋邑。安于，赵简子家臣。赵简子赏之辞，固赏之，对曰："今臣一旦为狂疾，而曰'必赏汝'言战斗为凶事，犹人有狂易之疾。是以狂疾释也不如亡。"趋而出。乃释之。

《汉书》曰：昌邑王贺，衣服、言语、跪起，清狂不惠。苏林曰：凡狂者，阴阳脉尽浊，不狂似狂也，故言清狂。或曰：清狂如今白痴也。

又曰：盖宽饶曰："无多酌我，我乃酒狂。"丞相魏侯笑曰："次公醒而狂，何必酒也！"次公，宽饶字。

又曰：王莽时，长安狂女子碧呼道中，曰："高皇帝大怒，趣归我国，不者，九月必杀汝。"莽收捕，杀之。

《东观汉记》曰：郅恽字君章，上书谏王莽，令就臣位。莽大怒，即收系恽。难即害之，使黄门胁导恽，令为狂疾惚恍，不自知所言。恽曰："所言皆天文，非狂人所造作。"

《吴志》曰：全琮为督议，欲分别诸将，有所掩袭。朱桓素高气，耻见部伍，遂托狂发，诣建业治病。

王隐《晋书》曰：吴彦给役陆抗，抗欲拔之，患众不听，乃悉请当为将者入坐，以试勇怯。有一狂人拔刀跳梁来向坐中，余者皆走，唯彦独坐。举抗御之，狂人乃退，众服其勇。

沈约《宋书》曰：袁憨孙着《妙德先生传》曰："尝谓周旋人曰：'昔有一国，国中一水，号曰狂泉。国人饮此水，无不狂也。唯国君穿井汲，独得无恙。国人既狂，谓主不狂为狂。于是聚谋共执国主，疗其狂疾，火艾针药莫不必具。国王不任其苦，于是到泉所酌水饮之，饮毕便狂。君臣大小，其狂若一，众乃欢然。我既不狂，难以独立，比亦欲试饮此水。'"

《宋书》曰：颜延之，文帝尝问以诸子才能，延之曰："竣得臣义，跃得臣笔，测得臣文，奂得臣酒。"何尚之嘲曰："谁得卿狂？"答曰："其狂不可及。"

《鬻子》曰：昔鲁周公曰："吾闻之于政也，知善不行者谓之狂，知恶不改者谓之惑。夫狂与惑者，圣人之戒也。"

《老子》曰：驰骑田猎，令人心发狂。

《韩子》曰：心不能审得失之地，则谓之狂。

又曰：狂者东走，逐者亦东走，其走则同，其所以东走之为则异。

《淮南子》曰：谷气多痹，丘气多狂。

又曰：今夫狂者无忧，圣人亦无忧，不知祸福也。

又曰：不知道者，释其所已有而求其所未得，故福至则喜，祸至则怖。不悔己之所生，乃反怨人。不喜则忧，谓之狂生。

又曰：士有祸则诎，有福则盈，有过则悔，有功则矜，遂不知反，此之谓狂。

《傅子》曰：恶刘晔于魏明帝，晔不尽忠，善伺上意所趣而合之。帝如言以验之，果得情，从此疏焉。晔遂发狂，出为大鸿胪，以忧死。谚曰："巧诈不如拙诚。"信矣。

《抱朴子》曰：食莨菪令人狂荒，不可谓人本有荒狂。

《山海经》曰：观水多鳐音遥鱼，其味酸，食之已狂。

《越绝书》曰：惠种生圣，痴种生狂。桂实生桂，桐实生桐。

《祢衡别传》曰：衡为鼓吏，裸身辱曹操。孔融复见操，说衡狂疾，令求得自谢。

《斐楷别传》曰：石崇尝与斐楷、孙绰醉宴，而绰慢节过度，崇责之。楷曰："季舒酒狂，四海所知。足下饮人狂药，责人正礼。"

王韶之《始兴记》曰：观亭峡下有神庙，旁石向江，经道不恪者必狂走，或变而为虎。

《世说》曰：阮德如尝与亲友逍遥河侧，叹曰："大丈夫不能使仆从陷于河桥，非丈夫也。"坐者或曰："德如以高素致名，不应发此言，必将病之候。"俄而，性理果僻，欲逸走。家人尝以一细绳横系之户前以维之，每欲出，碍绳辄反。时人以为名士狂。

《黄帝八十一问》曰："狂颠之疾，何以别？"答曰："狂之始发，少卧少饥，自贤自贵，妄笑好乐。"

《神异经》曰：西方有人，饮食被发东走，其妇追之，不止。怒，亦被发，名曰狂，一名颠，一名狷，一名风。此人夫妻与天俱生，狂走东西，没昼夜。

《魏武帝令》曰：昔吾同县有丁幼阳者，其人衣冠良士，又学问材器，吾爱之。后以忧患得狂病，即差愈，往来故常共宿止。吾常遣归，谓之曰："昔狂病，倘发作持兵刃，我畏汝。"俱共大笑，辄遣不与共宿。

阳狂

《周书》曰：太公曰："知与众同者，非人师也，大知似狂。不痴不狂，其名不彰；不狂不痴，不能成事。"

《史记》曰：箕子，纣庶兄也。谏纣不听，或曰："可以去矣。"箕子曰："为人臣，谏不听而去，是彰君恶而自悦民，吾不忍为。"乃被发阳狂而为奴。

又曰：蒯通说韩信，信不从，通乃阳狂为巫。

《东观汉记》曰：丁鸿让国于弟盛，逃去。鸿初与九江人鲍骏同事桓荣，甚相友善。及鸿亡，骏遇于东海，阳狂不识骏，骏乃止而让之曰："今子以兄弟私恩，而绝父不灭之基，可谓智乎？"鸿感怆垂涕叹息，乃还就国。

谢承《后汉书》曰：雷义字仲公，举茂才，让于友陈重。刺史不听，义阳狂被发走，不应命。

《晋书》曰：王衍字夷甫，神情明秀，风姿详雅。阳骏欲以女妻焉，而衍耻之，遂阳狂自免。又素轻赵王伦之为人，及伦篡，衍阳狂斫婢以自免。

王隐《晋书》曰：王长文字德睿，广汉郪人，世为郡守。少放荡不羁，检益州，五辟公府，再辟皆不就，阳狂不诣郡县举，致改服逃出，举州追求。乃于成都卖熟布，弟见长文蹲踞地啮胡饼。刺史知其不居礼，送还家。

《英雄记》曰：向栩字甫兴，性卓诡不伦，恒读《老子》，状如学道，又似狂生。好披发着幓头，常于灶北坐床氏，如是积久，板乃有膝踝足指之处。

《楚国先贤传》曰：石伟字公操，南郡人。仕吴，拜光禄大夫。吴建威将军王戎亲诣伟，大康二年，诏以伟为议郎，加二千石秩，以终厥身。伟遂阳狂及盲，不授。

晋《华阳国志》曰：犍为费昭不肯仕公孙述，乃漆身为厉，阳狂以避之。

人谓之狂

《史记》曰：东方朔，人主左右诸郎半呼之狂人。人主闻之，曰："今朔在事无若为是行者，若等安能及之哉！"朔行殿中，郎谓之曰："人皆以先生为狂。"朔曰："如朔等，所谓避世于朝廷间者。"

《汉书》曰：郦食其，陈留高阳人也。沛公略地陈留，沛公麾下骑士适食其里中子，骑士归，食其谓曰："吾闻沛公有大略，吾所愿从，若见沛公，谓曰：'臣里中有郦生，人皆谓之狂，生自谓我非狂。'"骑士如所戒，沛公召之。

《后汉书》曰：延熹末，党事将作，袁闳遂散发绝世，欲投迹深林，以母老不宜远遁，乃筑土室四周于庭，不为户，自牖纳饮食而已。旦于室中东向拜母。母思闳时，往就视。母去便自掩闭，兄弟妻子莫得见也。及母殁，不为制服、设位，时莫能名，或以为狂生。

范晔《后汉书》曰：仲长统，俶傥不务小节，语嘿无常，时人谓之狂生。

《南史》曰：王僧达所为非法，坐免官。后孝武独召见，傲然了不陈逊，唯张目而视。及出，帝叹曰："王僧达非狂，如何乃戴面向天子？"

《后魏·任城王澄传》：高肇当朝，猜忌贤戚。澄为肇间构，常恐不令，乃终日昏饮，以示荒败，所为诡越，时谓为狂。

《唐书》曰：苏世长尝从高祖幸泾阳校猎，至高陵合围，是日大获，陈禽兽于旌门。高祖入御营，顾谓朝臣曰："今畋乐乎？"世长进曰："陛下游猎，薄废万机，不满十旬，未为大乐。"高祖色变，既而笑曰："狂态发耶？"又对曰："为臣私计则狂，为陛下国计则忠。"

《墨子》曰：周公旦，人谓之狂，后世称其德。

《尉缭子》曰：太公望行年七十，屠牛朝歌，卖食棘津，遇七十余主不听，人皆曰狂丈夫。

《庄子》曰：宋桓侯行，未出城门，其前驱呼避，至于家，家人止之，以为狂也。呼避，使人避道也。家人谓狂，周鼬不听，此乃言闻其所未闻，则以为狂也。

《世说》曰：诸葛厷在西朝，少有清誉，尤为王夷甫所重，时论亦以拟王氏。后为继母族党所谗，论之为狂，将远徙。友人王夷甫之俦诣槛与别，厷问王曰："朝廷何以徙我？"王曰："言卿狂逆。"厷曰："逆则宜煞，狂则何所徙？"

缪袭撰《仲长统沧茉表》称统曰：统性俶傥讣涸，不拘小节。每州郡命召，辄称疾不就。语默无常，时人或谓之狂。

癫

《说文》曰：癫，病也。

《庄子》曰：流脉并作则为惊怖，阳气独上则为癫病。

《风俗通》曰：俗说卧枕户砌，鬼陷其头，令人病癫。

《语林》曰：王右军少重患，一二年辄发动。后答许掾诗忽复梦中得二十字云："取欢仁智乐，寄畅山水阴。清冷涧下獭，历落松竹林。"既醒，左右诵之。读竟，乃叹曰："癫何预盛德事耶？"

《图墓书》曰：一冈三头，相连无有头尾，狂癫绝世。

《黄帝素问》曰：人生而病癫疾者，安得知之？歧伯曰："此名胎病，此得在腹时，母大惊。气上下精气并，故令子发癫病。

《范汪秘方》曰：邪入于阳，转则为癫。长安李府君女得癫病，募治愈者，赏百万。朝那县卒自言能，不敢求钱，但愿为门下卒。服药即愈。

祖台之《议钱耿杀妻事》曰：寻建康狱竟囚钱耿，癫疾发作，殴杀妻了，无他变故。荒病之人，不蒙哀矜之施，无知之礼，加以大辟之刑，惧非古原心定罪之义。

痴

《左传》曰：晋周子有兄不惠，不能辨寂麦。盖所谓白痴也。

《后汉书》曰：光武见刘盆子曰："宗室无蚩者。"蚩，痴也。

《魏志》曰：许褚以勇力，常从太祖征伐，军中以褚力如虎而痴，故谓之痴虎。

《魏略》曰：寒贫丈本姓石，字德林。初客三辅，关中乱，南入汉中。后还长安，遂痴愚，不复识人，食不求味，冬夏常衣弊布连结衣。人问其姓名，口不肯言，故号之曰寒贫也。或往存恤之，辄跪拜，人复谓其不痴。

《晋书》：王述字怀祖，年三十尚未知名，人或谓之痴。司徒王导始辟为中军参军。既见，无他言，唯问以江东米价，述但张目不答。导曰："王掾不痴，人何言痴也？"

《南史》曰：沈昭略字茂隆，性狂隽，不事公卿，使酒任气，无所推下。尝醉，晚日负杖携家宾子弟至娄湖苑，逢王景文子约，张目视之曰："汝是王约耶？何乃肥而痴？"约曰："汝沈昭略耶？何乃瘦而狂？"昭略抚掌大笑曰："瘦已胜肥，狂又胜痴，奈何王约，奈汝痴何？"

《魏志》曰：明悼毛皇后父嘉，本典虞车工，卒暴富贵。帝令朝臣会其家饮宴，其容止举动甚痴呆，语辄自谓侯身，时人以为笑。

《晋书》曰：顾恺之字长康，晋陵无锡人，尤善丹青。尝以画一厨，糊题其前，寄桓玄，皆深所珍者。玄乃发其厨，后窃取画而缄闭如旧以还之，给云未开。恺之见封题如初，但失其画，直云："妙画通灵，变化而去，犹人之登仙。"了无怪色。玄尝以一柳叶给之，曰："此蝉所翳叶也，取以自蔽，人不见己。"恺之喜，引以自蔽，玄就溺焉。恺之尝在桓温府，常云恺之体中痴黠各半，而论之，正得其平耳。故俗传恺之有三绝，才绝，痴绝，画绝。

《后魏书》曰：太祖谓尚书崔玄伯曰："蠕蠕而蠢反之民，昔来号为顽嚣，每来抄掠，驾牸牛奔遁，驱犍牛随之，牸牛伏不能前。异部人教其以犍牛易之者。"蠕蠕曰："其母尚不能行，而况其子？"终于不易，遂为敌所虏。

《隋书》曰：杨玄感，司徒素之子也。体貌容伟，美须髯。少时晚成，人多谓之痴。其父母谓所亲曰："此儿不痴也。"及长，好读书，便骑射，以父军功，位至柱国。

《唐书》曰：窦威家世勋贵，诸昆弟并尚武艺，而威耽玩文史，介然自守。诸兄哂之，谓为书痴。

又曰：杂端御史最为雄剧，食坐之南，设一横榻，谓之南床。殿中监察不得坐其榻，亦谓之痴床。言处其上者，皆骄傲自得，使人如痴，故谓之痴床。

又曰：李益与李贺齐名，然少有痴病而多猜忌。防闲妻妾，过为苛酷，而有散灰扃户之谈，时谓妒痴。

《风俗通》曰：夜杂。俗说市买者当清旦而行，日中交易所有，夕时便罢。今乃夜杂，明其痴呆不足。

《郭子》曰：王长史求东阳，王蒙字仲祖。抚军不肯用。晋太宗简文皇帝先为抚军大将军。王后疾笃，临终，抚军哀叹曰："吾将负仲祖于此。"乃命用之。长史曰："人言会稽王痴，贞痴也。"会稽王，简文先封。

《世说》曰：任育字长年，少时甚有令名，自过江便失志。下饮，人问云："此为茶为茗？"觉有怪色，乃自申名云："向饮为热为冷。"尝行从棺底下流度，涕而悲。王丞相闻之，曰："此是有情痴。"

应璩《新论》曰：汉末桓帝时，郎有马子侯，自谓识音律。请客鸣笙竽，为作《陌上桑》，反言《凤将雏》，左右伪称善，亦复自摇头。马子侯为人颇痴，自谓晓音律，贵门乐人更往嗤诮，子知不知名陌上桑，反言凤将雏，摇头欣喜，赐左右钱帛，无复惭也。

虞翻书曰：此中小儿年四岁矣，似欲聪哲。虽虾不生鲤子，此子似人欲为求妇，不知所向，君为访之，勿怪老痴誉此儿也。

痫

《说文》曰：痫，病也。

《续晋阳秋》曰：大司马府军人朱兴妻周息男道扶，年三岁，先得痫病，因其病发，掘地生埋之，为道扶姑双女所告，正周弃市刑。徐羡之议曰："自然之爱，虎狼犹仁。周之凶忍，宜加显戮。臣以为法律之外，故当弘通物之理，愚谓可特原母命，投之遐裔。"从之。

太平御览卷第七百四十 疾病部三

聋

《说文》曰：聋，无闻也。从耳从龙，秦晋谓之聹音宰。

又曰：益梁之州谓聋曰聹。秦晋听而不闻，闻而不达，谓之聹。

又曰：生而聋谓之耸。

《释名》曰：聋，笼也，如在蒙笼之内，不察也。

《左传·僖中》曰：耳不听五声之和为聋。

《汉书》曰：黄霸为颍川太守，长吏许丞老病聋，督邮白欲逐之。霸曰："许丞廉吏，虽老，尚能拜起送迎，正颇重听，何伤？且善助之，无失贤者。"

《东观汉记》曰：尹敏迁长陵令。永平五年，诏书捕男子周虑，虑素有名字，与敏善，过候敏，敏坐系免官，出乃叹曰："喑聋之徒，真世之有道者也。何谓察，察而遇斯祸也。"

《老子》曰：五音令人耳聋。

《庄子》曰：耳之与形，吾不知其异也。而聋者不能自闻。

《淮南子》曰：土地各以类生，水气多喑，风气多聋。

《说苑》曰：仲尼曰："非其地而树之，不生。非其人而语之，不听。得其人如聚沙而雨之，非其人若聚聋而鼓之。"

《抱朴子》曰：豹狐之裘不为负薪施，九成六变不为聋夫设。

《谈薮》曰：后魏中书侍郎斐敬宪字伯茂。敬宪新构山亭，与宾客集，谓邢子才曰："山池始就，愿为一名。"子才曰："海中有蓬莱山，仙人之所居。宜名蓬莱。"斐，聋也。敬宪患耳，故以戏之。宪初不晤，于后觉，忻然谓子才曰："长忌及户高则无宪，公但大语，聋亦何嫌！"

盲

《广雅》曰：朦、瞍、瞽、盲也。

《方言》曰：半盲为睺呼钩反。

《说文》曰：盲，目无眸也。眇，一目小也。眺，目不正也。瞎，目病也。睞，童子不正也。眄，目偏合也。青，目病生医音缢也。瞍，无目也。

《周易·履卦》曰：六三，眇能视，跛能履。《象》曰，眇能视，不足以与明也。跛能履，不足以与行也。

《毛诗·臣工·有瞽》曰：有瞽有瞽，在周之庭。

《礼记·檀弓上》曰：子夏丧其子而丧其明。明，目精也。曾子吊之，曰："吾闻之，朋友丧明则哭之。"曾子哭，子夏亦哭，曰："天乎！予之无罪也。"曾子怒曰："商，女何无罪也？吾与女事夫子于洙、泗之间，退而老于西河之上，使西河之民疑女于夫子，尔罪一也。丧尔亲，使民未有闻焉，尔罪二也。丧尔子而丧尔明，尔罪三也。而曰女何无罪与？"子夏投其杖而拜，曰："吾过矣！吾过矣！"

又《仲尼燕居》曰：治国而无礼，譬犹瞽之无相与，伥伥乎其何之？

《韩诗外传》曰：海之上有勇士，曰灾邱䜣，以勇游于天下。过神渊饮马，其仆曰："饮马此丈必死。"䜣言："饮之。"其仆以其言饮之，马果死。灾邱拔剑而入，三日三夜，杀二蛟一龙而去。雷神随而击之十日十夜，眇其左目。

《汉书》曰：杜钦字子夏，少好经书，家富而目偏盲，故不好为吏。茂陵杜业与同姓字，俱以才能称。京师衣冠谓钦为盲杜子夏，以相别。钦恶之，为小冠，高广二寸。由是京师谓钦为小冠杜子夏，业为大冠杜子夏。

《东观汉记》曰：杜笃仕郡文学掾，以目疾，二十余年不窥京师。

《魏略》曰：夏侯敦从征吕布，为流矢所中，伤左目。时夏侯渊与惇具为军师，军中号惇为盲夏侯，惇恶之，每照镜恚怒，辄扑镜着地。

《魏略》曰：太祖闻丁仪为令士，虽未见，欲以爱女妻之，以问五官将。曰："女人观貌而正礼，目不便，诚恐爱女未必悦也。以为不如与伏波子麻。”太祖从之。寻辟仪为掾，到与论议，嘉其才朗，曰：“丁掾好士也！即使其两目盲，当与女，何况但眇乎！”

沈约《宋书》曰：景王婴孩时有目疾，宣王令华陀治之。出眼瞳，割去疾，而内之以药。

《梁书》曰：鄱阳王恢有孝性，初镇蜀，所生费太妃犹停都，后于都不豫，恢未之知，一夜忽梦还侍疾，及觉，忧惶废寝食。俄而信至，太妃已瘳。后有目疾，久废视瞻。有道人惠龙，得疗眼术，恢请之。及至，空中忽见圣僧。及惠龙下针，豁然开目，咸谓精诚所致也。

又曰：江紑甫鸠反，字含洁，幼有孝性。年十三，父蒨患眼，紑侍疾将期月，衣不解带。夜梦一僧云：“患眼者，饮惠眼水必差。”及觉说之，莫能解者。紑弟三叔禄与草堂寺智者法师善，往访之，智者曰：“《无量寿经》云：惠眼见真。”蒨乃因智者答，舍同夏县界牛屯里舍为寺，乞赐嘉名。敕答云：“纯臣孝子往往感应。晋时颜含遂见冥中送药，近见智者以卿弟二息云饮惠眼水。惠眼则第五眼之一号，可以惠眼为名。”及就创造泄，故井水清冽，异于恒泉。依梦中取水洗眼及煮药，稍觉有瘳，因此遂差。时人谓之孝感。

又曰：元帝字世诚，武帝弟七子也。初武帝梦眇目僧执香炉，称托生王宫，既而采女石氏侍，始褰户幔有风回裙，梁武帝意感幸之，乃生元帝。赐彩女姓曰阮，进为修容。修容常失珠，谓是左右所盗，乃炙鱼目，不知其珠。孝元吞之，信宿之间，珠遂便出，一目致眇。鱼之报焉。

《南史》曰：梁湘东王于江东泛舟，顾而言曰：“今可称有乐。”功曹刘源曰：“帝子降兮北渚。”王作色曰：“当道目眇眇兮愁予耶？“坐者股栗，酒遂不酣。又劭陵王赋诗戏之曰：“湘东有一病，非哑复非聋。相思下只泪，望直有全功。”

《后魏书》曰：祖班以罪徙于光州。别驾张奉礼希大臣意上言：班虽为流囚，常与刺史对坐。敕报曰：牢掌奉礼。曰牢者，地牢也。乃为深坑置诸内，夜中以芜菁子烛熏眼，因此失明。

《异苑》曰：丹阳多宝寺，元嘉中，画佛堂作金刚，寺主奴婢恶戏，以刀刮其目眼。辄见一人甚壮，五彩衣，持小刀挑目精，数夜眼烂，于今永盲。

《后赵书》曰：戎阳，一目瞽。刘曜寇洛水，复降曜，曜败，生擒起前石。使人骂曰："瞎狗何降？"贼复持瞎来，阳曰："臣不降即死，死则大王那得复见瞎狗？"前石笑曰："瞎狗不足污刀。"活之。

《文子》曰：师旷瞽而为太师。

《列子》曰：宋人有好行仁义者，三世不懈。家无故黑牛生白犊，以问孔子，孔子曰："此吉祥也，以荐上帝。"居一年，其父无故而盲。牛又复生白犊，子又问孔子，孔子曰："吉祥也。"复教以祭。居一年，其子又盲。其后楚攻宋，围城，民易子而食，析骸而炊。丁壮皆乘城，战死者太半。父子有疾皆免。及围解，而盲疾俱复。

《庄子》曰：连叔谓肩吾子曰："夫瞽者，不知文章之观。"

又曰：目之与形，吾不知其异也。盲者不能自见。

又曰：许由曰："夫眇者，无以与乎眉目颜色之好。"

《尹文子》曰：瞽者无目，而耳不可以瞭察视也，精于听也。

又曰：聋者不歌，无以自乐；盲者不观，无以接物。

《韩子》曰：寐则盲者不知觉，而使之视，则穷矣。

《淮南子》曰：今夫盲者行于道，遇君子则易道，遇小人则陷于沟壑。

桓谭《新论》曰：余为典乐大夫，得乐家记。言文帝时，得魏文侯时乐人窦公，年百八十岁，两目皆盲。帝问其何服食至此，对曰："臣年十三失明，父母教为乐鼓琴，不导引，不知寿得若何？余以为窦公少盲，专一内视故。"

《抱朴子》曰：魏武收左慈，慈走入市。吏传言慈一目眇，葛巾单衣，于是一市皆然也。

又曰：董君异以玉醴与盲人，服之而愈。

《世说》曰：顾恺画殷荆州形，殷不许。顾曰："明府正当嫌眼耳。明点童子，飞白拂上，若轻云之蔽月。"

又曰：桓南郡与殷荆州语次，因作危言。桓公曰："矛头淅米剑头炊。”殷云:“百岁老公攀枯枝,井上辘轳卧小儿。”殷有一参军云:“盲人骑瞎马临深池。”殷曰:“咄咄逼人。”仲堪眇故也。

《法显记》曰:祇洹精舍西北四里有榛,名曰得眼。本有五百盲人依精舍住,佛为说法,尽还得眼,盲人欢喜,刺杖着地头面作礼。杖遂生长大,世重之,无敢伐者,遂以得眼为名。

《楚辞·九章》曰:离娄微睇,瞽以为无明。

蔡邕《瞽师赋》曰:夫何矇昧坐瞽兮,心穷忽以郁伊。目冥而无睹兮,羌永烦以悲愁。

喑哑

《释名》曰:云喑,唵也,唵然无声也。

《汉书》曰:韩延寿待下吏恩施甚厚,而约誓明,或欺负之者,延寿自刻责,吏闻者自伤悔。其县尉至自刺死,及门下掾自刭,人救不死,因喑不能言。延寿闻之,对掾吏涕泣,遣吏医治。

又曰:吕后断戚夫人手足,去眼董耳,饮喑药。

《吴书》曰:程普杀叛者数百人,皆使投火。即日病喑,百余日卒。

《文子》曰:皋陶喑而为士师。

《淮南子》曰:喑者使守圉,不可使通语。

又曰:夫人大怒破阴,大喜坠阳,满气发喑,惊怖为狂。

又曰:水气多喑。

《黄帝素问》曰:喑者何病?歧伯曰:“胞之络脉。何以言之?胞络系于肾,少阴脉实,肾系舌本,故不能言”

《续搜神记》曰:沛国一士人,姓周,生三儿,向应可语便哑,皆七八岁。有一人经门过来,乞问主人此是何声,云:“是仆儿,频生三子,皆哑不能语。”客曰:“君冥罪还内省,我于外待君。”主人异其言,知非常人,便入内思,良久而出,谓客曰:“昔为小儿时,当床氏有燕巢,中有三子,其母从外食哺子,子辄出头作声授之,积日如此。时屋下攀得及巢,以指内巢中,燕子亦出口承之,乃取三蒺梨,各与其子吞之，既死。其母寻还，不复见其子，出户徘徊，悲鸣而去。有此事，今甚悔之。”客曰：“是矣。”便闻其三儿，言语周正。

《异苑》曰：高惠清隆安中为太傅主簿，忽昼日有群鼠更相衔尾，自屋梁相连至地。清寻得喑疾，数日而亡。

《灵验记》曰：王导，河内人也。兄弟三人并得时疾。其宅有鹊巢，旦夕翔鸣，闻甚喧噪，俱恶之，念云：“差当治此鸟。”既差，果张取鹊，断舌而杀之。兄弟悉得哑疾。

吃

《说文》曰：吃，言语难也。

《方言》云：謇，极吃也。或谓之轧，或谓之嬰。郭璞曰：轧，谷气不利也。江东名吃为謇也。

《汉书》曰：鲁恭王余口吃难言。

又曰：马相如吃而善着书。

又曰：扬雄为人简易，口不能剧谈。剧，甚也。一说剧，遽疾也。言吃不能疾言也。

郑玄《自序》曰：赵商子，字子声，河内温人。博学有秀才，能讲难，而吃不能剧谈。

《管子》曰：吾畏事不敢为事，畏言不敢为言，故行年六十如老吃耳。

《新序》曰：周昌者，沛人。以军功封汾阴侯，御史大夫。高帝欲废惠帝，立戚夫人子如意。群臣固争，莫能得。昌廷争之强，上问其说，昌为人吃，曰：“臣口不能言，然臣则知其不可也。陛下虽欲废太子，臣期期不奉诏。”

《世说》曰：魏明帝口吃，少言，而内明断。

《世说》曰：邓艾口吃，语称艾艾。晋文王戏之，曰：“艾艾为是几艾？”邓答曰：“凤兮凤兮，故是一凤。”

秃

《礼记》曰：秃者不免。

《谷梁传》曰：鲁季孙行父秃，聘于齐，齐使秃者御音迓。

蔡邕《独断》曰：古帻无巾，如今半帻而已。王莽乃始施巾，故语曰："王头秃帨帻施屋。"

《秦书》曰：苻坚征隐士张臣和至长安，坚赐以衣冠，和辞曰："年老头秃，不可加冠。"野服而入，既见，求归矣。

齆

《释名》曰：鼻塞曰齆。

《晋书》曰：谢安，字安石，本能为洛下书生咏，有鼻疾，故其音浊。名流爱其咏而不能及，或手掩鼻以敩之也。

崔鸿《春秋后赵纂》曰：王谟，字思贤，齆鼻，言不清畅；尪短，无威仪。将拜曲阳令，石勒疑之，长史曰："请试之。"政教严明，百城尤最。

《幽明纂》曰：晋司空桓豁在荆州，有参军教鸲鹆令语，遂无所不名。当大会，令效人语，有一人齆鼻，语难学，因以头内瓮中以效焉。

龋齿

《释名》曰：龋，朽也。虫啮之齿缺朽也。

《续汉书》曰：桓帝元嘉中，京师妇女作龋齿笑。龋齿笑者，齿痛也。

《淮南子》曰：啄木愈龋。啄木，食龋虫也。

又曰：决物治龋，君子不与。

兔缺

《续晋阳秋》曰：魏咏之生而兔缺，相者云："后当贵。"年十八，闻荆州殷仲堪帐下有术人能治之，因西上。仲堪与语，令师看焉。师曰："可割补之，但应百日食粥，不语笑。"咏之曰："半年不语，亦当治之，况百日也！"师为治而差。

《宋书》曰：孝武狎侮群臣，各有称目，多髯者谓之羊。短长肥瘦皆有比拟，颜师伯缺齿，号之曰齴。

瘿

《说文》曰：瘿，颈瘤也。

崔赣《易林》曰：瘿瘤疡瘃，为身害伤。

范晔《后汉书》曰：真定王刘扬造作谶记云："赤九之后，瘿扬为主。"扬病瘿，欲以惑众。

《魏略》曰：贾逵前在弘农，与校尉争公事不得理，乃发愤生瘿。后所病稍大，自启欲割之。太祖惜逵，恐其不活，教谢主薄："吾闻十人割瘿九人死。"逵尤行其意，而瘿愈大。

《宋书》曰：杜预病瘿，初攻江陵，吴人以瓠壶系狗颈示之。

《山海经》曰：天帝之山有草如葵，名曰杜衡，食之以瘿。

《博物志》曰：山居之民多瘿。又嵇康《养生论》曰：颈处险而瘿。

《庄子》曰：闉跂支离无脤。瓮盎大瘿。

《典术》曰：服食天门冬，治瘿除百病。

伛偻

《礼记·丧服四制》曰：伛者不袒。

《谷梁传·成公》曰：曹公子手偻，聘于齐，齐使伛者御，萧同侄子处台笑之。

《孙卿子》曰：周公偻背。

《庄子》曰：子舆病曲偻，颐隐于脐，肩高于顶。

《淮南子》曰：木气多偻。

疣赘

《说文》曰：疣，赘也。

《释名》曰：疣，丘也。出皮上，聚高如地之有丘也。赘，横生一肉，着体。

《梁书》曰：武帝丁嫔生而有赤志，体又多疣。及帝纳之，无何并失。

《庄子》曰：彼以生为附赘悬疣，以死为决疣溃痈。夫若然者，恶知死生先后之所在也？

《太玄经》曰：割疣赘恶不得大。

《山海经》曰：单孤之山，滑水出焉。中有滑鱼，状如鱓，其音如梧，食之已疣。

又曰：旄山有鱃鱼，状如鲤，食之者不疣。

瘤

《释名》曰：瘤，流也。聚而生瘤肿也。

《魏略》曰：晋景帝先苦瘤，自割之。会毌丘俭反而瘤发，及俭走，竟以自终。蔡谟表曰，臣先有瘤肿在腰上十数年，初无患苦，忽自溃。

《晋书》曰：赵王伦得异鸟，问皆不知名。宫西有素衣小儿，言是服刘鸟。伦使纂小儿并鸟置牢室，明旦开视，并失所在。伦目上有瘤，时以为妖焉。

沈约《宋书》曰：朱龄石舅头有大瘤，龄石伺舅眠，密往割之，舅即死。

《列女传》曰：齐宿瘤者，东郭采桑之女，项有大瘤，故以名焉。闵王出，而女采桑如故，王召问之，对曰："授之父母，教采桑，不教观王。"王曰："此奇女也。"内以为后。女死后，燕遂屠齐。

跛躄偏枯附

《方言》曰：自关西秦晋之间，足蹇谓之逴敕略反。

《周易·归妹·初九》曰：归妹以娣，跛能履。

《礼记·丧服四制》曰：跛者不踊，身有痼疾，不可犯礼也。

《左传·宣公下》曰：晋侯使郄克会于齐，顷公帷妇人使观之。郄子登，妇人笑于房。跛而登，故笑之。

又《谷梁传·成公》曰：卫孙良夫跛，郄克眇，聘于齐，齐使跛者御跛，萧同叔子处台笑之。

《春秋后语》曰：秦攻赵急，求救于齐。齐王曰："必长安君为质。"长安君者，太后之小子也。太后爱之，不肯遣，大臣强谏，太后怒。左师触龙请见太后，曰："老臣病足，曾不能疾走，不得见久矣，窃自恐太后体亦有所苦也。"太后曰："老妇恃辇而行耳。"因是，太后怒色稍解，乃徐说之，太后从之。

又曰：赵平原君家楼临民家，民家有躄者，盘散行及，散音珊。平原君美人居楼上临见，大笑之。明日，躄者至平原君门，请曰："臣不幸有跛躄之疾，而君之后宫临而笑臣，臣愿得笑者头。"平原曰："诺。"及躄者去，平原君笑曰："竖子欲以一笑之故，杀吾美人，不亦甚乎！"终不杀。居岁余，门下客稍稍引去，过半。平原君怪之，一人前对曰："以君之不杀笑躄者。"于是平原君斩所笑美人头，造躄者而谢焉。

《汉书》贾谊上书曰：天下之势，方病大瘇。非徒病瘇，又苦跖盭。跖，脚掌。盭，古戾字，谓反戾也。

又曰：方今天下又类辟且病痱。辟，足疾。痱音肥，风疾也。夫辟者一面痛，痱者一方痛。

又曰：哀帝有痿痹。如淳曰：两足不能相过曰痿。

《齐书》曰：始安王遥光字元晖，生而躄疾，高帝谓不堪奉拜祭祀，欲封其弟。武帝谏，乃以遥光袭爵。足病不得同朝列，常乘舆自望贤门入。遥光多忌，人有饷屐者，以为戏己，大被嫌责，为笺云：智不乃葵。亦忤旨。

《唐书》曰：贾直言者，父道冲以伎术得罪，赐鸩于路。直言伪令其父拜四方，辞上下神祇，伺使者视稍怠，即取其鸩以饮，遂迷仆而死。明日，鸩泄于足而后复苏。代宗闻之，减父死，直言亦自病躄。

《淮南子》曰：冠难至，躄者告盲者，负而走，两人皆得其能也。故使暗者语，使躄者走，大失其所也。

偏枯

《长沙耆旧传》曰：夏叔丁母忧，过礼，遂患风湿，一脚偏枯。皇甫谧表曰：久婴笃疾，半身不仁，右脚偏小。

尰

《毛诗·巧言》曰：彼何人斯，居河之麋。无拳无勇，职为乱阶。既微且尰，尔勇伊何？肿足为尰，骭疡为微。

《汉书·贾谊传》谊上书曰："方今天下之势，方病大瘇，一股之大几如要，一指之大几如股。失之不治，必为锢疾。坚久之疾。后虽有扁鹊，不能为已。

《淮南子》曰：岸下气多尰。

太平御览卷第七百四十一 疾病部四

头痛

《毛诗·伯兮》曰：愿言思伯，甘心首疾。

又《小弁》曰：心之忧矣，疢如疾首。

《周官·疾医》曰：春时有痟首之疾。

《史记》曰：西域有大小头痛山、赤土身热之坂，令人头痛呕吐。

《风俗通》曰：田家老母市饼，置道边石人头上。既而忘之，人以为神，能治病。转以相语："头痛者磨石人头，腹痛者磨石人腹。"后饼母为说，乃止。

心痛

《易说》曰：冬至气当至，不至则多心痛。

《左传·昭上》曰：医和谓晋侯曰："朋淫心疾。"

《北史》曰：斐讷之为平原公开府墨曹，掌书记，从至并州。其母在邺，忽得心痛。讷之是日不胜思慕，心亦惊痛，乃请急而还。当时以为孝感。

《唐书》曰：刘敦儒母有心痛疾，日须鞭棰数人乃安。子弟仆使不堪其苦，唯敦儒侍养不懈，体常流血。

《庄子》曰：西施病心而颦，其里丑人见而美之，归，亦捧心而矉。其里富人见之，坚闭门而不出。贫人见之，挈妻子而走。

《贾谊书》曰：楚惠王食寒菹，中有水蛭。虽欲发之，恐宰夫得罪当死，遂吞之。因得心疾术，乃言所中。令尹贺曰："阴德必须阳报。"是夜，惠王咳而蛭出，心腹之病皆除。

《俗说》曰：阮光禄大儿丧，哀过，遂得病心痛。服除后，经年病瘳。

《续搜神记》曰：李子豫少善医方，当代称其通灵。许永为豫州刺史，镇历阳。其弟患心腹坚痛十余年，殆死。忽自夜闻屏风后有鬼谓腹中鬼曰："何不促杀之？不然，明日李子豫当从此过，以赤丸打汝，汝其死矣。"腹中鬼对曰："吾不畏之。"于是许永使人候，子豫果来。未入门，病者自闻腹中呻吟声，及子豫入视，曰："鬼病也。"遂于巾箱中出八毒赤丸子与服，须臾，腹中雷鸣鼓转，大利数行，遂差。今八毒丸方是也。

《幽明箓》曰：顾长康在江陵，爱一女子。还家，长康思之不已，乃画作女形，簪着壁上，簪处正刺心。女行十里，忽心痛如刺，不能进。

腹痛

《左传宣下》曰：楚子伐萧，萧溃。还无社，与司马卯言，号申叔展，还无社，萧大夫。司马卯、申叔展，皆楚大夫也。无社欲叛，以求免死。无社素识叔展，故因卯使呼之。曰："有麦麹乎？"曰："无有。""山鞠穷乎？"曰："无。"麦曲鞠穷，所以御湿。"河鱼腹疾，奈何？"言无御湿药，将病。曰："目于眢井而拯之。"无社欲解欲入井，故使叔展视虚废井而求拯。

《左传》曰：晋侯有疾，秦医云："雨淫腹疾。"

《搜神记》曰：淮南书佐刘稚，梦见青刺蝪从屋落其腹内，因苦腹病。

《华佗别传》曰：有人病，腹中切痛十余日，鬓眉落。佗令破腹视脾，果半腐坏，刮去恶，以膏傅疮，饮之以药，百日平复。事具《医门》。

咽痛并噎

《易说》曰：大寒气当至而不至，则多咽痛。

《汉书》曰：昌邑王被征至长安，左右令哭。王曰："吾嗌痛。"不肯哭。

《魏志》曰：有人病咽塞，嗜食而不下。华佗令取饼家蒜齑，顿饮三升，即吐一蛇，便差。事具《医门》。

《山海经》曰：单张之山有鸟曰鵶，食之已嗌。郭曰：嗌，咽也。

《战国策》曰：噎而后穿井，何及于急？

《续汉书·礼仪志》曰：三老、五更，仲秋之月赐以玉杖，端以鸠为饰。鸠者，不噎之鸟，欲老人不噎也。

《晏子》曰：夫愚人多悔，不肖者自贤，犹临难而遽铸兵，临噎而遽掘井，虽速无及。

《淮南子》曰：有以噎死者而禁天下之食，有以车为败者而禁天下之乘，不亦悖哉！

《广五行记》曰：永徽中，绛州有一僧病噎，都不下食。如此数年，临终，命其子弟云："吾气绝之后，便可开吾胸喉，视有何物，欲知其根本。"言终而卒。子弟依其言，开视胸中，得一物，形似鱼而有两头，遍体悉是肉鳞，弟子致钵中，跳跃不止。戏以诸味致钵中，虽不见食，须臾，悉化成水。又以诸毒药内之，皆随销化。时夏中，蓝熟寺众于水次作淀。有一僧住，因以少淀致钵中，此虫怖惧，绕钵驰走，须臾，化成水。世传以淀水疗噎。

烦懑

《方言》曰：朝鲜洌水之间，烦懑谓之漠漫。

《魏志》：陈登得胸中烦懑，华佗谓诊曰："府君胃中有虫数升，欲成肉疽。"即为作汤治之，吐三升许，虫赤头而动，半犹是鲙。事具《医门》。

劳悸

《汉书》曰：太师王舜自莽篡位，后病喘悸浸剧，遂死。

《宋书》曰：文帝有虚劳疾，意有所想，便觉心中痛列口。

沈约《宋书》曰：何尚患劳疾积年，饮妇人乳乃差。

《世说》曰：殷仲堪父病虚悸，闻床下蚁动，云是牛斗。孝武不知殷父，问："有一殷病如此不？"仲堪流涕而起。

又曰：卫玠徒豫章下都，人先闻其姿容，观者如堵墙。玠先有疾，不堪劳，遂病发，死。时人谓之“看杀卫玠”。

张奂《与孟季御书》曰：素苦悸逆，顷者益甚。百病所归，月衰日损。

眩

《释名》曰：眩，悬也，目视动乱，如悬物摇摇然不定也。

《东观汉记》曰：光武避正殿读图谶，坐庑下，浅露中风，吐眩弥甚。有曰：“大司马亦病如此，自强从公而便疾愈。”于是车驾行数里，病差。

又曰：建武五年，上风眩发甚。以阴兴为侍中，授诏云台庙室。

《典略》曰：陈琳作诸书及檄，草成，呈太祖。太祖先苦风眩，是日发，读琳所作，翕然而起，曰：“此愈我疾。”

王隐《晋书》曰：庾衮字叔褒，入林虑山，中途而眩发，倚岩而坐，柱杖将起，跌坠崖而死。

《华佗别传》曰：佗见严昕，语之曰：“君有急风见于面，勿多饮酒。”坐宠归，昕于道中卒得头眩，坠车与，着车上，归家一宿死。佗便解衣倒悬，令头去地一二寸，濡巾拭体，令周匝。候视诸脉，尽出五色。佗令弟子数人以铍刀决脉，五色尽视，赤血出。乃以膏摩之，覆被汗出，饮以亭历大血散，立愈。

《异苑》曰：上虞孙家奴多伎，治人头风流血滂沱，嘘之便断。

暍

京房《易飞侯》曰：有云大如车盖十余，此阳渗之气，必暑，有暍死也。

《淮南子》曰：文王葬死骸而九夷顺，武王荫暍人于树下而天下怀，越王决狱不当、援刀自割而战士毕死，感于恩也。

《抱朴子》曰：指冰室不能起暍死之热，望炎冶不能止噤冻之寒。

太平御览卷第七百四十二　疾病部五

疮

《周礼·天官下》曰：疡医掌肿疡、溃疡、金疡、折疡之祝药。祝当如注，读如注病之注。

《礼记·曲礼上》曰：头有疮则沐，身有疡则浴。

谢承《后汉书》曰：妫皓母炙疮发脓，皓祝而愈之。

《魏书》曰：孙观迁青州刺史，从征孙权于濡须口。为流矢所中，穿左足，力战不顾。太祖劳之曰："将军被疮深重而猛气益奋。"及疮甚，遂卒。

《吴历》曰：孙策为许贡客所伤，既被疮，策引镜自照，曰："面目如，此当可复建功立事乎？"椎几大呼，疮皆分裂，其夜卒。

《江表传》曰：周泰为濡须督。诸将以泰本出于微贱，咸轻傲之。孙权乃入泰营，于都巷中张幔，大请官僚，使泰脱衣帻，见其疮痍匝体，指疮而问曰："何地战伤？"泰具对，权把其臂流涕。

沈约《宋书》曰：刘邕所啖食每异于人，性嗜疮痂，以为味似鳆鱼。诣孟灵休，灵休先患炙疮，疮痂落床氏，邕因取食之。灵休疮痂未落者，悉褫以饴邕。灵休与何勖书曰："刘邕向顾见啖举体流血。南康国吏二百人，不问有罪无罪，递互举鞭取疮，常以给膳。"

又曰：张收尝为猘犬所伤，医云："宜食虾蟆脍。"收甚难之。医含笑先尝，收因此乃食，疮亦即愈。

《北史》曰：长孙子彦末年石发，举体生疮，虽亲戚兄弟以为恶疾如此，难以自明。世无良医，吾其死矣。尝闻：恶疾，蝮蛇螫之不痛，试为求之，当令兄弟知我。乃于南山得蛇，以股触之，痛楚号叫，俄而肿死。

《抱朴子》曰：治金疮，以气吹之，血即断，痛立止。

《论衡》曰：儒书言，燕太子丹使客荆轲刺秦王，不得，诛死。后高渐离以击筑见秦王，王知燕之客，乃胶其眼，使之击筑。渐离置铅于筑中，以为重而击秦王。秦王病疮，三月而死。夫言高渐离以筑击秦王，实也；言中秦王，病疮三月而死，虚也。

嵇康《高士传》曰：孔休元尝被人斫之。至见王莽，以其面有疮瘢，乃碎其玉剑与治之。

《华佗别传》曰：琅琊有女子，右股上有疮，痒而不痛，愈已复发。佗曰："当得稻糠色犬系马顿走，出五十里，断头向痒。"乃从之。须臾，有蛇在皮中动，以铁横贯，引出，长三尺许。七日便愈。

《异苑》曰：陈郡谢石少患面疮，诸治莫愈。乃自匿远山，卧于岩下，中宵有物舐其疮，随舐除，而舐处悉白，故世呼为"谢白面。"

又曰：有田父耕植，见伤一蛇，有一蛇衔草着疮上，而伤者差。田父收其余叶，治疮皆验。

又曰：晋时长山赵宣母任身如常，而髀上痒，搔之成疮，二儿从疮中出，母子平安。

《幽明箓》曰：汉武帝在甘泉宫，有玉女降，与帝围棋。女风姿端正，帝乃欲通之。女因唾帝面，遂成疮。帝避跪谢，神女为出温水洗之。事具《温泉部》。

《西京杂记》曰：广川王好发冢。后发栾书冢。是夕王梦一丈夫，鬓眉尽白，以杖扣王左脚。王觉，左脚肿痛，因生疮，至死不差。

《三辅故事》曰：卫太子岳鼻，武帝疾，避暑甘泉宫。江充谓太子曰："陛下恶太子鼻，当持纸蔽其鼻。"及入，充言曰："太子不欲闻陛下脓臭，蔽鼻而入。"帝大怒。

痱

《说文》曰：痱，风病也。

《汉书》曰：灌婴矫先帝诏，当弃市。婴阳病痱，不食欲死。或闻上无杀意，婴复食，治病。议定不死矣，乃有飞语为恶言闻上，故以弃市。

《东观汉记》曰：明帝行幸诸国，敕执金吾冯鲂将缇骑宿玄武门复道上。诏曰："复道多风寒，左右老人且病痱，多取帷帐，东西完塞窗，皆令致密。"

螫毒

《魏志》曰：彭城夫人夜之厕，虿螫其手，呻吟无赖。华他令温汤渍手，数易汤，常令暖，其旦即愈。

《搜神记》曰：阮瑀伤于虺，嗅其疮而双虺出鼻中。

《孔丛子》曰：宰我使齐，反见夫子曰："梁丘据遇毒，三旬而瘳。齐会大夫众宾贺焉，大夫并复献攻毒之方。"弟子谓曰："梁丘子瘳矣。方安所施？"夫子曰："三折肱而知为良医。治梁丘遇虺害而获瘳，假有与之同疾者，必问所以已之方，众人为见，故各言其方也。"

《抱朴子》曰：蝮蛇中人，不晓方术者但以刀割肉投地，其肉沸如火炙，须臾，焦尽。

嵇含《遇虿客赋》曰：元康二年七月七日中夜，遇虿客，有戏余者。曰："谚云'过满百，为虿所螫'斯言信哉！"

蛊

《周礼·秋官》曰：庶氏掌除毒蛊，以嘉草攻之。

《左传》曰：宣二，晋里克有蛊疾。

沈约《宋书》曰：沛郡相县唐赐往比村饮酒，还，因得病，吐蛊虫十枚。临死，语妻张曰："死后刳腹中病。"张手破之，藏悉糜碎。

《搜神记》曰：蛊有怪物若鬼，其妖形变化，杂类殊种，或为狗豕，或为虫蛇，其人皆自知其形状。常行之于百姓，所中皆死。

《续搜神记》曰：昙游道人，清苦沙门也。剡县有一家事蛊，人啖其食饮，无不吐血死。游诣之，主人下食，游便咒焉，一双蜈蚣长丈余，于盘中走出。饱食归，安然无他。

《灵鬼志》曰：荥阳郡有一家姓廖，其家累世为蛊，以致富，子女丰悦。后取新妇，不以此语之。家人悉行，妇独守家，见屋中一大缸，试发，见一大蛇，便作沸汤，悉灌杀之。家人还，妇具说焉，举家惊惋。无几，其家疾病，死亡略尽。

痈疽

《广雅》曰：痤、疽，痈也。

《说文》曰：痈，肿也。痤，小肿也。

《释名》曰：痈，壅也。气壅不通，结，里而溃也。

《左传·襄十九年传》曰：晋荀偃瘅疽，瘅疽，恶疮。生疡于头。济河，及着雍，病，目出。

《史记》曰：卒有病痈者，吴起为吮之。卒母哭之，曰："往年吴公吮其父，父遂战死。今又吮此子，妾不知其所死矣。"

《汉书》曰：项羽疑范增夺其权，增怒曰："天下且定，而王自为之，愿赐骸骨。"羽许之。亚父未至彭城，疽发背而死。

又曰：仆射郑崇数以职事见责，发颈痈而死。

又曰：文帝病痈，邓通常为上吮之。上问曰："天下谁最爱我？"通曰："莫若太子。"太子入，上使吮痈，太子色难。闻通吮之，惭，遂恨通。

《东观汉记》曰：樊儵事后母至孝。母常病痈，樊至吮嗽。

《典略》曰：赵戬病疽疾，年六十余。闻魏王薨，哭泣哀过，疮发而卒。

王隐《晋书》曰：徐苗字叔胄，弟亡临殡，口中痈大溃，脓溢，苗含去之。

《宋书》曰：刘瑀与何偃俱发背痈。瑀疾已笃，闻偃亡，欢甚，叫呼，于是亦卒。

《南史》曰：徐嗣伯春月出戏，闻草屋中有呻吟声。嗣伯曰："此病甚重，更一日不疗必死。"乃往视，见一老姥，称体痛而处处有䵟黑无数。嗣伯还，煮斗余汤送，令服之。讫，痛热愈甚，跳投床者无数。

须臾，所黵处皆披出，长寸许。乃以膏涂诸疮口，三日而复，云："此名钉疽也。"

又曰：薛宗伯善徙痈疽。公孙泰患发背，伯宗为气封之，徙置斋前柳树上。明日而痈消，树鄙使起一瘤，如拳大。稍稍长二十余日，瘤大脓烂，出黄赤汁升余，树为之痿损。

《唐书》曰：李洧，正己从父兄。正己死，洧以徐州归顺，封潮阳郡王。无何，背发疽。稍平，乃大具糜饼，饭僧于市，洧乘平肩与自临其场。市人欢呼，洧惊，疽会于背而卒。

《孝子传》曰：魏达父苦疽痹，达吮喇而愈。

《山海经》曰：带山有鸟，状如马，五彩，名鵸鵌，食之不疽。

又曰：半石之山，合水出焉，多螣鱼，苍文赤尾，食之不痈。谯明之山，谯水注焉，多何罗鱼，一首十身，食之已痈。

辛氏《三秦记》曰：大鱼如羊，在长池中，世人食之生痈疮。

《论衡》曰：《儒书》云：齐桓公负妇人朝诸侯，管仲告诸侯曰："吾君有疽疮，不得妇人，疮恶不愈。"诸侯信管仲，故无叛者。

瘘

《说文》曰：瘘，颈肿也。

《山海经》曰：脱扈之山植猪之草，可以已鼠。郭璞注曰：鼠瘘也。

《淮南子》曰：狸头已鼠，鸡头已瘘。

《洞林》曰：柳祖休妇病鼠瘘，积年不差。及困，令儿就吾卦之。语之曰："当得贱师姓石者治之。"事具《鼠部》。

癣

《说文》曰：癣，干疮也。

《山海经》曰：渠猪之山多豪鱼，赤喙赤尾，食之可已白癣。

又曰：橐山，橐水出焉。修郡之鱼，其音如鸥，食之已癣。

瘃

《说文》曰：瘃，中寒肿。

《汉书》曰：赵充国讨先零，帝诏充国曰："欲至冬击虏，将军士寒，手足皲瘃，岂有利哉？"皲，坼裂也。瘃，寒疮也。

疥

《说文》曰：疥，瘙也。

《周礼·天官·疾医》曰：夏时有痒疥病。

《礼记·月令》曰：仲冬行春令，民多疥疠。

《左传·昭五》曰：齐侯疥，遂痁，期而不瘳。诸侯之宾问疾者多在焉。

《国语·吴语》曰：夫差既许越成，乃大戒师徒，将以伐齐。子胥谏曰："越之在吴也，犹人之有心腹之疾也。今王非越是图，而齐鲁以为忧事。夫齐譬诸疾疥癣也，岂能涉江湖而与我争此地哉？"

《山海经》曰：石脆之山，其草多条，其状如韭而白花黑实，食之已疥。

宋玉《登徒子赋》曰：登徒子之妻，既疥且痔，登徒悦之，使有五子。

又曰：竹山有草，名曰黄雚，状如樗，叶如麻，白华赤实，浴之已疥。

恶疾

《韩诗外传》曰：《芣苢》，伤夫有恶疾也。彩彩芣苢，薄言捋之。芣苢，泽泻也。芣苡，良恶之菜，犹捋之不已，君子虽有恶疾，我犹不能去离也。

《论语·雍也》曰：伯牛有疾，子问之。自牖执其手，包曰：牛有恶疾，不欲见人。曰："亡之。命矣夫！斯人也而有斯疾也，斯人也而有斯疾也！"

《后魏书》曰：李庶生而天阉，崔谌调之曰："教弟种鬓，以锥遍刺作孔，插以马尾。"庶曰："先以此方回施贵族艺眉，有效，然后树鬓。"世传谌门有恶疾，以呼沱为墓田，故庶言及之。

《列女传》曰：蔡夫之妻者，宋人之女也。既嫁于蔡夫，有恶疾。其母将改嫁之，女曰："夫之不幸，乃妾之不幸，将何去之？"终不听其母，而作《芣苢》之诗。

疫疠

《说文》曰：疫，皆民之疾也。

《释名》曰：疫，役也，言有鬼行疾也。

《礼记·月令》曰：孟夏行秋令，则民多大疫。

《续汉书》曰：元初中，会稽大疫，使光禄大夫将医巡行。

《魏书》曰：文帝在东宫，氛疠大起，时人雕伤。帝深感叹，与素所敬者大理王朗书，言："人生有七尺之形，死为一棺之土，唯立德扬名，可以不朽。"

《魏志》曰：司马朗迁兖州刺史，征吴，到居巢，军中有疫。即躬亲巡视，致药于疾卒焉。

王隐《晋书》曰：郭文举得疫病危困，不肯服药，曰："命在天，不在药。"

《钟离意别传》曰：黄谠为会稽太守。吴大疾疫，黄君转署意中部督邮，意乃露车不冠，身循行病者，赐与医药，其所临护口十余人。

《刘根别传》曰：颍川太守到官，民大疫，掾吏死者过半，夫人郎君悉病，府君从根求消除疫气之术。根曰："寅戌岁泄气在亥。今年太岁在寅，于听事之亥地，穿地深三尺，方与深同，取沙三斛着中，以淳酒三升沃在其上。"府君即从之，病者即愈，疫疾遂绝。

《山海经》曰：复州之山有企踵之鸟，如鸮，一足，彘毛，见则国中大疫。

《三辅决箓》曰：井丹举室疫病，梁松自将医药治丹。

盛弘之《荆州记》曰：始安郡有鸟焉，其形似鹊，白尾，名为青鸟。常以三月自苍梧而度，群飞不可胜数，山人见其来，多苦疫气。

魏文帝《与吴质书》曰：昔年疾疫，亲故多罹其灾，徐、陈、应、刘，一时俱逝。

曹植《说疫气》曰：建安二十二年，厉气流行，家家有僵尸之痛，室室有号泣之哀。或阖门而殪，或覆族而丧。或以为疫者鬼神所作。夫罹此者悉被褐茹藿之子，荆室蓬户之人耳。若夫殿处鼎食之家，重貂累蓐之门，若是者鲜焉。此乃阴阳失位，寒暑错时，是故生疫。而愚民悬符厌之，亦可笑。

太平御览卷第七百四十三 疾病部六

霍乱

《易说》曰：谷雨，气当至而不至，则多霍乱。

《春秋考异邮》曰：襄公朝于荆，士卒度岁，愁悲失时，泥雨暑湿，多霍乱之病。

《汉书》曰：淮南王上书云："南越多霍乱之疾。"

《幽明箓》曰：某郡张甲者，与司徒蔡谟旧有亲，侨住谟家。暂数宿行，过期不反。谟昼眠，梦甲云："暂行，忽暴病，患心腹胀满，不得吐痢，某时死亡。"又云："我病名干霍乱，自可治也。但人莫知其药，故令身死。"谟曰："何以治之？"甲曰："取蜘蛛，生断去脚，吞之即愈。"谟觉，使人往甲行所，验之，果死。问主人病与时日，皆与梦符。后有干霍乱者，谟试用，辄差。

疰

《释名》曰：疰，人死，一人复得，气相灌注也。

《范汪方》曰：凡九十种寒尸疰，此病随月盛衰。人有三百六十余脉，走入皮中，或右或左，如人所刺，遂至于死。死尸相注，或至灭门。

疟

《说文》曰：疟，热寒并作也。痁，热疟也，疾二日一发。

《易说》曰：立春气当至、不至则多疾疟；白露当降不降，民多温疟。

《周礼·天官·疾医》曰：秋时有疟寒疾。

《礼记·月令》曰：孟秋行夏令，民多疟疾。

《左传·昭二十年传》曰：齐侯疥，遂痁，痁，疟疾也。期而不瘳，诸侯之宾问疾者多在。多在齐也。梁丘据与裔款言于公曰："吾事鬼神，丰于先君，今君疾病为诸侯忧，是祝史之罪也。盍诛于祝固、史嚚以辞宾？”欲杀嚚固，以谢问疾之宾。公悦，告晏子，晏子谏之，乃止。

《东观汉记》曰：邓训迁护乌桓校尉。吏士尝人病疟，转易至数十人。训身主汤药，咸得平愈。

又曰：景丹从上至怀，病疟，在上前疟病。上曰：“闻壮士不疟，汉大将军反疟病耶？”使小黄门扶起，赐药医，归洛阳，病遂加。

《抱朴子》曰：猕猴之鬼，令人疾疟。

《山海经》曰：阳华山多若华，华实如菰，味酸甘，食之已疟。

《玄晏春秋》曰：夏四月，予疟于河南，归于新安，不瘳。

《世说》曰：中朝有小儿，其父患疟，行乞药。人曰：“尊侯明德君子，何以病疟？”答曰：“来病君子，所以为疟。”

《列异传》曰：阳蕤字圣卿，逃疟神祠，有人呼言“杜卸，杜卸。”圣卿应曰：“诺！”起至户口，人曰：“取此书去。”得素书一卷，皆谴劾百神法，乃差。

《箓异传》曰：嘉兴令吴士季疟，经武昌庙，遣人辞谢，乞断疟鬼。去庙二十里卧，梦见塘上一人乘马追呼，行太急，速至季舡，下马与吏共入舡后，缚取一小儿去。梦觉，疟即断。

又曰：弘父患疟经年。后独至田舍，疟发，有数小儿持公首脚。公见，因阳瞑。忽起，捉得一儿，化成黄鹢，余者皆走。仍缚以还家，悬着窗上，明、当杀食之。比晓，失鹢，疟遂断。于时有疟者，但呼“弘公”，便断。

《甄异传》曰：吾兴张安病正发，觉有物在被上，病便更甚。安自力举被捉之，物化成鸟如鸺鹠，疟登时愈。

盛弘之《荆州记》曰：始兴含淮县有翁水下流，有圣鼓横在川侧，上下船人刺篙有撞之者，皆得疟病。

消渴

《后汉书》曰：司马相如有消渴病。

《后汉书》曰：李通素有消渴疾，消，消中之疾也。《周礼》云：春有痟疾。自为宰相，谢病不视事。帝令以公位归弟养病。

《魏略》曰：卞兰得消渴疾，时明帝信咒水，使人持水赐兰。兰曰："治病当以方药，何信于此？"遂不肯饮，以至于卒。时人见兰好直言，谓帝面折之而兰自杀，其实非也。

《晋书》曰：斐楷有渴利疾，不乐处势。王浑为楷请当见将养，不违其志，不听。及疾，诏遣黄门郎王衍省疾，楷回眸瞩之曰："竟未见识。"衍深叹其神隽。

《南史》：何点少时尝患渴，逾岁不愈。后在吴中石佛寺建讲所，昼寝，梦一道人，形貌非常，授丸一掬，梦中服之而差。

《唐书》邓玄挺综铨选，无藻鉴之明，又患消渴，人因号为邓渴。

王子年《拾遗箓》曰：晋武为抚军时，羌人姚馥字世芬，姚襄即其祖也，好啜嚼浊糟，言渴于醇酒。群辈常狎之，呼为渴羌。为朝歌邑长，馥辞之。帝曰："朝歌，纣之故乡，地有酒池。故使老羌不复呼饮。"

《交州记》曰：浮石，体虚而轻，煮饮止渴。

《淮南子》曰：嫁女于疾消渴者，夫死后，则难可复处。以为故妨之，后人不娶。

蹶逆

《韩诗外传》曰：扁鹊过虢，虢侯世子暴病死，乃追宫门曰："世子病，所谓尸蹶者也。"

《吕氏春秋》曰：室大多阴则蹶。

咳嗽

《释名》曰：咳，刻也，气奔至，出入不平调，若克物也。嗽，促也，用力急促也。

《易说》曰：立秋，气未当至而至，则少阳脉盛，人病咳。

《周书》曰：立秋之日，白露不降，民多病咳。

《礼记·月令》曰：季夏行春令，则国多风咳。

《春秋繁露》曰：人君好战，贪城邑，则民多病咳嗽。

《抱朴子》曰：龟鳖鼋鼍之鬼，令人病咳。

刘弘教曰：吾昨四鼓中起，闻西城上兵咳声甚深，即呼省之。年过六十，羸病无襦，而督将差以持时，持时，备不虞耳。此既无所防捍，又老病羸冻，不隐恤，必致死亡，督将岂可乃尔耶？

呕吐

《左传·哀下》曰：卫侯为灵台于藉圃，与诸大夫饮酒焉。褚师声子袜而登席，古者见君解袜。公怒，辞曰："臣有疾，异于人，足有疮疾。若见之，君将彀之。"彀，呕吐也。

《汉书》曰：西域有大小头痛坂，令人呕吐。

谢承《后汉书》曰：吴郡妫皓字元起，其母至婚家醉，呕吐。恐食得毒，伏地尝吐，仰曰："吐寒耳，非毒也。"

邓粲《晋记》曰：阮籍母死，与人棋如故。既而饮酒三升，举声一号，吐血数升。

《晋中兴书》曰：王允之年在总角，为从伯敦所知。尝夜饮，允之辞醉，眠在别床。敦与钱凤谋逆，允之悉闻其语，便于眠处大吐。以为大醉，不复疑。

沈约《宋书》曰：萧惠开除府加给事，性素刚，益不得志，发病呕血，有物如肝肺者甚多。

《孟宗别传》曰：孟宗为光禄勋，尝大会，公先少饮酒。偶有强者，饮一杯便吐。时令峻急，凡有醉吐者，皆传诏司察。公吐麦饭，察者以闻。上乃叹息，诏问食麦饭意。宗答曰："臣家足有米饭耳，直愚性所安。"其德纯素如此。

《列子》曰：东方有人焉，曰爰旌目，将有适也而饿于道。狐父之盗曰丘，见而下壶飧而餔之，爰旌目三餔而后能视，曰："子何为者也？"曰："我狐父之人丘也。"爰旌目曰："嘻，汝非盗耶？胡为而食我？吾义不食子食也。”两手据地而呕不出，客客而死。

水疾

《东观汉记》曰：东平王苍到国后，病水气喘逆。上遣太医丞相视之，小黄门侍疾，置驿马传起居，以千里为程。

《晏子春秋》曰：景公水病，梦与二日斗，不胜，召占梦问之。晏子谓占梦曰：“公所病者，阴也。日，阳也。一阴不胜两阳，公病将已。”占梦以其言对。三日，公病大愈，赐占梦。占梦曰：“晏子教臣也。”公召晏子，赐之。晏子曰：“占梦以臣言对，故有益也；若使臣言，则不信也”

肿

《释名》曰：肿，钟也，寒热气所钟聚也。

《春秋潜潭巴》曰：枉矢黑，军士不勇疾流肿。宋均注云：矢当杨光明，今黑，有死丧之气，则肿死。

《春秋繁露》曰：人君简宗庙，逆天时，民病流肿。

《尸子》曰：有医竘者，秦之良医。张子之背肿，谓之曰：“背非吾背也，任子制焉。夫身与国亦犹此也，必有委制，然后治之。”

《齐谐记》曰：范光禄得病，腹脚并肿，不饮食。忽有一人，清朝不自通，遥进入光禄斋中，就光禄边坐。光禄云：“先不识君，君那得来而不自通？”此人答曰：“佛使我来治君病。”发衣见之，因捉其脚，以甘刀针肿上。倏忽之间，顿针两脚及膀胱百余下，然不觉痛。复欲针腹，其儿黄门不听语竟，便去。后针孔中黄浓汁当出二三升许，至明晓，脚都差，针亦无孔。范甚喜。

疝

《释名》曰：心痛曰疝。疝，诜也。气诜诜然而上也。

《后汉书》太医皮循从猎上林还，暮宿殿门下。寒疝病发，时邓训直事，闻循声，起往问，曰：“冀得火以熨背。”训至太官门为求火，不得，乃以口嘘其背，复呼同庐郎共更嘘，至朝遂愈。

瘕

《龙鱼河图》曰：犬狗鱼鸟不熟，食之成瘕。

《易说》曰：白露气当至不至，太阴脉盛，人多瘕疝。

《宋书·徐文伯传》宋明帝宫人患腰痛牵心，每至，辄气欲绝，众医以为肉瘕。文伯曰："此发瘕。"以油投之，即吐，得物如发，稍引之，长三尺，头已成蛇，能动。悬柱上，水滴尽，一发而已，病都差。

《山海经》曰：丽麂之水，其中多有育沛，珮之无瘕疾。郭曰：育珮，未闻。

《列仙传》曰：玄俗者，常饵巴豆、云母，卖药于都市。河间王病瘕，玄俗脉之，下蛇十余头。俗言王病六世余殃，非王所招也。曰："王尝放鹿，鹿是麟母，仁心感天，故遭俗耳。"

《续搜神记》曰：太尉郄公镇丹徒，尝出猎。时二月中，蕨始生，有一甲士折一茎食之，即觉心中淡淡欲吐，因归家，仍成心腹疾。半年许，忽大吐，吐一蛇，长尺余，尚活动摇。乃挂着屋檐前，汁稍稍出，蛇渐焦小。经一宿，视之，成一茎蕨，犹昔所食也。病遂除差。

又曰：桓宣武帝时，有一督将，因时行病后虚热，更能饮复茗，必一斛二升乃饱。人苦劝，复啜五升，乃大吐，向所饮都尽。有一物随吐后出，如斗大。试以一斛二升复茗洗之，此物吸之都尽。而正觉小胀，又增五升，便悉混，然后从口中涌出。既吐此物，病遂差。或问之曰："此何病？"答曰："此病名斛二瘕。"

又曰：昔有一人与奴俱得心瘕病。奴既死，剖腹视，得一白鳖，赤眼，甚鲜明。乃试以诸毒药浇灌之，并内药于鳖口，无损。乃系鳖于床脚，有客乘白马来看之，溺溅，鳖惶遽，疾咨避溺。既系之，不得去，乃缩颈藏脚，不敢动。病者察之，谓其子曰："吾疾或可救。"乃试取白马溺以灌鳖，鳖消灭成数升水。病者乃顿饮升余白马溺，病即豁然除。

《异苑》曰：章安有人，元嘉中啖鸭肉，乃成瘕病，胸满面赤，不得饮食。医令服秫米潘，须臾，烦闷，吐一鸭雏，身喙翅皆已成就，唯左脚故缀昔所食肉。病遂获差。

《志怪》曰：有人得瘕病，腹昼夜切痛。临终，敕其子云："吾气绝后，可剖视之。"其子不忍违，割之，得一铜酒枪，容数合。后华佗闻其病而解之，便出巾栉中药以投枪，铊即消成酒。

痹

《春秋考异邮》曰：痹在喉，寿命凶。

《汉书》曰：哀帝即位，痿痹。

又曰：冯野王弟立为东海太守，下湿，病痹。天子闻之，徙为平原太守。

《晋书》皇甫谧字士安，得风痹疾，犹手不辍卷。

《后魏书》：临淮王谭孙孚好酒，后遇风，患手足不随，口不能言。乃左手画地作字，乞解所任。

《唐书》曰：处罗可汗欲分兵大掠中国，群下多谏。外罗曰："我父失国，赖隋得立，恩不可忘。"时处罗久疾痹，隋义城公主有五石饵之，俄而处罗发疽死。

痔

《释名》曰：痔，食也，蛊食之也。

《山海经》曰：天帝山有鸟，其状如鹑，黑文而赤翁，郭璞注云：翁，颈下毛也。名曰栎，食之已痔。又虎蛟可以为痔，郭璞注：为，治也。

《庄子》曰：秦王有病，召医破痈者，得一车乘；舐痔者，得车五乘。所治愈下，得乘愈多。

《尸子》曰：有医竘者，秦之良医，为惠王治痔，皆愈。

宋玉《登徒子赋》曰：登徒子之妻，既疥且痔。

痢

《释名》曰：泄痢，言出漏泄而利也。

《汉书》曰：韦玄成父丧。既葬，当袭爵，即阳为病狂，卧便痢，妄笑语，欲让避兄也。

《北史》：齐司马膺之好读《太玄经》文，注扬雄《蜀都赋》，每云："我欲与扬子周游。"患痢十七年，竟不愈。齐亡岁，以痢疾终。

《魏武令》曰：凡式水甚强寒，饮之皆令人痢。

阴痿

《汉书》曰：胶西王端为人残戾，又阴痿，一近妇人，病数月。

又曰：周仁为人阴重不泄。张晏曰：阴重不泄，下湿，故溺裤，是以得此官者入后宫。

《魏志》：公孙康死，子晃、渊皆小，众以康弟恭嗣。恭阴消为阉人，劣弱不能治国，渊胁夺恭位。

《晋书》南阳王模世子保，体质丰伟，尝自称，重八百斤。素喜睡，痿疾，不能御妇人。

《宋书》曰：明帝素肥，晚年痿疾，不能御内。

阳病

《左传·襄三》曰：楚子使薳子冯为令尹，访于申叔豫。申叔豫曰："国多宠，王弱，国不可为也。"遂以疾辞。方暑，阙地下冰而床焉，重茧衣裘，鲜食而寝。楚子使医视之，复曰："瘠则甚矣，而血气未动。"言无疾。

《史记》曰：廉颇云："我为赵将，有攻城野战之功。而蔺相如徒以口舌为劳，而位居我上。"相如闻，不肯与会，每朝时常称病，不欲与争列。

《续汉书》曰：杨彪见汉祚将终，自以累世为公卿，耻为魏臣，遂称足疾，不复行。

范晔《后汉书》曰：高诩字季回，父容，哀平间为光禄大夫，诩以父任为郎。世传《鲁诗》，以信行清操知名。王莽篡位，父子称盲，逃不蚀失。

又曰：封观者，以兄名位未显，耻先授之，遂称风疾，喑不能言。火起烧屋，徐出避之，忍而不告。

谢承《后汉书》曰：沛国陈禁，性不好荣，建武中拜议郎，引见赐食。禁阳眼目无所见，以肉投羹中，出又撑柱乃归。

《魏末传》曰：李腾为荆州刺史，曹爽令别司马懿。懿使婢进粥，持杯而饮，粥皆流出，谓爽曰："太傅非复可济，令人怆然。"故爽不复设备。

《曹瞒传》云：太祖少，飞膺走狗，游荡无度。其叔父首茱之于嵩，太祖患之。后逢叔父于路，乃佯败面喎口。叔父怪问其故，太祖曰："卒中风。"叔父告嵩，嵩惊呼太祖，太祖貌如故。嵩问曰："叔父言汝中风，已差乎？"太祖曰："初不中风，但失叔父爱，故见罔尔。"嵩乃疑，自后，叔父所言，嵩不复信。

《晋书》：曹爽专权，宣帝称疾，何曾亦谢病。爽诛，曾乃起视事。

又曰：锺会将反于蜀，使卫瓘慰劳诸军。瓘心欲去，且坚其意，曰："卿三军主，宜自行。"会曰："卿先行，吾当后出。"瓘便下殿，会悔遣之，使呼瓘。瓘辞眩疾动，诈仆地，北出阁。数十信追之。瓘至外廨，服盐汤，大吐。瓘素羸，便以困笃。会遣所亲人及医视之，皆言不起，会由是无所惮。

《晋阳秋》曰：宣帝初不欲屈节曹氏，辞以风疾不能起。魏武使人往微刺之，以观信否，宣帝坚卧不动。

《晋书》曰：王戎族弟敦有高名，戎恶之。敦每候戎，辄托疾不见。敦后果为逆乱，其鉴赏先见如此。

又曰：长乐冯恢父为弘农太守，爱少子淑，欲以爵传之。恢父终，服阕，乃还乡里，结草为庐，阳喑不能言。淑得袭爵，恢始任为博士祭酒。

《隋书》曰：郭衍为洪州总管，晋王镇淮海，因召衍，阴共计议。

又恐人疑无故来往，托以衍妻患瘿，王妃萧氏有术能医之，以状奏高祖。高祖套苘共妻向江都往来无度。

《唐书》曰：安禄山陷西京，王维佯中风失音，贼犹强授伪官。后蒙原罪。

又曰：《王徽传》：黄巢入潼关，僖宗出幸。徽与同列崔沆豆、卢瑑、仆射于琮至曙方知，遂相与奔驰，赴行在。徽夜落荆榛中，隐于崖谷，为贼所得，迫还京师。将授之伪命，徽示以足折口喑，虽白刃环之，初无惧色。贼令与归弟，命医工视之。月余，守视者稍怠，徽乃杂于负贩，窜之河中，遣人间道奉绢表入蜀。天子嘉之，诏授光禄大夫，守兵部尚书。

稽康《高士传》曰：王莽征孔休，休饮血，于使者前吐之，为病笃，遂不行。

《益部耆旧传》曰：公孙述僭号，征犍为任永君，许以大位。永君故托以清盲，妻于面前淫若不见。子入井，忍情不问。述伏诛，永君澡浴，引镜照形，曰："世适平，目即清。"妻乃自杀。冯信季成亦不授公孙述聘，托清盲十三年，侍婢于面前淫而不问。述诛，取纸作书，婢因自杀。

太平御览卷第七百四十四 工艺部一

叙艺

《书》曰：以旦代某之身，予仁若考，能多材多艺。

《礼》曰：是月也，命将讲武，习射御，角力，执弓挟矢以猎。

又曰：德成而上，艺成而下。

又曰：尚伎而贱车，则人兴艺。

《周礼》曰：保氏掌谏王恶，而养国子以道，马融曰：道，六艺。乃教之六艺：礼、乐、射、御、书、数。

《论语》曰：太宰问于子贡曰："夫子圣者欤？何其多能也？"子贡曰："固天纵之将圣，又多能也。"

又曰：志于道，据于德，依于仁，游于艺。

《汉书》曰：元帝多伎艺。

华峤《后汉书》曰：邓禹十三男，各令习一艺。

《梁书》曰：柳恽，字文畅，早有令名。少工篇什弹琴，为士流第一。帝谓周舍曰："吾闻君子不可求备，至于柳恽，可谓具美。分其才艺，足了十人。"

又曰：朱异，字彦和，通览五经，涉猎子史，博奕书算尤善。沈约面试，皆妙，乃戏之曰："君何不廉！天下有艺，君一时持去，可谓不廉也。"

《后汉书》曰：祖珽，字孝征。裴让之，字士礼。俱崇文学邢劭。省中为之语曰："多伎多能祖孝征，能赋能诗裴让之。"皆一时之美也。

《后赵篆》曰：张材伎，乌谭部人也。善棋博、蹴踘、斗鸡诸伎。身长八尺。饮酒石余不乱。

射上

《中论·艺记》曰：射以平志，御以和心，书以缀事，数以理烦。

李颙《游艺箴》曰：邈矣姬旦，唯艺之渊！

《易》曰：弦木为弧，剡木为矢，弧矢之利，以威天下，盖取诸睽。睽，乖也。物乖则争兴。弧矢之用，所以威乖争也。

又曰：公用射隼于高墉之上，获之，无不利。子曰："隼者，禽也。弓矢者，器也。射之者，人也。君子藏器于身，待时而动，何不利之有？动而不括，是以出而有获，语成器而后动者也。"括，结也。君子待时而动，则无结阂之患也。

《诗》曰：既张我弓，又挟我矢。

又曰：终日射侯，不出正兮。

《礼》曰：工尹商阳与陈弃疾追吴师，及之，陈弃疾谓工尹商阳曰："王事也，子手弓，子射诸？"射之，毙一人。韔弓，丑亮切。韔，弓衣。止其御曰："朝不坐，燕不与，杀三人，亦足以反命矣。"朝燕于寝，大夫坐于上，士立于下。然则商阳与御者皆士也。孔子曰："杀人之中，又有礼焉，善之。"

又曰：孔子云："士使之射，不能，则辞以疾，悬弧之义也。"男子生而设弧于门左，示有射道而未能也。

又曰：射有似乎君子，失诸正鹄，反求诸其身。反求于其身，不以怨人也。画曰正，皮曰鹄也。

又曰：孔子射于矍相之圃，盖观者如堵墙。矍相，地名也。树菜蔬曰圃。射至于司马，使子路执弓矢出，延射，曰："贲房吻切军之将、亡国之大夫与为人后者不入，其余皆入。"盖去者半，入者半。先行饮酒礼，将射弓，以司马子路执弓矢延射，则为司射也。贲，读为偾。偾犹覆败也。又使公罔之裘，序点扬觯而语曰："幼壮孝弟，耆耋好礼，不从流俗，修身以俟死者，不在此位也。"盖去者半，处者半。序点扬觯而语曰："好学不倦，好礼不变，耄期音基称道不乱者，不在此位也。"盖仅有存焉。之，发声也。射毕，又使此二人举觯者。古者于旅也语。语谓说义理也。三十曰壮。耆耋皆老也。流俗，失俗也。处犹留也。不可以在此宾位。序点或为徐点，壮或为将，耄期或为旄勤。

又曰：射之为言绎也，或曰舍也。绎者，各绎己之志也。故心平体正，持弓矢审固。持弓矢审固，则射中矣。故曰："为人父者以为父鹄，为人子者以为子鹄，为人君者以为君鹄，为人臣者以为臣鹄。故射者，各射已之鹄。故天子大射，谓之射侯。射侯者，射为诸侯也。射中则得为诸侯，射不中不得为诸侯。大射，将祭择士之射也。以为某鹄者，将射，还视侯，中之则成人，不中之则不成人也。得为诸侯，为有庆也；不得为诸侯，谓有让也。天子将祭，必先习射于泽。泽者，所以择士也。已射于泽，而后射于射宫。射中者，得与于祭；不中者，不得与于祭。不得与于祭者，有让，削以地；得与祭者，有庆，益以地。进爵绌地是也。泽，宫名也。士，谓诸侯朝者诸臣及所贡士也。皆先令乃射于泽，已乃射宫课中否也。诸侯有庆者先进爵，有让者先削地也。故男子生，桑弧蓬矢六，以射天地四方。天地四方者，男子之所有事也。故必先有志于其所有事，然后敢用谷也。

《左传》曰：晋楚将战。潘尫之子党与养由基蹲甲而射之，彻七札焉。蹲，聚。以示王，曰："君有二臣如此，何忧于战？"王怒曰："大辱国！诘朝尔射，死艺。"言汝以射自多，必当以艺死也。吕锜梦射月，中之，退入于泥。吕锜，魏锜也。占之，曰："姬姓，日也；异姓，月也，必楚王也。射而中之，退入于泥，亦必死矣。"及战，射恭王，中目。王召养由基，与之二矢，使射吕锜，中项，伏弢。他刀切。弓衣也。以一矢复命。言一发而中。

又曰：卫献公出奔。初，尹公他学射于庾公差，庾公差学射于公孙丁。二子追公，二子，他与差也，为孙氏逐也。公孙丁御公。子鱼曰："射为背师，不射为戮，射而礼乎？"子鱼，庾公差也。礼，射不求中也。射两軥而还。軥，车轭卷者，今俗谓之軥心木。尹公他曰："子为师，我则远矣。"乃反之。他不从丁学，故曰远。始与差具退，悔而独还射。公孙丁授公辔而射之，贯臂。贯公他手臂。

又曰：吴子诸樊伐楚，以报舟师之役。门于巢，攻巢门也。巢牛臣曰："吴王勇而轻，若启之，亲门，启，开门也。我获射之，必殪。殪，死也。是君也死，疆其少安。"从之。吴子门焉，牛臣隐于短墙以射之，卒。

又曰：昔贾大夫恶，貌丑也。娶妻而美，三年不言。御以如皋，射雉，获之，其妻始笑而言。

《周礼》曰：大司乐：掌成均之法。郑司农云：均，调也。乐师主调其音。大司乐主受此成事已调之乐。大射，王出入，令奏《王夏》；及射，令奏《驺虞》。《驺虞》，乐章名，在《召南》之卒章。王射，以《驺虞》为节也。诏诸侯以弓矢舞。舞，谓执弓挟矢揖让进退之仪。

又曰：乐师：掌国学之政，以教国子少舞。谓以年幼少时教之舞。凡射，王以《驺虞》为节，诸侯以《狸首》为节，大夫以《采苹》为节，士以《采繁》为节。《驺虞》《采苹》《采繁》，皆乐章名，在国风《召南》。为《狸首》，在《乐记》。

又曰：王以六耦射三侯，三获三容，乐以《驺虞》，九节五正；诸侯以四耦射二侯，二获二容，乐以《狸首》，七节三正；孤、卿、大夫以三耦射一侯，一获一容，乐以《采蘩》，五节二正；士以三耦射犴侯，一获一容，乐以《采蘩》，五节二正。郑司农云：三侯，虎、熊、豹也。容者乏也，待获者所蔽也。九节，析羽九重，设于长杠，正所射也。若王大射，则以狸步张三侯。郑司农云：狸步，谓一举足为一步，于今为半步也。玄谓：狸，善博者也，行则止而拟度焉，其发必获，是以量侯道法之也。王射，则令去侯，立于后。以矢行告，卒，令取矢。郑司农云：射人，主令人去侯所而立于后也。以矢行告，射人，以矢行高下左右告于王者也。

又曰：射鸟氏：掌射鸟。鸟谓中膳羞者，凫雁鸨鸮之属也。祭祀，以弓矢驱乌鸢。凡宾客、会同、军旅，亦如之。乌鸢，善钞盗，便污人。射则取矢。矢在侯高，则以并夹取之。郑司农云：王射，则射鸟氏主取其矢。在侯高者，矢着侯高，人手不能及，则以并夹取之。并夹，针箭具。夹，读为甲，故司弓矢职曰：大射、燕射，共弓矢并甲。

又曰：庭氏：掌射国中之夭鸟。若不见鸟兽，则以救日之弓与救月之矢夜射之。不见鸟兽，谓夜来鸣呼为怪者。兽，狐狼之属。郑司农云：救日之弓、救月之矢，谓日月食所作弓矢。玄谓：日月之食，阴阳相胜之变也，于日食则射太阴，月食则射太阳。若神也，则以太阴之弓与枉矢射之。神谓非鸟兽之声，若或叫于宋大庙嘻嘻出出者。

又曰：王大射，则共虎侯、熊侯、豹侯，设其鹄。诸侯则共熊侯、豹侯；卿、大夫则共麋侯，皆设其鹄。大射者，为祭祀射。王将有郊庙之事，以射择诸侯及群臣与邦国所贡之士可以与祭者。射者可以观德行，其容体比于礼，其节比于乐，而中多者得与于祭。凡大射，各于其射宫。侯者，其所射也，以虎豹熊麋之皮饬其侧，所谓皮侯。王之大射，虎侯，王所自射也；熊侯，诸侯所射；豹侯，卿、大夫以下所射。诸侯之大射，熊侯，诸侯所自射；豹侯，群臣所射。卿、大夫之大射，麋侯，群臣共射焉。

又曰：保氏：掌养国子以道，教之五射。五射：一曰白矢，二曰参连，三曰剡注，四曰襄尺，五曰井仪也。

《论语》曰：君子无所争；必也，射乎？言于射而后有争也。揖让而升，下而饮，射于堂，升及下皆揖让而相饮也。其争也君子。多算饮少算，君子之所争也。

又曰：射不主皮，射有五善焉：一曰和志，体和也；二曰和容，有容仪；三曰主皮，能中质；四曰和顺，合《雅》《颂》；五曰与舞同。射者不但以中皮为善，亦兼取其和容也。为力不同科，古之道也。为力，力役之事，亦在上中下，设三科焉，故曰不同科也。

《韩诗外传》曰：楚熊渠子夜行，见寝石，以为伏虎，弯弓而射之。没金，饮羽。下视，知其石也。因复射之，矢摧，无迹也。

《三礼射侯图》曰：天子大射之时，天子虎侯，九十步；诸侯熊侯，七十步；卿、大夫豹侯，五十步。畿内诸侯大射，君熊侯，九十步；卿、大夫参侯，七十步；士犴五旦切侯，五十步。天子、卿、大夫射，君臣共射一麋侯，五十步。诸侯、卿、大夫亦如之。天子及诸侯之士，皆无大射。参侯者，以豹皮为鹄，以麋皮为饰。参之为言杂也。犴侯者，以胡犬皮为知鹄，亦以为饰。

又曰：天子宾射亦三侯。天子射，五正侯；诸侯射，三正侯；卿、大夫射，二正侯。诸侯宾射二侯，君三正。卿、大夫宾射，君臣共射一侯，二正。士与士宾射，犴侯，二正。士不得画云气，故以犴皮饰其侧也。畿内诸侯与外国同，其侯道亦如之。

又曰：天子燕射，天子熊侯，诸侯、卿、大夫、士，虎、豹侯。诸侯燕射，君亦熊侯，卿、大夫亦宜参侯，士鹿、豕。卿大夫与其臣燕射，君臣共射，虎豹侯。士燕射，亦宜豹侯，画鹿豕焉。畿内诸侯与外国用其侯道，亦如宾射。

《战国策》曰：楚有养由基者，善射。去杨叶百步而射之，百发百中。有一大夫过之，曰："善射可教矣。"由基子曰："试代我射之。"客曰："我非能教子出左屈右也。夫射者，百发百中，而不以善息，少焉，气衰力倦，弓拨矢拘，一矢发而不中，前功尽弃矣！"

又曰：更羸与魏王处庑下，有雁从东方来，更羸虚发而雁下。魏王曰："射可至此乎？"更羸曰："其飞徐，其鸣悲。飞徐者，故疮痛也；鸣悲者，失群也。故痛未息，惊心未去，故闻弦音而下。"

《史记》曰：汉有善骑射者楼烦，楚挑战三合，楼烦辄射杀之。

又曰：李广为右北平太守，出猎，见草中石以为虎，射之，中石没镞，视之石也。因复更射之，终不复入。广所居郡闻有虎，常自射之。及居右北平，射虎，虎腾伤广，广亦竟射之。广为人猿臂，其善射亦天性也。虽其子孙他人学者，莫能及。广击匈奴，中贵人从。匈奴三人射之，中贵人，杀其骑且尽。中贵人走广，广曰："是必射雕者。"雕，鸟，善射者射之也。逐之，果然。广为将，其射，见敌非十步之内，度不中不发，发即应弦而倒。用此为将，兵数困辱。

《汉书》曰：匈奴畏郅都之威，刻木像都之状，交弓射之，莫能一中。

又曰：堂邑父，胡人也，善射。与张骞俱使西域，每处困之时，射鸟兽供食。

《后汉书》曰：王宠善射，十发十中，皆同处焉。

又曰：董卓膂力过人，双带两鞬，左右驰射，为羌胡所畏。

《魏志》曰：挹娄国，古肃慎氏之国也。善射，入人目。

又曰：文帝共上常猎，为虎所逐，顾射，应声而倒。太祖壮其挚勇，使将武骑。

《魏略》曰：成公英从太祖出猎，有三鹿走过，太祖命英射之，三发，三鹿皆应弦而倒。

《吴志》曰：太史慈，字子义。初，北海相孔融以黄巾寇暴，出屯都昌，为贼管亥所围。慈乃带鞬摄弓上马，将两骑自随，各作一的持之。开门直出外军围下，左右人并惊骇，兵马互出。慈引马至城下堑内，植所持的各一，出射之。射毕，径入门。晨复如此，围下人或起或卧，故慈复植的射之，毕，复入门。明晨复出如此，无复起者，于是鞭马直突围中驰去。比贼觉知，慈行已过。又射，数人皆应弦而倒，故无敢追者。慈猿臂善射，弦不虚发。尝从孙策讨麻保贼，贼于屯里缘楼上行骂，以手持楼棼。慈引弓射之，矢贯手，着棼。围外万余人，莫不称善。其妙如此。

《晋书》曰：刘曜，字永明。身长九尺六寸，垂手过膝。雄武有膂力，射铁，入一寸焉，时号神射也。

又曰：庾翼时有众四万，诏加都督征讨诸军事。师次襄阳，大会僚佐，陈旌甲，亲授弧矢曰："我之行也，若此射矣。"遂三起三叠，徒众属目，其气十倍。

又曰：庾翼镇武昌，谢尚数诣翼谘谋军事。尝与翼共射，翼曰："卿若破的，当以鼓吹相赏。"尚应声中之，翼即以其副鼓吹给之。

又曰：杨济迁太子太傅。济有才艺，常从帝校猎北邙山下，与侍中王济俱着布裤褶，骑马，执角弓，在辇前。猛兽突出，帝令济射之，应弦而倒。须臾复一出，济受诏，又射杀之。六军大叫称快。

又曰：魏舒累迁后将军锺毓长史，每与参佐射，舒常为画筹而已。后遇朋人不足，以舒满数。毓初不知其善射，舒容貌闲雅，发无不中，举坐愕然，莫有敌者。毓叹而谢曰："吾之不足以尽卿才，有如此射矣。"

又曰：江州刺史庾悦，隆安中为司徒长史。曾至京口，刘毅时甚窭，先就府借东堂与亲故出射，而悦与僚佐径来诣。毅告之曰："毅辈迍否之人，合一射甚难。虽于诸堂并可，望以今日见让。"悦不许。射者皆散，唯毅留射如故。

又曰：王恺以帝舅奢豪。有牛名八百里驳，常莹其蹄角。王济请以钱千万，与牛对射而赌之，恺亦自恃其能，令济先射，一发破的。因据胡床叱左右："速探牛心来！"须臾而至，一割便已。

《齐春秋》曰：宜都王鉴，字宣彻，太祖第十六子。善射，常取甘蔗插地，百步射之，十发十中。古之杨叶，殆不能加。

《陈书》曰：褚玠，刚毅有胆决，长骑射。常从司空侯安都于徐州出猎，遇猛兽，玠射之，再发，中口入腹，俄而兽毙。

《燕书》曰：贾坚，字世固，弯弓三石余。烈祖以坚善射，故亲试之，乃取一牛置百步上，召坚使射，曰："能中之乎？"坚曰："少壮之时，能令不中；今已老年，正可中之。"恪大笑。射，发一矢拂脊，再一矢，磨腹，皆附肤落毛，上下如一。恪曰："复能中乎？"坚曰："所贵者以不中为奇，中之何难？"一发中之。坚时年六十余矣，观者咸服其妙。

又曰：慕容根善射。尝从行猎，有一野羊立于悬崖。太祖命左右射之，莫有中者。根自募求射之，一发而中。

崔鸿《十六国春秋·燕录》曰：建威翰奔还本国，有劲骑百余追之。翰遥谓之曰："吾既思恋而归，必无返面！吾之弧矢，汝曹知否？无为相逼，自取死也！吾处汝国久矣，誓不杀汝。可百步竖刀，吾射中者，汝便宜返；不中者，可前也。"诸骑解刀竖之，翰发而中环，追骑乃散。

又《后燕录》曰：慕容盛行遇贼，盛曰："汝欲当锋乎？试竖汝手中箭，百步，我善中之，宜慎汝命；如不中，当束身相授。"盗乃竖箭，盛一发中之。盗曰："相试耳。"资而遣之。

又《前秦录》曰：苻琳，字永瑶，坚之第五子也，有文武才艺，引弓五百斤，射洞犁耳。至于山水文咏，皆绮秀清丽。

又《前凉录》曰：索孚，字国明，燉煌人。善射，十中八九。或谓之曰："射有法乎？"孚曰："射之为法，犹人主之治天下也；射者弓有强弱，矢有铢两，弓不合度，矢不端直，主虽逢蒙，不能以中：才不称官，万务荒殆，虽有尧、舜之君，亦无以治也。"

又《赵纂》曰：刘曜亲围陈安于陇城，安突围而出。近则刀矛俱发，辄害六七；远则双带两鞬，左右驰射。

太平御览卷第七百四十五 工艺部二

射中

《后魏书》曰：胡太后亲览万机，手笔断决。幸西林园法流堂，命侍臣射，不能者罚之。又自射针，中之，大悦，赐左右布帛有差。

又曰：胡太后幸关口，登鸡头山，自射象牙簪，一发中之。

又曰：长孙晟尝使摄图，摄图独爱晟。每共游猎，留之竟岁。有二雕，飞而争肉，因以箭两只与晟，请射取之。晟驰往，遇雕相玃，遂一发双贯焉。摄图喜，命诸子弟贵人皆相亲友，冀昵近之，以学弹射。

又曰：尔朱兆，字万仁，荣从子也。少骁猛，善骑射，蹻捷过人。荣曾送台使，见二鹿，乃命兆前，授之二箭，曰："可取此鹿，供令食也。"遂停马构火以待之。俄然，兆获其一，荣欲矜夸，使人责兆曰："何不尽取？"杖之五十。

又曰：山伟，字仲才，河南洛阳人。其先代人也，祖强攻骑射，弯弓五石，初为驾部郎。显祖出于方山，两狐起于御前，诏强射之，百步之内，二狐俱死。显祖善之，除内行长。

又曰：元库汗为羽林中郎，从驾北巡，有兔起于乘舆，命库汗射之，应弦而毙。太祖大悦，赐金兔一枚，以旌其能。

又曰：杨播，字延庆。车驾曜威城沔水上，已设宴，高祖与中军彭城王勰赌射。左卫元遥在勰朋内，而播居帝曹，遥射侯正中，筹限从满。高祖曰："左卫筹足，右卫不得不解。"播对曰："仰恃圣恩，庶几必争。"于是弯弓而发，其箭正中。高祖笑曰："虽养由基之妙，何复过是！"遂与卮酒以赐之，曰："古人酒以养病，朕今赏卿之能，可谓今古之殊也。"

又曰：元干机悟壮勇，善弓马。太宗出游白登之东北，干以骑从。有双鸱飞于上，太宗命左右射之，莫能中者。鸱旋飞稍高，干自请射之，以二箭而下双鸱。太宗嘉之，赐御弓矢、金带，以旌其能。军中于是号干为射鸱都尉。

又曰：灵丘南有山，高四百余丈。群官仰射，无能逾者。文成帝弯弧发矢，出三十余丈，过山南二百三十步。遂刊石勒铭。

又曰：孝武即位，诸蕃并遣使朝贡，帝临轩宴之。有鸱飞于殿前。帝素知窦炽善射，因欲矜示远人，乃给炽御箭两只，命射之，鸱乃应弦而落，诸蕃人咸叹异焉。帝大悦。

又曰：南平王浑好弓马，射鸟辄历飞而中之。日射兔，得五十头。太武尝命左右分射，胜者中的筹满，诏浑解之，三发皆中。帝大悦，器其艺能，常引侍左右。

又曰：奚康生，洛阳人，少骁武。弯弓十石，矢异寻常。魏宣武闻之，故作大弓两张，长八尺，把中围尺有二寸，箭粗如今之长笛，送与康生。康生便集文武，用之平射，犹有余力，观者以为绝伦。

《西魏书》曰：文帝在天游园，以金卮置侯上，令公卿射，中即赐之。宇文贵一发而中，帝笑曰："由基之妙，正当此耳！"进侍中。

《北齐书》曰：斛律光尝从文襄洹桥校猎，云表见一大鸟，射之，正中其颈，形如车轮旋转而下，乃雕也。邢子高叹曰："此射雕手也！"当时号落雕都督。

又曰：斛律羡及光，并工骑射。少时好猎，父金命子孙会射而观之，曰："明月、丰乐，用弓不及我，诸孙又不及明月、丰乐，世衰矣！"每日令出畋游，即较所获。光获虽少，必丽龟达腋；羡获虽多，非要害之所。光常蒙赏，羡或被棰，人问其故，云："明月必背上着，丰乐随处即下手，数虽多，去兄远矣。"闻者服其言。明月，光之字；丰乐，羡之字也。

又曰：元景安善射。孝昭尝与功臣西园宴射，侯去堂百二十步，中的者赐以良马及金玉锦彩等。有一人射中兽头，去鼻寸余。唯景安最后，有矢未发，帝令景安解之。景安引满，正中兽鼻。帝嗟异称善，特赏玉帛，又加常等。

又曰：高隆之于射堋音朋土上立三人像，为壮勇之势。文宣曾至东山，因射，谓："堋上可作猛兽，以存古义，何为终日射人？"隆之无以对。

又曰：皮景和，琅邪下邳人也。高祖曾令和射一豖，一箭而获之，深见嗟赏。及周通好之后，冠盖来，常令景和对接。每与使人同射，百发百中，甚见推重焉。

《后周书》曰：李远尝校猎于莎栅，见石于丛薄中，以为伏兔，射之而中，镞入寸余。就而视之，乃石也。太祖闻而异之，赐书曰："昔李将军广亲有此事，公今复尔，可谓世载其德。虽熊渠之名，不能独善其美！"

又曰：赵文少而修德，存忠节，便弓马，能左右驰射。

又曰：豆庐宁尝与梁企定遇于平凉川，相与肆射。乃于百步悬莎草以射之，七发五中。企定时以为能，赠遗甚厚。

又曰：贺跋胜从太祖宴于昆明池，时有双凫游于池上，太祖乃授弓矢于胜，曰："不见公射久矣，请以为欢。"胜射之，一发俱中，因拜太祖曰："使胜得奉神武，以讨不庭，皆如此也！"太祖大悦，自是恩礼尤重。

又曰：齐王宪子贵，年十一，从宪猎于盐州围中，手射野马及鹿一十有五。

《隋书》曰：突厥入朝，隋文赐之射。突厥一发中的，上曰："非贺若弼无能当此。"乃命弼。弼再拜祝曰："臣若赤诚奉国，当一发破的；如其不然，发不中也。"既射，一发而中。上大悦，顾谓突厥曰："此人天赐我也。"

又曰：韩洪，平陈之役授行军总管。及陈平，晋王大猎于蒋山，有猛兽在围中，众皆惧。洪驰马射之，应弦而倒。陈氏诸将列观于侧，莫不叹伏焉。王大喜，赐缣百匹。

又曰：宇文忻，字仲乐。年十二，能左右驰射，骁捷若飞。常谓所亲曰："自古名将，唯以韩、白、卫、霍为美谈。吾察其行事，未足多也！若使与仆并时，不令竖子独擅高名也！"其少慷慨若此。

又曰：虞庆则，幼雄毅。身被铠，带两鞬，左右驰射。本州豪侠皆敬惮之。

又曰：史万岁，京兆杜陵人也。见群飞雁，曰：“请射行中第三者。”射之，应弦而落，三军莫不悦服。

《唐书》曰：冯盎，时罗窦诸洞獠叛，诏令盎率部落二万为诸军先锋。时有贼数万屯据险要，不可攻逼。盎持弓语左右曰：“尽吾此箭，可知胜负。”连发七矢，而中七人。

又曰：薛仁贵领兵击九姓突厥于天山，将行，高宗出甲，令仁贵试之。上曰：“古之善射，有穿七札者，卿且射五重。”仁贵射而洞之，高宗大惊，更取坚甲以赐之。

又曰：李晟，性雄烈，有才，善骑射。年十八从军，身长六尺，勇敢绝伦。时西河节度使王忠嗣击吐蕃，有骁将乘城拒斗，颇伤士卒。忠嗣募军中能射者射之，晟引弓，一发而毙。三军皆大呼，忠嗣厚赏之，因抚其背曰：“此万人敌也！”

《庄子》曰：吴王浮乎江，登于狙之山。众狙见之，徇然而走，逃于深榛。有一狙焉，见巧于王。王射之，敏给搏捷矢。敏，疾也。给，续也。捷，速也。矢往虽速，而狙能搏也。王命相者趋而射之，狙即死，王顾谓其友颜不疑曰：“是狙也，伐其巧，恃其便，以傲于予，以至此殛也。戒之哉！”

又曰：列御寇为伯昏瞀人射，引之盈贯，措杯水于其肘，左手如矩，右手如附枝。右手放发，而左手不知，故可措之杯水。发之，适矢复沓，矢去也，箭适放去复歃沓。放矢复寓。箭放去未至的，已复寄杯水于其肘，言其敏捷之甚也。当是时，犹象人也。偶人，不动之至。伯昏瞀人曰：“是射之射也，非不射之射也！”不射之射，乃尽善矣。

又曰：射者非前期而中，谓之善射。天下皆羿也。可乎？不期而中，误中者耳，非善射也。若谓谬中为善射，是则天下皆可谓之羿乎？言不可矣。

《列子》曰：列子学射，中矣，请于关尹子。关尹子曰：“子知子之所以中者乎？”对曰：“弗知也。”关尹子曰：“未可，退而习之！”三年，又以报关尹子，关尹子曰："子知子之所以中者乎？"列子曰："知之矣。"关尹子曰："可矣，而勿失也！非独射，为国与身，亦皆如之。"

又曰：中山公子牟，悦赵人公孙龙，乐正子舆之徒笑之。公子牟曰："子何笑牟之悦龙也？"子舆曰："吾笑龙之绐孔穿，言：'善射者，能令后镞中前括音阔，发发相及，矢矢相属，前矢造准而无绝落，后矢之栝犹衔弦，视之若一焉。'孔穿骇之，龙曰：'此未其妙者！逢蒙之弟子曰鸿超，怒其妻而怖之，引乌号之弓、淇卫之箭，射其目，矢至眸子，而眶不睫，矢坠地而尘不扬。'是岂智者之言欤？"公子牟曰："知者之言，固非愚者之所晓也。后镞中前括，均后于前也；矢注眸子而眶不睫，尽矢之势也。子何疑焉？"

又曰：甘蝇，古之善射者，彀弓而兽伏鸟下。弟子名飞卫，学于甘蝇，而巧过其师。纪昌又学射于飞卫，曰："尔先学不瞬，而后可言射矣。"纪昌归，偃卧其妻之机下，以目承牵挺。牵挺，机蹑也。三年之后，锥末到眦而不瞬也。以告飞卫，飞卫曰："未也。亚学视小如大，视微如着，而后告我。"纪昌以牦悬虱于牖，南面而望之，旬日之间浸大也，三年之后如轮焉。以睹余物，并丘山也。乃以燕角之弧、朔蓬之竿射之，贯虱之心，而悬不绝。以告飞卫，飞卫高蹈拊膺曰："汝得之矣！"纪昌既尽卫之术，计天下之敌己者一人而已，乃谋杀飞卫。相遇于野，二人交射中路，矢锋相触而坠于地，而尘不扬。飞卫之矢先射，纪昌之矢，唯一既发，飞卫以棘刺之端捍之而无差焉。于是二子泣而投弓，相拜于途，请为之父子。

《韩子》曰：李悝为魏文侯北地之守，而欲民之善射也，乃下令曰："民之有狐疑之说者，令人射杓音摽，中之者胜，不中者不胜。"令且下，而民皆习射，日夜不休。乃与秦战，大败之，以民之善射故也。

《墨子》曰：或有于墨子学射，墨子曰："不可。夫学者必量其力，国士犹不可及。今子非国士，岂能我学又成射哉？"

《周生烈子》曰：善射秦不尽弓力，善治者不尽下情。

《尸子》曰：荆庄王命养由基射青蛉，王曰："吾欲生得之。"养由基援弓射之，拂左翼焉，王大喜。

《符子》曰：晋之相者桓氏，世传于楚，善以道假乎射焉。常以其所不射，而患昼之不足以卒岁，故以夜而烛之。

又曰：夏王使羿射于方矢之皮、征寸之的，乃命羿曰："子射之，中则赏子以万金之费，不中则削子以十邑之地。"羿容无定色，气战于胸中，乃援弓而射之，不中，更射之，又不中。夏王谓傅弥仁曰："斯羿也，发无不中，而与之赏罚则不中的者，何也？"傅弥仁曰："若羿也，口惧为之灾，万金为之患矣。人能遗其喜，去其万金，则天下之人皆不愧于羿矣。"夏王曰："人闻子之言，始得无欲之道。"

《淮南子》曰：尧时，十日并出。尧命羿仰射十日，中其九焉。

又曰：史皇产而能书，史皇，仓颉，生而见鸟迹，知着书，更曰史皇，或曰颉皇。羿左臂修而善射。羿，有穷之君也。修，长也。

又曰：越人学远射，参天而发，适在五步之内，越人习水便舟，而不知射。射远，反直仰向天而发，矢势尽而还，故在五步之内。参，犹望也。不易仪也。仪，射法也。言不晓射，故不知易去参天之法也。世已变矣，而守其故，譬犹越人之射也。言其守故而不知变也。

又曰：楚王有白猿，王自射之，则搏矢而熙。熙，戏也。使养由基射之，始调弓矫矢，未发，而猿拥柱号矣。由基，楚王之臣。养，姓。调，张。矫，直。拥，抱。号，呼。《幽通赋》曰："养流睇而猿号"，是也。

又曰：夫矢之所以射远贯牢者，弓力也；其所以中杓部彻微者，人心也。

又曰：善射者发不失的，善于射矣，而不善所射。所射者死，故曰不善。

太平御览卷第七百四十六 工艺部三

射下

《吕氏春秋》曰：射杓者，欲其中小也；射兽者，欲其中大也。物固不必可推。

又曰：荆廷尝有白猿，荆之善射者莫之能中。荆王请养由基射之，养由基矫弓操矢而往，发之，则猿应矢而下。

《白虎通》曰：天子所以亲射何？助阳气，达万物也。春，阳气微弱，恐物有窒塞不能自达者。天子射熊何？示服猛，远巧物也。熊为兽猛巧者也。非但当服猛巧者，示当服天下巧佞之臣也。诸侯射麋何？示远迷惑人者也，麋之言迷也。大夫射虎豹何？示服猛也。士射鹿豕何？示除害也。各取德而能服也。大夫、士射两物何？大夫、士俱人臣，阴数偶也。侯者以布为之何？布者，用人事之始也，本正则末正矣。名之为侯者何？明诸侯有不朝者，则当射之。君子重同类，不忍射之，故画兽射之。射主何为乎？曰射义非一也。夫射者，执弓坚固，心平体正，然后中也。二人争胜，乐以养德也。胜负俱降，以崇礼让，故可以选士。夫胜者发近而制远，选士所以助微抑强，调和阴阳，戒不虞也。天子射百二十步，诸侯九十步，大夫七十步，士五十步。明尊者所服远，卑者所服近也。

《列女传》曰：晋平公使工为弓，三年乃成，射不穿一札。公怒，将杀工，其妻见公曰："妾之夫造此弓，亦以劳矣，而不穿一札，是君不能射也。妾闻射之道，左手如矩，右手如附枝，右手放发，左手不知。"公以其言为仪，仪，法。而穿七札。弓工立得出，赐金三镒。

《英雄记》曰：袁术遣将纪灵率步骑三万攻刘备。吕布遣人招备，并请灵等飨饮，谓灵曰："布性不喜合斗，但喜解斗耳。"乃令植戟于营门，弯弓曰："诸君观布射戟小支，中者当解兵，不中留决斗。"布一发中戟支，遂罢兵。

《西京杂记》曰：茂陵人周杨，本琅琊人，善驯野鸡以为媒，用以射雉。每三春之月，茅障自翳，用鲑古迷切矢以射之，日连百数。茂陵轻薄者化之，皆以杂宝错厕翳障，轻骑妖服，追随于道路，以为欢娱。杨死，其子亦善其事。董司马好贤也之，以为上客。

《典论》曰：文帝自叙曰：少好弓马，逐禽辄十里，射常出百步。后獩貊贡良弓，燕代献名马，于邺西猎，终日获獐鹿九、雉兔二十。后尚书令荀彧问余曰："闻君善左右射，此实难能！"余曰："执事未睹，凡埒有常径，的有定所，虽矢发辄中，非妙也。若夫驰平原，赴丰草，逐狡兽，截轻禽，使弓不虚弯，矢不虚发，此乃妙耳！"

《山海经》曰：轩辕国在穷山之际，不敢西射，畏轩辕之丘故也。言敬畏黄帝威灵，故不敢向之射也。

《论衡》曰：养由基见寝石以为虎，射之，饮羽。案精诚所感，不过入一寸耳。今勇夫卒见寝石，以手推之，能令石有迹乎？

《射经》曰：夫射者，所以观德也。不能则辞之以疾，悬弧之义在焉。故曰和容为上，主皮为次。并之者又何加矣？乃君子之所争也。虽欲勿用，礼其舍诸乎？

王昶《戏论》曰：《礼记》有投壶之宴，《论语》称博弈之贤。兹三戏者，君子末事，不足为也。樗蒲弹棋，既不益人，又国有禁，皆不得为也。吾见坐围棋而死，近事非远。昔晋侯以投壶丧，宋公好博弈亡，岂不哀哉！诸戏中，唯有射者，男子之事，在于六艺。若欲戏，唯得射而已，其余不得为也。

曹植《乐府歌》曰：控弦破左的，发矢摧月支。仰手接飞猱，俯身散马蹄。

又曰：斗鸡东郊道，走马长楸间。驱驰未能半，双兔过我前。揽弓挟鸣镝，长驱上南山。左挽因右发，一纵两禽连。余巧未尽展，仰手接飞鸢。观者咸称善，众工归我妍。

御

《书》曰：若朽索之御六马。

《礼》曰：君车将驾，则仆执策，立于马前。监驾，且为马行。已驾，仆展軨。展軨具视。效驾，白已驾矣。奋衣由右上，取贰绥，奋，振去尘也。贰，副也。跪乘，未敢立，敬也。执策分辔，驱之五步而立。调成之也。君出就车，则仆并辔授绥车上仆所主也左右攘辟。谓群臣陪位侍驾者也。攘，却也。或音攘古让字也。车驱而驺，至于大门，君抚仆之手，而顾命车右就车。门闾沟渠必步。车右，勇力之士，备制非常者，君行则陪乘，君式则下步行也。凡仆人之礼，必授人绥。若仆者降等，则抚仆之手；不然，则自下拘之。抚，小止之谦也。自下拘之，由仆手下取之也。仆与己同爵，则不受。

又曰：鲁庄公及宋人战于乘丘，县奔父御，卜国为右。马惊败绩，公坠，左车授绥。公曰："末之卜也。"县奔父曰："他日不败绩，而今败绩，是无勇也！"遂死之。圉人浴马，有流矢在白肉，公曰："非其罪也。"遂诔之。

《周礼》曰：教国子以五驭。一曰鸣和銮，二曰逐水曲，三曰过君表，四曰舞交衢，五曰逐禽忹。

《论语》曰：子谓门弟子曰："吾何执？执御乎？执射乎？吾执御矣！"

《大戴礼》曰：善御马者，正衔勒，齐辔策，均马力，和马心。

《家语》曰：闵子骞为费宰，问政于孔子。孔子曰："以德以法。夫德法者，御民之具，犹御马之有衔勒也。君者，人也；吏者，辔也；刑者，策也。人君之政，执其辔策而已矣。"

又曰：子贡问治人于孔子，孔子曰："懔焉如与腐索御汗马。"懔，惧也。汗突之马也。

《国语》曰：铁之战，简子曰："郑人击我，吾伏弢弢，他刀切，弓衣。流血，鼓音不衰。今日之事，莫我若也！"卫庄公为右，卫庄公奔晋，赵简子将纳之，为右也。曰："吾九登九下，击人尽殪。今日之事，莫我加也！"邮无正御，曰："吾两鞅将绝，吾能止之。今日之事，我上之次也！"邮无正，大夫王良也。鞅，引也。驾而乘材，材，横也。两鞅皆绝。

《史记》曰：周穆王乘骅骝、騄耳，使造父为御，日行千里，往见西王母。

《庄子》曰：东野稷以御见庄公，进退中绳，周旋中规。庄公为："造父弗过也！"颜阖遇之，入见曰："稷之马将败。"公密而不应。少焉，果败而反。公曰："子何以知之？"曰："其马力竭矣，而犹求焉，故曰败。"

《列子》曰：造父师曰秦豆氏。造父之始从习御也，执礼甚卑，秦豆氏三年不告。造父执礼愈谨，乃告之，曰："古语曰：良弓之子必先为箕，良冶之子必先为裘。汝先观吾趋，趋如吾，然后六辔可持，六马可御。"造父曰："唯命所从。"秦豆氏乃立木为途，仅可容足，计步而置之，履之而行，趋走往还无缺失也。造父学之，三日尽其巧，秦豆叹曰："子何敏也？得之捷乎！御者亦如此也。曩汝行之于足，应之于心。推于御也，齐楫乎辔衔之际，急缓乎唇吻之和，正度乎胸臆之中，执节乎掌握之间。内得于中心，外合于马志，是故能进退履绳，而旋曲中规，取道致远，而气力有余，诚得其术矣！得之于衔，应之于辔；得之于辔，应之于手；得之于手，应之于心。则不以目视，不以策驱，心闲体正，六辔不乱，二十四蹄所投无差，回旋进退莫不中节。然后车轮之外可使无余辙，马蹄之外可使无余地，未尝觉山谷之险，原隰之夷，视之一也。吾术穷矣，汝其识之。"

《管子》曰：造父，善御者也。善视其马，节其饮食，量其马力，故能取远道而马不罢音疲。明王犹造父也，善治其民，度量其力也。

《孟子》曰：昔者赵简子使王良与嬖奚乘，终日而不获一禽。嬖奚反命曰："天下之贱工也。"或以告王良，良曰："请复之。"强而后可，一朝而获十。嬖奚反命曰："天下之良工也。"

《韩子》曰：铅陵卓子乘苍龙桃文之乘，钩锦在前，错錣丁括切在后。马欲进则钩锦禁之，欲退则错錣贯之，马因旁出。造父过之，而为之泣。

《孙卿子》曰：定公问于颜阖曰："车野毕之御善乎？"对曰："善

则善矣，然甚将为佚。”定公不说，入谓左右曰：“君子固诬人乎？”三日而牧来谓之曰：“东野毕之马佚，南骖引，两服入厩。”定公越席而起，召颜阖曰：“子言东野毕其马将佚，不识何以知之？”对曰：“臣以政知之。昔者舜巧于使民，而造父巧于使马。舜不穷其民，造父不穷其马。是以舜无佚民，造父无佚马。今野毕之御，上车执辔，御体正矣；步骤驰骋，朝礼毕矣；历险致远，其力尽矣。然而求马不已，是以知之。”公曰：“善哉！”

《尸子》曰：夫马者，良工御之，则和驯端正，致远道矣；仆人御之，则迟奔毁车矣。民者，譬之马也。尧、舜御之，则天下端正；桀、纣御之，则天下奔于历山。

《淮南子》曰：急辔数策者，非千里之御也。

又曰：御者非辔不行，学御者不为辔也。

又曰：舟覆乃见善游，马奔乃见良御。善游，故覆舟不溺；良御，故马奔车不败，故见之。

又曰：夫载重而马羸，虽造父不能以追急；车轻而马良，虽中工可以致远。

又曰：良马不待策錣丁刮切。策端有铁也。而行，驽马虽两錣之不能进。为此不用策錣而御则愚矣！

又曰：。若夫钳且大丙之御也，钳且大丙，太一之御。除辔衔，弃棰策，车莫动而自举，马莫使而自走。星耀而玄运，电奔而鬼骇，进退诎伸，不见朕余菱反毁。

又曰：尹需学御，三年而无得焉。常寝想之，寝卧思之。中夜梦受秋驾于师。秋驾，善御之术。明日往朝，师望而谓之曰：“吾非爱道于子也，恐子不可予也。今日将教子以秋驾。”尹需反走，北面再拜，曰：“臣有天幸，今夕固梦受之。”

又曰：夫马之为草驹之时，跳跃扬蹄，翘尾而走，人不能制之。马五尺以下为驹，放在草中，故曰为草驹之时。翘，举也。制，禁也。及至圉人扰之，圉人，养马官。扰，顺也。良御教之，掩以冲扼，连以辔衔，则虽历险趋堑，弗敢违戾。故其形之为马，其可驾御，教之所为也。

又曰：夫御者，马体调乎车，御心和乎马，则虽历险至远，进退周旋，无不如意。虽有骐骥、騄耳之良，而使乌获御之，则马反自恣，恣，却行也。而人不御也。

太平御览卷第七百四十七 工艺部四

书上

《释名》曰：书，庶也，纪庶物也；亦言着也，着之简编永不灭也。

《说文》曰：依类象形之谓文，形声相益之谓字，着于竹帛之谓书。

《广雅》曰：书，如也；纪也。

《易》曰：上古结绳以治，后世圣人易之以书契，百官以治，万民以察，盖取诸《夬》。夬，决也。书契所以决断万事也。

《家语》曰：宓子贱，字不齐，仕鲁为单父令。恐君听用谗人，使己不得行其政，故请君近吏二人与俱。至官，令二吏书，辄掣其手，书不善，则从而怒之。吏患焉，辞归鲁，子贱曰："子书甚不善，子勉而归！"报于君曰："宓子使臣书而掣摇臣肘。书恶而又怒臣。邑吏皆笑之，所以去之而来也。"君以问孔子，孔子曰："不齐，君子也。其材任霸王之佐，屈节治单父以自试，意者其以此谏乎？"公寤，太息叹曰："寡人乱宓子之政而责其善数矣。"

《汉书》曰：陈遵，长八尺余，长头大鼻，容貌甚伟，略涉传记，赡于文辞。性善书，与人尺牍，主皆藏去以为荣。

又曰：宣帝时，中郎将张彭祖，少与帝微时同席研书。及帝即尊位，彭祖以旧恩封阳都侯。

又曰：田蚡学盘盂诸书。孔甲二十六篇，杂家书。

《后汉书》曰：孙敬，字文宝。少时画地学书，日进焉。

《东观汉记》曰：乐成静王党善史书，喜正文字也。

《魏志》曰：胡昭善尺牍，动见模楷。卫觊好古文，鸟篆隶草无所不善也。

《晋书》曰：王羲之尝诣门生家，见棐几滑净，因书之，真草相半。后为其父刮去之，门生惊懊者累日。

又曰：王羲之，山阴有道士好养鹅，羲之观焉，意甚悦，固求市之，道士云："为写《道德经》，当举群相赠耳。"羲之欣然写毕，笼鹅而归。

又曰：羲之每自称："我书比锺繇当抗行，比张芝犹当雁行也。"曾与人书云："张芝临池学书，池水尽黑。使其人耽之若是，未必后之也。"

又曰：羲之尝在蕺音戢山，老姥持六角竹扇卖之，羲之因书其扇，各为五字。姥初有愠色，乃谓姥曰："但言是王右军书，以求百钱。"姥如其言，人竟买之。他日，姥又持扇来，羲之笑而不答。

又曰：王献之七八岁时学书，父羲之从后掣其笔，不得，叹曰："此儿后当复有大名！"常书壁，为方丈字，羲之甚以为能，观者数百人。

又曰：谢安尝问献之："君书何如君家尊？"答曰："故当不同。"安曰："外论不尔。"答曰："人那得知。"

又曰：卫常，字巨山，转黄门郎。常善草隶书，为《四体书势》，曰："昔在黄帝，创制造物。有沮侧鱼切诵、苍颉者，始作书契以代结绳，盖睹鸟迹以兴思也。因而遂滋则为之字，有六义焉：一曰指事，上下是也；二曰象形，日月是也；三曰形声，江河是也；四曰会意，武信是也；五曰转注，老考是也；六曰假借，令长是也。"

又曰：索靖作《书状》，其辞曰："圣皇御世，随时之宜。苍颉既生，书契是为。科斗鸟篆，类物象形。睿哲变通，意巧滋生。损之隶草，以崇简易。百官毕修，事业正厉。草书之为状也，婉若银钩，漂若惊鸾，舒翼未发，若举复安，虫蛇虬蟉力幽切，或往或还。颓阿郁以羸羸，欻奋衅而桓桓。及其逸游盼乿，乍正乍邪；骐骥暴怒逼其辔，海水窊隆扬其波；芝草蒲萄还相结，棠棣融融反其华；玄熊对踞于山岳，飞燕相追而差池。举而察之，又似乎和风吹林，偃草扇树，枝条顺气，转相比附，窈娆奴鸟切廉苫，随体散布。纷扰扰以绮靡，中持疑而犹豫；玄螭狡兽嬉其间，腾猿飞鼬相奔趣。凌鱼奋尾，蛟龙反据，投空自窜，张设互距。或若登高望其类，或若既往而中顾；或若倜傥而不群，或若自检于常度。于是多才之英，笃艺之彦，役心精微，耽此文宪。守道兼权，触类生变，离拆八体，靡形不判，去繁存微，本象末乱。上理开元，下周谨按，骋辞放手，雨行冰散，高音翰厉，溢越流漫。忽班班而成章，言奇妙之焕烂，体磊落而壮丽，姿光润以璀璨。命杜度运其指，使伯英回其腕，着绝势于纨素，垂百世之殊观。"

《宋书·刘穆之传》曰：高祖书素拙，穆之曰："此虽小事，然宣被四远，愿公少复留意。"高祖既不能措意，又禀分有在，穆之乃曰："公但纵笔为大字，一字径尺，既足有所苞且，其名亦美。"高祖从之，一纸不过六十字便满。

《齐书》曰：太祖善书，及登位，笃好不已。与王僧虔赌书毕，谓虔曰："谁为第一？"僧虔对曰："臣书臣中第一，陛下书帝中第一。"上笑曰："卿可谓善自为谋矣。"

《宋书》曰：谢超宗谓王慈曰："卿书可及虔公？"慈曰："我之不及父，犹鸡之不及凤也。"时人以为名答。

《宋书》曰：江夏王锋，字宣颖，高帝第十三子也。四岁好学书，畜于母张氏舍，张氏无纸，乃倚井栏为书，满则洗之。已而复书，如此累月。又每晨不肯去窗尘，而就尘书。帝尝使学凤尾诏，一学即工。帝大悦，以玉麒麟赐之，曰："以麒麟赏凤尾矣！"

《梁书》曰：武帝论萧子云书曰："笔力劲骏，心手相应，巧逾杜度，美过崔寔，当与元常钟繇也并驱争先。"其后萧子云出为东阳太守，百济国使人至建业求书，逢子云维舟将发，使人于渚次候之，望舡三十许步前行。子云遣问之，答曰："侍中尺牍之美，远流海外。今日所求，唯在名迹。"子云乃为停船三日，书三十纸与之，获金货数百万。性吝，自非答饷不书。好事者重加赂遗，以要其答。

又曰：颜协，博涉群书，工于草隶飞白。时吴人范怀约能隶书，协学其书，殆过真也。荆楚碑碣，皆协所书。时人有会稽谢善勋，能为八体六丈，方寸千言；京兆韦仲善飞白，并在湘东王府，善勋为箓事参军，仲为中兵参军。府中以协优于韦仲，而减于善勋。善勋饮酒至数升醉，后辄张眼大骂，虽复贵贱亲疏，无所择也。时谓之谢方眼，而胸襟夷坦，有士君子之操焉。

《后魏书》曰：崔潜为兄浑诔，手笔草本。会昌初，着作佐郎王遵业买书于市，而遇得之。计诔至今将二百载，宝其书迹，深秘藏之。武定中，遵业子松年以遗黄门郎崔季舒，人多摹拓之。

又曰：崔玄伯尤善草隶行狎之书，为世模楷。玄伯祖悦与范阳卢谌，并以博艺着名。谌法锺繇，悦法卫凹，而俱习索靖。谌传子偃，偃传子邈；悦传子潜，潜传玄伯。故魏初重崔、卢之书。

《唐书》曰：太宗尝谓侍中魏征曰："虞世南死后，无人可与论书。"征曰："褚遂良下笔遒劲，甚得王逸少体。"太宗即日召令侍读。尝以金帛购求王羲之书迹，天下争赍古书诣阙以献，当时莫能辩其真伪。遂良备论所出，一无所误。

又曰：虞世南，字伯施。同郡沙门释智永善学王羲之书，智永，羲之裔孙。世南师焉，妙得其体，由是声名籍甚。

又曰：柳公权，字诚悬。幼嗜学，十二能为词赋。元和初，进士擢第，释褐秘书省校书郎。李听镇夏州，辟为掌书记。穆宗即位，入奏事，帝召见，谓公权曰："我于佛寺见卿笔迹，思之久矣。"即日拜右拾遗，充翰林侍书学士，迁右补阙，司封员外郎。穆宗政僻，尝问公权用笔何尽善，对曰："用笔在心，心正则笔正。"上改容，知其笔谏也。公权初学王书，遍阅近代笔法，体势劲媚，自成一家。当时公卿大臣家碑板，不得公权手笔者，人以为不孝。外夷入贡，皆别署货贝，曰："此购柳书。"上都四明寺《金刚经》碑，备有锺、王、欧、虞、褚、陆之体，尤为得意。文宗夏日与学士联句，帝曰："人皆苦炎热，我爱夏日长。"公权续曰："薰风自南来，殿阁生微凉。"时丁袁五学士皆属继，帝独讽公权两句，曰："词清意足，不可多得。"乃令公权题于殿壁，字方圆五寸，帝视之，叹曰："锺、王复生，无以加焉！"

又曰：柳公权，大中初转少师，中谢，宣宗召升殿，御前书三纸。军容使西门季玄捧砚，枢密使崔巨源过笔。一纸真书十字，曰"卫夫人传笔法于王右军"；一纸行书十一字，曰"永禅师真草《千字文》

得家法”；一纸草书八字，曰“谓语助者焉哉乎也”。赐锦彩瓶盘等银器，仍令自书谢状，勿拘真行，帝尤奇惜之。

又曰：欧阳询，潭州临湘人也。初学王羲之书，后更渐变其体，笔力险劲，为一时之绝。时人得其尺牍文字，咸以为楷范焉。高丽甚重其书，尝遣使求之，高祖叹曰：“不意询之书名，远播夷狄。彼观其迹，固谓其形貌魁梧耶？”询形体么么，故高祖有是言也。

又曰：欧阳通，询之子也。早孤，母徐氏，教其父书。每遗通钱，绐云：“质汝父书迹之直。”通慕名甚悦，昼夜精力无倦，遂亚于询。

《唐书》曰：龙朔二年四月，上自为书与辽东诸将。谓许敬宗曰：“许圉师常自爱朕书，可于朝堂开示。”圉师见，惊喜，私谓朝官曰：“圉师见古迹多矣，魏晋已后，唯称二王。然逸少少力而研，子敬研而少力。今观圣迹，兼绝二王，凤翥鸾回，实古今书圣！”

又曰：太宗尝于《晋史·右军传》后论之曰：“钟书布纤浓，分疏密，霞舒云卷，无所间然。但其体古而不今，字长而逾制。献之虽有父风，殊非新巧，疏瘦如陵冬之枯树，搓豹而无屈伸，拘束若严家饿隶，羁羸而不放纵。萧子云无丈夫之气，行行如萦春蚓，字字若绾秋蛇，卧王濛于纸中，坐徐偃于笔下。以兹播美，岂非滥名耶？所以详察古今，研精篆素，尽善尽美，其唯王逸少乎！”

又曰：孔若思早孤，母褚氏亲自教训，遂以学行知名。年少时，有人赍褚遂良书迹数卷以遗，若思唯受其一卷，其人曰：“此书当今所重，价比黄金，何不总取之？”若思曰：“若价比金宝，此为多。”更截去半以还之矣。

又曰：卢知猷器度长厚，文词美丽。尤工书，一落简翰，人争模仿。

又曰：钟绍京，虔州赣人也。初为司农箓事，以工书直凤阁。则天时，明堂门额、九鼎之铭及诸宫殿门榜，皆绍京所题。

又曰：王涯既诛，涯家书数万卷，侔于书府。前代法书名画，人所保惜者，必以厚货致之。不受货者，必以官爵致之。厚为垣窍而藏之覆壁。至是，人破其垣取之，或剔取函奁金宝之饰，与其玉轴而弃之。

《蔡琰别传》曰：琰对曹操曰："乞给纸笔，真草唯命也。"

《邴原别传》曰：原年五六岁，过书舍而泣，师曰："何泣？"原曰："孤子易伤感。夫书者，皆有父母也。今顾其书，故恻然涕零也。"师哀原言，而为之泣曰："欲书不须费也。"遂就书。

《江伟家传》曰：伟性善书，人得其手迹，莫不藏之以为宝。

《神仙传》曰：东郭延服灵飞散，能夜书。言目明。

又曰：王远，字方平，东海人也。博学，尤明天文、谶纬、《河》、《洛》之要，逆知天下盛衰之期。汉桓帝闻之，连征不出。使郡国逼载诣京师，低头闭口不肯答，乃题宫门扇四百余字，皆说方来。帝甚恐之，使刮去外字，复见，墨皆彻入版里。

《石虎邺中记》曰：石虎有马妓，着朱衣、进贤冠，立于马上，马走而作书，字皆端正。

《永嘉郡记》曰：昔王右军游永嘉，经于恶道，右军书南边大石。今犹见墨迹，而字不甚了了。

《抱朴子》曰：英葱实、天雄、鹤脑，服之令人夜书。

《孙卿子》曰：作书者众，而苍颉独传，用心一也。

《淮南子》曰：昔苍颉作书，而天雨粟，鬼夜哭。高诱曰：有书契作，诈伪萌生，去本趋末，弃耕垦之业，而务锥刀之利，天知其将饿，故为雨粟也。鬼恐为文所劾，故哭也。鬼或作兔，兔恐有取毫为笔，害及之，故哭。

又曰：明月之光，可以远望，而不可以细书也。

《慎子》曰：书契所以识公信也。

《隋巢子》曰：史皇产而能书。

《三辅决箓》曰：韦诞，字仲将。除武都太守，以书不得之郡，转侍中，典作《魏书》，号《散骑书》，一名《大魏书》，凡五十篇。洛阳、邺、许三都宫观始就，命诞铭题，以为永制。以御笔墨皆不任用，因奏曰："夫工欲善其事，必先利其器。用张芝笔、左伯纸及臣墨，兼此三具，又得臣手，然后可以逞径丈之势，方寸千言。"

《俗说》曰：桓玄取羊欣为征西行军参军。玄爱书，呼欣就坐，仍遣信呼顾长康，与共论书至夜，良久乃罢。

《世论》曰：锺会有异志，密白邓艾有反状。又会善效人书，于剑阁要艾章表，皆易其言，令倨傲，多有矜伐以疑之。

《论衡》曰：夫河出图，雒与洛同出书，圣帝明王之瑞应也。苍颉作文字，笔与天地同，指与鬼神合，何恶而致雨粟鬼哭之怪哉？

又曰：书官讳丙日，云苍颉以丙日死也。

《世说》曰：韦仲将善书。魏明帝起殿安榜，使仲将登梯题之。既下，头发皓然，因是敕诫儿孙勿复学书。

王升之《怀旧序》曰：余与从甥孙道济交好特至。昔寓荆州，同处一室，冬多闲暇，长共学书。余收而纂之，欲以为索居之爱，道济因记纸末曰："舅还山之日，览此相存闲书。"见其手迹，皎若平日，凄怅伤心。

太平御览卷第七百四十八 工艺部五

书中

王右军《题卫夫人笔阵图后》曰：夫纸者，阵也；笔者，刀槊也；墨者，鍪甲也；水砚者，城也；本领者，将军也；心意者，将副也；结构者，谋画也；扬笔者，吉凶也；出入者，号令也；屈折者，杀戮也。夫欲书者，先于研墨，凝神静思，预想字形大小偃仰平直振动，令筋脉相连，意在笔前，然后作字；若平直相似，状如算子，便不是书，但得其点画耳。昔宋翼常作此书。翼，锺繇之弟子，乃咄之。翼三年不敢见繇，潜心改迹。每画一波，常三过折笔；每作一点，常隐锋而为之。

卫夫人《笔阵图》曰：若初学书，先须大书，不得从小。善鉴者不写，善写者不鉴。多骨微肉者筋书，多肉微骨者墨猪。多力丰筋者圣，无力无筋者病。一一从其消息而用之。

王僧虔《论书》曰：王平南廙是右军之叔，自过江东，右军之前，唯廙为最。画为晋明帝师，书为右军法。

又曰：中书令王珉，笔力过于子敬。书旧品云：有四匹素，朝操笔，至暮便竟，首尾如一，又无误字。子敬戏云："弟书如骑骡，骎骎常欲度骅骝前。"

又曰：锺公之书，谓之尽妙。锺有三体：一曰铭石书，妙者也；二曰章程书，传小学秘书教者也；三曰行狎书是者也。三法皆世人所善。

虞和《论书》曰：晋谢奉起庙悉用棐材。右军取棐，书之满林。奉收得一大箦。子敬后往，谢奉为说右军书甚佳，而密已削作数十棐板，请子敬书之，亦甚佳。奉并珍箓。后履分半与桓玄，用履为扬州主簿。余一半，孙恩破会稽，略以之海。

又曰：晋时，有一好事少年，故作精白纱裓衣，着诣子敬。子敬便取书之，草正诸体悉备，两袖及褾略同。少年觉王左右有陵夺之色，掣裓而走。左右果逐之，及门外，斗争分裂，少年才得一袖耳。

梁武帝观锺繇书法曰：子敬不迨逸少，犹逸少不迨元常。学子敬者如画虎也，学元常者比画龙也。

又曰：夫运笔邪则无芒角，执手宽则书缓弱。点掣短则去臃肿，点掣长则法离澌。画促则字横，画疏则形慢。拘则乏势，放又少则。纯骨无媚，纯肉无力。少墨浮涩，多墨笨蒲本切钝。此并任之自然之理也。

庾元威《论书》曰：余为书十牒屏风，书作十体，间以采墨，当时众所惊异。自尔绝笔，唯留草本而已。其百体者，悬针书、垂露书、秦望波冢书、金鹊书、玉文书、鹄头书、虎爪书、倒薤书、偃波书、幡信书、制书、列书、日书、月书、风书、云书、科斗署书、胡书、蓬书、相书、天竺书、转宿书、一笔篆、一笔隶、飞白、章草、古文隶、横书、楷书、小科隶、芝英隶、花草隶、幡信隶、钟鼓隶、龙虎篆、凤鱼篆、麒麟篆、仙人篆、科斗篆、云篆、虫篆、鱼篆、鸟篆、龙篆、龟篆、虎篆、鸾篆、龙虎隶、凤鱼隶、麒麟隶、仙人隶、科斗隶、云隶、虫隶、鱼隶、鸟隶、龙隶、龟隶、虎隶、鸾隶、龙文书、龟文书、鼠书、牛书、龙书、虎书、兔书、龙草书、蛇草书、马书、羊书、猴书、鸡书、犬书、豕书，已上皆采色，其外复有大篆、小篆，铭鼎、摹印，刻符、石经象形篇章，震书、到书，反左书等，及九体书，所谓缣素书、简奏书、笺表书、行狎书、楫书、藁书、半草、全草书，此九法，极真草之次第焉。删舍之外，所存犹一百二十体。

袁昂《古今书评》曰：王右军书如谢家子弟，纵复不端正者，爽爽有一种风气。王子敬书如河洛间少年，虽皆充悦，而举体蹉跎，殊不可耐。羊欣书如大家婢为夫人，虽处其位，而举止羞涩，终不似真。徐淮南书如南冈士大夫，徒好尚风轨，终不免寒乞。阮研书如贵胄失品次，不能复排突英贤。王仪同书如晋安帝，非不处尊位，而都无神施。吴兴书如新亭伧父，一往见似扬州人共语，便音态出。陶隐居书如吴兴小儿，形虽未成长，而骨体甚骏快。殷钧书如高丽使人，抗浪甚有意气，滋韵终不精味。袁山松书如深山道士，见人便欲退缩。萧子云书如春初望山林，花无处不发。曹喜书如经论道人，言不可绝。崔子玉书如危峰阻日，孤松一枝，有绝望之意。师宜官书如雕羽未息，翩翩自逝。韦诞书如龙威虎振，剑拔弩张。蔡邕书骨气风远，爽爽为神。锺司徒书字十二种，意外殊妙，实多奇。邯郸淳书应规入矩，方圆乃成。张伯英书如汉武帝爱道，凭虚欲仙。索靖书如飘风忽举，鸷鸟不飞。皇象书如歌声绕梁，琴人舍挥。卫常书如插花美人，舞笑镜台。孟光禄书如崩山绝崖，人见可畏。张芝惊奇，锺繇特绝，逸少鼎能，献之冠世，四英其颓，洪芳不灭。羊真孙草，萧行范篆，各一时妙绝。钟繇书若飞鸿戏海，舞鹤游天，行间希密，实亦难过。萧思话书走墨连绵，字势屈强，若龙跳渊门，虎卧凤阙。薄绍之书字势蹉跎，如舞妓低腰，仙人啸树。

江式《论书表》曰：秦有八体：一曰大篆，二曰小篆，三曰符书，四曰虫书，五曰摹印，六曰署书，七曰殳书，八曰隶书。

又曰：汉时有六书：一曰古文，孔子壁中书也；二曰奇字，即古文而异者也；三曰篆书，云小篆也；四曰佐书，秦隶书也；五曰缪篆，所以摹印也；六曰鸟虫，所以书幡信也。

李嗣真《书后品》曰：虫篆者，小学之所宗；草隶者，士人之所尚。近代君子，故多好之，或时有可观耳。

武平一《徐氏法书记》曰：梁大同中，武帝敕周兴嗣撰《千字文》，使温铁石模次羲之之迹，以赐八王。

徐浩《论书》曰：初学之际，宜先筋骨。筋骨不立，肉何所附？用笔之势，特须藏锋，锋若不藏，字则有病。病且未去，能何有焉？字不欲疏，亦不欲密，亦不欲大，亦不欲小。小长令大，大蹙令小，疏肥令密，密瘦令疏，斯其大经矣。笔不欲捷，亦不欲徐，亦不欲平，亦不欲侧。侧竖令平，峻不使倾，捷则须定，徐则须利。如此则其大较矣。

徐浩《古迹记》曰：中宗时，中书令宗楚客奏事承恩，乃乞大小二王真迹，敕赐十二卷，大小各十轴。楚客遂装作十二扇屏风，以褚遂良《闲居赋》、《枯树赋》为脚，大会贵要，张以示之。时薛稷、崔湜、卢臧用废食叹美，复不晏乐。

何延之《兰亭记》曰：《兰亭》者，晋右军将军会稽内史琅琊王羲之字逸少所书之诗序也。右军蝉联美胄，萧散名贤，雅好山水，尤善草隶。以晋穆帝永和九年暮春三月三日，尝游山阴，与太原孙绰兴公、广汉王彬之，并逸少子凝、徽、操之等四十有一人，修祓禊之礼，挥毫制序，兴乐而书。用蚕茧纸、鼠须笔，遒媚劲健，绝代更无。凡二十八行，三百二十四字。字有重者，皆构别体。就中之字最多，乃有二十许个，变转悉异，遂无同者。其时乃有神助，及醒后，他日更书数百千本，终无如祓禊所书之者。右军亦自珍爱宝重此书，留付子孙传掌。至七代孙智永，永即右军第五子徽之 之后，掌其书，为萧翼绐而取之。

又曰：右军孙僧智永，尝居永欣寺阙阁上临书，所退笔头，置之于大竹簏，簏受一石余，而五簏皆满。凡三十年，于阁上临得《真草千字文》，好者八百余本。浙江东诸寺各施一本。今有存者，犹直钱数万。

张怀瓘《书诂》曰：文质相法，立其三古；贵贱殊品，置其五等。三古者，篆、籀为上古，钟、张为中古，羲、献为下古。

又曰：崔、张，玉也；逸少，金也。大贾则贵其玉，小商则重其金。肤浅之人，多任其耳，但知王书为最，真草一概略无差殊。

张怀瓘《二王等书箓》曰：承圣末，魏师袭荆州，元帝将降。其夜，乃聚古今图书十四万卷，并大小二王迹，遣后阁舍人高善宝焚之，吴越宝剑并将斫柱，乃叹曰："萧世诚遂至于此，文武之道今夜穷乎！历代秘宝并为煨烬矣！"

张怀瓘《议书》曰：其真书，逸少第一，元常第二，世将第三，子敬第四，士秀第五，文舒第六，茂猗第七；其行书，逸少第一，子敬第二，元常第三，伯英第四，伯玉第五，季琰第六，敬和第七，茂弘第八，安石第九；章草，子玉第一，伯英第二，幼安第三，伯玉第四，逸少第五，士秀第六，子敬第七，休明第八。其草书，伯英创立规范，得物象之形，归造化之理，然其法太古，质不剖断，以此为少也。有推轮草意之妙，后学得鱼猎其中，宜为第一，叔夜第二，子敬第三，处冲第四，世将第五，仲将第六，士秀第七，逸少第八。

张怀瓘《叙书法》曰：太宗自真草书屏风，以示群臣，笔力遒劲，为一时之绝。尝谓朝臣曰："书学小道，功非急务，时或留心，犹胜弃日。凡诸艺业，未有学而不得者也。"

韦述《书法记》曰：太宗贞观中，搜访王右军等真迹，出御府金帛重为购赏。由是人间古本纷然毕进。

《书断》曰：锺繇，字元常，尤善书。师曹喜、蔡邕、刘德升。真书光妙，乃过于师。刚柔备矣，点画之间，多有异趣。虽神明不备，可谓幽深无际，而古雅有余。秦汉已来，一人而已。求其尽善尽美，则狐裘而有羔袖。其行书，羲之之亚；草书，则索、卫之下；八分，则有《魏受禅碑》，称此为最也。

又曰：晋韦昶，字文休。太元中，孝武帝改治宫室及庙诸门，并欲使王献之隶书题榜。献之固辞，乃使刘瑰以八分书之。后又使文休以大篆改八分焉。或问："王右军父子书，君以为如何？"答曰："二王自可谓能，未足知书也。"

又曰：文休妙于作笔，王子敬得其笔，叹为绝世。

又曰：晋薄绍之，字敬叔，丹阳人也。官至给事中。善书宪草小王。风格秀异，若干将出匣，光芒射人。

《书断》曰：晋太元中，新起太极殿。谢安欲使子敬题榜，以为万代宝，而难言之。乃说韦仲题凌云台事，子敬知其旨，乃正色曰："仲将，魏室大臣，宁有此事？使其若此，知魏德之不长！"安遂不之逼。

又曰：齐王僧虔善书。孝武欲擅书名，僧虔不敢显迹大明之世，常用掘笔书，以此见容。

又曰：梁萧子云，字景乔。小篆草行诸体兼备，而创造小篆飞白，意趣飘然，点画之际，有若骞举，妍妙至极，难与比肩。故欧阳询云："飞白乌巾冠世，其后逸少、子敬又称妙绝，乃尔飞而不白。萧子云轻浓得中，蝉翼掩素，游雾崩云，可得而语。"其真书，初学子敬，晚师元常。及其暮年，筋骨亦备，名盖当世，举朝效之。

又曰：梁庾肩吾云：张功夫第一，天然次之；钟天然第一，功夫次之。王功夫不及张，天然过之；天然不及钟，功夫过之。怀瓘以为，杜度章草并无所师，郁然灵变，为后世，楷则此又天然第一也。及有道变柱君章体，以至草圣，天然所资，理可度矣。池水尽墨，功亦至焉。隋永欣寺僧知果，会稽人也。炀帝甚善之，工书，尝谓永师云："和尚得右军肉，智果得骨。夫筋骨藏于肤肉，山水不厌高深。"

《书断》曰：唐褚遂良善书，少则伏膺虞监，长则祖述右军。真书甚得其媚趣，若瑶堂青琐，窅映春林。美人婵娟，似不任乎罗绮；铅华绰约，则欧、虞谢之。其行草之间，即居二公之后。

《书断》曰：唐高正臣善书，广平人也。尝为人书十五纸，人或戏换其五纸，又令示高，再看不寤。客曰："有人换公书。"高乃审详之，得其三纸。客曰："犹有在。"高又观之，竟不能辩。

又曰：唐宋令文，河东陕人也，官至左卫郎将。奇姿伟丽，身有三绝，曰书、画、力。尤于书备兼诸体，偏意在草焉。

太平御览卷第七百四十九 工艺部六

书下

古文

王隐《晋书》曰：荀勖领秘书监，始，书师锺朗法。太康二年，得汲郡冢中古文竹书，勖自撰次注写以为《中经》，别在秘书，以较经传阙文，多所证明。

《书断》曰：古文者，黄帝史苍颉所造也。颉首有四目，通于神明，仰观奎星圜曲之势，俯察龟文鸟迹之象，采乎众美，合而为字。是曰古文，《孝经援神契》云“奎主文章，苍颉放象”是也。夫文字者，总而为言，包意以名事也；分而为义，则文者祖父，字者子孙。得之自然，备其文理，象形之属，则为之文；因而滋蔓，母子相生，形声、会意之属，则谓之字。字者，言孳乳浸多也。题于竹帛谓之书。书者，如也，舒也，纪也。

又曰：魏卫觊，字伯儒，河东安定人。官至侍中。尤工古文，笔迹精绝。魏初淳古文者，出于邯郸淳。伯儒写淳古文《尚书》，以示淳，淳不能别。

篆书

《汉书》曰：元帝善史书。史籀所作大篆。籀，音纣。

《续汉书》曰：灵帝置鸿都门，诸生能为尺壁赋，及以工书鸟篆相课试，至千人焉。

《魏略》曰：邯郸淳，善苍颉虫篆、许氏字指。

《后魏书》曰：窦遵善楷、篆。北京诸碑，及台殿楼观门题，多其书也。

《书断》曰：秦李斯妙六篆，始省改之为小篆，着《苍颉篇》七章。虽帝王质文，世有损益，终以文代质，渐就浇醨。则三皇结绳，五帝画象，三王肉刑，斯可况也。古文可为上古，大篆为中古，小篆为下古。三古谓之实，草隶渭为华。妙极于华者，羲、献；精穷于实者，籀、斯。籀，史籀。始皇以和氏之璧琢而为玺，令斯书其文。今泰山、绎山及秦望等碑，并其遗迹，谓国之伟宝，百世之法式。斯小篆入神，大篆入妙。

《书断》曰：大篆者，周宣王大史史籀所作也。或云：柱下史始变古文，或同或异，谓之为篆。篆者，传也，传其物理，施之无穷。甄酆定六书，三曰篆书；八体书法，一曰大篆。

又《汉书·艺文志》《史籀》十五篇，盖此也。

又曰：《吕氏春秋》云"苍颉造大篆"，非也。若苍颉造大篆，则置古文何地？即籀、篆，盖其子孙是也。

又曰：小篆者，秦丞相李斯所作也。增损大篆，异同籀文，谓之小篆，亦曰秦篆。

蔡邕《篆势》曰：体有六篆，妙巧入神，或象龟文，或化龙鳞。纡体放尾，长翅短身，延颈胁翼，势似凌云。

八分书

《唐书》曰：张廷珪与陈州刺史李邕亲善，屡上表荐之。邕所撰碑碣之文，必请廷珪八分书之，甚为时人所重。

《世论》曰：安定梁鹄，字孟皇，善八分书。太祖使书信幢宫门榜题。

《书断》曰：八分书者，秦羽人上谷王次仲所作也。

又曰：后汉师宜官，南阳人也。灵帝好书，征天下工书于鸿都门，至数百人。八分称宜官为最，大则一字径丈，小则方寸千言。甚矜其能，而性嗜酒。或时空，至酒家，因书壁以雇之。观者云集，酤酒多售。

隶书

《吴志》曰：张昭，字子布，善隶书。

《晋书》曰：王羲之，尤善隶书，为古今之冠。论者称其笔势，以为飘若游云，矫若惊龙，深为从伯敦、导之所器重。

《晋中兴书》曰：李充，字弘度。母卫氏，廷尉展之妹也。充少孤，母聪明有训，又善楷书，妙参钟、索，世咸重之。充从兄咸亦善书。

沈约《宋书》曰：文帝善为隶书。

又曰：羊欣，字敬元，长隶书。父不疑，初为乌程令，欣年十二，时王献之为吴兴太守，甚知爱之。献之尝夏月入县，欣着新绢裙昼寝，献之书裙数幅而去。欣本工书，因此弥善。

《齐书》曰：王僧虔善隶书，宋文帝见其书素扇，叹曰："非唯迹逾子敬，又当器雅过之！"

《齐书》曰：周颙，少往外氏车骑将军臧质家，得卫恒散隶书法，学之甚能。文惠太子使颙书玄圃茅斋壁，国子祭酒何胤以倒薤书求就颙换之，颙笑曰："天下有道，丘不与易也。"

《三国典略》曰：周白石县男赵文深，以题榜之功，除魏兴郡守。文深，字德本，南阳宛人也。少学楷隶，有锺、王之则。当时书唯文深及冀俊而已。王褒尤善书，文深惭恨，形于言色。后知好尚难及，改习褒书，竟无所成，转被讥诮，谓之学步邯郸焉。至于碑榜，人莫之逮，褒亦推之。宫殿楼阁，皆其迹也。世宗令至江陵书景福寺碑，萧察观而美之。

《陈书》曰：萧引善隶书，为当时所重。高宗尝披奏事，指引署名曰："此字笔势翩翩，似鸟之欲飞。"引谢曰："此乃陛下假其羽毛耳。"

《唐书》曰：薛稷好古博雅，尤工隶书。自贞观、永徽之际，虞世南、褚遂良，时人宗其书迹，自后罕能继者。稷外祖魏征家，图籍多有虞、褚旧迹，稷锐精模仿，笔势遒丽，当时无及之者。

《书断》曰：隶书者，秦下邽人程邈所作也。邈字元岑，始为县狱吏，得罪始皇，幽系云阳狱中，覃思十年，益小篆方圆，而为隶书三千字奏之，始皇善之，用为御史。以奉事烦多，篆家难成，乃用隶书。为隶人佐书，故曰隶书。

又曰：和帝时，贾鲂撰《滂喜篇》。以《苍颉》为上篇。《训纂》为中篇，《滂喜》为下篇，所谓《三苍》也。皆用隶字写之，隶法由兹而广。

郦善长《水经注》曰：临淄人发古冢，得棺，前和外隐起为隶字，言齐太公六代孙胡公之棺也，唯三字是古，余同今书。证太知隶字出古，非始于秦也。

成公绥《隶势》曰：虫篆既繁，草藁近伪，适之中庸，莫尚于隶。

草书

《东观汉记》曰：北海静王睦善草书，临病，明帝驿马令作草书尺牍十首焉。

范晔《后汉书》曰：张超并善于草书，妙绝时人。

《魏志》曰：刘廙转五官将文学，文帝器之，命廙通草书。

《晋书》曰：王献之，时议者以为羲之草书江左中朝莫有及者，献之骨力远不及父，而媚趣过之。

又曰：卫瓘，字伯玉，与尚书郎敦煌索靖俱善草字，时人号之一台二妙。汉末，张芝善草书，论者谓瓘得伯英之筋，靖得伯英之肉。

《北齐书》曰：赵仲舒善草隶，虽与弟书，字皆楷正，云："草不可解，若放之于人，即似相轻易；若当家卑幼，又恐其疑。"

《三国典略》曰：萧子云，齐豫章文献王之子，有文学，工草书，与兄子显、子昭齐名。少子特又善书，梁武帝称之曰："子敬之迹不及逸少，萧特之书遂逼其父。"

《陈书》曰：文帝时，军人于丹徒盗发晋郄昙墓，获晋右军将军王羲之书及诸名贤遗迹。事觉，其书并没县官，藏于秘府。文帝以伯茂好古，多以赐之。由是伯茂大工章草，甚得右军之法。伯茂，始兴王也。

《唐书》曰：贺知章善草书，好事者供其笺翰，每纸不过数十字，共传宝之。时有吴郡张旭，亦与知章相善，而好酒，每醉后，号呼狂走，索笔挥洒，变化无穷，若有神助，时人号为张颠。

《三辅决纂》曰：赵袭，字元嗣，为敦煌太守。先是，杜伯度、崔子玉以工草称于前世，袭与罗晖亦能草，颇自矜夸，故张伯英与袭同郡，太仆朱赐书曰："上比崔、杜不足，下方罗、常有余。"

张壹《非草书》曰：夫草书之兴也，其于近古乎？上非天象所垂，下非河、洛所吐，中非圣人所造。盖秦之末，官书烦冗，战攻并作，军书交驰，羽檄分飞，故隶草趣急速耳，示简易之指，非圣人之业也。今之学草者，不思其简易之旨，直以为杜、崔之法，龟龙所见也，龀齿以上、苟任涉学者，废《仓颉》《史籀》，竟以杜、崔为楷；私书相与，庶独就书，云适迫遽，故不及草。草本易而速，今反难而迟，失指多矣！夫杜、崔、张子，皆有超俗绝世之才，博学余暇，游手于斯。后世慕焉，专用为务，钻坚仰高，忘其罢劳，夕惕不息，昃不暇食，十日一笔，月数丸墨，领袖如皂，唇齿常黑；虽处众坐，不遑谈戏，展指画地，见鰓出血，鰓，苏来切，角中骨也。犹不休辍。然其为字，无益工拙，亦效颦者之增丑，学步者之失节也。

王右军《自叙·草书势》曰：昔秦时，诸侯争长，简檄相传，望烽走驲，正以篆隶之难，不救其速，遂作赴急之书，盖今草书也。其先出自杜氏，以张为祖，以卫为父；索、范者，伯叔也。二王父子，可谓兄弟，薄为庶息，羊为仆隶，自而叙之，亦不失仓公观鸟迹之意。抑体有疏密，意有倜傥，或有飞走流注之势，惊竦峭绝之气，滔滔闲雅之容，卓荦调宕之志；百体千形，而呈其巧，岂可一概而论哉！

《书断》曰：如淳云："作起草为藁。"姚察曰："草犹粗书，为本曰藁。"盖创文议出于此，草书之先，因于起草。

又曰：晋王逸少，妻郗氏，甚工书。七子献之，最知名；玄之、凝之、徽之、操之，并工草书。凝之妻谢蕴，有才华，亦善书，甚为君舅重焉。献之犹善草书，幼学于父，次习张。尔后改变制度，别创其法，率尔师心，冥合天矩，观其逸志，莫之与京。

又曰：齐谢朓，字玄晖，风华黼藻，当时独步，书甚有声，草殊流美。亦犹薄暮川上，则余霞照之；晚春林中，则飞花满目。

又曰：宋萧思话工书，学于羊欣，得其草妙。岗连尽望，势不断绝，虽无奇峰壁立之秀，可谓有巧矣。袁昂云："羊真、孔草，萧行、范篆，各一时之妙也。"

飞白书

《宋书》曰：王僧虔为尚书令，尝为飞白书题尚书壁曰："圆行方止，物之定质。修之不已则溢，高之不已则颠，引之不已则遗，是故去之宜疾。”当时嗟赏，以比座右铭。

《唐书》曰：刘洎除散骑常侍。洎性疏俊敢言。太宗工王羲之书，尤善飞白。尝宴三品已上于玄武门，帝操笔作飞白字赐群臣，或乘酒争取于帝手。洎登御座，引手得之。皆奏曰：“洎登御床，罪当死，请付法。”帝笑而言曰：“昔闻婕妤辞辇，今见常侍登床。”

又曰：马周，太宗尝以神笔赐周飞白书，曰：“鸾凤凌云，必资羽翼；股肱之寄，诚在忠良。”

又曰：高宗为飞白书以赐侍臣，赐戴至德曰：“泛洪源，俟舟楫。”赐郝处俊曰：“飞九霄，假六翮。”赐李玄敬曰：“资启沃，罄丹诚。”

《大业拾遗》曰：大业年，炀帝将幸江都，命越王侑留守东都，宫女半不随驾，争泣留帝，攀车惜别，指血染鞅。帝不回，因飞白题二十字留赐宫妓，云：“我梦江都好，征辽亦偶然。但留颜色在，离别只今年。”

《唐会要》曰：贞观十八年五日，端午日。太宗为飞白书，作鸾凤虬龙等字，笔势惊绝，谓司徒长孙无忌、吏部尚书杨师道曰：“五日旧俗，必用服玩相贺。朕今各贺君飞白扇二枚，庶动清风，以增美德。”

《书断》曰：飞白书者，后汉左中郎蔡邕所作也。王隐、王愔并云：“飞白，变楷制也。本是宫殿题署，势既劲大，字宜轻微不满，名为飞白。”王僧虔云：“飞白，八分之轻者。”虽有此说，案汉灵帝嘉平年，诏蔡邕作《圣皇篇》，篇成，诣鸿都门上。时方修饰鸿都门，伯喈待诏门下，见役人以垩帚成字，心有悦焉，归而为飞白之书。汉末魏初，并以题署宫阁。其体有二，创法于八分，穷微于小篆。自非蔡公设妙，岂能诣此？可谓胜寄冥通，缥缈神仙之事也。

《法书要纂》曰：飞白，本是宫殿八分之轻者，全用楷法。吴时，张弘好学不仕，常着乌巾，时人号作张乌巾。此人特善飞白，能书者鲜不好之。

章草书

《晋书》曰：王羲之书，初不胜庾翼、郗愔，及其暮年方妙。尝以章草答庾亮，而翼深叹伏，因与羲之书云：“吾昔有伯英章草十纸，过江颠狈，遂乃亡失。常叹妙迹永绝，忽见足下答家兄书，焕若神明，顿还旧观。”

《书断》曰：章草书，汉黄门令史史游所作也。卫恒、李诞并云：“汉初而有草法，不知其谁。”萧子良云：“章草者，汉齐相杜操始变藁法。”非也。王愔云：“汉元帝时，史游作《急就章》，解散隶体，粗书之。汉俗简惰，渐以行之。”是也。

又曰：索靖，字幼安。善章草，出韦诞，峻险过也。有若山形中裂，水势悬流，雪岭孤松，冰河危石。其坚劲，则古今不逮。

又曰：后汉徐干，字伯张，善章草书。班固与弟超书称之曰：“得伯张书藁，知识读之，莫不叹息。”实亦艺由己立，名自人成。后有苏班者，平陵人也，五岁能书，甚为伯张之所称叹。

又曰：后汉张伯英，损益伯度章草，亦犹逸少增减元常真书。虽润色开华，精于断割，美则美矣；至若高深之致，质素之风，俱不逮其师也。然名为今古之独步。

又曰：张伯英，章草书《急就章》，字皆一笔而成，合于自然，可谓变化至极。羊欣云：“张芝、皇象，锺繇、索靖，时并号书圣。”

又曰：张芝善章草书。崔瑗云：“龙骧虎变，青出于蓝。”又创为今草，天纵尤异，率意超旷，无惜是非。若清涧长源，流而无限，萦回崖谷，任于造化。至于蛟龙骇兽，奔腾拏攫之势，心手随变，窈冥不知其所如也。精熟神妙，冠绝古今，则百世不易之法式。不可以智识，不可以勤求。若上士游乎沉默之乡，鸾凤翔乎大皇之野。韦仲将谓之草圣，岂徒言哉！

又曰：后汉张昶，字文舒，伯英季弟。为黄门侍郎，尤善章草，家风不坠，弈叶清华。书类伯英，时人谓之亚圣。

又曰：后汉杜度，字伯度，京兆杜陵人也，御史大夫延年曾孙，章帝时为齐相。善章草书，虽史游始草，书传不纪其能，又绝其迹。创其神妙，其唯杜公乎？韦诞云：“杜氏杰有骨力，而字画微瘦。崔氏法之，书体甚浓，结字工巧，时有不及。张芝嘉而学焉，转精其巧，可谓草圣。超前绝后，独步无双矣。”

行书

《书断》曰：后汉颍川刘德升，字君嗣，造行书，即正书之小伪。务从简易，相间流行，故谓之行书。王愔云：“晋世以来，工书者多以行书着名，昔锺元常善行狎书是也。尔后王羲之、献之并造其极焉。”

又曰：刘德升，桓、灵之时以造行书擅名。以草创，亦丰妍，风流宛约，独步当时。胡昭、锺繇，并师其法。而胡书体肥，锺书体瘦，亦各有德升之美也。

又曰：晋王修，字敬仁，善行书。尝就右军求书，乃写《东方朔画赞》与之。王僧虔云：“敬仁书殆穷其妙，王子敬每省之，曰咄咄逼人。”

太平御览卷第七百五十 工艺部七

数

《说文》曰：算，长六寸，计历数者也。从弄竹，言常弄乃不误也。

《易》曰：大衍之数五十，大合天地之数，凡五十有五，言五十者举成数。天数二十有五，地数三十。凡天地之数五十有五，此所以成变化而行鬼神也。

《周礼》曰：保氏养国子以道，乃教之六艺，六曰九数。郑司农曰：九数，方田粟米差分少广，商工均输方呈赢不足旁要，今有重差夕桀勾股也。

《汉书·律历志》曰：数者，一十百千万也。所以算数事物，慎性命之理也。

又曰：武帝时，桑弘羊以计算幸，以心计，年十三为侍中。

又曰：宣帝时，大司农丞耿寿昌以善算为算工，得幸于上。

又曰：计商善为算，着《五行论算术》二十六卷。

又曰：张苍明习天下图书计籍，又善算律历。故令苍以列侯居相府，领主郡国上计者。

《吴志》曰：顾谭每省簿书，未尝下算，徒屈指心计，尽发疑谬，下吏以此服之。

又曰：赵达，河南人也。治九宫一算之术，究其微旨，是以能应机立成，对问若神。使人取小豆数升，播之席上，播，布也。立言其数，验覆果信。尝过知故，知故为之具食。食毕，谓曰："仓卒乏酒，又无嘉肴，无以叙意，如何？"达因取盘中只箸，再三纵横之，乃言："卿东壁下有美酒一斛，又有鹿肉三斤，何以辞无？"主人笑曰："以卿善射，欲以相试耳。"遂出酒酣饮。又有书简，上作千万数，着空仓中，封之，令达算之。达云："但有名无实。"其精微若是。达宝惜其术，自阚泽、殷礼，皆名儒善士，屈节就学，秘而不告也。太史丞公孙滕，师事之累年，赍酒拜跪而请，达曰："吾先人得此，欲图为帝王师。至仕来三世，不过太史郎，诚不欲复传之！且此术微妙，头乘尾除，一算之法，父子不相语。"初，孙权行师征伐，每令达有所推步，皆如其言。问其法，终不言，由此见非。达常笑谓诸星气风术者，曰："当回算帷幕，不出户牖，以知天道；而反昼夜暴露，以望氛祥，不亦难乎！"无间，引算自投，乃叹曰："吾算尽，某年月日其终矣。"达妻数见达效，闻而哭泣。达欲弭妻意，乃更算，言："向者谬误耳，尚未也。"后如期死。权闻达有书，求之不得，榘问其女，乃发达棺，一无所得，法遂绝焉。

王隐《晋书》曰：王戎为司徒，好治生，公妪二人，常以象牙筹，昼夜算计家财。

《唐书》曰：僧一行，姓张氏，公谨之孙也。初，求访师资，以穷大衍，至天台山国清寺，见一院，古松十数，门有流水。一行立于门屏间，闻院僧于庭布算声，而谓其徒曰："今日当有弟子，自远求吾算法，已合到门，岂无人导达也？"即除一算，又谓曰："门前水当却西流，弟子亦至。"一行承其言而趋入，稽首请法，尽授其术焉，而门前水果却西流。

《西京杂记》曰：定安嵩真，明算术，成帝时人也。真常以算自克其寿七十三，真曰："绥和元年正月二十五日晡时死矣。"书壁以志之。至二十四日晡时死，妻曰："真算时，见长下一算。欲以告之，虑脱，故不告之，今校一日也。"

又曰：曹元理善算术，成帝时人也。常从友人陈广汉，广汉曰："吾有二囷米，忘其石数，子为吾算之。"元理以食箸十余转，曰："东囷七百四十九石六斗七合，西囷六百九十七石八升。"遂署囷门。后出米，西囷六百九十七石九升，中有一鼠，大可一升；东囷无差。元理后岁复过，广汉以米数告之，元理以手击床曰："遂不知鼠之殊米，不如剥面皮矣！"广汉为之取酒脯数斤，元理复算曰："千牛产二百犊，万鸡将产五百雏。"羊豕鹅鸭皆道其数，果蓏卢果切。肴蔌悉知其所。乃曰："如此赀业之广，何供具之薄？"广汉惭曰："有仓卒宾，无仓卒主人。”元理曰：“俎上蒸豚一头，厨中荔枝一盘，皆可以为设。”广汉再拜谢罪，入取之，尽日为欢。其术后传南季，南季传项滔，滔传子陆。皆得其分数，而失其玄妙焉。

《老子》曰：善计者不用筹策。

《尹文子》曰：凡数，十百千万亿，亿万千百十，皆起于一，推至亿亿，无差矣。

《山海经》曰：帝令竖亥，步自东极，至于西极，五亿千选九千八百八十步。选，万也。竖亥右手把算，左手指青丘曰：“五亿十万九千八百。”天地东西二亿三万三千里，南北二亿一千五百里，天地相去一亿五万里也。

《博物志》曰：南郡宜城王子山，到泰山从鲍子真学算。

《异苑》曰：晋安平有越王余算菜，长尺许，白者似骨，黑者似角，云越王行海，作算有余，弃之于水生焉。

《风俗通》曰：十十谓之百，十百谓之千，十千谓之万，十万谓之亿，十亿谓之兆，十兆谓之经，十经谓之垓，十垓谓之补，十补谓之选，十选谓之载，十载谓之极。有物者，有事者，纪于此矣。过此往者，则其数可纪，其名未之或闻也。夫数：一为特、侯、奇、只，二为再、两、偶、双、三为参，四为乘。

《贾谊书》曰：数度之道，以六为法。数度之始，始于微细。有形之物，莫细于毫。是故立一毫以为度，十毫为发，十发为厘，十厘为分，十分为寸，十寸为尺，备于六，故先王以为天下用也。

《周髀》曰：周公问于殷高曰：“寡人闻子大夫善数。”数，算也。

《语林》曰：郑玄，在马融门下，三年不得见，令高足弟子传授而已。融算尝浑天合，召玄令算，一转便决，众咸骇服。

谢察《微算经》曰：《易》称“太极是生两仪”，盖数之先也。自隶首作术，容成造历，显算斯兴故也。

《一位算法》曰：万万穰为载，数之极矣。或问之曰：“何以数之为载？”按孙子《算经》云：“古者积钱，上至于天，天不能容；下至于地，地不能载。天不能盖，地不能载，故名曰载。”

又曰：按司马迁《史记》云：“自秦孝公时，商鞅献三术。内一，开道阡陌，以五尺为步，二百四十步为亩。”

又曰：按千乘之图、周之制度、司马法，六尺为步，步百为亩，是古之制也。

《发象算经》曰：问云：“度之起，起于何？”答曰：“度之起，起于忽。忽是神虫口中吐丝名也。十忽为一丝，十丝为一毫。”

《算经》曰：量之起，起于何？答曰：“量之起，起粟。粟是阴阳而生，从六甲而出。故六粟为一圭，十圭为一抄。”

《算经》曰：秤之起，起于何？答曰：“秤之起，起于黍。黍是三棱草子也。十黍为一累，十累为一铢。”

画上

《释名》曰：画，挂也，以五色挂物上也。

《周礼》曰：画绘之事，杂五色：东方谓之青，南方谓之赤，西方谓之白，北方谓之黑，天谓之玄，地谓之黄。青与白相次也，赤与黑相次也，玄与黄相次也。此言画绘六色所象，及布彩之次第。凡画绘之事，后素功。素，白彩也。后布之，为其易以渍污之也。

《论语》曰：绘事后素。

《史记》曰：武帝，卫太子废后，上居甘泉宫，召画周公负成王图。于是左右群臣知上意欲立少子也。少子，即昭帝也。

又曰：甘露三年，单于始入朝。宣帝思股肱之美，图画其人于骐麟阁，法其状貌，署官爵姓名。

又曰：李夫人早卒，帝图画其形于甘泉宫。

又曰：金日磾母教诲两子甚有法度，武帝闻而嘉之。病死，诏图于甘泉宫，曰：“休屠王阏氏。日磾每见画常拜，向之涕泣。”

《东观汉记》曰：马援还，诫兄子曰：“画虎不成反类狗也。”

又曰：宋弘尝燕见，御座新施屏风，图画列女，世祖数顾视之。弘曰:“未见好德如好色者。”帝撤之。

范晔《后汉书》曰:光和元年,置酒鸿都门,画孔子及七十二弟子之像。

又曰:明帝遣使天竺,问佛道法,遂于中国图画形象焉。

又曰:显宗图画建武中名臣列将于云台,以椒房故,谓马后。独不及马援。东平王苍观图,言于帝曰:“何故不画伏波像?”帝笑而不言。

又曰:陈纪,字元方,遭父忧,殆将灭性。豫州刺史嘉其至行,上书画像,百城以厉俗。

《魏书》曰:曹休祖父尝为吴郡太守。休见壁上祖父画,下榻拜而涕泣。

《魏氏春秋》曰:徐邈善画,作走水獭,标于水滨,群獭集焉。

《晋书》曰:顾恺之尤善丹青,谢安深重之,谓有苍生已来,未之有也。恺之每画人成,数年不点目睛。人问其故,答曰:“四体妍蚩,本无关于妙处;传神写照,正在阿堵物中。”尝悦一邻女,挑之弗从。乃图其形于壁,以棘针钉其心,女遂患心痛。恺之因致其情,女从之,遂密。每重嵇康四言诗,因为之图。常云:“手挥五弦易,目送归鸿难。”每写人形,妙绝于时。尝图裴楷像,颊上加三毛,观者觉神明殊胜。又为谢鲲像,在石岩里,云“此子宜着丘壑中。”欲图殷仲堪,堪有目疾,固辞,恺之曰:“明府正为眼耳。若明点瞳子,飞白拂上,使如轻云之蔽月,岂不美乎?”顾恺之尝以一厨画糊题其前,寄桓玄所,皆其深所珍者。玄乃发其厨,后窃取画,而缄闭如旧,以还之,给云未开。恺之见封题如初,但失其画,直云“妙画通灵,变化而去,亦犹人之登仙”,了无怪色。

又曰:王献之,桓温常使书扇,笔误落,因画作为乌驳特牛,甚妙。

《刘毅传》曰:毅平桓玄,入建康。初,桓玄于南州起斋,悉画盘龙于其上,号为盘龙斋。毅小字盘龙,至是遂居之。

《晋书》曰:韩支,字景先。邓林妇病积年,垂死,医巫皆息意。支为筮之,使画作野猪,着卧处屏风上,一宿觉佳,于是遂差。

《齐书》曰：荥阳毛惠远善画马，彭城刘瑱善画妇人，当世并为第一。

又曰：齐王秀之，字伯奋，仕至侍中。时宗测优游，秀之弥所钦慕，乃令陆探微画其形，与已相对。

又曰：王亮，字叔奉，临沂人也。齐竟陵王良开西邸，延贤俊，使工画其像，亮亦豫焉。

《梁书》曰：伏曼容素美风彩，帝常以方嵇叔夜。使吴人陆探微画叔夜像以赐之。

又曰：昭明太子好士爱文，刘孝绰与陈郡殷芸、吴郡陆倕、琅琊王筠、彭城刘洽等同见宾礼。太子起堂，乃使画工先图孝绰。

《后魏书》曰：刘子业庙中皆画祖父形。入曾祖裕庙，指像曰："此渠大英雄，生禽数天子。"次入祖义隆庙，指像曰："此渠不恶。"次入骏庙，曰："此渠大好色。"顾谓左右曰："此渠大齇鼻。"即令画工齇骏像鼻也。

《北齐书》曰：广陵王孝珩，于厅上画苍鹰，见者以为真焉。

又曰：魏收，字伯起，巨鹿曲阳人也，兼尚书仆射。帝于华林园别起玄洲苑，备极山林楼观之丽，诏于阁上画收容像，其见重如此。

《陈书·顾野王传》曰："宣城王为扬州刺史，野王及琅琊王褒并为宾客，王甚爱其才。野王又好丹青，善图写。王于东府起斋，乃令野王画古贤，命王褒赞之，时人称为二绝。"

《唐书》曰：张昌宗尝命画工图写武三思及纳言李峤、凤阁侍郎苏味道、夏官侍郎李迥秀、麟台少监王绍宗等十八人形像，号为高士图。

又曰：薛稷善画，博采古迹。睿宗在藩，留意于小学，稷于是特见招引。

又曰：韩滉尤工书，兼善丹青。以绘事非急务，自晦其能，未尝传之。

又曰：王维书画，特臻其妙，笔踪措思，参于造化。而创意经图，即有所缺，如山水平远，云峰石色，绝迹天机，非绘者之所及也。人有得《奏乐图》者，不知其名，维视之，曰："《霓裳》第三叠第一拍也。"好事者进，乐工按之，一无差误，咸服其精思也。

又曰：阎立本虽有应务之才，而尤善图画写真。秦府十八学士图，及贞观中凌烟阁功臣图，并立本之迹也，时人咸称其妙。太宗尝与侍臣、学士泛舟于春苑池中，有异鸟随波容与。太宗击赏，数赐诏座者为咏，召立本令写之。时阁外传呼，云"画师阎立本。"时已为主爵郎中，奔走流汗，俯伏池侧，手挥丹粉，瞻望座宾，不胜愧赧。及诫其子曰："吾少好读书，幸免墙面。缘情染翰，颇及侪流。唯以丹青见知，躬厮役之务，辱莫大焉。汝其深戒，勿习此末伎！"

又曰：裴延龄恃恩，唯顾少连不避延龄。及画一雕，令群鸟噪之，遂献焉。

又曰：唐李宝臣为成德军节度使。宝臣谓朱滔使曰："吾闻朱公貌如神，得而识之，愿因绘事而观，可乎？"滔乃图其形以示之，宝臣悬于射堂，命诸将熟视之，曰："朱公信神人也！"

锺岏《良吏传》曰：郑纯，字长伯，广汉人也。为永昌太守，清廉独绝。及卒，列画东观。

《三齐记略》曰：秦始皇求与海神相见，神云："我形丑，约莫图我形，当与帝会。"始皇入海三十里，与神相见。左右有巧者，潜以脚画神形。神怒帝负约，乃令帝速去。始皇即退马，前脚犹立，后脚随陷，仅得登岸，画者溺死。

《续齐谐记》曰：魏明帝游洛水，水中有白獭，靡净可怜，见之辄去。帝顾玩之，终不可得。侍臣徐景山曰："臣闻獭嗜鲻鱼，乃不避死，可以此候之。"乃自画板，作两生鲻鱼悬岸。于是群獭竞赴，遂一时执得。帝嘉之，谓曰："不闻卿知画，何其妙也？"答曰："臣亦未尝执笔，人之所作者，自可庶几耳。"帝曰："是善用所长者也。"

《西京杂记》曰：元帝后宫既多，不得常见，乃使画工图其形，按状幸之。诸宫人皆赂画工，多者十万。王昭君不肯，遂不得见。后匈奴求美女，帝按图以昭君行。及召见，貌为第一。帝悔之，而名籍已去。乃按其事，画工弃市籍赀。画工有桂陵毛延寿，写人好丑老少，必得其真；安陵陈敞、新丰刘白、龚宽，并工牛马人形；杜杨望亦善画，尤善布色；樊育亦善布色，同日弃市。京师画工于是差稀。

《拾遗记》曰：周灵王时，有韩房者，自渠胥国来献玉驼。房长一丈，垂发至膝，周人见之如神明矣。以丹砂画左右手，为日月盈缺之势，不异真焉，可照百余步；又喷水为云，蔽亏其侧。灵王视之忽不知所在，或云升天。

又曰：秦始皇二年，謇涓国献善画者，名烈裔。口含丹黑，喷壁即成龙云之像；以指历地，若绳分矣；转手若规。方寸之内，四渎五岳列国，莫不悉备。画为凤鸾，皆轩轩若行也。

《韩子》曰：客有为齐王画者，王问曰："画孰最难？"对曰："狗马最难。""孰曰最易？"对曰："鬼魅最易。夫狗马，人之所知也，旦暮睹于前，不可类之，故难也；鬼魅无形，无形者不可睹，故易也。"

《淮南子》曰：画西施之面者，美而可悦；规孟贲之目者，大而可畏。

又曰：宋画吴冶，其为微妙，尧、舜之圣不能及也。

《抱朴子》曰：卫协、张黑有画圣之名。

《华阳国志》曰：汉嘉郡以御杂夷，宜炫曜之，乃雕饰城墙，华画府寺，及诸门作山神海灵，穷奇凿齿。夷人初出入恐，骡马或惮之，趑趄。

《说苑》曰：齐起九重之台，国中有能画者，则赐之钱。狂卒敬君，居常饥寒，其妻端正。敬君工画，贪赐画台。去家日久，思念其妇，遂画其像，向之喜笑。旁人见以白王，王以钱百万请妻，敬君惶怖许听。

《世说》曰：戴安道为范宣画《南都赋图》，范宣看而咨嗟焉。

《俗说》曰：顾虎头为人画扇，作阮籍、嵇康，都不点眼精，送还扇主曰："点眼精便欲能语。"

《论衡》曰：人好观图画，上所画古之死人也。见死人之面，孰与视其言行？古贤之遗文，竹帛之所载粲然，岂徒墙壁之画哉？

《世本》曰：史皇作图。史皇，黄帝臣也。谓画物像也。

《新序》曰：叶公子高好龙，门亭轩牖皆画龙形。一旦，真龙垂头于窗，掉尾于户，叶公惊走失措焉。

《风俗通》曰：按《百家书》云：公输般之水上见蠡，谓蠡曰："开汝匣，见汝形。”蠡适出头，般以足画图之。缺。

《古今名画纂》曰：晋有史道硕，画《田家十月图》，为世所珍。

孙畅之《述画》曰：汉灵帝诏蔡邕图赤泉侯杨喜五世将相形像于省中，又诏邕为赞，仍令自书之。邕文、画、书，于时独擅，可谓备三美矣。

又曰：刘裒，汉灵帝时作《云汉图》，人见之自然觉热；更画《北风图》，热者还觉凉。

魏陈思王《画赞序》曰：盖画者，鸟书之流也。昔明德马后，美于色，厚于德，帝用喜之。尝从观画，过虞舜之像，见俄皇、女英，帝指之戏后曰：“恨不得如此人为妃。”又前见陶唐之像，后指尧曰：“嗟乎！群臣百僚恨不戴君如是。”帝顾而咨嗟焉。

晋傅咸《画像赋序》曰：先有画卞和之像者，以为臧文仲知柳下惠之贤，而不与立，卞子自刖以有证，相去远矣，戏画其像于卞子之旁，特赤其面，以示犹有惭色。

宋炳山《画叙》曰：竖画三寸，实当千仞之高；横墨数尺，实体百里之迴。

晋王彪之《诗序》曰：余自求致仕，诏累不听。因扇上有二疏画，作诗一首，以述其美。

太平御览卷第七百五十一　工艺部八

画下

《历代名画记》曰：夫画者，成教化，助人伦，穷神变，测幽微。与六籍同功，四时并运。发于天然，非由述作。古先圣王受命应箓，则有龟字效灵，龙图呈宝。自巢、燧已来，皆有此瑞，迹映乎瑶铃。事传乎金册。庖牺氏发于荥，河中典籍，图画萌矣；黄轩氏得于温，洛中央皇，苍颉状焉。

又曰：夫画，比之书价，则顾、陆可同，锺离、张僧繇可同，逸少书则逡巡可成。画非岁月可就，所以书多于画，自古而然。今分为三古，以定贵贱。以汉、魏、三国为上古，则赵岐、刘褒、蔡邕、张衡已上四人后汉、曹旄、杨修、桓范、徐邈已上四人魏、曹不兴吴、诸葛亮蜀之流是也；以晋宋为中古，则明帝、荀勖、卫协、王廙、顾恺之、谢稚、嵇康、戴逵已上八人晋、陆探微、顾宝先、袁倩、顾景秀之流是也；已以四人宋。以齐、梁、北齐、后魏、陈、后周为下古，则姚昙、谢赫、刘瑱、毛惠远已上四人齐、元帝、袁昂、张僧繇、江僧宝已上四人梁、杨子华、田僧亮、刘杀鬼、曹仲达已上四人北齐、蒋少游、杨乞德已上二人后魏、顾野王陈、冯提伽后周之流是也。隋及唐为近代之价，则董伯仁、展子虔、孙尚子、郑法士、杨契丹、陈善见已上六人隋、张孝师、范长寿、尉迟乞僧、王知慎、阎立德之流是也已上五人唐。

又曰：若言有书籍，岂可无九经三史？顾、陆、张、吴为正经，杨、郑、董、展为三史，其余画迹为百家。吴虽近可以正经。

又曰：昔谢赫云："画有六法，一曰气韵生动，二曰骨法用笔，三曰应物象形，四曰随类赋彩，五曰经营位置，六曰传摸移写。"自古画人罕能兼知，试论曰：古之画者，或有遗其形似，而尚其骨气。以形似之外求其画，此难可与俗人道也。今之画，纵得形似而气韵不生。澹以气韵求其画，则形似自在其间矣。上古之画，迹简而意澹，澹而雅正，顾、陆之流是也；中古之画，细密而精致而臻丽，展、郑之流是也；近代之画，焕烂而求备；今人之画，错乱而无旨，众工之迹是也。夫象物必在于形似，形似须全其骨气。骨气形似，皆本于意，而归乎用笔，故工画者多攻书。然则古之嫔臂纤而骨束，古之马喙大而腹细，古之台阁竦峙，古之服饰容曳。故古画非独变态有奇意也，抑亦物象殊也。

又曰：遍观众画，唯顾生画古贤得其妙理。对之令人终日不倦，凝神遐想，妙悟自然，物我两忘，离形去智，身固可使如槁木，心固可使如死灰，不亦臻于妙理乎？所谓画之道也。

又曰：汉张衡，字平子。昔建州浦城县山有兽，名骇，豕身人首，状貌恶，百鬼恶之，好出水边石上。平子往写之，兽入潭中不出。或云："此兽畏画，故不出。可去纸笔。"即去之，兽果出。平子拱手不动，潜以足指画兽，今号巴兽潭。

又曰：昔张芝学崔瑗、杜度草书之法，因而变之以成今草。字之体势，一笔而成，气脉通连，隔行不断。唯王子敬明其深旨，故后首之字，往往继其前行，世上谓之"一笔书"。其后陆探微亦作一笔画，绵连不断。故知书画用笔同法。陆探微精利润媚，新奇绝妙，名高宋代，时无等伦。

又曰：魏曹植言：观画者，见三皇五帝，莫不仰戴；见三季暴主，莫不悲惋；见篡臣贼嗣，莫不切齿；见高节妙士，莫不忘食；见忠节死难，莫不抗首；见放臣斥子，莫不叹息；见淫夫妒妇，莫不侧目；见令妃顺后，莫不嘉贵。是知存乎鉴者，画也。

又曰：蜀诸葛亮，字孔明。《华阳国志》云："南夷，其俗征巫鬼，好盟诅要质。诸葛亮乃为夷作图，先画天地日月君城府，次画神龙及牛马驼羊，后画部主吏，乘马幡盖远行安邺，又画夷牵牛负酒赍金宝诣之。以赐夷，甚重之。

又曰：曹不兴，吴兴人也。孙权使画屏风，误落笔点素，因就成蝇状。权疑其真，以手弹之。时称吴八绝。张勃《吴纂》云：八绝者，孤城郑妪善相，刘敦善星象，吴范善候风气，赵达善算，严武善棋，宋寿善上梦，皇象善书，曹不兴善画。赤乌中，不兴之清溪，见赤龙出水上，写献孙皓，皓送秘府。至宋朝，陆探微见画叹其妙。因至清溪，复见其龙。宋时，累月亢旱，祈祷无应。乃取不兴龙置水上，应时蓄水成雾，累月霶霈。谢赫云："不兴之迹，代不复见，秘阁内一龙头而已。观其风骨，擅名不虚在第一品矣。"

又曰：晋顾恺之，字长康。尝于瓦官寺北殿画维摩诘，画讫，光耀月余日。《京师寺记》云："兴宁中，瓦官寺初置，僧众设会，请朝贤鸣刹注钱。其时士大夫莫有过十万者。既至长康，长康直打刹注百万。长康素贫，众以为大言。后寺众请勾疏，长康曰：'宜备一壁。'遂闭户往来一月余日，所画维摩诘一躯。工毕，将欲点眸子，乃谓寺僧曰：'第一日见，请施十万，第二日可五万，第三日可任例责施。'及开户，光照一寺，施者填咽，俄而得百万钱。恺之尝言："画人物最难，次山水，次狗马。台阁，一定器耳，差为易也。"斯言得之。至于鬼神人物，有生动之可状，须神韵而后全。若气韵不周，空陈形像，笔力未到，空善赋彩，谓非妙也。

又曰：宋朝顾骏之常结构高楼以为画所。每登楼去梯，家人罕见。若时景融朗然乃含毫，天地阴惨则不操笔。今之画人，笔墨混于尘埃，丹青和其泥滓，徒污绡素，岂曰绘画！自古善画者，匪衣冠贵胄，逸士高人，振妙一时，传芳千祀，非闾阎鄙贱所能为也。

又曰：南齐宗测，字敬微，炳之孙也。善画，传其祖业。志欲游名山，乃写祖炳所画《尚子平图》于壁。隐庐山，居炳旧宅，画阮籍遇孙登于行障上，坐卧对之，又画永业寺佛景台，皆称妙绝。

又曰：南齐谢赫，姚最云："点刷精研，意存切似，写貌人物，不俟对看，所须一览便归，操笔目想，毫发皆无遗失，丽服靓妆，随时变改，直眉曲鬓，与世争新。别体细微，多从赫始。遂使委巷逐末，皆类效颦。至于气韵精灵，未穷生动之致，笔路纤弱，不副雅致之怀。然中兴已后，画人为贵，在沈标下，毛惠远上。"

又曰：南齐刘瑱，字士温，彭城人。少聪慧，多才艺，攻书，画嫔嫱，当代第一，谢云："用意绵密，画体简细，笔力困弱，制置单省，妇人最佳；但纤削过差，翻为失真。然玩之详熟，甚有恣态。"

又曰：南齐毛惠远，荥阳阳武人也，善画马。时刘瑱善画妇人，并当代第一。市青碧一千二百斤供御画，用钱六十五万。有言惠远纳利者，敕尚书评价，贵二十八万，杀之。后家徒壁立，上甚悔痛之。惠远弟惠秀，永明中待诏秘阁。世祖将北伐，命惠秀画《汉武北征图》，中书郎王融监掌。其图成，帝极重之，置琅玡台上，每披览焉。

又曰：北齐杨子华，世祖时，任直阁将军。尝画马于壁，夜听啼啮长鸣，如索水草；图龙于素，舒卷辄云气萦集也。世祖重之，使居禁中，天之号为画圣。非有诏，不得与人画。时有王子冲，善棋通神，号为二绝。

又曰：北齐刘杀鬼，与杨子华同时，世祖俱重之。画斗雀于壁间，帝见之为生，拂之方觉。尝在禁中，锡赖巨钜万。任梁州刺史。

又曰：梁元帝，名绎，字世诚，善画。曾画圣僧，武帝亲为赞之。任荆州刺史日，画《蕃客入朝图》，帝极称善。又画《职贡图》，并序，盖外国来献之事。长子方智，字实相，尤能写真，坐上宾客，随容点染既成数人，问童儿，皆识之。

又曰：梁萧贲，字文奂，兰陵人也。多词学，工书画。曾于扇上画山水，咫尺之内，见万里可知。姚最云："雅性精密，后来难比。含毫命素，动必依真。学不为人，自娱而已。"人间罕见其迹。

又曰：陶弘景，字通明，丹阳秣陵人。幼有异操，年十岁，读书见葛洪《神仙传》，便有隐逸之志。居茅山，号华阳隐君。好着述，明众艺。武帝尝欲征用，隐君画二牛，一以金笼头牵之，一则迤逦就水草。武帝知其意，不以官爵逼之。

又曰：梁张僧繇，吴人也。天监中，为武陵王国侍郎，直秘书阁，知画事。武帝崇饰佛寺，多僧繇画之。时诸王在外，武帝思之，遣僧繇乘传写貌，对之如面。江陵天皇寺，明帝置也，内有柏堂。僧繇画庐舍那佛及仲尼十哲。帝怪问："释内如何画孔圣？"僧繇曰："后当赖此耳！"及后代灭佛法，焚天下寺塔，独以殿有宣尼像，乃不令毁拆。又金陵安乐寺，画四龙，不点眼睛，即恐飞去。人以为妄诞，固请点之。遂点二龙，须臾雷电破壁，两龙乘云腾而上天；二龙未点眼睛者见在。又画天竺二胡僧，侯景乱，散拆为二。后一僧为唐右常侍陆坚所宝。坚疾笃，梦一胡僧告云："我有同友，离拆多时，今在洛阳李家。若求，合得之，当以法力助君。"陆以钱帛，果于其处购得之，其疾乃愈。刘长卿为记述其事。张画有所灵感，不可具记。

又曰：北齐高孝珩，世宗第二子也，封广宁郡王、尚书令、大司徒，博涉多才艺。曾于厅壁上画苍鹰，观者疑其真，鸠雀不敢近；又画《朝士图》，当时妙绝。

又曰：隋杨契丹，官至上仪同。僧悰云："六法备咏，甚有骨气山东体制，允属伊人。在阎立本下。"契丹之迹，非不雄富，比董展则乏精微。李云："田、杨声侔董、展。"昔田、杨与郑法士同于京师光明寺画小塔，郑图东壁、北壁，田图西壁、南壁，杨画外边四面，是称三绝。杨以簟蔽画处，郑窃观之，谓杨曰："卿画终不可学，何劳障蔽？"杨托以婚姻，有对门之好；又求杨画本，杨引郑至朝堂，指宫阙衣冠车马曰："此是吾画本也。"由是郑深叹伏。

又曰：唐张孝师为骠骑尉，尤善画地狱，气候幽默。孝师曾死复苏，具见冥中事，故备得之。吴道玄见其画，因效之，为地狱变。

又曰：唐王陀子，善山水幽致，峰峦极佳也。上言山水者，称爆子头，道子脚。

又曰：唐吴道子，阳翟人也。好酒使气，每欲挥毫，必须酣饮。学书于张长史旭、贺监知章。学书不成因攻画。曾事逍遥公韦嗣立，为小吏，因写蜀道山水之体，自为一家。其书迹似薛少保，亦甚便利。初任兖州瑕丘县尉，玄宗召入禁中，改名道玄，因授内教博士，非有诏不得画。张怀瓘每云："吴生之画，下笔有神，是张僧繇后身也。"可谓知言矣。官至宁王友。开元中，将军裴旻善舞剑，道玄观旻舞毕，挥毫益进。时又有公孙大娘，亦善舞西河，剑气浑脱，张旭见之，因为之草书，杜甫歌行述其事。是知书画之艺，皆须意气而成，亦非懦夫所能作也。

又曰：唐卢棱伽，吴生弟子也。画迹似吴生，但才力有限。颇能细画，咫尺间山水廖廓，物像精备，经变佛像是其所长。吴生尝于京师画总持寺三门，大获泉货。棱伽乃窃画庄严寺三门，锐思开张，颇臻其妙。一日，吴生忽见之，惊叹曰："此子笔力，当时不及我，今乃类我，精爽尽矣。"居一月，棱伽果卒。

又曰：唐冯绍政尤善画鹰鹘鸡雉，尽其形态，觜眼脚爪毛彩俱妙。曾于禁中画五龙，亦称其善，有降云蓄雨之感。

又曰：唐李思训，宗室也，即林甫之伯父。早以艺称于当代，一家五人并善丹青，高宗甚重之，书画称一时之妙。其画山水树石，笔格遒劲，湍濑潺湲，云霞缥缈，时睹神仙之事，窅然岩岭之幽。时人谓之大李将军也。

又曰：唐韩干尤工鞍马。忽有人诣门，称鬼使，请马一匹。韩君画马焚之。他日，鬼使乘马来谢。其感神若此。弟子孔荣为之上足。

又曰：唐张璪，字文通，尤工树石山水。初，毕宏擅名当代，一见惊叹异之。璪唯用秃笔成，以手摸绢素。因问璪所授，璪曰："外即造化，中得心源。"毕宏于是阁笔。

又曰：唐李渐善画蕃马骑射，射雕放牧，川原之妙，笔迹气调，今古无俦。李仲和能继其艺，而笔力不及。

又曰：天后朝，张易之奏召天下画工修内库图画。因使工人各推所长，锐意模写仍旧装，皆一毫不差。其真者，多归易之。

又曰：唐朝吴道玄，古今独步，前不见顾、陆，后无来者。授笔法于张旭，此又知书画用笔同矣。张既号书颠，吴宜为画圣，神假天造，英灵不穷。

唐《书断》曰：唐吴道玄穷丹青之妙，大约宗师张僧繇。玄宗天宝中，忽思蜀中嘉陵江水，遂假吴生驿递，令往貌之。及回，帝问其状，奏曰："臣无粉本，并记在心。"上遣于大同殿图嘉陵江三百里山水，一日而毕。时有李将军，山水擅名，亦画大同殿，数月方毕。玄宗云："李思顺数月之功，吴道玄一日之迹，皆极其妙。"又画殿内五龙，鳞甲飞动，每欲大雨，即生烟雾。吴生常持《金刚经》，自识本身。当天宝中，有杨庭光与之齐名，潜画吴生真于讲席众人之中。吴生观之，亦见便惊，语庭光云："老夫衰丑，何用图之？"

又曰：唐周昉，字景玄。郭子仪子婿赵纵常令韩干写真，众皆称善；后又请昉写真，二人皆有能名。公常列二画于座，未能定其优劣，因赵夫人归省公，公，子仪也。问云："此画何人？"对曰："赵郎。"曰："何者似？"云："两画总似，后画者嘉。"又问："何以言之？"曰："前画空得赵状貌，后兼移其神气情性、笑言之姿。"公问："后画者何人？"乃云："周昉。"是日定其二画优劣，令送锦彩数百匹。

又曰：唐阎立本，太宗时，南有山猛兽害人，太宗使骁勇者捕之，不得；虢王元凤，忠义奋发，自往取之，一箭而毙。太宗壮之，使立本图其鞍马仆从，皆写其真，无不惊伏其能。太宗幸玄都池，斗鸂鶒，召立本貌十八学士凌烟阁功臣等，实亦辉暎前古。

又曰：唐韦无忝，京兆人也。玄宗朝，以画名马异兽擅名，时称"韦四足，无不妙"也。曾见貌外国所献师子，酷似其真。后师子放归本国，唯画者在图，时因观览百兽，见之皆惧。又玄宗射猎，一箭中两野猪，诏于玄武北门写貌，传在人间，乃妙之极也。

又曰：唐杨光画松石山水，出于人表。初称处士，谒卢黄门，怀慎也。馆之甚厚。知其丹青之能，意欲求之，而未敢言。杨垦辞去，复苦留之。知其家在洛中，衣食乏少，心所不安，乃令人潜将数百千，至洛中供拟，取其家书示杨公，感之，未知所报。卢因从容乃言欲求一踪，以为子孙家宝之，意尚难之。遂月余图一松石云物，移动造化，人莫能睹也。

又曰：唐陈闳，会稽人也。以能写真，本道荐之。开元中，召入供奉。每令写真御容，妙绝当时。玄宗射猪鹿兔雁等，并按舞图真容，皆受诏写貌。又太清宫肃宗真容，匪唯龙凤姿、日角天宇之状，而笔力遒润，神彩英逸，实天假其能也。阎令 之后，一人而已。

又曰：唐张萱，京兆人也。尝画贵公子鞍马屏幄宫苑子女等，名冠于时。善起草点簇，置亭台竹树、花鸟仆隶，皆极精研。

又曰：唐王墨，不知何许人也，名冷。善泼墨，时人谓之王墨。多游江湖，善画山水松柏杂树等。性疏野好酒，每图障，兴酣之后以墨泼之，脚蹙手抹，或枝或干，随其形象，为山为竹为树，应心随意，倏若造化。图成，云霞澹澹，风雨萧萧，不见污之路也。

又曰：唐李灵省落魄不拘检。每图一障，非其所欲，不可强也。以酒生思，傲然自得，不知王公之尊、寒暑之夕。若山水竹树，一点一抹成于自然。或即峰际云孤，或即岛屿极海，非常制也。

又曰：唐张志和字子同，号烟波子，常钓鱼洞庭。初，颜鲁公在吴兴，知其高节，以《渔歌》五首赠之，乃图传为卷轴，随句赋象，人鱼鸟兽、风雨云月，皆字成形，雅叶其妙。

太平御览卷第七百五十二　工艺部九

巧

《释名》曰：巧者，合异类共成一体也。

《礼》曰：无作淫巧以荡上心。

又曰：季康子之母死，公输若方小，公输若，匠师。方小，言年尚幼，未知礼也。敛，般请以机封。般，若之族多技巧者，见若掌敛事而年尚幼，请代之，而欲尝其技巧。将从之，时人服般之巧。公肩假曰："不可。般，尔以人之母尝巧，则岂不得以？"以，已字。言宁有强使女者与？借于礼作机巧，非也。"以"与"已"，字本同。

又曰：目巧之室，则有奥阼。

《周礼》曰：国有六职，百工与居一焉。百工，司空事官之属，于天地四时之职亦处其一也。知者创物，谓始开端造器物，若《世本》作者是也。巧者述之守之世谓之工。父子世以相教。百工之事，皆圣人之作也。事无非圣人所为也。烁金以为刃，凝土以为器，作车以行陆，作舟以行水，此皆圣人所作也。凝，坚也。天有时，地有气，材有美，工有巧。合此四者，然后可以为良。时，寒温也。气，刚柔也。良，善也。

《续汉书》曰：张衡性精微，有巧艺。作地动仪，以精铜铸其器，圆径八尺，形似倾樽；其盖穹隆，饰以篆文；外有八龙，首衔铜丸，下有蟾蜍承之。其牙发机，皆隐在樽中，周密无际，如一体焉。地动机发，龙即吐丸，蟾蜍张口受丸，声乃振扬。司者觉知，即省龙机，其余七首不发，则知地震所从起来也。合契若神，观之莫不服其奇丽。自古以来，未尝有也。

《蜀志》曰：诸葛亮性巧，损益连弩，木牛流马，皆出意焉。亮集有其法也。

《晋书》曰：嵇康性绝巧而好锻。宅中有一柳树甚茂，乃激水环之，每夏月居其下以锻。

《晋纪》曰：宋王围慕容超。张纲巧绝于人，乃使纲大治攻具，于是城上火石弓弩无所用之。

《晋阳秋》曰：吴葛衡，字思直，明达天官，能为机巧，故作浑天仪。

又曰：衡阳区纸者，甚有巧思。造作木室，作一妇人居其中。人扣其户，妇人开户而出，当户再拜，还入户内，闭户。又作鼠市于中，而四方丈余，四门，门中有一木人。纵四五鼠欲出门，木人辄推木掩之。门门如此，鼠不得出。又作指南车，及木奴令舂谷作米。中宗闻其巧，诏补尚方左校。

沈约《宋书》曰：石虎使解飞、姚兴令狐生造指南车。宋武帝平长安，始得此车。戎狄所制，不甚至精。虽指南，多不审正，回曲频聚，犹须人力正之。范阳人祖冲之，甚有巧思，常谓宜更构造。顺帝升明末，齐王为相，命冲之造焉。其制甚精，百屈千回，未尝移变。

《北齐书》曰：高隆之性小巧。至于公家羽仪、百戏服制，时有改易，不循旧典。时论非之。

《文士传》曰：张衡尝作鸟，假以羽翮，腹中施机，能飞数里。

《后赵录》曰：邴辅，乐陵人也。好学，多才艺，巧思机智，妙于当时。襄国宫殿台榭，皆辅所营也。

《马钧别传》曰：钧，字德衡，扶风人。巧思绝世，不自知其为巧也。居贫。旧绫机，五十综者五十蹑，六十综者六十蹑，钧乃易以十二蹑。其奇文异变，因感而作，犹自然而成形，阴阳之无穷。

葛洪《神仙传》曰：葛由者，蜀人也。刻木作羊，能行。一旦，骑羊入山，遂云得仙，未知指实也。

《邺中记》曰：石虎有指南车及司里车，又有舂车木人，及作行碓于车上，动则木人蹋碓，行十里，成米一斛。又有磨车，置石磨于车上，行十里，辄磨一斛。凡此车，皆以朱彩为饰，唯用将军一人。车行，则众巧并发；车止则止。中御史解飞、尚方人魏猛变所造。虎至性好佛，众巧奢靡，不可纪也。尝作檀车，广丈余，长二丈，安四轮，作金佛像坐于车上，九龙吐水灌之；又作一木道人，恒以手摩佛心腹之间；又十余木道人，长二尺余，皆披袈裟，绕佛行，当佛前辄揖礼佛，又以手撮香投炉中，与人无异。车行则木人行，龙吐水；车止则止。亦解飞所造也。

《玄中记》曰：奇肱氏善奇巧，能为飞车，从风远行。

《述异记》曰：鲁班石为禹九州图，今在格城石室山东北岩中。

《西京杂记》曰：长安巧工人丁绶者，为恒满灯，七龙五凤，杂以芙华莲藕之奇。又作卧褥香炉，一名被中香炉，其法度，本出房风，至绶更始为之。环转四固，而炉体常平，可致之被褥，故取被褥为名。又作九层山炉，镂为奇禽怪兽，诸灵皆自然运动。又作七轮扇，连以七轮，大皆径尺，并相连续，一人运之，满堂皆生风寒焉。

又曰：昭阳殿椽桷皆刻作龙蛇萦绕之状，匠人丁护、李菊所作也。其巧为天下第一。

《凉州记》曰：吕光时，有任射者，自匿为王欣家奴。发觉，应死。躬有奇巧，王尔、鲁般之俦也，故赦之。凉风门及大殿岁久倾败，躬运巧致思，土木俱正。

《王子年拾遗记》曰：嶿音须支国去泥离八万里，其国妇人善织，以五色丝稍内口中，两手引之，则成文锦，似列灯烛也。

又曰：始皇起游云台，穷极四方之珍材，搜天下之巧工人，皆能腾虚缘木，挥斤斧于空中。

又曰：始皇二年，蹇消国献善画之工，名裂裔。刻白玉为两虎，削玉为毛，有如真矣。不点两目睛。始皇点之，即飞去。明年，南郡有献白虎二头，始皇使视之，乃是先刻玉者。始命去目睛，二虎不复能去。

《历代名画记》曰：吴王赵夫人，丞相赵达之妹，善书画，巧妙无双。能于指间，以彩织为龙凤之锦，宫中号为机绝。孙权常叹："巴蜀未平，思得善画者图山川地形。"夫人乃进所写江湖九州山岳之势。夫人又于方帛之上，绣作五岳列国地形，宫中号为针绝。又以胶续丝发，作为轻幔，宫中号为丝绝。

又曰：宋谢庄，字希逸，性多巧思。制木方丈，图天下山川土地，各有分理，离之则州别郡殊，合之则寓内为一。

《老子》曰：大巧若拙。

又曰：绝巧弃利，盗贼无有。

《庄子》曰：陶者云："我善治埴，圆者中规，方者中矩。"范土曰陶。陶，化也。埴，黏土也。匠人曰："我善治木，曲者中钩，直者应绳。"曲，钩也。绳，直也。谓匠人机巧，善能治木，曲直必中钩绳也。夫埴、木之性，岂欲中规矩钩绳哉？土木之性，禀之造物，不求曲直，岂慕方圆？陶者匠人，浪为臧否。

又曰：百工有器械之巧则壮。

又曰：巧者劳而智者忧，无能者无所求。

又曰：无为也而笑巧。巧者有为以伤神。

又曰：覆载天地，刻雕众形而不为巧，此之谓天乐。忘乐而乐足矣。

又曰：以瓦注者巧，以钩注者惮，以黄金注者昏。所要愈重，则其心愈棼也。

又曰：郢人垩，垩，白土。漫其鼻端，若蝇翼，使匠石斫之。匠石运斤成风而斫之，尽垩而鼻不伤，郢人立而不失容。宋元君闻之，召匠石曰："尝试为寡人为之。"匠石曰："臣则尝能斫之，虽然，臣之质死久矣。"

《列子》曰：周穆王西巡，有献工人名偃师，曰："臣唯命所试，然臣已有所造，愿王先观之。"穆王曰："以若俱来，吾与若俱观之。"越日，偃师谒见王，王曰："若与偕来者，何人耶？"对曰："臣之所造能倡者。"穆王惊视之，趋步俯仰言语皆人也。巧夫颔其颐则歌合律，捧其手则舞应节。千变百化，唯意所造。王以为实人也，与盛姬内御并观之。伎将终，倡者瞬其目，而招王之左右侍妾。王怒，立便欲诛偃师。偃师大慑，立剖散倡者以示王，皆草木胶漆、白黑丹青之所为也。自内则肝胆心肺脾肾肠胃，外则筋骨支节皮毛齿发，皆假物也，无不毕具者。合会复如初。王诚废其心，则口不能言；废其肝，则目不能视；

废其肾，则足不能步。穆王曰："人之巧，乃与造化同功乎？"诏贰车载之以归。夫班输之云梯，墨翟之飞鸢，自谓能之极也。弟子东门贾、禽滑厘，闻以偃师之巧告于二子，二子终身不敢语艺，而时执规矩焉。

又曰：宋人有为其君以玉为楮叶者，三年而后成。乱之楮叶中，而不可别也。此人遂以巧食宋国。列子闻之，曰："使天地生物，三年而成一叶，则物之有叶者寡矣。故圣人恃道化，而不恃智巧。"《韩子》云：象为楮叶。

又曰：考成子学幻于尹文先生，三年不告，考成子请其过而求退。尹文先生曰："昔老聃之祖西也，顾而告余曰：有生之气，有形之状，尽幻也。造化之所始，阴阳之所变者，谓之生，谓之死；穷数达变，因形移易者，谓之化，谓之幻。造物者，其巧妙，其功深，故难终难穷；因形者，其巧显，其功浅，故随起随灭。知幻化之不异生死也，始可学夫幻矣。吾与汝亦幻也，奚须学哉？"

《墨子》曰：公输子削竹木为鹊，成而飞之，三日不下。自以为至巧，墨子谓曰："子之为鹊也，不如匠为车辖也。"须臾，竖三寸之木，而任五十石之重。故利于人谓之巧，不利于人谓之拙。

《孟子》曰：公输子之巧，不以规矩不能成方圆也。

《淮南子》曰：昔者楚欲攻宋，墨子闻而悼之，墨子名翟，宋大夫。悼，伤也。自鲁趋而往，十日十夜而不休息，裂衣裳裹足，至于郢，见楚王，自，从。趋，走也。郢，楚都也，今南郡江陵北里郢是也。曰："臣闻大王举兵将攻宋，计必得宋，而后罢之乎？忘其苦众劳民，顿兵锉锐，负天下以不义之名，而不得咫尺之地，犹且攻之乎？"顿，罢。锉，辱。锐，精。攻无罪之宋，故负天下以不义之名。犹且，必也。王曰："必不得宋，又且为不义，曷为攻之？"墨子曰："臣见大王之必伤义而不得宋！"王曰："公输子，天下之巧士，作为云梯，设以攻宋，曷为弗取？"公输，鲁班号，时在楚。云梯，攻城具，高长，上与云齐，故曰云梯。设，施也。墨子曰："公输设攻，臣请守之。"于是令公输般设攻宋之械，墨子设守之备，公输九攻，而墨子九拒之，终弗能入。入犹下也。于是乃偃兵，辍不攻宋。辍，止也。

又曰：神机阴闭，剞劂无迹，人巧之妙也，而治世不以为民业。

又曰：工人下漆而上丹则可，下丹而上漆则不可，万事由此也。

又曰：规矩钩绳者，乃巧之具也，而非所以为巧。巧存于心也。

又曰：神明之事，不可以智巧为也，不可以筋力致也。天地所包，阴阳所呕，雨露所濡，以生万殊，翡翠玳瑁，碧玉珠文，采明朗泽；若濡摩而不玩，久而不渝，奚仲不能旅，鲁般弗能造，此之谓大巧。

又曰：夫至巧不用剑。巧在乎心，故不用剑。

又曰：大匠不用斫。

又曰：夫物有以自然，而后人事有治也。故良匠不能斫金，巧冶不能铄木。金之势不可斫，而木之性不可铄也。埏埴而为器，刳木而为舟，烁铁而为刃，铸金而为钟，因其可也。

《尸子》曰：古者倕为规矩准绳，使天下仿焉。

《慎子》曰：百工之子，不学而能者，非生而巧也，言有常事。

《傅子》曰：马先生钧，天下之巧也。有二子，谓古无指南车，记言之虚也，先生曰："古有之。"二子以白明帝，诏先生作之，而指南车成。此一异也，从是天下服其巧矣。居京都，城内有地可为园，患无水以溉之。先生乃作翻车，令童儿转之，而灌水自覆，其巧百倍于常，此二异也。后人有上百戏者，能设而不能动。帝以问先生："可动否？"钧曰："可动。"帝曰："其巧可益否？"对曰："可益。"受诏作之，以大木雕构，使形若输平，潜以水发焉；设为女乐舞象，使木人击鼓吹箫，木跳丸掷，自出自入，百官行署，变巧百端，此三异也。先生见诸葛亮连弩，曰："巧则巧矣，未尽善也。"言作之可令加五倍，尝试以车轮悬瓴甓数十，飞之数百步矣。马先生之巧，虽古般输、墨翟、王尔，汉世张平子，不能过也。

又曰：马先生为机器未成，裴世子疑而难之，先生口屈不能对。傅子谓："裴子善乎言而不巧，马氏长于巧而短于言。巧者，天下之微事。"

《抱朴子》曰：善围棋者，世谓之棋圣。故严子卿、马绥明有棋圣之名。书圣，皇象、胡昭是也；画圣，卫协、张墨是也；木圣，张衡、马钧是也。

《孔丛子》曰：孔鲋谓陈王曰："梁人有杨田者，伎巧过人，骨腾肉飞。"

《博物志》曰：近世有田夫，至巧而不自觉也。其妇称之，犹不自知。乃削木为小麦，试粜之，籴者无疑，归磨乃觉非麦。

《论衡》曰：传称鲁般、墨子之巧，刻木为鸢，飞之三日而不集。下也。夫言其以木为鸢飞之，可也；言其三日不集，增之也。犹世传言鲁般巧亡其母矣，言其巧工为母作木车马，木人御者，机关备具，载母上台，去而不还，失其母焉。

杨泉《物理论》曰：夫蜘蛛之罗网，蜂之作巢，其巧妙矣，而况于人乎？故工匠之方规圆矩，出乎心巧，成于手迹，非睿敏精密，孰能着勋形成，以周器用哉？

《晋赞》曰：陈勰以工巧见知。

太平御览卷第七百五十三　工艺部十

围棋

《左传》曰：宁喜许纳卫献公，太叔文子曰：“今宁子视君不如弈棋；弈者举棋弗定，不胜其偶，而况置君弗定乎？弈，围棋也。九世之卿族，一举而灭之，可哀也哉！”

《魏志》曰：王粲观人围棋，局坏，坏，谓白黑既乱。粲复为之。棋者不信，以袙盖局，便更以他局为之，用相比校，不误一道。

《魏氏春秋》曰：孔融被诛，二子棋而不起。左右曰：“尔父见报，不起何也？”二子曰：“安有巢毁而卵不破者乎？”

《蜀志》曰：费祎与来敏围棋，于时羽檄交驰，人马擐甲，严驾已讫。而祎留意对戏，色无厌倦。祎至，敌遂退。

《吴志》曰：孙权太子和常言：“当世士人，宜讲修术学，习射御，以周世务，而但交游博弈，以妨事业，非进取之谓也。”后群僚侍宴，言及博弈，以为妨事费日，而无益于用，劳精损思，终无所纪，非所以进德修业、积累功绪也。人情犹不能无嬉娱，嬉娱之好，亦在饮宴琴书射御之间，何必博弈可以为欣？乃命侍坐者八人，各着论以矫之。于是中庶子韦曜退而奏论，和以示宾客。时蔡款好弈，故以讽之。

《吴录》曰：严武，字子卿。围棋莫与为辈，谓之八绝。

《晋书》曰：王质入山斫木，见二童围棋，坐观之。及起，斧柯已烂矣。

又曰：贾谧尝与太子弈棋，争道。成都王颖在坐，正色曰：“皇太子，国之储君，贾谧何得无礼也！”

又曰：苻坚率众号百万，次于淮淝，京师震恐，加谢安征讨大都督。兄子玄入问计，安夷然无惧色，答曰：“已别有旨。”既而寂然，玄不敢复言。及令张玄重请，安遂命驾出墅，亲朋毕集，方与玄围棋赌别墅。安常棋劣于玄，是日玄惧，便为敌手，而又不胜。安顾谓其甥羊昙曰："以墅乞汝。"

又曰：王导与其子悦弈棋，争道。导笑曰："相与有瓜葛，那得为尔耶？"

又曰：祖纳为军谘祭酒。纳好弈棋，王隐谓之曰："禹惜寸阴，不闻数棋。"对曰："我以忘忧耳！"

邓粲《晋记》曰：阮籍母死，与人围棋如故。对者求止，籍不肯，留决胜焉。

《晋中兴书》曰：王恬，字敬豫，与济阳江霖俱善弈棋，为中兴第一。

又曰：陶侃在荆州，见佐吏博弈戏具，投之于江，曰："围棋者，尧、舜以教愚子；博者，商纣所造。诸君并怀国器，何以为此？"

《晋起居注》曰：镇东司马颜延之，坐围棋免官。

沈约《宋书》曰：羊玄保为黄门侍郎，善弈棋，棋品第三。太祖亦好，玄保数蒙引见。与太祖赌郡，戏胜，得补宣城太守。

又曰：徐羡之沉密寡言，不以忧喜见色。颇工弈棋，当世以此推之。

又曰：谢弘微性无愠色。末年与人围棋，西南有棋死势。有人曰："南风急，或覆舟。"人悟，救之。弘大怒，投局于地。识者知其莫年。

《齐书》曰：能棋人琅琊王抗为第一品，吴郡褚思庄、会稽夏赤松第二品。赤思速，善于斗棋。宋文帝世，与羊玄保戏，因制局图，还于帝前覆之。太祖使思庄与王抗官赌，自食时至日暮，一局始竟。上倦遣还省，至五更方决。抗睡于局后，思庄达晓不寐。世或以思庄品第致高，缘其用思深久，人不能对也。

又曰：武帝好围棋，棋甚拙，去格七八道，物议共欺为第三品。与第一品王抗围棋，依品赌戏，抗每饶借之，曰："皇帝飞棋，臣抗不能断。"帝终不觉，以为信然，好之愈笃。

又曰：武陵王晔，少年时，贫无棋局。乃破荻为片，纵横以为棋局，指点行势，遂至名品。

《燕书》曰：罗腾，字叔龙，工围棋，究尽其妙，独步当时。俄而右北平乐抄少携出，与齐焉。

《后魏书》曰：甄琛举秀才，入都积岁，颇以弈棋弃日，至乃通夜不止。有苍头者，常令秉烛，或时睡，即大加责杖，如此非一。奴后不胜楚痛，乃白琛曰："郎君辞父母，仕官京师，若为读书执烛，不敢暂非；乃以围棋，日夜不息，岂是向京之意？而肆加杖罚，不亦非理乎？"琛惕然惭感，遂从许赤虎假书研习，闻见益优。

《陈书》曰：梁武帝诏校定棋品，到溉、朱异已下并集。陆琼时年八岁，于客覆局，由是京师号曰神童。

《唐书》曰：顺宗朝，罢翰林阴阳、星卜、医相、射覆、棋弈诸待诏三十二人。初，王叔文以棋待诏，既用事，恶其与已侪类相乱，故罢之。

《江表传》曰：吕范讨山越还，白事于孙策，从容独与围棋，因论军旅。

《西京杂记》曰：杜夫子善弈棋，为天下第一。或讥其费日，夫子曰："精其理者，足以大裨圣教。"

又曰：戚夫人侍儿贾佩兰，后出为扶风人段儒妻，说在宫内时，常以八月四日出雕房，北户竹下围棋，胜者终年有福，负者终年疹病，取丝缕就北辰祈求延命，乃免。

《述异记》曰：朱道珍常为孱陵令，南阳刘廓为荆州参军，每与围棋，日夜相就，局子略无暂辍。道珍以宋元徽三年六月亡。至九月，廓坐斋中，忽见一人以书授廓，云："朱孱陵书。"廓开书看，是道珍手迹，云："每思棋聚，非意致阔，方有来缘，想能近领。"廓读书毕，失信所在。失其书信。寝疾，寻亡。

《孟子》曰：弈秋，通国之善弈者也。使奕秋诲二人弈，其一人专心致志，唯弈秋之为听；一人虽听之，一心以为有鸿鹄将至，思援弓缴而射之。虽与之俱学，弗若之矣。

《抱朴子》曰：葛洪体钝性驽，素寡玩好。见人博戏，曾不目眄，至今不知棋局几道。

又曰：善围棋者，世谓之棋圣。故严子卿、马绥明有棋圣之名也。

《淮南子》曰：行一棋不足以见智，弹一弦不足以见悲。

《尹文子》曰：以智力求者，喻如弈棋：进退取与，攻劫放舍，在我者也。

《陈留志》曰：阮简，字茂弘，为开封令。县有劫贼，外白之甚数。简方围棋长啸，吏云“劫急”，简曰：“局上劫亦甚急！”其高率如此。

扬子《法言》曰：围棋击劫，反目眩形，亦皆自然也。

《博物志》曰：尧造围棋，丹朱善之。

《新语》曰：世言围棋，或言兵法之类。上者张置疏远，多得道而胜；中者务相遮绝，争便求利；下者守边隅，趋作罫。古买反，线间方田也。犹薛公之言黥布反也，上计取吴楚广地，中计塞成皋遮要争利，下计据长江以临越，守边隅趋作罫者也。

《俗说》曰：羊玄保作吏部郎，数被召见。后有传诏来，始入门，其儿灵孙年十许岁，见传诏，语其父云：“儿知也，正当围棋耳。”

《语林》曰：王中郎以围棋是坐隐，亦以围棋为手谈。

又曰：王武子与武帝围棋，孙皓在侧。武子问孙：“归命何以好剥人面皮？”皓曰：“见无礼于君者，则剥之。”乃举棋局下，故讥之。

又曰：豫章太守顾劭，是丞相雍之子，在郡卒时，雍方盛集僚属围棋，外信至，而无儿书，虽神意不变，而心料有故。宾客既散，方叹曰：“已无延州之遗累，宁有丧明之责耶？”于是豁情散哀，颜色自若。

《方言》曰：围棋者，自关东齐鲁之间谓之弈。

班固《弈指》曰：北方之人谓棋为弈。弘而说之，举其大略，义亦同矣。局必方正，象地则也；道必正直，体明德也。其有黄黑，阴阳分也；骈罗列布，效天文也。四象既陈，行之在人，盖王政也。法则臧否，为仁由己，道之正也。

《梦书》曰：梦围棋者，欲斗也。

魏王粲《围棋赋序》曰：清灵体道，稽谟玄神，围棋是也。

魏应玚《弈势》曰：盖棋弈之制，所由来尚矣。骆驿雨集，鱼鳞雁峙，奋维阖翼。固卫边鄙，寇动北叠，备在南尾。

晋刘恢《围棋赋序》曰：司空从事中郎庾仲初，性好围棋，终不达棋旨。言文则触类而至，对局则冥然而穷。何所解如彼之易，所碍如此之难哉？

投壶

《礼记》曰：投壶之礼，主人奉矢，司射奉中，使人执壶。壶，射之类也。主人请曰："某有枉矢哨壶，哨，且醮切，不正貌。请以乐宾。"宾曰："子有旨酒嘉肴，既受赐矣；又重以乐，敢辞。"主人曰："枉矢哨壶，不足辞也，敢固以请。"宾曰："某既赐矣，又重以乐，敢固辞。"主人曰："枉矢哨壶，不足辞也，敢固以请。"宾曰："某固辞不得命，敢不敬从？"不得命，不以命见许。宾再拜，受，宾再拜受矢也。主人般还曰："辟。"主人阼阶上，拜送，拜送，送矢也。宾般还曰："辟。"已拜受矢，进即两楹间，退反位，揖宾就筵。司射进度壶。间以二矢半，反位。设中东西，执八算兴。设中亦宾也。八算于中横委，其余于中西执算而立，以请宾俟投。请宾曰："顺投为入，比投不释，胜饮不胜者。正爵既行，请为胜者立马，一马从二马。三马既立，请庆多马。"请主人亦如之。请犹告也。顺投，矢本入也。比投，不舍也。胜饮不胜，言以能养不能也。

《礼记》曰：壶颈修七寸，腹修五寸，口径二寸半，容斗五升。壶中实小豆焉，为其矢之跃而出也。壶去席二矢半。矢以柘若棘，毋去其皮。取其坚且重也。或言去其皮节也。

《左传》曰：晋侯以齐宴，中行穆子相。晋侯先。穆子曰："有酒如潍，有肉如坻。寡君中此，为诸侯师。"中之。齐侯举矢曰："有酒如渑，有肉如陵。寡人中此，与君代兴。"

《东观汉记》曰：祭遵薨，范淑上疏曰："遵为将军，取士皆用术。对酒设乐，必雅歌投壶。"

《魏略》曰：邯郸淳，字元淑。作《投壶赋》千余言奏之，文帝以为工，赐帛十匹。

又曰：游楚好投壶自娱。

《晋书》曰：石崇有妓，善投壶，隔屏风投之。

《王弼别传》曰：弼性和理，乐游宴，解音律，善投壶。

《崔宴传》曰：投壶者，皆以多算饮少筹。

《西京杂记》曰：武帝时，郭舍人善投壶，以竹为矢，不用棘也。古之投壶，取中而不求还，故实小豆，恶其矢跃而出也。郭舍人则激矢令还，一矢百余反。语之为骁，言如博之坚，于辈中为骁杰。每为武帝投壶，辄赐金帛。

《献帝春秋》曰：袁绍闻魏郡兵反，与黑山贼等数万人共覆邺城，杀郡守。坐中家在邺者，忧怖失色，或起而啼泣。绍观督引满投壶，言笑容旨自若。

《晋阳秋》曰：王胡之善于投壶，言手熟闭目。

《神异绝经》曰：东荒山中有大石室，东王公居焉。与一玉女投壶，没有入不出者，天为之笑。张华曰：天笑者，开口流光。

《艺经》曰：投壶法，十二筹，以象十二月之数。

《投壶变》曰：谓之投壶者，取名蕟他由切薮。渐而转易，铸金代焉。逮之于后，人事生矣。壶底去一尺，其下笋以龙玄。玄，月中虾蟆，随其生死也，犹日狗龙蛇之类。运之以鱇平表切虾谓龙下鱇螭也燕尾。燕识候而归人，来去有恒。投而归人，自数之极也。矢十二，数之极也。长二尺八寸。法于尚矣，古用柘棘。古者投壶，击鼓而节，带剑十二，入裣频二带，谓之带剑。倚十八，倚，并左右如狼尾状。狼壶二十，令矢圆转西于壶口。剑骄七十。入带剑还如后也。三百六十筹得一马，言三百六十岁功成也。马，谓之近党同得胜也。三马成都。

魏王粲《棋赋》曰：夫注心锐念，自求诸身，投壶是也。

晋傅玄《投壶赋序》曰：投壶者，所以矫懈而正心也。

晋李尤《壶筹铭》曰：投壶筹礼，揖叙先后。通风月数，分为王部。

太平御览卷第七百五十四 工艺部十一

博

《说文》曰：博，局戏，六箸十二棋也。

《论语》曰：饱食终日，无所用心，难矣哉！不有博弈者乎？为之犹贤乎已。

《家语》曰：哀公问于孔子曰："吾闻君子不博，有之乎？"孔子曰："有之，为其二乘也。"公曰："有二乘，何为不博？"孔子曰："为其兼行恶道也。"

《史记》曰：宋闵公与南宫长万博，争。公怒辱之，曰："吾始敬若，若，汝。今子鲁虏也！"长万病此言，遂以局杀闵公。

又曰：魏王与信陵君博。北境举烽火，言赵寇入界。信陵君曰："臣有客，能知赵王阴事，言赵王猎，非寇也。"

又曰：剧孟好博，多少年之戏。

又曰：蔡泽说范雎曰："君独不观夫博者乎？或欲大投，或欲出分功，班固《弈指》曰："博悬于投，不必在行。"崔骃曰："投琼也。"此皆君之所明知也。"

《汉书》曰：孝文帝时，吴太子侍博，争道，不恭。皇太子以博局提吴太子，杀之。或云提音抵。抵，掷也。

又曰：吾丘寿王，字子赣，少年以善格五召待诏。苏林曰：博之类也。孟康曰：格者，行杵相周，故已言各。或曰：塞法，至立各不得，故云格五也。

又曰：陈遵祖父遂，字长子。宣帝微时，与遂有故，相随博弈，数负债。及宣帝即位，遂稍迁至太守，赐遂玺书曰："制诏太原太守，官尊禄厚，可以偿博债矣。"

范晔《后汉书》曰：耿恭为戊己校尉。恭至部，移檄乌孙，示汉威德。昆弥以下皆喜，遣使献名马，及奉宣帝所赐公主博具，愿遣子入侍。

又曰：客星经帝座，或问袁延。延因上封事曰："河南尹邓万有龙潜之旧，封为通侯，恩重公卿，惠丰宗室，加礼引见，与之对博，上下渫音薛黩，有亏尊严。"

《魏略》曰：孔桂性便妍，晓博弈。太祖爱之，每在左右。

又曰：杜畿与卫固少相狎侮，共博争道，畿曰："我今作河东也！"固发衣骂之。及畿之官，而固为功曹。

《晋中兴书》曰：桓玄强与人博奕，取其田宅。

《穆天子传》曰：天子北入邴，邴，郑邑也，音枋。与井公博，三日而决。疑井公贤人而隐者，故王就戏。

《梁冀别传》曰：冀好格五六博。

《神仙传》曰：中山卫叔卿服云母得仙。汉武使其子度世，往华山求之。度世望见父，上有紫云，白玉为床，与数人博戏。度世问："父所与博者是谁？"曰："洪崖先生、许由、巢父也。"

《秦记》曰：吕光破龟兹，始获鸠摩罗什。光死，子缵立，戏弄罗什，或共棋博，乃杀子，云"斫胡奴头"。什曰："不斫胡奴头，其胡奴斫人头。"后缵弟越字胡奴，果斩缵头。

《凉州记》曰：吕光太安二年，龟兹国使至，献宝货、奇珍、汗血马。光临正殿，设会文武博戏。

《西域胡》曰：诸博戏，取人牛马财物者，胡俗皆陪偿。

《述征记》曰：极西南端门外有石，石色青而细。修之作博棋，以遗江东，甚可珍玩。

《西京杂记》曰：许博昌，安陵人也，善六博。窦婴好之，常与居处。其术曰："方畔揭道张，玄究屈高，高玄屈张。"又曰："张道揭畔方，方畔揭道张。究屈玄高，高屈究张。"居三辅，儿诵之。法用六箸，或谓之究，以竹为之，长六分。或用二箸。博昌又作《六博经》一篇，今世传之。

《庄子》曰：臧与谷牧羊，而俱亡其羊。问臧奚事，则挟策读书；问谷奚事，则博塞以游。事业不同，其亡羊均也。

《列子》曰：虞氏者，梁之富人也。登高楼，大路，设乐饮酒，击博楼上。

《抱朴子》曰：南阳文氏，求食入山，见高岩上有数人对博。

《淮南子》曰：善博者不欲牟，博以不胜为牟。牟，大也，进也。不恐不胜。平心定意，投得其齐，齐，得其适。行由其理，虽不必胜，得筹必多。

《韩子》曰：薛公之相魏昭侯也，有阳胡蕃者，于王甚重，而不为薛公，薛公患之。于是乃与之博，与之百金，令与昆弟博戏，俄又益之二百金。

又曰：齐宣王问匡倩曰："儒者博乎？"对曰："博也者贵枭，胜者必杀枭。"是杀其所贵也，儒者以为害义，故不博。

《尹文子》曰：博者尽开塞之宜，得周通之路。

杨子《法言》曰：或问："侍君，子博乎？"曰："侍坐则听言，有酒则观礼，焉事博乎？"

《说苑》曰：秦始皇时，嫪毐骄奢。后与帝左右博，争行，乃瞋目大呼。

又曰：晋灵公骄奢，造九层之台，谓左右曰："敢谏者斩！"孙息孙息即荀息也。闻之，求见公。曰："子何能？"孙息曰："臣能累十二博棋，加九鸡子于其上。"公曰："吾少学，未尝见也，子为寡人为之。"孙息即正颜色，定志气，以棋子置于下，而加九鸡子于其上。左右慑息，灵公俯伏，气息不续。公曰："危哉！"孙息曰："公为九层之台，三年不成，危甚于此！"

《风俗通》曰：汉武帝与仙人共博，其投石中马蹄处，于今尚在。

《典略》曰：荆轲与鲁勾践博，争道。勾践怒而叱之，轲去而逃娄。

《春秋旧事》曰：倪宽为汉马农卿，与太子博，争局，犯罪而还。

《遁甲经》曰：天一游亭，六行亭亭，天一之贵神也。战斗博戏渔猎，但可，背不可向也。

《薛孝通谱》曰：乌曹作博，其所由来尚矣。双箭以象日月之照临，十二棋以象十二辰之躔次。则天地之运动，法阴阳之消息，表人事之穷达，穷变化之几微。履谦谢，则知冲谢以致福；观杀罚，则知当路而速祸；行其道，则掎鹿有归；保其家，乃瞻乌爰集。隐显藏用，莫不合道；龙潜鹊起，率皆趣良。足以谐畅至娱，始协妙赏者也。

魏曹植《古冶子等赞》曰：齐彊接子勇节，徇虎门之博。忽宴置衅，矜而自伐，轻死重分。

魏王粲《弹棋赋序》曰：因行骋志，通权达理，六博是也。

晋李尤《博铭》曰：夫无用心，博弈犹贤。方平处下，自不邪偏。

樗蒲

《晋书》曰：桓玄见人有好园宅，悉欲取之，勒以樗博而赌之。玄微闻义军起，忧惧，弗能寝食。或曰："刘裕等狂惑，事必无成。"玄曰："裕足为一世之雄，加以果于用兵；刘毅家无担石之储，樗蒲一掷百万；何无忌、刘牢之，外生酷似其舅。共举大事，往为不成。"

又曰：葛洪，字稚川，性寡欲，无所爱玩，不知棋局几道，樗蒲齿名。

又曰：王献之年数岁，尝观门生樗蒲，曰："南风不竞。"门生曰："此郎亦管中窥豹，时见一班。"

又曰：武帝喜胡贵嫔。帝尝与之樗蒲，争道，遂伤上指。帝怒曰："此固将种也！"对曰："北伐公孙，西拒诸葛，非将种而何！"帝甚有惭色。

又曰：谢鲲婿殷睿好樗蒲。夺其妹装物，以还戏债。刘湛谓谢弘微曰："谢氏累代财产，充殷君一朝戏债，卿视而不言，譬弃物江海，以为廉耳。"

又曰：陶侃，字士衡。见诸参佐或以谈戏废事，乃取其樗蒲博具，悉以投于江，乃曰："樗蒲者，牧猪奴戏耳！"

又曰：刘毅于东府聚樗蒲，大掷，一判应至数百万，余人并黑犊以还，唯刘裕及毅在后。毅次掷，得雉，大喜，褰衣绕床，叫谓同座曰："非不能卢，不事此耳！"裕恶之，因挼五木，久之，曰："老兄试为卿答。"既而四子俱黑，其一子转跃未定，裕厉声喝之，即成卢焉。毅意殊不快，然素黑，其面如铁色焉。既而乃和言曰："亦知公不能以此见借！"

又曰：周顗之死也，王敦坐其罪。有一参军，樗蒲，马于博头被杀，因谓敦曰："周家弈世令望，而位不至公。及伯仁将登而坠，有似下官此马。"伯仁，顗之字也。

又曰：慕容宝，初在长安，与韩黄、李根等因燕樗蒲，宝危坐整容，誓之曰："世云摴蒲有神，岂虚言哉？若富贵可期，频得三卢！"于是三掷三卢。

《宋书》曰：何尚之，少时颇轻薄，少好樗蒲。既长，折节蹈道，以操立见称。为陈郡谢琨所知，与之游处。

《齐书》曰：李安民，击鹊尾江城有功。明帝大会新亭楼劳诸军，令樗蒲共赌。安民五掷皆卢，帝大惊，目安民曰："卿面方如田，封侯状也！"安民少时贫窭，有一人从门过，相之曰："君后当大富贵，与天子交手共戏。"至是果验。

《后周书》曰：王思政虽被任委，自以非相府之旧，每不自安。太祖曾在同州与群公宴集，出锦罽及杂绫绢数段，命将樗蒲取之。物既尽，太祖又解所服金带，令诸人遍掷，曰："先得卢者，即与之。"群公将遍，莫有得者。次至思政，乃敛容跪坐而自誓曰："王思政羁旅归朝，蒙宰相国士之遇，方愿尽心效命，上报知已。若此诚有实，令宰相赐知者，愿掷即为卢；若内怀不尽，神灵亦当明之，便使不作也，便当杀身以谢所奉！"辞气慷慨，一坐尽惊。即拔所佩刀，横于膝上，览樗蒲拊髀掷之。比太祖止之，已掷为卢矣。徐乃拜而受之。

《江虨别传》曰：虨年十一，始学樗蒲。祖母为说往事有以博弈破业废身者，于是即弃五木，终身不为戏。

《抱朴子》曰：林卢山中有一亭，其中有鬼。每有宿者，常有十许人，衣袍或白或黑，或男或女。有王伯夷过宿而坐诵经。夜有十余人，与伯夷对坐，自持樗蒲。伯夷密以镜照之，乃群犬也。

《郭子》曰：桓公宣武也年少至贫，尝樗蒱，失数百斛米。齿既恶，意亦沮。自审不复振，乃请救于袁彦道。桓具以情告，袁欣然无忤，便即俱去，出门云：“我不但拔卿，要为卿破之！我必作快齿，卿但快唤！”既戏，袁形势呼咀音恒咀相呵概壮，掷必卢雉，二人齐叫，敌家震惧丧气。俄顷，获数百万。

《博物志》曰：老子入胡日，作樗蒲焉。

《俗说》曰：殷伯弟为何无忌参军，在浔阳与何共樗蒲，得何百万便住，何大怒骂殷。

《世说》曰：温峤位未高时，屡与扬州淮中贾客樗蒲，每辄不竞。尝一过大输，物尽戏屈，无因得反。与太尉庾亮友善，峤于舫中大唤：“庾亮卿可赎我！”庾即送值，然后得还。

《异苑》曰：颍川陈寂，元嘉中，昼忽有一足鬼，长三尺许，为寂驱使，欲与邻人樗蒲。而无五木，鬼乃取刀斫庭中杨枝，于户间作之，即烧灼，黑白虽分明，但朴尔。

又曰：昔有人乘马山行，于岫里见二老公相对樗蒲。遂下马，以策拄地而观之。自谓俄顷，望视其马鞭，漼然已烂；顾瞻其马鞍，亦枯朽。既还，无复亲识，一恸而绝。

《庾翼集》曰：顷闻诸君有樗蒱过差者，初为是，政事闲暇以娱意耳，故未有言也；今知大相聚集，渐以成俗，闻之能不怃然！

繁钦《威仪箴》曰：其有退朝，偃息闲居，操檋瞿营切弄棋，檋，博子。文局樗蒱，言不及义，胜负是图。

塞苏则切

《说文》曰：塞，行棋相塞谓之塞。

《齐书》曰：沈文季，字仲达，吴兴武康人也。尤善塞，用五子。

《穆天子传》曰：天子北入邴，音枋与井公塞。

魏王郎《塞势》曰：余所与游处，唯东莱徐先生素习《九章》，能为计数。问：“可以代博弈者乎？”曰：“塞，其次也。”乃试习其术，以惊睡焉。

边韶《塞赋序》曰：余离群索居，无讲诵之事。欲学无友，欲农无耒，欲弈无塞，欲博无楮。问可以代博弈者乎？曰塞其次也。书曰：“始作塞者，其明哲乎？故其用物也约，其为乐也大。”

藏钩古作驱

辛氏《三秦记》曰：昭帝母钩弋夫人，手拳而有国色，先帝宠之。世人藏钩，法此也。法其拳手。

《西京杂记》曰：戚夫人以百炼金为彄环，照见指骨。上恶之，以赐侍儿。

《荆楚岁时记》曰：为藏彄之戏，辛氏以为钩弋夫人所起。周钧、成公绥并作“彄”字，《艺经》庾阐则作“钩”字，其事同也。俗云此戏令人生离，有禁忌之家，废不修也。

《风土记》曰：腊日饮祭 之后，嫂妪儿童为藏绊之戏。分二曹以校胜负，若人偶即敌对，人奇居宜切。奇，独也。即使奇人为游附，或属上曹，或属下曹，名为飞乌，以齐二曹人数。一彄藏在数十手中，曹人当射常益切。知所在。一藏为一筹，五筹为一赌。

《异苑》曰：晋海西公时，有贵人会因藏彄，倏有一手间在众臂之中，修骨巨指，毛色粗黑，举坐咸惊。寻为桓大司马所诛。旧传藏绊令人生离，斯验深矣。

晋庾阐《藏彄赋》曰：叹延夜之藏彄，常一时之戏望。以道生为元帅，以子仁为佐相。

盛翁子《藏彄赋序》曰：余以腊后，要命中外，以行钩为戏，心悦其事，故赋之云。

蹴鞠

《风俗通》曰：丸毛谓之鞠。

郭璞《三苍解诂》曰：鞠，毛丸，可蹋戏。

《史记·苏秦传》曰：临淄民无不吹竽、鼓瑟、击筑、斗鸡、走狗、六博、蹴鞠。

《汉书》曰：东方朔云："董君董偃也贵宠，天下莫不闻。郡国走马蹴鞠客辐凑于董氏焉。"

《魏略》曰：孔桂，字叔林。性便妍，好蹴鞠。故太祖爱之，每在左右。

《唐书》曰：姜皎，玄宗即位，召拜殿中少监。数召入卧内侍宴，私以后妃连榻，间以击球，常呼之为姜七。

《梁冀别传》曰：冀好蹴鞠。

《西京杂记》曰：成帝好蹴鞠。群臣以蹴鞠劳体，非至尊所宜。帝曰："朕好之。可择似不劳者奏之。"家君作弹棋以献，帝大悦，赐青羔裘、紫丝履，以服朝觐焉。

又曰：太上皇徙长安，居深宫，凄怅不乐。高祖窃因左右问，正以生平所好，皆屠贩少年，斗鸡蹴鞠以为欣，今皆无此，故不乐也。

刘向《别录》曰：蹴鞠者，传言黄帝所作。或曰起战国时，记黄帝蹴鞠兵势也，所以练武士、知有才也。令军事无事，得使蹴鞠。有书二十五篇。

《会稽典录》曰：唐庠，字汉序。三国鼎峙，互兴金革。士以弓马为务，家以蹴鞠为学。于是名儒洪笔，绝而不续。

太平御览卷第七百五十五 工艺部十二

弹棋

《东观汉记》曰：安帝诏曰："乐成王居谅暗音阴，衰服在身，弹棋为戏，不肯谒陵。"

沈约《宋书》曰：晋平剌王休祐，文帝第十三子也。在荆州时，左右范景达善弹棋，上召之，休祐留不遣。上怒，诘责之。

《赵书》曰：冉闵收石遵，遵方与女子弹棋，兵至，杀之。

《梁冀别传》曰：冀好弹棋。暑夏之月，露首袒体，唯在樗蒱弹棋，不离绮繻纨袴之侧。

《世说》曰：刘真长始见王丞相，时暑之月，丞相以腹熨弹棋局，曰："何如乃渹！"吴人以冷为渹，音楚敬切。刘既出，人问见王公何如，刘曰："未见他异，唯作吴语耳。"王丞相導也。

又曰：弹棋始自魏文帝宫内装器戏也。文帝于此伎特妙，用手巾拂之，无不中者。有客自云能，帝使为之。客着葛巾拂棋，妙逾于帝。

魏文帝《典论》曰：余于他戏弄之事，少所喜；唯弹棋略尽其功，乃为之赋。昔京师先工有马合乡侯、东方安世安、张公子，常恨不得与彼数子者对。

《艺经》曰：弹棋，二人对局，黑白棋各六枚。先列棋相当。下呼，上击之。

《弹棋经序》曰：弹棋者，仙家之戏也。昔汉武帝平西域，得胡人善蹴鞠者，盖炫其便平声。捷跳跃，帝好而为之。群臣不能谏，侍臣东方朔因以此艺进之，帝就舍蹴鞠，而上弹棋焉。习之者多在宫禁中，故时人莫得而传。至王莽末，赤眉凌乱，西京倾覆，此艺因宫人所传，故散落人间。及章帝御宇，好诸伎艺，此戏乃盛于当时。

《弹棋经后序》曰：自后汉冲、质已后，此艺中绝。至献帝建安中，曹公执政，禁闱幽密，至于博弈之具，皆不得妄置宫中。宫人因以金钗玉梳戏于妆奁之上，即取类于弹棋也。及魏文帝受禅，宫人所为，更习弹棋焉。当时朝臣名士，无不争能，故帝与吴季量吴质，字季量。书曰："弹棋，间设者也。"

又曰：弹棋者，雅戏也。非同乎五白枭橛枭橛并樗蒲彩。之数，不游乎纷竞诋欺之间，淡薄自如，固趋名近利之人多不尚焉。盖道家所为，欲习其偃亚导引之法，击博腾掷之妙，以自畅耳。

又曰：唐顺宗在春宫日，甚好之。时有吉达、高鉽、崔同、杨愿之徒，悉为名手。后有窦深、崔长孺、甄颙、独孤辽，亦为亚焉。至于长庆之末，好事之家犹见有局尚多解者。

后汉蔡邕《弹棋赋》曰：夫张局陈棋，取法武备。因嬉戏以肄业，托欢宴以讲事。设兹矢石，其夷如砥。采若锦缋，平若停水。肌理光泽，滑不可履。乘色行巧，据险用智。

魏文帝《弹棋赋》曰：局则荆山妙璞，滑如柔荑。棋则玄木北干，桑树西枝。象筹列植，下据双螭。

王粲《弹棋赋》曰：文石为局，金碧齐精，隆中夷外，理致肌平。

晋傅玄《弹棋赋序》曰：汉武帝好蹴鞠。刘向以为蹴鞠劳人体，竭人力，非至尊所宜，乃因其体而作弹棋以解之。

儒棋

《后魏书》曰：侍中游肇，性谦廉不竞。曾撰《儒棋》，以表其志焉。肇述儒棋曰："儒棋者，盖博、弈之流，所以游思于文，亦犹投壶之习武也。故圣人因物设教，有实有权；情礼称宜，有张有弛。孔子云：'不有博弈者乎？为之犹贤乎已。'若夫井公之对周穆，叔卿之接许由，此或示存，恐非有待。然则君子之处世也，岂遂耽于所适，徒费时日者哉！至于几杖盘鉴，犹载铭戒；矧乃谐神之器，而不加劝也？但古之为玩者，莫不竞进其功，塞杀与乐，殊途异势，并传于时，未有以谦退为胜，通生为乐者。故因暇隙，聊复措意，此即儒棋之一名。盖游艺之所统，本诸谦净；诠名撰德，略依儒行；起舍遵道，轨法中庸。时然后玩，人不厌其游；让而后胜，人逾惬其负。矜勇所以知残，冲逊以之弥隆。岂唯崇谦止竞而已，谅亦阶善全德之所因矣。积名会理，其殆庶几；致泥之戒，宁不愧乎？”

《儒棋》曰：投二，方二分六彩也。智一、礼二、仁三、义四、信五，各法生数，所以记彩而行于道，岂唯名义而已，借物以为差也，谦行数无准，名显义耳。进退之异，唯有枭伏；棋十，生成之数，亦不是过，白黑半，各用五分。方五分长寸。分寸所以记法。善六、敬七、德八、忠九、顺十，各据成数，所以记算，而兼名义。名义虽异，亦符五德，阴阳配合，数尽也。方局尺五，周道四十，其用三十六。取舍途异。四维之道，通数而棋。处恶其雅也。谦退为尚，故高彩者先投。耻为道也。彼此二位，谓之净；净者，谓仁义也。左右二道，谓之中。中者，谓礼智之道也。其净、中四道，彼此左右，互有二，不得相干。干则斗也。行棋之法，始附净起，转互相顺，终因净出。初不净出，必曲之者，避相涉也。通生为务，不存塞杀。志仁恕也。彩越净中者休，则立枭，枭者不伏。彩不会也。会净中者，枭折为伏，伏者不枭。行不越也。若彩虽会，而于彼拟以过之；有棋则不得拟。非干彼者，则自居矣。居拟不同，以于彼也。行伏棋者，得异彩，依数而行。两彩同者，唯行一，常柔齐也。一谦者停，两谦退一等。贵重损也。行枭棋者，得异彩亦依数而行。两彩同者，尽行其数，鄙勇均也。一谦行一道，两谦者停。枭致异也。行伏不得行枭，行枭不得行伏。殊谦竞也。折枭伏者，皆从后定。重行终也。因彩而阋者，屈而申之。谓初得谦信也。缘行致累者，越而通足，皆不限道数。进退皆尔。枭伏两阋者，但行于枭。先枭者进，耻之义，道尤多故也。行棋之体，不相凌触，所蹈皆灵，行务灵净，唯焚触斗。孤明自在，不以强弱生而惧也。绝于跪巧，而顺消息，审理中也。悉遇中道，胜负乃分。先枭后伏，验之于净，谦勇之辨，实标先后。处净不安，方显其竟。道枭若促，不尽二彩者，则全行伏。先后用亦防其为出，自贻全，进边之义成也。枭伏两少者，行于枭。示不尽彩，理无兼也。彼既出尽，此有不出者，即许以为胜者之算。以后退为胜也。若全未出，则为之虚投。损已益人，谦者所崇。次局负，仍先。枭勇故也。得十算立一爵，三爵立，则成胜矣。既尚冲净，岂假务于多算？但谦并见迹，故假以胜为名也。

击壤

《释名》曰：击壤，野老之戏也。

玄晏皇甫谧，号玄晏先生。曰：十七年，与从姑子果柳等击壤于路。

《逸士传》曰：尧时有壤父五十人击壤于康衢。或有观者曰："大哉，尧之为君！"壤父作色曰："吾日出而作，日入而息，凿井而饮，耕田而食，帝何力于我哉！"

《风土记》曰：击壤者，以木作之，前广后锐，长可尺三四寸，其形如履。腊节，僮少以为戏，分部如掷博也。

《艺经》曰：击壤，古戏也。

又曰：壤以木为之，前广后锐，长尺四，阔三寸，其形如履。将戏，先侧一壤于地，遥于三四十步，以手中壤敲之，中者为上。

吴盛彦《翁子击壤赋》曰：论众戏之为乐，独击壤之可娱。因风托势，罪一杀两。

角抵

《左传》曰：晋侯梦与楚子搏，搏，手相搏。楚子伏已而盬其脑，是以惧。

《汉书》曰：武帝元封三年春，作角抵戏，应劭曰：战国之时，稍增讲之，以为戏乐，用相夸示，至秦，更名角抵者也。武帝大复增广之，至元帝元初五年罢。三百里内皆来观。

王隐《晋书》曰：颍川、襄城二郡，班宣相会，累欲作乐。襄城太守责功曹刘子笃曰："卿郡人不如颍川人相扑。"笃曰："相扑下伎，不足以别两国优劣；请使二郡更对论经国大理人物得失。"

《唐书》曰：裴矩，帝幸东都，矩以蛮夷朝贡者多，讽帝大征四方奇技，作鱼龙、曼延、角抵于洛邑，以夸诸戎，秋月而罢。

《西京杂记》曰：三辅人俗，每以赤刀为戏，汉朝亦取以为角抵之戏焉。

《汉武故事》曰：未央庭中设角抵。戏角者，六国所造也。秦并天下，兼而增广之。汉兴虽罢，然犹不都绝。至上，复采用之。并四夷之乐，杂以奇幻，有若鬼神。角抵者，使角力相抵触也。

弹

《广雅》曰：弹，行丸也。

《左传》曰：晋灵公台上弹人，观其避丸者。

《魏书》曰：齐王芳为帝，常喜以弹弹人。

《齐书》曰：桓荣祖善弹。登西楼见翔鹄，谓左右曰："当生取之！"乃弹其两翅，毛脱尽，堕地无伤。养之，毛生后，飞去。其妙如此。

《隋书》曰：长孙晟，洛阳人也。有鸢群飞，上谓晟曰："公善弹，为我取之。"十发俱中，并应丸而落。

《吴越春秋》曰：陈音对越王曰："弩生于弓，弓生于弹，弹生于古之孝子。古者人死，投之中野。孝子不忍父母为禽兽所食，则作弹以守之。"故古人之歌曰："断竹属木，飞土逐肉。"

《西京杂记》曰：韩嫣好弹，常以金为丸，一日所失者十余。长安为之语曰："苦饥寒，逐金丸！"京师儿童每闻嫣出弹，辄随之。望丸之所落，而辄拾取。

《庄子》曰：以隋侯珠弹千仞之雀，必笑所用至重，所取至轻。

又曰：见卵而求时夜，见弹而思鸮炙。

《世说》曰：潘岳少时，挟弹洛阳道，妇人见之，无不连手萦之。

《谈薮》曰：齐萧遥欣为童子时，见一小儿左右弹飞禽，未有不应弦而落者。遥欣谓之曰："凡戏多端，何急弹！此鸟自云中高翔，何关人事？"小儿感之，终身不捉。时少年士庶，竞为此戏。欣之一说，此戏遂废之。

又曰：梁王谓惠子曰："先生直言，无得引喻。"惠子曰："今有人不识弹，问弹状如何，答曰：‘弹状如弹。’则能了否？”王曰：“不了。”

又曰：“弹状如弓，以竹为弦，可知之乎？”王曰：“知矣。”惠子曰：“夫说者欲人知之；无喻，则不知也。”王曰：“善！”

顾子《义训》曰：人有善于射而高于顾子，顾子曰：“子之射虽百中，犹不若我之一弹。”或曰：“何以为然？”顾子曰：“子之所射，老狸之皮耳；我之所弹，弹狐之心！”

《潜夫论》曰：怀丸挟弹，携手遨游，外不足防寇盗，内不足禁鼷鼠。

四维

晋李秀《四维赋序》曰：四维戏者，卫尉贽侯所造也。画纸为局，截木为棋。取象一原，分而为二，准阴阳之位，拟刚柔之策，而变动无为，生乎其中。

象戏

周武帝造象戏，王褒为《象经序》曰：一曰天文，以观其象天，日月星辰是也；二曰地理，以法其形地，水火木金土是也；三曰阴阳，以顺其本。阳数为先，本于天；阴数为先，本于地是也。四曰时令，以政其序，东方之色青，其余三色，例亦如之是也。五曰算数，以通其变，俯仰则为天地日月星，变通则为水火金木土是也。六曰律吕，以宣其气，在子取未，在午取丑是也。七曰八卦，以定其位，至震取兑，至离取坎是也。八曰忠孝，以惇其教，出则尽忠，入则尽孝是也。九曰君臣，以事其礼，不可以贵凌贱，直而为曲，不可以卑畏尊、隐而无犯是也。十曰文武，以率其务，武修七德，文表四教是也。十一曰礼仪，以制其则，居上不骄，为下尽敬，进退有度可法是也。十二曰观德，以考其行，定而后求，求而后取，时然后言，乐然后笑是也。或外廷以报言，义存迁善；或黜退以贬过，事在惩恶。或以沈审为贵，正其瞻视；或以徇齐为功，明其纠察。得失表于隆替，在贱必申，怠敬彰于劝沮，处尊思屈。片善崇于拱璧，一言逾于华衮。

夹食

《艺经》曰：夹食者，二人黄黑各十七，其横列于前第四道上，甲乙迭推。二棋夹一为食棋，不得食两，不得边食。不由道则不行棋，入夹不取食。一棋为筹，赌多少随人所制。

悁于玄反闷

《艺经》曰：悁闷者，先布本位，以十二时相从。文曰："同有文章，虎不如龙豕者，何为来入菟宫？王孙尽卜，乃造黄钟。大往就马，非类相从，羊奔蛇穴，牛入鸡笼。"

射数

《纂文》曰：诡亿，一曰射数。

《梁冀别传》曰：冀好意钱。

簸子

《艺经》曰：子之多少，人之朋数，随戏者制。如十子争先，以落多为不妙。

抃

《汉书》曰：甘延寿，字君况，以良家子善骑射，试抃，为期门。以材力爱幸。

又曰：哀帝时，览抃，射武戏。孟康注曰：手搏为抃，角力为武。

左思《吴都赋》曰：抃壶搏。

掷砖

《续搜神记》曰：夏侯综为庾安西参军，说常见鬼乘车骑马满道，与人无异。常与人载行，忽牵人语，指道上一小儿云："此儿正尔大病！”须臾，此儿果病，殆死。其母闻之，请综。综云：“无他，汝儿向于道中掷涂，涂盖砖也。误中一鬼脚；鬼瞋，故病汝儿耳。但以酒饭贻鬼，即差。”母如言，儿即愈。

《艺经》曰：以砖二枚，长七寸，相去三十步，立为标。各以砖一枚，方圆一尺，掷之。主人持筹随多少，甲先掷破，则得乙筹，后破则夺先破者。

太平御览卷第七百五十六 器物部一

器皿

《说文》曰：皿，饮食之用器也。盛，黍稷在器中也。齍黍稷之器以祀者。卢，饭器也。鐈巨招反，似鼎而长足。鏖一刀切，温器也。

《方言》曰：器破而不殊，其音谓之謦音西，声也器破而未离谓之璺音问，南楚之间谓之皱。皱，皮美切。凡以器盛而满谓之涌。与恐切，言涌出也。

《通俗文》曰：金银镂饰器谓之错镂。竹器谓之笭箵。笭，郎鼎切。箵，桑鼎切。竹器边缘曰匴先管切。

《书》曰：迟任有言曰："人唯求旧；器非求旧，唯新。"言人贵旧，器贵新。

又曰：武王既胜殷邦，诸侯班宗彝，作分器。赋宗庙彝器酒樽赐诸侯。

《礼》曰：孟春之月，其器疏以达；孟夏之月，其器高以粗；孟秋之月，其器廉以深；孟冬之月，其器闳以掩。

又曰：侍食于君，君赐余，器之溉者不写，陶梓之器。其余皆写。萑竹之器。

又曰：作奇巧之器以疑众，杀。宗庙之器不鬻于市；锦文珠玉成器，不鬻于市。

又曰：玉不琢不成器，人不学不知道。

《论语》曰：工欲善其事，必先利其器。

《史记》曰：舜陶于河滨，器不苦窳以主切。舜作什器于寿丘。

又曰：通邑大都，木器髹者千伏，徐广曰：髹，音休，漆也。《汉书》曰：木器千伏。铜器千钧，素木铁器千石，此亦千乘之家也。

又曰：武帝有故铜器，李少君曰："此器，齐桓公十年陈于柏寝。"案其刻，果然。

《汉书》曰：贾谊言："夫天下，大器也。今人之置器，置诸安处则安，置诸危处则危。天下之情，与器无以异，在天子之所置之。"

又曰：里谚曰："欲投鼠而忌器。"此善喻也。鼠近于器，尚惮不投，恐伤其器，况于臣之近主乎！

又曰：罽宾国，以金银铜锡为器。

《续汉书》曰：桓帝祠老子于濯龙，用淳金釦器。

《魏氏春秋》曰：武王过故人吕伯奢家，闻其动食器之声，疑其图已，是夜手剑杀八人。

《后魏书》曰：獠铸铜为器，大口宽腹，名曰铜爨。既薄且轻，易于熟食。

《晋令》曰：欲作漆器物卖者，各先移主吏者名乃得作。皆当淳漆着布器。器成，以朱题年月姓名。

车频《秦书》曰：苻坚建元十八年，新平县民耕地获玉器。初有金雕者，颇知图记。王猛以为左道，劝坚诛之。雕临死，表坚曰："新平地，古颛顼墟。其故有《白鸡闾记》，言此里应出古帝王宝。"至是果得之。

《家语》曰：孔子观于鲁桓公之庙，有欹器焉。孔子问于守庙者曰："此为何器？"曰："此盖宥坐之器。"孔子曰："吾闻，宥坐之器者，虚则欹，中则正，满则覆。"顾谓弟子曰："试注水焉。"即挹水而注之，中而正，满而覆，虚而欹。孔子喟然而叹曰："呜呼，物焉有满而不覆者乎！"

《老子》曰：埏埴以为器，当其无，有器之用。

《韩子》曰：尧有天下，饭于土轨，饮于土铏。舜作食器，斩山木而材之，削踞修具迹，流漆墨其上。诸侯以为益侈，国之下伏者十三。禹作为祭器，黑漆其外，朱画其内，觞酌有采，而樽俎有饰。殷人食器雕琢，觞酌刻镂。

《淮南子》曰：昆仑旁有九井玉横，横，或作彭，器名也。受不死药。

《世说》曰：晋武帝尝际王武子，供馔悉用琉璃器。

《凉州异物志》曰：方外殊珍，车渠马瑙。器无常形，为时之宝。随其大小以作盂碗杯盘也。视之目眩，希世之巧。罗刹所作，非人所造。罗刹鬼，远外国，巧成器物，与人交市，非人能所造。

《地境图》曰：铜器之属，见其状如望马辉辉然。齐器之见为牛，楚器之见为马，越器之见为虾蟆，宋器之见为白狗，秦器之见为豚，燕器之见为豕。

扬雄《蜀都赋》曰：雕镌扣器，百伎千工。

魏武《内诫令》曰：孤有逆气病，常储水卧头。以铜器盛，臭恶。前以银作小方器，人不解，谓孤喜银物。令以木作。

鼎

《尔雅》曰：鼎绝大谓之鼐，圆弇上谓之鼎，附耳外谓之鼒。

《说文》曰：鼎，三足两耳，和五味之宝器也。昔禹贡九牧之金，铸鼎荆山之下。民入山林川泽，魑魅蝄蜽莫能逢之。

《易》曰：鼎，元吉亨。象曰："鼎象也。九四，鼎折足，覆公餗。六五，鼎黄耳金铉，利贞。上九，鼎玉铉，大吉，无不利。"

《诗》曰：鼐鼎及鼒。大鼎谓之鼐，小鼎谓之鼒。

《周礼》曰：王一日三举鼎，十有二物，皆有俎。牢鼎九，陪鼎三。

《礼》曰：故卫孔悝之鼎铭曰："六月丁亥，公假于太庙。公曰：'叔舅，乃祖庄叔左右成公。成公乃命庄叔随难于汉阳，即宫于宗周。奔走无射，启右献公，献公乃命成叔纂乃祖服。乃考文叔，兴旧嗜欲，作率庆士，躬恤卫国。其勤公家，夙夜不解，民咸曰：休哉。'公曰：'叔舅，子女铭，若纂乃服！'悝拜稽首曰：'对扬以辟之，勤大命。'施于烝彝鼎。"施犹着也。言我将行君之命，又刻着于烝祭之彝鼎也。

又曰：崇鼎、贯鼎、夫子之器。崇贯，皆国名。

《左传》曰：宋华父督杀殇公，召庄公于郑而立之，以郜大鼎赂公。郜国所造器也。四月，取郜大鼎于宋，纳于太庙，非礼也。臧哀伯谏曰："武王克商，迁九鼎于洛邑，义士犹或非之；而况将昭违乱之赂器于太庙，其若之何？”公弗听。

又曰：楚子伐陆浑之戎，遂至于雒。定王使王孙满劳楚子，楚子使问鼎之大小轻重焉，对曰：“在德不在鼎。昔夏之方有德也，远方图物，贡金九牧，铸鼎象物。桀有昏德，鼎迁于商。商纣暴虐，鼎迁于周。德之休明，虽小，重也；其奸回昏乱，虽大，轻也。天祚明德，有所底止。成王定鼎于郏鄏，卜世三十，卜年七百，天所命也。周德虽衰，天命未改，鼎之轻重，未可问也！”

又曰：鲁襄公享晋六卿。贿荀偃束锦加璧、乘马、先吴寿梦之鼎。寿梦，吴子也，献鼎于鲁，因以为名。

又曰：晋叔向谓晏子曰：“然虽吾公室，今亦季世也。君日不悛，以乐慆忧；公室之卑，其何日之有！谗鼎之铭曰：‘昧旦丕显，后世犹怠。’谗鼎，鼎名也。况日不悛，其能久乎！”

又曰：楚薳启彊曰：“是以圣王朝聘有珪，享覜他吊切有璋，晏有好货，飧有陪鼎。”飧，饔飧也。孰食为飧。陪，加也。加鼎，所以厚殷勤之。

又曰：郑人铸刑书。铸刑书于鼎，以为国之常法。

又曰：宋正考父佐戴、武、宣，三命兹益恭。故其鼎铭云：鼎，正考父之庙鼎也。“一命而偻，再命而伛，三命而俯。循墙而走，亦莫余敢侮。饘于是，粥于是，以糊余口。”

又曰：郑子产聘于晋，晋侯有疾。韩宣子逆客，私焉，曰：“寡君寝疾，于今三日矣。并走群望，有加而无瘳。今梦黄熊入于寝门，其何厉鬼也？”对曰：“昔尧殛鲧于羽山，其神化为黄熊，以入羽渊。实为夏郊，三代祀之。晋为盟主，其或未之祀也乎？”韩子祀夏郊，晋侯有间。赐子产莒之二方鼎。方鼎，莒所贡。

又曰：楚子次于乾溪。仆析父从。右尹子革夕，王语曰：“昔我先王熊绎，与吕伋、王孙牟、燮父、禽父并事康王，四国皆有分器，我独无有。今吾使人于周，求鼎以为分器，王其与我乎？”对曰：“与君王哉！今周与四国服事君王，将唯命是听，岂其爱鼎？”

又曰：齐侯伐徐，徐人行成，赂以甲父之鼎。甲父，古国名也。

又曰：晋赵鞅、荀寅率师城汝滨，遂赋晋国一鼓铁，以铸刑鼎，刑书之鼎。着范宣子所为刑书焉。

《谷梁传》曰：桓公二年，夏四月，取郜大鼎于宋。戊申，纳于太庙。郜鼎者，郜之所为也。孔子曰："器从邑，名从主人。"故曰郜大鼎。

《史记》曰：黄帝采首山铜，铸鼎于荆山下。鼎既成，有龙垂胡髯下迎黄帝。

又曰：伊尹欲干汤而无由，乃为有莘氏媵臣，负鼎俎，以滋味说汤，致于王道。

又曰：周末有九鼎徙秦氏，曰："太丘社亡，而鼎没于泗水彭城下。其后百一十五年，而秦兼天下。"始皇二十八年，过彭城，斋戒祷祀，欲出周鼎，使千人没水求之，不得。

又曰：秦武王与孟说举龙文之鼎，绝膑而死。

又曰：孝文帝时，新垣平言："周鼎亡在泗水中。今河溢通泗，臣望东北汾阴，直有金宝气，意周鼎其出乎？兆见不迎则不至。"于是上使使治庙汾阴，南临河，欲祠出周鼎。

《汉书》曰：项羽身长八尺二寸，目重瞳，力能扛鼎。

又曰：汉得汾阴宝鼎，武帝嘉之，藏于甘泉。群臣上寿，贺陛下得周鼎。吾丘寿王曰："非周鼎。"上怒。对曰："周德始乎后稷，成于文、武，上天报应，鼎为周出，名曰周鼎。今汉自高祖继周，至陛下功德愈盛，天瑞并是至。昔秦始皇欲出鼎于彭城而不得。天祚有德，而宝鼎自出。此天之所以与汉，是汉鼎，非周鼎也。"上曰："善！"

又曰：主父偃曰："丈夫生不五鼎食，死则五鼎烹。"

又曰：宣帝时，美阳得鼎，献之。京兆尹张敞上议曰："案鼎有刻书，曰：'王命尸臣，官此栒邑，赐尔旗鸾黼黻雕戈。'李奇曰：雕，镂也。尸臣拜手稽首曰：'敢对扬天子丕显休命！'此鼎殆周之所以褒赐子孙，刻铭其先功，藏之于宫庙也。"

又曰：质氏以洒削而鼎食。

《东观汉记》曰：庐江献鼎，诏召郑众，问："齐桓公之鼎，在柏寝台，见何书？《春秋左氏》有鼎事几？”众对状，除为郎中。

《后汉书》曰：孝明帝永平六年二月，王雒山出宝鼎，庐江太守献之。诏曰：“祥瑞之降，以应有德。方今政化多僻，何以致兹？

《易》曰：鼎象三公。岂公卿奉职，得其理耶？太常其以初祭之日，陈鼎于祖庙，以备器用。赐三公帛五十匹，九卿、二千石半之。”

《晋中兴书》曰：成帝咸和元年，宣城春谷山崩，得古鼎，重三百斤，容可三斛余。郡官毕贺。

又曰：神鼎见。神鼎者，仁器也。能轻能重，能息能行。不炊而沸，不汲自盈。烟煴之气，自然所生也。乱则藏于深山，文明应运而至，故禹铸鼎以拟之。

《晋阳秋》曰：谷城人刘珪，夜见门有光，取得玉鼎。

沈约《宋书》曰：秦始皇七年，义阳获铜鼎，受一斛，并盖，并隐起镂。

《战国策》曰：秦兴师于周，求九鼎。颜率谓齐王曰：“周之君臣，内自画计，与秦不若归之大国，愿大王图之。”齐王发师救周，秦兵罢。率至齐，曰：“愿献九鼎，不识大国何涂之从而致之？”齐王曰：“寡人将寄涂于梁。”对曰：“不可！梁之君臣，欲得九鼎，谋之渖徒旱切台之下，少海之上，其日久矣。”州是西比。

太平御览卷第七百五十七 器物部二

镬

《周礼》曰：烹人掌供鼎镬。所以煮肉及鱼腊之器。既熟，乃脀于鼎。脀，音蒸。

《仪礼》曰：雍人陈鼎五，三鼎在羊镬之西，二鼎在豕镬之西。

《史记》曰：蔺相如谓秦王曰："今以秦之强，而先割十五郡与赵，赵岂敢留璧而得罪于大王乎？臣知欺大王当诛，臣请就汤镬，唯大王群臣熟计议之。"

《晋书》曰：张平自称豫州刺史，樊雅自号谯郡太守，元帝皆版为四品将军。豫州刺史祖逖出屯庐洲，遣参军殷乂诣平、雅。乂意轻平，视其屋云："当持作马厩。"见大镬云："欲铸作铁器。"平曰："此是帝王大镬，天下定后方当用之，奈何打破？"乂曰："卿能保头而不惜大镬耶？"平大怒，于坐斩乂，阻兵固守岁余。逖攻平，杀之，而雅据谯城。

《文子》曰：养鱼于沸镬之中，栖鸟于炎炉之上，虽欲其生，养理失矣。

陆机《洛阳记》曰：宫墙外以大铁镬盛水以救火。镬受百斛，百步一置。杨龙骧《洛阳记》云：铁镬合一百八十枚也。

《搜神记》曰：武帝从南岳着庐江，潜，霍山之上，无水，庙有四镬，可受四十斛。至祭时，水辄自满，用之足了，事毕即空，尘土树叶莫之污也。积五十岁，岁作四祭。后但作三祭，一镬自败。

《朱崖传》曰：朱崖大家有铜镬，多者五三百，积以为货。

《南越志》曰：龙川县营岗北有巨镬，恒有悬泉注之，终岁不满。尝有采薪者欲推动之，忽然震电，迷失路，十许日乃至家。

《湘州记》曰：伍子胥庙中有大铜器。元嘉中，沙门释亮启乞此庙器铸丈六金像。始，庙所有大铜镬，可容三百斛许，即陷入地中。僧亮梦神语云："今舍此器，相与发愿，免此神刑！"

殷斌《当山记》曰：魏兴反照山上有三公铁镬，常有水数十斛，虽大旱而不减。长老云："有天子女，欲来此山，愁思而死。三公卫送，故于此烹之。"

《罗浮山记》曰：有石镬，容千余斛，溢为瀑布。

《墨子·死守》曰：二十五步一灶，灶有铁镬，容二石以上，为汤。

釜

《说文》曰：鍑音富，如釜而大口，釜也。一曰：鼎大上小下若甑曰鬵音寻，三足釜也。

《方言》曰：釜，自关而西或谓之釜，或谓之鍑。鍑亦釜之总名也。

《广雅》曰：錪他典切、鉼音饼、鬲音历、鍑、鏕音鹿、鏝鍪漫牟二音、鬹音规、锜、釜也。

《埤苍》曰：鸮鏲，小釜也。

《易·说卦》曰：坤为釜。

《诗》曰：于以湘之？维锜及釜。锜，釜属也。有足曰锜。

又曰：谁能烹鱼？溉之釜鬵。鬵，釜属也。

《左传》曰：筐筥锜釜之器，潢污行潦之水。

《三礼图》曰：釜，《制度》云三斛，或曰二斛。

《春秋繁露》曰：夏求雨，曝釜于术音遂十日。

《史记》曰：项籍救巨鹿，沉船破釜甑，以示必死。

《古史考》曰：黄帝始造釜、甑。

《战国策》曰：蔡泽入韩、魏，遇夺釜鬲于途。

《东观汉记》曰：梁鸿少孤，诣太学受业。同房先炊已，呼鸿及热釜炊。鸿曰："童子不因人热者也！"灭灶，更燃火。

又曰：邓遵破匈奴，得釜镬二三千枚。

谢承《后汉书》曰：范丹为莱芜长，遭党锢，有时绝粮。闾里歌之曰:“釜中生鱼，范莱芜!”

又曰:胡邵为淮南太守，使群下阁外炊曝作干饭，阁中不设釜灶。颍川冯遑为徐州刺史，以小铜釜甑十日一炊。

《后汉书》曰:王莽纳言将军严尤欲据宛，伯升乃陈兵誓众，焚积聚，破釜甑，鼓行而前。破釜甑，示必死也。

《魏略》曰:钟繇为相国，以五熟鼎范因太子铸之。釜成，太子与繇书曰:“昔有黄三鼎、周之九宝，咸以一体调一味。岂若斯釜，五味时芳!盖鼎之烹饪，以享上帝。今之嘉釜，有逾兹义。”

《晋诸公赞》曰:尚书杜预欲为平底釜，谓于薪火为省。黄门郎贾彝于世祖前面质预曰:“釜之尖下，以备沃洗;今若平底，无以去水。”预亦不能折之。

《前秦录》曰:处士张忠隐于太山，凿石为釜，容六斗四升。

《河图》曰:汉高祖观汶水，见一黄釜，惊却反，化为一翁，责言曰:“刘季，何不受《河图》?”

《庄子》曰:曾子再仕而心再化，曰:“吾及亲仕，三釜而心乐;后仕，三千钟不洎亲，吾心悲。”

《韩子》曰:智伯围襄子于晋阳，决晋水以灌之。城中巢处，悬釜而炊。

《吕氏春秋》曰:晋文公反国，介之推不肯受赏。或遇之山中负釜。

《淮南子》曰:铅不可以为刀，木不可以为釜。

又曰:太王亶父处邠，狄人攻之，杖策而去，百姓负釜甑，逾梁山，而国乎岐。

《淮南万毕术》曰:牛胆鸣。取牛胆以涂热釜，即自鸣矣。

《风俗通》曰:俗说齐人有空车行，鲁人有负釜者，便持釜置车中，行二三百里，临别取釜，不相问为谁，亦不谢。后车家系狱当死，釜主径往，募人取之，穿壁未达。车者怒，不肯出。釜主惭，欲俱死。明日，主者以事白齐君，义而原之。

《魏子》曰:鼎以为希出，而世贵之;釜鬲常用，而世轻之。

《兵书》曰：初出军行，日三炊，釜不得覆。覆釜，军败。

《物理论》曰：尧世洪水，民登木而栖，悬釜而爨。

《茅君内传》曰：欲合九转，先作神釜。

《郭文传》曰：文以石为釜。

《娄承先别传》曰：昔山越民反，所过残毁。至娄氏之里，往中庭，顾见釜甑，尚着于灶，曰："恐他远寇取之！"仍为取洗，沈着井中而去。娄家后还，皆尽得之。

《朱崖传》曰：朱崖俗多用土釜。

裴渊《广州记》曰：东官郡煮盐，织竹为釜，以牡蛎屑泥之，烧用七夕一易。

《异苑》曰：长山朱郭夫妻，恒采藻涧滨。见二铜釜沿流而下，取之而归。有圆盖，满中铜器，光辉耀目，自然作声。郭惧，运着北山埋之。而后卖釜与人，方载出为货。船无故自覆，失釜所在。

又曰：薛愿家有虹饮釜中，水尽，以酒灌之，便吐金满釜，而愿因之丰富。

《离骚》曰：黄钟毁弃，瓦釜雷鸣。

鬲音历

《尔雅》曰：鼎，款足者谓之鬲。郭璞曰：曲脚也。或曰：款，定也。犍为舍人曰：鼎足相去疏阔曰鬲。

《方言》曰：鍑，或谓之镂，吴杨之间谓之鬲。

《周礼》曰：鬲实五觳苦角切，厚半寸，唇寸。

《汉书》曰：空足之鬲。苏林曰：足中空不实。

《家语》曰："鲁有俭者，瓦鬲煮食祀之，自谓甚美，盛之土鉶之器，以进孔子。孔子受之，欣然有悦，如受太牢。"子路曰："瓦甑，音边陋器也。夫子何喜如此乎？"孔子曰："夫食美者念其亲；以食其美者而念，其我思也。"

盛弘之《荆州记》曰：湘东阴山县西，有鬲口溪。昔有大鬲，容百斛，出于此水，故因为名。

铛与枪同

《通俗文》曰：鬴音辅有足曰铛。

《齐书》曰：明帝每存俭约，欲铸坏太官元日上寿银酒铛，尚书令王晏等咸称盛德。萧颖胄曰："朝廷盛礼，莫过三元。此一路器，既是旧物，不足为侈。"帝不悦。预曲宴，银器满席，颖胄曰："陛下前欲坏酒铛，恐宜移在此器也。"帝甚惭。

《唐书》曰：薛大鼎为沧州太守，政化大行，百姓利之。贾敦颐为瀛州刺史，郑德本为冀州刺史，俱有异政，时人号曰："枪脚刺史。"

《东宫旧事》曰：皇太子初拜，给铜龙头枪。

《孝子传》曰：陈遵母好食铛底焦饭。

《孔氏志怪》曰：有人苦心腹病。死后，剖视之，得铜铛一枚，容数合许。疾病部废门中备云其事。

《述异记》曰：诸葛景亡后，宅上常闻语声："当酤酒还，而无温枪。"鬼云"：卿无温枪，那得饮酒？"见一铜枪从空中来。

《续齐谐记》曰：王敬伯夜见一女子，命婢取酒，须臾持一银酒枪。

《笑林》曰：太原人夜失火，欲出铜枪，设得熨斗，便大惊怪，曰："异事！火未至，已被烧失脚！"

梁王筠《以服散枪赠殷钧别诗》曰：玉铉布交文，金丹焕仙说。九沸翻成缓，七转良为切。执以代疏麻，长贻故人别。

鋗鏅乌育二音

《广雅》曰：鋗鏅之锉𨱎。

《说文》曰：锉才禾切。𨱎力禾切，鍑也。

《纂文》曰：秦人以钴䥈为锉𨱎。

《魏略》曰：徐晃性严，驱使将士不得闲息。于时军中为之语曰："不得饷，属徐晃。"晃闻此语，笑曰："我槌破汝鋗鏅耶？"

杜预《奏事》曰：药杵臼、澡盘、熨斗、釜、瓮、铫盘、钨錥，皆亦民间之急用也。

江逌《表》曰：昔康皇帝玄宫内金乌育。

铫

《广雅》曰：鋗血涓切谓之铫。

《说文》曰：铫，温器也。

《嵩高山记》曰：岳左右有古人住处，铜铫器物犹存。

《衡山记》曰：有人采药，暮宿石室中，见一铜铫，是煮药处。蛮人闻之，取铫还用，举村尽病，送返乃已。

《梦书》曰：梦见得新铫鋗，取妇好也。

魏武《上献帝表》曰：臣祖腾有顺帝赐器。今上四石铜鋗四枚，五石铜鋗一枚，御物有纯银粉铫一枚。

束晳《贫家赋》曰：执偏䙰之漏鋗。

炉

《说文》曰：炉，方炉也。鏇，似绢也。圜炉也。

《周礼》曰：宫人掌王之六寝，凡寝中之事，扫除、执烛、共炉炭凡劳事。劳事，劳亵之事也。

《左传》曰：邾子在门台，临廷。阍以瓶水沃庭，邾子望见之，怒。阍曰："夷射姑旋焉。"旋，小便也。命执之，弗得，滋怒，自投于床，废于炉炭，烂，遂卒。

《魏略》曰：孙权上书称臣，称说天命。太祖以权书示外曰："是儿欲踞吾着炉炭上耶？"

崔豹《古今注》曰：汉成帝顾成庙有二真金炉。

《拾遗录》曰：周灵王出于宣昭之台，望东方云气蓊郁，俄而有二人乘飞游之辇，上帝酣䣼。其一人能为霜雪，坐者皆噤，乃命青金洪炉。青金洪者，出青零渊，石色皆如绀，中有金，铸为大炉。

《异苑》曰：庞猗，义熙中为宜都太守。御人牧马于野，见一铜炉上焰带锁而行。持归以呈猗。遂槛盛，送下荆州。至都北界，夜忽风雨，有叫声，光火烛天，径来趋船，失炉所在。

《盐铁论》曰：欧冶能因国君之铜铁以为金炉大钟，而自不能为壶鼎盘盂，无其用也。

桓谭《新论》曰：元帝求方士，汉中道人王仲都，大暑日，使暴坐，又环以十炉，不言热。

《论衡》曰：当风鼓箑，向日燃炉，而天终不为冬夏易气。

又曰：推无益之能，纳无补之说，似以夏进炉，以冬奏扇。

贾谊《鹏鸟赋》曰：且夫天地为炉兮，造化为工；阴阳为炭兮，万物为铜。

甑

《说文》曰：窐户珪切，甑空也。

《古史考》曰：黄帝始作甑。

《方言》曰：甑，自关而东谓之甗鱼蹇切，或谓之鬵，或谓之酢馏力救切。

《尔雅》曰：䰝与甑同谓之鬵。鬵，鉹也。郭璞注曰：凉州呼鉹音侈。

《周礼》曰：陶人为甗，实二鬴，厚半寸，唇寸。甑，实二鬴，厚半寸，唇寸，七穿。量六斗四升曰鬴。郑司农云：甗无底甑也。

《左传》曰：晋师从齐师，入自丘舆，击马陉。齐侯使宾媚人赂以纪甗。杜预注曰：甗，玉甗也，灭纪所得。

《汉书》曰：项羽引兵渡河，皆沈船，破釜甑，烧庐舍，示士卒胜去，不胜死，无回心。

《后汉书》曰：范史云为莱芜长，时人歌曰："甑中生尘范史云。"

袁山松《后汉书》曰："荀淑与陈寔神交，弃官，常命驾相就，令元方侍侧，季方作食。"尝一朝食迟，季方跪曰："向闻大人与荀君言，甚善，窃听之，甑坏饭糜。"寔曰："汝听谈，解乎？"答曰："解。"令说之，不误一言，公悦。

《韩诗外传》曰：舜甑无膻。

《淮南子》曰：粟得湿而熯音军甑得火而液。

《白虎通》曰：王者德至，山陵丹甑见。

京房《易逆刺》曰：天雨釜甑，岁一熟。

《益部耆旧传》曰：任文公知有王莽之变，悉卖奇物，唯存铜甑蓑笠。

《郭林宗别传》曰：钜鹿孟敏容居太原，林宗见而问之，对曰："甑已破矣，视之无益！"林宗以其分决，劝使学，果为美士。

《郭文传》曰：文以竹为甑。

《录异传》曰：隆安中，吴县张君林，忽有鬼来，助其驱使。林家甑破，无何用，鬼乃撞盆底穿以充甑。

《钱塘记》曰：石姥莫补切山有甑，大数十围，下有三石支足。一人摇之辄动，纵使千百人引之，与一人不异。

《离骚》曰：珪璋杂于甑窐。窐，土甑孔也。

箅

《说文》曰：箅，蔽也，所以蔽甑底也。

《淮南子》曰：明镜可鉴形，蒸食不如竹箅。裴玄论云：尹氏镜，蒸食不如三钱竹箅。

《梦书》曰：梦见新箅，妇女憙。

孔融《同岁论》曰：弊箅径尺，不足以救盐池之咸。

甑带

《淮南子》曰：琬琰之玉，污泥土之中，虽廉者弗释。琬琰，美玉。释，舍也。弊箅甑瓾，在旃茵之上，虽贪者不搏。瓾，甑带也。搏，取也。瓾，读蛙黾之蛙也。美之所在，虽污辱，世不能贱；恶之所在，虽高隆，世不能贵。

《梦书》曰：梦见甑，欲娶妇；梦见甑带，媒妁来。

太平御览卷第七百五十八 器物部三

盆

《尔雅》曰：盎谓之缶盆也。

《易》曰：初六，有孚盈缶。王肃曰：下民质素之器。

又曰：九三，日昃之离，不鼓缶而歌，则大耋之嗟，凶。

《周礼》曰：盆实二鬴，厚半寸。

《礼》曰：夫奥者，老妇之祭也。盛于盆，尊于瓶。盆、瓶，炊器也。

又曰：世妇卒蚕，遂献茧于夫人。及良日，夫人缫三盆手。三盆手者，三淹也。

《史记》曰：秦、赵会渑池，蔺相如曰："赵王窃闻秦王善为秦声，请奏盆缻。"缻音缶，皆瓦器，所以盛酒，秦人鼓之以节歌。于是秦王不怿，为一击缻。赵御书曰："某年某月，秦王为赵王击缻。"

又曰：王恽书云："醉后仰天，抚缶而歌。"

又曰：司马迁书云："仆以为戴盆何以望天？"

《续晋阳秋》曰：桓宣武与妻妾坐月下，流星坠下铜盆水中，光如二寸珠，烦然。妾酌饮之，生玄。

《晏子春秋》曰：景公饮酒，自鼓盆瓮也。

《庄子》曰：庄子妻死，惠子吊之。庄子箕踞，鼓盆而歌。

《淮南子》曰：今夫穷鄙之社也，扣盆拊瓴，相和而歌，自以为乐矣。尝试为之击建鼓，撞巨钟，然知其盆瓶之足羞。藏诗书，修文学，而不知至论之旨，至则拊盆扣瓴之徒也。

又曰：屠者藿羹，车者步行，陶人用缺盆，匠人处狭庐。

又曰：今盆水在庭，清之终日，未能见目睫；浊之不用一桡，而不能察方圆。人神易浊而难清，犹盆水之类乎？

又曰：日各至，则盆水溢。

《世说》曰：阮仲容至，宗人闻，共集，以大盆盛酒。

王韶之《始兴记》曰：林源山有石室，室盘石上行，罗十瓮，皆盖以青盆，中悉是饼银。

《交州杂记》曰：夷俗以铜盆瓮赎罪。

潘岳《笙赋》曰：倾缥盆以酌酃。

瓮

《说文》曰：罂于耕切甀直为切，《说文》亦作垂也。甀，小口罂也。瓨下江切，似罂，长颈，受十瓮，罂也。

《通俗文》曰：瓮下孔曰瓹姑县切。

《方言》曰：甌音刚、瓬都贪切，一音沈、甒音武、㽕音由、甑音郑、甇士双切、瓮、瓿甊音部、甊郎口切、甇鱼记切，罂也。甌，桂之郊谓之瓬，今江东通名大瓮为亢瓦也。其小者谓之瓬，周、魏之间谓之甒，今江东亦呼罂亢瓦子。秦之旧都谓之甑，江、淮之间谓之㽕，江、湘之间谓之甒。自关而西、晋之旧都、河汾之间，其大者谓之甀，其中者谓瓿甊。自关而东，赵魏之间谓之瓮，或谓之甇。东齐海岱之间谓之甇。甇，其通语也。

《尔雅》曰：瓯瓿谓之瓵。瓿，小甇也，长沙曰瓵。瓵，音也。

《易》曰：井谷射鲋，瓮敝漏。

《礼》曰：宋襄公葬其夫人，醯醢百瓮。

又曰：儒有蓬户瓮牖，易衣而出，并日而食。

《左传》曰：齐侯伐燕，燕人归燕姬，赂以瑶瓮、玉椟、斝耳，不克而还。玉瓮也。

《孝经援神契》曰：银瓮也，不汲自随，不盛自盈。《瑞应图》同。

《汉书》曰：陈平家贫，居瓮牖。《家语》原宪同。

《东观汉记》曰：王涣为洛阳令，盗贼发，不得远走。或藏沟渠，或伏瓮下。涣以方略取之，皆称神明。

王隐《晋书》曰：太孙臧外祖蒋迪，吴兴人。后迪作酪，当酿未成，大瓮自行。迪打酪瓮，破，问景养，养曰："当生太子储副。"

又曰：毕卓为吏部郎，性嗜酒。比舍郎酒熟，卓因醉，夜至其瓮间盗饮之，为掌酒者所缚。旦视之，乃毕吏部也。

《墨子》曰：备城，百步一井，井十瓮。

《庄子》曰：子贡过汉阴，见一丈夫方将圃畦，凿隧而入井，抱瓮而出灌。

《志怪》曰：建康小吏曹着，为庐山府君所迎，见门有一大瓮，可受数百斛，但见风云出其中。

《锺离意别传》曰：意为鲁相孔子堂有瓮，皆有丹书。自夫子亡后，无敢发者。意乃发瓮，得素书，为学。

《华阳国志》曰：赵琰，青州刺史。厅置水瓮，得贵要之书，投于其中。

《淮南万毕术》曰：铜瓮雷鸣。取沸汤着铜瓮中，坚密塞，内之井中，则雷鸣闻数十里。

《语林》曰：羊稚舒冬月酿酒，令人抱瓮为暖。羊琇，字稚舒。

《世说》曰：胡广本姓黄，五月五日生。父母恶之，乃置瓮，投于江。胡公见瓮流下，闻儿啼，取儿养之，遂位登三司。广不持本亲服，云："于本亲，以我为死！"人深讥之。

罂乌行切，与婴同切

《说文》曰：罂，备火长颈瓶也。

《方言》曰：罂，陈魏宋楚之间谓之甒，或谓之㼋音殊。燕之东北、朝鲜洌水之间谓之瓺音畅，亦音肠。齐之东北、海岱之间谓之儋。所谓家无儋石之储者也。者担，或作甔。周洛韩郑之间谓之甀，或谓之罂。罂谓之甈音犖。

《史记》曰：韩信击魏，从夏阳以木罂渡军，袭安邑。服虔曰：以木椑缚罂缶以为渡。

《异苑》曰：月支国有佛发，盛以琉璃罂。

《幽明录》曰：清河崔茂伯女结婚裴氏。克期未至，女暴亡，提一金罂，受二升许，径到裴床前立，以罂赠裴。

《甄异传》曰：晋隆安中，吴县张君才，忽有鬼来，令才取一白罂，盛水半，以绢覆头。明日视之，钱满罂。才家先贫，因此遂富。

《墨子·守备》曰："用大瓦罂容十升以上者，步而十，盛水，旦用之。"蔡谟与何骠骑书曰：昔墨翟以瓦罂济国也。

《淮南万毕术》曰：马蹄破罂。取马蹄烧如炭，置罂中，有顷破矣。

坩音龛

《纂文》曰：大坩为坑。音埙。

《东宫旧事》曰：白坩五枚。

《世说》曰：陶侃少时，作鱼梁史，尝以一坩鲊饷母。母责侃曰："汝为史，以官物见饷，非唯不能益吾，乃以增吾忧！"

裴渊《广州记》曰：董奉至晋兴五里，封一白坩，置高崖中而去。人欲取，不能得。今犹在。

瓶

《说文》曰：瓶，瓮也。瓮，甀也，汲瓶也。瓴，形似瓶。

《易》曰：汔至亦未繘井，羸其瓶，凶。

《诗》曰：瓶之罄矣。

《左传》曰：卫孙蒯田于曹隧，饮马于重丘，毁其瓶。重丘人闭门而詬之，曰："亲逐其君，尔父为厉。"卫石买、孙蒯伐曹，取重丘。

又曰：晋人来治杞田，季孙将以成与之。成，孟氏邑，本杞田。谢息为孟孙守，不可，曰："人有言曰：虽有挈瓶之知，守不假器，礼也。"

又曰：邾子在门台，阍以瓶水沃廷。事具炉门中。

《史记》曰：田肯说高祖曰："秦，形胜之国也，地势便利。其以下兵于诸侯，譬犹居高屋之上建瓴水也。"如淳曰：瓴，盛水瓶也。建，音蹇。

《汉书》曰：扬雄作《酒赋》，以讽谏成帝。其文为酒客难法度士，譬之于物，曰："子犹瓶矣！观瓶之居，居井之湄，处高临深，动常近危；酒醪不入，藏水满怀，不得左右，牵于纆徽；一旦击碍，为党所櫑，音雷身投黄泉，骨肉为泥。自用如此，不如鸱夷！”

《前凉录》曰：张轨时，西胡致金胡瓶，皆拂菻力禁切作奇状，并人高，二枚。

《鲁子》曰：一井五瓶，泄之可待，分流者众也。

《吕氏春秋》曰：见瓶水之冰，而知天下之寒、鱼鼈之藏也。

《淮南子》曰：古者抱瓶而汲。

《唐子》曰：猛将之发，观于虎而览于鹰，故攻如击电，避如收雾，闭之如在瓶，开之如散星。

《西域记》曰：疏勒王致魏文帝金胡瓶二枚，银胡瓶二枚。

《杂五行书》曰：悬瓶井中，除邪鬼。

《楚辞》曰：瓶瓯登于明堂，瓶瓯，瓦器也。周鼎潜乎深泉。

《古乐府词》曰：后园凿井银作床，金瓶素绠汲寒浆。

甒

《方言》曰：甒、瓮，罂也。

《礼》曰：君尊瓦甒，此以小为贵也。瓦甒，五斗。

《仪礼》曰：东方之馔，两瓦甒。

《三礼图》曰：醴甒以瓦为之，受五斗，口高二寸，径一尺六寸，中身，瓮下平，有盖。

魁

《易洞林》曰：太子洗马荀子骥家中，以龙铜魁作食，欻鸣。

《东宫旧事》曰：一升铜魁一漆，二升魁三漆，注酱五升，魁二。

李尤《羹魁铭》曰：羊羹不遍，驷马长驱。

盘

《说文》曰：盘，承盘也。椃音奇，盘也。

《周礼》曰：若合诸侯，则共珠盘玉敦。合诸侯者，必割牛耳，取其血，歃之以盟。珠盘，以盛牛耳。

《大戴礼》曰：随武子盘之铭曰："与其溺于人也，宁溺于渊。"

《礼》曰：汤之盘铭曰："苟日新，日日新，又日新。"

《左传》曰：晋文公及曹，僖负羁之妻曰："吾观晋公子之从者，皆足以相国。若以相国，公子必反其国。反其国，必得志于诸侯。得志于诸侯，而诛无礼，曹其首也。子盍蚤音早，与早同自贰焉？"乃馈盘飧，置璧焉。

又曰：莒人伐我东鄙，围台。季武子救台，遂入郓，取其钟以为公盘。

《史记》曰：平原君与楚王合从音纵，言利害，毛遂谓楚王之左右曰："取鸡狗马之血来。"毛遂捧铜盘血，跪进曰："当歃血盟而定之。"

又曰：武帝作柏梁铜柱、承露盘、仙人掌。苏林曰：仙人以手掌擎盘承甘露也。

《后汉书》曰：左慈有术，于铜盘钓鲻鱼。

《汉官仪》曰：封禅，坛南，有玉盘，盘中有玉龟焉。

《晋阳秋》曰：武帝时，御府令萧谭承徐循仪疏，作漆画银盘，诏杀之。

《晋四王起事》曰：惠帝还洛阳，道中有老公蒸鸡素木盘中，盛以奉帝。

沈约《宋书》曰：高祖俭，诸子食不过五盏盘。

《后魏书》曰：太武帝作黄金盘十二具，镂以白银，细以玫瑰珠玉。

《隋书》曰：上赐王公已下射。杨素箭为第一，上以外国所献金精盘，价直巨万，赐之。

《荀卿子》曰：君者，盘也；水者，民也。盘圆则水圆，盘方则水方。

《燕丹子》曰：太子出美人能琴者，荆轲曰："好手！"太子断手，以玉盘奉之。

《淮南子》曰：窥面于盘水则圆，于杯水则修。面形不变其故，有所圆修者，皆所自窥之异也。

《抱朴子》曰：以丹金为盘碗，食其中，令人长生。

《郭子》曰：王光禄曰："正得残盘冷炙。"

《修复山陵故事》曰：武帝悼后玄宫，漆乌瓦盘一枚。

《东宫旧事》曰：长盘五，漆尺盘三十，漆柏炙拌二。拌，音与盘同。

《汉武内传》曰：西王母以玉盘盛桃。

《神异经》曰：西北荒有金山，上有金银盘，广五十丈。

《搜神记》曰：高辛氏有老妇人得耳疾，医为挑治，得卵，大如茧，盛以瓠离，覆之以盘。俄而卵化犬，因名盘瓠。

《王子年拾遗记》曰：董偃以玉精为盘，承冰而进，则冰玉等色。侍者谓冰无柈必融湿席，上乃拂之，玉盘落于阶上，冰玉皆碎，偃更以为乐。玉精，干涂国献也。武帝以此器赐董偃。

又曰：汉明帝夜宴群臣于华昭园，诏大官进樱桃，以赤瑕瑛为盘，赐群臣，而去其叶。月下视盘与樱桃共一色。众臣皆笑云："是空盘！"时帝使坐于庭中，欲以承露，诏使举烛，复照众坐，乃知盘中不空也。皆拜谢为乐。

《风土记》曰：越俗，饮宴即懿盘为乐。取大素圆盘，抱以着腹上，以右手五指弹之以为节，舞者应盘节而作舞。

《邺中记》曰：石虎正会御食，游盘两重皆金银。参带者百二十盏，雕饰并同。其参带之间，茱萸尽微如破发，近看乃得见，动游盘则圆转也。

又曰：石虎皇后浴室中有双长生树，又安玉盘，受十斛，于二树之间。

《交州杂事》曰：太康四年，刺史陶璜表送林邑王范熊所献缥绀水精盘各一枚。

《述征记》曰：逍遥宫门里有铜浴盘，面径丈二尺。

《魏景初中所铸妒记》曰：武历阳女嫁阮宣子，无道，妒忌，禁婢瓯覆盘盖，不得相合。

《神仙传》曰：沈义为人所迎，见老君，以金案玉盘赐之。

《俗说》曰：桓玄宠丁牛，期食毕，便回盘与之。

毌丘俭《承露盘赋》曰：伟神盘之殊异，邈迢递以秀峙。

《古乐府》曰：琉璃琥珀象牙盘。

张衡《四愁诗》曰：美人赠我翠琅玕，何以报之双玉盘。

李尤《盘铭》曰：或以承觞，或以受物。既与清觞，又盛口食。

蔡邕《盘铭》曰：华盘就用，以享嘉宾。内丹其实，外若玄真。

《陈思王集》曰：明帝承露盘在芳林园中，上盘径四尺九寸，下盘径五尺，铜龙绕其根。

《刘义恭启事》曰：恩旨以犀镂金厕酒杯盘垂赐。

太平御览卷第七百五十九　器物部四

簠簋

《三礼图》曰：簠受一升，下足高一寸，中方外圆，漆丹中。盖龟形，诸侯饰以象，天子玉饰。盛黍稷。簋受一升，足高一寸，中圆外方，挫其四角，漆赤中。盖亦龟形，其饰如簠。盛稻粱。

《易》曰：樽酒簋，贰用缶。郑玄曰："唯北有斗，不可以挹酒浆"，斗上有建星，建星形似簋。贰，副也。建星上星又似缶也。纳约自牖，无咎。

《诗》曰：《权舆》，刺康公与贤人有始无终也。于我乎每食四簋，今也每食不饱。于嗟乎不承权舆！

又曰：于粲洒扫，陈馈八簋。

《周礼》曰：瓬音放人为簋，实一觳音夫，崇尺，厚半寸，唇寸。

《仪礼》曰：佐食分簋。士用敦。言簋者，客同女生之士得从周制。

《礼》曰：管仲镂簋而朱纮，郑玄曰：刻而饰之。大夫刻之为龟，诸侯饰之以象，天子饰之以玉。君子以为滥矣。

又曰：周之八簋。黍稷器也。

《传》曰：卫孔文子之攻太叔也，访于仲尼。仲尼曰："簠簋之事，则尝闻之矣；甲兵之事，未之学也。"

《孝经》曰：陈其簠簋，郑玄曰：方曰簠，圆曰簋。而哀戚之。

《墨子》曰：尧饭土簋，啜土铏。

《贾谊书》曰：古者，大臣有坐不廉而废者，不谓不廉，曰簠簋不饰。

瑚琏

《三礼图》曰：瑚受一升，形制未闻。《制度》云：如簋而平下。琏受一升，漆赤中，盖亦龟形，大夫饰口以白金。《制度》云：如簋而兑下。

《礼》曰：夏后氏之四琏、殷之六瑚。皆黍稷器。

《论语》曰：子贡问："赐也何如？"曰："汝，器也。"曰："何器也？"曰："瑚琏也。"盛黍稷之器，夏曰瑚，殷曰琏。

敦牟上音堆

《三礼图》曰：敦有足，其形如今酒樽。法牟受一斗，如敦形。古牟受一升，平下，漆赤中，饰口以白金，盖亦龟形。

《周礼》曰：若合诸侯，则共珠盘玉敦。敦，盘类也。珠、玉，以为饰也。古以盘盛血，以敦盛食也。

《礼》曰：敦牟卮匜，音移非馂莫敢用。敦牟，黍稷器也。

又曰：有虞氏之两敦。黍稷器。

《仪礼》曰：主妇设两敦黍稷于俎南

俎豆登附

《说文》曰：豆，古食肉器也。

《尔雅》曰：木豆谓之豆，豆，礼器也。瓦豆谓之登。

《三礼图》曰：豆以木为之，受四升，高尺二寸，漆赤中。大夫以上亦云画，诸侯加象饰口足，天子悠希。登以几，盛湆音泣，受斗二升，口径尺二寸，足径八寸，高二尺四寸，小身，有盖，似豆状。

《诗》曰：卬盛于豆，于豆于登。

又曰：边豆大房。大房，玉饰俎也。

《周礼》曰：上公豆四十，侯伯豆三十有二，子男豆十有四。

《仪礼》曰：宰夫自东房荐豆六，设千酱东。

又曰：太羹湆，不和，实于登也。

《大戴礼》曰：武王践祚，于觞豆为铭焉。

《礼》曰：鲁季夏六月，以禘礼祀周公于太庙，俎用梡嶡。梡，音丸。嶡，居卫切。

又曰：俎，有虞氏以梡，夏后氏以嶡，殷以椇音矩，周以房俎。郑玄曰：梡，断木为之，四足而已。嶡之言蹷也，谓中足为横距之象，《周礼》谓之距。椇之言积惧也，谓曲桡之也。房，谓足下跗也，上下两间，有似于堂房，《鲁颂》曰边豆大房也。夏后氏以楬苦戛切豆，殷玉豆，周献息列切豆。褐，无异物之饰也。献，疏刻之。

又曰：礼有以多为贵者，天子之豆二十有六，诸公十有六，诸侯十有二，上大夫八，下大夫六。

又曰：子云："觞酒豆肉，让而受恶，民犹犯齿。"

《传》曰：鸟兽之肉，不登于俎，皮革、齿牙、骨角、毛羽不登于器，则公不射，古之制也。

《论语》曰：卫灵公问陈音阵于孔子，孔子曰："俎豆之事，则尝闻之矣；军旅之事，未之学也。"

《史记》曰：孔子为小儿时，常陈俎豆以为戏。

《国语》曰：晋侯使聘周，王召士季曰："汝今我王室之一二兄弟以相见，将和协典礼，以示民训。奉其牺息奇切象，出其尊彝，陈其俎豆。"

《汉书》曰：韩延寿为颍川太守，令文学诸生皮弁，执俎豆，为吏民行丧娶之礼。

又曰：刘向说上曰："有司定法笔削，救时务也。至于礼乐，则曰'不敢'。是敢于杀人，不敢于养人。为其俎豆管弦之间，小不备因绝不为，是去小不备而就大不备。"

《东观汉记》曰：刘昆教授弟子恒五百余人。每春秋飨射，常备列典仪，以素木瓠叶为俎豆。

《庄子》曰：祝宗人说彘曰："汝奚恶死？吾将加汝肩尻乎雕俎之上。"

贾谊《新书》曰：昔周文王使太公望傅太子发，嗜鲍步刀切鱼而公弗与。文王曰："发嗜鲍鱼，何为弗与？"太公曰："礼，鲍鱼不登乎俎豆。岂有非礼而可以养太子乎？"

笾

《说文》曰：笾，竹豆也。

《尔雅》曰：竹豆谓之笾。礼器也。

《书》曰：祀于周庙，邦甸、侯、卫骏奔走，执豆、笾。

《诗》曰：傧尔笾豆，饮酒之饫。

又曰：笾豆有楚，淆核维旅。

《礼》曰：鼎俎奇而笾豆偶，阴阳之义也。

《左传》曰：楚子入享于郑，加笾豆六品。

又曰：郑伯飨，赵孟为客，具五献笾豆幕下。

《语》曰：笾豆之事，则有司存焉。

《韩子》曰：晋文公反国至河，令笾豆捐之，手足胼胝者后之。咎犯闻之而哭，公问之，对曰："笾豆，所以食也，而君捐之；手足胼胝，有功者也，而君后之。今臣与在后中，不胜其哀，故哭。"

《神异经》曰：西北荒中有玉馈之酒，其上有玉樽、玉笾。

樏音垒

《晋太康起居注》曰：齐王出蕃，诏赐榼樽樏杯盘，各有差。

《东宫旧事》曰：漆三十五子，方樏二沓，盖二枚。

《抱朴子》曰：世有使酒之客，以杯樏相掷者有矣。

《世说》曰：王夷甫尝属族之事，族人大怒，便举樏掷其面。

《陶侃表》曰：盐塞荒俭，唯作方九子樏，趋以供事，谨上五十叶。

曹毗《杜兰香传》曰：兰香降张硕，赍方九子樏、七子樏。

铏音刑

《三礼图》曰：铏以盛羹，受一升，口径六寸。有足，高一寸。有两耳。盖，士以铁，大夫以铜，诸侯以白金饰，天子以黄金饰。

《周礼》曰：上公铏四十有二，侯伯铏二十有八，子男铏十有八。铏，羹器也。

《礼》曰：实其簠簋笾豆铏羹。

《墨子》曰：尧饭土轨，啜尺劣切。土铏。如淳曰：铏器之属，以土为之，瓦器也。

钵

沈约《宋书》曰：庐江王祎以铜钵二枚，饷宋祖珍。

《齐书》曰：竟陵王子良与丘令楷、江棋音拱等共打铜钵立韵，响灭则诗成，可以观览。

《北齐书》曰：元韶，魏室奇宝多入韶家。有二玉钵相盛，可转而不可出。

《二石伪事》曰：佛图澄死，以生所服金杖、银钵送终。后开棺视之，唯见杖、钵存焉。

《佛图澄别传》曰：澄以钵盛水，烧香咒之。须臾，钵中生青莲花。

《西域诸国志》曰：佛钵在乾陁越国，青玉也，受三升许。彼国宝之，供养，乞愿终日花香，不满则如言也，满亦如言也。

《交州杂事》曰：太康四年，刺史陶璜表林邑王范熊所献银钵一只、白水精钵一口。

《异苑》曰：司州卫士度苦行居士也。其母常诵经长斋堂，众僧未食，俱望见空中有一物下，既落其前，乃是天钵，满中香饭。度以晋惠、怀之际得道。

齐王融《谢安陆王赐银钵启》曰：素金之贵，有访《山经》。镌刻可奇，见符神鼎。撤膳器于珍羞之席，降宝玩于箪瓢之门。

洼乌瓜切

《俗说》曰：毛泰买一玉洼八十八万。

瓯

《方言》曰：瓯、甂音遍，陈魏宋楚之间谓之题，今河北人呼小盆为题子，杜启切。自关而西谓之甂，其大者谓之瓯。

《通俗文》曰：小瓯曰题。

《抱朴子》曰：取金液及水银，以黄土瓯盛置之，猛火上，皆化为丹。以此丹金为盘碗，食其中，令人长生。

《诸葛恢集》曰：诏赐恢白瓯二枚。

庾翼《与燕王书》曰：今致白瓯二枚。

袁彦伯《罗山疏》曰：善道开尸在石室北壁下，形体朽坏，止有白骨在。昔在都，识此道士，闻之使人慨然。其业行殊异，当蝉蜕解骨耳。石室中先有瓯，盛香。得便，扫除烧香。

梁皇太子《谢敕赉广州瓯等启》曰：淮南承月之杯，岂均符彩西国浮云之碗，非谓瑰奇。臣南珍靡究，未读奏曹之表；方物罕逢，不识议郎之画。

杯

《说文》曰：杯，䃺也。䃺，小杯也。䃺，音贡、盛二音。

《通俗文》曰：酱杯曰盏，或谓之䀇。夫凡切，又薄淹切。

《方言》曰：㼜音雅、槭音缄、閜、盏酒盏也。䀇、㰩音章、㮱音摩、杯也。秦晋之郊谓之㼜所谓伯㼜者也。自关而东赵魏之间曰槭，或曰盏最小杯也，或曰䀇。其大者谓之閜。吴越之间曰㰩，齐右平原以东或谓之㮱。杯，其通语也。杯落盛杯器笼也，陈楚宋魏之间谓之杯落，又谓之豆筥，自关而西谓之杯落。

《礼》曰：母没，而杯圈巨阮切不能饮焉，口泽之气存焉尔。

《史记》曰：文帝十七年，新垣平使人持玉杯，阙下献之，刻曰："人主延寿。"平所言诈，下吏诛。

《汉书》曰：项羽置太公于高俎上，曰："不降，烹汝翁！"高祖曰："吾翁即汝翁，傥烹，遗我一杯羹。"

又曰：元帝征贡禹为谏议大夫。禹奏曰："臣尝从之东宫，见赐杯案，尽文画金银饰，非当所以食臣下也。"

又曰：朱博为御史大夫，为人廉俭，食不重味，案上不过三杯。

又曰：王嘉为丞相，数上言不宜封董贤。上怒，诏丞相诣廷尉诏狱。吏和药进，嘉引药杯以击地，谓官属曰：“丞相幸得备位三公，奉职负国，当伏刑都市以示众；岂儿女子耶？何谓咀药而死！”

《续汉书》曰：郑玄饮三百余杯不醉。

又《礼仪志》曰：天子明器，有瓦大杯十六，容三升；瓦小杯二十，受二升。

谢承《后汉书》曰：豫章宋叔平为定陵令，素杯食麦饮酒。高弘为琅琊相，桑杯盛浆。

《唐书》曰：胡楚宾属文敏速，每饮酒半酣而后操笔。高宗每令作文，必以金银杯盛酒令饮，便以杯赐之。

《吴越春秋》曰：阖闾女自杀，以玉杯送之。

《管子》曰：人君百杯而食。

又曰：桓公、管仲、鲍叔牙、宁戚四人饮。叔牙奉杯而起曰：“愿公无忘在莒时。”

《文子》曰：清之为明，杯水而见眸子；浊之为暗，河水不见太山。

《韩子》曰：智伯身死，三国分其首以为杯。

又曰：纣为象箸，箕子怖，以为象箸必不加于土鉶，必将犀玉之杯；象箸玉杯必不美菽藿，则必荐豹胎。

又曰：乐羊为魏文侯攻中山，其子在中山。中山之君烹其子而遗之，乐羊坐幕下而飨之，尽一杯。

《淮南子》曰：夫江河之腐胔音渍，不可胜数也，然祭者用之，大也。一杯酒，蝇渍其中，匹夫不尝，小也。

《盐铁论》曰：古者污樽抔饮，盖无爵樽觞豆；及其后，庶人器用，即竹柳陶匏而已。唯瑚琏觞豆，而后雕文彤漆。今富者银口黄耳，金垒玉钟；中者舒玉纻器，金错属杯。失一杯得铜杯十价钱，而用不殊。箕子之讥，始在天子，今在匹夫。

《论衡》曰：项曼都好道学仙，去家三年而反，曰：“有仙人将我上天，离月数里而止。月之旁甚寒，饥欲食，辄饮我流霞一杯。”

《王逸子》曰：颜渊之箪瓢，则胜庆封之玉杯。何者？德行高远，才能绝殊也。

《晋咸康起居注》曰：诏送辽东使段辽等鹦鹉杯。

《东宫旧事》曰：漆四升杯四十，漆杯子三百。

《汉武故事》曰：上崩后，鄠县有一人于市货玉杯。吏欲捕之，因忽不见。县送其器，推问茂陵中物。霍光呼问，说市人形貌如先帝。

又曰：武帝作承露盘，仙人象擎玉杯，以取云表之露。

《十洲记》曰：周穆王时，西胡献夜光常满杯，杯容三升。是白玉之精，光明照室。夕以杯于庭中仰向天，比明，水便满杯中。水甘香异美，斯实灵神之器。

《葛仙公别传》曰：仙公为客设酒，不令人传之，见杯自至人前，若不尽者，则杯不去。

《神仙传》曰：左慈能分杯饮酒。曹公闻，试之。慈拔簪以画杯，酒即断。饮毕，以杯掷屋栋，杯悬着屋栋，动摇似飞鸟，欲落不落，良久乃堕地。

又曰：刘刚未仙时，姮娥降，共语。如人语，不解其意。

又曰：刘刚未仙时，姮娥降，共饮留一明月杯，云：以示世人。

《南州异物志》曰：鹦鹉螺，状似覆杯，形如鸟头。向其腹视，似鹦鹉，故以为名。

《南越志》曰：南海以虾头为长杯，头长数尺，金银镂之。晋广州刺史尝以杯献简文，简文用以盛药。未及饮，无故酒跃于外。时庐江太守曲安远颇解术数，即命筮之。安远曰："却三旬后，庭将有告庆者。"

《永嘉郡记》曰：君鄣山袁君庙，神降于祝史。以神前杯灌地，以大虁杯覆之，有顷发杯，而菌芝生于杯下。

后汉冯敬通《杯铭》曰：乐则思旧，宴则思欢。民之失德，干糇以愆。

束皙《贫家赋》曰：持缺耳之破杯。

班彪《上启事》曰：官吏二千石，布襦羊裘，以白木杯饮酒饰虚，欲以求名采誉。

魏武帝《上杂物疏》曰：有银画象牙杯盘五具。

《陶侃故事》曰：侃《上杂物疏》有上成帝螺杯一枚。

棬音卷

《方言》曰：盂，海岱东齐北燕之间，或谓之棬。

《礼》曰：母没，而杯圈不能饮焉，口泽之气存焉耳。圈者屈木，所以谓卮匜之属。

《孟子》曰：告子云："性犹杞柳也，义犹杯棬也。"

《孟子》曰：能顺杞柳之性，以为杯棬乎？

櫼

《吴越春秋》曰：越以甘蜜九櫼，报吴增封之礼。

太平御览卷第七百六十 器物部五

碗

《方言》曰：碗谓之盂，或谓之铫锐，或谓之棹。碗谓之盦，木谓之涓杸蠲、玦两音。

《说文》曰：碗，小盂也。

《吴志》曰：曹公出濡须，甘宁为前部督，受敕斫敌前营。孙权特赐米酒众肴，宁乃以银碗酌，自饮两碗，乃酌与其都督。都督伏，不肯时持。宁引剑白削置膝上，呵之曰："卿见知于至尊，孰与甘宁？宁尚不惜死，卿何以独惜死乎？"都督即起，拜，持酒，通次酌兵各一银碗。至二更时，衔枚出，斫敌。敌惊动，遂退。宁益贵重。

《晋阳秋》曰：王敦许周访荆州，又授梁州。访怒，敦书喻之，遗以玉碗。访投碗于地。

又曰：武帝时，魏府丞萧谭承徐修仪疏，作漆画银带粉碗，诏杀之。盘门中亦云。

《晋咸康起居注》曰：诏赐辽东段辽等琉璃碗。

《义熙起居注》曰：林邑王范明达献金碗一副，盖一副。

《东宫旧事》曰：漆碗子一百枚。

《抱朴子》曰：外国作水精碗，实是合百灰以作之。交、广间多有得其法而铸作之者。今以语俗人，俗人殊不肯信，乃云："水精本是自然之物。"

崔豹《古今注》曰：魏帝以车渠石为酒碗。

《文士传》曰：潘尸音夷与同僚饮，主人有琉璃碗，使客赋之，尸于座立成于手。

《寻阳记》曰：龙窟有深潭，有人于此水边洗铜碗，忽浪起水长，便失碗。此人后见此碗置城里井边。

《交州杂记》曰：太康四年，刺史陶璜表送林邑王范熊所献青白石碗一口，白水精碗二口。

《陶侃故事》曰：侃上成帝水精碗一枚。

《世说》曰：王大将军尚主，如厕即还，婢擎金盘盛水，琉璃盛澡豆。

秦嘉妇与嘉书曰：今奉金错碗一枚，可以盛书水；琉璃碗一枚，可以服药酒。

《诸葛恢集·诏答恢》曰：今致琉璃碗一枚。

《表》曰：天恩赐广州白碗。

釦滔母《与从祖虞光禄书》曰：赐琉璃碗。

盂

《说文》曰：盂，饮器也。

《方言》曰：宋楚赵魏之间或谓之榼，子忍、笺矜二切，一曰盘也。河济之间谓之盌音安蹸音残亦谓之铫锐。

《汉书》曰：东方朔，上尝使数家射覆，置守宫于盂下，使射之。盂，若盋而大。盋与钵字同。

《墨子》曰：若夫兼相爱，交相利，此自先圣六王者亲行之。何以知先圣六王之亲行之？吾以其所书于竹帛，镂于金石，琢于盘盂，传遗后世子孙者知之。

《晋四王起事》曰：惠帝还洛阳，黄门以瓦盂盛茶上至尊。

《韩子》曰：为人君者犹盂也，人犹水也。盂圆水圆，盂方水方。

《凉州异物志》曰：琥珀作盂、瓶。

东方朔《答客难》曰：安于覆盂。

苏鉝音立。吕静云：胡食器也。

《林邑记》曰：林邑王范明达献琉璃苏鉝二口。

安哉

李尤《安哉铭》曰：安哉令名，甘旨是盛。埏埴之巧，甄陶所成。食彼美珍，思此《鹿鸣》。

匕

《方言》曰：匕谓之匙。

《说文》曰：柶音四，匕也，所以取饭。

《易》曰：震惊百里，不丧匕鬯。

《诗》曰：有饛簋飧，有救棘匕。《笺》云：匕，所以载鼎食也。

《周礼》曰：大丧，共角柶。角柶，角匕也。《礼·丧大记》曰：楔齿用角柶也。

《仪礼》曰：主人执匕。

《礼》曰：杜蒉苦怪切谓晋平公曰："蒉也宰夫也，非刀匕是供。"

又曰：匕以桑，长三尺，或曰五尺。刊其柄与末。匕，所以载牲牢者。此谓丧祭也，吉祭匕用棘。

《三礼图》曰：匕以载牲体，长二尺四寸。叶博三寸，长八寸。漆丹柄头。疏匕形如饭操，以棘心为之。

《英雄记》曰：董常大会宾客，诱降反者以镬烹之。会者战栗，亡失匕箸。与筯字同。

《蜀志》曰：曹公谓先主曰："天下英雄，唯使君与操耳！"先主方食，失匕箸。

王隐《晋书》曰：石勒时，有谣云："一杯食，有两匙。石勒死，人不知。"

沈约《宋书》曰：太子妃上世祖金缕匕箸，上以赐沈庆之。

《抱朴子》曰：道士李根煎铅锡，以药如大豆者投中，以铁匕搅之，冷即成鋇。又有古强者，自云四千岁。嵇使君以玉匕与强，后忽语嵇云："昔安期先生以与之。"

《东宫旧事》曰：漆匕五十枚。

《续齐谐记》曰：赵文诏为东宫扶侍，廨在青溪中桥。夜与神女宴寝，脱金簪与扶侍，亦赠以银碗及流离匕。

箸

《方言》曰：箸筒，盛匕着者也。筒，音桶。陈楚宋魏之间谓之筲，或谓之籯音盈，自关而西谓之桶总。今俗亦呼小笼桶总。桶，音笼。总，苏孔切。

《通俗文》曰：以箸取物曰攲音羁。

《礼》曰：饭黍无以箸，羹之有菜者用挟音荚，其无菜者不用挟。郑玄曰：挟犹着也。今人或谓箸为挟提也。

《史记》曰：汉王与郦食其谋挠楚权。张良从外来，曰："陛下事去矣！臣请借前箸为大王筹。"张晏曰：求借所食之着用指画。或曰：前汤、武着明之事以筹度今时之不若也。

又曰：景帝居禁中，召条侯周亚夫赐食。独置大胾，不置箸。条侯心不平，顾谓尚席取箸。景帝视而笑曰："此岂不足君所乎？"条侯免冠谢。

谢承《后汉书》曰：莽时，有奇士巨毋霸，卧则枕鼓，以铁箸食。

《吴志》曰：赵达善治九宫一算之术。尝遇知故，知故曰："仓卒之间，无酒食以叙意。"达以箸一只，再三纵横之，乃言："卿东壁下有酒一斗，鹿肉三斤，何以言无？"主人惭曰："知卿善射，欲相试耳。"

《典略》曰：曹汝随大军破张鲁，命陈琳作书报太祖曰："且夫墨子之守，萦带为垣，高不可登；折箸为械，坚不可入。"

《晋书》曰：何曾，字颖考，日食万钱，犹言无下箸之处。

《东宫旧事》曰：漆箸一百双。

《荀卿子》曰：从山下望木者，十仞之木如箸，而求箸不上折，高蔽其长也。

《韩子》曰：纣为象箸，而箕子怖。以为象箸必不加于土铏，必将犀玉之杯；象箸玉杯必不美菽藿，则必荐豹胎；荐豹胎必不衣短褐而食于茅茨之下，则必锦衣九重，广室高台。吾畏其终，故怖其始。故箕子见象箸，以知天下之祸。

《淮南子》曰：糟丘生乎象箸。

《论衡》曰：以箸撞钟，以算击鼓，钟鼓不能鸣者，用撞之者小也。

《神仙传》曰：葛玄尝与客食，玄以口中饭尽化为蜂数百，集于客身。客皆投匕箸惊惧。玄乃张口，其蜂悉入。

葛洪《治噎方》曰：与对食之人，当以手捉箸，问噎人曰："此何等物？"噎人当答曰："箸。"即复曰："咽下去！"即愈。

《语林》曰：王蓝田食鸡子，王述也。以箸刺之不得，便大怒，投于地。

《相书》曰：人三指用箸者，自如；四指用箸，贵；五指用箸，大富贵也。

机

《方言》曰：俎，机也，西南蜀汉之郊曰杫音赐。

《史记》曰：项王为高俎，置太公其上。如淳曰：高俎，机上也。

《后汉书》曰：乐嵩者，河内人，天性朴忠。家贫为郎，常独直台上，无被，止食糟糠。帝每夜入台，辄见嵩，问其故，甚嘉之。自此，诏太官赐尚书以下朝夕飧，给帷被皂袍及侍史二人。

毕

《三礼图》曰：毕，似天毕，以载牲醴。又叶博三寸，长八寸，柄长二尺四寸，丹漆两头。

《诗》曰：有救天毕，载施之行。《笺》云：毕，所以助载鼎宝。

《仪礼》曰：宗人执毕。郑玄曰：毕，状如叉也。

《礼》曰：毕用桑，长三尺，刊其柄与末。毕所以助主人者。刊犹削也。

饭帚

《说文》曰：陈留以饭帚为𥳑稍巢切，亦盛着笼，又作筲也。

炙函

《东宫旧事》曰：漆猾炙大函一具。

饭函

《列异传》曰：景初中，城阳县吏王臣尝作倦，枕机卧，闻灶下呼曰："文纳何以在人头下？"应曰："我见枕，不得动，汝来就我。"至，乃饭函也。

淅箕

《广雅》曰：淅䉂音箱、匠音旋、篼音郁。《纂文》曰：篼，淅箕也。一曰薮。鲁人谓之淅䉂。

《方言》曰：箕，陈魏宋楚之间谓之箩。炊篼谓之缩，漉米篼也。或谓之匠。江东呼淅签也。

筐

《方言》曰：箅必弭切、篓音缕、篽音余、箵音叨、筐，筥也。江沔之间谓之篽，赵代之间谓之箵，淇卫之间谓之牛筐。筥，其通语也。筥小者，南楚谓之篓，关而西秦晋之郊谓之箅。今江东亦名小笼为箅。

《说文》曰：筐，饭筐也。莒，饴牛筐也。方曰筐，圆曰筥。

《三礼图》曰：大筐以竹，受五斛。大夫以盛米，致馈于聘宾。小筐以竹，受五升，以盛米。

又曰：筐以盛熬谷，四种八筐。大夫三种六筐，士二种四筐。

《易》曰：女承筐，无实。

《书》曰：厥篚织文。篚，筐属也。

又曰：厥篚檿丝。厥篚玄纤缟。厥篚织具。厥篚玄纁玑组。厥篚纤纩。

又曰：唯其士女，篚厥玄黄，绍我周王。

《诗》曰：采采卷耳，不盈顷筐。

又曰：于以采苹？南涧之滨。于以盛之？维筐及筥。方曰筐，圆曰筥。

又曰：摽有梅，顷筐塈之。

又曰：女执懿筐，遵彼微行，爰求柔桑。懿筐，深筐也。

《礼》曰：蚕则绩而蟹有筐。

《左传》曰：筐筥锜釜之器，潢污行潦之水，可荐于鬼神，可羞于王公。

又曰：晋侯筮嫁伯姬于秦，遇《归妹》之《睽》，其繇曰："士刲羊，亦无忘也；女承筐，亦无贶也。"

《西京杂记》曰：元后在家日，燕衔白石大如指，堕绩筐中。后取之，石自剖为二，其中文曰"母天地。"遂复还合。后为皇后，常致玺中。

《庄子》曰：爱马者，以筐盛屎。

《吕氏春秋》曰：有娀氏二佚女为九成之台，帝令燕往，遗二卵，争搏之，覆以玉筐。北飞，遂不反。吞之生契。

篆音吕

《方言》曰：篆，盛饭莒也。南楚谓之筲，今建平呼曰筲。赵魏之郊谓之筶音祛篆。今通语也。

《说文》曰：篆，饭莒也，受五升。秦谓之箱。

《广雅》曰：䗾音溪映，篆音旅也。

《纂文》曰：奚映，大筥也。赵代以筥为箸。

《论语》曰：斗筲之人，何足算也？筲，竹器，受二斗。

《东宫旧事》曰：漆注绮织篆二十枚。

《陶侃故事》曰：侃上成帝漆复篆五十枚。

箪

《说文》曰：箪，饭器也。

《礼》曰：凡以苞苴箪笥问人者，操以授命。

《仪礼》曰：小祝，盘匜与箪巾，于西阶东。

《左传》曰：赵宣子田于首山，见灵辄饿，为之箪食与肉。

又曰：越围吴，赵孟使楚隆往。吴王拜，稽首曰："寡人不佞，不能事越。"与之一箪珠，使问赵孟。箪，小笥也。问，遗也。

《论语》曰：贤哉回也！一箪食，一瓢饮，在陋巷，人不堪其忧。

《孟子》曰：孟子谓齐宣王曰："今燕虐其民，王往而征之，民以为将拯己于水火之中也，箪食壶浆以迎王师。若杀其父兄，系累其子弟，如之何其可？"

又曰：非其道，则一箪食不可受于人；如其道，则舜受尧之天下，不以为泰。

又曰：商之君子，实玄黄于篚，以迎其君子；其小人，箪食壶浆，以迎其小人。

《黄石公三略》曰：良将用兵，有馈一箪醪者，使投之于河，令士卒迎流而饮之。

爵觯、散用敛

《说文》曰：爵，礼器也。象爵之形。觯音枝受四升。

《诗》曰：赫如渥赭，公言锡爵。

《周礼》曰：享先王，赞玉爵。宗庙献用玉爵。大朝觐、会同，赞献玉爵。玉爵，王礼诸侯之酢爵也。

又曰：梓人为饮酒器，爵一升，觚三升。献以爵，而酬以觚。

《礼》曰：执玉爵者弗挥。为其宝而脆也。

又曰：知音智悼子卒，未葬。晋平公饮酒，师旷、李调侍，鼓钟。杜蒉自外来，闻钟声，曰："安在？"曰："在寝。"杜蒉入寝，历阶而升，酌，曰："旷饮斯！"又酌，曰："调饮斯！"又酌，堂上北面坐而饮之，降，趋而出。平公呼而进之，曰："蒉，曩者尔心或开予，是以不与尔言。饮旷，何也？"曰："子卯不乐。纣以甲子死，桀以乙卯亡，王者谓之疾日，不举乐为事，所以自戒惧也。知悼子丧，在堂未葬，斯其为子卯也大矣。旷也，太师也，不以诏，是以饮之也。""尔饮调，何也？"曰："调也，君之亵臣也。为一饮一食，忘君之疾，是以饮之也。""尔饮，何也？"曰："蒉，宰夫也，非刀匕是供，又敢与知防？是以饮之也。"平公曰："寡人亦有过焉，酌而饮寡人！"杜蒉洗而扬觯，公谓侍者曰："如我死，则必无废斯爵也！"至于今，既毕献，斯扬觯，谓之"杜举。"

又曰：宗庙之祭，贵者献以爵，贱者献以散。尊者举觯，卑者举角。凡觞，一升曰爵，二升曰角几，三升曰觯，四升曰角，五升曰散也。

又曰：鲁祀周公于太庙，爵用玉盏，仍雕，加以璧角。爵，君所进于尸也。仍，因也，因爵之形为称也。加，加爵也。散、角，皆以璧饰其口也。

又曰：孔子射于矍相之圃，盖观者如堵墙。使公罔之裘、序点扬觯而语。公罔之裘扬觯而语曰："幼壮孝弟，耆耋好礼，不从流俗，修身以俟死者，不在此位也！"盖去者半，处者半。序点又扬觯而语曰："好学不倦，好礼不变，旄期称道不乱者，不在此位也！"盖仅有存者。

《三礼图》曰：爵受一升，尾长六寸，博二寸，傅翼，兑音锐下方足，漆赤云气。

又曰：散受五升。

《左传》曰：凡公行，告于宗庙。反则饮至，舍爵策勋焉。爵，饮酒器也。置爵则书勋劳。

又曰：虢公请器，王赐之爵。玉爵也。爵人贵石也。

《后赵书》曰：石虎子韬以琉璃爵、螺杯劝客酒。

《吴志》曰：诸葛恪行酒至张昭，昭不肯饮，曰："此非养老之礼。"权曰："卿其能令张公辞屈，乃当饮之。"恪曰："昔师尚父九十，秉旄杖钺，犹未告老。军旅之事，将军在后；酒食之事，将军在先。何为不养老也？"昭为尽爵。

《古今注》曰：章帝章和年，铜酒爵出河内泌水。

《典论》曰：刘表诸子好酒，造三爵：大曰伯雅，中曰仲雅，小曰季雅。

《楚辞·九歌》曰：授北斗兮酌桂浆。斗为玉爵。

《班婕妤赋》曰：酌羽觞兮销忧。孟康曰：羽觞作生爵形，有头尾羽翼也。

太平御览卷第七百六十一 器物部六

觥

《三礼图》曰：觥受七升，以兕角为之。

《诗》曰：我姑酌彼兕觥，维以不永伤。兕觥，角爵也。

又曰：跻彼公堂，称彼兕觥，万寿无疆。公堂，学校也。觥，所以誓众也。

又曰：兕觥其觩音虬，旨酒思柔。彼交匪敖，万福来求。兕觥，罚爵也。言上下无失礼者，其罚爵徒然陈设而已。

《左传》曰：晋赵孟、叔孙豹、曹大夫入于郑，郑伯兼享之。赵孟赋《棠棣》，穆叔子皮及曹大夫兴拜，举兕爵曰："小国赖子，知免于戾矣。"兕爵，所以罚不敬，言小国蒙赵孟德，自知此罚戮。

觚

《三礼图》曰：觚受三升，兑音锐下方足，漆赤中，青云饰，小其尾。

《周礼》曰：梓人为饮酒器，觚三升。献以爵而酬以觚。

《语》曰：子曰："觚不觚，觚哉！觚哉！孔子曰：削觚而志有所念觚，不时成。或曰觚哉觚哉。觚，小器耳，心不专一，尚不时成，况于大事也。

《周地图记》曰：秦使蒙恬北筑长城。又于原上筑城，以觚尊酒而祭。有鹑飞止觚上，因名鹑觚县。

刘伶《酒德颂》曰：止则操卮执觚。

卮

《说文》曰：卮，圜器也。觛，小卮也。圜，音圆。觛，音但。

《礼》曰：父母舅姑之敦音堆牟卮匜，非馂莫敢用。

《史记》曰：高祖奉玉卮，起为太上皇寿也。

《汉书》曰：沛公与项羽会鸿门。樊哙居营外，闻事急，乃持盾直入帐下。羽问为谁，张良曰："沛公骖乘。"羽曰："壮士哉！"赐卮酒、彘肩。哙饮酒，拔剑切肉食之。羽曰："复能饮乎？"曰："死且不辞，岂惮卮酒！"

《韩子》曰：棠溪空见韩昭侯，曰："今有白玉卮而无当，有瓦卮而有当，君渴，将何以饮？"君曰："以瓦卮。"棠溪空曰："白玉卮至贵，君不以饮者，以其无当耶？"君曰："然。"空曰："为人君，漏泄群臣之语，犹玉卮无当也。"空每见而出，昭侯必独卧，唯恐梦言泄于妻妾。

《战国策》曰：昭阳为楚伐魏，覆军杀将，得八城。移师而攻齐。陈轸为齐王使，见昭阳，再拜，谢，贺战胜。起而曰："臣窃譬，楚有祠者，赐其舍人酒一卮。舍人相谓曰：'数人饮不足，一人饮有余。请画地为蛇，蛇先成者饮酒。'一人蛇先成，引酒且饮之，乃左手持卮，右手画蛇曰：'吾能为之足！'足未成，一人蛇成，夺其卮，曰：'蛇固无足，子安能为之足！'遂饮酒。今子伐齐，为蛇画足也。"

《淮南子》曰：溜水足以溢壶榼，而江河不能实漏卮。

《盐铁论》曰：川源不能实漏卮。

魏文帝《答杨修书》曰：重惠琉离卮，昭厚意。

晋傅咸《污卮赋》曰：人有遗余琉璃卮者，小儿窃弄堕之，不洁。意既惜之，又感宝物之污辱，乃丧其所以为宝。况君子行身，而可以有玷乎？

匜音移

《说文》曰：匜，似羹魁，柄中有道，可以注水。

《纂文》曰：匜，水器也。

《仪礼》曰：嫡入室，媵御奉匜沃盥。

《左传》曰：晋公子过秦，秦伯纳女五人，怀嬴与焉。奉匜沃盥，既而挥之。匜，沃盥器。挥，湔也。怒曰："秦、晋匹也，何以卑我？"

《国语》曰：勾践命诸稽郢行成于吴，曰："勾践愿请盟：一介适女执箕帚，以胲姓于王宫，一介适男奉匜盘，以随诸御。”胲，备也，音该。

盏斝

《说文》曰：斝，玉爵也。或说斝受十六升。

《诗》曰：或献或酢，洗爵奠斝。

《礼》曰：盏斝及尸君，非礼也，是谓僭君。盏斝，先王之爵也。

又曰：季夏六月，鲁以禘礼祀周公。爵用玉盏，仍雕。

《左传》曰：齐侯伐燕，燕人赂以瑶瓮、玉椟、斝耳，斝耳，爵也。不克而还。

又曰：郑火，裨灶言于子产曰：“若我用瓘斝玉瓒，郑必不火。”子产不许，曰：“天道远，人道迩，非所及也，灶焉知天道！”

钟

《孔丛子》曰：平原君强子高酒，曰：“昔有遗谚：尧、舜千钟，孔子百觚；子路嗑嗑音阖，日饮百榼。吾子何辞焉？”子高曰：“以予所闻，贤圣以道德兼人，未闻以饮食也。”

沈约《宋书》曰：萧思话常从太祖登钟山，中道，有盘石清泉。上使于石上弹琴，因赐以银钟酒，曰：“相赏有松石间意。”

《凉州记》曰：胡安据等发张骏冢，得玛瑙钟。

《论衡》曰：文王饮千钟，孔子百觚。若酒用千钟，则肉宜百牛；酒用百觚，则肴宜用千羊。则文王身如防风，孔子体如长狄，乃能堪之。

瓒慈但切

《三礼图》曰：主瓒受四升，径八寸，形如盘。其柄以珪，有流，前注。

《书》曰：平王锡晋文侯秬鬯珪瓒。孔安国曰：以珪为杓柄，谓之珪瓒也。

《诗》曰：厘尔珪瓒，秬鬯一卣音酉。

又曰：瑟彼玉瓒，黄流在中。玉瓒，珪瓒也。珪瓒文状，以珪为柄，黄金为勺，青金为外，朱中央。

《周礼》曰：裸音贯珪有瓒。郑司农云：于珪头为器，可以挹鬯裸之祭谓之瓒也。汉礼：瓒盘大径三升，口径八寸，下有盘，口径一尺也。

又曰：裸珪，尺有二寸。有珪，以祀宗庙也。

《礼》曰：赐珪瓒，然后祭。

又曰：祀周公于太庙，灌用玉瓒大珪。瓒形如盘，容五升，以大珪为柄，是谓珪瓒。

《白虎通》曰：珪瓒者，器之名，所以受灌之器。以珪瓒饰其柄。

樽彝

《说文》曰：樽，酒器也。櫑，龟目酒尊也，木刻为云，象其施不穷。

《尔雅》曰：彝、卣，罍器也。皆酒尊。彝其名也。卣，中尊也。

《易》曰：樽酒簋二，用缶，纳约自牖，终无咎。

《书》曰：用赉尔秬鬯一卣。

《诗》曰：我姑酌彼金罍，唯以不永怀。

《周礼》曰：司尊彝，掌六尊六彝之位。春祠夏禴，祼用鸡彝、鸟彝，皆有舟。其朝献，用两献音娑尊。其再献，用两象尊，皆有罍。秋尝冬蒸，祼用斝彝、黄彝，皆有舟。其朝献，用两着直略切。尊；其馈献，用两壶尊，皆有罍。彝亦尊也。彝，法也，言为法之正也。鸡彝、鸟彝，谓刻而画之为鸡、凤之形也。皆有舟，郑司农云：舟，尊下基也，若今时承盘也。献，读曰牺。牺尊饰以翡翠，象尊以象、凤凰，或曰以象骨饰尊也。斝，读为嫁，彝画禾稼也。黄彝，黄目尊也。着尊者，着地，无足。壶尊者，以壶为尊。

《礼》曰：五献之尊，门外缶，门内壶，君樽瓦甒音武，此以小为贵也。壶大一石。瓦甒，缶，大小未闻也。《易》曰：樽酒，贰用缶也。牺樽，疏布幂，音觅樿之善切。勺，此以素为贵也。

又曰：夫礼之初，始诸饮食，其燔黍椑音伯豚，污音瓜切尊而抔薄侯切饮。郑玄曰：汙樽，凿地为樽也。抔饮，以手掬之也。

又曰：黄目，郁气之上尊也。黄者，中目者，气之清明者也。言酌于中，而清明于外也。黄目，黄彝也。

又曰：鲁季夏六月，以禘礼祀周公于太庙，尊用牺象、山罍，郁尊用黄目。牺尊，以沙明为画象，骨饰之。郁，郁鬯之器。黄目，黄彝。

又曰：泰，有虞氏之尊也。山罍，夏后氏之尊也。着，殷之尊也。牺象，周之尊也。泰，用瓦，着地无足。

《传》曰：牺象不出门，喜乐不野合。

《汉书》曰：梁孝王有罍尊，上刻云雷象也。直千金，戒后代善宝之。王任后闻而欲得之。王让大母李太后曰："先王有命，无得以樽予人。他物虽百钜万，犹自恣。"任后绝欲得之，王让直使人开府取樽，赐任后。天子下吏验问，公卿治奏以为不孝，让诛也。

《东观汉记》曰：王霸击贼，作倡乐。贼射营，中霸前酒樽，霸坐不动。

又曰：章帝时，美阳得铜酒樽，采色青黄，有古文。

《后汉书》曰：章帝初元七年，槐里歧山得铜樽一枚。

《晋起居注》曰：穆帝升平二年，尚书左丞刘充元会日，彭城计佐虞兴发白虎樽，而群观辐凑，中兰台令史张玄不禁，免玄令史。

沈约《宋书》曰：正旦元会，设白虎樽于殿庭。樽盖上施白虎，有能献直言者，则发此樽饮酒，盖杜举之遗式也。盖为白虎，疑是后人所加，欲令猛如虎，无所忌惮也。

《晏子春秋》曰：晋欲攻齐，使范昭观焉。景公觞之。范昭曰："请君幸樽酌。"晏子命撤樽革具。范昭归，曰："齐不可伐也。吾欲惭其君，晏子知之。"孔子闻之，曰："不越于樽俎之间，折冲千里也。"

《庄子》曰：市上之人，有善戴尊者，酒尊也。累十尊而行。人有与之更者，行道未半，而以其尊颠。

又曰：百年之木，破为牺樽，青黄而文之，其一断在沟中。比牺樽于沟之断，则美恶有间矣；其于失性，一也。桀跖与鲁史，行义有间矣；然其失性，均也。

又曰：纯朴不残，孰为牺樽？白玉不毁，孰为珪璋？道德不废，安取仁义？

《淮南子》曰：百围之木，斩而为牺樽，龙蛇虎豹，曲成文章。高诱曰：刻为蟠龙伏虎之状也。

又曰：夫圣人之道，犹中衢而设樽耶？过者斟酌，多少不同，各得其所宜。

又曰：夫奉一爵酒，不知于邑；言其轻也。挈石之樽，则白汗交流。言其重也。又况赢天下之忧，而任海内之事者乎？重于樽亦远矣！

《风俗通》曰：坐不移樽。俗说凡宴饮者，移转樽酒，令人讼诤。

《志林》曰：先代不识牺樽，但云沙画之，饰以翠羽。至魏明帝时，鲁郡于地中得齐大夫子尾送女器，有牺樽，作牺牛形。自尔，乃知其定形。

《吴越春秋》曰：阖闾女自杀，以银樽送之。

《邺中记》曰：石虎正会，殿前有白龙樽。作金龙于东箱，西向，龙口金樽受五十斛。

《凉州记》曰：胡安据等发张骏陵，得白玉樽，受三升。

戴延之《西征记》曰：太极殿中有铜龙，长三丈。铜樽，容三十斛。正旦大会，龙从土中受酒，口吐之于樽中。

傅玄《朝会赋》曰：峙凤虎之二樽，清酤皆以渊停。

蔡邕《铭论》曰：汉获齐侯宝樽于槐里也。

孙绰《阳燧樽铭》曰：详观兹器，妙巧奇绝！酌焉则注，受满则闭。补结切。吐写适会，未见其竭。

滑稽

崔浩《汉记音义》曰：滑稽，酒器也。转注吐酒，终日不已，若今之阳燧樽。

《史记》曰：吴王夫差取子胥尸，盛以鸱夷革，而浮之江中。应劭曰：取马革为鸱夷。鸱夷，榼形。

《汉书》扬雄《酒赋》曰：鸱夷滑稽，腹大如壶。昼日盛酒人复借酤。常为国器，托于属车。

榼

《说文》曰：榼，酒器也。椑音鼙，圆榼也。

《左传》曰：晋栾针使行人执榼承饮，造于子重。

谢承《后汉书》曰：陈茂为豫州别驾，与刺史周敞行部到颍川阳翟传车。有美酒一椑，敞敕载酒以行。茂取椑，击柱破之曰："使君传车榼载酒非宜。"

王隐《晋书》曰：宣帝既灭公孙渊还。作榼两口，二种酒，持着马上。先饮佳酒，塞口；而开毒酒与牛金，金饮而死。

《北齐书》曰：元韶，字世胄。魏室奇宝多入韶家。有玛瑙榼，容三升，玉缝之。皆称西域鬼作也。

《凉州记》曰：胡安据等发张骏陵，得琉离榼。

《孔丛子》曰：子路嗑嗑，饮百榼。已具钟门。

《列异传》曰：济北弦起，神女来游，车上有壶榼，青白琉璃五具。

《续齐谐记》曰：王敬伯夜见一女，命婢取酒，提一渌沉漆榼。

曹毗《杜兰香传》曰：兰香降张实，辄赍元榼。

马融《奏事》曰：楚将吴起，或遗之一榼酒，注之上流，使士卒迎流饮其下，明不独也。

刘伶《酒德颂》曰：止则操卮执觚，动则挈榼提壶。

壶

《三礼图》曰：洗壶，受一斛，口径一尺，头高五寸，大中身，兑音锐下，赤漆中，玄上加青云气。方壶，受一斛，腹圜，足口方。圜壶，受一斛，腹方，足口圜。

《诗》曰：显甫饯之，清酒百壶。

《周礼》曰：挈壶氏以令军井。壶所以盛饮，故以壶表井中。凡军事，悬壶以序聚柝。悬壶以为漏也。柝，音托。

《礼》曰：其以乘壶酒赐人。乘壶，四壶。亦曰：乘壶酒，尊壶者面其鼻。鼻在面上，言向人也。

《左传》曰：晋侯问原守于寺人勃鞮，对曰："昔赵襄以壶飡从，径，绥而弗食，故处原。"

《汉书》曰：东方朔曰："壶者，所以盛也。"

《晏子春秋》曰：景公游于纪，得金壶。发视之，中有丹书。

《韩子》曰：晋公子重耳过曹，僖负羁盛黄金于壶，充之以食，令人遗公子也。

《说苑》曰：五大夫愿，卫人也。负壶入井，终日灌一区。

《国语》曰：勾践召范蠡而问焉，曰："谚有之曰：觥饮不及壶食。言志在觥饮，虑不至壶食。喻已德小，不能远图。今岁晚矣，子将奈何？"曰："臣闻追亡人也，蹶而趣之，唯恐不及。"王曰："诺。"遂伐吴。

《神仙传》曰：壶公卖药，常悬一壶于坐上。日入 之后，公辄跳入壶中。

《搜神记》曰：吴王夫差女紫玉，悦童子韩重，结气死。形见，将重入冢，取昆仑玉壶与之。

《琴操》曰：伍员奔吴，过溧阳濑溪，见一女子击漂于水中，旁有壶浆，乃就乞饮。饮毕，谓女子曰："掩夫人壶口。"女子知其意，自投濑溪而死。

洗

《三礼图》曰：洗高三尺，口径尺五寸，足径三尺。士铁，大夫以上铜为之，诸侯白金饰，天子黄金饰。

《仪礼》曰：设洗于阼阶东南。

《礼》曰：其水在洗东，祖天地之左海也。

《魏武令》曰：临祭就洗，以手拟水而不盥，以洁为敬，未闻拟向不敬之礼。吾亲受水而盥。

太平御览卷第七百六十二 器物部七

瓢

《方言》曰：蠡，瓠勺也，音礼也。陈楚宋魏之间或谓之树，今江东呼勺为树。或谓之瓢。

《通俗文》曰：瓠瓢为蠡。

《礼》曰：合卺音谨而酳。

《三礼图》曰：卺，取四升瓠，中破，夫妇各一。

《论语》曰：贤哉，回也！一箪食，一瓢饮，在陋巷，人不堪其忧。

《尔雅》曰：康瓠谓之甈。孙炎曰：康瓠也。郭璞曰：瓠，壶也。贾谊曰宝康瓠是也。

《战国策》曰：应侯谓秦昭王曰："百人舆瓢而趋，不如一人持而走疾。百人试舆瓢，瓢必裂。今秦国，华阳、穰侯、太后用之，秦国必裂矣！"

《东宫旧事》曰：漆卺爵二，银锁连长七尺。

《庄子》曰：惠子谓庄子曰："魏王贻我大瓠之种，我树之成而实五石，剖以为瓢，则瓠落无所容。吾为其无用，舍之。"

《楚辞·九叹》曰：藏瓠蠡于筐簏。瓠，瓢。蠡，瓠。

东方朔《答客难》曰：以管窥天，以蠡张宴曰：蠡，瓢瓠也。测海。

《琴操》曰：许由无杯器，常以手捧水。人以一瓢遗之，由操饮毕，以瓢挂树。风吹树，瓢动历历有声。由以为烦扰，遂取捐之。

勺与杓字同

《说文》曰：斗，勺也。

《通俗文》曰：木瓢为斗。

《诗》曰：唯北有斗，不可以挹酒浆。

又曰：酌以大斗，大斗长三尺。以祈黄耇。

《周礼》曰：大璋、中璋九寸，边璋七寸，射四寸，厚寸。黄金勺，青金外，朱中，鼻寸，衡四寸，有缫。音早。天子以巡守，宗祝以前马。杜子春云：勺，谓酒樽中勺也。郑司农云：鼻，谓勺龙头鼻也。衡，谓勺柄龙头也。郑玄谓勺鼻流，凡流智为龙口也。三璋之勺，形如玉瓒。天子巡守，有事山川，则用灌焉。于大山川则用大璋，中山川用中璋，于小山川用边璋也。

又曰：梓人为饮器，勺一升。勺尊升也。

《礼》曰：牺恩歌切尊，疏布鼏音觅，椫之演切勺，此以素为贵也。郑玄曰：椫木白理也。

又曰：勺，夏后氏以龙勺，殷以疏勺，周中蒲勺。郑玄曰：龙，龙头也。疏，道刻其头也。蒲，合蒲如凫头也。

《汉书》曰：霍显之谋，行于杯勺。

《东宫旧事》曰：漆注八，合鸭头勺四。

《论衡》曰：司南之勺，投之于地，其柄指南。

《语林》曰：诸阮以大盆盛酒，木勺数枚也。

束皙《贫家赋》曰：举短柄之掘勺。

丰

《三礼图》曰：射为罚爵之丰，作人形也。丰，国名也，坐酒亡国，戴盂戒酒。

《说文》曰：丰，俎豆贵丰厚也。一曰乡饮酒有丰侯者。

《仪礼》曰：司射适堂西，命弟子设丰。将饮不胜，设丰以承其爵。丰形，盖似豆卑而大之。

又曰：公尊瓦泰两，有丰。

崔骃《酒箴》曰：丰侯沉酒，荷罂负缶，自戮于世，图形戒后。

李尤《丰侯铭》曰：丰侯荒缪，醉乱迷逸。乃象其形，为丰戒式。后世传之，固无止说。

禁一名棜，乙去切

《三礼图》曰：棜，长四尺，广二尺四寸，深寸，无足。漆赤中，青云画，陵苕华饰。禁长四尺，广二尺四寸。通局足高三寸。漆赤中，青云画，蔆苕华饰。刻镂其足，为褰帷之形。

《仪礼》曰：尊于户间，两甒音武，有禁。禁，承尊之器，名之曰禁，因为酒戒也。

又曰：尊两壶于房户间，斯禁。斯禁，禁切地无足也。

《礼》曰：天子、诸侯之尊废禁，大夫、士棜禁，此以下为贵也。废犹去也。棜，斯禁也，无足，有似于棜，或因名之耳。大夫用斯禁，士用棜禁，如今方案情帐局。

食架

《东宫旧事》曰：漆食架二。

食厨

《礼》曰：大夫七十而有阁。阁以板为之，度食物也。天子之阁，左达五，右达五。公侯、伯于房中五，大夫于阁三，士于坫一。达，夹室。大夫言于阁与天子同处，天子二，五倍于诸侯也。

《东宫旧事》曰：漆食厨一具。

酒台

《周礼》曰：六彝皆有舟。郑司农云：舟，下台也，若今时承盘也。

《东宫旧事》曰：漆酒台二，金涂环钮。

槽

刘伶《酒德颂》曰：先生方捧罂承槽，衔杯漱醪。

杵臼

《易·系辞下》曰：断木为杵，掘地为臼。臼杵之利，万民以济。盖取诸《小过》。王肃曰：雷起，起上杵之象。地艮止于下，臼之义。

《书》曰：血流漂杵，孔安国曰：血流而漂舂杵，甚之言也。一戎衣，天下大定。

《礼》曰：邻有丧，舂不相。相，送杵声。

又曰：畅臼以掬，杵以梧。所以捣郁鬯。掬，柏也。

《谷梁传》曰：大夫救日击门，士击杵。舂，粢盛之具，示有上下阴阳。

《周易类谋》曰：间可倚杵。郑玄曰：天地相去，其间才可倚一杵也。

《春秋繁露》曰：夏求雨，暴杵臼于街十日。

《汉书》曰：傅咸为南阳太守，有猾吏大姓犯令，为地臼木杵，舂不中程者，辄加笞棰。

又曰：江都易王非，宫人有过者，或髡钳，以铅杵舂，不中程辄掠。

又曰：楚王戊即位，胥靡申公、白公，衣赭衣，使推舂于市。

《东观汉记》曰：公沙穆游太学，无资粮，乃变服，客佣，为吴祐赁舂。祐与语，大惊，遂共定交于杵臼之间。

《后汉书》曰：梁鸿之妻孟光多力，能举石臼。

又曰：冯衍娶北地任氏女为妻，悍忌，不得畜媵妾，儿女常自探井臼。

王隐《晋书》曰：贾后使小黄门孙虑徙愍怀太子于坊中，不与食。乃劫服杏子黑丸。其夜薨。或传太子不肯服药，伺至厕，以药杵橦害之，唤声闻于外。

《燕书》曰：昭武帝营新殿，昌黎大棘城县河岸崩，出铁筑杵头一千一百七十枚。永乐民郭陵见之，诣阙言状。诏曰："经始崇殿，而筑具出，人神允协之应，赐陵爵关外侯。"

《战国策》曰：智伯攻赵襄子于晋阳，臼灶生蛙。

又曰：卫人迎新妇，妇入室见臼，曰："徙之牖下。妨往来者！"主人美之。

《河图》曰：千岁之后，天可倚杵。

《孟子》曰：尽信书，不如无书。吾于《武成》，取二三策而已矣。仁者无敌于天下，以至仁伐至不仁，何其血之流杵也？

《吕氏春秋》曰：伊尹母梦神告之：臼出水而东走。

《贾谊书》曰：黄帝行道，炎帝不听，故战涿鹿之野，血流漂杵。

《淮南子》曰：解门以为薪，塞井以为臼，虽用小而所丧大矣。

桓谭《新论》曰：伏羲制杵臼之利，后世加巧，因借身以践碓，而利十倍。

又曰：复设机关，用驴蠃牛马，及役水而舂，其利百倍。

《论衡》曰：舂者，以杵捣臼，杵臼鼓动、地动。地临池水，河水震荡。夫臼杵，木也。水与木、土三者，殊类而相应，首相叩动，其势然也。

《风俗通》曰：秦留燕太子丹，天为雨粟，厨中杵生肉，是不然也。

《世本》曰：雍父作舂。雍父作杵臼。《宋志》曰：雍父，黄帝名也。

《湘州记》曰：枣阳县有蔡伦宅，宅西有一石臼，云是伦舂纸臼。

《荆州记》曰：长沙醴泉县有山石空，空中有石床，床头有臼，容五升。父老相传：昔有仙人以此合金丹。

《衡山记》曰：桂英岩上，凿石作臼。有铁杵，倚置岩畔。石臼边，有两人脚迹。

《名山记》曰：罗浮山有道士赍铁臼杵，欲合丹，未成而仙化。

《世说》曰：魏武读曹娥碑云："外孙齑臼。"杨修曰："齑臼，受辛。受辛，'辤'字。"

《幽明录》曰：刘松在家，忽见一鬼。杖剑斫之，鬼走。松起逐，见鬼在高山岩石上卧。仍往逼突，群鬼争走，遗置药杵臼及所余药，因将还家。松为人合药时，临熟，取一经此臼者，无不效验。

《列异传》曰：魏郡张旧家巨富，复暴衰，卖宅与黎阳程应。应入居，死病相继。卖荆民何文，日暮持刀上北堂中。至二更，有一人长丈余，高冠黄衣，来堂前呼问："细腰，舍中何以有人气？"须臾，复有一人高冠青衣，次又高冠白衣，问并如前。将曙，文下堂，如向法呼细腰问曰："黄衣者谁？"曰："金也，在堂西壁下。""青衣者谁？"曰：

“钱也。在堂前井西五步。”“白衣者谁？”曰：“银也，在堂东北任下。”“汝，谁也？”曰：“杵也，在灶下。”至明，文按次掘之，得金、银各五百斤，钱千余万；取杵，焚之，宅遂清安。

魏武《上献帝表》曰：臣祖腾有顺帝赐器，今上药杵臼一具。

砧

《尔雅》曰：砧谓之榩。郭璞曰：砧，木质也。榩，音虔。

《广雅》曰：枕、质，砧也。

《东宫旧事》曰：太子纳妃，有石砧一枚，又捣衣杵十枚。

《荆州记》曰：秭归县有屈原宅、女媭音须。庙，捣衣石犹存。

《汉水记》曰：有女郎捣衣砧也。

《古乐府诗》曰：藁砧今何在？山上复有山。藁砧，谓夫也。

碓

《广雅》曰：碻，碓也。碻，丁历切。

《方言》曰：碓机，陈魏宋楚、自关而东谓之梴。

《魏略》曰：司农王思弘作水碓，免归田里。

《晋书》曰：魏舒迟钝质朴，不为乡亲所重。从叔父吏部郎衡，有当世名，犹不知之，使守水碓。

王隐《晋书》曰：石崇有水碓三十区。

又曰：刘颂为河内太守，有公王水碓三十余区，所在遏塞，辄为侵害。颂表上封，诸民获便宜。

又曰：卫瓘为太子少傅，诏赐园田水碓，不受。

又曰：邓攸去石勒，投李矩，借水碓舂于城东。

《晋诸公赞》曰：征南杜预作连机碓。

《晋阳秋》曰：给陈留王碓一区。

《幽明录》曰：弘农徐俭家有一远来客寄宿。有马一匹，中夜惊跳，客不安，骑马而去。一物长丈余，来逐马后。客射之，闻如中木声。

明日，寻昨路，见箭着一碓棚。

《世说》曰：王戎既贵且富，区宅水碓，洛下莫比。

孔融《肉刑论》曰：贤者所制，或逾圣人。水碓之巧，胜于断木掘地。

《王浑表》曰：洛阳百里内，旧不得作水碓。臣表上，先帝听臣立碓，并挽得官地。

磨

《说文》曰：磨，石硙也。硙，音五对切。

《释名》曰：硙，磨也。

《广雅》曰：砻，磨也。

《方言》曰：硙或谓之䃘。即磨也，错碓反。

《通俗文》曰：粗曰䃘千内切，填磨曰硐途栋切，磨床曰摘直易切。

《魏略》曰：诸葛亮为冲车，围郝昭于陈仓。昭以绳系石磨，羂古犬切其冲车。

《魏志》曰：管辂，字公明，平原人也。往同村郭思家，硙上有鸠食相斗。辂曰："不祥！"思明日射鸠，误中邻女。

《蜀志》曰：许靖为许劭排摈，以马磨自给。

《晋书》曰：王戎为司徒，好治产业。周遍天下，水碓四十所。

《邺中记》曰：解飞者，石虎时工人。造作旃檀车，左毂上置硙，右毂上置碓。每行十里，磨麦一石，舂米一斛。

《世本》曰：公输般作硙。

《诸葛亮别传》曰：孙权常飨蜀使费祎，停食饼，索笔作《麦赋》，恪亦请笔作《磨赋》。

《异苑》曰：上党侯亮之，于江都城下获一石磨，下有铜马。

《幽明录》曰：广陵有冢，相传汉江都王建之墓也。常有村人行过，见地有数十具磨。取一具持归，暮即叩门，求磨甚急。明旦，送着故处。

《抱朴子》曰：周髀家云：天旁转，如推磨而左行；日月右行，随天左转。譬之于蚁行磨上，磨左旋，而蚁迟，故不得不随磨以右回焉。

嵇含《八磨赋》曰：外兄刘景宣作磨，奇巧特异。策一牛之任，转八磨之重。因赋之曰："方木矩峙，圆质规旋。下静以坤，上转以乾。巨轮内建，八部外连。"

碾

《通俗文》曰：石碢轹谷曰碾。

《后魏书》曰：崔亮在雍州，读《杜预传》，见其为八磨，嘉其有济时用，遂教民为碾。及为仆射，奏于张方桥东堰谷水，造水碾磨数十区。其利十倍，国便之。

太平御览卷第七百六十三　器物部八

斧

《释名》曰：斧，甫始也。凡将制器，始以斧伐木，已乃制之也。

《易》曰：得其资斧，我心不快。斧所以破除荆棘，以安客舍者也。不得其位，不获平砥之地，虽得资斧，其心不快。

《龙鱼河图》曰：斧神名狂章。

《周书》曰：神农作陶冶斧，破木为耜、锄、耨，以垦草莽，然后五谷兴。

《诗》曰：析薪如之何？匪斧不克；取妻如之何？匪媒不得。

又曰：蚕月条桑，取彼斧斨，以伐远扬。

又曰：《破斧》，美周公也。既破我斧，又缺我斨。

《周礼》曰：大丧及窆，执斧以莅匠师。匠师，主丰碑之士，执斧以师之使戒其士。

《礼》曰：礼，诸侯赐鈇音夫钺，然后诛。

又曰：天子负斧依，南乡而立。斧依，为斧文屏风于户牖之间。

《传》曰：楚子执齐庆封，将戮之。负之斧钺，以徇于诸侯，使言曰："无或如齐庆封，弑其君，弱其孤。以盟其大夫。"

《春秋元命苞》曰：斧锧，主乱行，斩狂诈。斧之为言补也。

《汉书》曰：分周为二，有逃责之台，被窃鈇之言。应劭曰：周赧王出，至路边窃取遇人。

又曰：暴胜之为直指使者，衣绣持斧，逐捕盗贼。

又曰：王莽司徒王寻，初发长安，宿霸昌厩，亡其黄钺，寻军士所。王素狂直，入哭曰："此经所谓丧其齐音资斧者也！"应劭曰：齐，利也。亡其利斧，言无以复斩断者。

《东观汉记》曰：祭遵袭略阳，遣护军王忠，皆持利斧，伐树开道。

又曰：蒋翊，字元卿。后母憎之，伺翊寝，操斧斫之，值翊如厕。

谢承《后汉书》曰：会稽戴就，字景成，为都曹掾。太守为州所奏，就见伏考，烧斧以着腋下。就骂狱卒："此无火气，何不熟烧！"

《魏志》曰：太祖延张绣及其将帅，置酒高会。太祖行酒，典韦持大斧立后，刃径尺。太祖所至之所，韦辄举目之，绣及将帅莫敢仰视。

《晋书》曰：魏舒尝适野王，主人妻夜产。俄而闻车马之声，相问曰："男也？女也？"曰："男，书之十五以兵死。"复问："宿者谁？"曰："魏公舒。"后十五载，诣主人，问所生儿何在？曰："因条桑，为斧伤而死。"舒自知为公。

《晋咸和起居注》曰：因有司奏魏氏故事：正旦贺，公卿上殿，虎贲六人随上，以斧柄柱衣裙。上令宜依旧为仪注，诏曰："此非前代善制，其除之。"

《三辅旧事》曰：王莽梦大夏殿前五铜人语。莽恶之，斧斫开铜人腹。

《东阳记》曰：晋中朝时，有民王质者，入山伐木，至石室中，见童子数人弹琴而歌，因留跂斧柯而听之。童子以物与之，状如枣核，质含之，便不复饥也。童子曰："汝来已久，宜去。"质承声起，斧柯漼然烂尽。既归，去家已数十年。

《列女传》曰：丁仲谋妻氏共夫至交址，夫为贼所杀。妻船上得一斧，举以破贼。

《列仙传》曰：赤斧，手中常有赤斧。

《录异传》曰：陈世母黄亡后，还家但闻声，世忽亡斧，黄言问家奴福盗之。

《幽明录》曰：文翁常欲断大树，欲断处，去地一丈八尺，翁先祝曰："吾若得二千石，斧当着此处！"因掷之，中所欲一丈八尺处。后果为郡。

《贾逵别传》曰：逵庙一柏树，有人窃来斫伐。始投斧数下，斧刃乃折于树中。

《七贤传》曰：文党，字翁仲。与人俱入山取木，谓侣人曰："吾欲远学，先试投斧高木上，斧当挂！"乃投之，斧果上。因之长安受经。

《廷尉决事》曰：廷尉高文惠上民傅晦诣民籍牛场上盗黍，为牛所觉，以斧掷折晦脚，物故。依律，牛应弃市。监枣超议："晦既夜盗，牛本无杀意，宜减死一等。"

《六韬》曰：操刀不割，失利之期。执斧不伐，贼人将来。繁叶不去，将为斧柯。

《列子》曰：人有亡鈇者，意其邻人子。视其行步，窃鈇也；颜色，窃鈇也；言语，窃鈇也；动作态度，无为而不窃鈇也。俄而于其谷而得其鈇。他日，复见其邻子之动作态度，无似窃鈇矣。

《孟子》曰：斧斤以时入山林，材木不可胜用也。

《荀卿子》曰：林木茂而斧斤至焉。

《吕氏春秋》曰：孔甲田于东阳萯音倍山，天大风，晦。孔甲迷惑，入于民室，主人方乳，乳，产也。或曰："后来，是良日也。是子必大吉！"或曰："不胜之，是子必大殃！"后取其子以归，曰："以为余子，谁敢殃之？"子长成，莫动析橑音老，斧破斩其足，遂为守门者。

《淮南子》曰：巨斧击桐薪，不待利时日而后破之。

又曰：古之遣将，君亲操斧，持头，授将军柄，曰："阃以外者，将军裁之！"

《说苑》曰：雍门周说孟尝君："以秦楚之强而报于弱薛，譬犹萧斧而伐朝菌也。"

《玄晏春秋》曰：邻人亡斧及鸡，意予窃之。居三日，鸡还，斧又自得，邻人大愧。

《志林》曰：齐斧，齐当为斋。凡师出，必斋戒入庙受斧，故云斋也。

《抱朴子》曰：介象烧斧，而立其上，久不知热。

《诸葛亮教》曰：前后所作斧，都不可用。前伐鹿角，坏刀斧千余枚，赖贼已走。间自令作部刀斧数百枚，用之百余日，初无坏者。尔乃知彼主者无意，宜收治之。此非小事也，若临敌，败人军事矣。

锯

《释名》曰：锯，倨也。其体直，所截应倨勾之正也。

《说文》曰：锯，枪唐也。

《古史考》曰：孟庄子作锯。

《史记》曰：公孙鞅之事孝公也，设刀锯以禁奸邪，信赏罚以致理。

《后汉书》曰：献帝欲复肉刑，孔融议曰："虽忠如鬻拳，信如楚和，智如孙膑，一离刀锯，没世不齿。"

《吴志》曰：孙皓爱妾使人至市贼夺百姓财物，司市陈声绳之以法。皓大怒，假他事烧锯断声头。

王隐《晋书》曰：赵王伦欲废贾后，而门钥在侍中处。所部司马多木作，有利锯。至期，伦乃命三部司马，以铜锯截关开门。

《晋书》曰：胡毋辅之，字彦国，少擅高名。王澄常与人书曰："彦国吐佳言，如锯木屑，霏霏不绝，诚为后进领袖也！"

又《中兴书》曰：符健凶淫暴虐，常露刀张弓，椎、钳、锯、凿，杀人之具，备置左右。

《宋书》曰：后废帝名昱，初在东宫，惰业好嬉，师王不能禁。及嗣位，渐自放恣，晨出暮归，从者并执铤矛，加以虐刑，针椎凿锯之徒，不离左右。

《庄子》曰：礼若亢锯之柄。亢，举也。礼有所断割，犹举锯之柄以断物也。

又曰：天下好智而百姓求竭矣。于是乎釿音斤锯颛焉，绳墨杀焉，椎凿决焉。

《管子》曰：军中必有一斧一锯。

《尸子》曰：水非石之钻，绳非木之锯。

《列女传》曰：臧文仲为鲁使齐，齐拘之。文仲使人遗公书，恐人得之，乃谬其词曰："臧我羊，食我以铜鱼。"公及大夫莫能知之，乃问臧孙母。母泣曰："吾子拘，有木治矣。木治，梏也。'臧我羊'者：臧，善也；羊者，有母，告妻善养母。'食我以铜鱼'：铜鱼，其文错；错者，所以治锯也；锯者所以治木。是以知有木治，系于狱矣。"

《淮南子》曰：夏屋联房，公输、王尔无所措剞居绮切。劂居月切。削锯，然犹未能赡人主之欲也。

《世说》曰：晋元皇初见贺司空，言及："吴时孙皓烧锯截一贺头，是谁？"司空未复言，元皇曰："烧是贺邵。"司空流涕，曰："昔者先臣遭遇无道，臣创巨痛深，无以上答明诏。"元皇惭愧，三日不出。

《衡山记》曰：鸡头陂西有石室，有人采药，暮宿其中。晓见一锯悬在壁上。示有形，无复铁贯。

椎

《说文》曰：椎，击也。齐谓之柊揆。镦，千斤椎斤也。

《纂文》曰：柊揆，方椎。

焦赣《易林》曰：亡椎失斧，公输无辅。

《广雅》曰：柊揆、敤苦卧切、杴、鐇音烦、鍁于业切、椓音卓，椎也。

《史记》曰：张良为韩报仇，得切刀为铁椎，重百二十斤。击始皇于博浪沙中，误中副车。

又曰：信陵君客朱亥，袖四十斤铁椎，椎晋鄙杀之，夺兵以救赵。

《战国策》曰：始皇遗齐君王后连环，曰："齐多知，能解环！"君王后引椎，椎破之，谢秦使曰："谨已解矣。"

《汉书》曰：贾山上书曰："秦王东穷燕、齐，南极吴、楚。厚筑其外，隐以金椎，为驰道之丽至于此。使其后世，曾不得斜径而托足焉！"

又曰：淮南王长怨辟阳侯之不救其母也，袖金椎椎杀辟阳侯。

又曰：中山靖王胜来朝，闻乐声而泣，曰："众煦漂山，聚蚊成雷，明堂执虎，十夫桡椎。"

王隐《晋书》曰：梅陶及钟雅数说事，祖纳辄困之，因曰："君，汝颍之士利如锥我，幽冀之士钝如椎。持我钝椎，椎君利锥，皆为摧！"陶、雅并称有神锥，不可得椎，纳曰："假有神锥，必有神椎。"

《吴越春秋》曰：夫差使力士石番，以铁椎椎杀王孙圣。

《益州记》曰："市桥莋音作桥，今各有一铁椎，大十许，围长六七十尺。云初桥引机运此椎，以击桥柱。本有三，今余二。

《管子》曰：一农必有一椎。

《庄子》曰：儒以诗礼发冢，曰："徐以金椎控其颐，无伤口中珠！"

《周生列子》曰：昔伊尹操商栝，姬公挥周机，管子执齐钺，范蠡奋越椎。

《世说》曰：永嘉三年，中牟县故魏任城王台下池，有汉时铁椎，长六尺，入地三尺，头西南指，不动。

桓谭《上事》曰：孔子问屠牛曰："屠牛有道乎？"曰："刺必中解，割必中理，盘筋则引终葵而椎。"

孙胜《优劣论》曰：子房奋椎，为天下唱义。义声既震，则秦亡可知矣！

凿

《释名》曰：凿，有所穿凿也。

《说文》曰：錾，小凿也。

《通俗文》曰：石凿曰錾作澹切，凿充曰铳昌仲切。小凿曰鎒音漏，柄曰檠音擎。受檠曰鏓七红切。

《古史考》曰：孟庄子作凿。

《尸子》曰：利锥不如方凿。

《管子》曰：军必有一凿。

《庄子》曰：齐桓公读书堂上，轮扁斫轮堂下，释椎凿而上，问桓公。

《抱朴子》曰：魏明帝好闻椎、凿之声。

《搜神记》曰：陈仲举微时，常宿黄申家。妇方产，夜有叩门者。须臾，门里言："有客，堂下有人，不可进。"曰："从后往。"须臾，还，留者问曰："何等名？可与几岁？应以何死？"答曰："男也，名奴，得十五岁，当以兵死。"仲举告其家，父母不使执寸刃。年十五，有置凿于梁者，其末出。奴以长木钩取，凿堕，陷脑而死。

太平御览卷第七百六十四 器物部九

斤

《释名》曰：斤，谨也。板广不可得削，又有节，则用此釿之所以详谨，今减斧迹也。

崔鸿《十六国春秋》曰：石虎驰猎无度，晨出夜归。又多轻行，躬行作所。太子太保韦謏谏曰："白龙鱼服，有豫且子居切之祸，海若潜游，离葛陂之酷。愿陛下清宫跸路，思二神为先鉴，不可忽天下之重，轻行斤斧之间。一旦有狂夫之变，虽龙腾之勇，不暇施也；智士之计，岂及设哉？"

《庄子》曰：郢人垩漫其鼻端，若蝇翼。使匠石斫之，运斤成风，尽垩而鼻不伤，郢人立而不失容。

《孙子》曰：何世之无才？何才之无施？良匠提斤斧造山林，梁栋阿衡之材，栌柱楣椽之朴，森然陈于目前，大厦之器具矣。

《梦书》曰：斤斧为选士取有材。梦得斤斧，选士来。

铲

《释名》曰：铲，平削也。

《广雅》曰：籤子廉切谓之铲也。

鲍照《芜城赋》曰：铲利铜山。

鐁音斯

《释名》曰：鐁，弥也。有高下迹，以此鐁弥其上而平之。

鑢音虑

《说文》曰：鑢，错铜铁也。

《方言》曰：错、鑢互名也。

《韩诗》曰：如磨如错。

镰

《释名》曰：镰，廉也。体廉薄，其所刈稍稍取之，似廉者也。

《东观汉记》曰：山阳郡人江伯欲嫁姊，姊引镰欲自割。

《魏略》曰：孟康，字公休，为弘农太守。时出按行，敕吏卒各持镰，自刈马草。

《说苑》曰：孔子闻哭者，声甚悲。进见之，吾丘子也，吾，一音虞。拥镰带索而哭。孔子问："何哭之悲？"对曰："吾有三失。"子曰："愿闻三失。"曰："吾少好学，周遍天下，还后，吾亲亡，是一失也；素尚高节不事庸君，臣节不遂，二失也；少择交游，寡于亲友，老而无托，是三失也。请从此辞！"投水而死。孔子曰："弟子记之，此足以为戒！"于是归养亲者，十有二三。

《风俗通》曰：镰刀自揆，积刍荛之效。

鍠音横

《异苑》曰：长山郭悖，元嘉十二年病亡。后孙儿见悖着帽布裙，在灵床上，呼孙与语云："今得七日假，假满便去。今将二小儿，捉仆在门，可就取也。"孙求仆，即得。又云："汝叔从都还，得鍠犁鐴音辟，可试取看。"便以呈之，仍以两铁相加，铯铯作声。语孙曰："我无复归缘，从此而绝。"

斨自羊切

《毛诗·豳·七月》曰：取彼斧斨，以伐远扬。

又《破斧》曰：既破我斧，又缺我斨。

铧

《释名》曰：锸，锸地起土也。或曰削，能有所穿削也。或曰铧，刳也，刳地为坎也。

《晋书·安帝纪》曰：吴兴王淡父为邻人窦度所杀。淡年十岁，阴有复仇之志。至年十八，密索利锸刃，佯若耕耘，经一桥下，伺度船行还，伏于草中，淡于桥上以锸斫之，而归罪有司。太守孔严义其孝勇，上请宥之。

又曰：刘伶常乘鹿车，携一壶酒，使人荷锸而随之，谓曰："死便埋我！"

《淮南子》曰：故伊尹之兴土功也，修脚者使之跖音只铧，长脚者跖，得土多，锸入土深也。强肤者使之负土。

锸附

又曰：禹身执畚锸，以为民先，疏河而导之九支，凿山而通九洛，辟五湖而宁东海。

锄

《说文》曰：锄，薅音蒿斫也。钁，大锄也。

《释名》曰：锄，助也，去秽助苗长。齐人谓其柄为檀，檀然正直也。

《史记》曰：高后立诸吕为王，擅权用事。朱虚侯年二十，有气力，忿刘氏不得职。常入侍高后燕饮，曰："请为田歌。"太后笑曰："若生而为王子，安知田乎？"章曰："臣知之。"太后曰："试为言田意。"章曰："深耕穊种，立苗欲疏。非其种者，锄而去之！"吕后默然。

《汉书》曰：虽有镃錤，上音兹，下音基。不如逢时，镃錤、锄。虽有田器，值时乃获。信矣！樊哙、夏侯、灌婴之徒，方其鼓刀、仆御、贩缯之时，岂自知附骥尾，勒功帝籍，庆流子孙哉？

又曰：倪宽受业孔安国，贫无资，赁作，带经而锄，伏息辄诵读。

又曰：龚遂为渤海太守，悉罢逐捕盗贼吏。诸持锄钩田器者为良人，持杖器者为盗贼。

又曰：严延年为河南太守。京兆尹张敞闻延年用刑刻急，以书谕之。延年报曰：“河南，天下咽喉，二周余弊，莠盛苗秽，何可不锄也？”

《魏略》曰：常林为诸生，带经耕锄。其妻饷之，相敬如宾。

《蜀志》曰：先主将诛张裕，诸葛亮表请其罪，曰：“芳兰生门，不得不锄。”

《贾子》曰：商君专任刑法，以刻薄为教。秦人父子兄弟，无父兄之恩。踑踞反目，有若禽兽。借父耰锄，意有得色。

《搜神记》曰：扶风杨道和于田中值雷雨，止桑树下。霹雳击之，道和以锄格之，折其右肱，遂落地，色如丹，目如镜。

伏候《古今注》曰：曾子锄瓜，有三足乌卒其冠。

《世说》曰：管宁、华歆共园中锄菜，忽见地有片黄金，管挥锄与瓦石不异，华捉而掷去。

应璩诗曰：古有行道人，陌上见三叟。年各百余岁，相与锄禾莠。住车问三叟，何以得此寿？上叟前致辞，内中妪貌丑；中叟前致辞，量腹节所受；下叟前致辞，暮卧不覆首。要哉三叟言，所以能长久！

锥

《左传》曰：锥刀之末，将尽争之。

《史记》曰：平原君曰：“夫贤士之处世，譬若锥之处囊中，其末立见。”

《战国策》曰：苏秦行而归，负书担囊，父母不与之。秦叹曰：“皆秦之罪也！”乃夜发书，陈箧数十，得太公《阴符》，伏而读之。欲睡，引锥自刺其股，血流至踵。

王隐《晋书》曰：梅陶及锺雅数说余事，祖纳辄困，因谓之曰：“君汝颍之士利如锥，我幽冀之士钝如椎。”杞具椎门中。

又曰：王濬伐吴，吴人于江险要害之处，作铁锥，长丈余，暗置江中。濬乃作大筏先行，铁锥辄着筏去。

又曰：赫连勃勃。勃性工巧，然残忍刻暴。乃蒸土筑城，锥入一寸，即杀作者；锥若不入，即杀行锥者，而并筑之。

《管子》曰：女有一锥，然后成为女。

《孙卿子》曰：无置锥之地，而公侯不能与之争名，仲尼是也。

《庄子》曰：尧、舜有天下，子孙无置锥之地。

《韩子》曰：尧、舜无置锥之地，于后世而德结。

《吕氏春秋》曰：子产相郑十八年，刑三人，杀三人，锥刀之遗于道者，莫之敢举。

钻

《尚书大传》曰：古者中刑用钻、凿。

《物理论》曰：赵尧，锥钻之吏，能探高祖深心，致位丞相。

钳

《汉书》曰：江充捕巫蛊，烧铁钳灼，强服之。

《吴时外国传》曰：扶南有讼者，烧铁令赤，以钳举铁，着手行七步，无罪者手不烧，有罪者手即焦。

泥镘

《尔雅》曰：镘谓之圬。郭璞注曰：泥镘也。

《说文》曰：镘，铁圬也。

《左传》曰：郑子产相郑伯如晋，晋侯未之见。子产使尽坏其馆之垣，而纳车马焉，曰："文公之为盟主也，崇大诸侯之馆，圬人以时塓馆宫室。"圬人，涂者。

《论语》曰：宰予昼寝，子曰："朽木不可雕也，粪土之墙不可污也！"

凳

《续晋阳秋》曰：何无忌母，刘牢之姊也。无忌与高祖谋，夜于屏风里制檄文。母潜凳于屏风上窥之，既知其谋，大喜，谓曰："汝能如此，吾仇耻雪矣！"

《世说》曰：谢中郎在寿阳败，临奔走，犹求玉帖凳也。

篮

《集异记》曰：丹阳张承先家有鬼，长为其取物。会有客，须莼斤、鲤鱼二十头。鬼将一小儿，持篮至骠骑衔十字路，小儿睡觉，看篮中已有莼、鲤。

篙许的切

《方言》曰：篙，所以注斛。陈魏宋楚之间谓之篙，或谓之箩。自关而西谓之注箕。郭璞注曰：盛米谷写斛中也，江东亦呼为篙，箩属，形小而高也。

《续搜神记》曰：吴兴人章苟者，于田中耕，乘小船以归。箩鱼鲑置船中，着菰里，有物辄已食尽，如此非一。后日，磨锻，于菰芦中见一大蛇偷。苟以鋘叉之，中其蛇。

笼

《史记》曰：宋元王二年，江使神龟使于河，至泉阳，渔者豫且举网而囚之，置笼中。见梦于王曰："我为江使于河伯，而网当路，豫且得我。王有德义，故来告诉。"

又曰：齐使淳于髡献鹄于楚，出邑门，道飞其鹄，揭空笼而献之。

《东观汉记》曰：耿恭于疏勒城穿井，十五丈得水。恭乃正衣冠，向井再拜，为吏士祷水，身自率士负笼，有飞泉涌出。吏士惊喜，皆称万岁。

《晋中兴征祥说》曰：泰元中，公王妇女发缓鬓倾髻，以为盛饬，用发丰多，不可恒戴，乃先于笼上榜之，名曰假髻，或曰假头。至于贫民，不能自办，自号无头，就人借髻，亦服之妖也。无几时，烈宗晏驾，而天下骚动，二十年中兵革不息。孙恩之乱，刑斩无数。桓玄之役，死者万计。凡被戮之家，多亡头首。

沈约《宋书》曰：废帝狂悖无道，诛害群臣，公卿忌惮，诸父并聚之殿内，殴棰陵曳，无复人理。建安王休仁，及太宗山阳王休祐形体并肥壮，帝以竹笼盛而称之。

《续述征记》曰：梁邹西有笼水，发源长城山，直北流于梁邹西注济水。或云齐之孝妇，诚感神明，涌泉发于内，潜以绩笼蔽之，人莫之知，由是无谷汲之劳。姑及家人疑而嫉之，值出而搜其室，既无所睹，试发此笼，而泉遂濆涌，流漂居宇，所以名曰笼水也。

《庄子》曰：一雀过羿，羿必得之。或以天下为之笼，则雀无逃矣。是故汤以庖笼伊尹，秦穆公以五羊之皮笼百里奚，以其所好笼之也。

《淮南子》曰：张天下以为之笼，因江海以为之罟，何亡鱼失鸟之有乎？

又曰：狐裘负笼，甚可怪也。

《世说》曰：宋处宗甚有思理，常得一长鸣鸡，爱而食之，恒笼盛着窗间。鸡遂作人语，与处宗谈论，极有言思，终日不辍。处宗因此言巧大进。

《楚辞》曰：凤皇作鹑笼兮，虽翕翅其不容。

傅咸《班鸠赋·叙》云：余楸蔚然成林，闲居无为。有时游之，顾见斑鸠，音声可悦，于是捕而畜之。既已扰驯，出之于笼，无何失去。后时时一来，飞翔似如有恋。聊为之赋。

成公绥《鹦鹉赋》曰：小禽也，以其能言解意，故为人所爱。盛之以金笼，升之以殿堂，可谓珍之矣。盖乃未得鸟之性也！

古诗曰：罗敷好蚕桑，采桑城南隅。青丝为笼绳，桂枝为笼钩。

沈约《宋书》曰：废帝狂悖无道，诛害群公，忌惮诸父，并聚之殿内，欧棰陵曳，无复人理。建安王休仁，及太宗山阳王休祐，形体并肥壮，帝每以竹笼盛而称之。

籝

《说文》曰：籝，笭也。

《汉书》曰：韦贤曰："遗子黄金满籝，不如一经。"

太平御览卷第七百六十五 器物部十

箕帚

《世本》曰：少康作箕帚。

《诗》曰：维南有箕，不可以簸扬。维南有箕，载翕其舌。

《礼》曰：凡为长者粪之礼，必加帚于箕上，以袂拘而退；其尘不及长者，以箕自向而极之。

又曰：泛扫曰扫，扫席前曰拚弗运切，拚席不以鬣，执箕膺擖。鬣，谓帚也，恒扫地不洁清也。膺，亲也。舌也。持箕将去粪者，以舌自乡。擖，以涉切。

又曰：良弓之子，必学为箕。

《史记》曰：张仪说楚王曰："大王诚能听臣，臣请使秦太子入质于楚，楚太子质于秦，请以秦女为大王箕帚之妾，效万室之都，以为汤沐之邑。"

又曰：邹子如燕，昭王拥彗先驱请列，子之坐而受业。

《汉书》曰：秦为乱政虐刑，残灭天下。北为长城之役，南有五岭之戍，外内搔动，百姓罢音疲弊，头会箕敛，计人头数出谷，以箕敛之。以供军费。

又曰：上归栎阳，五日一朝太公。家令说曰："天无二日，土无二王。帝虽子，人主也；太公虽父，人臣也。奈何令人主拜人臣？如此，则威重不行。"后上朝太公，太公拥彗，迎门却行。上大惊，下扶太公。太公曰："帝，人主也。奈何以我乱天下之法也？"

又曰：魏勃欲见齐相曹参，无因，常早扫参之门。

又曰：贾谊上书曰："秦人借父耰锄，而有得色；母取箕帚，立而谇语。"

《晋书》曰：王献之善隶书，有父风。以扫帚沾泥，书大字方一丈，甚善。

王隐《晋书》曰：庾衮孤兄女曰芳，将嫁，美其服矣。衮刈荆苕为箕帚焉，召诸子于堂，男女以班，而谓芳曰："汝少孤，今汝适人，将事舅姑。洒扫庭内，妇人之道，故赐汝此。匪器之美，欲汝之温恭，朝夕虽休勿休也。"

《齐书》曰：刘休妻王氏妒。帝闻，赐休妾，敕与王氏杖二十。令休于宅后开小店，使王氏卖扫帚、皂荚，以辱之。

《国语》曰：越王勾践行成于吴，曰："一介适女，执箕帚于王宫。"

《淮南子》曰：周鼎不爨，而不可贱；扫帚日用，而不足贵。

《南越志》曰：鲍靓为南海太守，尝夕飞往罗浮山，晓还。有小吏晨洒扫，忽见两鹊飞入小齐。吏帚掷之，坠于地，视，乃靓之履也。

《西域志》曰：佛帚在月支国，长三尺许，似孔雀尾也。

《异苑》曰：北海徐实婢兰，义熙中忽患羸黄，而自拂拭，有异于常。家共伺察，见竹扫帚从壁角来趣婢。取而焚之，婢即平复。

《杂五行书》曰：常以正月三日，买箕四枚，悬堂上四壁，令人治生大得，治田、蚕万倍，钱财自入。

李尤《箕铭》曰：神农殖谷，以养蒸民。箕主簸扬，糠粃乃陈。

畚

《左传》曰：晋灵公不君。失君道。宰夫胹熊蹯不熟，杀之，置诸畚，使妇人载以过朝。

又曰：宋灾，乐喜为司城以为政。陈畚梮，具绠缶。畚，篑笼也。

《晋中兴书》曰：王猛少贫贱，鬻畚为事。常至洛阳货畚，有一人于市贵买其畚，云："家近在此，可随我取直。"猛随去，忽至深山中。此人语猛："且住树下，当先启道君。"须臾，猛进，见一老公踞床，鬓须悉白，侍从十许人。引猛云："大司马公可进。"猛因拜，老公曰："王公何缘拜！"即十倍雇畚直，遣人送猛出山，既顾视，乃是嵩高山也。

《淮南子》曰：禹之时，天下大水。禹身执畚锸，以为民先。

《韩诗外传》曰：鲍焦衣弊肤见，挈畚持蔬，遇子贡。曰："吾子何以至此？”鲍焦曰：“天下之遗德教者众矣，吾何以不至此！”子贡曰：“吾闻：非其世者，不至其利；污其君者，不履其土。今子非其世而持其蔬乎？”鲍焦曰：“吾闻：贤者易进而轻退、廉士易愧而轻死！”乃捐其蔬，立枯于洛水之上。

斛量附

《广雅》曰：斛谓之鼓，方斛谓之角。

《书》曰：协时月正日，同律度量衡。合四时之气，节月之大小、月之甲乙。齐，一也。律，法制，及尺丈斛斗斤两皆均同。

《周礼》曰：栗氏为量。改煎金锡则不耗，不耗然后权之，权之然后准之，准之然后量之。其铭曰：“时文思索，允臻其极。嘉量既成，以观四国。永启厥后，兹器维则。”

《汉书》曰：量者，龠、合、升、斗、斛也，所以量多少也。本起于黄钟之龠，以子谷秬黍中者千有二百实其龠。二龠为合，十合为升，十升为斗，十斗为斛，而五量嘉矣。其法用铜，方尺而圜其外，旁有庣音挑焉。其上为斛，下为斗，左耳为升，右耳为合。合者，为合龠之量也；升者，登合之量也；斗者，聚升之量也；斛者，角斗平多少之量也。夫量者跃于龠，合于合，登于升，聚于斗，角于斛也。职在太仓，大司农掌之。

《后汉书》曰：第伍伦为京兆主簿。伦平铨衡，正斗斛。市无阿枉，百姓悦服之。

《魏志》曰：太祖常讨贼，廪谷不足。私谓主者，主者曰：“可小斛以足之。”太祖曰：“善！”后军中言太祖欺众，太祖谓主者曰：“特当借汝死以厌众，不然，事不解。”遂斩之，题尸曰：“用小斛盗军谷，故斩之！”

崔鸿《十六国春秋·后凉录》曰：吕光与龟兹王战，大败之。故大奢侈，富于养。家有葡萄酒，或千斛，经十年不败，士卒沦没酒藏者相继。

《荀氏别传》曰：荀遂，字仲阳，隐居不仕。时岁饥荒，来籴者，遂妻常叩其斛。籴者归，量，辄过其本，时人号为椓斛夫人。

《庄子》曰：圣人不死，大盗不止。为之斗斛以量之，则并与斗斛而窃之；为之权衡以称之，则并与权衡而窃之。虽有轩冕之赏弗能劝，斧钺之威弗能禁。剖斗折衡，而民不争。

《天文要集》曰：斗星印，则天下斗斛不平，覆则岁稔。

《杂令》曰：诸量秬黍中者，容一千二百为籥，二籥为合，十合为升，十升为斗，三斗为大一斗。十斗为斛。

《楚辞》曰：世并举而好朋，一斗斛而相量。言今之人皆好朋党，并上荐举，半其贪佞之心，以量清洁之士。众比周而肩随，贤者远害而隐藏。

斗

《史记》曰：鸿门之会，沛公使张良以玉斗一只予亚父。亚父受玉斗，撞而破之。

又曰：田乞仕齐景公，为大夫。其收赋税于民，以小斗受之；其廪予民，以大斗。行阴德于民，而景公弗禁。由此田氏得众心，宗族益强，人思田氏。

《汉书》曰：王莽摄政，铸作威斗。威斗者，以五石铜为之，形若北斗，长二尺五寸，欲以厌胜众兵。既成，命有司负之，莽出在前，入则御旁。

《说苑》曰：合升斗之微，以满仓廪。

《王逸子》曰：自幽、厉礼坏乐崩，天纲弛绝。诸侯力政，转相吞灭。德不能怀，威不能制。至于王赧，遂丧玉斗。

升

《汉书·律历志》曰：嘉量法用铜，方尺而圜其外，左耳为升，右耳为合。

《左传》曰：齐旧四量：豆、区、釜、钟。四升为豆，各自其四，以登于釜。釜十则钟，钟乃大矣。陈氏三量，皆登一焉。

葛洪《神仙传》曰：王方平语蔡经家人曰："吾欲赐汝等酒，此乃出天厨，其味醲，非俗人所宜，饮之或能烂人肠。今当以水和之，汝辈勿怪也！”乃以一升酒，以一斛水搅之，以赐经家。家人饮之一升许，皆醉良久。

蓑笠

《广雅》曰：草谓之蓑，簦音登谓之笠。

《诗》曰：尔牧来思，荷蓑荷笠。蓑所以备雨，笠所以御暑也。

又曰：彼都人士，台笠缁撮。台所以御暑，笠所以御雨也。

《礼》曰：大罗氏，天子之掌鸟兽者也。诸侯贡属焉，草笠而至，尊野服也。诸侯于蜡，使使者戴草笠贡鸟兽也。

《国语》曰：越王勾践栖于会稽，乃令三军求退吴王。谋臣大夫种曰：“譬如蓑笠，时雨至，必求之。今君既栖于会稽之上，而求谋臣，无乃后乎？”

又曰：吴王夫差使王孙苟告劳于周，曰：“齐人为不道，不供承王事。夫差不忍，被甲带剑，簦笠相望于艾陵。天舍其衷，齐师还，言败而还。夫差岂敢自多？”

又曰：管仲曰：“令夫农，群萃而州处，察其四时。时雨既至，挟其枪刈耨鎛，以旦暮从事于田野。脱衣就功，首戴茅蒲，身衣袯襫音拨奭。茅蒲，簦笠也。袯襫，蓑也。沾体涂足，以从事于田野。”

《史记》曰：瞽瞍使舜上廪，从下焚廪。舜乃以雨笠自扞而下，得不死之。

又曰：虞卿解其相印，与魏齐间行走大梁，欲因信陵君，以走楚。信陵君未肯见，曰：“卿何人？”齐曰：“虞卿蹑履担簦，一见赵王，赐白璧一双，黄金百镒。再见，拜为上卿。闻君急士之穷，而归公子。”

《吴志》曰：吕蒙，汝南人，代邓当为将。定南郊，约军中不得于人家有所求取。蒙麾下士是汝南人，取民家一笠以覆官铠。蒙以为犯军令，不可以乡里故废法，遂斩之。

《晏子》曰：景公出游，曰：“呜呼！使古而无死，何如？”晏子曰：“若使古而无死，丁公、太公将有齐国，吾将戴笠衣褐，以行畎亩之中也。”

《风土记》曰：越人结交，约曰：“卿虽乘车我戴笠，后日相逢下车揖！”

盛弘之《荆州记》曰：宜都有风穴。樵人有冬过者，置笠穴口，风吹吸之。经日，还涉长阳溪，而得其笠，则知溪穴潜通矣。

冯敬通《诣邓禹笺》曰：今日裘与蓑孰急？见雨则裘不用，上堂则蓑不御，此更为适者也。今敬通逢堂蓑之不御也。

《本草》曰：败天公，主鬼注精魅。此竹笠之败也。

曹植《九咏》曰：越江兮刈兰，暮秋兮薄寒。被蓑兮戴笠，置露兮践萑。

王褒《僮约》曰：雨堕如注瓫，板薜戴子公。薜，蓑衣也。子公，笠也。

桔槔

《通俗文》曰：机汲曰桔槔。

《礼》曰：捧席如桥衡。郑玄曰：井上桔槔，衡在上，低仰者也。

《庄子》曰：子贡南游于楚，过汉阴。见一丈人为圃畦，凿隧而入井，抱瓮而灌，用力多而见功寡。子贡曰：“凿木为机，后重前轻，挈水若流，其名桔槔。”圃者曰：“闻有机事必有机心，吾非不知，羞不为也。”

又曰：独不见夫桔槔者乎？引之则俯，舍之则仰。被人之所引，非引人者也，故俯仰而不得罪于人。

《汝南先贤传》曰：蔡君仲，井桔槔坏，在母没年命上，忧，不敢治，而扶老生绕之。扶老，藤也。生绕桔槔，不须治，孝之感也。

椸枷音移架

《礼》曰：男女不同椸枷。

又曰：不敢悬于夫之楎音挥椸。竿谓之椸。

《尔雅》曰：日竿谓之椸。郭璞注曰：衣架也。

《古诗》曰：罂中无升米，架上无悬衣。

梯

《说文》曰：梯，木阶也。

《礼》曰：复有林麓，则虞人设阶；无林麓，则狄人设阶。

《蜀志》曰：刘琦问自安之计于诸葛亮，亮不答。琦游后园，登楼去梯，谓亮曰："可以言未？"谓刘曰："君不见申生在内而危，重耳居外而安乎？"

崔鸿《十六国春秋·后凉录》曰：窦荀，洛阳人也，以壮勇知名。从吕光攻龟兹，登云梯，入地道，或时堕落，苏而复上。光深奇之。

《孟子》曰：瞽瞍使舜完廪，捐阶。

《搜神记》曰：和憙邓后，梦登梯以扪天体，荡荡正青，若钟乳者，后仰漱之。

《石虎邺中记》曰：石虎太子宣，与母弟蔡公韬迭秉政事。宣嫌终有代己之势，八月社日，韬登东门观游，暮还，酣宴，作女妓罢，宣遣力士巨鹿杨材等十余人，夜缘梯入韬第，斫杀之。

《盐铁论》曰：防塞利门，而民犹为非，况上之为利乎？

《传》曰：诸侯好利，则大夫鄙；大夫鄙，则士贪；士贪，则庶人盗。是开利室，内罪民梯也。

《世说》曰：韦仲将能书。魏明帝起殿，欲安榜，使仲将登梯题之。既下，头鬓皓然，因是敕戒儿孙勿复学书。

嵇含《鸡赋》曰：余庭有栖鸡，而一雄最武，常凭梯升栖，守时告晨，未尝有殆。

郭璞《游仙诗》曰：灵溪可潜盘，安事登云梯？

杷杋

《方言》曰：杷无齿为杋，宋魏之间谓之渠挐，今江东名亦然。或谓之渠疏。

《周生烈子》曰：夫忠謇，朝之杷杋；正人，国之扫彗也。秉杷执彗，除凶扫秽，国之福，主之利也。

太平御览卷第七百六十六 杂物部一

胶

《周礼》曰：凡相胶，欲朱色而昔。昔也者，深瑕而泽，紾而抟廉。抟，圜也。廉，瑕严利也。鹿胶青白，马胶赤白，牛胶火赤，鼠胶黑，鱼胶饵，犀胶黄。皆谓者用其皮或用角也。

《礼》曰：脂胶丹漆，无或不良。监工日号："无作淫巧，以荡上心。"

《史记》曰：赵奢死，蔺相如病笃。使廉颇攻秦，秦败赵军。秦之间言曰："秦之所恶，独畏赵奢之子赵括为将耳。"赵王因以括代廉颇。相如曰："王以名而使括，若胶柱而鼓瑟耳！括徒能读父书传，不知合变也。"赵王不听，遂将之。

《汉书》曰：晁错上书曰："欲兵威者，始于折胶。"秋至，胶可折弓弩，可用匈奴，可以出军。

谢承《后汉书》曰：雷义与陈重为交，乡人为之语曰："胶漆虽坚，不如雷与陈。"

《帝王世纪》曰：昭王济汉，船人恶之，以胶船进王。中流，胶船解，王没于水。

《中洲记》曰：凤麟州以凤喙及麟角合煎作胶，名曰集弦胶，一名连金泥胶，青色如碧玉。汉武时，西王母使献灵胶四两。帝不知其妙，以付库。帝幸上林苑射虎，而弩弦断。使从驾因取一分胶，口濡以集弦，射虎。而帝使武士对挽，终不脱，胜未集时。

《吕氏春秋》曰：桓公使人告鲁曰："管夷吾，寡人之仇也，愿生得而亲加手焉！"鲁君许诺，乃使吏鞟其拳，以革囊其手也。胶其目，盛之以鸱夷。置之革车。

孔融《同岁论》曰：阿胶径寸，不能止黄河之浊。

《本草经》曰：胶，一名鹿角胶，味甘平，治伤中劳绝、腰痛、瘦，补中益气，妇人无子。

曹植《乐府歌》曰：胶漆至坚，浸之则离。皎皎素丝，随染色移。君不我弃，谗人所为。

漆

《书》曰：兖州厥贡漆丝，豫州厥贡漆枲。

《诗》曰：树之榛栗，椅桐梓漆。

《史记》曰：豫让为智伯报赵襄子，吞炭漆身。

又曰：秦二世立，又欲漆其城。优旃曰："善！上虽无言，固将请之。漆城，城滑荡荡，寇来不能上。欲就之，易为漆耳，难为阴室。"于是二世笑而止。

《战国策》曰：三晋分智氏，赵襄子怨智伯，漆其头以为饮器。

《汉书·食货志》曰：漆千大斗，亦比千乘之家。

范晔《后汉书》曰：樊重欲作器，先种漆，而乡人笑之。积以岁月，皆得其用，向之笑者皆取给焉。

《庄子》曰：山木自寇也，膏火自煎也。桂可食，故人伐之；漆可用，故人割之。人皆知有用之用，而莫知无用之用也。

《韩子》曰：舜作食器，斩山木而财之，削锯循其迹，流漆墨其上。诸侯以为益侈，国之不服者十三。

又曰：尧无胶漆之约，于当世而道行。

《山海经》曰：英鞮之山，其上多出漆。

《列仙传》曰：丁次卿欲还峨眉山，语主人丁氏云："当相为作漆。"以罂十枚盛水覆口，从次唾之。百日乃发，皆成漆也。

萧广济《孝子传》曰：申屠勋，字君游。少失父，与母居。家贫，佣力供养。作寿器，用漆五六斛，十年乃成。

何晏《九州论》曰：平安好枣，中山好栗，真定好梨，共汲好漆。

《续述征记》曰：古之漆园在中牟，今犹生漆树也。梁王时，庄周为漆园吏，则斯地。

《南越志》曰：绥宁白水山多漆树，高十余丈，刻漆常上树端。鸡鸣日出之始便刻之，则有所得。过此时，阴气沦，阳气升，则无所获也。凡刻漆，别有氏族以为业，膺前缘木处，胼胝如人脚也。

蜡

《晋中兴书》曰：王敦死，秘不发丧。裹尸以席，涂之以蜡，埋于斋中。诸葛瑶等日纵酒淫乐。

《博物志》曰：荒年暂辟谷法：但食蜡半斤，辄支十日不饥。东阿王尝录甘始同寝处，百日不食，而容体自若，用此术也。

《世说》曰：石季伦以蜡烛炊。

黄屑

《南方草物状》曰：黄屑在山中，藤生蔓延，缘着树木。以九月中刮取根皮，干暴。日南黄屑最黄好，岁以献。

皮

《书》曰：梁州，厥贡熊、罴、狐、狸、织皮。

《左传》曰：皮之不存，毛将安傅？

又曰：无终子嘉父使孟乐如晋。因孟庄子纳虎、豹之皮，以和诸戎。

又曰：齐庄公为勇爵，殖绰、郭最欲预焉。州绰曰："东闾之役，臣左骖迫，还于门中，识其枚数，可以与于此乎？然二子者，譬于禽畜，臣食其肉而寝处其皮矣！"

《尔雅》曰：东北之美者，斥尺舍切山之文皮焉。郭璞曰：虎豹之属，皮有缛彩。

《论语》曰：子曰："文犹质也，质犹文也。虎豹之鞟，犹犬羊之鞟也。"

《汉书》曰：元狩四年，有司言用度不足，请收银锡白金及皮币以足用。应劭曰：时国用不足，以白鹿皮为币，朝觐以荐璧。

又曰：荅布、皮千石，亦比千乘之家。

范晔《后汉书》曰：李恂为兖州刺史，以清约率下。席羊皮，卧布被。迁张掖太守，有威重名。

《文子》曰：木强即折，革强即裂。

《神异经》曰：北方有曾冰万里，厚百丈，有鼠在冰下土中焉。食草木，肉重万斤，可以作脯，食之已热。除热病已。其皮可以蒙鼓，其闻千里。有美尾，可以来鼠。此尾所在，鼠即聚。

《搜神记》曰：旧说大古时，有人远征，家唯有一女，并马一匹。女思父，乃戏马曰："尔能为我迎得父，吾将嫁汝。"马乃绝鞅而去，至父所。父疑家中有故，乘之而还。后马见女辄怒而奋击。父怪之，密问女，女具以告父。父乃射杀马，曝皮于庭。女之皮所，以足蹙之，曰："尔马，而欲为妇，自取屠割，何如？"言未竟，皮蹶然忽起，卷女而行。父还，失。后大树之间得女及皮，尽化为蚕，绩于树上，其茧厚大，异于常蚕。邻女取食养之，其收亦倍。今世或谓蚕为女儿，古之遗语也。

《真子》曰：廊庙之材，盖非一木之枝也；狐白之裘，盖非一狐之皮也。

《韩子》曰：翟人献丰狐、玄豹之皮于晋文。

又曰：西门豹性急，佩韦以缓己；董安于心缓，佩弦以自急。常皮也。

杨子《法言》曰：羊质虎皮，见草而悦，见豺而战，忘其皮之虎也。

筋角

《周礼》曰：凡相角，秋閷音杀者厚，春閷者薄；稚牛之角直而泽，老牛之角紾而昔；紾，徒展切。昔，读为交错之错。疢疾险中，牛有久疾，则角里伤。瘠牛之角无泽。少润气也。角欲青白而丰末。丰，大也。角长二尺有五寸，三色不失理，谓之牛戴牛。三色，本白中青，末丰也。牛戴牛，角直一牛也。

又曰：凡相筋，欲小简而长，大结而泽，则其为兽必剽。以为弓，则岂异于其兽？筋欲敝之敝。咀之当孰也。

《礼》曰：祭天地之牛角茧栗，宗庙之牛角握，宾客之牛角尺。

《左传》曰：鼷鼠食郊牛角。

《尔雅》曰：北方之美者，幽都之筋、角焉。幽都，山名。谓野牛筋角也。

《魏略》曰：大秦国出骇鸡、犀角。

《晋书》曰：王凯以帝舅奢豪。有牛，名八百里骏驳，常莹其蹄角。

《后魏书》曰：桓帝英杰魁岸，马不能胜，常乘安车，驾大牛，角容一石。

《吕氏春秋》曰：宁戚饭牛，扣角而歌。

《淮南万毕术》曰：烧角入山，虎豹自远。

《东方朔占》曰：昔武帝亡剑，不知取者谁，无主名。请朔往，入宫，见人持两刺，手中复持小牛角。朔曰："陛下宫中，当有姓林名子鱼者取之。"帝曰："有之。"即收考，子鱼服，出剑。帝曰："朔何其工乎！且说其占。"朔对曰："入宫时，见人持二刺，手中复持小牛角。因占之，二'木'，'林'字，故知其姓；'角'文似'鱼'，小鱼当为子鱼，故知名子鱼者取之。"

齿

《书》曰：扬州厥贡齿、革、羽、毛，荆州厥贡毛、齿。

《诗》曰：元龟象齿，大赂南金。

《周礼》曰：荆州，其利齿革。

《礼》曰：季春之月，令百工审五库之量；筋、角、齿、羽，无或不良。

《左传》曰：晋韩宣子为政，诸侯之币重。郑子产谓子曰："象有齿，以焚其身，贿也。"宣子悦，乃轻币。

《元嘉起居注》曰：弹广州刺史韦朗，象牙三十九枚。

《西京杂记》曰：汉制，天子以象牙为火笼。

羽毛

《书》曰：仲夏，鸟兽希革。夏时，鸟兽毛羽希少。改，易；革，改也。仲秋，鸟兽毛毨。毨，理也。毛更生整理。仲冬，鸟兽氄毛。鸟兽皆生耎毳细毛，以自温焉。

又曰：扬州、荆州，皆贡羽毛。

《周礼》曰：九旗全羽为旞，析羽为旌。

《左传》曰：范宣子假羽毛于齐而弗归，齐人始贰。析羽为旌，因谓之羽毛。

《尚书大传》曰：夏成五服，齿革羽毛，器乃备。

《魏志》曰：平原太守刘邠，取印囊及山鸡毛着器中，令管辂筮之。辂曰："内外方圆，五色成文，含宝守信，出则有章，此印囊也。高丘岩岩，有鸟朱冠，羽翼玄黄，鸣不失晨，此鸡毛也。"

《列女传》曰：老莱子随其妻至于江南而止，曰："鸟兽之解毛，可续而衣也。"

陆机《羽扇赋》曰：昔楚襄王会于章台之上，宋玉、唐勒侍，皆操白鹄之羽以为扇。

张载《羽扇赋》曰：有翔云之素鸟，体自然之至洁。飘缟羽于清风，拟妙姿于白雪。

蘧蒢

《方言》曰：箄，粗者谓之蘧蒢。

《晋书》曰：慕容暐见符坚曰："暂屈銮驾，幸臣私第。"坚许之。暐出，王嘉曰："推芦作蘧蒢，不成文章。会天大雨，不得杀羊。"坚与群臣莫之能解。是夜大雨，晨，不果出。

《三辅故事》曰：哀帝崩，王莽奏发傅太后冢，以蘧蒢裹尸还定陶。

《仓库令》曰：诸输米麦二十斛、蘧蒢一番。

皇甫谧《笃终论》曰：死以蘧蒢裹尸，麻绳约二头。

箹笓上音狸，下音毗

《魏略》曰：裴潜为尚书令，妻子贫乏，织箹笓以自供。

傅咸《劾事》曰：令史张济案行城东，见有新立屋间箹笓障二十丈。推问，是少府夏侯俊所作，请免俊官。

笪丁葛切

《方言》曰：笴户当切。篖，音当自关而东，周洛楚魏之间谓之倚佯，自关而西谓之笴篖，南楚之外谓之篖。郭璞曰：笴篖，似蘧篨，直文而粗，江东呼为笪。

绳

《通俗文》曰：合绳曰纠，单展曰纫女邻切，织绳曰辫，大绳曰絙古恒切。

《易》曰：上古结绳而治，后世圣人易之以书契。

《书》曰：子临兆民，懔乎若朽索之驭六马。为人上者，奈何不敬？

又曰：木从绳则正，后从谏则圣。

《左传》曰：吴伐齐，齐公孙挥命其徒曰："人寻约，吴发短。"约，绳也。八尺为寻。吴欲以绳贯其首。

《汉书》曰：龚遂为渤海太守，盗贼不宁。上问遂曰："君欲何以息其盗贼？"遂曰："选用贤良，固欲安之。臣闻治乱国犹治乱绳，不可急，唯缓之，然后可治。"

《东观汉记》曰：吴汉等围朱鲔，岑彭说鲔，鲔从上下索曰："必信，可乘上。"彭趣索欲上，鲔见其诚，即许降。后二日。鲔将轻骑诣彭。

又曰：许皇后父广汉，为宦者丞。上官桀谋反时，广汉部索其殿中庐，有索长数尺可以缚人者数千枚，满一箧，缄封。广汉索不得，他吏往得之。广汉坐论为鬼薪，输掖庭，后为暴室啬夫。

《晋书》曰：刘寔，字子真，平原人。少贫苦，卖牛衣以自给。然好学，手绳口诵，博通古今，清身洁己。州举秀才，皆不行。

《后魏书》曰：杨大眼，武都氐难当之孙，少骁捷。高祖征南，李冲曲选统校，大眼往求冲，不许。大眼曰："下官出一技！"便出长绳三丈，系于髻，走绳直如弦，马驰不及。冲曰："千载已来，未有若此！"遂用为军主。顾谓同僚曰："吾之今日，所谓蛟龙得水之秋，不复与诸军齐列矣！"武冠六军，淮泗之人，以名止小儿啼。卒荆州刺史。

《老子》曰：善系者，无绳约而不可解。

《家语》曰：子贡问治民于孔子，孔子曰："懔焉如腐索之御悍马。"

《文子》曰：夫绳之为度也，可卷而怀之，可引而伸之，可直而布之；长而不横，短而不穷，直而不刚。故圣人体之。

葛洪《神仙传》曰：樊夫人者，刘刚妻也。俱行道术，各自言胜。刚行，见虎不敢起，适欲捉，往即嘘之；夫人往捉，虎以面迫地，不视夫人以绳就系虎头，曳之以归。

《幽明录》曰：曲阿有一人，忘姓名。从京还，逼暮，不得至家。遇雨，宿广屋中。雨止月朗，遥见一女子来至屋檐下，便有悲叹之音。仍解腰中绻去远切绳，悬屋桷自绞。又觉屋檐上如有人牵绳，此人密以刀断卷绳，又斫屋上。见一鬼西走。向曙，女气方苏，能语，家在前。持此人将归，向女父母说其事。或是大运使然，因以女嫁与为妻。

《异记》曰：武康徐氏，宋太元中病疟，连治不断。有人告之曰：可作数团饭，出道头，呼伤死人姓名，云："为我断疟，今以此团与汝。"掷之径还，勿反顾也。病者如言，乃呼晋故车骑将军沈充。须臾，有乘马导从而至，问："汝为何人？而敢名官家！"因传将去。举家寻觅经日，乃于冢侧丛棘下得之，绳犹在，时疟遂获痊。

傅玄《九曲诗》曰：岁暮景迈时光绝，安得长绳系日月！

古诗曰：直如朱弦绳，清如玉壶冰。

太平御览卷第七百六十七 杂物部二

板

葛洪《神仙传》曰：王远，字方平，东海人也。博学六经，尤明天文、图谶、河洛之要，逆知天人盛衰之期、九州吉凶。汉桓帝闻之，连征，不出。使郡国逼载，以诣京师。低头闭口，不肯答，乃题宫门扇板四百余字，皆说方来。帝甚怒之，使人削之。外字去，内字复见，墨皆彻入板里。

《续搜神记》曰：聂友，豫章新淦人。少时贫，常夜照见一白鹿，射中之。明寻踪，血既尽，不知所在。且已饥极，便卧一梓树下。仰见箭着树枝，视之，乃是昨射箭。怪其如此，于是还家赍粮，命子侄持斧以伐之。树微有血，遂裁截为板二枚，牵着陂塘中。板常沉没，然时复浮出，辄家有吉庆。每欲致宾客，辄乘此板。于中流欲没，客大惧。聂君呵之，还复浮出。仕宦大如意，位至丹阳太守。在郡经时，外司白云："涛入石头，聂然。"聂君以陂塘中板来耳，视之果然。聂君以板来必有意，即解职归家。下船便闭户，二板挟两边，一日至豫章。自尔之后，板出，便反有凶祸，家大坎坷。

《幽明录》曰：义熙中，江乘聂湖忽有一板，广数尺，长二丈余，恒停在此，川溪采菱及捕鱼者，资此以自济。后有数人，共乘板入湖，试以刀斫，即有血出。板乃没，数人溺死。

瓦

《古史考》曰：夏世昆吾氏作屋瓦。

《礼》曰：慕贤而容众，毁方而瓦合。去己之大圭角下与众人小合也。

《史记》曰：秦攻韩，军于武安西。秦军鼓噪勒兵，武安屋瓦尽震。

《汉书》曰：霍禹第，巷端人见禹居堂屋上，撤瓦投地，就视亡有，大怪之。举家忧愁，未几被诛。

《续汉书》曰：董卓作乱，烧南北宫，洛阳城无只瓦尺木。

《吴时外国传》曰：大秦国以水精为瓦。

《晋起居注》曰：成都王讨长沙王，使陆机都督三十七万众，围洛阳四匝。夜鼓噪，京师屋瓦皆裂。

《晋中兴书》曰：泰宁元年五月，大回风吹刘曜太庙瓦垣外数十步。其栾梁拱梧无离者，瓦亦不毁。曜素服五月，缮治之。

《淮南子》曰：以磁石之能连铁也，而求其引瓦，则难矣。

《汉武故事》曰：武帝起神明殿，砌以文石，用布为瓦，而淳漆其外，四门并如之。

《语林》曰：晋张载字孟阳，甚丑。每出，为小儿掷瓦盈车。

葛洪《神仙传》曰：孙博者，河东人也。有藏人亡奴在军中者，因以求之，不得。博语奴主曰："吾为卿烧其营舍，奴出走，卿但谛伺取之。"于是博以一赤瓦掷之，须臾火起张天，奴果出走而得之。博乃以青瓦掷之，火即灭。屋舍百物向已焦燃者，悉复如故。

《灵鬼志》曰：有士人姓邹，坐斋中，忽有一人通刺诣之，题刺云"舒甄仲"。既去，疑其非人，寻其刺，曰："吾知之矣，是予舍西土瓦中人耳！"便往，令人将锸掘之，果于瓦器中得桐人，长尺余。

《管子》曰：栋桡不胜任，则屋覆，而人不怨者，其理然也。弱子，慈母之所爱也，不以其理而下瓦，则慈母笞之。故其理动者，虽覆屋不为怨；不以其理动者，下瓦必笞。

《庄子》曰：师旷为晋平公作清角。一奏，有云从西北起。再奏，大雨大风随之，裂帷幕，破俎豆，堕廊瓦。平公惧，伏于室内。

《抱朴子》曰：土柈瓦胾，不可救饥。

砖

《尔雅》曰：瓴谓之甓。砖也，今江东呼甓。甓，音蒲历切。

《古史考》曰：乌曹氏作砖。

《魏略》曰：扈累独居道侧，以甎砖为障，施一厨床，食宿其中。

《晋书》曰：吴兴吴陆经疫疠，死者十三。在青唯逵夫妻，家贫，冬无被裤，昼佣赁，夜还烧砖伐木。期年中成七墓，葬十二丧。

《宋书》曰：范晔，字蔚宗。母如厕产之。额为砖所伤，故以砖为小字。

郑缉之《东阳记》曰：独公冢。在县东八十里，有冢临溪，其砖文曰："筮言吉，龟言凶，三百年，堕水中。"义熙中，冢犹半在。自后，稍已崩尽。

《续搜神记》曰：顺阳范启，母丧当葬。前母墓在顺阳，往迎之。既至，而坟垄杂沓，难可识别，不知何许。袁彦仁时为豫州，往看之，因云："闻有一人见鬼。"范即如言，令物色觅之，云："此墓中一人，衣服颜状如之。"即开墓棺，物皆烂，冢中灰壤深尺余。意甚疑，试令人以足拨灰中土，冀得旧物。果得一砖，铭云"顺阳范坚之妻"，然后信之。

《述异记》曰：豫章胡兹，家在郡治。宋泰始四年，空中忽有故冢墓砖、青苔、石灰着之磕然，掷其母前，其数或五三俱至。举家惊惧，然终不中人，旬日乃止。

《语林》曰：陶太尉既作广州，优游无事，常朝自运甓于斋外，暮运于斋内。人问之，陶曰："吾方致力中原，恐为尔优游，不复堪事。"

堑

《东观汉记》曰：周纡，字文通。为渤海太守，坐事免。家贫，身筑堑以自给食。

刍

《书》曰：峙乃刍茭，亡敢弗多。

《诗》曰：生刍一束，其人如玉。

《礼》曰：以足蹙路马刍，有诛。

《声类》曰：茭，干刍也。

《老子》曰：天地不仁，以万物为刍狗；圣人不仁，以百姓为刍狗。

赵壹《刺世疾邪赋》曰：势家多所宜，咳唾自成珠。被褐怀金玉，兰惠化为刍。

垩

《礼》曰：在垩室之中，不与坐焉。

《山海经》曰：慈葺之山，其中有大谷，是多白墨、青垩。谓有杂色之垩。

《太公六韬》曰：昔帝尧王天下，上世谓贤君其治，则宫恒室屋不垩也。

《庄子》曰：郢人垩漫其鼻端，若蝇翼。使匠石斫之，运斤成风。尽垩而鼻不伤，郢人立而不失容。

竿

《诗》曰：籊籊竹竿，以钓于淇。籊籊，长而杀也。

《说文》曰：竿，竹挺也。

《汉书》曰：斩木为兵，揭竿为旗。揭音竭，负也。

《续汉书》曰：高凤，字文通，南阳人。妻将之田，曝麦于庭，令凤护鸡。忽然天暴风大雨，凤持竿诵经，不觉潦水流麦。妻还，怪问，凤方悟。

《博物志》曰：詹何以独茧之丝为纶，芒针为钩，荆篠为竿，剖粒为饵，引盈车之鱼于百仞之渊。

《庄子》曰：楚王聘庄周于濮水之上，庄子持竿不顾。

钩

《史记》曰：桀有力，能伸钩索铁。

《搜神记》曰：京兆长安有张氏，昼独处室，有鸠自外入，止前床。张氏恶之，披怀而祝曰："鸠，尔来为我祸耶？飞上承尘！为我福耶？来入我怀！”鸠翻入怀。以手探之，则不知鸠之所在，而得一金钩焉，遂宝之。自是 之后，子孙昌盛，资财万倍。蜀贾客至长安中，闻之，乃厚赂内婢，婢窃钩以与客。张氏既失钩，渐贫死丧。而蜀客亦数罹穷厄，不为己利。或告之：“天命也，不可以力求。”于是赍钩以返张氏，张氏复昌。故关西称张氏钩。

《风俗通》曰：顺帝时，京师谣曰：“直如弦，死道边；曲如钩，乃封侯。”

张衡赋曰：仰飞纤缴，俯钓长流，触矢而毙，贪饵吞钩。

钉

《魏略》曰：晋宣王讨王陵，陵自知罪重，试索棺钉，以观太傅意。太傅给之，陵夜呼掾属，与诀曰：“行年八十，身名并灭！”遂自杀。

盛弘之《荆州记》曰：冠军县东，有魏征南司马张詹墓，元嘉初尚俨然。六年，民饥，始被发，金银朱漆之器烂然。有二朱漆棺，棺前垂竹薄帘，以金钉钉之。

杨龙骧《洛阳记》曰：石牛一头，在城西北九重里。耆旧传说：往者石虎当襄国，石牛夜唤，声三十里。事奏虎，虎遣人打落牛两耳及尾，以铁钉钉四脚，今现存。

《抱朴子》曰：吴有赵炳，以大钉钉柱，入尺许，以气力吹之，即钉跃出，如弩箭之发。

鍱

《广雅》曰：鏶音集谓之鍱弋涉切。

《说文》曰：鏶，鍱也。

砺

《诗》曰：周道如砥。

《书》曰：扬州，厥贡砺砥。砥细于砺，皆磨石也。

又曰：若金用汝作砺。

《史记》曰：封爵之誓曰："黄河如带，太山如砺。"言河山如带、砺，国乃绝耳。

蔡邕《劝学》曰：木以绳直，金以淬刚，必须砥砺，就其锋芒。

《魏志》曰：杀幽州牧刘虞，有童谣曰："燕南垂，赵北际，中央不合如砺，唯有此中可避世。"公孙瓒以己当之，乃筑京固守，积三万斛。

《广志》曰：砺石出首阳山，有紫、白、彩色。出南昌者最善，今武库有数枚，治御刀。

《山海经》曰：高梁之山多砥砺。

《尸子》曰：铁使干越之工，铸之以为剑，而勿加砥砺，则以刺不入，击不断；磨之以砻砺，加之以黄砥，则刺也无前，击也无下。自是观之，砺之与弗砺，其相去远矣！今人皆砺其剑，而弗知砺其身。夫学，身之砥砺也。

太平御览卷第七百六十八 舟部一

叙舟上

《释名》曰：船，循水而行。

又曰：舟，言周流也。船上屋曰庐，象舍也。其上重屋曰飞庐，在上，故曰飞也。又在其上曰雀室，于中候望，若鸟雀之警视也。

又曰：舟名青翰、千翼、赤马，亦名鹢首。

《说文》曰：船，从舟，从铅省声。艘，船总名也。艘，音骚。

《易》曰：刳木为舟，剡木为楫。舟楫之利，以济不通。

《诗》曰：泛彼柏舟，在彼中河。舟在河中，犹妇人在夫家，是其常处。

又曰：二子乘舟，二子，伋、寿。泛泛其景。愿言思子，中心养养。

又曰：泛泛杨舟，载沉载浮。杨，木也。舟之泛浮随所载。既见君子，我心则休。

《书》曰：予乘四载，随山刊木。所载者四，其一曰水乘舟。

又曰：若乘舟，汝弗济，臭厥载。

《礼》曰：季春之月，舟牧覆舟。五覆五反，乃告舟备，具于天子。郑玄曰：舟官覆反舟者，备倾漏也。蔡邕《章句》曰：备谓檝棹绋缞维引之具。

《左传》曰：齐侯与蔡姬乘舟于囿，荡公。公惧，变色，禁之不可。公怒，归之，未之绝也。蔡人嫁之，齐侯以诸侯之师侵蔡。

又曰：冬，晋荐饥，使乞籴于秦。秦输于晋，自雍及绛相继，命之曰泛舟之役。泛谓水运入河汾也。

又曰：秦伯伐晋，孟明济河焚舟，示必死也。取王宫及郊。王宫、郊，皆晋地。晋人不出，遂自茅津济，封崤尸而还。茅津，在河东大阳县西。封，埋藏。

又曰：楚败吴师，获其舟馀皇。馀皇，舟名。

又曰：晋、楚将战，赵婴齐使其徒先具舟于河，故败而先济也。

《春秋潜潭巴》曰：泽浮舟，天子以亡为忧。宋均注曰：潭，无底之泽，今浮舟，言阴盛之耳。

《论语》曰：南宫适问于孔子曰："羿善射，奡荡舟，俱不得其死然。"

《尔雅》曰：舫，舟也。天子造舟，诸侯维舟，大夫方舟，士特舟，庶人乘柎。郭璞注曰：造，比船为桥也。维，连四船也。方，并两船也。特，单船也。柎，编木以渡也。

《广雅》曰：舰，大船也。舫、艕，船也。蒙冲、艑步典切、䑩音钩、艒音鹿、舸古可切、舼音洪、艇音挺、艋音猛，舟也。

《家语》曰：舟非水不行，水入舟则没；君非民不治，民犯上则君危。

《战国策》曰：或谓公叔曰："乘舟，舟漏而不塞，则舟沉矣；塞漏舟而轻阳侯之波，则舟覆矣。今公自以辩于薛公而轻秦，是漏舟而轻阳侯之波也。愿公察之。"

《帝王世纪》曰：昭王济汉，船人恶之，以胶船进王，中流胶船解，王没于水。

《史记》曰：项羽欲东渡乌江，瓒曰：牛渚。乌江亭长舣船待，徐广曰：檥音仪。骃案，应劭曰：檥，正也。孟康曰：檥，音蚁，附也，附船着岸也。如淳曰：南方人谓整船向岸曰檥也。谓项王曰："江东虽小，地方千里，众数十万人，亦足王也，愿大王急渡。今独臣有船，汉军至，无以渡。"项王笑曰："天之亡我，我何渡为？且籍与江东子弟八千人渡江而西，今无一人还，纵江东父兄怜而王我，何面目见之！纵彼不言，籍独不愧于心乎？"及为亭长曰："吾知公长者，吾骑此马五岁，所当无敌，尝一日行千里。吾不忍杀之，以赐公。"

又曰：韩信击魏，魏王盛兵蒲坂，塞临晋。信乃益为疑兵，陈船欲渡临晋。而伏兵从夏阳，以木罂缻渡军，袭安邑，虏魏王豹。

又曰：陈平逃楚归汉，渡河，船人疑有金，阴欲害之。平脱衣刺船，遂免害。

《汉书》曰：邓通，蜀郡南安人，以棹船为黄头郎。师古曰：棹船，能持棹行船也。土胜水，其色黄，故刺船之郎皆着黄帽，因号曰黄头郎也。

又曰：景帝三年，吴大船自覆。吴地以船为家，国将亡也。

又曰：武帝《汾歌》曰："泛楼船兮济汾河，横中流兮杨素波。"

又曰：武帝浮江射蛟，舳舻千里。李斐曰：舳，船后持拖处。舻，船头刺棹处也。

又曰：武帝时，越欲汉用船战逐，水战相逐。乃大修昆明池，列馆环之，治楼船高十余丈，旗帜加其上。

又曰：伍被曰："吴王伐江陵木以为船。"

又曰：薛广德为御史大夫。秋上酎祭宗庙，出便门，欲御楼船。广德当乘舆，免冠顿首，曰："宜从桥！"诏曰："大夫冠。"广德曰："陛下不听臣，臣自刎，以血污车轮，陛下不得入庙矣。"上不悦。光禄大夫张猛进曰："臣闻主圣臣直，乘船危，就桥安。圣主不乘危，御史大夫言可听。"上曰："晓人不当如是耶！"乃从桥。

又曰：江都易王子建不道，使宫女乘小船，建以足踏覆，宫女溺，乍沉乍浮，建观而大笑。

《后汉书》曰：马援平南越，将楼舡大小二千余艘，士二万余人，进击九真贼征侧余党都羊等。自无功至居风，无功、居风，二县，并属九真郡。斩获五千余人。峤南悉平。峤，岭峤也。《广州记》曰：援到交址，立铜柱，为汉之极界。

又曰：第五伦为会稽太守。永平五年，坐法，征。老小攀车叩马，啼呼相随，日裁行数里，不得前。伦乃伪止亭舍，阴乘船去。众知，复追之。及诣廷尉，吏人上书守阙者千余人。是时，显宗方按梁松事，亦多为松讼者。帝患之，诏公车诸为梁氏及会稽太守上书者，勿复受。会帝幸廷尉，录囚徒，得免归田里。身自耕种，不交通人物。数年，拜宕渠令。

又曰：任文公，巴郡人，为从事。天大旱，白刺史曰："五月一日，当有大水。其变已至，不可防救，宜令吏人预为其备。"刺史不听，文公独储大船。百姓或闻，颇有为防者。到其日，旱烈，文公急命促载，使白刺史，刺史笑之。日将中天，北方云起，须臾大雨至。晡时，湔水涌起十余丈，郦元《水经注》云：湔水出绵道王叠山，在今益州。湔，子建反。突坏庐舍，所害数千余人。文公遂以占术驰名。

又曰：郭林宗游洛阳，始见河南尹李膺，大奇之，遂相友善，于是名震京师。后归乡里，衣冠诸儒送至河上，车数千两。林宗唯与李膺同舟而济，众宾望之，以为神仙焉。

又曰：赵炳尝临海求船，人不和之。和，许也。俗本作知者，误也。炳乃张盖坐其中，长啸呼风，乱流而济。于是百姓神服，从者如归。

《魏志》曰：尚书仆射杜畿，受诏作御楼船。于陶河试船，遇风，没。文帝为之流涕，诏曰："昔冥勤其官而水死，稷勤百谷而山死。杜畿，忠之至也！"

又曰：徐宣迁司隶校尉，从至广陵。六军乘舟，风浪暴起，帝船洄倒。宣疾在后，陵波而前，郡寮无至者。帝壮之。

又曰：郭嘉死。太祖征荆州还，于巴丘遇疾烧船，叹曰："郭奉孝若在，不使孤至此！"奉孝，嘉字。

又曰：邓哀王冲，字苍舒。五六岁，智若成人。孙权曾致巨象，太祖欲知其轻重，访之群下，咸莫能出其理。仲曰："量象大船之上，而刻其所至，称物以载之，则交可知矣。"太祖大悦，即施行焉。

《魏略》曰：孙权乘大船来观军，公使弓弩乱发。箭着其船，船偏重将覆。权因回船，复以一面受箭。箭均船平，乃还。

《吴志》曰：诸葛恪出征东兴，有虹见其船。

又曰：吴人以舟楫为舆马，以巨海为夷庚也。

《晋书》曰：陆机初诣张华，华问云何在，机曰："云有笑疾，未敢自见。"俄而云至。华为人多髭，制好帛绳缠髭，云见而大笑，不能自已。先是，常着縗绖，上船，于水中顾见其影，因大笑，落水，人救获免。

又曰：张凭，字长宗。祖镇，苍梧太守。凭年数岁，镇谓其父曰："我不如汝有佳儿！"凭曰："阿翁讵宜以子戏父耶？"及长，有志气，为乡闾所称，举孝廉。负其才，自谓必参时彦。初欲诣刘惔，乡里及举者共笑之。既至，惔处之下座，神意不接，凭欲自发而无端。会王濛就惔清言，有所不通，凭于末座判制之，言旨深远，足畅彼我之怀，一座皆惊。惔延之上座，清言弥日，留宿至旦，遣之。凭既还船，须臾，遣傅教觅张孝廉船，便召与同载，遂言之于简文帝。帝召与语，叹曰：

"张凭勃窣为理窟!"官至吏部郎、御史中丞。

又曰:王濬征拜右卫将军,除大司农车骑将军。羊祜雅知濬有奇略,乃密表留濬,于是重拜益州刺史。武帝谋伐吴,诏濬修舟舰。濬乃作大舰连船,方百二十步,受二千余人,以木为城,起楼橹,开四门,其上皆得驰马来往。又画鹢首怪兽于船首,以惧江神。舟楫之盛,自古未有。太康元年正月,濬自成都,率巴东监军广武将军唐彬,攻吴丹阳,克之,擒其丹阳监盛纪。吴人于江险碛要害之处,并以铁锁横截之;又作铁锥,长丈余,暗置江中,以逆拒船。先是,羊祜获吴间谍,具知情状。濬乃作大筏数十,亦方百余步,缚草为人,被甲持仗。令善水者,以筏先行。筏既行,遇铁锥,辄着筏去。又作炬,长十余丈,大数十围,灌以麻油,在船前,遇锁然炬烧之,须臾融液断绝,于是船无所碍。

王隐《晋书》曰:陶侃击蜀贼王真,真拘得侃。有雀船,侃欲投水。都督王褴苏扶侃入小船,得脱。

《晋中兴书》曰:苏峻作逆,与祖涣、许柳等将万余人,出横江,连船东渡。时遇西风,既济船江中,忽更东风,吹船还西岸。峻书善意,意曰:"是天助我,固将志也!"

又曰:郭翻,武昌人。安西将军庾翼,以帝舅之重,躬往逼翻,欲强起。翻曰:"人性各有所短,岂可强逼!"翼以翻船侠小,欲引就大船。翻曰:"使君不以民鄙贱,而辱临之,此固野人之舟也。"翼俯屈入其船中。

《太公六韬》曰:武王伐殷,先出于河。吕尚为将,以四十七艘船济于河。

又曰:天船,一名天横,以济大水。

又曰:殷君为酒池,可游船。

《庄子》曰:颜回问于仲尼曰:"回尝济于觞深之渊,津人操舟若神。吾问焉:'操舟可学也?'曰:'游善者数能。若乃夫没人,未尝见舟而便操之。'吾问焉,不吾告,敢问何谓也?"仲尼曰:"善游者之数能,忘水故也。彼视众渊若陵,视舟之覆犹车之却退也。"视渊若陵,故视舟之覆于渊,犹车却退于陵也。

又曰：藏舟于壑，藏山于泽，谓之固矣；然而夜半有力者负之而走，昧者不知也。

又曰：水之积也不厚，则其负大舟也无力。覆杯水于坳于交切。堂之上，则芥为之舟；置杯焉则胶，水浅而舟大也。

又曰：孔子游乎缁维之林，坐杏坛之上。有渔父者，下船而来。孔子乃下求之，至于泽畔，方将杖挐而引其船，顾见孔子，再拜而起，乃刺船而去，延缘苇间。颜渊还车，孔子不顾，待水波定，不闻挐音，而后敢乘。

又曰：方舟而济河，有虚船来触舟，虽有惼心之人，终不怒也。忽有一人在其上，则恶声随之。向不怒，向虚而今实也。

又曰：巧者劳而智者忧，无能者无所求也。食而遨泛，若不系之舟也。

又曰：散木以为舟则沉，是不材之木。

《邓析子》曰：同舟涉海，中流遇风，救患若一，所忧同也。

《孔丛子》曰：顺谓韩王曰："吴、越之人，同舟济江，中流遇风波，其相救如左右手。不慎所同之患，是不如吴、越之舟人也。"

《尸子》曰：六马登糟丘，方舟泛酒池。

《刘析书》曰：舟行于水，车转于陆，此势自然者也。

《文子》曰：舟浮江海，不为莫乘而沉；君子行道，不为莫知而止。

《孙卿子》曰：君者，舟也；庶人者，水也。水则载舟，水则覆舟。

《墨子》曰：工倕作舟。

《慎子》曰：燕鼎之重乎千钧，乘于吴舟则可以济。所托者，浮道也。

又曰：行海者坐而至越，有舟也；行陆者立而至秦，有车也。秦、越，远途也，安坐而至者，械也。

《韩子》曰：千钧得船则浮，锱铢失船则沉。非千钧轻而锱铢重也，有势之与无势也。

又曰：奔车之上无仲尼，覆舟之下无伯夷。号令者，国之舟、车。安则知廉，危则争越也。

太平御览卷第七百六十九 舟部二

叙舟中

《方言》曰：舟，自关而东谓之船，自关而西或谓之舟。方舟或谓之航。

又曰：船首谓之閤，或谓之鹢首。今江东贵人船前作青雀，是其象也。

《东观汉记》曰：邓训为护羌校尉，缝革为船，置于箅上，以渡河，掩击明羌。

张璠《汉记》曰：梁冀第池中，船无故自覆。问掾朱穆，穆曰："舟所以济渡万物，不施游戏而已。今覆者，天戒将军济渡万民，不可长念游戏也。"

《汉宫殿疏》曰：武帝作大池，周匝四十里，名昆明池。作豫章大船，可载万人，船上起宫室。

《吴记》曰：孙皓问中书令张尚："《诗》言'泛彼柏舟'，唯柏中舟乎？"尚曰："《诗》云：'桧楫松舟'，亦中也。"皓忌其胜己，因下狱。

《晋令》曰：水战，飞云船相去五十步，苍隼船相去四十步，金船相去三十步，小儿先登，飞鸟船相去五十步。

《晋朝杂事》曰：太康八年七月，大雨，殿前地陷，方五尺，深数丈，中有破船。

《晋宫阁记》曰：天渊池有紫宫舟、升进船。曜阳池有飞龙舟、射猎舟。灵芝池有鸣鹤舟、指南舟。舍利池有云母舟、无极舟。都亭池有华润舟、常安舟。

崔鸿《后赵录》曰：张弥帅众一万徙洛阳。钟簴九龙、翁仲铜驼、飞廉钟，一没于河。募浮没三百人，入河，以竹絙牛头辘轳引之，乃出。造万斛舟以渡之，至于邺。

《穆天子传》曰：天子乘鸟舟龙本，浮于大沼。沼，池。"龙"下宜有

"舟",皆以龙、鸟为形制,今吴之青雀舫遗象。

《山海经》曰:大人之国,坐而削船。

《世本》曰:共鼓、货狄作舟。共鼓、货狄,黄帝二臣。

又曰:廪君名曰豫相,姓巳氏,即与樊氏、瞫音审氏、柏氏、郑氏凡五姓争神。以土为船,雕文画之,而浮水中,其船浮者,神以为君。他姓船不能浮,独廪君船浮,因立为君。

《蜀王本记》曰:秦为舶船万艘,欲攻楚。

《吕氏春秋》曰:虞姁作舟。姁,音劬、诩二音。

又曰:荆有佽飞者,得宝剑。涉江中流,而有蛟夹绕其船。佽飞拔宝剑,赴江刺蛟,杀之,舟中人皆活。荆王闻之,位以执珪。

又曰:楚人有涉江者,其剑自舟中坠于水,遽契其舟曰:"是吾剑所从坠也。"舟去,从所契处入求之,而舟已行,剑不行,若此,不亦惑乎!

又曰:伍员如吴,过于荆。至江上,欲涉,见一丈人刺小船,方将渡。从而请焉,丈人渡之。

又曰:管夷吾、百里奚,霸王之船、骥也。绝江者托于船,致远者托于骥。

《淮南子》曰:汤、武,圣主也,而不能与越人乘舲舟而浮于江湖。舲舟,小船者也。

又曰:楚人有乘船而遇大风者,投于水,非不贪生而畏死也,或于死而反忘于生。

又曰:龙船鹢首,浮吹以虞,此游于水也。于船中吹籁与竽以为乐,故曰浮吹以虞者也。

《衡波传》曰:孔子使子贡,久而不来。孔子谓弟子占之,遇《鼎》,《鼎》,易卦也。皆言无足不来。颜回掩口而笑,子曰:"回也哂,谓赐来也。曰:"无足者,乘舟而来至矣。"

《说苑》曰:梁相死,惠子欲之梁,渡河而遽堕水中,船人救之,曰:"子欲何之而遽也?"曰:"梁无相,吾欲往相之。"船人曰:"子居船楫之间而溺，无我则死矣，子何能相梁乎！”惠子曰：“居艘长楫之间，不如子；至于安国家社稷，子比我矇矇，如未视狗耳！”

又曰：晋平公使叔向聘吴，吴人饰舟以逆之，左右各五百人，有绣衣豹裘者，锦衣狐裘者。叔向归，以告平公：“吴其亡乎！”

《潜夫论》曰：人行之动天地，譬车上御驷马，蓬中棹舟，虽有覆载，犹在我所之。

蒋子《万机论》曰：吴、越争于五湖，用舟楫而相触，怯勇共覆，钝利俱倾。

顾谭《新言》曰：蓬蒿生于泰山之上，豫章长于穷薮之中，良匠造舟、兴宫、建庙，必不取泰山之陋质而弃穷薮之美材，明矣！

又曰：奔车失辖，泛舟无楫，欲以不覆，未之有也。

谯周《法训》曰：以道为天下者，犹乘安舟而由广路：安舟难成，可久处也；广路难至，可常行也。

又曰：乘船曲折，不失其渎，是善乘舟者。

袁准《正书》曰：非其所事而强学，犹以百万之师，积之河济之中，其用舟楫，固不如江汉之良。

杜夷《幽求》曰：轻舟可以救溺，濡幕可以济焚。

《抱朴子》曰：欲以弊药必升腾者，何异策蹇驴而欲寻遗风，棹蓝舟而欲济大川！

《语林》曰：刘道真遭乱，于河侧自牵船。见一老妪，采桑逆旅，刘谓之曰：“女子何不调机利杼，而采桑逆旅？”女答曰：“丈夫何不跨马挥鞭，而牵船河侧？”

王子年《拾遗记》曰：周昭王二十四年，涂修国献青凤、丹鹄，各一雌一雄。孟夏之时，凤、鹄皆脱易毛羽。聚鹄翅为羽扇，凤羽以饰车盖。扇名游飘，二名条翮，三名亏光，四名侧影。时东瓯献二美女，一名延娟，二名造娱。使此二人更摇此扇，侍于王侧，轻风乍至，泠然自凉。昭王沦于江汉，二女与乘舟来，愿同没汉水。故江汉之民，到今思之，立祠于江湄。数十年间，人于江汉之上，犹见王与二女，乘舟戏于水际。至暮春上巳之日，禊集于祠间，或以时鲜甘味，采杜兰之叶，以包裹之，沉于水中；或结五色纱囊盛食，或用金铁之器，并沉于波中。以惊蛟龙水虫，使畏之，不侵食也。其祠号曰招祗之祠。

又曰：轩皇变乘桴以造舟楫，水物为之翔踊，沧海为之恬波。

又曰：周武王东伐夜郎，济河时，云明如昼。八百之旅，皆荐贤而歌。有大蜂，状如丹鸟，飞集王舟，因以鸟画幡旗。翌日而枭纣，名其船曰蜂舟。鲁哀公二年，郑人击赵，简子得其蜂旗，则其遗类也。事出《太公六韬》。

又曰：汉成帝尝与飞燕泛舟戏太液池。以沙棠为舟，贵不沉没也。以云母饰于鹢首，一名云母舟。又刻大桐木为虬龙，雕饰如真像，以夹云舟而行。

又曰：比翼鸟多力，状以鹊。衔南海之丹泥，巢昆岑之玄木，而止其中，遇圣人则来翔集，以表周公辅圣人之力也。

又曰：汉武思李夫人之俦，不可复得。时始穿昆灵池，泛翔螭舟，帝自歌曲，使女伶歌之。时日已西倾，凉风激水，女伶歌甚遒，自赋《叶落哀蝉》之曲。

又曰：张丞之母孙氏，怀丞之时，乘轻舫游于江浦之际。忽有白蛇，长三尺，腾入舟中。母咒曰："若祯吉，勿毒噬我。"乃将还，置诸房内。一宿视之，不复见蛇，嗟而惜之。

《韵集》曰：䑳，鹢首，天子船也。

《吴越春秋》曰：吴王僚二年，使公子光伐楚，以报前来诛庆封也。吴师败而亡舟，光惧，困复得王，舟乏而还。

又曰：范蠡既灭吴，乃乘扁舟，出三江，入五湖，人莫知其所适。

《郡国志》》曰：济州有浮山，故老相传云：尧时大雨，此浮水上。时有人缆船于岩石间，今犹有断铁锁。

《吴时外国传》曰：扶南国伐木为船，长者十二寻，广肘六尺，头尾似鱼，皆以铁镊露装。大者载百人，人有长短桡及篙各一。从头至尾，面有五十人作，或四十二人，随船大小。立则用长桡，坐则用短桡，水浅乃用篙。皆当上应声如一。

《杜兰香别传》曰：香降张硕，硕既成婚，香便去，绝不来。年余，硕船行，忽见香乘车于山际。硕不胜惊喜，遥往造香。见香悲喜，香亦有悦色。言语顷时，硕欲登其车，其婢举手排之，嶷然山立。硕复欲车前上车，奴攘臂排之，硕于是遂退。

《续搜神记》曰：临淮公荀序，字休玄。母华夫人，怜爱过常。年十岁，从南临归，经青草湖，时正帆风駃，序出塞郭上落水。比得下帆，已行数十里，洪波淼漫。母抚膺远望，少顷，见一掘头船，渔父以楫拨船如飞，载序还之，云："送府君还。"荀后位至常伯长沙相，故云"府君"也。

又曰：合肥口有大舶船，云是曹公舶船。常有渔人夜宿其傍，以船系之。但闻筝弦之音，又音气非常。渔人又梦人驱遣去，云"勿近官船！"此人惊觉，即移船去。相传云：曹公载数妓，船覆于此，今犹存焉。

《异苑》曰：扶南国治生，皆用黄金僦船，东西远近雇一斤。时有不至所届，欲减金数，船主便作幻诳，使船底砥折，状欲沦滞海中，进退不动。众人惊怖，还请赛，船合如初也。

又曰：越嶲郡会无县，有元马河，中有铜舫船。

《嵩阳记》曰：山东北五丫山上，有池。池有破舟，云禹乘来也。

《三秦记》曰：俗云：太一山有水，神人乘船。今有故漆船也。

刘欣期《交州记》曰：安定县有越王铜船，潮退时有见者。合浦四十里有潮，阴雨日，百姓樵采，见铜船出水上。

《南州异物志》曰：外域人名船曰舡，大者长二十余丈，高去水三二丈，望之如阁道，载六七百人，物出万斛。

太平御览卷第七百七十　舟部三

叙舟下

周处《风土记》曰：小曰舟，大曰船。温庥五会者，永宁县出豫林，合五板以为大船，因以“五会”为名也。“晨凫”，即青桐大船名，诸葛恪所造鸭头船也。预章栴梡诸木，梡，音钱，枣木。皆以多曲理盘节，为坚劲也。浩漂者，言船之在水，如莲花散落浮于川也。

《武昌记》曰：樊口北有败舶湾，孙权尝装一船，名大船，容敌士三千人，与群臣泛舶中流。值风起，至樊口十里余，便败。故因名其处为败舶湾也。

戴延之《西征记》曰：檀山，凡去洛城水道五百三十里，由新安、渑池、宜阳、三乐。三乐男女老少，未尝见船，既闻晋使溯流，皆相引蚁聚川侧，俯仰倾笑。

《越绝书》曰：阖闾见子胥：“敢问船运之备何如？”对曰：“船名大翼、小翼、突冒、楼船、桥船。今船军之教，比陵军之法，乃可用之。大翼者，当陵军之车；小翼者，当陵军之轻车；突冒者，当陵军之冲车；楼船者，当陵军之行楼车也；桥船者，当陵军之轻足剽定骑也。

《瑞应图》曰：王者德盛，则金人下，乘船游王后池。

《郡国志》曰：越州白涂山有石船一丈，禹所乘者。宋元嘉中，有人于船侧得铁履一量。一云：有圣姑从海中乘舟张石帆，至此二物。庙中有周时乐器，名淳于，铜作，似钟而有颈，映水用芒槸音弗则鸣。

又曰：硖州远安县，江有狼尾滩，有陆抗故城。南有孤山，袁山松为郡，尝登以四望，大江如索带，舟船如凫雁焉。

又曰：相州魏县景穆寺西，有遭官，有石窦桥，鸣鹤飞集，赤马飞龙等舟。

《西京杂记》曰：昆明池中有弋树船，各数百艘，船上建楼橹。戈船建戈矛，四角悉垂幡旄，旌葆麾盖，照灼涯涘。

又曰：太液池中有鸣鹤舟、容与舟、清旷舟、采菱舟。

《说苑》曰：吴赤市使于知氏，假道于卫。宁文子具纻絺三百制，将以送之。大夫豹曰："吴虽大国也，不壤交，假之道则亦敬矣。又何礼焉？"宁文子不听，遂致之。吴赤市至于知氏，既得事，将归吴，智伯命造舟为梁，吴赤市曰："吾闻天子济于水，造舟为梁，诸侯维舟为梁，大夫方舟，臣之职也，且敬太甚必有故。"使人视之，则兵在后矣，将以袭卫。吴赤市曰："卫假吾道，而厚赠我。我见难而不告，是与为谋也。"称疾而留，使人告卫，卫人警戒。智伯闻之，乃止也。

《列女传》曰：赵简子至河津，津吏醉。吏女乃持楫而前，为王棹舟。余具下楫门中。

《江表传》曰：孙权于武昌新装大船，名为长安。

又曰：孙权乘飞云大船，与张昭、鲁肃等共追送叙别吴。

又曰：周瑜破魏军，曹公复书与权曰："赤壁之役，值有疾疫，孤烧船自退，横使周瑜虚获此名。"

又曰：刘备进驻鄂县之樊口，诸葛诣吴未还，闻曹公军下，恐惧，日遣逻吏于水次候权军。吏望见周瑜船，驰还白备。备曰："何以知非青徐军耶？"吏对曰："以船知之。"备遣人慰劳瑜，瑜曰："有军任，不得委署。傥能屈威，副其所望。"备谓张飞、关羽曰："彼欲致我，今自托于东而不往，非同盟之意也。"乃乘单舸，往见瑜。问曰："今距曹氏，深为得计！战卒有几？"瑜曰："此自足用豫州，但观瑜破之！"

《吴历》曰：曹公出濡须，作油船，夜渡洲工。权乃自乘从濡须吴公军，行五六里，回作鼓吹。公见舟船器仗，法伍整肃，喟然叹曰："生子当如孙权；为刘景升儿，若豚犬耳！"

又曰：孙綝上疏景帝曰："少帝于宫内作小船三百余艘，饰以金银，师工昼夜不息。"

王粲《海赋》曰：乘菌桂之舟、晨凫之舸。

庾阐《杨都赋》曰：龙舟华屋，晨凫之舸，鹢首铺于芙蓉、盘蛟缠于赤马。

《晋令》曰：水战有飞仓集船。

《说苑》曰：楚鄂君乘青翰之舟，张翠羽之鹢。

《楚辞》曰：船容与而不进，奄回水以凝滞。

又曰：美要妙兮宜修，沛吾乘兮桂舟。桂棹兮兰枻，增水兮积雪。

魏文帝《沂淮赋》曰：建安十四年，王师东征，泛舟万艘。

杨修《出征赋》曰：泛顺风而回舻，徐日转而月移。旆已入乎河口，殿都殿切。尚集于菌池。

班固《东都赋》曰：命舟牧为水嬉，浮鹢首、医云、芝交。

又曰：东郊则有通沟大漕，溃渭洞河，泛舟山东，控引淮湖，与海通波。漕，水运也。《苍颉篇》曰：月溃傍决也。前书武帝渠通渭。《史记》曰：荥阳下引河东南为鸿沟，以与淮泗会也。

袁宏《东征赋》曰：惊澜㶏音隐嶙力軫切而岳转，颓波㟪音猥㠑力猥切以岭没。咨余舟之小狭，冲奔湍以梼杌。棹弱楫之弗施，授洪流以藏骨。

夏侯弼《吴都赋》曰：严严船舻，泛泛杨舟。权河高峙，风骇云浮。坚壁金扶，有若高楼。

《刘谧之与公笺》曰：昔申甲之际，遭汤旱流烟；今子亥之岁，值尧水滔天。火延烧其庐，水突坏其园。何小人兮，顿偷双船！由是行无担石，室如悬磬。

《魏文与孙权书》曰：知已选择见船，最大樟材者六艘，受五百里石，从污水送付樊口。

王粲诗曰：方舟浮大江，日暮愁我心。

曹植诗曰：何以泛舟？愧无榜人。

嵇康诗曰：渊渊绿水，沦滑而逝。泛泛虚舟。载停载滞。鼓枻投竿，优游卒岁。

梁王筠《咏轻利船应临汝侯教诗》曰：君侯饰轻利，摇荡迈飞云。凌漾浮鹢采，映水焕蛟文。雷流已冠绝，鸟逝复超群。倏忽方千里，恋兹岐路分。

陈张正见《后湖泛舟诗》曰：上苑奢行乐，沧池聊薄游。泛荇分兰棹，槎触桂舟。残虹收度雨，缺岸上乘新流。欲知有高趣，长杨送麦秋。

又《别韦谅赋得江潮泛别舟诗》曰：千里寻阳岸，三翼木兰船。鹢泛青凫后，鸡鸣白鹭前。滛花没浅缆，带叶动深船。不言朝夕水，独自限神仙。

又《与钱玄智泛舟诗》曰：高门事休沐，朝野念逢迎。还乘金谷水，俱望洛阳城。舟移洛女度，楫动渭桥横。风高雁已落，雨霁水还清。叶尽桐门净，花秋菊岸明。欲奏《江南曲》，聊习《棹歌行》。

晋枣据《船赋》曰：嘉圣王之神化，理通微而达幽。悼民萌之隔塞，愍王教之不周。立成器以备用，因垂象以造舟。济迅波之绝轨，越巨川之湍流。运重固之滞质，虽载沉而必浮。且论器而比象，似君子之淑清。外质朴而无饰，内空虚以受盈。不辞劳而恶动，不偷安以自宁。且其行无辙，趾止无所，不疾而速，忽若驰奔。

晋王叔之《舟赞》曰：涂则骋车，水唯用舟。弱楫轻棹，利涉济求。缅彼渔人，鼓枻清讴。

后汉李尤《舟楫铭》曰：舟楫之利，譬犹舆马。载重历远，以济天下。相风视波，穷究川野。安审惧慎，终无不可。

舰

《释名》曰：上下重床曰舰，四方施板以御矢，如牢槛也。

《洞冥记》曰：昆灵池中，有凌波舰、掖电舰。

《吴志》曰：周瑜逆曹公，部将黄公盖取艨冲斗舰数十艘，实以薪草，膏灌其中，裹以帷幕，上建牙旗，同时发火。时风猛火盛，悉延烧岸上营，曹公军败退。

《晋中兴书》曰：建兴九年冬，左将军王敦，遣振威将军周访、广武将军赵诱，受陶侃节度，征蜀贼杜弢。大战，蜀贼以桔槔打没侃船二十余艘，人皆投水。

《义熙起居注》曰：卢循新作八槽舰九枚，起四层，高十余丈。

《连营缮令》曰：诸私家不得有战舰等船。

艨冲

《释名》曰：外狭而长曰艨冲。

《吴志》曰：董袭讨黄祖，祖横两艨冲夹守沔口。栟音并榈音闾大绁系石为碇，军不得前。袭与陵统俱为前部，各将敢死百人，人被两铠，乘舸船突入艨冲，裹身以刀断两绁，艨冲方横流，大兵遂进。

又曰：周瑜逆曹公，部将黄盖取艨冲斗舰数十艘。余上具舰门。

又曰：将军贺齐，性奢绮，好军事。所乘船，雕刻丹镂，青盖绛居，艨冲斗舰之属，望之若山。

《连营缮令》曰：诸私家不得有艨冲等船。

舸艖

《杂字解诂》曰：舸艖，杂船也。

《吴志》曰：吕蒙袭关羽，至寻阳。昼伏精兵于艖艑中，使白衣摇橹，作商贾贩，昼夜兼行。故羽不闻知，遂到南郡。

《物理论》曰：夫工匠径涉河海，为舸艖以浮大渊，皆成于巧手，出乎圣意。

艑

《广雅》曰：艑，舟也。

《荆州土地记》曰：湘州七郡，大艑之所出，皆受万斛。

《吴志》曰：吕蒙袭关羽，至寻阳，昼伏精兵于艖艑中。余上具舸艖门。

《温峤教》曰：禀者无米，受得艑下湿米，岂是吾遇兵众无异之怀乎？虽是数合米，欲令齐均。若有不如教，鞭五十也。

《荆州土地记》曰：桓宣穆遣人寻庐山，下有一湖，中有败艑。

航

《说文》曰：航，方舟也。

《诗》曰：谁谓河广？一苇航之！

《异苑》曰：晋时，钱塘浙江有大樟林桁，每有乘者，辄漂荡摇扬不可禁。尝鸣鼓钱塘江头，陵浪如故，唯桁吏章奥能相制伏。及奥死，遂长废。

《淮南子》曰：公孙龙在赵之时，谓弟子曰："人而无能者，龙不能与游。"有客衣褐带索而见曰："臣能呼航来。"公孙龙顾谓弟子曰："门下故有能呼者乎？"对曰："无有。"公孙龙曰："与之弟子之籍。"后数日，往说燕王，至于河侧，而航在北，使客呼之，一呼而航来。

杨子《法言》曰：舍舟航而济乎渎者，末矣！舍五经而济乎道者，末矣！李轨注曰：末，无之也。乘国者，如乘航乎，则民斯安矣！

《孙绰子》曰：仲尼见沧海横流，故务为舟航。

左思《吴都赋》曰：长鲸吞航，修鲵吐浪。

舫

《说文》曰：舫，并船。

《吴书》曰：陆逊破曹休，当还西陵，公卿并为祖道，上赐御船一舫，缯彩舟也。

《晋书》曰：王廙性俊率。尝从南下，旦自寻阳，迅风飞帆，暮至都，倚舫楼长啸，神气甚逸。

《梁书》曰：安成康王秀为江州刺史。将发，主者求坚船以为贲舫。秀曰："吾岂爱财而不爱士？"乃教以牢者给参佐，下者载贲物。既而遭风，贲舫遂破。

舠

《释名》曰：船三百斛曰舠。舠，貂也，短也。江南所名，短而广，安不倾危也。

《诗》曰：谁谓河广？曾不容舠？

舸

王隐《晋书》曰：顾荣征侍中，见王路塞绝，便乘船而还。过下邳，遂解舫为单舸。一日一夜，行五六百里，遂得免。

沈约《宋书》曰：垣护之随王玄谟入河。玄谟攻滑台，护之以三百舸为前锋，进据石济。石济，在滑台西南百二十里。玄谟败退，不暇报护之。及护之闻知，而虏悉已牵玄谟水军大艚，连以铁锁三重，欲以绝护之还路。护之中流而下，每至铁锁，辄以长柯斧断之。虏不能禁，唯失一舸。

《吴志》曰：甘宁厨下儿有过，走投吕蒙。蒙恐宁杀之，故不即还。后宁赍礼礼蒙母，蒙临当与升堂，乃出厨下儿出还宁，宁许不杀。斯须还船，缚置桑树，自挽弓射杀之。敕船人更增舸缆，解衣卧船中。蒙大怒，击鼓会兵，欲攻宁。蒙母谏，乃止。

《江表传》曰：刘备进住鄂县之樊口，闻曹公军下，恐惧。俄周瑜船军至，备乃乘单舸往见瑜。

又曰：孙权名舸为马，言飞驰如马之走陆地也。

《洞冥记》曰：昆灵池中，有橦雷舸。

太平御览卷第七百七十一　舟部四

艇

《释名》曰：二百斛以下曰艇，其形挺，一人二人所乘行者也。

《广雅》曰：艞音邛艇，舟也。

《淮南子》曰：越艞蜀艇，不能无水而行。

陆机《思归赋》曰：棹河渊之轻艇。

舴艋上知格切，下音猛

《广雅》曰：舴艋，舟也。

《临海记》曰：西北有白鹄山，高三百丈。上有一舟，名舴艋。前头有石鼓、石艇。世云：石鼓鸣，则土地寇乱。隆安初，此鼓屡鸣，果有孙恩贼。此处多山精水祟，不可轻陟。山下平地，便望见舴艋。民王志祭山神，求到鼓所，遂得至。捉捶打鼓，闾里咸闻，如金玉之响，下山便病死。盖登山召祸，击鼓自杀也。

《异苑》曰：檀道济，元嘉中镇寻阳，入朝伏诛。济未下时，有人施罟于柴桑江，收得大船，孔凿若新。使匠作舴艋，云："勿斫！"工人误截两头，檀以为不祥，杀三巧手，欲以塞愆。匠违约，加斫，凶兆先遘矣。

《宋元嘉起居注》曰：有司奏云："扬州刺史王弘上会稽从事韦诣解列先风，闻馀姚令何玢之造作平床一乘、舴艋一艘，精丽过常，用功兼倍，请免玢今官。"诏可其奏。

筏

《论语》曰："道不行，乘桴浮于海。从我者，其由与？"子路闻之，喜。

《东观汉记》曰：吴汉教乘筏从江下巴郡，盗贼解散。张堪为陪义长，公孙述遣击之。有同心士三千人，相谓曰："张君养我曹，为今日也！"乃选习水三百人，斩竹为椑渡水。

《英雄记》曰：曹操进军至江上，欲从赤壁渡江。无船，作竹排，使部曲乘之。从汉水来下，出大江，注浦口，未即渡。周瑜又夜密使轻船走舸百艘烧排，操乃夜走。

《吴录》曰：孙策欲渡江，船少，欲往便求策姑王氏，分命伐芦为梁，以佐船渡人。

《吴录·地理志》曰：苍梧高要县，郡下人避瘴气，乘筏来停此。六月来，十月去，岁岁如此。

雷次宗《豫章记》曰：望蔡县有一石室。入室十余里，得水，广数十步，清深不测。边有筏竹。游者伐竹为筏过水。莫能究其源。出好钟乳。

《淮南子》曰：方车跖越，乘桴入朝，欲无宠不可得也。许慎曰：桴，木筏。

《越绝书》曰：木客大冢者，勾践之兄弟冢也。初，徙之琅邪，使楼船卒二千八百人伐松柏以为桴，故曰木客也。

楫

《说文》曰：楫，舟棹也。

《书》曰：若济巨川，用汝作舟楫。

《诗》曰：桧楫松舟。

《方言》曰：楫，或谓之桡，或谓之棹。

《吴越春秋》曰：子胥伐楚，因引军袭郑。治渔者之子在郑，乃还。

《列女传》曰：赵简子南击荆，至河津，津吏醉卧，不能渡。简子怒，将杀之。津吏之女娟乃持楫而前走，曰："妾父闻主君将渡，恐风波之起，水神动骇，故祷祝九江三淮之神，不胜杯杓余沥，醉于此。君命之诛，愿以微躯易父之死。"简子将渡，用楫少一人。娟曰："妾居河济之间，重乎世习舟楫之事，愿备员持楫。”简子遂与渡。中流，吟《河激》之歌。简子乃聘以为夫人。其母遽曰：河水激扬，济之不易。

《淮南子》曰：七尺之楫动大船者，因水为资也；人君发一言之号而令行于民者，众为资也。

《说苑》曰：襄城君始封之日，衣翠衣，带玉钩，履缟舄，立乎流水之上。大夫庄辛过而说之，曰：“愿把君之手，其可乎？”襄城君作色不言。庄辛迁延，称曰：“君独不闻鄂君乘青翰之舟，张翠盖，会钟鼓之音，越人拥楫而歌，曰：‘今夕何夕兮？搴州水流。今日何日兮？得与子同舟。山有木兮木有枝，心悦君兮君不知。’于是鄂君揄袂而拥之，举绣被而覆之。”襄城君乃奉手进之。

杨子《法言》曰：灏灏音浩于海济，楼船之力也。航人无楫，如航何？李车丸法曰：喻有民无礼乐治也。

《抱朴子》曰：琼艘瑶楫，无涉川之用；金弧玉弦，无激矢之能。是以清洁而无政事者，非拨乱之器；儒雅而乏治略者，非翼亮之才。

左思《吴都赋》曰：篙工楫师，选自闽隅，翼御长风，狎玩灵胥。

篙

《方言》曰：所以刺船谓之篙。

盛弘之《荆州记》曰：鱼复县瞿唐滩上，有神庙，先极灵验。刺史二千石经过，皆不鸣鼓角，篙旅恐触石有声，乃以布裹篙头。

王韶之《始兴记》曰：含进公口下流有枯木，曰圣鼓。上下人以篙犯之者，皆虐。

喻益期《与韩豫章笺》曰：马伏波昔开道，篙迹凿石犹存。

桨

《方言》曰：所以隐棹谓之桨。郭璞注曰：摇橹小楫也。江东人又呼胡人也。

杨泉《五湖》曰：赤桧升棹，檀桨细坚。

橹

《释名》曰：在旁曰橹。橹，旅也，用旅力然后舟行也。

《吴志》曰：吕蒙袭关羽，至寻阳，尽伏精兵于**舸**䑳中，役白衣摇橹，作商贾服，昼夜兼行。至羽所，置屯候，尽收缚之。是故羽不闻知，遂到南郡。

柂

《释名》曰：船尾曰柂，拖也，在后见拖曳，且弼正船不使他戾也。

《方言》曰：船后曰舳，好舳制水也。今江东呼为轴也。

《孙放别传》曰：庾公建学校，孙君年最幼，入为学生，班在诸生之后。公问："君何独居后？"答曰："不见船柂耶？在后，所以正船。"

《寻阳记》曰：庐山西岭有甘泉，曾见一柂从山岭流下。此溪中人号为柂下溪。宣穆所遣人，见山湖中有败艑，而后柂流下，信其不妄。

《孙绰子》曰：动而不乘不理，若泛舟而无舵。

赵壹《刺世嫉邪赋》曰：奚异涉海之失舵，坐积薪而待燃？

张华《游仙诗》曰：游仙迫西极，弱水隔流沙。云榜鼓雾舵，飘忽陵飞波。

缆

《尔雅》曰："泛泛杨舟，绋缡维之。"绋，䌖也。缡，緌也。郭璞曰：索率，索也；緌，系。

《吴书》曰：甘宁住止，常以缯锦缆舟。去辄割弃以示奢。

笮音凿

《纂文》曰：竹索谓之笮，茅索谓之索。

《释名》引舟者曰笮。笮，作也，起舟使动作也。

《汉鼓吹曲》曰：桂树为君船，青丝为君笮，木兰为君棹，黄金错其间。

帆

《释名》曰：随风张幔曰帆。帆，泛也，舟疾泛泛然也。

《韵集》曰：颿，船张也。颿，音凡，马疾步也。义亦与帆同。

《长沙耆旧传》曰：夏隆仕郡时，潘濬为南征太守。遣隆修书致礼，濬飞帆中游，力所不及。隆乃于岸边拔刀大呼，指濬为贼，因此被收。濬奇其以权变自通，解缚，赐以酒食。

《吴时外国传》曰：从加那调州乘大伯舶，张七帆，时风一月余日，乃入秦，大秦国也。

《南州异物志》曰：外徼人随舟大小，或作四帆，前后沓载之。有卢头木叶，如牖形，长丈余，织以为帆。其四帆不正，前向皆使邪移相聚，以取风吹。风后者激而相射，亦并得风力，若急则随宜增减之。邪张相取风气，而无高危之虑，故行不避迅风激波，所以能疾。

《永嘉记》云：郡有石帆，又有破石。传云古有神人，以破石半为帆，故名石帆。

《吴郡录·海记》曰：海虞县有穿山，下有洞穴，高十丈，广十余丈。山昔在海中，行侣举帆从穴中过。

陆景《典语》曰：孤特与水军一万，从风举帆，朝发海岛，暮至杳渚。

《世说》曰：顾长康作殷荆州佐，请假还东。尔时例不给布帆，顾苦求之，然乃发。至破冢，便遭风，大败。作笺与殷云："地名破冢而出，行人安稳，布帆无恙。"

马融《广成颂》曰：然后方艅艎，连舼舟，张云帆，施霓帱，靡飏风，陵迅流，发棹歌，从水讴。

郭璞《江赋》曰：鼓帆迅越，超张绝迥。倏忽数百，千里俄顷，飞廉无以希其踪，渠黄不能及其景。

孙绰《望海赋》曰：若乃唯馨陈祈，祝不愧言。或适于东，或归于西。商客齐畅，潮流往还。各资顺势，双帆同悬。倏如绣骅背驰，拏奴加切如交集经轩。

帆檣

《吴书》曰：孙和被黜之长沙，过芜湖，有鹊衔薪巢帆檣。帆檣，官僚以为檣末倾危，非久安之像，遂以忧终。

郭璞《江赋》曰：舳舻相接，万里连檣，泝洄沿流，或渔或商也。

五两

《淮南子》曰：若綄胡管切之候风也。许慎曰：綄，候风扇也，楚人谓之五两。

《兵书》曰：凡候风法，以鸡羽重八两，建五重旗，取羽系其巅，立军营中。

郭璞《江赋》曰：气氛祲于清旭，觇五两之动静。

榜补孟切

《明堂月令》曰：榜，舫人，习水者也。

司马相如《上林赋》曰：榜人歌声流喝乌迈切。

《释名》曰：船筌篴。

桅

《释名》曰：船前立柱曰桅。桅，巍也，巍巍高貌也。

筌篴

《释名》曰：舟中床以荐物者曰筌，言但有箦，如筌床也。其上板曰篴，言所覆众虑也。

牂柯

《魏略》曰：沐并，字德信，少有志气。吴将朱然围樊城，遣兵于砚山，斫牂柯材。兵作食，先熟者呼共食，后熟者曰："不也。"呼者曰："汝欲作沐德信耶?”其名乃播异域,虽华夏,不知者以为前世人也。

《华阳国志》曰:楚顷襄王遣将军庄蹻,泝沅水,出且千余切兰,以伐夜郎。王椓牂柯,系船于且兰。既克夜郎,而秦夺楚黔中地,无路得归。遂留王之,号为庄王。以且兰有椓船牂柯处,因改其名为牂柯。

《异物志》曰:牂柯者,系船筏也。其山在海中,小而高,以系船筏也,俗人谓之越王牂柯。远望甚小而高,不似山,望之以为一株树在水中也。

《寻阳记》曰:郡西北有一松杨树,枝条繁茂,垂阴数亩。传云陶桓公牂柯成此树。

《豫章记》曰:新淦县北二十五里曰封溪,今有聂友所伐梓系着牂柯处。昔聂友于此左右,夜照射,遇一白鹿,友遂射之。鹿带箭走,友即蹑迹追寻不得见,向箭着一梓树,友即伐树。数斧,便有血出而落之梯,随复故创,不可得断。友更多将手力复伐之,辇其梯而焚之,树遂断。斫以二板以还,系着渚下,以樟木为牂柯。后有船行遇风,船皆没,唯友船独全。寻看,乃向梓板夹扶其船,友大异之。后友在京都,此板于豫樟来至友许,辄有大喜。中更异梓板,至辄有忧。所用樟木为牂柯者,遂生为树,今犹存。其木合抱,始倒植之,今枝条皆向下。板门中亦述其事。

淯斗

《广雅》曰:泳装淯斗谓之柂以之切。

《纂文》曰:杼水斗也。

太平御览卷第七百七十二　车部一

叙车上

《释名》曰：古者“车”声如“居”，言所以居人也；今曰“车”。车，舍也，行者所处，若居舍也。

又曰：黄帝造车，故号轩辕氏。

《说文》曰：车，舆轮总名，象形也。轩，曲周藩车也。軿车，小车也。轻，轻车也。軥，兵𫐄车也。辁，陷阵车也。輂一轮也。辂，车軨前横木也。輗于袁切，大车后掩也。輂，大车驾马也。輓，引车。轰，车声。

《易》曰：大车以载，积中不败。

又曰：贲其趾，舍车而徒。

又曰：上九，睽孤。见豕负途，载鬼一车。

《书》曰：五载一巡狩，群后四朝。敷奏以言，明试以功，车服以庸。

又曰：武王戎车三百两，虎贲三百人，与受战于牧野，作《牧誓》。至牧地而誓众。

又《酒诰》曰：妹土，嗣尔股肱，纯其艺黍稷，奔走事厥考厥长。肇牵车牛远服贾，用孝养厥父母。农功既毕，始牵车牛，载其所有，易求所无，远行贾卖，用其所得异珍，孝养其父母。

又《蔡仲之命》曰：唯周公位冢宰，正百工。百工，百官。群叔流言，乃致辟管叔于商，囚蔡叔于郭邻，以车七乘。

《诗》曰：我送舅氏，曰至渭阳。何以赠之？路车乘黄。乘黄，白马。秦康公作是诗，送重耳归晋。

又曰：何彼秾矣，棠棣之华！曷不肃雍，王姬之车！

又曰：公车千乘，朱英绿縢。

又曰：戎车孔博，徒御无斁。

又曰：君子之车，既庶且多。

又曰：子有车马，弗驰弗驱。

又曰：役车其休。

又曰：有栈之车，行彼周道。

又曰：命彼后车，谓之载之。

又曰：我任我辇，我车我牛。

又曰：择有车马，以居徂向。《郑笺》曰：择民之在车马者，往居于向。

又曰：其车既载，乃弃尔辅。

又曰：既出我车，既挟我侯。

又曰：修尔车马，谨尔戎兵。

又曰：间关之车舝兮。舝，音辖。

又曰：戎车既饰，徒御无绎。

又曰：戎车既安，如轾如轩。轾，陟利切，车前重。轩，后重也。

《礼》曰：乃择元辰，天子亲载耒耜，置之车右，率公卿诸侯大夫，躬耕籍田。

又曰：乃教田猎，以习五戎。班马政，命仆夫七驺咸驾，载旌旐，授车以级，整设于屏外。有司搢朴，北面以誓之。

又曰：大夫七十而致仕。若不得谢，则必赐之几杖，行役以妇人；适四方，乘安车。自称曰“老夫”。

又曰：夫为人子者，三赐不及车马。

又曰：献车马者，执策绥，武车绥旌，德车结旌。

又曰：前有车骑，则载飞鸿。

又曰：车驱而驺，至于大门，君抚仆之手，而顾命车右就车。门闾沟渠必步。

又曰：君车将驾，则仆执策立于马前。君出就车，则仆并辔授绥。

又曰：客车不入大门。

又曰：祥车旷左。

又曰：乘君之乘车，不敢旷左，左必式。

又曰：国君不乘奇车。

又曰：车上不广咳，不妄指。

又曰：问士之富，以车数对；问庶人之富，数畜以对也。

又曰：君之适长殇，车三乘；公之庶长殇，车一乘；大夫之适长殇，车一乘。

又曰：五十无车者，不越疆而吊人。

又曰：有若曰："晏子一狐裘三十年，遣车一乘，及墓而反。国君七介，遣车七乘；大夫五介，遣车五乘。晏子焉为知礼。"

又曰：赴车不戢櫜韔。兵不戢，示当报。以告丧之辞言之，谓还告于国。櫜，甲衣。韔，弓衣。

又曰：大夫杀，则止佐车；佐车止，则百姓田猎。佐车，驱送之车也。

又曰：有发，则命大司徒教士以车甲。乘兵专衣甲之仪。有发，谓有军师之发卒。

又曰：有珪璧金璋，不鬻于市；命服、命车，不鬻于市；宗庙之器，不鬻于市；牺牲不鬻于市；戎器不鬻于市；用器不中度，不鬻于市；兵车不中度，不鬻于市。鬻，卖也。

又曰：曾子问曰："古者师行，必以迁庙主行乎？"孔子曰："天子巡狩，以迁庙主行，载于齐车，言必有尊也。今也，取七庙之主以行，则失之矣。"齐车，金路也。

又曰：曾子问曰："古者师行，无迁主则何主？"孔子曰："主命。"问曰："何谓也？"孔子曰："天子诸侯将出，必以币帛皮珪，告于祖祢，遂奉以出，载于齐车以行。每舍奠焉，而后就舍。"以脯醢礼神，乃敢即安。所告而不以出。即埋之。

又曰：苟有车，必见其轼；苟有衣，必见其敝。

又曰：其为宾，则公馆复，私馆不复。其在野，则升其乘车之左毂，以其绥而复。私馆则卿大夫之家也。不私之复，为主人之恶。

又曰：武王克殷，反商。未及下车，而封黄帝之后于蓟，封帝尧之后于祝，封帝舜之后于陈。下车而封夏后氏之后于杞，封殷之后于宋；封王子比干之墓，释箕子囚，使之行商容而复其位；庶民弛禁，庶士信禄；济河而西，马散之华山之阳，而弗复乘；牛散之桃林之野，而弗复服；车甲衅而藏之府库，而弗复用。

又曰：大夫以布为輤音旧而行，至于家而说輤。载以輲车，入自门，至于阼阶下而说车。举自阼阶，升适所殡。

又曰：主国待客，出入三积，饩客于舍，五牢之具陈于内，米三十车，禾三十车。

《周礼·春官下》曰：巾车，掌公车之政令。

又《考工记》曰：舆人为车轮。圜者中规，方者中矩；立者中县，衡者中水；直者如生焉，继者如附焉。治材也。如生，如木从地生。附，如木之附被也。辀人为辀。辀，车辕也。国马之辀，深四尺七寸；田马之辀，深四尺；驽马之辀，深三尺有三寸。轸方象地，盖圆象天，轮辐三十象日月，盖弓二十有八以象。星行泽欲短毂，短毂则利；行山欲长毂，长毂则安。

又曰：《巾车》云：服车五乘：孤乘夏篆。以五彩画毂约也。卿乘夏缦五彩，画无篆也，大夫乘墨车，不画者也，士乘栈车，不革挽而漆之也。庶人乘役车，方箱，可载任器以供役。自孤已下之妻，亦各得乘其夫之车也。

又曰：王后五辂：一曰重翟，锡面朱总；二曰厌翟，勒面缋总；三曰安车，雕面鹥总；四曰翟车，真面组总，有握；五曰辇车，组挽，有翣，羽盖。王之丧车五乘：一曰木车，始遭丧乘也；二曰素车，卒哭所乘；三曰藻车，既练所乘；四曰駹车，既祥所乘；五曰漆车，既禫所乘。其卿大夫、士初丧三年者，乘垩齐衰素车，大功藻车，小功駹车，缌麻漆车。

又曰：王后有安车、翟车。王之丧车五乘：木车、素车、藻车、駹车、漆车。服车五乘：孤乘夏篆，卿乘夏缦，大夫乘墨车，士乘栈车，庶人乘役车。散车，其用无常。

又《考工记》曰：一器而工聚者，车为多。

《左传》曰：太叔将袭郑，夫人将启之。公闻其期，曰："可矣！"

命子封帅车二百乘，以伐京。

又曰：郑伯之车偾于济。

又曰：北戎侵郑，郑伯御之，患戎师，曰："彼徒我车，惧其侵轶我也。"

又曰：公孙阏与颍考叔争车。颍考叔挟辀以走，子都拔棘以逐之。子都，公孙阏也。

又曰：秋，大阅，简车马也。

又曰：斗丹获其戎车，与其戎右少师。

又曰：天王使家父来求车，非礼也。诸侯不贡车服，天子不私求财。诸侯自常职贡。

又曰：使公子彭生乘公，公薨于车。公，鲁桓公也。

又曰：公怒，公，齐襄公也。曰："彭生敢见！"射之，豕人立而啼。公惧，坠于车，伤足丧屦。反，诛屦于徒人费。

又曰：南宫长万奔陈，以乘车辇其母，一日而至。

又曰：众车入自纯门，及逵市。

又曰：齐侯使公子无亏帅车三百乘、甲士三千人，以戍曹。

又曰：元年，革车三十乘；季年乃三百乘。

又曰：车说音脱其輹，火焚其旗，不利行师，败于宗丘。

又曰：戒尔车乘，敬尔君事！

又曰：晋车七百乘，韅靷鞅靽。

又曰：及甲车四百六十乘，俘二百五十人。

又曰：兵车百乘，文马百驷。

又曰：赵盾为旄车之族。

又曰：郑人卜行成，不吉；卜临于大宫，且巷出车，吉。

又曰：赵旃弃车而走林，屈荡搏之。

又曰：晋人惧二子魏锜、赵旃之怒楚师也，使钝车逆之。

又曰：遂疾进师，车驰卒奔。

又曰：登诸楼车，使呼宋人而告之。

又曰：禽之而乘其车。既获其人，因释已车，而载所获者车。

又曰：张侯曰："师之耳目，在吾旗鼓，进退从之。此车一人殿之，可以集事。"

又曰：邴夏曰："射其御者，君子也"。公曰："谓之君子而射之，非礼也。"射其左，越于车下；射其右，毙于车中。

又曰：綦母张丧车，从韩厥曰："请寓乘。"

又曰：丑父使公下，如华泉取饮。郑周父御佐车，宛茷为右，载齐侯以免。

又曰：苟有险，余必下推车，子岂识之乎？然子病矣。

又曰：楚子登巢车，以望晋军。巢车，车上为橹。

又曰：叔山冉谓养由基曰："虽君有命，为国故，子必射！"乃射，再发尽殪。叔山冉搏人以投，中车折轼，晋师乃止。

又曰：狄虒弥建大车之轮，而蒙之以甲，以为橹。狄虒弥，鲁人也。蒙，覆也。橹，大楯。

又曰：已酉，师于牛首。郑地。初，子驷与尉止有争，将御诸侯之师，黜其车。御牛首师也。黜，减损。遂弗使献。不使献所获。

又曰：子西闻盗，不儆而出，子西，公孙夏子驷子。尸而追盗。先临尸而逐贼。盗入于北宫，乃归授甲。臣妾多逃，器用多丧。子产闻盗，子国子。为门者，置守门。庀群司，闭府库，成列而后出，兵车十七乘，尸而攻盗于北宫。子蟜帅国人助之，杀尉止、子师仆，盗众尽死。

又曰：郑人赂晋侯以师悝、师触、师蠲，皆乐师名。广车、軘车，淳十五乘，甲兵备。广车，軘车，皆兵车名。淳，耦也。凡兵车百乘。他兵车及广、軘共百乘。

又曰：鲁人、莒人皆请，以车千乘，自其乡人。

又曰：齐侯登巫山，以望晋师。晋人使司马斥山泽之险，虽所不至，必旆而疏陈之。斥，候也。疏建旌旗以陈，为陈民众也。

又曰：使乘车者左实右伪，以旆先，舆曳柴而从之。齐侯见之，畏其众也，乃脱归。

又曰：既食之，使御广车而行。广车，兵车。已皆乘乘车。乘车，安车。

又曰：丁亥，葬诸士孙之里，士孙，人姓，因名其里。四翣不蹕，下车七乘，不以兵甲。下车，送葬之车。齐旧依上，公九乘，又有甲兵，今皆降损。

又曰：六月，郑子展、子产帅车七百乘，伐陈宵，突陈城。

又曰：赋车籍马。赋车，兵车也。兵，甲士也。

又曰：大夫逆于境者，逆，迎也。迎卫侯。执其手而与之言；道逆者，自车揖之；逆于门者，颔之而已。颔，摇其头，言衎骄心易生。

又曰：齐庆封来聘，其车美，孟孙谓叔孙曰："庆季之车，不亦美乎！"季，庆封之字。叔孙曰："豹闻之：服美不称，必以恶终。美车何为？"

又曰：献车于季武子，美泽可以鉴。展庄叔见之，曰："车甚泽，人必瘁，宜其亡也！"

又曰：王闻群公子之死也，王，楚灵王也。自投于车下，曰："人之爱其子也，亦如余乎？"侍者曰："甚焉！小人老而无子，知挤于沟壑矣。"挤，坠也。

又曰：治兵于邾南，甲车四千乘。三十万人。

又曰：叔向曰："寡君有甲车四千乘在，虽以无道行之，必可畏也；况其率道，其可敌之？"

《公羊传》曰：夏，四月，公会纪侯于郕。秋，八月壬午，大阅。大阅者何？简车徒也。大简阅兵车，使可任用而习之。

又曰：宋公与楚子期以乘车之会。公子目夷谏曰："楚，夷国也，强而无义。请君以兵车之会往。"宋公曰："不可。吾与之约以乘车会。自我为之，自我堕之，曰不可！"终以乘车之会往。楚人果伏兵车，执宋公以伐宋。

又曰：晋郤缺帅师，革车八百乘，以纳接灾于邾娄，力沛若有余。沛，有余貌也。骖乘，有车右，有御者。

又曰：秋蒐于红。蒐者何？简车徒也。楚众也。

《谷梁传》曰：兵车之会四，未尝有大战也，爱民也。以兵车会，而不用兵伐也。

《论语》曰：升车必正立，执绥。车中，不内顾，不疾言，不亲指。

《大戴礼》曰：王升车，则闻和鸾之声。是以非僻之心，无自入也。在衡为鸾，在轼为和。马动而鸾鸣，鸾鸣而和应。其声曰和则敬，此仰之节也。上车以和鸾为节，下车以佩玉为度。

《礼斗威仪》曰：山车垂勾，福草生宗庙中，松柏为常。山车者，自然之车。句者，曲也。不揉治而自员曲，故言垂。

《孝经援神契》曰：德至山陵，则山出根车。根车，应载养万物也。

《家语》曰：孔子适卫，子矫仆。灵公与夫人、小子同车出，令宦者雍渠骖乘，使孔子为次，连游过市。孔子耻之。

又曰：孔子曰："自南宫敬叔之乘我车也，而道加行。"

又曰：三尺之限，空车不能登，峻故。天子郊乘乘车，贵其质也。车则有左右；车而无左右，则乱于车矣。

《史记》曰：孝文帝出，赵同参乘。袁盎伏车前，曰："臣闻天子所与共六尺舆者，皆天下英豪；今汉虽乏人，独奈何与刀锯人载！"于是上笑，下同。同泣而下车。

又曰：封禅，为蒲轮车，恶伤土石草木。

又曰：秦王收穰侯之印，使归陶。因使县官给车牛以从，千乘有余。到关，阅其宝器珍怪，多于王室。

《汉书》曰：田千秋年老，上令朝见得乘小车入宫殿中。故因号车丞相。

又曰：王莽造四轮车，驾六马，力士三百人，黄衣赤帻，轭音厄上人击鼓，挽者呼"登倦"。莽出，令在前。百官窃言："此似輀车，非仙物也！"

《后汉书》曰：袁闳二弟忠、弘，节操皆亚于闳。忠字正甫，与同郡范滂为友，俱证党事，得释。初平中为沛相，乘苇车到官，以清亮称。及天下乱，忠弃官，客会稽上虞县也。

又曰：江革，字次翁，齐国临淄人。少失父，独与母居。遭天下乱，贼盗并起，革负母逃难，备经险阻。常采拾以为养，数遇贼。或劫欲将去，革辄涕泣求，哀言："有老母。"辞有足感动人者，贼以是不忍犯之。或乃指示避兵之方，遂得俱全于难。转客下邳。穷贫，裸跣行佣以供母。革以母老，不欲摇动，自在辕中挽车，不用牛马。由是乡里称之曰"江巨孝"。

又曰：井丹，字大春。建武末，沛王辅等五王皆好延宾客，请丹，不能致。信阳侯阴就，光烈皇后弟也。令左右进辇，丹笑曰："吾闻桀驾人辇，岂非此邪？"《帝王世纪》曰：桀以人驾车。坐中皆失色。就不得已，而令去辇。自是隐蔽，不关人事，以寿终。

又曰：博士张佚，帝称善，曰："欲置傅者，以辅太子也。今博士不难正朕，况太子乎？"即拜佚为太子傅，而以桓荣为少保，赐以辎车乘马。荣大会诸生，陈其车马印绶，曰："今日所蒙赐，稽古之力也，可不勉乎！"

又曰：马援平南越，封为新息侯。援乃击牛酾所绮切酒，劳飨军士，从容谓官属曰："吾从弟少游，常哀吾慷慨多大志，曰：士生一代，但取衣食裁足，乘下泽车。"

太平御览卷第七百七十三 车部二

叙车下

司马彪《续汉书·舆服志》曰：奚仲为车正，具物以时，六材皆良。

又曰：轻车，古之战车也，不巾不盖。

《孙吴兵法》云：车有巾有盖，谓之武刚车。武刚者，为先驱，又为属车，轻车为后殿焉。

又曰：大使车，立乘，驾驷，赤帷。持节者重道从，贼曹皆两大车，伍伯璅弩十二人，辟车四人，从车四人。从车乘元，单导减半。小使车，不立乘，有騑，赤屏泥油，重绛帷，导无斧车，近小使车、兰舆赤毂、白盖赤帷，从驺骑四十人。此谓追捕、考案、有所敕取者之所乘也。其送葬白垩已下，驷车，而后还。公卿中二千石郊庙、明堂、祠陵法出，皆大车，立乘、驾驷。他出乘安车。大行载车，其饰如金根，加施组，组连璧，交结四角，金龙首衔璧，乘五彩，折羽流苏，前后云气画裳，灵文画曲轓。长舆车等，大仆御，驾六希者，淳白骆马，施色以黑药灼其身为虎文。

又曰：诸车之文：乘舆，倚龙伏虎，灵文画辀陟周切，龙首、鸾衡、班轮，升龙飞辂。皇太子、诸侯，倚虎伏鹿，灵文画辀，轓吉阳筩，朱鹿班轮文，飞軨旗旗，九斿音留降龙。公列侯，倚鹿伏熊，黑轓，朱班轮，鹿文，飞九斿降龙。卿朱两轓，五斿降龙。二千石以下，各从科品。诸辐车以上，轭皆有吉阳筒。

《汉献帝传》曰：董卓作乘舆，青盖，金范瓜画两辐者。乘之，时人皆号月軨磨车，言近天子也。后地动，卓问蔡邕。邕曰："地动阴盛，大臣逾制之所致也。公乘青盖，远近以为非宜。太师之乘，白盖车，画辐。"

《东观汉记》曰：郭丹，字少卿。从师于长安，买符入函谷关。既入，封符讫，乃慨然叹曰："不乘使者车，终不出关！"

又曰：梁冀作平上軿车。侍御史张纲独埋轮于洛阳都亭，曰：“豺狼当路，安问狐狸！”遂奏冀。

应劭《汉官仪》曰：天子有五色安车，皆驾四马。《毛诗》：“四者，示有四方之志也。”是为五时副车。孝景帝六年，令二千石朱两，千石、六百石朱轓较车耳，及出为藩屏也。

又曰：天子出祭陵，常乘金根车。春二月，青安车在前；秋八月，白虎在前。

又曰：天子法驾所乘，曰金根车，驾六龙，有五色。立车各一，皆驾四马。

又曰：甘泉卤簿，有道车五乘，游车九乘，在舆前。

《汉杂事》曰：古诸侯贰车九乘，秦灭九国，兼其服。故大驾属车八十一乘，尚书、御史乘之。最后一车悬豹尾。

《汉官解诂》曰：马有厩，车有府。皮轩，以虎皮为轩。

魏收《后魏书》曰：安车，紫盖朱里，与公侯同。子车皂盖青里。

《晋书》曰：谢玄败苻坚于淝水，获坚所乘云母车、仪服等。

又曰：和峤为给事黄门侍郎，迁中书令，帝深器遇之。旧监令共车入朝，时荀勖为监。峤鄙勖为人，以意气加之，每同乘，高枕专车而去坐。乃后使监令异车，自峤始也。

《晋公卿礼秩》曰：安平王孚、齐王攸、梁王肜，给青盖车，垂九旒，驾四马。太常何曾、太傅杨骏、梁王肜，乘车入殿，依汉田千秋故事。光禄魏馆轺车施黑，孚薨葬给徘徊黑耳车一乘。诸王及县王皆给青徘徊车，花瓜盖。孤李降给云母阳遂车一乘，犊车二十乘，鹿车五十乘。

沈约《宋书》曰：汉制：乘舆金根安车、立车，轮皆朱班重毂，两辖飞軨。以金薄缪龙，为舆倚较。灵文画轓，文兽伏轼，龙首衔轭，鸾雀立衡。灵文画辕，翠羽盖，黄里，所谓黄屋也，金华拖轑，建旗旗，十二斿也。画日月升龙，驾六黑马。又加氂牛尾，大如斗，置左騑马轭上，所谓左纛也。其五色立车、五色安车，亦皆如之。太后、皇后法驾乘重翟羽盖金根车，加青交路，青帷裳，云灵画辕，黄金涂五末。皇太子皆要车，朱班轮倚，兽伏鹿轼，旗旗九斿，画降龙文。

又曰：沈庆之，前废帝立，加几杖，给三望车。庆之每朝贺，常乘猪鼻无幰严偃切车，左右从之不过三五骑。履行园田，每农桑剧月，无人从行，过者不知三公也。及加三望车，谓人曰："我每游履田园，有人时，与马成三；无人则与马成二。今乘此车，安所之乎？"及赐几杖，并皆固让。

《孝经援神契》曰：上德至山陵，则山出木根车，应载万物。金车，王者志行仁德则出。虞舜德盛于山陵，故山车出。山车，自然之物也。山藏之精，与象车相似。舜德盛，山车有垂绥。

《古史考异》曰：黄帝作车，少皞时略加牛。禹时，奚仲驾马。仲又造车，更广其制度也。

《神仙传》曰：葛玄行过神庙，乘车不下。须臾，有大回风逐玄，埃尘张天。玄怒曰："小雅敢尔！"举手指风，风即止。

《穆天子传》曰：王欲肆其心，周行天下，皆有车辙马迹焉。

《韩诗外传》曰：田子方，魏太子从车百乘，而送于郊。太子再谒，田子方不下车。太子不悦，曰："敢问如何，则可以骄人乎？"子方曰："吾闻，以一国骄人而亡者有矣，由此观之，则贫贱可以骄人矣！夫志不得，揳履而适秦、楚耳，安往而不得吾贫贱乎？"于是太子再拜而后退，子方遂不下车。

《汉武内传》曰：内外谧寂，以候仙官到。夜二更之后，忽见西南如白云起，蓊郁直来，遥趋宫庭。须臾，王母或驾龙虎，或乘白麟，或乘白鹤，或乘軿车，或乘天马，群仙数千，光辉庭宇。

《关令内传》曰：尹喜常登楼，望见东极有紫气西迈，喜曰："应有圣人过京邑！"果见老君乘青牛车来过。

《神仙传》曰：洸义学道于蜀中，与妻共载，路逢白鹿车一乘。

《王子年拾遗记》曰：周成王六年，然丘之国献比翅鸟，雌雄各一只，以玉为樊。其国使者拳头爹陟加切鼻，衣云霞之布，经百有余国方到京师。越铁岘，泛沸海，有蛇洲蜂岑。铁岘峭砺，车轮皆刚金为辋。比至京师，辋脱几尽。沸海涌起如煎，鱼鳖皮骨坚强如石，可以为铠。泛沸海之时，以铜薄为底，蛇龙蛟不得近。经蛇洲，度则以豹皮为屋，于屋中推车。经蜂岑，然胡苏之木，此木烟能杀百虫。经涂五年，然后至洛邑。

《老子》曰：三十辐，共一毂。当其无，有车之用。

《庄子》曰：秦王有疾，召医。破痈溃痤者，得车一乘；舐痔者，得车五乘。

《管子》曰：奚仲之为车也，方圜曲直，皆中规矩钩绳。故机旋相得，成器坚固。主犹奚仲也，言辞动作，皆中术数，故众理相当，上下相亲。巧者，奚仲之所以为器也。

《孔丛子》曰：孔子使宰子干楚昭王，以安车象饰遗孔子。宰予曰："夫子无以为也。"王曰："何？"对曰："臣自侍卫夫子已来，窃见其言不离道，动不遗仁，贵义尚清，素好俭，妻不服彩，妾不衣帛，车器不雕，马不食粟。若夫观物之丽靡，窈妙之浮音，夫子过之弗听也。故臣知夫子之不用车也。"

《孟子》曰：子产听郑国之政，以其乘舆，济人于溱洧。

《韩子》曰：商太宰使庶子行市还，云："西市门多车。"太宰谓庶子曰："汝勿言。"及市吏至，问曰："市何多牛屎耶？"吏怪太宰神智。

又曰：昔弥子瑕有宠于君。卫国之法：窃驾君车，罪刖。弥子之母有疾，告弥子，矫驾君车，君曰："孝哉！为母之故犯刖罪。"及弥子色衰爱弛，得罪于君，君曰："是尝矫驾吾车也！"

又曰：孙叔敖为令尹，栈车牝马，粝饭菜羹，枯鱼为膳，面有饥色。

《淮南子》曰：夫车之所能转千里者，以其要在三寸辖。

又曰：见飞蓬转而知为车，以类取之也。

《晏子》曰：齐人好击毂相犯以为乐，禁之不止。晏子为新车良马，出，与其人相犯，曰："犯毂者不祥！"下车而去之，然后国人不为。

又曰：晏子衣缁布之衣而麋里，栈轸之车而牝马，以朝。

《子思子》曰：终年为车，无一尺之軨，则不可以驰。

《尸子》曰：文轩六駃，题无四寸之键，则车不行。小亡，则大者不成也。

又曰：宁戚为桓公祝曰："使公无忘在莒！管子无忘在鲁！宁戚无忘车下！"

又曰：车轻道近，则鞭策不用。

《孙卿子》曰：三尺之岸，虚车不能登；百仞之山，负车登焉，陵迟故也。

《苏子》曰：房丽者，赵之贤人。立东门之外，有行商车辖忘。丽告之，不悟；复更告之，商人怒曰："吾辖自亡，何须汝告！"惠加于已而反怒之，吾欲比之草木，草木有心矣。

沈约《舆服志》曰：车服以庸，着在《唐典》。夏建旌旗，辩其尊卑。至于殷瑞山车者，金车也。故殷人制为大辂，金根之色也。周人则有玉、金、象、革、木五路之制，其物致巧，备于《考工》。辇车，《周礼》王后五路之车也。后居宫中，从容所乘，非王车也。汉制，乘舆御之。或使人挽，或驾车果下马。案《女史图》，班婕妤辞辇则乘之。又复殷之末制，后代遂行之耳。

陆景《典语》曰：吴朝贵戚，或犯道背理。雕车丽服，横陵市路。车服虽侈，人不为荣；宫室虽美，士不过门。

又曰：显臣以车服，天下莫不瞻其荣。

又曰：飞车策马，横腾超追，来如雾合，去若云散，得志则进，失意则逝也。

《异语》曰：仕宦不止，车生耳，长六尺，法六律。六，阴数也。今其上作篁文，所以缺后者，月满则亏也。

《风俗通》曰：车一两，谓两两相与为体也。原其所以言两者，箱装及轮，两两而耦，故称"两"耳。

《通俗文》曰：车轹曰："轧"，后重曰："轩"，前重曰："轾"陟利切。载丧车谓之"辂轊"。上音六，下音卫。车声曰："轞"胡减切。雇车载曰："僦"。

蔡邕《独断》曰：永安七年，见金根、耕根诸御车。皆一辕，或四马，或六马，金箱四轮，皆以金铸，正黄两辟，前后克金，作龙虎龟鸟。

又曰：绿车，名皇孙车，天子有孙，乘以从。

蔡邕《车服志》曰：俗人失其名，故名冕为"平天冠"。五时副车，曰"五帝"，鸾旗曰"鸡翘"，耕根曰"三盖"，其制非一。

《仪制令》曰：诸车：一品青油纁道幰许偃切，朱里，朱丝络纲。三品以上，青道幰，朱里。五品以上，青道幰，碧里。六品以下，皆不得用幰。

《括地图》曰：奇肱民能为飞车，从风远行。汤时，西风起，奇肱车至于豫州。汤破其车，不以示民。十年，西风至，乃复使作车遣归。其国去玉门四万里。

董巴《舆服志》曰：乘舆：金根车五乘，轮皆朱班，重牙贰毂。

《司马法》曰：夏曰："子车"，殷曰："胡奴车"，周曰："辎车"，三代之辇。

《语林》曰：潘安仁貌美，每行，老妪以果掷之，常满车中。张孟阳至丑，每行，儿以瓦砾掷之，亦满车。

傅畅《故事》曰：尚书令轺车，黑耳后户。仆射但后户，无黑耳。中书监令如仆射。

谯周《法训》曰：鸾车璜佩，求中道心。

《石崇奴券》曰：作车，当取大良白槐之辐，茱萸之辋。

《说苑》曰：齐景公伐宋，至于歧堤之上，登高以望，大息而叹曰："昔我先君桓公，长毂八百乘，以霸诸侯；今我长毂三千乘，而不敢久处于此者，无管仲与？"弦章对曰："臣闻之，水广则鱼大，君明则臣忠。昔有桓公，乃有管仲；今桓公在此，则车下之臣尽管仲也。"

又曰：赵简主乘弊车瘦音衢马，衣羖羊之裘。其宰进谏曰："车新则安，马肥则往来便，衣狐豹之裘温且轻。"简子曰："吾非不知。吾闻：君子服美则益恭，小人服美则益倨。今我以自备，恐有小人之心。"

又曰：晋平公为驰逐之车，挂之以犀，错之以羽。车成，立于殿下，群臣得观焉。田差三过而不观，平公作色，大怒。差对曰："臣闻桀以奢亡，纣以侈败。是以不敢观也！"平公曰："善"。令左右去车。

《世说》曰：王武子乘车，着连乾障泥。前有水，马不肯渡。武子曰："此马惜障泥。"使解之，马乃渡。

《白虎通》曰：制车以步，故立乘。天子大路。路，大也，道也。正君至尊，制度大，所以行道德正车也。诸侯路车，大夫渐子廉切车，士饰车。

《山海经》曰：番禺生奚仲，奚仲生吉光，始以木为车。郭璞曰：《世本》曰：奚仲造车。此言吉光，明其父子共创意首称也。

《袁子正书》曰：申屠刚谏光武，以头轫轮，马不得前。子正云："光武近出未有得失，而头轫轮，此方头也。"

又曰：辎车即辇，魏、晋公卿小出尝乘马，亦多乘舆车。汉诸侯贫者乃乘之，其后转见贵。孙权云："车中八牛。"即犊车也。江左御出，则载储供之物。汉世贱辂车而贵辎軿；魏、晋贱軿车而贵轺车。又有"追锋"，如轺车而驾马。又以云母饰犊车，谓之云母车，臣不得乘，时以赐王公。晋氏之有四望车，今制亦存。又，汉制唯贾人不得乘马车，其余皆乘之矣。除吏赤盖杠，余则青盖杠。云其非法驾，则紫罽軿车。案《字林》："軿车，有衣蔽，无后辕。"其后有辕者谓之"辎"。

贾谊《新书》曰：古之为路舆也，盖圜以象天，二十八撩以象列星，轸方以象地，三十辐以象日月。故仰则观天文，俯则察地理，前视则睹鸾和之响、四时之运，此舆教之道也。

后汉崔骃《车左铭》曰：虞夏作车，取象机衡。君子建左，法天之阳。正位授绥，车不内顾。尘不出轨，鸾以节步。彼言不疾，彼指不躬。玄览于道，永思厥中。

又《车右铭》曰：择御卜右，采德用良。询纳耇老，于我是匡。唯贤是师，唯道是式。箴阙旅贲，内顾自敕。匪望其度，匪愆其则。越戒敦俭，礼以华国。

又《车后铭》曰：敬其在路，体貌思恭。望衡顾毂，允慎兹容。无或好失，匪槃于游。顾省厥遗，虎尾斯求。昭德塞违，抑盈以无。虽有三晋，咸然若虚。

后汉李尤《小车铭》曰：圆盖象天，方舆则地。轮法阴阳，动不相离。合之嗛苦琰切嘘，疏达开通。两輜彰邪，尊卑是从。輗軏之用，信义所同。

梁载暠《车马篇》曰：朝集类蒸烟，晚至如吹雪。子云亦何事，门巷无车辙。

太平御览卷第七百七十四 车部三

辂

《释名》曰：天子所乘曰辂。辂亦车也。谓之辂，言行路也。金辂，以金玉饰车也。象辂、革辂、木辂，各随所名也。

《书》曰：大辂在宾阶面，缀辂在阼阶面，大路，玉；缀辂，金。面，前，皆南乡。先辂在左塾之前。先辂象，次辂木。金、玉、象皆以饰车，木则无饰。皆以在路寝门内左右垫前北面。凡陈列，皆象成王生时。

《礼》曰：大辂者，天子之车也。

又曰：鸾车，有虞氏之辂也。軥音钩车，夏后氏之辂也。

又曰：天子居青阳左个，乘青辂，驾苍龙。天子居明堂左个，乘朱辂，驾赤骝。天子居太庙太室，乘黄辂，驾黄龙。天子居总章左个，乘白辂，驾白骆。天子居玄堂左个，乘玄辂，驾铁骊。

《周礼》曰：有虞氏上陶，夏后上匠，殷人上梓，周人上辂。

又曰：王之五路：一曰玉路，锡，樊缨十有再就，建大常，十有二斿，以祀；金路，钩，樊缨九就，建大旗，以宾，同姓以封；象路，朱，樊缨七就，建大赤，以朝，异姓以封；革路，龙勒，条缨五就，建大白，以即戎，以封四卫；木辂，前樊鹄缨，建大麾，以田，以封蕃国。

又曰：王后之五路：重翟，锡面朱总；厌翟，勒面缋总；安车，雕面鷖总，皆有容盖；翟车，贝面组总，有握；辇车，组挽，有翣，羽盖。

《左传》曰：清庙茅屋，大路越席，大羹不致，粢音寺食不凿，昭其俭也。

又曰：赐之大辂之服，戎辂之服。

《论语》曰：行夏之时，乘殷之辂，服周之冕。

《说苑》曰：晏子朝，乘弊车，驾驽马。景公见之，曰："嘻！天子之禄寡耶？何乘不佼古巧切之甚也？"晏子对曰："赖君之赐，得以寿；

三族及国交游，皆得生焉；臣得暖衣饱食。弊车驽马，以奉其身，于世足矣！”晏子出，公使梁丘据遗之辂车乘马，三反不受。公不悦，趣音促召晏子，曰：“夫子不受，寡人亦不乘！”晏子对曰：“君使臣临百官之吏，节其衣服食饮之养，以先齐国之民。然犹恐其侈靡，而不顾其行也。今辂车乘马，君乘之上；臣亦乘之，下民之无义，侈其衣食，而不顾其行者，臣无以禁之。”遂让不受也。

董巴《舆服志》曰：殷瑞山车，金根之色，殷人以为大辂。于是秦皇作金根之车。汉承秦制，为乘舆，即孔子所谓乘殷之辂也。

《卤簿令》曰：玉辂，驾六马，太仆卿驭，驾士三十二人，并平巾帻、青衫、大口裤。千牛卫将军一人陪乘，执金装长刀，御乘辇。其辂衫腰舆后行。次金辂、象辂、革辂、木辂，以次相随，并驾六马，各驾士三十二人，并平巾帻、大口裤，衫色各从辂色。次五副辂，驾士各二十人，衣服同正辂。次耕根车，驾六马，士三十二人，服同玉辂。

又曰：皇太子金辂，驾四马，仆寺令驭，左右率府卒，一人执仪刀陪乘，驾士二十二人，并平巾帻、绯帔衫、大口裤。

又曰：王公已下象辂，驾四马，佐二人：立侍一人武弁、朱衣革带，在左；一人绯裲裆，大口裤，执刀在右。驾士十二人，平巾帻，绯衫，大口裤。

又曰：玉辂，青质，以玉饰诸末，重舆，左青龙，右白虎，金凤翅，画苡文鸟兽。黄屋左纛，金凤一在轼前，十二銮在衡，正辂、耕根銮数皆准此，其副则八。二铃在式，龙辀设鄣尘，青盖，绣饰黄里。博山镜子，树羽轮。金根，朱班重牙。左建旗，十有二旒，旒皆画升龙，其长曳地。右载闟许及切。戟，长四尺，广三尺，黻文。旗首金龙，头衔结绶，及铃緌。驾苍龙，金鍐亡黯切方釳许乞切插翟尾五，焦镂。锡鞶缨，十有二就。锡，马当颅，金为之。鞶，马大带。缨，马决。皆以五彩罽饰之。就，成也。祭祀纳后则供之。金辂，赤质，以金饰诸末，余与玉辂同。驾赤骝。飨射祀还饮至则供之。象辂，黄质，以象饰诸末，余同玉辂。驾黄骝，行道则供之。革辂，白质，挽之以革，余同玉辂。驾白骆，巡狩临兵事则供之。木辂，黑质，以漆饰诸末，余与玉辂同。驾黑骝，田猎则供之。诸盖旌旗及鞶缨，皆从辂色，黄里，俱用黄其镂。锡与五辂同。耕根车，青质，盖三重，余同玉辂，籍田则供之。

又曰：皇太子金辂，赤质，以金饰诸末，重辂箱。画苣文鸟兽，黄屋，伏鹿轼，龙辀金凤，一在轼前。设鄣尘，朱盖黄里。轮画朱牙。左建旗，九旒。右载阘戟。旗首金龙头衔结绶，及铃緌。驾赤骝，四銮在衡，二铃在轼。金鑁方釳。插翟尾五。焦镂锡、鞶缨九就。从祀享正、冬大朝、纳妃，则供之。

又曰：王公以下象辂，以象饰诸末。朱班轮，八鸾在衡。左建旗，旗画龙，外一降。升一，右载阘戟。革辂，以革饰诸末。左建旃。通帛为旃。余同象辂。木辂，以漆饰之，余同革辂。诸辂皆朱质、朱盖、朱旗旜，一品九旒，二品八旒，三品七旒，四品六旒。其鞶、缨就数皆准此。

张子平《东京赋》曰：天子乃抚玉辂，乘时龙。

又曰：乘銮辂而驾苍龙。

又曰：奉引既罼，先辂乃发。

又曰：龙辂充庭，云旗拂霓。

舆

《周易》曰：君子得舆，民所载也。

又曰：舆说辐，夫妻反目。

《象》曰：舆说辐，中无尤也。

又曰：壮于大舆之輹。

又曰：见舆曳，其牛掣，其人天且劓，无初有终。

《象》曰：见舆曳，位不当也。无初有终，遇刚也。

《续汉书·舆服志》曰：上古圣人，见转蓬始知为辂。辂行可载，因物生智，后为之舆。

《晋书》曰：王导有羸疾，不堪朝会。显宗亲幸之，置酒作乐。又诏："自今已后，舆载入殿，不得施拜。"

《晋诸公赞》曰：司徒傅枢以足疾逊位，不许，板舆上殿。

《晋起居注》曰：太始四年正月，临轩诏太宰安平王孚载舆升殿。

《宋书》曰：陶潜解印后，有脚疾，使一门生二儿举蓝舆诣王弘。既至，欣然而与之饮酌。

《语林》曰：武侯与宣王在渭滨将战。宣王戎服莅事，使人视武侯，乘舆葛巾，持白羽扇，指麾三军，皆随其进止。宣后闻而叹曰："可谓名士！"

《世说》曰：孟旭未达时，家贫，在京常见王恭乘高舆，服鹤氅裘。于时微雪，旭于篱间窥之，叹曰："此真神仙中人也！"

《陈留耆旧传》曰：洛阳令董宣死后，诏使视之，有兰舆一乘，白马一匹。帝曰："宣之清，死乃知之。"

《幽明录》曰：谢安石当桓温之世，恒惧不全。夜忽梦乘桓舆，行十六里，见一白鸡而止。莫有解此梦者。及温死，后代居宰相，历十六年而得病。安方悟云："乘桓舆者，代居其位也。十六里者，得十六年也。见白鸡止者，今太岁在酉，吾病殆不起乎？"少日而卒。

《淮南子》曰：以天为盖，以地为舆，四时为马。

《韩子》曰：舆人成舆，则欲人富贵也，非舆人仁，不贵则不售也。

潘安仁《闲居赋》曰：太夫人乃御板舆，升轻轩，远览王畿，近周家园。

左太冲《蜀都赋》曰：车舆杂沓，冠带混并。

张平子《东京赋》曰：乘舆巡乎岱岳，劝稼穑于原陆。

又曰：皇舆夙驾，輂仕佳切于东阶。輂却也。

曹子建《七启》云：驾超野之驷，乘追风之舆。

宋玉《高唐赋》曰：王乃乘玉舆，驷仓螭。

同舆

《魏志》曰：太祖军摩陂，召夏侯敦，常与周舆载，诸将无得比者。

《蜀志》曰：曹公东征吕布于下邳，先主从。曹公还，表先主为左将军，礼之愈重，出则同舆。

《吴志》曰：太子登，字子高，善待僚属，略同布衣之礼。诸葛恪、顾谭等，或用舆而载。

《晋中兴书》曰：纪瞻，字士远，为镇东左王长史，丹阳、宣城、新安三郡中正。上常幸瞻家，同乘舆还府。瞻甚见遇，乡郡荣之。

辇

《左传》曰：猛获奔卫。南宫万奔陈，以乘车辇其母，一日而至。

又曰：齐庆克通于声孟子，与妇人蒙衣乘辇，而入于闳巷门。

又曰：孟氏之臣秦莒父，辇重如役。莒父，孟献子家臣，步挽重车以从师。

《谷梁传》曰：晋君召伯尊而问焉。伯尊来，遇辇者，辇者不辟，使车右下而鞭之。凡车，将左，御在中。有力之人在右，所以备非常。

《尔雅》曰："徒御不惊"，辇者也。

《汉书》曰：淮南王长早失母，常附吕后、孝惠，然常心怨辟阳侯。孝文初即位，自以为最亲，骄蹇，数不奉法。上宽赦之。三年，入朝，从上入苑猎，与上同辇，帝谓为太兄。

又曰：傅昭仪有宠于上，生定陶恭王，多技艺。上甚爱之，坐则同席，行须同辇。

又曰：班婕妤，班况之女，孝成帝婕妤也。贤才通辨。帝游于后庭，尝欲与同辇，婕妤辞曰："观古贤圣之君，皆有名臣在侧；三代末主，乃有嬖妾。今欲同辇，无乃似之乎？"上善其言而止。太后闻之，喜曰："古有樊姬，今有班婕妤！"

《汉武故事》曰：又起明光宫，发燕、赵美女二千人充之。常从行国，载之后车。与上同辇者十六人，员数恒满。

又曰：上尝辇至郎署，见一人老郎，鬓眉皓白，姓颜名驷，江都人。上问："公何时为郎？何其老也！"对曰："臣文帝时为郎。"上曰："何其不遇也？"驷曰："文帝好文，而臣好武；景帝好老，而臣尚少；陛下好少，而臣已老。是以三世不遇。”

《晋书》曰：山涛。吴平之后，诏天下罢军役，示海内大安。州郡悉去兵，大郡置武吏百人，小郡五十人。帝尝讲武于宣武场，涛时有疾，诏乘步辇从。因与卢钦论用兵之本，以为不宜去州郡武备，其论甚精。于时咸以涛不学《孙吴》，而暗与之合。帝称之曰：“天下名言也！”而不能用。及永宁之后，屡有变难，寇贼猋起，郡国皆以无备不能制。天下遂以大乱，如涛言焉。

又曰：张敞《东宫旧事》：太子有卧辇、步舆。

王韶之《晋纪》曰：义军起，桓玄问众曰：“朕其败乎？”曹靖之对曰：“神怒民怨，臣实忧惧。”玄曰：“神何为怒？民何为怨？”对曰：“移晋宗庙，飘零落薄，无所祭之，不及于祖，此其所以怒也。”玄曰：“卿何不谏？”对曰：“辇上诸君，皆以为尧、舜之世，臣何敢谏！”

又曰：梁冀与妻孙寿共乘辇，张羽盖，饰以金银，以骋娱乐。

《晋公卿礼秩》曰：太宰、平王给云母辇。

《晋太康起居注》曰：齐王归蕃，诏赐香衣辇一乘。

《后魏书·礼志》曰：大楼辇辀十二，加以玉饰衡，轮雕采，与辂同，驾牛十二。

又曰：乾象辇，羽葆圆盖，画日月五星二十八宿。天阶云汉、山林云气、仙圣贤明、忠孝节义、游龙飞凤、朱雀玄武、白虎青龙、奇禽异兽可为饰者，皆亦图焉。太皇、太后助祭郊庙则乘之。

《邺中记》曰：石虎大驾有金银辇、云母辇、武刚辇数百乘。虎皇后出，乘嵩路辇。文或玉路，辇或朱漆。卧辇纯以云母代纱，中外四望皆通彻。

又曰：石虎少游猎，体转壮大，不复乘马。作猎辇，使二十人担之，如今之步辇。上安徘徊曲盖，坐处转关床。若射鸟兽，宜有所向，关随身而转。

《王君内传》曰：神人乘三云之辇。

《拾遗记》曰：周穆王驭黄金碧玉之辇，从朝至暮，而穷宇宙之内。

潘岳《籍田赋》曰：天子御玉辇，荫华盖，金银照曜以炯晃，龙骥腾骧而沛艾。

邹阳《上吴王书》曰：斗城不休，救兵不至，死者相随，辇车相属，转粟流输，千里不绝。

枚叔《七发》曰：出舆入辇，命曰蹶痿之机。

又云：辇道斜交，堤池纡曲。

曹子建《公燕诗》云：轻辇随风移。

刘公干《公燕诗》云：辇车飞素质，从者盈路傍。

丘希范《应诏诗》云：轻荑承玉辇，细草籍龙骑。汉，草辇从上行。

太平御览卷第七百七十五 车部四

指南车

崔豹《古今注》曰：指南车，起于黄帝。帝与蚩尤战涿漉之野，蚩尤作大雾，士皆迷路，故作指南车。

《卤簿令》曰：指南车，驾四马，正道匠一人，驾士十四人。皆平巾帻，绯衫，大口裤。

《洪范五行传》曰：若晋献公，虽与指南车，终不觉矣。齐桓公中才矣，指南得悟，失之则惑。管仲，桓公指南车也。

《魏书》曰：马先生与高堂隆、秦郎争，言及指南车。二子谓古典无记，言之虚也。先生曰："古有之。"明帝乃召先生作之，指南车成也。

崔鸿《后赵录》曰：尚方令解飞机巧言若神，妙思奇发，造指南车就，赐爵关内侯。

《鬼谷子》曰：肃慎氏献白雉于文王，还，恐迷路，问周公，作指南车以送之。又曰：郑人之取玉也，必载司南之车，为其不惑也。

《述征记》曰：去端门百余步，道南得方尚，北门中有指南车。车上有木仙人持信幡，车东西，人恒指南。

左思《吴都赋》曰：俞骑骋路，指南司方。出车槛槛，被练锵锵。

轺车

《释名》曰：轺，遥远也，四向远望之车也。

《说文》曰：轺车，小车也。

谢承《后汉书》曰：许庆，字子伯。家贫，为督邮，乘牛车，乡里练曰轺车督邮。

《晋书》曰：李矩假为荥阳太守。矩招怀离散，远近多附之。石勒亲率大众袭矩，矩遣老弱入山，令所在散牛马，因设伏以待之。贼争取牛马，伏发齐呼，声动山谷。遂大破之，斫获甚众。勒乃退。加矩冠军将军，轺车幢盖。

《傅子》曰：汉世贱人乘轺，则贵人乘辎軿。

李尤《轺车铭》曰：轮以伐步，屏以蔽容。

画轮车

《晋起居注》曰：穆帝永和六年，皇太后尝与帝俱出拜陵。克日，尚书启太后乘画轮车，以辇为副。诏曰："故当乘辇车，至建平陵门外易载。"

《东宫旧事》曰：皇太子初拜，有画轮、四望车。

四望车

魏汉《与杨彪书》曰：今赠足下四望车、通幰七香车二乘，青牸牛二头。

《晋阳秋》曰：魏舒子亡，诏曰："唯有一息，足堪负荷，思所以散其哀怀，给阳遂车四望。"

《晋诸公赞》曰：文淑破虏之后，名闻天下。当为东夷校尉，入辞，世祖见而恶之，恐居边不信，密讽监司奏淑作阳遂四望车，僭饰过制，免官。

画云车

《汉书》曰：武帝作画云车。

曹子建《洛神赋》曰：六龙俨其齐首，载云车之容裔。

云母车

《吴百官名》曰：刘蜀主得赐云母车一乘。

《晋书》曰：惠帝自邺还洛，殿中官属备云母辇及云母车奉迎。

《晋太康起居注》曰：齐王出镇，诏赠清油云母犊车。

《傅子》曰：以云母饰车，谓之云母车。臣下不得乘，时赐王公贵臣。

通幰车

《傅子》曰：有追锋车，施通幰，幰，许偃切。遽则乘之。

象车

《晋诸公赞》曰：平吴后，南越献驯象，作大车驾之，载黄门鼓吹数十人。

《晋中朝散大驾卤簿》曰：象车，鼓吹一部十三人。

骡车

《蜀志》曰：后主刘禅乘骡车，降邓艾。

《晋令》曰：乘传出使，曹期丧以上，即自表闻，听德白服骡车，副使摄事。

犊车

《释名》曰：祥车，祥，善也，善饰之车也。犊车是也。

谢承《后汉书》曰：颍阳刘诩，好赈贫乏。陈国张季札吊师丧，值冰寒，车毁牛病，不能进。诩逢之，推所乘车、强牛与之。季札后知是诩，还其车，闭门不受。

《桓谭别传》曰：谭时为太常录尚书事，后徙交址。初，吴以罪徙者，皆收家财入官。及君下狱，簿其资，唯有犊车一乘，牛数头，奴婢不满十人，无尺帛珠金之宝。上闻而嘉之，皆以君财付叔父穆。

《晋书》曰：武帝赐汝南王亮追锋皂车、犊车。

又曰：太傅王导妻曹氏，导甚惮之。乃密营别馆，以处众妾。曹氏知，将往焉。导恐妾被辱，遽令命驾，犹迟之，以所执尘尾柄驱牛以进。司徒蔡谟闻之，戏导曰："朝廷欲加公九锡！"导弗之觉，但谦退而已。谟曰："不闻余物，唯有短辕犊车，长柄麈尾。"导大怒。

《晋令》曰：百工不得服大绛、紫襈、音巽假髻、真珠、珰珥、文犀、玳瑁、越叠以饰路张、乘犊车。

羊车

《释名》曰：羊车，以羊所驾名车也。

《晋书》曰：武帝平吴之后，复纳孙皓宫人数千。自此，掖庭殆将万人，而并宠者甚众。帝莫知所适，常乘羊车，恣其所之。至，便宴寝。宫人乃取竹叶插户，以盐汁洒地，以引帝车。

又曰：卫玠，字叔宝。五岁，风神秀异。总角，乘羊车入市，见者以为玉人，观者倾都。

《晋太元起居注》曰：司隶校尉刘毅奏护军羊琇，私角弩四张，又乘羊车，请免官，罪。诏曰："羊虽无制，非素所乘者，可如所奏。"

鹿车

《后汉书》曰：更始拜赵憙为五威偏将军，使助诸将于昆阳。憙被疮，有战劳，还拜中郎将。更始败，憙为赤眉所围，迫急，乃逾屋亡走，与所友善韩仲伯等数十人，携小弱，越山阻，径出武关。仲伯以妇色美，虑为强暴者，欲弃之于道。憙责怒不听，因以泥涂仲伯妇面，载以鹿车，身推之。或前逢贼，憙辄言其病状，以得免。

《东观汉记》曰：杜林寄隗嚣，终不降志辱身。乃出令曰："杜伯山，天子所不能臣，至簪蒿席草，不食其粟，诸侯所不能友。盖伯夷、叔齐，耻食周粟。今且从师友之位，须道开通，使顺其志。"林虽拘于嚣，而终不屈节。建武六年，弟成物故，嚣乃听林持丧东归。既遣而悔，追令刺客杨贤于陇坻遮杀之。贤见林身推鹿车，载致弟丧，乃叹曰："当今之世，谁能行义？我虽小人，何忍杀义士！"因亡去。

《列女传》曰：渤海鲍宣妻者，桓氏之女也，字少君。宣尝就少君父学，父奇其清苦，故以女妻之。装送资贿甚盛，宣不说，谓妻曰："少君生尊宠，习美饰；而吾贫贱，不敢当礼。"妻曰："大人以先生修德守约，故使妾侍执巾栉，唯命是从。”宣笑曰：“然，如是吾志也。”妻乃悉归车马、侍御、服饰，更着短衣裳，挽鹿车归乡里。拜姑礼毕，提瓶出汲。循行妇道，礼节恭备，乡邦称之。宣哀帝时为司隶校尉。子永中兴初为鲁郡太守。永之子昱，尝从容问：“太夫人宁复识挽车时不？”曰：“先姑有言：‘存不亡安，安不忘危。’吾焉敢忘乎！”

《晋书》曰：刘伶不以家产有无介意，常乘鹿车，携一壶酒，使人荷锸而随之，谓曰：“死便埋我！”其遗形骸如此。

《风俗通》曰：鹿车狭小，裁容一鹿也。或云乐车。乘牛马者，锉轩饮饲达曙。今乘此，虽为劳极，然入传舍，偃卧无忧，故曰乐车。无牛马而能行者，独一人所致耳。

露车

《晋阳秋》曰：平原王干阴雨出则犊车，而内露车。或问其故，曰：“露者，宜内也。”

《晋中兴书》曰：王尼，洛阳倾覆，避乱江夏。王澄时为荆州刺史，见尼，欣然厚供给之。尼常叹：“沧海横流无安处！”早丧妇，止有一息。不用居宅，唯畜露车，牛一乘。每行，辄使儿御诣人。暮则宿车上，无有定处。少时，澄卒，荆土饥荒，尼求食不能得，乃杀车牛，煮之。遂父子餵死。

《晋王公百官志》曰：蜀刘主得赐露车七十乘，孙主赐露车三十乘。

道元《与天公笺》曰：有露车一乘，辕复摧折，以犁辕续之。左崎右啮五结切，强弱相负，傍行斫辕。

乘舆杂车

《卤簿令》曰：记里曰白鹭、鸾、旗等三车，并驾四马，正道匠各一人，驾士各十四人，皆平巾帻、绯衫、大口裤。

又曰：辟恶车，太卜令一人，在车执弩箭，平巾帻，绯裲裆，大口裤。皮轩车，左右金吾，队正一人，在车执弩，服同太卜。其令行正道，驾马数、驾士服色、人数、仪，并同记里等车。

又曰：安车、四望车，并驾四马，驾士各二十四人，服同上。

又曰：羊车，驾果下马一，小吏十四人，并青丝布褶，紫碧腰襟，青耳屩，辨发。

又曰：属车十二乘，并驾牛，驾士各八人，服同记里等车。

又曰：王钺车，或曰金钺车。左武卫队正一人，在车次。豹尾车，右武卫队正一人，在车，皆执武弁，朱衣革带，并驾三马，驾士各十二人。服同上。

辕

《周礼》曰：辀，辕人为辀。辀，车辕也。辀有三度：国马之辀，深四尺有七寸；田马之辀，深四尺；驽马之辀，深三尺有三寸。唯辕直，且无桡也。

《左传·宣下》曰：军行右辕，左追蓐。

又曰：改乘辕而北之。

又曰：公孙阏与颍考叔争车。颍考叔挟辀以走，子都拔棘以逐之，弗及。

又曰：师及齐师，战于次皋。齐子渊捷从泄声子，射之，中楯瓦，繇朐汰辀，匕入者三寸。

《东观汉记》曰：江革母年八十，革不欲摇动之，常自居辕挽车，不用牛马。

《晋仪注》曰：皇后乘油画云母安车，驾骖马。油画云母安两辕。

《赵书》曰：后石造猎车千乘，辕长三丈。

《韩子》曰：吴起为西河守，秦有小亭临境，欲攻之，不足以征卒。乃取车辕，倚于北门外，令曰："有能徙至南门外者，赐上宅。"民莫之徙也。有徙者，赐之如令。又置一石，亦令曰："有能徙者，赐之如初。"民争徙之。乃令曰："明旦攻城，有先登者，赐之上田、上宅。"民争上，一朝而拔之。

《梦书》曰：贾人梦车辕折败者，忧亡遗衣物。何以言之？"辕"字"去衣"，故知亡衣物。

《方言》曰：楚、卫之间，辕谓之辀。

司马长卿《谏猎书》曰：舆不及还辕，人不暇施功。

潘正叔《迎大驾传》云：狐狸夹两辕，豺狼当路立。

轮

《释名》曰：轮，弥纶也，周匝之言也；或曰较，言总入辐中也。

《易》曰：既济，初九，曳其轮，濡其尾，无咎。

《礼》曰：古者贵贱皆杖。叔孙武叔朝，见轮人以其杖关毂而輠音祸轮者，于是有爵而后杖也。记庶人失礼所由始也。叔孙武叔，鲁大夫叔孙州仇也。轮人，作车轮之官也。

又曰：御妇车而婿授绥，御轮三周，先俟于门外。

《周礼》曰：凡察车之道，必自载于地者始也，是故察车自轮始。凡察车之道，欲其朴音扑属而微至。不朴属，无以为完久也。

又曰：轮人为轮，斩三材必以其时。三材，可以为毂、辐、牙也。斩之时，以材在阳，则中冬斩之；在阴，则中夏斩之。三材既具，巧者和之。凡为轮，行泽者欲杼，行山者欲侔。杼，谓削薄其践地者。侔，上下等。杼以行泽，则是刀以割涂也，是故涂不附；侔以行山，则是搏以行石也，是故轮虽敝，不甐于凿。搏，圜厚也。郑司农云：不甐于凿，谓不动于凿中也。玄谓：甐亦敝也。以轮之厚，石虽啮之，不能敝其凿旁使之动。

又曰：轸之方也，以象地也；盖之圆也，以象天也；轮辐三十，以象日月也。

《左传》曰：余折以御，左轮朱殷。岂敢言病？吾子忍之！

《谷梁传》曰：晋人与姜戎要而击之，杀，匹马奇轮无反者。

《史记》曰：古封禅为蒲轮，恶伤土石草木。

《续汉书》曰：张纲，字文纪，与杜乔等八人，受诏行天下，号曰八俊。七人皆奉命，唯纲独埋轮于洛阳都亭，不去也。或问之，曰："豺狼当路，安问狐狸！"遂奏梁冀等罪，京师震悚。

《庄子》曰：桓公读书，轮扁斫轮，释椎凿问曰："公所读者何言?”曰:“圣人之言。”曰:“在乎?”曰:“已死矣。”“然读者,古人之糟粕也!”公曰:“寡人读书,轮人安得议!有说则可,无说则死!”轮扁曰:“以臣之事观之,斫轮徐则甘而不固,疾则苦而不入。不徐不疾,得之于手,应之于心。口不能言,有数在间,而不能谕臣之子,子亦不能受之于臣,是以行年七十而老斫轮。古之人与其不传者死矣,君之所读者,是古人之糟粕。”今士不同,变化异时,故宜绝学任性也。

张衡《思玄赋》曰:魂眷眷而屡顾兮,马倚辀而俳徊。云霏霏兮绕余轮,风眇眇兮振余旟。

张协《洛禊赋》曰:权戚之家,豪侈之族,彩绮停镳,华轮朱毂,集乎长州之浦,曜乎洛川之曲。

曹子建《七启》曰:飞轩电游,兽随轮转。

又《应制诗》云:轮不辍运,鸾无废声。

应吉甫《华林集》曰:备言锡命,羽盖朱轮。铭曰:失名氏奚氏本造,后裔饰雍。轮以代步,屏以从容。轮軿并合,出入道同。追仁赴义,唯礼是恭。

梁昭明太子《文选序》曰:椎直追切轮为大辂之始,大辂宁有椎轮之质?

轨

《礼》曰:国中以策彗恤,勿驱,尘不出轨。恤,苏没切。勿者没恤没,搔摩也。

又曰:今天下车同轨,书同文,行同轮。

《庄子》曰:轨结于千里之外,轮不迹于地。

张平子《南都赋》曰:暮春之禊,元巳之辰,方轨齐轸,祓于阳滨。

张平子《东京赋》曰:同衡律而一轨量,齐急舒于寒燠。

吴李重《与太子笺》曰:其皆克复旧职,追寻前轨,今独不然。

曹子建《七启》曰:当轨见藉,值足遇践。飞轩电逝,兽逐轮转。

谢灵运《祖德》诗曰:秦赵欣来苏,燕魏迟文轨。

陆士龙《答兄机》诗曰:衡轨各殊迹,牵牛非服箱。

王僧达《答颜延年》诗曰:君子耸高驾,尘轨实为林。

太平御览卷第七百七十六　车部五

辙

《左传》曰：齐师败绩，公将驰之。曹刿居卫切曰："未可！"下视其辙，登而望之，曰："可矣。"遂逐齐师。既克，公问其故。对曰："夫大国难测也，惧有伏焉。吾视其辙乱，望其旗靡，故逐之。"

又曰：昔穆王欲肆其心，周行天下，将皆必有车辙马迹焉。

《汉书》曰：户牖富人张负有女，五嫁而夫辄死，人莫敢娶。陈平欲得之。负至平家，乃负郭穷巷，以席为门，然门多长者车辙。负归，谓子仲曰："固有美如陈平，而长贫贱者乎？"卒与之女。

《老子》曰：善行无辙迹。

《庄子》曰：汝不知螳螂，怒臂当车辙，不知不胜其任也。

又曰：庄周贷粟于监河侯，曰："我将得邑金，贷子三百。"周曰："有中道而呼者，周视车辙中有鲋鱼焉。'子何为耶？'对曰：'我，东海之波臣也。君岂有升斗之水而活我哉？'"徐具鱼门中。

刘伯伦《酒德颂》曰：有大人先生，以天地为一朝，万期为须臾，日月为户牖，八荒为庭衢。行无辙迹，居无室庐，幕天席地，纵意所如。

谢灵运《送孔令》诗曰：河流有急澜，浮骖无缓辙。岂伊川途念，宿心愧将别。

颜延年《赠王太常》诗曰：林间时晏开，亟回长者辙。

陆韩卿《答兄希升》诗曰：骏足思长坂，柴车畏危辙。

傅武仲《舞赋》曰：或逾埃赴辙，霆骇电灭。

轴

《说文》曰：轴，持轮也。

《周礼》曰：轴有三理：一者以为媺音美也，二者以为久也，三者以为利也。㜸，无节目也。久，圣刃心。利，滑密也。

《释名》曰：轴，复也，重复非一之言也。

《左传》曰：齐侯执阳虎，将东之，阳虎愿东。阳虎欲西奔，晋如齐必反己，故许以东为愿也。及囚诸西鄙，尽借邑人之车，锲苦结切其轴，麻约而归之。锲，刻也。欲绝追者。载葱灵，寝于其中而逃。葱灵，辎车名。追而得之，囚于齐。又以葱灵奔宋，遂奔晋，适赵氏。

《史记》曰：淳于髡曰："狶膏棘轴，所以为滑也，然不能运方穿。"

《汉书》曰：临江闵王荣立为太子，废为临江王，坐侵庙壖地为宫。上征荣，荣行，祖于江陵北门。既上车，轴折车废。江陵父老涕泣，窃言曰："吾王不反矣！"

毂

《诗》曰：文茵畅毂，驾我骐馵。

《周礼》曰：毂也者，以为利转也。凡斩毂之道，必矩其阴阳。阳也者，稹音蓴理而坚；阴也者，疏理而柔。是故以火养其阴，而齐诸其阳，则毂虽敝不藃音耗。毂小而长，则柞锄革切；大而短，则挚音致。

又曰：行泽者欲短毂，行山者长毂。短毂则利，长毂则安。

《左传》曰：楚子与若敖战皋浒，射汰輈以贯笠毂。

《谷梁传》曰：长毂五百乘，长毂，兵车。四马曰乘。绵地千里。

《春秋考异邮》曰：黄池之会，滕、薛扶毂，鲁、卫参乘。

《后汉书》曰：崔骃，字亭伯，涿郡安平人。祖母师氏，能通经学百家之言。王莽宠以殊礼，赐号义成夫人，金印紫绶，文轩丹毂，显于新代。

《老子》曰：三十辐，共一毂，当其无，有车之用。

桓谭《新论》曰：楚之郢都，车挂毂，民摩肩，市路相交，号为"朝衣新而暮衣弊"。

左太冲《蜀都赋》曰：累毂叠迹，叛衍相倾。

张平子《东京赋》曰：乘轩并毂。

又曰：疏毂飞軨。

又《公燕》诗曰：神飙接丹毂，轻辇随风移。

沈休文《饯吕僧珍》诗曰：持毂二崤道，扬旆九河阴。

辐

《易》曰：舆说辐说音脱，夫妻反目。

《周礼》曰：轮人为轮，斩三材必以其时。三材，毂、辐、牙。辐也者，以为直指也。望其辐，欲其掣音消尔而纤也。进而眡音视之，欲其肉称也。参分其毂长，二在外，一在内，以置其辐。凡辐，量其凿深以为辐广。辐广而凿浅，则是以大杌，虽有良工，莫之能固。凿深辐小，则是固有余而强不足。故竑音宏其辐广，以为之弱，则虽有重任，毂不折。参分其辐之长，而杀其一，则虽有深泥，亦弗溓读如黏。

《汉书》曰：李陵击匈奴，矢尽，斩车轴而持之。

辋

《释名》曰：辋，罗也，周轮其外。

《周礼》曰：轮人为轮，斩三材必以其时。三材，毂、辐、牙也。牙，读如迁，世间或谓之辋。牙也者，以为固抱也。凡揉而首切。牙，外不廉，而内不挫，旁不肿，谓之用火之善。廉，绝也。挫，折也。肿，瘣也。是故规之以视其圜也，萬音矩之以视其匡也。

又曰：六分其轮崇，以其一为之牙围。叁分其牙围，而漆其二。不漆其践地者。

轭

《续汉书》曰：文虎伏轼，龙道衡轭。

《齐书》曰：吴兴有项羽神护郡厅事，太守不得上。太守到郡，必须祀以轭下牛。李安民奉佛法，为太守，到郡不与神牛，着屐上厅事，又于厅上入关齐。俄而牛死，葬庙侧。今呼为李公牛。

《韩诗外传》曰：武王伐纣，到邢丘，轭折为三，天雨三日不休。武王召太公而问之，曰："未可伐乎？"太公曰："不然。轭折为三者，军当分为三也；天雨三日，欲洒吾兵也。"

《韩子》曰：郑县人得车轭，不知其名，问人，人曰："此车轭也。"俄得一人，复问，对曰："此车轭也。"问者大怒，曰："曩者车轭，今又车轭，是何众也！"遂与斗。

辗音剧

《释名》曰：辗，似人履。

又曰：伏菟在轴上，似之也。

輨音管

《说文》曰：輨，軨谷端錔也。

枕

《释名》曰：枕，横在前，若卧床之有枕。

《方言》曰：轸谓之枕。郑璞曰：车后横木。

《周礼》曰：车轸四尺，谓之一等。戈祕音必六尺有六寸，既建而迤音移。崇于轸四尺，谓之二等。六分其广，以一为之轸围。参分轸围，去一以为式围。五分其轸间，以其一为之轴围。轸之方，象地也。

轼

《周礼》曰：参分轸围，去一以为式围。参分式围，去一以为较围。

《释名》曰：轼，式也，式所敬者。

《左传》曰：齐与鲁战于长勺，齐师败绩。公将驰之，曹刿曰："未可！"下视其辙，登轼而望之，曰："可矣。"

又曰：子玉使斗勃请战，曰："请与君之士戏，君凭轼而观，得臣与寓目焉。"

又曰：叔山舟搏人以投，中车折轼，晋师乃止。

又曰：长狄乔如之首眉隐于轼。

《汉书》曰：郦生凭轭轼，下齐七十二城。

宋玉《九辨》云："倚结軨兮太息，涕潺湲兮沾轼。

箱

《方言》曰：箱谓之棐音斐。

《诗》曰：睆彼牵牛，不以服箱。

《通俗文》曰：车箱曰较音角。

《通俗文》曰：车一曰两，两两相与为体也。原其所以言"两"者，箱、辕及轮，两两而耦，故称两耳。

轙音议、宜二音

《尔雅》曰：载辔谓之轙。郭璞曰：车轭上环，辔所贯。

轊音卫

《说文》曰：轊，车轴端也。杜林说：毂鐥也。

《方言》曰：车轊，齐谓之轊。

鲍明远《芜城赋》曰：当昔全盛之时，车挂轊，人驾肩，廛闬朴地，歌吹沸天。

环

《释名》曰：游环，在伏马背上，骖马之外辔，贯之游移前却无常处。

《尔雅》曰：游环谓之捐徐绢切。郭璞曰：着车众环。

《诗》曰：游环胁驱。

釭音江

《说文》曰：釭，毂之铁也。

《方言》曰：车釭，燕、齐、海、代之间谓之鍋音戈，或谓之锟，音衮。自关而西谓之釭。

《续搜神记》曰：郑茂病亡，殡殓讫，未得葬。忽然妇及家人梦茂云："已未应死，偶闷绝耳。可开棺出我，烧车釭以熨顶头。"如言，乃活。

辖

《释名》曰：辖，害也，车之急害也。

《诗》曰：出宿于干，饮饯于言。载指载舝，舝与辖同。还车言迈。

《左传》曰：诸侯宾至，甸设庭燎，仆人巡宫，车马有所，宾从有侍，巾车脂辖，隶人牧圉，各赡其事。

《汉书》曰：陈遵嗜酒。每大饮，宾客满堂，辄闭门，取客车辖投井中，虽有急，终不能去。

蔡邕《独断》曰：乘舆之车，皆副辖。副辖者，施辖于外，乃服设辖。铭曰：载驰，非辖不行；临政设教，非贤不明。

张平子《东京赋》曰：重轮贰辖，疏毂展軨。

潘正叔《赠陆机》诗云："星陈夙驾，载脂载辖。

链

《释名》曰：链，简也。链釭轴之间，使不相忘。

輠胡果切

《释名》曰：輠，裹也。裹，轵也，轵如指，见于毂头。

《礼》曰：叔孙武叔朝，见轮人以杖关毂而輠轮者，以是有爵而后杖也。余具轮事注中。

《史记》曰：淳于髡，齐人也，博闻强学。其谏说慕晏婴之为人，然而秉意观色为务，故齐人谓之炙輠。輠，车之盛膏者，炙之不尽，犹有余。流言髡之智，不尽如炙輠。

当

《通俗文》曰：车当谓箳步轻切篁。

《郭林宗别传》曰：昔仲琰为部从事，尝柴车驾牛，编荆为当。

盖

《周礼》曰：轮人为盖，达常围三寸。达常，盍斗杠，入丘中也。上欲尊而宇欲卑。上，近部平者也。隤下曰宇。上尊而宇卑，则吐水疾而溜远。盖者主为雨也。盖已崇，则难为门也；盖已卑，是蔽目也。是故盖崇十尺。良盖弗冒弗纮，殷敏而驰不队，谓之国工。盖之圜也，以象天也；盖弓二十有八，以象星也。

《方言》曰：盖在上，如屋舍之复盖。

蔡邕《独断》曰：乘舆车，皆黄盖者，并以黄为里也。

《董卓别传》曰：卓讽朝廷，使光禄宣璠持节拜卓为太师，位诸侯上。引还长安，百官迎路拜揖。卓遂僭拟车服，乘金华青盖，画两轮，时人号为竽摩车。

轑音老

《释名》曰：轑，似弓曲也。

《说文》曰：轑，盖弓也，淮阳名车穹。

《周礼》曰：弓凿广四枚，凿上二枚，凿下四枚。弓。轑也。凿深二寸有半，下直二枚，凿端一枚。弓长六尺谓之庇轵，五尺谓庇轮，四尺谓之庇轸。参分弓长而揉其一。以为尊之。盖之二十有八，以象星也。

杠

《周礼》曰：轮人为盖，达常围三寸。桯音楹，盖杠也围倍之，六寸。信其桯围，以为部广，六寸。部长二尺，桯长倍之，四尺者二。杠长八尺，谓达常以下也。加达常二尺，则盖高一丈也。

覆笭音岑

《释名》曰：笭，横在车前，织竹作之，空笭笭也。

《广雅》曰：覆笭谓之辟。

枸心

《广雅》曰：从下枸轴也。

《通俗文》曰：轴限者谓之枸。

较

《周礼》曰：参分式围，去一以为较围。参分较围，去一以为轵围。

《释名》曰：其较重，卿所乘也。

幰许偃切

《通俗文》曰：张布曰幰。

《仪制令》曰：诸车，一品青油纁道幰，朱里，朱丝络网。三品以上，青道幰，朱；五品以上，青褊幰，碧里。六品以下，皆不得用幰。

《卤簿令》曰：安车，紫油通幰，紫油纁，朱里。四望车，青油通幰，青油纁，并朱丝络网。后及皇太子车幰，并准此。

《风土记》曰：《周礼》以拂拭车一义，谓施严唯幰。

潘岳《籍田赋》曰：微风生于轻幰，纤埃起乎朱轮。

潘尼诗曰：朝从长涂，暮栖所集。归云乘幰浮，凄风寻帷入。

緧

《释名》曰：緧，遒也。在后遒迫，使不得却缩也。

王隐《晋书》曰：山涛为尚书，有人题曰："阁中有大牛，王齐鞅，裴楷鞦，和峤蹭蹴不敢休。"

茵

《释名》曰：茵，车中所坐也，用虎皮，有文采。

《诗》曰：阴靷鋈音沃续，文茵畅毂，驾我骐馵音注。

《汉书》曰：邴吉为丞相，驭吏嗜酒，数逋荡。逋，亡也。荡，放也。谓亡其所供之职而渐放也。常从吉出，醉呕丞相车茵上。西曹主吏白欲斥之，吉曰："以醉饱之失去士，使此人复何所容？西曹但忍之，此不过污丞相车茵尔。"遂不去也。

太平御览卷第七百七十七 奉使部一

奉使上

《周礼·小行人》曰：使适四方，协九仪宾客之礼：朝、觐、宗、遇、会、同，君之礼也；存、覜、省、聘、问，臣之礼也。又，掌邦国之礼籍，以待四方之使者。凡四方之使者。大客则摈，小客则受其弊而听其辞。凡使为旌节。

《礼》曰：凡为君使者，已受命，君言不宿于家。君言至，则主人出拜君言之辱。使者归，则必拜送于门外。若使人于君所，则必朝服而命之。使者反，则必下堂而受命。

《诗》曰：《四牡》，劳使臣之来也，有功而见知，则说矣。四牡騑騑，周道逶迟。岂不怀归？王事靡盬，我心伤悲。

又曰：《皇皇者华》，君遣使臣也，送之以礼乐，言远而有光华也。皇皇者华，于彼原隰。駪駪征夫，每怀靡及。

《左传》曰：齐使仲孙湫来省难。仲孙归，曰："不去庆父，鲁难未已！"公曰："若之何而去之？"对曰："难不已，将自毙。君其待之。"公曰："鲁可取乎？"对曰："不可！犹秉周礼。周礼，所以为本也。臣闻之，国将亡，本必先颠，而后枝叶从之。鲁不弃周礼，未可动也。君其务宁鲁难，而亲有礼，因重固，能重固者，因而成之。间携贰，覆昏乱，霸王之器也！"

又曰：齐孝公伐我北鄙，公使展喜犒师，使受命于展禽。柳下惠也。齐侯未入境，展喜从之，曰："寡君闻君亲举玉趾，将辱弊邑，使下臣犒执事。"

又曰：晋侯及秦伯围郑，以其无礼于晋，且贰于楚也。晋军函陵，秦军氾南。佚之狐言于郑伯曰："国危矣！若使烛之武见秦君，师必退。"公从之。

又《文下》曰：秦伯使西乞术来聘，且言将伐晋。襄仲辞玉，曰：“君不忘先君之好，照临鲁国，镇抚其社稷，重之以大器，寡君敢辞玉。”宾答曰：“不腆先君之敝器，而使下臣结二国之好，是以敢致之。”襄仲曰：“不有君子，其能国乎？国无陋矣！”厚赂之。

又《宣十五年》曰：楚子围宋，宋人使乐婴齐告急于晋。晋侯使解杨如宋，使无降楚，曰：“晋师悉起，将至矣！”郑人因之而献于楚，楚子厚赂之，使反其言。不许，三而许之。登诸楼车，使呼宋人而告之。遂致君命。楚子将杀之，使与之言曰：“尔既许不谷，而反之，何故？非我无信，汝则弃之，速即尔刑！”对曰：“臣闻之，君能制命为义，臣能承命为信。信载义而行之为利。谋不失利，以卫社稷，民之主也。义无二信，信无二命。义不行二信，不受二命也。君之赂臣，不知命也。奉命以出，有死无霣音殒，又可赂乎？臣之许君，以成命也。成其君命也。死而成命，臣之禄也。寡君有信臣矣，下臣获考，考，成。死又何求？”楚子舍之以归。

又曰：晋侯使郤克征会于齐，齐顷公帷妇人使观之。郤子登，妇人笑于房。献子怒，出而誓曰：“所不此报，无能涉河！”郤克请伐齐，晋侯弗许。至成公三年，卫孙桓子、臧宣叔亦乞师以伐齐，晋侯许之。

又曰：齐叔老为季武子介，自是晋人轻鲁币，而益敬其使。

又曰：吴公子札来聘，见叔孙穆子，说之。谓穆子曰：“子其不得死乎？好善而不能择人！吾闻君子务在择人。吾子为鲁宗卿，而任其大政，不慎所举，何以堪之？祸必及子！”聘于齐，说晏平仲，谓之曰：“子速纳邑与政！无邑无政，乃免于难。齐国之政，将有所归；未获所归，难未歇也。”故晏子因陈桓子以纳政与邑，是以免于栾高之难。难在昭八年。聘于郑，见子产，如旧相识。与之缟带，子产献纻衣焉。大带也。吴地贵缟，郑地贵纻，故名献已所贵，示损已而不为被货利。谓子产曰：“郑之执政侈，难将至矣，政必及子。为政慎以礼，不然，郑国必败！”败谓伯有也。

又曰：韩宣子如楚送女，叔向为介。郑子皮、子太叔劳诸索氏。太叔谓叔向曰："楚王汰侈已甚，子其戒之！"叔向曰："汰侈已甚，身之灾也，焉能及人？若奉吾币帛，慎吾威仪，守之以信，行之以礼，敬始而思终，终无不复，行而不失仪，敬而不失礼，导之以训词，奉之以旧法，考之以先王，度之以二国，虽汰侈，若我何？"

又曰：费楚无极谮太子建，王使城父司马奋杨杀太子建。未至，而使遣之，太子奔宋。王召奋杨，使城父人执已以至。王曰："言出于余口，入于尔耳，谁告建也？"对曰："臣告之。君王命臣曰："事建如事余。"臣不佞，不能苟贰。奉初以还，不忍后命，故遣之。既而悔之，亦无及也已。"王曰："而敢来，何也？"对曰："使而失命，召而不来，是再奸也，奸，犯也。逃无所入。"王曰："归，从政如他日。"

《论语》曰：使于四方，不辱君命，可谓士矣。

又曰：蘧伯玉使人于孔子，孔子与之坐而问焉，曰："夫子欲寡其过，而未能也。"使者出，子曰："使乎！使乎！"

《史记》曰：吴季札之为使，北过徐君。徐君初好札剑，口虽弗言，季札知之。为使上国，未献。还至徐，徐君已死。乃解其宝剑，系徐君冢树而去。从者曰："徐君已死，当谁与乎？"曰："不然，始吾心已许之，岂以死背吾心哉？"

又曰：赵平原君使人于春申君。赵使欲夸楚，为玳瑁簪、刀剑室悉以珠饰之。春申君三千余人，上客皆镊珠履以见。赵使大惭。

又曰：陆贾，楚人，以客从高祖定天下，名为有口辨士。居左右，常使诸侯。时中国初定，尉佗平南越，因王之。高祖使贾赐佗印为南越王，佗魋结箕倨见贾。贾因说佗曰："足下欲以区区之越，与天子抗衡，为敌国，祸且及身矣！"佗乃蹶然起坐，谢贾曰："生长蛮夷中久，殊失礼义。"因问贾曰："我与萧何、曹参、韩信孰贤？"贾曰："王似贤之。"复问曰："我与皇帝孰贤？"贾曰："皇帝起丰沛，讨暴秦，诛强楚，为天下兴利除害，继五帝三王之业，统理中国。中国之人以亿计，地方万里，居天下之膏腴，人从车舆，万物殷富，政由一家，自天地剖判，未始有也。今王众不过数十万，皆蛮夷，崎岖山海间，譬若汉一郡。王何乃比于汉！”佗笑曰：“吾不起中国，故王此。使我居中国，何遽不若汉？”乃大悦。至孝文帝元年，诏丞相陈平，举可使南越者。平言：“陆贾，先帝时曾使南越。”乃召为太中大夫，往使，因让佗自立为帝。贾至南越，王甚怒，为书谢。于是乃下令国中曰：“吾闻两雄不俱立，两贤不并世。皇帝，贤天子也。自今已后，去帝制、黄屋左纛。”贾还报，文帝大悦。

又曰：汲黯为谒者，东越相攻，上使黯往视之。不至，至吴而还报，曰：“越人相攻，固其俗不足以辱天子之使。”河内失火，烧千余家，上使黯往视之。还报曰：“家人失火，屋比延烧，不足忧也。臣过河南，贫人伤水旱万余家，或父子相食。臣谨以便宜持节，发河南仓粟，以赈贫民。臣请归节，伏矫制之罪。”上贤而释之。

又曰：司马相如为郎数岁，会唐蒙使略通夜郎西僰中，发巴蜀吏卒千人，郡又多为发转漕万余人，用兴法诛其渠帅，而巴蜀民大惊恐。上闻之，乃使相如责唐蒙等，因喻告巴蜀民以非上意。还报，天子乃拜相如为中郎将，建节，持四乘之传，因巴蜀币物，以赂西夷。至蜀，太守以下郊迎，县令负弩矢先驱，蜀人以为宠。于是卓王孙、临邛诸公皆因门下而献牛酒。

又曰：淳于髡者，齐之赘婿也。婿也者，女之夫。比于子余剩，故曰赘婿。长不满七尺，滑稽多辨，滑，音骨，乱也。稽者，同也。数使诸侯，未尝诎辱。威王八年，楚大发兵加齐。齐王使淳于髡之赵请兵，赍金百斤，马十驷。淳于髡仰天大笑，冠缨索绝。王曰：“先生少之乎？”髡曰：“何敢！”王曰：“先生笑，岂有说乎？”髡曰：“今者臣从东来，见道旁有穰田者，操一豚蹄、酒一杯，而咒曰：‘瓯窭满篝污耶满车，篝，笼也，音构。瓯窭，犹杯楼也。言丰年菜树易可满篝。污耶，下地田也。则下地田之中，有薪菜可满车也。五谷蕃熟，穰穰满家。’臣见所持者狭，而欲者大奢，故笑之。”于是齐王乃益赍黄金千镒，白璧十双，车马百驷。髡辞而行。至赵，赵与之精兵十万，革车千乘。楚闻之，夜引兵而去。威王大悦。

《汉书》曰：汉王曰：“孰能为我使淮南？使之发兵背楚，留项王于齐数月，我之取天下可万全。”随何曰：“臣请使之。”乃与二十人俱使淮南。至，太宰王之，淮南太宰作内主也。三日不得见。随何因说太宰曰：“王之不见何，必以楚为强，以汉为弱。使何得见，言之而是耶，是大王所欲闻；言之而非耶，使何等二十人伏斧质淮南市，以明背汉而与楚也。”太宰乃言之王，王见之。随何说淮南王，王曰：“请奉命。”阴许叛楚与汉，未敢泄，楚使臣在，方急责布发兵。随何直入，曰：“九江王归汉，楚何以得发兵！”布惊曰：“何至是？”楚使者出，何曰：“事已构，可杀楚使无使归，而疾走汉并力。”布从之，遂归汉。

又曰：张骞，汉中人，建元中为郎，时匈奴降者言，匈奴破月支氏，擒其王，以其头为饮器，月支遁而怨匈奴，无与共击之。汉方欲灭胡，闻之，乃募使者。骞应募，与堂邑氏、奴甘父俱往。匈奴不听去，乃留骞十余岁，娶胡妻，有子。然骞持汉节不失，居匈奴西。骞因与其属亡，向月氏西走数十日，至大宛。后单于死，国乱，骞与胡妻及堂邑父俱亡归汉，拜骞太中大夫。骞为人宽信，蛮夷爱之。骞曰：“臣在大夏时，见邛竹杖、蜀布，问安得此，国人曰：‘吾贾人往市之身毒国，一名天竺国，在大夏东南数千里，人乘象以战。’臣度大夏去汉万二千里，有蜀物，其去蜀不远矣。”于是汉复事西南夷。骞从大将军击匈奴，尝谙知水草处，军须不乏。封博望侯。

又曰：张骞使至安息，王令将二万骑迎于东界。东界至王都数千里，过数十城，人民相属甚众。使还，即发使来随，欲观汉广大。以大鸟卵、梨轩善眩人献于汉。及宛西小国，皆随使献见天子。

又曰：傅介子，昭帝使通西域。楼兰尝邀汉使杀之。后使介子往而让之。旋谓将军霍光曰：“彼王反覆，不诛，无以惩其恶。臣尝过之，近人，易就耳！愿旦往刺之，以示诸国。”光曰：“可矣。”遂奏介子行，具卒乘，赍重币，扬言赐外国，而志在楼兰。楼兰王意不亲介子，介子阳引去。至其西界，使译者谓王曰：“汉使持重宝行赐诸国，王不来，我之西矣。”即出金币以示译。译者还报王，王贪汉物，来见。介子与坐饮，陈物示之。饮酒皆醉，介子谓王曰：“天子使我私报王。”王随介子入帐中，屏语，壮士二人从后刺之，刃交胸，立死。其贵人左右皆散走。介子告谕以“王负汉罪，天子遣我来诛王，当更立前太子质在汉者为王。汉兵方至，无得辄动，动则灭国矣！”遂持王首而还诣阙。朝廷嘉之，封介子为义阳侯，食邑七百户。

又曰：苏武，字子卿，建次子也。少以父任为郎中，武帝遣以为中郎将，使持节送匈奴使留在汉者。武与副中郎将张胜及假吏常惠等募士斥堠百余人俱。既至匈奴，致币遗单于。单于益骄，非汉所望也。方欲发使送武等，会缑王与长水虞常等谋反匈奴中。缑王是昆耶王姊子，与昆耶王俱降汉，后随浞野侯没胡中。及卫律所将降者，阴相与谋劫单于母阏氏归汉。会武等至匈奴，虞常在汉时，素与张胜善，私候胜曰：“闻汉天子甚怨卫律，常能为汉伏弩射杀之。吾母与弟在汉，幸蒙爵赏。”张胜许之。事败，单于怒，欲杀汉使。左伊秩訾曰：“宜皆降之。”单于使卫律召武受辞。武谓常惠曰：“屈节辱命，虽生，何面目以归汉！”乃引佩刀自刺。卫律大惊，召医疮。单于乃凿地为坎，置煴火，覆武其上，蹈其背以出血，气绝。半日复息。惠、胜等号哭。单于壮其节，朝夕遣人候问。武愈，单于逾欲降之。武不能屈，乃幽武大窖中，绝食。天雨雪，武卧啮雪，与毡毛并咽之，数日不死，匈奴以为神。乃徙武北海，令牧羊，不得食。掘野鼠去草实，食之。杖汉节，旄尽落，积五六年，昭帝即位，与匈奴和亲，求武，匈奴绐言死。后汉使复至匈奴，常惠请其守者，夜见汉使，教使谓单于曰：“天子射上林中，得雁，足有系帛书，具言武在北海大泽中牧羊。”使者如惠语，以让单于。单于视左右大惊，谢汉使曰：“武等实在。”乃召武，相随官属等九人归汉。武以元始六年春至京师，拜典属国。常惠等皆为郎。

又曰：郑吉，会稽人，累迁卫司马。神爵中，日逐王乱匈奴，欲降汉，使人与吉相闻，于是汉使吉迎之。日逐王并口万二千，随吉至河曲，遂将诣京师。吉既破车师，降日逐王，威震西域，遂护车师以西，故号都护。都护之置，自吉始焉。

又曰：陈汤，为人沉勇，有大虑，多谋策，喜奇功。所过城邑山川，常登望远，以观形势。常患位卑权轻，不决胸臆之谋。时西方郅支单于常杀汉使，侵横诸国，朝廷患之。谷吉上书愿往谕王，遇害。乃遣汤与甘延寿使于西域，阳谓延寿曰："郅支单于结怨诸夷，屈辱汉使，朝廷患之久矣。虽然，蛮夷无金城汤池之固、坚弩之器，恩义不行，彼可取也。若举屯田吏士，并发乌孙兵，直抵城下，彼亡无所保，千载之功可致也！"延寿然之，请奏，汤曰："不可，不如矫诏而发之。"延寿不从。会延寿疾卧，汤因矫制发城郭诸国兵胡汉四万余骑，置官吏而发也。已行，延寿闻而惊起止之。汤按剑叱之，曰："大众已集，竖子胡敢沮众耶！"乃上疏自劾矫制之状，因分兵葱领、赤谷两道，鼓行而西。去单于城三十里，止而营。单于怪之，使人问之曰："汉兵何来？"汤曰："见单于亡国，本屈意康居，故来护单于耳。"单于不知意旨，犹豫无备。因夜进兵围城，迟明拔之，斩郅支单于以归。

又曰：盖宽饶，字次公，魏郡人也。明经，为郡文学，以孝廉为郎。举方正，对策高第，迁谏议大夫。宽饶为卫司马，有厚德。宣帝嘉之，以宽饶为太中大夫，使行风俗，多所称举贬黜，奉使称旨。擢为司隶校尉，刺举无所回避，小大辄举。所劾奏众多，廷尉处其法，半用半不用。以其峻刻，故有不用者。公卿贵戚及郡国吏繇使至长安，皆恐惧莫敢犯禁，京师为之清平。

又曰：终军从济南当诣博士，步入关，关吏予军繻。军问："以此何为？"吏曰："为复传还，当以合符。"军曰："大丈夫西游，终不复传还！"弃繻而去。军后为谒者，使行郡国，建节东出关。关吏识之，曰："此使者，乃前弃繻生也。"军行郡国，所见便宜以闻。还奏事，上甚悦。

太平御览卷第七百七十八 奉使部二

奉使中

《后汉书》曰：伏湛子隆，字伯文，少以节操立名。当时张步兄弟各拥强兵，据有齐地。拜隆为太中大夫，持节使青、徐招降。张步等五校尉皆降。其冬，拜隆为光禄大夫。复使于步，皆招怀绥辑，多来附隆。帝嘉其功，以比之郦生，即拜步为东莱太守。刘永复遣使立步为齐王，步贪受王爵，犹与未决。隆晓譬曰："高祖与天下约，非刘氏不王，今可得为十万户侯耳！"步欲留隆与共守二州，隆不听，求得反命，步不从，乃执隆。隆遣间使上书曰："臣隆奉使无状，言罪大也。受执凶逆。虽在困厄，授命不顾。又吏人知步反叛，心不附之，愿以时进兵，无以臣隆为念也。臣隆得生归阙庭，受诛于有司，此其大愿。若令没身寇手，以父母兄弟长累陛下。陛下与皇后、太子永享万国，与天无极！"帝得隆奏，召其父湛，流涕以示之，曰："隆可谓有苏武之节，恨不且许而遽求还也！"其后步遂杀之，时人莫不怜哀焉。以其子琼为中郎。

又曰：奉车都尉窦固出击匈奴，以班超为假司马，将兵别击伊吾，战于蒲类海，多斩首虏而还。伊吾，匈奴中地名。蒲类，匈奴中海名，在敦煌北。固以为能，遣与从事郭恂俱使西域。超到鄯善，鄯善，本西城楼兰国也，后改为鄯善。去阳关一千六百里，去长安六千一百里。鄯善王广奉迎超，礼敬甚备，后忽吏疏懈。超谓其官属曰："宁觉广礼意薄乎？此必有北虏使来，狐疑未知所从故也。明者睹其未萌，况已着耶？"乃召侍胡，诈之曰："匈奴使来数日，今安在乎？"侍胡惶恐，具服其状。超乃闭侍胡，悉会其吏三十六人，与共饮。酒酣，因激怒之，曰："卿曹与我俱在绝域，欲立大功，以求富贵。今虏使到裁数日，而王广礼敬即废；如今鄯善收吾属送匈奴，骸骨长为豺狼食矣。为之奈何？"官属皆曰：

“今在危亡之地，死生从司马！”超曰：“不入虎穴，不得虎子！当今计，独有因夜以火攻虏，使彼不知我多少，必大震怖，可殄尽也。灭此虏，则鄯善破胆，功成事立矣。”众曰：“当与从事议之。”超怒曰：“吉凶决于今日，从事文俗吏，闻此必恐。而谋泄，死而无所名，非壮士也！”众曰：“善。”初夜，遂将吏士往奔虏营。会天大风，超令十人特鼓藏虏舍后，约曰：“见火燃者，当鸣鼓大呼。”余人悉持弓弩，夹门而伏。超乃顺风纵火，前后鼓噪，虏众惊乱。超手格杀三人，吏兵斩其使及从士三十余级，众百许人悉烧死。明日，乃还告郭恂，恂大惊，既而色动。超知其意，举手曰：“掾虽不行，班超何心独擅之乎！”恂乃悦。超于是召鄯善王广，以虏使首示之，一国震怖。超晓告抚慰，遂纳子为质，还奏于窦固。固大喜，具上超功效，并求更选使使西域。帝壮超节，诏报曰：“吏如班超，何故不遣而更选乎？今以超为军司马，令遂前功。”

又曰：郑众，字伯师。拜越骑校尉，使匈奴。至北庭，虏欲令拜，众不屈。单于大怒，不与水火，欲胁伏众，拔剑自誓，单于乃止。

又曰：张纲，字文纪，为侍御史。汉安元年，选八使徇行风俗，皆耆旧知名，多历显位。唯纲年少，官资最微。余人受命之部，而纲独埋其车轮于洛阳都亭，曰：“豺狼当路，安问狐狸！”遂奏：“大将军梁冀、弟河南尹不疑，皆蒙外戚之任，居阿衡之职，不能敷扬五教，专务蛇豕而已！”帝虽知纲言公直，然不忍行用也。时广陵贼张婴杀太守据部。冀乃用纲为广陵太守。纲至，乃陈示祸福，婴等开门出降。纲乃抚纳离叛，使各得安居，部内肃清。帝嘉之，赐钱十万。

《续汉书》曰：大使车五乘，驾驷，赤帷，持节者，重导五百，琐弩十二人。小使车兰舆，赤毂、赤帷，从驺骑四十人。

又曰：周举，字宣光。顺帝时，诏八使遣巡行风俗，皆选素有威名者。拜举侍中，与侍中杜乔、守光禄大夫周栩、前贵州刺史冯羡、尚书栾巴、侍御史张纲、兖州刺史郭遵、太尉长中刘班并守光禄大夫，分行于天下。其刺史、二千石有赃罪显明者，驿马上之。墨绶以下，便辄收举。其有清忠惠利，为百姓所安，宜表异者，皆以状上。于是八使同时俱拜，天下号曰“八俊”。举于是劾奏贪猾，表荐清公，朝廷称之。

又曰：范滂，字孟博，汝南征西人。厉清节，为州所服，举孝廉。时冀州饥荒，盗贼群起，乃使滂案察之。滂登车揽辔，慨然有澄清天下之志。及至州境，守令自知赃污，望风解印绶去。其所举奏，莫不厌伏众议。

《东观汉记》曰：来歙，字君叔，南阳人也。建武五年，持节送马援，奉玺书于隗嚣。嚣遣子恂随入侍。时山东略定，帝谋西收嚣兵，与俱伐蜀。嚣将王元说嚣，故不决。歙素刚直，遂发愤责之，曰：“国家以公知臧否，晓废兴，故以手书赐至意足下，推忠诚，眷委质，是君臣父子信也。今乃欲从佞惑之言，为族灭之计，叛主负子，违背忠信！吉凶之决，在于今日！”因欲前刺嚣，嚣起入，部勒兵，将杀歙。歙徐杖节就车而去。

又曰：隗嚣甚重马援，以为绥德将军。时公孙述称帝，嚣使援往观之。援素与述同乡里相善，以为至当握手迎如平生。而述方盛陈陛卫，以延援入。交拜礼毕，就馆，更为援制都布单衣，交让冠，会百官于宗庙，立旧交之位。述鸾旗旄骑、警跸就车，礼甚盛，欲以援封侯，食大将军位。宾客皆乐留，援晓之，因而辞归，谓嚣曰：“子阳井底蛙耳！不如专意东方。”嚣乃使援奉书洛阳。援至，引见于宣德殿，上迎笑谓之曰：“卿遨游二帝间，见卿使人惭。”援顿首谢曰：“当今之世，非独君择臣，臣亦择君。臣与公孙述少相善，臣前至蜀，述陛戟而后进。臣今远来，陛下何知非刺客，而简易如此？”于是上复笑曰：“卿非刺客，顾说客耳。”援乃曰：“天下反覆，自盗名字者不可胜数。今见陛下，恢廓大度，同符高祖，乃知帝王自有真也！”

又曰：郭丹从师于长安，买传入函谷关，乃慨然叹曰：“丹不乘使者车，终不出关！”后三公举丹贤能，征谏议大夫。丹自去家十有二年，果乘高车出关，如其志也。

“何贤之有！”伊曰：“以地言，尉佗不在弊邑。”冯弘闻而大悦。

还，封都亭侯。

《后魏书》曰：燕凤，字子章，代人也。拜代王左长史，参决国事。常使符坚，坚问凤曰："代王何如人也？"对曰："宽和仁爱，经略高远，一时雄主也。常有并吞天下之志。"坚曰："卿辈北人，无刚甲利器，敌弱则进，敌强则退，安能兼并也？"凤曰："北人壮悍，上马持三仗，驱使若飞；主人雄俊，率服北土，控弦百万，号令若一；军无辎重樵爨之苦，轻行速捷，因敌取资。此南方所以疲弊，北方所以常胜也。"坚曰："彼国人马多少？"凤曰："控弦之士数十万，见马一百万匹。"坚曰："卿言人众则可，说马太多。"凤曰："云中川自东山至西河，二百余里；北至南山，百余里，每岁自孟秋，马常大集，略为满川。以此推之，使人言犹未尽。"凤还，坚厚加赠。

又曰：朱长生，岱人。孝文时，为散骑常侍。使高车，其王阿伏至罗国乃不以礼待长生。长生责至罗王："既称臣内附，何得口云再拜而实不拜？"乃呼出帐，令众中拜。至罗惭，其臣下大怒，乃以兵胁之曰："不降则杀！"长生厉声曰："我宁作魏鬼，不为汝臣！"留三岁，乃放还。孝文比之苏武也。

又曰：李彪使萧颐，亲谓彪曰："卿前使还日赋诗云：'但愿长闲暇，后岁复来游。'果如言，今日卿此还也，复有来理否？"彪答曰："使臣请重赋诗。"曰："宴衎清都中，一去永矣哉！"颐惘然曰："清都可尔，一去何事？观卿此言，似成长阔。"

《隋书》曰：许憙，字务本，高阳北新成人也。家有书万卷，皆悉遍涉。祯明二年，加通直散骑常侍。聘隋，遇文帝伐陈，礼成而不获反命，留縶宾馆。陈亡，素服号泣，于西陛下藉草三日。有诏就馆，拜通直散骑常侍。憙尽夜哀哭，北面立，垂涕再拜受诏。明日，乃朝，伏泣于殿下，悲不能胜。左右曰："我平陈唯获此人，既怀其旧君，则我诚臣也。"敕以本官直门下省，赐物千段。

《唐书》曰：大历初，以授归崇敬仓部郎中兼御史中丞，赐金紫充吊祭。册立新罗王使。至海中流，波涛迅急，舟漏，众咸惊骇。舟人请以小艇载崇敬避祸。崇敬曰:“舟人凡数百,我何独济?”逡巡,波涛稍息。故事:使新罗者,至海东多有所求,或携资帛而往货易规利。崇敬一皆绝之,东夷称重其德。

又曰:殷侑,为童儿力学,不念家产。长能通经,以讲习自娱。五经登第,通历代沿革,擢为太常博士,转虞部员外郎。为入回纥副使。回纥骄倨,见汉使,盛陈兵甲,与其相不拜,欲受汉使礼。侑坚立不动,宣命既毕,虏使责之,云欲留使者。行人皆惶怖,独侑谓虏曰:“今可汗是汉家子婿,坐受使臣礼,是可汗无礼,非使臣无礼也!”虏惮其严正,卒不敢逼。

《荆州先德传》曰:费祎,字文伟,江夏人也。吴与蜀和,遣使张温字惠恕来修好。温辨,好论议,鲜能抑之。诸葛亮以祎有俊才,宜遣报温使,以祎为奉信校尉。权时窃尊号,意犹豫未决。祎为陈存亡之画、开国建家之策,权甚悦。时滑稽、知名皆在会,并使发异端之难,祎应机辄答,坐席称之。由是爱敬焉。

太平御览卷第七百七十九　奉使部三

奉使下

《三辅故事》曰：娄敬曰："臣愿为高车使者，持节往至匈奴庭，与其分土定界。"敬至，曰："汝本处北海之滨，秦乱，汝侵其界，居中国地。今婚姻已成，当还汝本牧，还我中国地。"作丹书铁券，曰："自海以南，冠盖之士处焉；自海以北，控弦之士处焉。"割土盟誓，然后求还。

《华阳李合别传》曰：郃字孟君，汉中人。和帝即位，分遣使者循州郡，观风俗，皆微服单行。使者二人，当到益州，投公舍宿。时夏月露坐，为出酒与谈。公仰视问曰："二君发京师时，宁知二使者何日发耶？"二人惊相视而曰："不闻。"问公何以知之，公指星，有二使星向益部。二人知其深明，遂共谈，甚嘉异焉。

《风俗通》曰：周、秦常以岁八月，遣輶车之使，采异代方言，还奏之，事藏秘室。

《晏子春秋》曰：晏子使吴，吴称曰："天子请见。"晏子蹴然曰："臣受命弊邑，使于吴王。臣迷惑，入于天子之朝，敢问吴王恶存？"吴王夫差请见以诸侯之礼。

又曰：晏子使楚，楚王进橘，置削。晏子不剖而并食，王曰："橘未剖。"对曰："臣闻之，赐人主者，瓜桃不削，橘柚不剖。臣故不敢剖，臣非不知。"

又曰：晏子使楚，楚人为小门而延晏子。晏子不入，曰："使狗国者从狗门入；今臣使楚，不当狗门入也！"王曰："齐无人耶？"对曰："齐之临淄三万户，张袂成帷，挥汗成雨，何为无人！齐以贤者使贤主，不肖者使不肖主，婴不肖，是故使王耳。"

又曰：晏子聘楚，楚王知其贤智，欲辱之。使人缚一人从殿前过，佯问之："此何罪也？"左右答曰："此齐人也，今犯盗。"王谓晏子曰："齐人善盗也？"晏子答曰："臣闻江南生橘，江北为枳，土地使其然也。臣察此人在齐不为盗，今来楚而盗，亦土地使然也。"楚王大惭。

《汉杂事》曰：吴、楚七国反，齐孝王城守，胶西济南三国围齐。齐使路中大夫告于天子，还报曰："坚守。"比至，三国围齐已数重矣，无从入。三国将与路中大夫盟："若反言汉已破。"大夫许之。至城下，望见齐王，曰："汉已发兵百万，使太尉周亚夫击破吴、楚，引兵救齐，齐必坚守！"三国将诛路中大夫。

《韩诗外传》曰：越王勾践使廉稽献民于荆，荆使者曰："越，夷狄之国也。臣请欺其使者。"荆王曰："越王，贤人也。其使者亦贤，子慎之！"使者出，见廉稽曰："冠则得以见。"廉稽曰："夫越，亦周室之列封也，不得处中国，则处江海之陂，与鼋鳣鱼鳖为伍，文身剪发，而后处焉。今来至上国，必曰：'冠乃得见，不冠不得见'，如此，则大国使适越，亦将劓墨、文身、剪发，而后得见乎？"荆王披衣出谢。

又曰：魏文侯有子曰击，次曰欣。欣少，而立以为嗣。封太子击于中山，三年不往来。其傅赵仓唐谏曰："父忘子，子不可忘父，何不遣使乎？"击曰："愿之久矣，未有所使。"仓唐对曰："为之使，则臣请使。"击曰："诺。"于是乃问君何所好与所嗜，曰："君嗜晨凫，好北犬。"遂求晨凫、北犬赍行。仓唐至，曰："北藩中山之君，有北犬、晨凫，使仓唐再拜献之。"文侯曰："嘻！击知吾好北犬、晨凫也。"即见使者。文侯曰："击无恙乎？"仓唐唯唯，三问而不对。文侯曰："不对，何也？"仓唐曰："臣闻诸侯不名君。既已赐弊邑，使得小侯国，不敢对也。"文侯曰："中山君无恙乎？"仓唐曰："今者之来，拜送于郊。"文侯曰："中山君长短若何矣？"仓唐曰："闻诸侯，比诸侯，入朝则侧者皆人臣也。臣无所比之，然则所赐之裘几能胜之矣。"文侯曰："中山之君亦何好乎？"对曰："好《诗》。"文侯曰："于《诗》何好？"曰："好《黍离》与《晨风》。"文侯曰："《黍离》诗何哉？"对曰："彼黍离离，彼稷之苗。行迈靡靡，中心摇摇。知我者谓我心忧，不知我者谓我何求。悠悠苍天，此何人哉！”文侯曰：“怨乎？”曰：“非敢怨也，时思也。”文侯曰：“《晨风》谓何？”对曰：“《诗》云：‘鴥彼晨风，郁彼北林。未见君子，忧心钦钦。如何如何？忘我实多！’此以忘我者也。”于是大悦，曰：“欲知其子，视其母；欲知其君，视其使。中山君若不贤，恶能使其使贤？”遂废太子欣，而召中山君以为嗣。

《说苑》曰：秦王以五百里地封鄢陵君，君不受，使虞且谢。秦王忿然作色，谓且曰：“亦尝见天子之怒乎？”曰：“臣未尝见也。”王曰：“天子之怒，伏尸百万，流血千里！”且曰：“大王亦尝见布衣韦带之士怒乎？”王曰：“布衣韦带之士，怒则解冠徒跣，以头抢地耳，何难知者？”且曰：“此乃庸夫之怒耳。布衣之士怒，伏尸二人，流血五步！”即持其匕首起，视秦王，曰：“今将是矣！”秦王变色，长跪曰：“先生就坐，寡人谕矣。”

又曰：赵王遣使者之楚，方鼓瑟而送之，诫之曰：“必如吾言！”注事具瑟门。

又曰：齐使淳于髡聘楚。髡为人形貌短小，楚王薄贱之，曰：“谓之齐无人耶？而使子来乎？何长也？”髡对曰：“臣无所长，要中七尺之剑，欲斩无状王！”王曰：“止。吾但戏子耳。”与髡共饮酒。

又曰：晋、楚之君为好，会苑丘之上。宋使人往之，晋、楚大夫曰：“趣以天子礼见吾君，我将见子。”使者曰：“冠虽弊，义居上；履虽新，义居下。周室虽微，诸侯未之能易也。师虽升宋城，臣犹不更臣之服也！”以诸侯礼见之。

又曰：楚使者聘齐，齐王享之梧宫。使者曰：“大哉梧乎！”王曰：“江海之鱼吞舟，大国之树必巨！”使者曰：“昔燕攻齐，遵雒路，渡济桥，焚雍门，击齐左而虚其右，王歜绝头乎杜山，公孙差格死于龙门，饮马乎淄渑，定获乎琅琊，王与太后奔乎莒，逃城阳之山。此时，梧之大小何如矣？”刁渤对曰：“使者问梧之年耶？昔荆平王为无道，加诸申氏，杀子胥父与兄，子胥被发乞食于吴，阖庐以为相，三年将兵复仇于楚，战胜乎柏举，级头百万，囊瓦奔郑，王保于随，师入郢。胥行郢都，亲射宫，临于王家，笞其墓。若此，则梧可为拊也！”

又曰：明君之使人也，任之以事，不制之以辞。

《王逸子》曰：或问：“张骞可谓名使者欤？”曰：“周流绝域，东西数万里，其中胡貊皆知其习俗；得始大蒜、葡萄、苜蓿等。”

《语林》曰：魏武将见匈奴使，自以形陋，不足雄远国，使崔季珪代当坐，自捉刀床头座。既毕，令人问：“魏王何如？”使答曰：“魏王信雅望非常，然床头捉刀人，此乃英雄也。”魏王闻，驰遣杀此使。

《天文要集》曰：天节星，主奉使。小而明，则使中正也。

梁元帝《苏郑论》曰：汉世，衔命匈奴，困而不食者，二人而已。子卿手持汉节，卧伏冰霜；仲师固无下拜，阳绝水火。况复风生稽落，日隐龙堆，翰海飞沙，皋兰走霰，岂不酸鼻痛心？忆雒阳之宫陛，屑泣横悲；想长安之城阙，直以为臣之道义不为生，事君之节，生为义尽。岂望拔幽泉，出重仞，经长乐，抵未央？及还望塞亭，来依候火，傍观上郡，侧眺云中，虽在己之自隆，而于时之报未重。

梁刘孝仪《北使还与永丰侯书》曰：足践寒地，身犯朔风，暮宿客亭，晨炊谒舍，飘摇辛苦。迄留毡乡，杂种覃化，颇慕中国，兵传李绪之法，楼拟卫律所治。而毳幕难淹，酪浆易厌，王程有限，时反玉关。射鹿胡奴，乃共归国，刻龙汉节，还持入塞。马衔苜蓿，嘶逗故墟。人获蒲萄，归种旧里。稚子出迎，善邻相劳，倦握蟹螯，亟覆虾碗。每取朱颜，略多自醉，用此终日，亦多自娱。

太平御览卷第七百八十 四夷部一·东夷一

叙东夷

《尚书·尧典》曰：分命羲仲，宅嵎夷，曰旸谷。东表之地称嵎夷。旸，明也。日出于谷而天下明。

又《大诰》曰：武王崩，三监及淮夷叛。三监，管、祭、商。淮夷，徐奄之属。皆叛周。周公相成王，将黜殷命，作《大诰》。

又《蔡仲之命》曰：成王东伐淮夷，遂践奄，成王即政，淮夷奄国又叛。王亲征之，遂灭奄而徙之。作《成王政》。为平淮夷徒奄之政令。

又《费誓》曰：鲁侯命伯禽宅曲阜，徐、夷并兴，东郊不开。徐戎淮夷并起，为寇于鲁，故东郊不开。徂兹淮夷、徐戎并兴。令往征此淮浦之夷、徐州之戎，并起为寇。此夷戎，帝王所羁縻统叙，故错居九州之内，秦始皇遂出之。善敹乃甲胄，敿乃干，无敢不吊！备乃弓矢，锻乃戈矛，砺乃锋刃，无敢不善！

《左传·僖下》曰：杞桓公来朝，用夷礼，故曰子。杞，先代之后，而迫于东夷，风俗杂坏，言语衣服有时而夷，故言其夷也。

又《成公上》曰：莒子曰："莒辟陋在夷，其孰以我为虞？"

又《襄公六》曰：杞，夏馀也，而即东夷。行夷礼。

又《定公下》曰：以公会齐侯于祝其，实夹谷，孔丘相。犁弥言于齐侯曰："孔丘知礼而无勇，若使莱人以兵劫鲁侯，必得志焉。"莱人，齐所灭。莱，夷也。齐侯从之。孔丘以公退，曰："士兵之！以兵击莱人。两君合好，而裔夷之俘以兵乱之，裔，远也。非齐君所以命诸侯也！裔不谋夏，夷不乱华。"齐侯闻之，遽辟之。辟兵，莱兵也。

《毛诗》云：《苕之华》，大夫闵时也。幽王之时，西戎、东夷交侵中国，师旅并起，因之以饥馑。君子闵周室之将亡，伤已逢之，故作是诗也。

又曰：《江汉》，尹吉甫美宣王也。能兴衰拨乱，命召公平淮夷。江汉浮浮，武夫滔滔。匪安匪游，淮夷来求。

《论语·子罕》曰：子欲居九夷，马曰：九夷，东方之夷，有九种。或曰："陋，如之何？"子曰："君子居之，何陋之有？"马曰：君子所居则化。

《后汉书》曰：《王制》云："东方曰夷。"夷者，抵也。言仁而好生万物，抵地而出，故天性柔顺，易以道御，至有君子不死之国焉。

又曰：会稽海外有东鳀人，鳀，达奚切。分为二十余国。又有夷洲，及澶州。传言秦始皇遣方士徐福，将童男童女数千人，入海求蓬莱神仙不得，徐福畏诛，不敢还，遂止此洲。代代相承，有数万家人。岁时，至会稽市。会稽东冶县人有入海，行遭风流移至澶洲者。所在绝远，不可来往。

《竹书纪年》曰：后方即位三年，九夷来御，曰畎夷、干夷、方夷、黄夷、白夷、赤夷、玄夷、风夷、阳夷。

又曰：后发即位元年，诸夷宾于王门。诸夷入舞。

又曰：仲丁即位于蓝夷。

《白虎通》曰：夷者，蹲也，言无礼仪。

《史系》曰：天监五年，丹阳南山得瓦物，高五尺，围四尺，上锐下平，盖如合焉。中得剑一、瓷具十数，时人莫识。沈约云："此东夷罨盂也，葬则用之代棺。此制度卑小，则随当时矣。东夷死，则坐葬之。"武帝服其博识。

《临海水土志》曰：夷州在临海东南，去郡二千里。土地无雪霜，草木不死。四面是山，众山夷所居。山顶有越王射的，正白，乃是石也。此夷各号为王，分画土地，人民各自别异。人皆髡头穿耳，女人不穿耳。作室居，种荆为蕃鄣。土地饶沃，既生五谷，又多鱼肉。舅姑子归男女，卧息共一大床。交会之时，各不相避。能作细布，亦作班文布，刻画其内，有文章，以为饰好也。其地亦出铜、铁，唯用鹿矛以战斗耳。磨砺青石，以作矢镞、刃斧，环贯珠珰。饮食不洁。取生鱼肉，杂贮大器中，以卤之，历日月乃啖食之，以为上肴。呼民人为"弥麟"，如有所召，取大空材，材十余丈，以着中庭。又以大杵，旁舂之，闻四五里，如鼓，民人闻之，皆往驰赴会。饮食皆踞相对。凿木作器，如猪槽状，以鱼肉腥臊安中，十十五五共食之。以粟为酒，木槽贮之，用大竹筒长七寸许饮之。歌似犬嗥，以相娱乐。得人头，斫去脑，驳其面肉，留置骨，取大毛染之，以作鬓眉发编，具齿以作口，自临战斗时用之，如假面状。此是夷王所服。战得头，着首。还，于中庭建一大材，高十余丈，以所得头差次挂之。历年不下，彰示其功。又甲家有女，乙家有男，仍委父母往就之居，与作夫妻，同牢而食。女以嫁，皆缺去前上一齿。

又曰：安家之民，悉依深山，架立屋舍于栈格上，似楼状。居处饮食，衣服被饰，与夷州民相似。父母死亡，杀犬祭之，作四方函以盛尸。饮酒歌舞毕，仍悬着高山岩石之间，不埋土中作冢椁也。男女悉无履。今安阳罗江县民，是其子孙也。皆好猴头羹，以菜和中，以醒酒；杂五肉，臛不及之。其俗言："宁自负人千石之粟，不愿负人猴头羹臛"。

朝鲜

《尚书大传》曰：武王胜殷，继公子禄父，禄父，纣之子也。释箕子之囚。箕子不忍商之亡，走之朝鲜。朝鲜，今乐浪郡。武王闻之，因以朝鲜封之。箕子既受周之封，不得无臣礼，故于十二祀来朝。

《史记》曰：朝鲜。张晏注曰：朝鲜有湿水、洌水、汕水，合为洌水。疑乐浪、朝鲜，取名于此。

又曰：朝鲜王满，燕人也。自始燕时，尝略属真番、朝鲜，为置吏，筑鄣塞。秦灭燕，属辽东外徼。汉兴，为远难守，复修辽东故塞，至浿水为界，属燕。燕王卢绾反，入匈奴。满亡命，聚党千余人，魋结蛮夷服，而东走出塞，渡浿水，居秦故空地上下鄣。稍役属真番、朝鲜蛮夷，及故燕、齐亡命者王之，都王险。王险，地名。会孝惠、高后时，天下初定，辽东太守即约满为外臣，保塞外蛮夷，毋使侵盗边。以闻，上许之，以故满得以兵威财物，侵降其旁小邑，真番、临屯皆来服属，方数千里。传子至孙右渠，所诱汉亡人滋多。又未尝入见。真番旁众国欲上书见天子，又雍阏弗通。元封二年，汉使涉河谯谕右渠，终不肯奉诏。师古曰：谯，责让也，才笑切。何去至界，临浿水，使驭刺杀送何者朝鲜裨王长。长，裨王名也。即渡水，驰入塞，遂归报天子曰："杀朝鲜将。"上为其名美，即不诘，拜何为辽东东部都尉。朝鲜怨何，发兵，袭攻杀何。天子募罪人击朝鲜。其秋，遣楼船将军杨仆自齐浮渤海，兵五万人，左将军荀彘出辽东，讨右渠。右渠发兵距险。天子为两将军未有利，乃使卫山因兵威往谕右渠。右渠见使者，顿首谢："欲降，恐两将诈杀臣；今见信节，请服。"遣太子入谢，献马五千匹，及馈军粮。人众万余，持兵渡浿水。使者及左将军疑其为变，谓太子："已服降，宜令人毋持兵。"太子亦疑使者左将军诈杀之，遂不渡浿水，复引归。左将军破浿水上军，乃前，至城下，围其西北。楼船亦往会，居城南。右渠遂坚城守，数月未能下。左将军急击之，朝鲜大臣乃阴间使人约降楼船，往来言，尚未肯决。天子使济南太守公孙遂往征之，有便宜得以从事。遂至，以节召楼船将军，入左将军营计事，即命左将军戏下执缚楼船将军，并其军，以报天子。天子诛遂。左将军已并两军，即急击朝鲜。朝鲜相路人、韩陶、尼溪相参、将军王唊，师古曰：相路，一人也。韩陶，二人也。尼溪相参，三也。将军王唊，四也，唊，音颊。相与谋，使人杀朝鲜王右渠，来降。王险城未下，故右渠之大臣成已又反，复攻吏。左将军使右渠子长降、相路人子最，告谕其民，诛成已。遂定朝鲜，为真番、临屯、乐浪、玄菟四郡。

《汉书·地理志》曰：玄菟、乐浪，武帝时初置，皆朝鲜、濊貊、勾骊蛮夷。殷道衰，箕子去之朝鲜，教其民以礼义、田蚕、织作。乐浪、朝鲜，民犯禁八条：如淳曰：有其四，其四不见。相杀以当时偿杀；相伤者以谷偿；相盗者，男没入为其家奴，女子为婢；欲自赎者，人五十万。虽免为民，俗犹羞之，嫁娶无所仇。是以其民终不相盗，无门户之闭。妇人贞信，不淫辟。其田民饮食以边豆，都邑颇放效，吏及内郡贾人，往往以杯器食。郡初取吏于辽东，吏见民无闭藏，及贾人往者，夜则为盗，俗稍益薄。今相犯禁寖多，致六十余条。可贵哉，仁贤之化也！

然东夷天性柔顺，异于三方之外，故孔子悼道之不行，乘桴浮于海，欲居九夷，有以也。

獩貊

《魏志》曰：獩貊国，南与辰韩、北与高勾丽、沃沮接，东穷大海。今朝鲜之东，皆其地也。户二万余。昔箕子既适朝鲜，作八条之教，无门户之闭，而民不为盗。其后四十余世，朝鲜侯准僭号称王，陈胜等起，略叛秦。燕、齐、赵民避地东入朝鲜数万口，燕人卫满魋结夷服，复来王之。汉武帝伐灭朝鲜，分其地为四郡。自是之后，胡汉稍别。无大君长，自汉已来，其官有侯、邑君、三老，统主下户。其耆旧自谓与勾丽同种。其人性悫愿，少嗜欲，有廉耻，不请匄。言语法俗，大抵与勾丽同，衣服异。男女衣，皆着曲领。男子系银花，广数寸，以为饰。自单单大岭以西属乐浪，以东七县，都尉主之，皆以獩为名。后省都尉，封其渠帅为侯。今不耐獩，皆其种也。其俗，同姓不婚，多忌讳。每疾病死亡，辄捐弃旧宅，更作新居。布麻蚕绵，饮食亦有俎豆。晓侯星宿，豫知年岁丰约。嫁娶丧葬之法，有似勾丽。不以珠玉为宝。常用十月节祭天，昼夜饮酒歌舞，名为“舞天”。又祭虎，以为神。其邑落相侵犯，辄相罚，责生口牛马，名之曰：“责祸”。杀人者偿死。少寇盗。能步斗，作矛长三丈，至战时，数人共持之。乐浪檀弓，出其地。其海出班鱼皮、土饶文豹。又出菓下马，汉桓时献之。正始六年，乐浪太守邓茂、带方太守弓遵，以岭东獩属勾丽，兴师伐之，不耐侯等举邑降。八年，诣阙朝贡，诏：“更拜不耐獩王，居处杂在人间，四时诣郡朝谒，二郡；有军征赋调供给役使，遇之如民。”

《风俗通》曰：貊者，谨案，《春秋传》：大貊、小貊。貊者，路也，薄也。不知送往劳来，无宗庙粢盛，赋殿轻薄也。

三韩辰韩、弁韩附

《后汉书》曰：韩有三种，一曰马韩，二曰辰韩，三曰弁韩。马韩在西，有五十四国，其北与乐浪、南与倭接。辰韩在东，十有二国，其地与濊貊接。弁韩在辰韩之南，亦有十二国，其南亦与倭接。凡七十八国，大者万余户，小者数千家，各在山海间，地合方四千余里，东西以海为限，皆古之辰国也。马韩最大，共立其种为辰王，都目支国，尽王三韩之地。其诸国王先皆是马韩种人焉。马韩人知田蚕作绵布，出大栗如梨。有长尾鸡，尾长五尺。邑落杂居，亦无城郭。作土室，形如冢，开户在上。不知跪拜，无长幼男女之别。少纲纪，国邑虽有主师，不能相制御。其葬有棺无椁。不知骑乘牛马，不贵金宝锦罽。唯重缨珠，以缀衣为饰，及悬颈垂耳。大率皆魁头露紒，魁头，犹科头也，谓以发紫系绩成科结也。紒，音计。布袍草履。其人壮勇，少年有筑室作力者，辄以绳贯脊皮，縋以大木，欢呼为健。善用弓盾矛橹。虽有斗争攻战，而贵相屈服。俗信鬼神，常以五月竟祭鬼神，昼夜酒食，群聚歌舞，辄数十人相随踏地为节。十月农功毕，亦如之。诸国邑各以一人主祭天神，号为“天君”。又立苏涂，建大木以悬铃鼓，事鬼神。其南界近倭，亦有文身者。

《魏志》曰：马韩。汉桓、灵之末，韩、濊强盛，郡县不能制，民多流入韩国。建安中，公孙康分屯右县南荒地为带方郡，遣公孙模、张敞等收集遗人，兴兵伐韩、濊，旧人稍出。是后倭、韩遂属带方。魏景初中，明帝遣带方太守刘昕、乐浪太守鲜于嗣，越海定二郡。诸韩国臣智加赐邑君印绶，其次与邑长。其俗好衣帻。下户诣郡朝谒，皆假衣帻，自服印绶，部从事。吴林以乐浪本统韩国，分割辰韩八国与乐浪。

又曰：有州胡，在马韩之西，海中大岛上。其人差短小，言语不与韩同。皆髡头，如鲜卑。但衣韦衣，有上无下。好养牛豕，乘船往来，市货韩中矣。

辰韩附

《后汉书》曰：辰韩，耆老自言秦之亡人，避苦役适韩，韩割东界地与之。其名国为邦，弓为弧，贼为寇，行酒为行觞，相呼皆为徒，有似秦语，故或名之为秦韩。有城栅屋室。诸小别邑，各有渠帅，大者名臣智，次有俭侧，次有樊祇，次有杀奚，次有邑借。皆其官名。土地肥美，宜五谷，知蚕桑，作缣布，乘驾牛马。嫁娶以礼，行者让路。国出铁，獩、倭、马韩并从市之。凡诸货易，皆以铁为货。俗喜歌舞，饮酒鼓瑟。儿生，欲令头扁，扁，音补典切。皆押之以石。

《魏志》曰：辰王，常用马韩人作之，世世相继。辰王不得自立为王，明其为流移之人，故为马韩所制也。其俗男女有别，以大鸟羽送死，其意欲使死者飞扬。其国作屋，横累木为之，有似牢狱。

弁韩附

《后汉书》曰：弁韩与辰韩杂居，城郭衣服皆同，言语风俗有异。其人形皆长大，美发，衣服洁清，而刑法严峻。其国近倭，故颇有文身者。初，朝鲜王准为卫满所破，乃将其余种数千人走入海，攻马韩，破之，自立为韩王。准后灭绝，马韩人复自立为辰王。建武二十年，韩人廉斯人苏马諟等，诣乐浪贡献。廉斯，邑名。諟，音是。帝封苏马諟为汉廉斯邑君，使属乐浪郡，四时朝谒。灵帝末，韩、秽并盛，郡县不能制，百姓苦乱，多流亡入韩者。

《魏志》曰：弁辰与辰韩杂居，亦有城郭。衣服居处与辰韩同，言语法俗相似，祠祭鬼神有异。施灶皆在户西。

太平御览卷第七百八十一 四夷部二·东夷二

百济

《北史》曰：百济之国者，其先盖马韩之属也，出自夫馀王东明之后有仇台，笃于仁信，始立国于带方故地。汉辽东太守公孙度以女妻之，遂为东夷强国。初以百家济，因号"百济"。其国东极新罗，北接高句丽，西、南俱限大海，东西四百五十里，南北九百里。其都曰居拔城，亦曰固麻城。其外更有五方：中方曰古沙城，东方曰得安城，南方曰久知下城，西方曰刀先城，北方曰熊津城。

又曰：百济国王姓夫馀氏，号于罗瑕，百姓呼为鞬吉支，夏言并王也。王妻号于陆，夏言妃也。官有十六品，左平五人，一品达率，三十人，二品恩率，三品德率，四品杆率，五品奔率，六品已上冠饰银华将德，七品紫带施德，八品皂带固德，九品赤带季德，十品青带对德，十一品文督，十二品皆黄帝武督，十三品左军，十四品振武，十五品卷虞，十六品皆白带。自恩率以下，官无常员，各有部分。其人饮食衣服，与高丽略同。若朝拜、祭祀，其冠两箱加翅，戎事则不拜。拜谒之礼，以两手据地为礼。妇人不加粉黛，女辫发垂后，已出嫁则分为两道，盘于头上。衣似袍而袖微大。兵有弓箭刀矟，俗重骑射，兼爱坟史。有鼓、角、箜篌、筝、竽、篪、笛之乐，投壶、樗蒲、弄珠、握矟等戏，尤尚奕棋。行宋元嘉历，以建寅月为岁首。赋税以布绢丝麻及米等，量岁丰俭，差等输之。其刑罚，反叛退军及杀人者斩；盗者流，其赃两倍征之；妇犯奸，没入夫家为婢。婚娶之礼，略同华俗。父母及夫死者，三年居服，余亲则葬讫除之。土田下湿，气候温暖，人皆山居。有巨粟。其五谷杂果菜蔬及酒醴肴馔之属，多同内地，维无驼骡羊鹅鸭。

又曰：百济国中，大姓有八族：沙氏、燕人、劦音协氏、真氏、解氏、骨氏、木氏、苩氏。其俗每以四仲月祭天及五帝之神，立其始祖仇台之庙于国城，岁四祠之。

又曰：隋开皇初，百济王馀昌遣使贡方物，拜上开府带方郡公百济王。平陈之岁，战船漂至海东耽牟罗国。其船得还，经于百济，昌资送甚厚，并遣使奉表贺陈平，文帝善之。八年，昌复使长史王辩那来献方物，属兴辽东之役，奉表请为军导。高丽颇知其事，兵侵其境。大业七年，帝亲征高丽，其王馀璋使国智牟来请军期，帝遣尚书起居郎席律诣彼与相知。明年，六军度辽，馀璋亦严兵于境，声言助军，实持两端。寻与新罗有隙，每相战争。十年，复遣使朝贡。后天下乱，使命遂绝。

《南史》曰：晋义熙十三年，以百济王馀映为使持节都督百济诸军事镇东将军百济王。宋元嘉二年，诏兼谒者闾丘恩子兼副谒者丁敬子往宣旨慰劳。其后每岁遣使奉表献方物。二十七年，上表求《易林》、《杂占》、腰弩，文帝并与之。梁天监中，进号征东大将军。寻为高丽所破，衰弱累年，迁居南韩地。普通二年，王馀隆上表，陈累破高丽，今始与百济通好，更为强国。五年，隆死，诏以其子明为百济王。所都城曰固麻，谓邑曰担鲁，如中国之言郡县也。其国有二十二担鲁，皆以子弟宗族分据之。其人形长，衣服洁净。其国近倭，颇有文身者。言语、服章略与高丽同。呼帽曰冠，襦曰复衫，裤曰裈。其言参诸夏，亦秦韩之遗俗云。中大通七年，累遣使献方物，并请《涅盘》等经义、《毛诗》博士并工匠、画师等，并给之。太清三年，遣使贡献，及至，见城阙荒毁，并号恸涕泣。侯景怒，囚执之。景平，乃得还国。

《唐书》曰：百济国王所居有东西两城，所置内官，曰内臣佐平掌宣纳事，内头佐平掌库藏事，内法佐平掌礼仪事，卫士佐平掌宿卫兵事，朝廷佐平掌刑狱事，兵官佐平掌在外兵马事。其用法，叛逆者死，籍没其家；杀人者，以奴婢三人赎罪；官人受财及盗者，三倍追赃，乃终身禁锢。凡诸赋税及风土所产，多与高丽同。其王服大袖紫袍。青锦裤、乌罗冠，金花为饰，素皮带、乌革履；官人尽绯为衣，银花饰冠；庶人不得衣绯紫。岁时伏腊，同于中国。其书籍有五经、子、史。又表疏并依中华之法。其国西南海中有三岛，其上出黄漆树，似小榎而树大，六月取其汁，漆器物，色如黄金，其光自夺目。

又曰：武德四年，百济王扶馀璋遣使来献果下马。七年，又遣大臣奉表朝贡。高祖嘉其诚款，遣使就册封为带方郡王。百济王自此岁遣朝贡，高祖劳抚甚厚，因讼高丽闭其道路，不许来通中国，诏遣朱子奢往和之。又与新罗世为仇敌，数相侵伐。贞观元年，太宗赐其玉玺书，令即停兵革，璋因遣使奉表陈谢。虽外称顺命，内实相仇如故。十一年，遣使来朝，献铁甲雕斧。太宗优劳之，赐彩帛、锦袍等。

又曰：贞观十六年，百济王义慈兴兵伐新罗四十余城；又与高丽和亲通好，谋欲取党项城，以绝新罗入朝之道。新罗遣使告急请救。太宗遣司农丞相里玄奖赍书告谕两蕃，示以祸福。及太宗亲征高丽，百济怀贰，乘虚袭破新罗七城。二十二年，又破其十余城。数年之中，朝贡遂绝。高宗嗣位，始遣使朝贡。六年，新罗王金春秋上表，称百济与高丽、靺鞨侵其北界，已没三十余城。显庆五年，命左卫大将军苏定方统兵讨之，大破其国，虏义慈及太子隆、小王孝演、伪将五十八人等，送于京师，上责而宥之。其国旧分为五部，统郡三十七、城二百、户七十六万，至是乃以其地分置熊津、马韩、东明等五都督府，各统州县，立其酋渠为都督、刺史及县令，命右卫郎将王文度为熊津都督，总兵以镇之。

又曰：百济王义慈事亲以孝行闻，友于兄弟，时人号“东海曾闵”。及至京，数日疾卒，赠金紫光禄大夫卫尉卿，特许其旧臣赴哭送，就孙皓、陈叔宝墓侧葬之。

夫馀

《后汉书》曰：夫馀国在玄菟北千里，南与高句丽、东与挹娄、西与鲜卑接，北有弱水，地方二千里，本獩地也。初，北夷橐离国王出行，其侍儿于后妊身，王遂欲杀之。侍儿曰：“前见天上有气，如大鸡子，来降我，因以有身。”王囚之，后遂生男。王令置于豕牢，豕以口气嘘之，不死，复徙于马栏，马亦如之。以为神，乃听母收养，名曰东明。东明长而善射。王忌其猛，欲杀之。东明奔走，南至掩淲音斯水，以弓击水，鱼鳖皆聚浮水上，东明乘之得度，因至夫馀而王之焉。于东夷之域，最为平敞，土宜五谷，出名马、赤玉、貂豽、大珠如酸枣。以员栅为城，有宫室、仓库、牢狱。其人粗大强勇而谨厚，不为寇钞。以弓矛为兵。以六畜名官，有马加、牛加、狗加。其邑落皆主属诸加。食饮用俎豆，会同、拜爵、洗爵，揖让外降。以腊月祭天，大会连日，饮食歌舞，名曰迎鼓。是时断刑狱，解囚徒。有军事亦祭天，杀牛，以蹄占其吉凶。行人无昼夜，好歌吟，音声不绝。其俗用刑严急，被诛者，皆没其家人为奴婢；盗一责十二；男女淫皆杀之；尤恶妒妇，既杀复尸于山上。兄死妻嫂，死则有椁无棺。杀人殉葬，多者以百数。其王葬用玉匣，汉朝常预以王匣付玄菟，郡王死则迎取以葬焉。建武二十五年，夫馀王遣使奉贡，光武厚报答之，于是使命岁通。至安帝永初五年，夫馀王始将步骑七八千人寇钞乐浪，杀伤吏人，后复归附。永宁元年，乃遣嗣子尉仇台诣阙贡献，天子赐尉仇台印绶金彩。顺帝永和元年，其王来朝京师，帝作黄门鼓吹角抵戏以遣之。桓帝时亦朝贡。献帝时求属辽东云。

《魏志》曰：夫馀本属玄菟。其俗：有敌，诸加自战，下户俱担粮饮食之；其死，夏月皆用冰，有椁无棺，停丧五月，以久为荣；其居丧，男女皆纯白，妇人着布衣而去环佩，大体与中国相类。汉末，公孙度雄张海东，威服东夷，夫馀王尉仇台更属辽东。时句丽、鲜卑强，度以夫馀在二虏之间，妻以宗女。正始中，幽州刺史毌丘俭讨句丽，遣玄菟太守王颀诣夫馀，王位居遣犬加郊迎，供军粮。旧夫馀俗：水旱不调五谷不熟，辄归咎于王，或言当易，或言当杀。其印文言“濊王之印”，国有故城名濊城，盖本濊貊之地，而夫馀王其中，自谓亡人，抑有以也。

《晋书》曰：夫馀国，至太康六年为慕容廆所袭破，其王依虑自杀，子弟走保沃沮。武帝以何龛为护东夷校尉。明年，夫馀后王依罗遣使诣龛，求率见人还复旧国，遣督邮贾沈以送之，尔后每为廆掠。其种人卖于中国，帝又以官物赎还。禁市夫馀之口。自后无闻。

新罗

《秦书》曰：符坚建元十八年，新罗国王楼寒遣使卫头献美女。国在百济东，其人多美发，发长丈余。

又曰：符坚时，新罗国王楼寒遣使卫头朝贡。坚曰："卿言海东之事，与古不同，何也？"答曰："亦犹中国，时代变革，名号改易。"

《南史》曰："新罗，魏时曰新卢，宋时曰新罗，或曰斯罗。其国小，不能自通使聘。梁普通二年，王姓募名秦始，使使随百济奉献方物。其俗呼城曰健牟罗，其邑在内曰啄评，在外曰邑勒，亦中国之言郡县也。国有六家啄评，五十邑勒。邑勒土地肥美，宜植五谷，多桑麻，作缣布，服牛乘马，男女有别。其官名有子贲旱支。壹旱支、齐旱支、谒旱支、壹吉支、奇贝旱支。其冠曰遗子，礼襦曰尉解，裤曰柯半，靴曰洗。其拜其行与高丽相类。无文字，刻木为信，语言待百济而后通焉。

《北史》曰：新罗者，其先本辰韩种也。辰韩始有六国，后稍分为十二，新罗则其一也，先本辰韩种也，辰韩始一也。或称魏。将毌丘俭讨高丽，破之，奔沃沮，其后复归故国，有留者遂为新罗，亦曰斯卢。其人杂，有华夏、高丽、百济之属，兼有沃沮、不耐、韩獩之地。其王本百济人，自海逃入新罗，遂王其国。初附庸百济，百济征高丽，不堪戎役，后相率归之，遂致强盛。因袭百济，附庸于迦罗国焉。

又曰：新罗王真平，以隋开皇十四年，遣使贡方物，文帝拜真平上开府乐浪郡公新罗王。其官有十七等，一曰伊罚干，贵如相国，次伊尺干，次迎干，破弥干，次大阿尺干，次阿尺干，次乙吉干，次涉咄干，次及伏干，次大奈摩干，次奈摩干，次大舍，次小舍，次吉士，次大乌，次小乌，次造位，外有郡县。其文字、甲兵同于中国。选壮健者悉入军，烽戍逻俱有屯管部伍。风俗刑政衣服略与高丽、百济同。每月旦相贺，王设宴会，班赉群官，其日拜日月神主。八月十五日设乐，令官人射，赏以马布。其有大事，则聚群官，详议定之。服色尚画素，妇人辮发绕头，以新彩及珠为饰。婚嫁礼唯酒食而已，轻重随贫富。死有棺敛葬送，起坟陵。王及父母妻子丧，居服一年。田甚良沃，水陆兼种。其五谷果菜鸟兽物产略与华同。大业以来，岁遣朝贡。

《唐书》曰：新罗王所居曰金城，周七八里，卫兵三千人，设师子队，文武官凡有十七等。武德四年，其王金真平遣使朝贡，高祖遣使，赐以玺书及画屏风、锦彩。自此朝贡不绝。其食器用柳箱，亦以铜及瓦。国多金、朴两姓，异姓不为婚。

又曰：贞观五年，新罗遣使献女乐二人，皆须发美色。太宗谓侍臣曰："朕闻声色之娱不如好德，且山川阻远，怀土可知。近日林邑献白鹦鹉，尚解思乡，诉请还国，鸟犹如此，况人情乎？但悯其远来，思恋亲戚，宜付使者，听其还家。

又曰：新罗王金真平安卒，无子，立其女善德为王。贞观九年，遣使册命善德为乐浪郡王。新罗王十七年，遣使上言："高丽、百济累相攻袭，亡失数十城，两国连兵，意在灭臣社稷。谨遣陪臣归命大国，乞偏师救助。"后太宗将亲伐高丽，诏新罗纂集士马应接大军。新罗遣大臣领兵五万入高丽南界，攻水口城，降之。

又曰：新罗王善德卒，立其妹真德为王。贞观二十二年，真德遣其弟国相伊赞子金春秋及其子文正来朝。春秋请诣国学观释奠及讲论，太宗因赐以所制温汤及晋碑。并新撰《晋书》将归国。

又曰：永徽元年，新罗王真德大破百济之众，遣其弟子法敏以闻。真德乃织锦作五言《太平颂》以献，其词曰："大唐开洪业，巍巍皇猷昌。止戈戎衣定，修文继百王。统天崇雨施，理物体含章。深仁谐日月，抚运迈陶唐。幡旗何赫赫，征鼓何锽锽。外夷违命者，剪覆被天殃。淳风凝幽显，遐迩竞呈祥。上时和玉烛，七耀巡万方。维岳降宰辅，帝任忠与良。五三成一德，昭我家大唐。"帝嘉之，拜法敏为太府卿。

又曰：永徽六年，百济与高丽、靺鞨率兵侵新罗北界，其王春秋遣使上表求救。显庆五年，命左武卫大将军苏定方为熊津道大总管，统水陆十万，仍令春秋为嵎夷道行军总管，与定方讨平日济，俘其王扶馀义慈来献。自是新罗渐有高丽、百济之地，其界益大，西至于海。

又曰：龙朔三年，诏以新罗国为鸡林州都督，授其王金法敏为鸡林都督。法敏卒，其子政明嗣位。垂拱二年，遣使来朝，因请《唐礼》一部，并杂文章。则天令写《吉凶要礼》，并于《文馆词林》采其词涉规诫者，勒成五十卷，以赐之。

又曰：开元二十五年，新罗王兴光卒。玄宗遣左赞善大夫邢璹往吊祭，并册其子承庆为新罗王。璹将发，上制诗序，太子以下及百寮咸赋诗以送之，谓璹曰："新罗，号君子之国，颇知书记，有类中华。以卿涉学，善于讲论，故选充此使。到彼宜阐扬经典，使知大国儒教之盛。"又闻其人多善弈棋，亦令善棋人率府兵曹杨季膺为之副。璹等至彼，大为蕃人所敬。其国棋者皆季膺之下，于是厚赂璹等金宝及药物。

又曰：大历七年，新罗王金乾运遣使金标石来贺正。八年，又遣使献金银牛、黄鱼、牙绸、朝霞绸等。

又曰：元和三年，新罗王金重兴遣使金力奇来朝。力奇上言："贞元十六年，奉诏册臣故主金俊邕为新罗王。母申氏为大妃，妻朴氏为王妃。册使韦丹至中路而知俊邕薨，其册却回在中书省。今臣还国，伏请授臣以归。"敕金俊邕等册，宜令鸿胪寺于中书省受领，至寺宣授与金力奇，令奉归国。仍赐其叔彦升门戟，令本国准例给与。

太平御览卷第七百八十二　四夷部三·东夷三

倭

《后汉书》曰：倭在韩东南大海中，依山岛为居，凡百馀国。武帝灭朝鲜，使驿通于汉者三十许国。倭王居邪马台国，乐浪郡徼去其国万二千里，其地大较在会稽、东冶，与朱崖、儋耳相近，故其俗多同。土宜禾稻麻纻蚕桑，知识绩为缣布，出白珠、青玉。其山有丹，土气温暖，冬夏生菜茹，无牛、马、虎、豹、羊、鹊。其兵有矛楯木弓竹矢，或以骨为镞。男子皆黥面文身，以其文左右大小别尊卑之差。其男衣皆横幅，结束相连；女人被发，屈紒衣如单被，贯头而着之，并以丹朱坋身，《说文》曰：坋，尘也。音蒲顿切。如中国之用粉也。有城栅屋宇，父母兄弟异处，唯会同男女无别。饮食以手，而用笾豆。俗皆徒跣，以蹲踞为恭敬。其人性嗜酒，多寿考，至百馀岁者甚众。国多女子，大人皆有四五妻，其馀或两或三，女人不淫不妒。又，俗不盗窃，少争讼。犯法者没其妻子，重者灭其门族。其死者，停丧十馀日，家人哭泣，不进酒食，而等类就歌舞为乐。灼骨以为卜，用决吉凶。行来渡海，令一人不栉沐、不食肉、不近妇人，名曰持衰。若在涂吉利，则雇以财物；如病疾遭害，以为持衰不谨，便共杀之。

《魏志》曰：倭国在带方东南大海中，依山岛为国，旧百馀小国。汉时有朝见者，今令使译所通共三十国。从带方至倭，循海岸水行，历韩国，从乍南乍东到其北岸拘耶韩国七千馀里，至对马国户千馀。其大官曰卑狗，副曰卑奴母离。所居绝岛方四百馀里，地多山林，无良田，食海物自活，乘船南北市籴。又南渡一海一千里，名曰瀚海，至一大国，置官与对马同，地方三百里，多竹木丛林，有三千许家，亦有田地。耕田不足食，亦行市籴。又渡海千馀里，至末卢国，户四千，滨山海居，人善捕鱼，水无深浅皆能沉没取之。东南陆行五百里，到伊都国，官曰尔支，副曰泄谟觚、柄渠觚，有千馀户，世有王，皆统属女王。带方使往来常止住。又东南至奴国百里，置官曰先马觚，副曰卑奴母离，有二万余户。又东行百里，至不弥国，户千余，置官曰多模，副曰卑奴母离。又南水行二十日，至于投马国，户五万，置官曰弥弥，副曰弥弥那利。又南水行十日，陆行一月，至耶马台国，户七万，女王之所都，其置官曰伊支马，次曰弥马叔，次曰弥马获支，次曰奴佳鞮，其属小国有二十一，皆统之女王。之南又有狗奴国，男子为王，其官曰狗石智卑。狗者，不属女王也。自带方至女国万二千余里，其俗，男子无大小皆黥面文身。闻其旧语，自谓太伯之后；又云自上古以来，其使诣中国，草传辞说事。或蹲或跪，两手据地，谓之恭敬。其呼应声曰噫噫，如然诺矣。

又曰：倭国本以男子为王。汉灵帝光和中，倭国乱，相攻伐无定，乃立一女子为王，名卑弥呼。事鬼道，能惑众。自谓年已长大，无夫婿，有男弟佐治国，以婢千人自侍，唯有男子一人给饮食，传辞出入。其居处，宫室楼观城栅，守卫严峻。景初三年，公孙渊死，倭女王遣大夫难升米等言带方郡，求诣天子朝见，太守刘夏送诣京师。难升米致所献男生口四人、女生口六人、班布二匹。诏书赐以杂锦采七种五尺，刀二口，铜镜百枚，真珠、铅丹之属，付使还；又封下倭王印绶。女王死，大作冢，殉葬者百余人。更立男王，国中不伏，更相杀数千人。于是复更立卑弥呼宗女台举，年十三，为王，国中遂定。其倭国之东，渡海千里，复有国，皆倭种也。又有朱儒国，在其南，人长三四尺。去倭国四千余里，又有裸国。墨齿国，复在其南，船行可一年至。

《南史》曰：倭国风俗不淫，男女皆露髻。富贵者以锦绣杂采为帽，似中国胡公头。晋安帝时，有倭王赞遣使朝贡。宋武帝永初二年，诏曰："倭王赞远诚宜甄，可赐除授。"文帝元嘉二年，赞又遣使奉表献方物。赞死，弟珍立，遣使贡献，自称使持节都督倭、百济、新罗、任那、秦、韩六国诸军事、安东大将军、倭国王，诏除安东将军、倭国王。珍又求除正倭洧等十三人平西征虏冠军号，诏并听之。自此朝贡不绝。至顺帝升明二年，倭王武遣使上表言："自昔祖祢躬擐甲胄，跋涉山川，不遑宁处，东征毛人五十五国，西服众夷六十六国，陵平海北九十五国，王道融泰，廓士遐畿，累叶朝宗，不愆于岁。道过百济，装饰船舫，而句丽无道，图欲见吞。臣亡考济，方欲大举，奄丧父兄，使垂成之功，不获一篑。今欲练兵，申父兄之志，窃自假开府仪三司，其余咸各假授，以劝忠节。"诏除武使持节督倭、新罗、任那、加罗、秦韩六国诸军事、安东大将军、倭国王。至齐建元中，及梁武帝时，并来朝贡。

《北史》曰：隋开皇二十年，倭王姓何每，字多利思比孤，号河辈鸡弥，遣使诣阙。上令所司访其风俗，使者言："倭王以天为兄，以日为弟，天明时出听政，跏趺坐，日出便停，理务，云'委我弟'。文帝曰："此大无义理。"于是训令改之。王妻姓鸡弥没官，有女六七百人，名太子为利歌弥多弗利。

又曰：倭国内官有十二等：一曰大德，次小德，次大仁，次小仁，次大义，次小义，次大礼，次小礼，次大智，次小智，次大信，次小信，员无定数。有军尼一百二十人，犹中国牧宰。八十户置一伊尼翼，如今里长也。十伊尼翼属一军尼。

又曰：倭国男子服饰，衣裙襦，其袖微小，履如屦形，漆其上，系之脚。人庶多跣足。不得用金银为饰，故时衣横幅，结束相连，而无缝头，亦无冠，但垂发于两耳上。至隋时，王始制冠，以锦彩为之，以金银镂花为饰。妇人束发于后，亦衣裙襦，裳皆有襈。纤竹聚以为梳，编草为荐，杂皮为裘，缘以杂文皮。

又曰：倭国兵有弓矢、䂎斧，漆皮为甲，骨为矢镝。虽有兵，无征战。其王朝会必陈设仪仗。其国乐户，户可十万。俗杀人、强盗、及奸皆死；盗者计赃酬物，无财者没身为奴，自余轻重或流或杖。每讯冤狱，不承引者，以木压膝；或置小石于沸汤中，令所竞者探之，云理曲者即手烂；或置蛇瓮中令取之，云曲者即螫手。人颇恬静，罕争讼，少盗贼。乐有五弦琴笛。男女多黥面、文身。没水捕鱼。无文字，唯刻木结绳。后于百济求得佛经，始有文字。知卜筮，尤信巫觋。每至正月一日，必射戏、饮酒。其余节略与华同。好棋博、握槊、樗蒲之戏。气候温暖，草木冬青，土地膏腴，水多陆少。以小环挂鸬鹚项，令入水捕鱼，日得百余头。俗无盘俎，藉以槲叶。性质直，有雅风。女多男少，婚嫁不取同姓，男女相悦者即为婚。妇入夫家，必先跨火，乃与夫相见。妇人不淫妒。死者敛以棺椁，亲宾就尸歌舞，妻子兄弟以白布制服。贵人三年殡，庶人卜日而瘗。及葬，置尸船上，陆地牵之，或以小舆。

又曰：倭国有阿苏山，其石无故火起接天者，俗以为异，因行祷祭。有如意宝珠，其色青，大如鸡卵，夜则有光。新罗、百济皆以倭为大国，多珍物，并仰之，恒通使往来。

又曰：隋大业三年，倭国王多利思比孤遣朝贡。使者曰："闻海西菩萨天子重兴佛法"，国书曰："日出处天子，致书日没处天子，无恙"云云。帝览不悦，谓鸿胪卿曰："夷书有无礼者，勿复以闻。"明年，上遣文林郎裴世清使倭国。王遣小德何辈台，从数百人，设仪仗，鸣鼓角来迎。后十日，又遣大礼歌多毗，从三百余骑刺郊劳。既至彼都，其王与世清来贡万物。此后遂绝。

《唐书》曰：倭国土风颇类新罗。贞观五年，遣使献方物。太宗矜其道远，敕所司无令岁贡。又遣新州刺史高袁仁持节往抚之。袁仁无绥远之才，与王子争礼，不宣朝命而还。至二十二年，又附新罗，奉表以通起居。

日本国

《唐书》曰：日本国者，倭国之别种也。以其国在日边，故以日本为名。或云：倭国自恶其名不雅，改为日本；或云：日本旧小国，并倭国之地。其人入朝者，多自矜大，不以实对，故中国疑焉。

又云：其国界东西南北皆数千里，西界、南界咸至大海，东界、北界有大山为限，山外即毛人之国。长安三年，其大臣朝臣真人来贡方物。朝臣真人者，犹中国户部尚书。冠进德冠，其顶为花，分而四散；

身服紫袍，以锦为腰带。真人好读经史、解属文，容止温雅。则天宴之于麟德殿，授司膳卿，放还本国。

又曰：开元初，日本国遣使来朝，因请儒士授经。诏四门助教赵玄默就鸿胪寺教之。乃遗玄默阔幅布，以为束修之礼，题云"白龟元年"，调布人亦疑其伪为此题。所得锡赍，尽市文籍，泛海而还。其偏使朝臣仲满，慕中国之风，因留不去，改姓名为朝衡，仕历左补阙。仪王友衡，留京师五十年，好书籍，放归乡，逗留不去。

又曰：贞元二十一年，日本国遣使来朝，留学生橘免势、学问僧空海。元和元年，朝贡，使判官高阶真人上言："前件学生艺业稍成，愿归本国，便请与臣同归。"从之。开成四年，又遣使朝贡。

《南海经》曰：南倭、北倭属倭国，在带方东大海中，以女为王。其俗零结衣服，无针功，以丹朱涂身，不妒忌，一男子数十妇。

纻屿人

《外国记》曰：周详泛海，落纻屿。上多纻，有三千余家，云是徐福僮男 之后，风俗似吴人。

虾夷国

《唐书》曰：虾夷国，海岛中小国也。其吏须长四尺。尤善弓矢，插箭于首，令人戴瓠而立，数十步射之，无不中者。显庆四年十月，随倭国使入朝。

太平御览卷第七百八十三　四夷部四·东夷四

高句丽

范晔《后汉书》曰：高句骊国，节于饮食，而好治宫室。其俗淫，皆洁净自喜，夜辄男女群聚为倡乐。

《魏略》曰：高句丽国，在辽东之东千里。其王都于丸都之下，地方二千里，户三万。多山林，无源泽，其国贫俭土着。为宫室宗庙，祠灵星社稷。其俗吉凶喜寇抄。其国置官，有相加军卢、沛者、古邹加，尊卑各有等。本捐奴部为王，稍微弱，今桂娄部代之。大家不田作，下户给赋税，如奴。俗好歌舞。其人自喜跪拜申一脚，与夫馀异，行步皆走。又以十月会祭天，名曰东盟。有军事亦祭天，杀牛观蹄，以占吉凶。大加着帻，如帻无后；其小加着折风，形台弁。无牢狱，有罪者即会加评议，便杀之，没入妻子为奴婢；盗一责十二。婚姻之法，女家作小屋于大屋之后，名为婿屋，婿暮至女家户外，自名跪拜，乞得就女宿，女家听之，至生子，乃将妇归。其俗淫，多相奔诱。其死葬有椁无棺，停丧百日。好厚葬，积石为封，列种松柏。兄死，亦报嫂。俗有气力，便弓矢、刀矛，有铠，习战。又有小水貊，俗出好弓，其马小，便登山。夫馀不能臣也，沃沮、东秽皆属之。其国都依大水而居。王莽时，发句丽以伐胡，不欲行，亡出塞，为寇害。莽更名为下句丽。

《后魏书》：高句丽者，出于夫馀。自言先祖朱蒙，母河伯女，夫馀王闭于室中，为日所照，引身避之，日影又逐，既而有孕，生一卵，大如五升。夫馀王弃之，与豕，豕不食；弃之于路，牛马避之；又弃之野，众鸟以毛茹之。夫馀王剖之，不能破，遂还其母。其母以物裹之，置于暖处，有一男破壳而出。及其长也，字之曰朱蒙。其俗言朱蒙者，善射也。夫馀国人以朱蒙非人所生，将有异志，请除之。王不听，命之养马。朱蒙每私试，知其善恶，骏者减食令瘦，驽者善养令肥。夫馀王以肥者自乘，以瘦者给朱蒙。后狩于田，以朱蒙善射，射给以一矢。朱蒙虽一矢，殪兽甚多。夫馀之臣又谋杀之。朱蒙母阴知，以告朱蒙。朱蒙与乌馀二人弃夫馀东南走。中道遇一大水，欲济无梁，夫馀人追之甚急。朱蒙告水曰："我是日子，河伯外孙。今日逃走，追兵垂及，如何得济？"于是鱼鳖并浮，为之成桥。朱蒙得度，鱼鳖乃解，追骑不得度。朱蒙至普述水，遇见三人，其一人衣着麻，一人着纳衣，一人着水藻衣，与朱蒙至纥升骨城，遂居焉。号曰高句丽，因以高为氏焉。

《北史》曰：朱蒙，在夫馀时，其妻怀孕，朱蒙逃后生子。始闾谐，及长，知朱蒙为国王，即与母亡归之，名曰闾达，委之国事。朱蒙死，至孙莫来立，乃并夫馀。汉武帝元封四年，灭朝鲜，置玄菟郡，以高句丽为县以属之。汉时，赐之衣帻、朝服、鼓吹，常从玄菟郡受之。后稍骄，不复诣郡，但于东界筑小城受之，遂名此城为帻沟娄。沟娄者，句丽城名也。

又曰：公孙度之雄海东也，高句丽伯固与之通好。伯固死，伊夷模立。伊夷摸数寇辽东，建安中，公孙康出军击之，大破其国，焚烧邑落。伊夷模更作新国于九都山下。

又曰：高句丽伊夷模死，其子位宫立。始，位宫曾祖宫，生而目开能视，国人恶之。及长，凶虐，国以破残。及位宫生，亦能视人。高丽呼相似为位，以为似其曾祖宫，故名位宫。亦有勇力，便鞍马，善射猎。魏正始中，位宫寇辽西。安平五年，幽州刺史毌丘俭将万人，出玄菟讨位宫，大战于沸流，败走。俭追至赪岘，悬车束马登丸都山，屠其所都。位宫单将妻子远窜。六年，俭复讨之，位宫轻将诸加奔伏沃沮。俭使将军王颀追之，绝沃沮千余里，到肃慎南界，刻石纪功。又刊九都山铭不耐城而还。

又曰：后魏太武帝时，高丽王钊曾孙琏始遣使者诣安东，奉表贡方物，并请国讳。太武嘉其诚款，诏下帝系名讳于其国，使员外散骑侍郎李敖拜琏为都督辽海诸军事、高句丽王。敖至其所居平壤城，访其方事，云去辽东一千余里至栅城，南至小海，北至旧夫馀，人户三倍于前。后魏时，贡使相寻，岁致黄金二百斤、白银四百斤。

又曰：后魏文明太后以献文六宫未备，敕琏令荐其女。琏奉表云："女已出，求以弟女应旨。"朝廷许焉。会献文崩，乃止。

又曰：后魏太和十五年，琏死，其孙云立，复赐以衣冠服物车旗之饰。自此岁常贡献。至大统十年，其王成遣使至西魏朝贡。及齐受东魏之禅，又朝于齐文宣，加成使持节侍中、骠骑大将军，高丽王如故。

又曰：北齐天保三年，文宣至营州，使博陵崔柳使于高丽。求魏末流人。敕柳曰："若不从者，以便宜从事！"及至，不见许。柳张目叱之，拳击成，坠于床下，成左右雀息不敢动，乃谢服。柳以五千户反命。

又曰：高句丽东至新罗，西度辽二千里，南接百济，北邻靺鞨一千余里。人皆土着，随山谷而居，衣布帛及皮。土田薄瘠，蚕农不足以自供，故其人节饮食。其王好修宫室，都平壤城，亦曰长安城。其城随山屈曲，南临浿水。城内唯积仓储器备，寇至方入固守，王别为宅于其侧，不常居之。其外复有国内城及汉城，亦别都也，其国中呼为三京。复有辽东、玄菟等数十城，皆置官司，以相统摄焉。其置官有大对卢已下凡十二等分，掌内外事。复有内评五部褥萨，人皆头着折风，形如弁，士人加插二鸟羽。贵者其冠曰苏骨多，用紫罗为之，饰以金银。服大袖衫、大口裤、素皮带、黄革履。妇人裙襦加襈。书有五经、三史、《三国志》、《晋阳秋》。兵器与中国略同。及春秋校猎，王亲临之。税布五匹、谷五石。游人则三年一税，十人共细布一匹。其刑法峻，罕有犯者。乐有五弦琴、筝、筚篥、横吹、萧、鼓之属，吹芦以和曲。每年初，聚戏浿水上，王乘腰舆，列羽仪观之。事毕，王以衣入水，分为左右二部，以水石相溅掷，喧呼驰逐，再三而止。性多诡伏，言辞鄙秽，不简亲疏，父子同川浴，共室寝，好歌舞。常以十月祭天，其公会，衣服皆锦绣，金银以为饰。好蹲踞，食用俎豆。出三尺马，云本朱蒙所乘马种，即果下也。风俗尚淫，不以为愧。俗多游女，夫无常人，夜则男女群聚而戏，无有贵贱之节。有婚嫁取，男女相悦即为之。男家送猪、酒而已，无财聘之礼；或有受财者，人共耻之，以为卖婢。死者殡在屋内，殡三年，择吉日而葬。居父母及夫丧皆三年，兄弟三月。初终哭泣，葬则鼓舞作乐以送之，埋讫，取死者生时玩好车马置墓侧，会葬者争取而去。

又曰：隋开皇中，高丽王元率靺鞨万余骑寇辽东西，营州总管韦世冲击走之。帝大怒，命汉王谅为元帅，总水陆讨之，下诏黜其爵位。元亦惶惧，遣使谢罪，上表称"辽东粪土臣元"云云。上于是罢兵，待之如初，元亦岁遣朝贡。炀帝嗣位，天下全盛，高昌王、突厥启人可汗并亲诣阙贡献。于是征元入朝，元惧，蕃礼颇阙。大业七年，帝将讨元罪，车驾度辽水，止营于辽东。又敕诸将：高丽若降，即宜抚纳，不得纵兵入城。城陷，贼辄言降。诸将奉旨，不敢赴机，每先驰奏，比报，贼守御亦备，复出拒战，如此者三。帝不悟，由是食尽师老，转输不继，诸军多败绩，于是班师。

又曰：隋大业九年，炀帝复亲征高丽。敕诸军以便宜从事。诸将分道攻城。贼势日蹙。会杨玄感作乱，帝大惧，即日六军并还。十年，发天下兵，会贼盗蜂起，所在阻绝，军多失期。至辽水，高丽亦困弊，遣使乞降。帝许之，顿怀远镇受其降，仍以俘囚军实归至京师。

《南史》曰：高丽本有五族，有消奴部、绝奴部、慎奴部、灌奴部、桂娄部。本消奴部为王，微弱，桂娄部代之。其置官，有对卢则不置沛者，有沛者则不置对卢焉。晋安帝义熙九年，高翼奉表献赭白马。宋元嘉十五年，冯弘为魏所攻败，奔高丽北丰城，表求迎接。文帝遣使王白驹、赵次兴迎之，并令高丽资遣。琏不欲弘南，乃遣将孙漱、高仇等袭杀之。白驹等率所领七千余人生擒漱，杀仇等二十人。十六年，文帝欲侵魏，诏琏献马八百匹。大明二年，又献肃慎矢及楛矢、石砮。历齐、梁，并授爵位，遣使奉表献方物不绝。

《唐书》曰：高丽者，出自扶馀之别种。其国都于平壤城，即汉乐浪郡之故地，在京师东五千一百里。其官大者号大对卢，比一品，总知国事。三年一代，若称职者，不拘年限。交替之日，或不相祗服，皆勒兵相攻，胜者为之。其王但闭宫自守，不能制御。次曰太大兄，比正二品。对卢以下，官总十二级。外置州县六十余城，大城置傉萨一人，比都督。诸城置道使，比刺史。其下各有僚佐，分掌曹事。衣裳服饰，唯王五彩，以白罗为冠，白皮小带，其冠及带咸以金饰。官之贵者，则青罗为冠，次以绯罗，插二鸟羽及金银为饰。衫筒袖，裤大口，白韦带，黄革履。国人衣褐戴弁，妇人首加巾帼。好围棋、投壶之戏，人能蹴鞠。食用笾豆簠簋樽俎罍洗，颇有箕子之遗风。其所居必依山谷，皆以茅草葺舍，唯佛寺神庙及王宫官府乃用瓦。其俗贫窭者多冬月皆作长坑，下燃火，温以取暖；种田、养蚕略同中国。城东有大穴，名神隧，皆以十月王自祭之。俗爱书籍，至于衡门厮养之家，各于街衢造大屋，谓之局堂，子弟未婚之前，昼夜于此读书、习射。

又曰：武德二年，高丽王建武遣使来朝。四年，又遣使朝贡。高祖感隋末战士多陷其地，五年赐建书云："在此所有高丽人等，已令追括寻即遣送；彼处有此国人者，王可放还，务尽绥育之方，共弘仁恕之道。"于是建武悉搜括华人，以礼宾送，前后至者万数，高祖大喜。七年，遣使往册建武为上柱国、辽东郡王、高丽王，仍将天尊像及道士往彼，为之讲《老子》，其王及道俗等观听者数千人。贞观二年，破突厥颉利可汗，建武遣使奉贺，并上封域图。五年，诏遣广州都督府司马长孙师往，收瘗隋时战亡骸骨，毁高丽所立京观。

又曰：贞观十六年，高丽西部大人盖苏文有罪，其王建武议欲诛之。苏文乃召部兵于城南，云将校阅，诸大臣皆来临视，苏文勒兵尽杀之。因驰入王宫，杀建武，立其弟大阳子臧为王，自立为莫离支，犹中国兵部尚书兼中书令之职也，自是专国政。苏文姓泉氏，须面甚伟，形体魁杰，身佩五刀，左右莫敢仰视。恒令其属官俯伏于地，践之上马，下亦如之。出必先布队仗，导者长呼，以辟行人，百姓畏避，皆自投坑谷。太宗闻之，遂出师吊伐。十九年，命刑部尚书张亮为平壤道行军大总管，领将常何等率江淮岭硖劲卒四万、战船五百艘，自莱州泛海趋平壤；又以英国公李勣为辽东道行军大总管，江夏王道宗为副，率步骑六万趋辽东。两军合势，太宗亲御六军以会之。夏四月，李勣军渡辽，进攻盖牟城，拔之，以其城置盖州。五月，渡辽水，诏彻桥梁，以坚士卒志。帝既至辽东城下，见士卒负担以填堑者，帝分其尤重者，于马上载之。从官悚动，争赍以送城下。高丽闻我有抛车，飞三百斤石于一里之外者，甚惧之，乃于城上积木为战楼，以拒飞石。勣列车发石，以击其城，所遇尽溃。又推撞车，撞其楼阁，无不倾倒。拔其城为辽州。初，帝自定州命每十里置一烽，属于辽城，与太子约：克辽东当举烽。是日，帝命举烽。师次白崖城，右卫太将军李思摩中弩矢，帝亲为吮血，将士闻之莫不感励。城主孙伐音遂乞降，以其城置岩州，授伐音为刺史。我军之渡辽也，莫离支遣加户城七百人戍盖牟城，李勣尽虏之。其人并请随军自效，太宗谓曰："讵不欲尔之力？尔家悉在加尸，尔为吾战，彼将为戮矣。破一家之妻子，取一人之力用，吾不忍也！"悉令放还。车驾进次安市城，高丽北部耨萨高延寿、南部高惠真，率高丽、靺鞨之众十五万来救，引军直进。太宗夜召诸将，躬自指麾，因令所司张受降幕于朝堂之侧，曰："明日午时纳降虏于此矣！"遂率军而进，至时，果败二帅之众。太宗因按辔观贼营垒，谓侍臣曰："高丽倾国而来，存亡所系，一麾而败，天祐我也。"因下马再拜以谢天，名所幸山为驻跸山，令中书侍郎许敬宗为文，勒石以纪其功。八月，移营安市诚东，李勣等攻拔之，乃诏班师。初，攻陷辽东城，其中应没为奴婢者一万四千人，并遣集幽州，将分赏将士。太宗悯其父母妻子一朝分散，令有司准其直以布帛赎之，赦为百姓，其众欢叫之声三日不息。

又曰：贞观二十年，高丽遣使来谢罪，并献二美女。太宗谓其使曰："归谓尔主：美色者，人之所重。尔之所献，信为美丽。悯其离父母兄弟，于本国留其身而忘其亲，爱其色而伤其心，我不取也。"并还之。

又曰：乾封元年，高丽遣其子入朝，陪位于太山之下。其年，盖苏文死，其子男生代为莫离支，与弟男建、男产不睦，为其所逐，走据国内城，使其子献城，诣阙求哀。十一月，命英国公李勣率郭侍封等以征之。二年二月，勣至城，谓诸将曰："新城是高丽西境镇城，最为要害。若不先图，余未易可下。”遂引兵于城西南，据山筑栅，且攻且守。城中窘急，数有降者。自此所向克捷，高藏及男建遣男产将首领九十八人持帛幡出降，请使入朝，勣以礼延接。男建犹闭门固守。十一月，拔平壤城。虏高藏、男建等至京师，献俘于含元宫。乃分其地，置都督府九，州四十二，县一百。又置安东都护府以统之。擢其酋渠有功者，授都督、刺史及县令，与华人参理。仍遣左武卫将军薛仁贵总兵镇之。自是高氏君长遂绝。